学科课程与教学研究三十年

丛书主编 杨启亮 徐文彬 何善亮

- 南京师范大学课程与教学论国家重点（培育）学科建设成果
- 高等学校国家"211"三期建设项目"教育现代化进程中基础教育课程与教学变革研究"建设成果

地理课程与教学研究
（1979—2009）

陈澄 仇奔波 顾问
刘树凤 主编
张胜前 副主编

编 委
（按姓氏笔画为序）

田雨普 孙庆祝 刘炳昇 刘学惠 刘树凤
李广洲 张中原 吴永军 邹玉玲 李如密
陈荣华 何善亮 陈娴 周志华 杨启亮
单墫 姚锦祥 徐文彬 涂荣豹 顾渊彦
喻平 程传银 谢树平 解凯彬 管建华

南京师范大学出版社
NANJING NORMAL UNIVERSITY PRESS

图书在版编目（CIP）数据

地理课程与教学研究：1979—2009 / 刘树凤主编
. — 南京：南京师范大学出版社，2013.12
（学科课程与教学研究三十年）
ISBN 978-7-5651-1480-9

Ⅰ. ①地… Ⅱ. ①刘… Ⅲ. ①中学地理课－教学研究－文集 Ⅳ. ①G633.552-53

中国版本图书馆CIP数据核字(2013)第143865号

书　　名	地理课程与教学研究(1979—2009)
主　　编	刘树凤
责任编辑	朱海榕
出版发行	南京师范大学出版社
地　　址	江苏省南京市宁海路122号(邮编:210097)
电　　话	(025)83598919(总编办)　83598412(营销部)　83598297(邮购部)
网　　址	http://www.njnup.com
电子信箱	nspzbb@163.com
照　　排	南京理工大学印刷照排中心
印　　刷	江苏淮阴新华印刷厂
开　　本	787毫米×1092毫米　1/16
印　　张	29.5
字　　数	739千
版　　次	2013年12月第1版　2013年12月第1次印刷
印　　数	1～1 500册
书　　号	ISBN 978-7-5651-1480-9
定　　价	59.00元
出 版 人	彭志斌

南京师大版图书若有印装问题请与销售商调换
版权所有　　侵犯必究

总　序

改革开放以来,中国教育已走过三十余年的风雨历程。对于拥有数千年文明史的中华民族来说,三十年只是短暂一瞬,但若将其置于辛亥革命以来追求国家富强和民族复兴的百年历史中,这三十年又显得那么非同寻常和耐人寻味。一代人在刚刚见到黎明之时就带着壮志未酬的遗憾飘然而逝,一代人在从"革命"话语到"建设"话语的痛苦转变中承担起了现代化建设的重任,一代人在眼花缭乱的时代剧变中从襁褓走进学校和社会。改革开放前的教育事业发展相对滞慢,改革开放后的教育事业则稳步发展。高考制度的恢复、义务教育的普及、教育条件的优化、教师待遇的提高、教师素质的提升等教育的发展和变化,是建设有中国特色的社会主义现代化国家的具体见证,也是教育改革和开放的生动体现。

教育是国家发展的基石,是衡量一个国家发展水平和发展潜力的重要指标。相对于宏观教育改革与发展,课程与教学改革,特别是具体学科的课程与教学改革则更为内在,更为基础,也更为重要,它发生在日常的教育教学场景中,并与教育培养的人直接相遇。因此,在回顾和总结教育改革开放所取得的成就与经验时,我们就不能不深入到课程与教学改革这一教育改革的内核上来,不能不深入到具体学科课程与教学改革上来,不能不关注具体学科课程与教学究竟存在着哪些需要研究的问题,它们又是如何得到解决的;具体学科课程与教学研究取得了怎样的成果,产生了什么本土经验,它们对未来具体学科课程与教学理论的研究与实践改善又有着怎样的启示,等等。正是基于这一认识,我们有了编辑《学科课程与教学研究三十年》[①]丛书的初步设想,组织了多方参与的丛书项目建设的论证,并获得了参与论证的学科教育专家的充分肯定。于是,也才有如今读者看到的《学科课程与教学研究三十年》丛书。

为了使读者对丛书有更深入的认识,在此还需对"学科"概念及"学科课程与教学研究"相关问题作一点说明。

一般地说,学科有两种含义:一是指一定科学领域的总称或一门科学的分支;二是指学校课程的组成部分,即学校中的教学科目。中国古代的"六艺"即礼、乐、射、御、书、数,欧洲古代的"七艺"即语法、修辞、逻辑或辩证法、算术、几何、音乐、天文学,都是当时学校设置的学科。近代学校教学内容日益丰富,设置的学科随之增多,例如语文、英语、数学、历史、生物等。于是,围绕具体学科的课程与教学研究也深入地开展起来。"学科课程与教学研究"则与下述三个概念有关:一是"学科教学法",又称"分科教学法",它是学校各门学科教学法的总称。学科教学法是在教学论的一般原理指导下,分别研究各科教学中的任务、内容、原则和方法等具体问题和具体规律。尽管关于学科教学法的研究在古代即已开始,但学科教学法作为一门独立学科还是在近代出现的。二是"学科教学论",即"分科教学论"。它的出现是在学科教学法研究的基础上,由学科教学研究范围扩大所致。其研究的范围扩展为包括

---

① 本丛书的"三十年"是个大致说法,系指1979—2009年期间,但也不排除此前此后的个别年份。

某学科教学的目的、内容、方法、评价及其自身研究的对象、方法等。三是"学科教育学"。学科教学论研究范围的进一步扩展就形成了"学科教育学"。学科教育学在主要研究学科教学论的同时也体现着"教学为教育"的主要内容，每一门学科，不仅有着自己的学科体系，即按照学习心理学原理和教学要求，兼顾科学知识的内在联系组成的各门教学科目的系统，而且要体现德、智、体等诸方面的全面发展。因此，学科教育学研究学科教育的性质、特点及其与其他社会现象之间的关系，学科教育的目的、任务和内容，学科教育的原则、方法、手段和组织形式，学科教育中教师与学生的关系等。本丛书所选文献定位于中小学具体学科的课程与教学研究，涉及主题与"学科教育学"研究内容相当，并更凸显研究的问题性，因而使研究者能思考得更为深入，研究成果也更有价值。

丛书计划12卷（暂定），基本涵盖了目前基础教育阶段的各个学科，包括语文、数学、外语（英语）、政治、历史、地理、物理、化学、生物、体育、音乐、美术等。就每一学科而言，全书主要由三部分组成。第一部分是该学科课程与教学研究三十余年的文献综述，旨在对三十余年该学科课程与教学研究取得的成绩和存在的问题进行全面梳理和分析，并就未来该学科课程与教学研究发展趋势进行展望。第二部分集中呈现了改革开放三十余年中该学科课程与教学研究成果，重点讨论了学科课程与教学如何更好地促进每一位学生的发展，如何科学地设置课程内容以满足学生学习需要和社会发展需要，如何在加强基础知识、基本技能教学的同时更加注重学生学会学习、学会做人的教育，如何尊重学生个性差异，凸显以学生为本，充分调动学生积极性、主动性，促进学生的全面发展，如何改变过于强调选拔性而忽视发展性的评价方式以发挥评价促进学生学习的功能，如何借鉴国际经验来改善我们的学科课程与教学，如何加强课程与教学研究来提升教师的教育教学实践智慧等非常具体的学科课程与教学问题。第三部分是改革开放三十余年中该学科课程与教学研究的主要文献索引以及部分学科的相关法规，供读者进一步研究参考。

《学科课程与教学研究三十年》丛书相关资料选取采用"特尔菲法"，即征询专家意见法，以保证所选资料的客观性和权威性。一般先由丛书各卷主编从该学科教育研究杂志（为主）或专著（为辅）中初选出一定数量力图包含该学科这段时期最重要研究成果的学术文献，征询相关学科课程与教学研究人员、学科专家、教研员、中小学特级教师等专家意见，在综合专家意见的基础上筛选出备选文章目录，再征询相关学科课程与教学研究人员、学科专家、教研员、中小学特级教师等专家的意见，如此反复数次，最后确定收集论文篇目。资料选择的时间范围原则上为1979—2009年。资料来源一般包括相关政策文件、报纸、期刊〔主要是核心期刊、CSSCI（中文社会科学引文索引）、中国人民大学《复印报刊资料》、中国教育学会具体学科教学专业委员会会刊等国家级刊物和在该学科教学方面有影响的刊物〕、著作（节选）、会议论文等。一般不收录未发表的文章。

丛书编者主要是南京师范大学从事相关学科课程与教学论教学与研究的专业人员，他们在各自学科领域潜心研究，取得了丰硕的研究成果，也产生了广泛的学术影响，因而可以保证本丛书的学术质量。特别是丛书编者中的部分老师结合本丛书，专门为课程与教学论专业研究生和教育硕士专业学位研究生开设了"课程与教学研究论文选读"课程，并取得了良好的教学效果，受到了研究生的普遍欢迎，使本丛书的学术质量和实践价值得到了初步的确证。

丛书读者定位于高等学校从事相关学科课程与教学研究的教师、课程与教学论专业研究生、教育硕士专业学位研究生、高年级师范本科生、教研员、中小学教师。随着课程与教学改革的不断深入,对中小学教师教学能力和研究能力的要求越来越高,做研究型学科教师已逐渐成为许多教师专业发展的自觉追求。对于他们而言,这是一套难得的参考书。此外,丛书具有工具书的性质,因而它也可作为各高等学校、各中小学图书馆收藏的重要资料。

最后,衷心感谢丛书中所收录文章的作者,是你们的智慧丰富了中国学科课程与教学研究的理论宝库;感谢丛书的编者,是你们的辛苦让我们看到了改革开放以来中国学科课程与教学研究的画卷;也感谢丛书的读者,是你们的热情为中国学科课程与教学研究带来了希望和明天。

丛书编选任务繁重,书中难免会有这样或那样的瑕疵与不足,文章收录也不一定能让所有作者或读者满意,欢迎大家提出宝贵意见,以便我们日后更正。

杨启亮　徐文彬　何善亮
2010 岁末于南京随园

目 录

总　序/杨启亮等 ……………………………………………………………………… 1

地理课程与教学研究三十年回顾与展望/刘树凤　张胜前 ……………………… 1

地理教育思想研究

现代地理学与中学地理教学/李旭旦 ……………………………………………… 13
试论地理学科的特点/褚绍唐 ……………………………………………………… 19
试论地理教育学/杨尧 ……………………………………………………………… 24
地理教育要面向现代化，面向世界，面向未来/吴传钧 …………………………… 29
面向世界看地理教育改革/袁书琪 ………………………………………………… 31
当代地理教育目标和价值的更新/李晴 …………………………………………… 36
地理学与中学地理教育的近今发展/孟钧照 ……………………………………… 40
树立面向 21 世纪的地理教育观/王树声等 ……………………………………… 44
高中地理课程的核心论题/陈澄 …………………………………………………… 48
做一代地理意识的塑造者
　　——对当前地理教育的一些思考/雷明德 …………………………………… 51
国际地理教育的进展/陆军　丁尧清 ……………………………………………… 57
可持续发展战略与地理教育改革/宫作民 ………………………………………… 61
中国的地理基础教育问题研究
　　——兼论我国中学地理课程标准的目标与内容结构/樊杰等 ……………… 65
地理学科美育的价值/黄京鸿 ……………………………………………………… 75
基础教育阶段地理信息(GIS)教育研究/段玉山　夏志芳 ……………………… 79
赫特纳地理教育思想评介/高建军 ………………………………………………… 86
国外两次大的地理教育改革运动/王民 …………………………………………… 90
我的地理教育思想/褚亚平 ………………………………………………………… 93
2003 年中国地理基础教育报告/史培军等 ……………………………………… 95
我国地理教育比较研究的回顾与前瞻/刘学梅等 ………………………………… 99
建设"学习共同体"：我们共同的责任/陈昌文 …………………………………… 103
台湾中学地理教育的改革与实践/陈国川 ………………………………………… 105

地理课程研究

试探地理学科的知识结构/黄德芬 ………………………………………………… 111

谈中小学地理教学大纲修订中的几个主要问题/吴履平 …………………… 116
初级中学地理教学大纲的改革精神/陈尔寿 ……………………………… 119
关于高中地理课程改革的构想/仇奔波 …………………………………… 123
面向21世纪高中地理教学大纲的继承与突破/袁书琪 …………………… 126
当前地理课程改革的主要趋势/孙大文 …………………………………… 129
中学地理课程发展的趋向/林培英 ………………………………………… 131
深化中学地理课程教材改革的思考/陈昌文 黄昌顺 …………………… 136
我国中学地理课程面临的问题与改革思路/王民 ………………………… 141
科学素质与人文精神整合的地理课程编制策略/袁孝亭 刘兰 ………… 145
简析现代中学地理课程价值内容体系的建构/仲小敏 …………………… 150
课程建构二元论/焦秋生 徐志梅 ………………………………………… 156
地理课程内容的历史演变与编制基准/王向东 王海霞 ………………… 164
澳门中学地理课程的历史发展/黄逸恒 …………………………………… 169

地理教材研究

利用图像系统发展学生的智能/孙景沂 …………………………………… 175
中小学地理课程设置与教材结构问题
　　——在"太原会议"上总结发言/褚亚平 …………………………… 178
应用教材分析的内容和方法/刁传芳 ……………………………………… 181
法国高中《世界地理》教材的几个特点
　　——评两本法国《世界地理》教科书/蔡宗夏 ……………………… 188
建国以来我国中学地理教材的改革/王肇和 ……………………………… 192
乡土地理教材的编写原则与方法/赵贤舜 ………………………………… 198
中学地理教科书的应用与编写/冯以浤 …………………………………… 200
论乡土地理教材的评估标准/陈胜庆 ……………………………………… 203
地理课程教材改革诸矛盾分析/王克平 …………………………………… 207
对编写高中地理新教材的认识与建议/李家清 …………………………… 210
论高中地理新教材需要处理好十大关系/李晴 …………………………… 213
结构与理论
　　——高中地理新教材研究之一/徐岩 ………………………………… 217
地理新教材改革的突破口——学生学习方式的变革
　　——国家地理课程标准实验教材（人教版）的主要特点/韦志榕 … 222
试论近十几年来我国中学地理教材的改革/高俊昌 ……………………… 226
国外高中地理教材比较分析/谢辉等 ……………………………………… 231
普通高中地理课程标准（实验）选修模块"地理信息技术应用"内容解析/段玉山 … 236
试论以案例分析的方法编写教材
　　——以高中地理教材为例/林培英 朱剑刚 ………………………… 242
美国中学地理教材特点简析/吕润美 ……………………………………… 247

中学地理教材改革中的知识观探析/江晔　陈昌文 …………………………… 253
地理教科书中的确定性结论对教学行为的负面影响/夏志芳　陈大路 ………… 258

地理教学研究

在地理教学中如何培养学生能力发展学生智力
　　——地理教学法理论与实践之一/陈国新 ………………………………… 267
从高考地理答卷看培养地理基本技能的重要性/喻成炳 ……………………… 270
改革教学方法是地理教学发展学生智能的重要环节/陈澄 …………………… 272
试谈高中地理教学的启发式/刘淑梅 …………………………………………… 285
地理教学中的智力因素与创造性思维/孙大文 ………………………………… 289
地理教学法/竺可桢 ……………………………………………………………… 295
运用综合教学法改革中学地理教学/周靖馨 …………………………………… 298
关于地理教学三个面向的探讨/陈尔寿 ………………………………………… 305
布鲁姆分类法在中学地理教学中的初步应用/夏有奇 ………………………… 314
地理教学法的科学研究/曹琦 …………………………………………………… 317
教学改革与教学质量
　　——以区域自然地理为例/李春芬 ………………………………………… 323
加拿大的地理教学/陆珏　莫军支 ……………………………………………… 328
谈正确运用课堂教学语言/余承惠 ……………………………………………… 330
论地理学科培养综合能力的基本途径/王树声 ………………………………… 333
打破思维定势,强化批判性思维/杨丽静　刘树凤 …………………………… 338
用新课程理念引领现代地理课堂教学/沈茂德 ………………………………… 341
论网络地理教学的几个问题/胡良民　张广花 ………………………………… 346
浅谈中学地理有效教学的几个要素
　　——兼及对内地课程改革的若干反思/钟作慈　杨德军 ………………… 351
美国世界地理教学情感成果达成度探究/华迎英 ……………………………… 357
美国基于《标准》的地理教学设计案例评析
　　——以"美国人口密度透视"为例/张胜前　李家清 …………………… 362
地理新课程与双动两案教学模式研究/徐宝芳等 ……………………………… 368

地理教师专业发展研究

开展地理进修　发展地理教师智力/李秀琴 …………………………………… 377
提高中学地理教师的检索能力/游龙奇 ………………………………………… 379
地理教师的十大教学能力及其要求/袁孝亭 …………………………………… 382
21世纪地理教师的素质结构/关伟 ……………………………………………… 385
新课程呼唤地理教师专业化/尹爱良 …………………………………………… 389
学校中教师的专业成长与发展/熊焰 …………………………………………… 392
信息时代中学地理教师素质的构建/吉小玉 …………………………………… 397

中学地理教师教育专业化培养的理论与实践/林宪生　单良 …………………… 399
加强继续教育是提高地理教师素质之必须/杨新　冯辉 ……………………… 402
面向信息化的地理教师专业发展/蔡晓　胡良民 …………………………… 405
香港教师专业发展策略：从不足模式走向互动模式/林智中　张爽 ………… 408
做富有激情和人格魅力的研究型地理教师/李志伟 ………………………… 416
地理新课程对师资培养的需求研究/南月省等 ……………………………… 419
职初教师与专家型教师课堂提问的差异性研究
　　——以高中地理"绪论"为课例/朱雪梅　唐长林 ……………………… 422
推进教师教育创新　提升教师专业水平/俞立中 …………………………… 430

文献索引(1979—2009) …………………………………………………… 434

后记 …………………………………………………………………………… 464

地理课程与教学研究三十年回顾与展望

刘树凤　张胜前

三十年来,我国发生了翻天覆地的变化,各项事业取得了伟大的成绩。我国地理课程与教学理论和实践领域的巨变也是有目共睹的,成绩和问题并存。回顾历史,总结成绩,反思问题,从中发现一些有规律性的东西,探索进一步发展的线索,对科学地推进我国中学地理教育事业的发展是十分有意义的。为了全方位展示我国地理课程与教学研究的发展历程,总结我国地理课程与教学改革的成就与经验,思考未来地理课程与教学研究的发展方向,特编辑了《地理课程与教学研究(1979—2009)》一书。全书精选了三十年来我国地理课程、地理教材、地理教学研究、地理教育思想和地理教师专业发展等领域具有代表性的论文,这些论文展示了地理课程与教学研究发展的轨迹,对当前的地理教育改革仍有着非常重要的借鉴意义。

课程、教材、教学是教育研究的三个核心领域,其中课程是宏观层面,教材是中观层面,教学是微观层面。课程主要解决学校"为什么教"的问题,集中体现了教育的价值和功能,是实施培养目标的施工蓝图,是组织教育教学活动的最主要的依据。教材主要解决学校"教什么"的问题,是教师和学生使用的最重要的资源之一,是理想课程变成现实课程的桥梁。教学主要解决"怎么教和怎么学"的问题,涉及教学目标、教学媒体、教学方法、教学模式、教学评价等系统要素,集中体现了教育的思想和观念,是理想课程和文本课程的具体实施过程。地理教育思想是指引地理教育研究与教学实践的基本信念,也是对地理学科的价值判断,地理教育思想在很大程度上影响和制约着某一阶段的地理课程设置、地理教材编写、地理课堂教学等多个不同层面。地理教育的目的一方面是促进学生的全面发展,从而培养具备地理素养的公民,另一方面是促进地理教师的专业发展。从某种意义上讲,地理课程的研究、地理教材的研究、地理教学的研究和地理教育思想的研究的目的就是要促进教师的专业发展,从而更好地实现学生的全面发展;另外,地理教师的专业发展也可以促使地理教师更好地进行地理课程、地理教材、地理教学等方面的研究,从而促进我国地理教育事业的繁荣。

三十年来,我国地理教育研究经历了富于创造的振兴时期(1978—1992)、认真反思的回落时期(1993—2000)、全面推进的改革时期(2001—　)。这几个不同的时期,在地理课程、地理教材、地理教学、地理教育思想、地理教师专业发展等方面的研究上有所侧重,呈现出各具特色的研究特点。

一、富于创造的振兴时期(1978—1992)

回顾三十年以前的情况,教育受到严重的破坏,知识分子被视为专政的对象,"教育无用论"的思想笼罩着中国大地。邓小平同志提倡"解放思想,实事求是",才拨开了乌云,使教育重见光明。在"解放思想,实事求是"路线的指引下,教育制度才实行了创新。1976 年"文化大革命"结束,1977 年停滞十年的"高考"恢复,1978 年国家确立了改革开放的伟大战略思想,在这样的背景下,我国地理课程与教学的改革研究进入了振兴时期。这一时期广大地理教育研究工作者以极大的热情投入地理课程与教学研究和改革创新,取得了多方面的研究成果,积极引导和推进了地理教学改革实践。这一时期主要侧重于教学研究,在课程和教材研究方面也有所涉及。

1. 课程方面:侧重于课程设计研究

在百废待兴之际,学校地理课程的设置、学校地理课程规模的探讨、课程改革的构想等问题亟待解决。早在1985年褚亚平先生探讨了"中小学地理课程设置与教材结构问题"。[1] 1989年郑亚非发表了《学校地理课程模式的探讨》,在分析学校地理课程的知识特性和借鉴国外课程类型的基础上,提出小学设综合课程重在观察、认识学生身边的地理现象;初中设分科课程,以区域地理为主,重在理解、分析地理现象;高中设合科课程,重在分析、推理。[2] 1991年仇奔波老师发表了《关于高中地理课程改革的构想》,文中提出在统一教学大纲指导下制定不同类型的课程标准、降低课程深度和难度措施要得当、选修课及地理考核要与培养和选拔人才的要求相一致等观点。[3] 这些地理课程设计方面的理想课程很多已经变成了现实课程,并指导着当前的地理教育。

2. 教材方面:侧重于乡土地理教材的编写研究

1978年颁布的《全日制十年制学校中学地理教学大纲》中规定:"乡土地理是中国地理教学内容的重要组成部分,一般可包括本省(直辖市、自治区)地理和本县地理。"在这种背景下,出现各地编写乡土地理教材的高潮,还出版了乡土地理教育研究的专著[4](杨镇德,1992;陈胜庆,1992)。早在1988年褚亚平先生就连续发表了《开拓乡土地理教育的新思路》和《以县为基本乡土单元研究乡土地理》,1991年褚亚平先生又发表了《再议乡土地理的研究、教材编写和教学》。他在文中提出的"以'县'为基本乡土单元编写乡土教材、先在实地调查研究的基础上再编写乡土地理教材、乡土地理教材必须适合学生作乡土地理实地考察的需要"等观点具有创新意义,值得现行乡土地理教材编写时借鉴。[5—7]

另外,陈胜庆在1991年发表了《论乡土地理教材的评估标准》,他在分析评估乡土地理教材质量的意义的基础上,提出了乡土地理教材除了具有一般地理教材的共性如鲜明的地理性、严密的科学性、强烈的思想性等,还应具有乡土性、时代性、实践性、可读性、实用性等特点,并在这些特点的指导下编制了"乡土地理教材质量评估量表"。[8] 乡土地理教材的编写研究有利于地理课程设计思想的实施,有利于地理教学的有效开展,有利于乡土教育和爱国主义教育的开展,这些乡土地理教材研究思想仍然指导着当前地理教材的编写。

3. 教学方面:侧重于教学方法的研究

微观的地理教学领域的研究涉及教学系统的诸多要素。这一时期最有影响的教学研究是周靖馨的"综合程序教学法",他在1985年到1990年连续发表了《中学地理综合程序教学法基础(上)(下)》《综合程序教学法教学原理摭谈》《综合程序教学法课堂教学结构与功能》等文章。综合程序作业是综合程序教学法的核心所在,他提出综合程序作业要具有程序信息的准确性、程序信息的系统性和思想性、程序信息的启发性、程序信息的多样性、程序信息的针对性等特点并提出了综合程序教学法的步骤:新课导言—展示作业—指导自学—讨论作业—串联讲授—质疑释疑—要求学习。[9—12] 综合程序教学法有利于改变传统的注入式教学法,有利于提高学生的自学能力,有利于提高教学效果,有利于活跃课堂氛围,有利于传统教学方法与现代教学方法的结合。综合程序教学法在当时是很大的创新,它的一些思想至今仍影响着我国的地理教学。

另外,这一时期在教学方法上还注重野外考察等实践活动的开展,这和乡土地理教育的大力倡导以及国家教育政策的大力支持密不可分。1978年、1980年、1986年、1988年、1990年的中学地理教学大纲中强调"积极开展地理课外活动"。在地理教学大纲指令性要求的引领下,这个时期的地理教学法、地理教材教法等著作中不仅有课外活动的专题论述,而且还出现了专门研究地理课外活动的专著[13—16](人民教育出版社地理室编,1986;张承胜,1989;单树模、陈尔寿、石高俊,1992;陈树杰,1992)。各种类型的地理课外活动的开展符合地理的学科特性、契合学生的学习兴趣,有利于培养学生的各种能力。

4. 地理教育思想方面:注重历史经验的借鉴与总结

这个时期,在改革开放教育思想的指导下,中学地理教育一方面注重借鉴国外地理教育思想,从而为我国地理教育注入了新鲜的血液。比如,吴传钧在1985年就提出"地理教育要面向现代化、面向世界、面向未来"[17];袁书琪在《面向世界看地理教育改革》一文中,提出要提高对现代地理教育价值的认识、加强对学校地理地位的保障、合理安排学校地理的课程、修订贯彻地理教育的目的、处理好地理学科自然和人文的关系、不断充实现代地理教学内容、发挥地理教材结构三系统的作用、改进地理教学方法系统、不断充实地理教学设备、重视地理师资的终身培训等[18]。

另一方面,这一时期注重从地理教育的发展历史中吸取经验、提炼思想。在这方面,陈尔寿先生做出了卓越的贡献。他先后在1984发表了《中小学地理教育演变及改革趋向》[19],1989年发表了《十年来我国中学地理教育的改革》[20],他按照时间顺序从"人地关系认识理论思维的转变""地理教学思想的转变""知识结构的变化""思想教育内容的深化"等角度,通过具体的案例分析了我国中学地理教育思想的发展。这些思想有的至今还指导着当前的中学地理教学,比如人地关系协调论、重视地理实践教学、重视乡土地理教学等。

5. 地理教师专业发展方面:侧重教学能力的研究

这个时期还没有人明确提出"地理教师的专业发展"这一概念,这方面的研究比较少,主要集中在地理教师的教学能力的研究。比如李秀琴提出通过举办地理教材系统辅导讲座、开展地理教材教法研究班、举办地理专题讲座、组织地理学术报告会等方式开展地理进修,发展地理教师智力;[21]陈胜庆提出地理教师应具备形象型和逻辑型相结合的语言表达能力、善于分析教材和熟练运用多种教法的能力、运用地图进修教学的能力、结合地理教学进行思想教育的能力、对地理事象的观察力和分析力、地理课外活动的组织能力等;[22]游龙奇老师从知识储备、语言艺术、心境调节和身体锻炼等方面提出要提高中学地理教师的检索能力[23]。

二、认真反思的回落时期(1993—2000)

1992年是地理课程与教学研究振兴时期的顶峰时期,但就在同年国家教委宣布自1993年起,高考文科类不考地理。这一决定对地理课程与教学研究人员的积极性造成了很大的负面影响,但同时也促使一些有责任感的地理教育研究专家、学者开始认真反思地理课程与教学研究所存在的问题。这种反思对地理课程与教学研究的良性循环是非常有益的。这一时期国家颁布义务教育法和实施素质教育的方针政策,也为地理课程与教学的研究发展提供了新的契机,地理课程与教学研究取得许多重要成果。这一时期的地理教育研究侧重于地理课程方面,尤其是地理课程的地位、功能和价值等问题。

1. 课程方面:侧重于课程价值研究

随着高考地理学科的取消,很多专家学者开始不断思考地理学科有别于其他学科的独特价值。在这一时期相继发表了《论地理教育的学科地位》《论地理教学的基本价值》《试论地理科学的基本价值》《对21世纪地理教育价值的认识》《中学地理教育的美育价值》等文章,其中1996年曹琦教授的《地理教育的价值》最具影响。他提出了地理课程在德育中的价值、在生产建设中的价值、在国防上的价值、在学生升学后继续学习中的价值、在日常生活中的价值等;从历史的角度分析了地理课程价值"波动"的历程,并分析了"波动"的实质,即:"地理作为一门学科,它的教育价值是客观存在的。但为什么会屡次发生'波动'、出现低谷呢?显然,这不是地理教育价值本身在发生变化,而是人们对它的看法——价值观不同的结果。所以,'波动'是现象而不是本质,纯系人为因素而引起的。这是产生地理教育价值发生'波动'、出现低谷,地理教育的巨大价值得不到正常发挥的根本原因。鉴于此,有必要唤起社会各界、尤其是教育主管部门的负责人对地理教育的重视,并促使他们改变对地理教育的偏见,树立正确的地理教育价值观,这对地理教育的稳定发展,是至关重要的。"[24]对地理课程价值的研究是对地理课程的理性反思,这种反思有利于树立新的教材观和教学观,从而有利于地理教材的编写和教学质量的提高。

另外,随着90年代《国际地理教育宪章》的颁布,英、美等国相继颁布了《地理课程标准》,地理的学科地位和价值得到了认可。正如《国际地理教育宪章》所提出的深信"地理教育为今日和未来世界培养活跃而又负责任的公民所必需","地理在各个不同的级别的教育中都可以成为有活力、有作用和有兴趣的科目,并有助于终身欣赏和认识这个世界",地理被列为必修课程或核心课程。在这个时期,很多专家学者将目光投向国外,并从国外地理教育的现状中发现了地理课程的地位和价值,发表了一系列的文章。比如褚亚平先生的《近年国际学校地理教育动态引起的思考》[25]、毕超的《美国〈国家地理标准〉对技能培养的设计》[26]、陆军等的《美国国家地理标准的提出及实施》[27]、袁孝亭等的《20世纪90年代国际地理教育改革实践》[28]。从这些文章中,我们发现了地理课程的地位和价值、课程的结构、课程的设计等内容。从某种意义上讲,这些研究更有利于这个时期地理教育的理性反思。

2. 教材方面:侧重于教材体系研究

1992年,试用版新教材经全国中小学教材审查委员会审查通过后颁发,在全国使用。在这样的时代背景下,中学地理教材内容发生了历史性的变化,比如,从课程内容的安排来看,初中一年级由原来的中国地理改为世界地理,初中二年级由原来的世界地理改为中国地理。尽管"先中后世"还是"先世后中"各有其道理,但是人教版教科书编者在权衡了利弊之后,选择了"先世后中"的模式。从课程内容的选择来看,不单追求地理知识的系统和全面,而是面和点相结合,适当减少知识点。从课文表达方式来看,具有引导教师进行教学方式改革的意图,课文中穿插"读一读""想一想""做一做"等小栏目,改变了以往教科书一味叙述的编写形式,使表达方式多样化,活化了课文内容,对于培养学生的地理学习能力具有一定的积极作用。另外,1996年,国家教委制定同义务教育相衔接的《全日制普通高级中学地理教学大纲(供试验用)》,同时组织编写与义务教育地理教材相衔接的高中地理教材,于1997年秋季在山西、江西、天津两省一市开始试验,并根据实验进行修改。与1982年版高中地理教科书相比较,这套教科书地理学科体系相对弱化,但教学内容选择的广度、表达方式的多样化等方面得到了加强。

在这样的时代背景下,很多专家学者们围绕着地理新教材展开了一系列的研究,其中1997年李晴教授的《论高中地理新教材需要处理好十大关系》[29]最具影响,她提出要处理好传统知识和新知识的关系、事实和原理的关系、自然地理和人文地理的关系、知识和能力的关系、理论与实际的关系、统一性和灵活性的关系、系统性和个性发展的关系、课文图像与练习的关系、教科书与配套教材的关系、课程纵向设置与学科横向联系的关系等,这些具有前瞻性的观点至今仍指导着当前地理教材的设计和编写。

3. 教学方面:侧重于能力培养研究

1996年《全日制普通高级中学地理教学大纲(供试验用)》提出:普通高中地理教学的目的,是使学生获得比较系统的自然地理和人文地理基础知识,了解当代中国区域研究所面临的重要课题;培养学生的地理基本技能,发展学生的地理思维能力,以及独立学习地理知识的能力,使学生能够运用地理科学观念、知识和技能对人类与环境之间的问题做出正确的判断和评价。这一时期,中学地理教学的主要特征是加强基础知识和基本技能教学,注重发展学生的智力和能力,重视培养学生地理学习的兴趣、动机与情绪等非智力因素。由此可见,这个时期的教学研究改变了过去过于注重知识传授的倾向,开始注重学生能力的培养。这个时期2000年王树声特级教师的《论地理学科培养综合能力的基本途径》[30]最具影响,他提出综合能力培养的几个途径:整理地理知识的系统结构与联系;综合地理事物的空间分布与特征;概括地理现象的时间变化与过程;归纳地理事实形成的背景与条件;总结地理事件发生的意义与影响;分析地理事物的发展变化与规律;剖析地理原理的构成要素与概念;运用地理思维的联系线索与技巧;掌握地理观点的认识方法与实践;熟悉地理图像的判读原理与功能等。这些观点对于学生能力的培养以及素质教育的实施具有指导意义。

4. 地理教育思想方面:提出地理教育价值观

在总结历史经验和借鉴国外经验的基础上,这个时期的地理教育思想主要表现为提出了地理教育的核心价值观,提出了中学地理教育的核心命题,即可持续发展。1996年,陈澄教授在《高中地理课程的核心论题》[31]中,就从历史发展的角度,分析了几种不同的人地关系,并提出了高中地理课程应该以"可持续发展"观为核心论题。另外,宫作民教授也从可持续发展的角度提出要进行中学地理教育的改革。

5. 地理教师发展方面:转向素质结构的研究

这个时期也还没有人明确提出"地理教师的专业发展"这一概念,但这一时期从教师的单一能力的研究走向了多种能力的研究,尤其是教师素质结构的研究。比如,袁孝亭教授在1997年提出了"地理教师的十大教学能力及其要求",即良好的语言表达能力,灵活运用教育学和心理学理论于地理教学实践的能力,分析和组织地理教材的能力,优选和运用地理教学方法的能力,设计和调控地理教学过程的能力,运用地图进行教学的能力,速绘、设计和运用地图略图、板画及各种常见地理图表的能力,选择、运用和制作地理教具的能力,指导学生进行地理实践活动的能力,进行地理教学研究的能力[32]。2000年关伟从优秀的思想道德素质、综合化的知识素质、复合型的能力素质和健康的身心素质几个方面提出了"21世纪地理教师的素质结构"[33]。这些研究推进了地理教师发展的研究,从而使教师发展研究不断完善。

三、全面推进的改革时期(2001—)

2001年国务院颁布《关于基础教育改革与发展的决定》。经过充分酝酿和研究,教育部制定了《基础教育课程改革纲要(试行)》。我国新一轮基础教育课程改革在世纪之交启动。2001年和2003年教育部分别颁布了《义务教育地理课程标准(实验)》和《普通高中地理课程标准(实验)》,开始了新课程实验。至此,我国地理课程与教学研究进入了全面推进改革的昌盛时期。这一时期地理教学改革研究视野开阔、研究思维活跃,研究成果大量涌现。几年间的研究成果总量超过以往几十年的历史积累。

1. 课程方面:侧重于课程标准研究

经过理性的思考和国际的借鉴,2001年和2003年初、高中地理课程标准确定了"学习对生活有用的地理"、"学习对学生终身发展有用的地理"、"培养现代公民必备的地理素养"等理念。新的课程标准颁布以后,为了帮助一线的地理教师更好地理解课程标准,树立"课程意识",很多专家从不同的角度对课程标准进行深入解读,关于地理课程标准的研究成果不断出现。其中比较有代表性的有2002年袁孝亭、刘兰教授的《科学素质与人文精神整合的地理课程编制策略》[34]、2004年李家清教授等的《走进新课程:"论培养现代公民必备的地理素养"》[35]、2007年林培英教授的《我国大陆地理课程发展中课程目标变化的讨论》[36]、2009年袁孝亭教授的《准确理解地理过程与方法目标中的"过程"与"方法"》[37]等。另外还出版了关于课程标准的著作,如陈昌文主编的《上海市中学地理课程标准解读》[38]、陈澄、樊杰主编的《普通高中地理课程标准(实验)解读》[39],袁孝亭、王向东的《新课程理念与初中地理课程改革——全日制义务教育地理课程标准(实验稿)解析》[40],陈澄、樊杰主编的《全日制义务教育地理课程标准(实验稿)解读》[41]。有的是进行课程标准和教学大纲比较研究,如王民主编的《课程标准与教学大纲对比分析(高中地理)》[42]等。这些基于课程标准的文本解读、历史比较和国际比较,使我国地理课程的研究从经验走向理性,这种理性的课程研究不仅表现在对"课程性质""课程基本理念""课程设计思路"的明确表述上,更反映在"课程目标"和"内容标准"的设计上,课程标准的研究有利于优质地理教材的编写和课堂有效教学的开展。

2. 教材方面:侧重于教材编制研究

地理教材是进行地理教学最重要的课程资源。在"一纲多本"政策的指导下,这个时期出版了不同版本的地理教材。不同版本地理教材编写质量如何,如何评价地理教材?好的地理教材的标准有哪些?国外地理教材哪些优点值得我们借鉴?围绕着这些问题,这个时期的专家学者们对地理教材编制进行了一系列研究。比如,2004年宋志军的《从中德教科书合作研究看中学地理教材编写的差异》[43]、2005年夏志芳教授的《关于高中地理教材改革的几个问题》[44]、2005年李家清教授等的《论地理新教科书活动性课文的设计策略》[45]、2006年王民教授等的《二十世纪英国地理教科书的案例分析》[46]、2006年韦志榕的《地理教材中的学科逻辑与学习逻辑》[47]、2007年李家清教授的《学习理论与高中地理新教材编写研究》[48]、2007年陈红的《美国〈世界地理〉教材的结构特色》[49]、2008年韦志榕的《三十年地理教科书(人教版)回顾》[50]、2008年王向东等的《地理课程内容的历史演变与编制基准》[51]等。另外,这个时期还出版了《基于课程新理念的高中地理教科书编制研究》[52](2007,夏志芳、李家清),该书从国内外地理教材编写的比较研究、地理教材编写的理论研究、地理教科书编写的评价研究、地理教科书的实验调查研究等方面进行了系列研究。这些关于地理教材编制各方面的研究,使我国地理教材的编写走向科学、理性,这些研究为宏观的理想课程的实施提供了坚实的基础,也有利于更好地指导现实的地理课堂教学,从而实现

"利教乐学"的目的。

3. 教学方面:侧重于课堂教学研究

课堂教学是课程改革的关键。2001年以后,地理教学研究的范式发生了转变,开始关注地理教学的原点,即地理课堂,从"文本式"研究转向"田野式"研究。很多专家学者、教研员亲临中学地理课堂教学一线,通过"田野式"研究的方法做了大量行动研究。比如,陈澄主编的《地理教学研究与案例》[53],蔡建明、孙有坚、周顺彬、姜建春主编的《走进课堂——高中地理(必修)新课程案例与评析》[54],林培英主编的《课堂决策——中学教师课堂教学行为及案例透视》[55],林培英、陈澄主编的《走进课堂——初中地理新课程案例与评析》[56],陈澄主编的《地理典型课示例》[57],夏志芳主编的《地理课堂教学行为研究及案例》[58]等。这些以现实的地理课堂为"场域"、以新的课程理念为"指导"、以新的地理教材为"载体"进行的一系列实践研究有利于新的课程理念的实施,有利于有效课堂教学的顺利开展。

另外,有的专家、学者还从地理教学设计、地理网络教学、地理教学评价、地理教学模式等角度进行了研究。比如,李家清教授的《地理教学设计的基本理论和基本方法研究》[59]、胡良民教授的网络地理教学的问题研究[60]、张亚南研究员的新课程实施与高考改革的关系研究[61]、吕润美博士的高中地理新课程过程性评价探索[62]、徐宝芳教授的地理新课程与双动两案教学模式研究[63],均围绕新课程改革背景下的地理课堂教学展开了多个维度的研究,为地理课堂教学的有效开展提供了理论指导。

4. 地理教育思想方面:重视教育思想的凝练

进入21世纪之后,随着地理教育改革和研究的不断深入,有些学者开始对地理教育思想进行专门研究。有的对国外地理教育思想进行了研究,比如,高建军博士从地理学的教育价值(地理知识对生活的价值、培养能力的价值、品德价值),地理学课程,地理教学方法,地理教师等几个方面分析了德国著名地理教育家赫特纳的地理教育思想[64]。更重要的是,我国著名地理教育家褚亚平先生提出了他的地理教育思想,即:要协调人和自然的关系;以人为本,以德智体全面发展为培养目标,以终身有用的地理基础知识为教育素材;要把握好地理学科的区域性和综合性,从而更好地实现地理的学科价值[65]。另外黄京鸿教授从地理美育的角度进行地理教育的价值分析,从而更好地丰富了地理教育思想的内涵[66]。

5. 地理教师发展方面:注重教师的行动研究

随着新课程改革对地理教师的要求的不断提高,地理教师的专业化发展提上了议事日程,这个时期专家、学者发表了一系列的研究论文。丁尧清早在2002年就在分析21世纪地理新课程和教科书的基础上,重点从地理教师角色变化的角度提出了地理教师的专业发展的命题[67]。这个时期,关于教师专业发展研究的一大亮点就是注重通过以具体课例为载体的课堂行动研究,来具体分析地理教师的各种能力,从而更好地促进地理教师的专业发展。比如,朱雪梅老师以"提问"为观察对象,对职初教师与专家型教师课堂提问的差异性进行了研究,提出了促进地理教师专业发展的具体策略,从而更好地促进了地理教师的专业发展[68]。另外,有的学者从高师院校培养师范生的角度提出了优化地理教师专业发展的意见,比如,俞立中教授提出要推进教师教育创新,提升教师专业水平,用先进教育理念引导教师教育改革,整体规划建设教师教育课程体系,加快教师教育改革的实践[69]。

自改革开放到现在,中学地理课程与教学论研究已经有三十多年的历史。在这三十多年里,地理课程经历了十分坎坷的发展历程。纵观这段时期我国地理课程研究、地理教材研究、地理教学研究、地理教育思想研究和地理教师专业发展的历史,可以发现,我国地理课程与教学的研究在不断发展、深化,无论是课程研究、教材研究还是教学研究都在向学生素质发展的方向转变,地理课程与教学研究在价值取向上从知识本位走向能力本位,在研究深度上从经验总结走向理性设计,在研究范式上开始从"文本式"研究走向"田野式"研究。所有这些变化和研究成果,都凝聚了广大的高校教师、中学教师和教研员的心血。但应当看到,由于教育问题的复杂性,很多问题还有待进一步深化、细化,高水平的学术论文还不够多,尤其是以新的视角、新的思路探索地理课程与教学问题,我们任重而道远。对此,特提出如下建议:

第一,继续加强对相关问题的探究,开拓新的研究课题。从研究的内容看,地理课程研究、地理教材研究、地理教学研究、地理教育思想研究基本上做到了整体推进,但很多问题还有待深入研究。比如,关于地理学科基本知识、基本技能等方面的本体论研究,地理学科价值等方面的价值论研究,学生学习方式、学习方法、学习心理研究等认识论研究,区域地理教学法、自然地理教学法、人文地理教学法等专题性的研究,教师专业化发展研究等领域还有待进一步加强。因此,不断加深与拓宽新的研究领域成为今后的重要任务。

第二,注重对现实课程的研究,在研究的深度上下功夫。随着新课程改革的推进以及初、高中地理课程标准的制定,地理课程"宏观层面"的研究发生了很大的转向,但这种课程研究还是一种理想的、官方的文本课程。只有把这种纲领性的、指导性的"文本课程"转变成中学地理课堂实践中的"现实课程",这种课程才有价值,而这种转变既离不开地理教材"中观层面"的研究,更需要加强对学生地理学习"微观层面"的研究,在拓展型地理课程、研究型地理课程的研究上多下功夫。同时,在教学内容的研究上,尽可能关注地理学科发展的动态趋势,尤其是人类环境与社会发展中的热点问题。

第三,注意运用科学的研究方法,强化研究成果的创新。通过三十年来我国地理课程研究、地理教材研究、地理教学研究、地理教育思想研究和地理教师专业发展的历程研究,我们可以了解三十年来我国中学地理课程的演变历史,找出我国中学地理课程演变的一些规律,更好地理解当前我国正在进行的地理课程改革。我们不难发现,多数文章是一些对现实问题的分析与教学中的经验总结,有些虽是对国外相关的研究现状介绍,但学术深度不够,缺少如世界上许多著名的教育家用科学的方法进行实证研究所产生的成果。因此,应当在研究方法上有所改进,注重运用科学的研究方法,进行深入细致的实证研究,在取得第一手资料的基础上,产生有较强说服力的原创性的研究成果。

三十年来,地理课程研究和地理教学研究的对象不断明晰,很多关键问题已经解决。比如,中学地理学科地位得以恢复,初、高中地理课程分工明确,中学地理课程类型不断丰富,中学地理课程价值走向多元;中学地理课程内容不断更新,中学地理教材多种多样,正确人地观得以确立;更重要的是中学地理课程理念发生了转向,开始从"学科中心课程观"转向"以学生发展为中心、以社会需要为方向、以地理学科发展为基础"的"融合"课程观。通过回顾与反思,我们意识到还有许多新的课题需要探索,在新的形势下,地理教师要调整课程与教师、学生的关系,树立"关系存在"的整体课程观;全面关注学生的过程体验,树立"经历、体验"课程观;彰显学习者主体性,树立"探究、反思、行动"课程观;关注生活本真世界,树立生活课程观。我们衷心期待着更多、更有价值的地理课程、地理教材、地理教学方面的研究成果的产生,我们坚信,在大家的共同努力下,地理课程和地理教学的研究将为我国地理教育事业的发展,为"培养现代公民必备的地理素养"做出贡献!

参考文献:

[1] 褚亚平.中小学地理课程设置与教材结构问题.中学地理教学参考,1985(6):1—3
[2] 郑亚非.学校地理课程模式的探讨.地理教学,1989(1):27—30
[3] 仇奔波.关于高中地理课程改革的构想.地理教育,1991(5):1—2
[4] 陈胜庆.乡土地理教育新论.北京:测绘出版社,1992
[5] 褚亚平.开拓乡土地理教育的新思路.地理教育,1988(6):1—2
[6] 褚亚平,杨颖.以县为基本乡土单元研究乡土地理.中学地理教学参考,1988(6):1—2
[7] 褚亚平.再议乡土地理的研究、教材编写和教学.地理教育,1991(1):1
[8] 陈胜庆.论乡土地理教材的评估标准.地理教学,1991(5):32—35
[9] 周靖馨.中学地理综合程序教学法基础(上).地理教育,1985(1):1—4
[10] 周靖馨.中学地理综合程序教学法基础(下).地理教育,1985(2):3—6
[11] 周靖馨.综合程序教学法教学原理摭谈.中学地理教学参考,1988(4):1—2
[12] 周靖馨.综合程序教学法课堂教学结构与功能.地理教育,1990(5):1—3
[13] 人民教育出版社地理室编.地理课外活动.北京:人民教育出版社,1986
[14] 张承胜.中学地理第二课堂100例.云南:云南科学技术出版社,1989
[15] 单树模,陈尔寿,石高俊.中学地理复习考核与课外活动.南京:江苏教育出版社,1992
[16] 陈树杰.中学地学科技活动.北京:中国科学技术出版社,1992(10)
[17] 吴传钧.地理教育要面向现代化,面向世界,面向未来.课程·教材·教法,1984(4):9—10
[18] 袁书琪.面向世界看地理教育改革.中学地理教学参考,1985(6):7—11
[19] 陈尔寿.中小学地理教育演变及改革趋向.地理教学,1984(2):1—3
[20] 陈尔寿.十年来我国中学地理教育的改革.地理教学,1989(3):1—4
[21] 李秀琴.开展地理进修发展地理教师智力.中学地理教学参考,1983(6):14—15
[22] 陈胜庆.谈谈地理教师的教学能力.中学地理教学参考,1986(4):36—38
[23] 游龙奇.提高中学地理教师的检索能力.中学地理教学参考,1995(Z2):56—57
[24] 曹琦.地理教育的价值.中学地理教学参考,1996(Z1):4—5
[25] 褚亚平.近年国际学校地理教育动态引起的思考.地理教学,1997(4):1—2
[26] 毕超.美国《国家地理标准》对技能培养的设计.地理教学,1998(2):40—41/23
[27] 陆军,丁尧清.美国国家地理标准的提出及实施.地理教学,1998(6):39—40
[28] 袁孝亭,娄晓黎.20世纪90年代国际地理教育改革实践.地理教学,2000(1):32—34
[29] 李晴.论高中地理新教材需要处理好十大关系.地理教育,1997(5):28—30
[30] 王树声.论地理学科培养综合能力的基本途径.地理教育,2000(1):4—7
[31] 陈澄.高中地理课程的核心论题.地理教学,1996(5):12—14
[32] 袁孝亭.地理教师的十大教学能力及其要求.中学地理教学参考,1997(5):10—11
[33] 关伟.21世纪地理教师的素质结构.地理教育,2000(2):6—7
[34] 袁孝亭,刘兰.科学素质与人文精神整合的地理课程编制策略.中学地理教学参考,2002(7—8):19—21
[35] 李家清,张丽英,陈芳.走进新课程:论"培养现代公民必备的地理素养".中学地理教学参考,2004(1—2):17—18
[36] 林培英.我国大陆地理课程发展中课程目标变化的讨论.地理教育,2007(1):8—9
[37] 袁孝亭.准确理解地理过程与方法目标中的"过程"与"方法".地理教育,2009(1):4—5

[38] 陈昌文主编,江晔等编著.上海市中学地理课程标准解读.上海:上海教育出版社,2007
[39] 陈澄,樊杰.普通高中地理课程标准(实验)解读.南京:江苏教育出版社,2004
[40] 袁孝亭,王向东.新课程理念与初中地理课程改革——全日制义务教育地理课程标准(实验稿)解析.沈阳:东北师范大学出版社,2003(12)
[41] 陈澄,樊杰.全日制义务教育地理课程标准(实验稿)解读.武汉:湖北教育出版社,2002
[42] 王民.课程标准与教学大纲对比分析(高中地理).沈阳:东北师范大学出版社,2005
[43] 宋志军.从中德教科书合作研究看中学地理教材编写的差异.地理教育,2004(5):62—63
[44] 夏志芳.关于高中地理教材改革的几个问题.中学地理教学参考,2005(5):4
[45] 李家清,闻民勇,刘学梅.论地理新教科书活动性课文的设计策略.地理教学,2005(9):10—13
[46] 王民,袁晶.二十世纪英国地理教科书的案例分析.地理教育,2006(3):63—64
[47] 韦志榕.地理教材中的学科逻辑与学习逻辑.中学地理教学参考,2006(1—2):4—6
[48] 李家清.学习理论与高中地理新教材编写研究.地理教学,2007(1):8—11
[49] 陈红.美国《世界地理》教材的结构特色.地理教育,2007(3):60—61
[50] 韦志榕.三十年地理教科书(人教版)回顾.地理教育,2008(5):4—5
[51] 王向东,王海霞.地理课程内容的历史演变与编制基准.地理教学,2008(3):7—10
[52] 夏志芳,李家清.基于课程新理念的高中地理教科书编制研究.北京:地质出版社,2007
[53] 陈澄主编.地理教学研究与案例.北京:高等教育出版社,2006
[54] 蔡建明,孙有坚,周顺彬,姜建春主编.走进课堂——高中地理(必修)新课程案例与评析.北京:高等教育出版社,2005
[55] 林培英主编.课堂决策——中学教师课堂教学行为及案例透视.北京:高等教育出版社,2004
[56] 林培英,陈澄主编.走进课堂——初中地理新课程案例与评析.北京:高等教育出版社,2003
[57] 陈澄主编.地理典型课示例.上海:华东师范大学出版社,2001
[58] 夏志芳.地理课堂教学行为研究及案例.南昌:江西教育出版社,2009
[59] 李家清.地理教学设计的基本理论和基本方法.课程教材教法,2004(1):15—17
[60] 胡良民.论网络地理教学的几个问题.课程教材教法,2005(5):60—62
[61] 张亚南.浅谈新课程实施与高考改革的关系.课程教材教法,2007(2):15—17
[62] 吕润美.高中地理新课程过程性评价探索.全球教育展望,2007(3):21—24
[63] 徐宝芳.地理新课程与双动两案教学模式研究.内蒙古师范大学学报(教育科学版),2009(4):119—121
[64] 高建军.赫特纳地理教育思想评介.地理教学,2002(12):15—17
[65] 褚亚平.我的地理教育思想.地理教育,2004(1):1
[66] 黄京鸿.地理学科美育的价值.中学地理教学参考,2002(1—2):9—10
[67] 丁尧清.地理课程改革与地理教师专业的发展.中学地理教学参考,2002(4):7—9
[68] 朱雪梅.职初教师与专家型教师课堂提问的差异性研究——以"高中地理绪论"为课例.中学地理教学参考,2009(8):17—21
[69] 俞立中.推进教师教育创新,提升教师专业水平.中国高等教育,2009(9):20—21

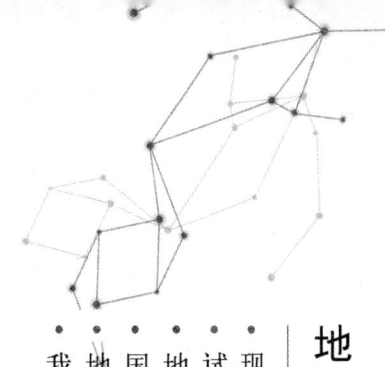

地理教育思想研究

- 现代地理学与中学地理教学(李旭旦)
- 试论地理学科的特点(褚绍唐)
- 地理教育要面向现代化,面向世界,面向未来(吴传钧)
- 国际地理教育的进展(陆军 丁尧清)
- 地理学科美育的价值(黄京鸿)
- 我的地理教育思想(褚亚平)

现代地理学与中学地理教学[①]

李旭旦

我国大学成立地理系,引进科学的地理学,培养专业的地理科学工作者大约是在 30 年代初开始的。但在新中国成立以前,科学事业不受重视,兼以战事动乱的影响,发展缓慢,落后于国际水平。解放后,特别是在解放初期的 50 年代里,我国曾掀起了一个引进苏联地理学的高潮,地理科学与教育事业大量培养中学地理教师,除综合性大学地理系外,新建了许多师范院校地理系。同时地理教科书、地图册、挂图、地理科普读物的供应也日益增多。50 年代初中国科学院在竺可桢同志的领导下成立了地理研究所,该所在和各大学与政府部门的协作下,组织了大规模的综合考察,进行了各种自然和经济地理区划工作。通过实践,地理基础理论的研究水平也有所提高。中国地理学会先后主编的《地理学报》与《地理知识》,对提高和普及地理知识起了重要的作用。总的来说,成绩是主要的,虽然也存在一些缺点。例如由于片面强调学习苏联,对世界各国的地理学未能兼收并蓄;由于不适当地强调结合政治,把地理课讲成政治课;为批判"环境决定论"而一概否定人与环境的相应关系,割裂自然地理与经济地理的联系;50 年代后期中学地理课大幅度减少,培养师资计划性又不强,从而造成大学地理系毕业生改行,用非所学等现象。但不能把这些缺点说成主流。

60 年代以后,情况有所改变。首先是中学在精减课程中将地理课大量删减。其后林彪、"四人帮"对内实行愚民政策,对外封锁国际学术交流,在批判"智育第一"、"洋奴哲学"、"白专道路"等一系列极"左"路线下,整个科学教育事业受到空前的摧残,地理界受灾更重。学会停办,学报停刊,大学停止招生,教师下放劳动,中、小学地理课全部取消,广大青少年的地理知识水平普遍下降。

粉碎"四人帮"以后,全国出现了安定团结的大好形势,地理科学与教育事业正在全面恢复。今年是全党工作重点开始转移到社会主义现代化建设的一年,地理科教工作者也和全国科教工作者一样,解放思想,发扬学术民主,迫切希望为地理科学与教育事业的现代化做出贡献。

但是,林彪、"四人帮"的长期干扰破坏,对地理科学与教学所造成的重大损失,不是短期所能弥补的。60 年代以来,我国闭关自守,不进则退。而在国际上,60 年代却是一个科学技术大革命的时代,彼进我退,差距愈拉愈大,就地理学而言,我们确实处于"理论贫乏,技术落后"的严重状态。当前,一些外文地理新著中有三多,即数学公式多、新的技术名词多和新创而生疏的论题多。不少同志在读译的时候,感到有些吃力。因此要赶上世界水平,需要做艰

[①] 本文是 1979 年 5 月 23 日对在无锡市召开的地理教学法审稿会议和无锡市进修学院组织的宁沪线各市、地、县的地理教师所做的学术报告。选自《李旭旦地理文选》,杭州:浙江教育出版社,1991:195—207。

巨的努力。近几年来，我虽然读了一些新书，但由于理解不深，只能根据个人的体会，就现代地理学的新动向，谈谈以下四个方面的问题。

一、现代地理学是自然科学还是社会科学

现在大学地理系一般都属理科，而报考大学地理系的却不考地理，只是报文科各系的才要考地理。在中学里通常也是把史地放在同一个教研室内。地理研究所属中国科学院，不属社会科学院。地理学到底是理科，还是文科？我们一致承认，地理学的研究对象是地球表面，地球表面上既有自然现象，如高山、大河、森林、草原等，也有社会现象，如都市、农田、工厂、交通线等，因此地理学既要论述自然现象，也要论述人和社会现象。严格说来，由于人类的科技发展，人的影响已遍及地球表面，地球上除极少数地区外，几乎找不到不受人类文化影响的地方。现代地理学目前已逐渐趋向于侧重研究人类社会问题。但是地理学者研究人类社会，往往是从自然条件着眼的。苏联地理学者萨乌什金即主张研究经济地理学要以自然地理学为基础。

现代地理学的新动向固然偏重于解决经济、社会问题，如都市地理、资源地理、土地利用等，但研究的方法却日益采用数理统计与模型分析等，在技术上还广泛应用航空照片与卫星图像判读等手段。可以说现代地理学走的是社会科学的方向，用的是自然科学的方法。

研究人与自然环境的关系是地理学的传统。现代地理学者把地球表面看作是一个"人和环境相互作用的系统"，简称"人地系统"。因此，地理学一直是自然与人文兼顾的，它既是自然科学，又是社会科学。

除此以外，地理学还要有哲学思想的指导。在分析地面事物时，又常用时间法，注意其变化过程，追溯过去，推测未来，需要有历史观点。它是一门综合性的科学，现代地理研究工作者既要具有从事文字描述能力，又要有进行数理分析的能力，既要有哲学思考的能力，又要有新技术的运用能力，他应当是一个多面手。

二、现代地理学主要研究地理区域还是地理要素

地理学的研究与教学一向有两种方法，论题分析的方法和区域综合的方法。前者按地理要素专题进行分析，称通论地理或部门地理。后者按分区，综合叙述地区内的一切地理事物，即一般的区域分论，亦称地方志。

1972 年美国 R. C. Estall 的《近代美国地理》一书的编排就采用专题论述，是通论地理的代表作。而 1964 年美国 White 和 Foscue 的《北美区域地理》一书则全按分区描述（最近北京大学地理系编的《世界地理》也是如此）。一般区域地理教科书则往往采取折中办法：先通论，后分论，二者均有，但比重不同。英美各国的中学地理课既有区域地理课本，又有地学通论课本。我国目前中学不设通论地理课，只得把通论的地理教材内容分别塞进《中国地理》与《世界地理》课本中去。如新编《中国地理》上册的前面几章和下册的最后一章以及《世界地理》上册的第一章和下册的最后两章，就是通论性质，其余则为分区叙述。这样的全面兼顾，确是煞费苦心的。

现代地理学的新趋势之一是论题研究的方向，即面向问题，从事地理要素的分析，以达到解决问题的目的。近年来，国外有不少地理学者鄙视、摒弃区域地理，认为区域这个概念不明确，界限模糊，又不好划定，说什么区域地理学者"试图在不存在边界的无所谓的区域间

划定边界是浪费生命"(英国的 G. H. T. Kimble);有人认为界线明确的区域只是政治区域,而政治区域只是一个容器,一个垃圾箱;还有人认为自人类进入科技革命以后,自给自足的地方性特点已逐渐消失,区域间的特征差异已不显著,小区域的研究已不再需要了。美国曾为探讨区域概念成立过一个专门委员会,最后把区域说成是按一定指标所确立的均质的地段,并认为"区域"是一个理智概念,而不是一个实物。

总而言之,近年以来由于区域地理的纯描述方法引起越来越多的批评,产生了一个所谓区域地理学的危机。有些大学甚至取消了区域地理课程,而面向问题的专题研究则有助于解决国家或地区的经济、生活等问题,又避免了纯描述的资料堆砌与现象罗列的缺陷,已成为现代地理学的一个新动向。美国的 D. Turnock 主张区域地理的研究内容应以论题为基础。W. R. Mead 和 E. H. Brown 则主张区域地理学者应在一定的地区内选择某些问题作为其研究内容。

目前,区域地理学正在向一门新生的区域科学(空间科学的一个分支)的方向发展。它研究人类在生活空间上所面临的一些问题,诸如国民经济的发展方向,工、农运输事业的位置分析、人口与都市的发展、能源与资源的供求、民族关系以及环境保护等。区域科学研究者常与社会学者、政治家和工程师一起,为国家决策提供指导方法,做出系统分析,也为各种区域规划服务,其研究方法则依赖于数学模型与计量分析。从美国宾州大学将地理系改为区域科学系,可以看出这个趋向的巨大力量。

但是,个人认为论题分析仍需在一定的区域内着手,专题研究最后也要落实到区域中去。对地理要素进行专题分析,并不是不要区域综合了。搞部门地理如果不回到区域上来便往往远离了地理本业。很多部门地理学者越出了地理学的本身范畴,最后终于改了行,如搞数理地理的改行天文学,搞气候学的改行气象学,搞地貌学的改行第四纪地质,搞土壤地理的改行土壤化学,搞生物地理的改行生态学,甚至搞经济地理的转到经济或政治经济学方面去,搞历史地理的钻到历史考古的领域中去了。目前弃地理本行转业的现象相当普遍,这是值得区域地理学者们注意的问题。

三、现代地理学是怎样看待人和环境的关系的

人地关系的探讨一直是地理学的主旨。许多地理学者把人类居住地(人的环境)作为其研究对象,这是地理学的古老传统。40 年代和 50 年代,主要在苏联,有些人以二元论为依据,强调自然规律与社会规律的不同,把地理学分成两门独立的学科:自然地理学和经济地理学,并大力批判"人地相关论"和"统一地理学"。他们畏谈环境对人类生活的密切关系,低估人文现象与自然现象间的相互依存性,从而否认人文与自然合一的地理学的存在,并斥之为反动的"统一地理学"。为了避免犯"统一地理学"的错误,在大学地理系内就分别开设了区域的自然地理学和区域的经济地理学课程,其结果不是二者很少通气,就是二者相互重复。我国地理学 50 年代在全盘学习苏联中也照样将其搬了过来。

1970 年,英国的 C. A. Fisher 在《区域地理学往何处去》(载 Geog. Journal 55 卷 373—389 页)一文中极力呼吁要恢复以人与环境为主旨的区域地理学,并认为它应当是地理学的核心。这一呼吁得到了包括许多苏联学者在内的全世界地理工作者的热烈响应。近年来,人们对环境的研究十分重视,已形成了一门新的学科——环境地理学。但是,必须指出,70 年代的人地关系已不同于 30 年代的人地关系,过去讲的是因果关系,现在则着重于函数关

系。目前,人和环境的关系已被作为空间系统来研究,即用数学模型来探索位置、距离、方向、范围、密度、演替等人地空间要素在函数上的重要变量。这些新的理论和方法为研究人与环境的关系提供了丰富的内容。

第二次世界大战中,地理学者运用地图方法与综合观点在论述位置作用等方面对解决极为复杂的政策问题提出了许多专门化学科所不能提出的建议,50年代以来,德国Bertallanffy创立的普通系统论,已逐渐成为许多科学包括地理科学在内的哲学基础。这一理论,强调了整体观念,承认了相互联系与相互依存的自然和经济要素之间的复杂联合,在技术上改进了解决多因素问题的方法,并广泛应用概率论来进行事物发展的预报。1972年P. E. James在他所著的《地理学思想史》一书前言中,总结地理学的目前趋势,说:"科学的一切领域正环绕着具体的问题走到一起来了。分离的过程已为结合的过程所替代。在结合的过程中,每一门专业把它自己特有的技术和概念用到诸如贫穷、人口过剩、种族关系和环境的破坏等主要难题上来。地理学的专门技术都牵涉到位置的意义和事物的空间关系方面。地理学一向具有一种整体高于局部的传统信念,因此,它去研究不同来源事物中相互联系和相互依存部分的系统,在理念上是极为自然的。"1977年J. S. Gariner在所著《自然地理学》一书序言中申明:"本书试图把人地关系通过系统分析予以模型化",又说:"自然地理研究的主要对象可以看作是气、水、土、生、岩各圈以及人的变量之间的相互关系的系统"。由此可见,随着普通系统论的广泛应用,人地关系的研究已受到更多的重视了。

四、现代地理学中的解释学派

科学的发展主要表现在对地理事实从描述到解释的进步。这个过程大致是一开始从传奇式的、不科学的描述进展到科学的描述,然后再从纯描述发展为解释性的描述(W. M. Davis),即根据法则进行文字的定性的解释,最近则已从定性的解释进步到计量的解释。由于科学技术革命,地理学上的描述和解释方法都有了划时代的革新。1955年,华盛顿大学地理系教授William L. Garrison开设了一个研究班,用数理统计学训练了一批地理研究生,现在世界各国搞计量地理的人大都出其门下。其中英国的Haggett、Harvey和Chorley等人在剑桥大学和布里斯托尔大学创立了计量地理学,并自称为"解释学派"(也有人称他们为"剑桥学派"),其他如美国芝加哥的西北大学、宾州大学的区域科学系以及瑞典的隆德大学都成了计量地理学的研究中心。他们以普通系统论作为哲学思想基础,运用数理统计方法来解释地面事物的相互联系。他们认为一切地理事物(包括各级大小的区域)都是一个系统,而一切系统,不论是自然的或是人文的,都具有共同的抽象特征,即所谓"同调"或同型性,可以进行类推。它们也都可以用模型来表示,做出定量的解释。

描述是把观察到的地面事物转换成符号(文字、图像、数字),解释则是将复杂的系统分析成简单易解的要素,并说明其间的相互关系。Harvey认为:"解释的目的在于把一个意外的结果变成一个意料中的结果,把一个奇特的事件变成一个自然的或正常的事件。"他们把解释的手段分成两类:时间法和概念法。时间法就是找出要进行解释的事物的原因,追溯其在时间上的发展过程,并预测其未来继续发展的方向。这就像拍快照或放电影,抓住一个镜头,用叙述短暂的事态过程去说明一个时段内的地理现象。它已成为常用的方法,也就是历史地理学的方法。

但是,到了60年代,一项用概念法来进行解释的强大运动开始了。他们认为时间法是学术上较低级阶段应用的方法,现代科学应根据事物内在的一般规律,即普通系统法则来说明问题。Haggett 曾举了一个生动有趣的例子来表明概念法胜于时间法。他说:"当苹果掉在牛顿头上时,他面临着两种不同的问题,如果牛顿向自己发问:为什么那只苹果偏是在一瞬间落在我这个头上?他可能会去追溯这只苹果的历史。但他却问自己:为什么苹果会向下掉?这样,他就发现了万有引力理论。这就不是苹果做出的决断,而是牛顿做出的决断了"(Haggett,1966)。

时至今日,概念法的解释已经从简单的因果法发展到采用大胆的、有效的类推法了,物理学者法拉第以液体的流动理论来说明电磁场,就是类推法的成功例证。现代地理学者运用牛顿的万有引力法则,用重力模型推导出来的数学公式来计算两个城市之间的相互联系的量,也获得了显著的成功。此外,还可以用热力学第二定律来说明经济系统间信息输送的损耗,用河流天然堤的堆积高度和宽度来说明公路沿线的地价差别。

总之,把地理区域看作空间系统,用回归分析、函数模型、概率论和随机模型来处理两个或两个以上的因素间的相互关系,这种方法从前有人做过,也有人设想过,但只有在科技革命中发明了电子计算机之后,才具有实用意义。美国曾经采用概率论类推法,以统计新中国成立初期 7 年中国城市的人口数量,按其后城市面积的扩大(在卫星图像上量算),找出城市面积与人口的比例关系,建立模型,推算出中国城市人口的增长数字,其正确程度达 90% 以上。

五、怎样教好中学地理课

上面讲了一些现代地理学的新动向,由于我自己理解得不透彻,只能勾画出一个大致的轮廓。那么这革新对于我们中学地理教师到底有什么关系呢?换句话说,中学地理教学又如何现代化?虽然我国科学技术落后,现代化还只是远景,但我们仍应该加速向前开步走。古人云:"千里之行,始于足下。"我们应该怎样行动起来呢?我今提出以下几点看法,供老师们参考:

首先还是要解放思想,进一步肃清林彪、"四人帮"在地理教育上的流毒。林彪、"四人帮"对地理教学上的长期影响不能低估。上海的"四人帮"爪牙曾抛出《学一点地理》(《红旗》1975 年 11 期)一文,要在地理课内塞"时事政治"内容,为他们反党夺权制造舆论。借口加强地理课教学,将其作为阶级斗争的工具,取消了科学实验的内容,把地理课上成所谓的"政治课"。过去,中学长期取消了地理课,即使安排了上几堂外国地理课,也总是以所谓的两大阵营为纲,把资本主义国家一骂到底,不外是腐朽没落、垂死挣扎,而不加任何分析。把阿尔巴尼亚吹捧为欧洲的明灯,对这样一个小小的国家所安排的教学时数竟比美国还多。讲中国则盲目自满,常常是闭目塞听,瞎吹一通。依我看,地理教学仍然是进行爱国主义和国际主义教育的强有力武器,但要实事求是地进行。我们要以三个世界的理论为基础,以老老实实的科学态度对各个世界的国家进行客观分析。教学中要坚决反"左",不要偏右,必须坚持阐明地理科学的客观规律。

应该肯定,新编的中学《中国地理》和《世界地理》课本是比较好的,已经有纠正这个方面的倾向。希望教师们要在四个坚持下,继续解放思想,把地理作为一门科学来教。

其次,加强地理教学的科学性。在处理教材时不要满足于传授资料性的知识,不要满足于纯描述。虽然我们眼下还谈不上计量分析的理解,难道不应该尽可能做到解释性的描述吗？在描述地面现象时，应该多问几个为什么。例如，地中海气候冬温夏热，冬雨夏旱，为什么？愈近海洋中脊，沉积层年龄为什么愈轻？北京为什么恰恰位于华北平原的顶端？都应该说出个所以然来，这样课堂上才能生动活泼，避免枯燥的死记硬背。新编教材在这方面也是很好的，教材中有不少解释性的内容，如介绍了板块学说，提出了自然地带性等。只是有些段落写得太浓缩了，太精练了。譬如说，《世界地理》课本第一章中的"世界气候"一节，仅用短短的三页，就要求把全球气候的分布规律与类型讲清楚，确实给中学地理教师提出了一个难题。

再次，要在分区讲述中突出论题，并充分阐明人地关系。过去的地理课本中讲区域时常常将自然地理与政治经济地理分家，人与地分裂，谈地不及人，谈人不及地，原因是怕犯环境决定论的错误。即使谈到人地关系时，也完全是唯意志论，只讲人定胜天，不讲自然对人的反作用。现在我们知道，在人定胜天后，人非但不能超脱环境，而是和环境的关系反而更密切了。

必须严格区分环境决定论与人地关系论。前者是应该批判的，后者不但不应批判，还要大力提倡。问题在于怎样把二者区别开来，这里可以举几个例子来说明。二三十年代美国有个亨丁顿先生在他所著的《气候与文明》一书中说什么，西北欧是气旋型的海洋性气候，这种气候富于刺激性，最有利于文明的进步，而热带气候则单调少变，使人懒惰，因此文化落后（大意如此）。这是典型的环境决定论，是为殖民主义扩张目的服务的，是应该批判的。又如，30年代中国有位社会学者说什么，我国北方人长得高大，是因为北方多钙性土，食物中含钙多；南方人长得矮小，是因为南方多酸性土，食物中含钙少。这种论点非但是环境决定论，简直是不科学到令人发笑了。至于说，尼罗河是古代埃及文化的摇篮，中东的丰富石油资源引起了帝国主义在中东的经济与军事争夺等等，过去也被说成是环境决定论，我看那是过"左"了。这些是人地关系论，绝不是环境决定论，非但不应该批判，而是应该大胆地讲解的。

最后，要革新教学方法。在这次《地理教学法》审稿会议中，很多同志就改进中学地理课的教学方法提出了不少宝贵的意见。地理教学需要运用挂图、地图集、幻灯片、图片及其他教具等，电化教学如电影、电视等在地理课上的运用也极为必要。北京师范学院地理系正在搞地理课的电化教学设施，这是非常适时的。但目前暗射图、挂图的供应量和种类比之60年代并未增加，在某些方面反而有所减少。这种情况应该加以改善，这里还存在着一些有待克服的障碍。目前，一些地理工作者正在努力设法增加这方面的供应，想来不久就可以得到解决。

今天所谈，可能有不符合实际情况的地方，请大家指正。

试论地理学科的特点[①]

褚绍唐

当前地理无"理"的现象,已有所改进,然而由于地理所研究的对象的广阔性和复杂性,地理表面的各种事物和现象,浩如烟海,以中学地理教材中的地名来说,中国和世界各地的地理名称将近两千个。此外,各种复杂的地理现象,如气候、植被以及各种人文现象的分布等事实材料更是难以计数。怎样将这些广阔复杂的地理事象组织起来,成为一个完整的体系,向为地理学科研究和教学的方法论上的难题。探寻地理学科的方法论问题也就涉及学科的体系问题,换言之,也就是地理学科的特点问题。

在地理教学中,教师和学生往往因地理的内容广,地名多,各种地理事象很复杂,而感到这门课难教难学。其实,如果能掌握这门学科的特点,遵循体系的规律性,将这些复杂的地理事物和现象组成具有完整的结构体系,这门学科不但不枯燥难学,而且内容丰富多彩。

为了探寻地理学科的特点,须首先区别它和地理教学特点之间的不同。地理教学的特点是就教学的方法而言,即按照地理学科的特点,采取那些有效的教学方法,例如运用地图,以明确地理事物、现象的分布和位置;联系乡土材料及运用比较分析、综合等方法以形成学生的地理概念和规律性的知识等。地理学科的特点是就这门学科的内容而言,如研究地理事物、现象的位置和分布,阐明地理事象间的相互联系和区域特征,指出地理事象发展变化的规律性,以及人地之间的关系等。

地理学科一般常指中小学的地理课程,从广义来说,也可包括大学的地理课程。本文主要指中学的地理学科。地理学科的含义又同地理科学有所区别。地理科学一般是指运用科学研究的方法,如调查、考察、资料搜集、分析、综合等对一门学科进行研究,建立系统的知识和理论体系。至于中学的地理学科乃是按照学生的年龄特征,选取一定范围的地理基本知识,根据教学的要求来组织教材,以便更有效地使学生掌握这门学科的最基本知识,为今后进一步学习以及参加祖国的建设打下必要的基础。

按照地理科学的体系,一般可分系统地理和区域地理两大部门。系统地理研究地理环境和人类活动的整体或其组成部分的地理分布、结构及其发展变化的规律性。这门学科过去曾称为普通地理学或通论地理学,它又包括普通自然地理和人文地理学概论(其中包括经济地理学导论或普通经济地理学)。但普通地理学的含义显然不能包括部门地理学(如地貌学、气候学、植物地理、农业地理学等),因此作为这门学科概括性的名称应为"系统地理学"较合适,它除了可以包括普通自然地理和人文地理学概论之外,还可包括各种部门地理学。目前在国外,已多用"系统地理学"这个名词来取代"普通地理学"。

在区域地理的领域中,按其内容则可分区域自然地理、区域人文地理(或经济地理)及综

[①] 本文选自《地理教学研究》第一辑,1983年9月。

合区域地理。按其研究的范围则有各洲地理、各国及各地区的地理等。

以上是就地理科学的体系来说，但对于作为一门中学生学习的地理学科，不可能包括以上这些较完整的内容，由于受学生年龄和学习时间的限制，只能按照教学的要求选取以上学科中一部分的地理基本知识。例如，过去多年来在中学阶段主要讲授区域地理的基本知识，对自然地理和经济地理的一般原理只扼要地贯穿于区域地理知识中讲授。从1982年开始，在高中阶段开始讲授以人地关系为中心的自然环境和人类经济活动的基本地理知识，这一部分内容即属于系统地理的范畴，但也只是其中最基本的知识。所以地理学科的内容是在不同的时期根据不同的要求而有所不同。

按照目前中学地理课程的体系，无论是高中的系统地理还是初中的区域地理，无论它的内容是探讨地球的整体还是地面的某一部分，地理学科的内容都具有以下特点。

一、研究地面各种事象的分布并探寻其原因

有人认为地理学是研究空间分布的科学，这是无可非议的。地面的各种事物和现象，如地形、气候、水文、土壤、植被、动物以及人类的各种活动等都属于地理研究的范围，而这些事物和现象的知识非常广泛，因而地理学所研究的内容，主要是这些事物和现象的分布及其形成原因。

研究地理事象的分布或称地理的空间性，法国的马东（1873—1955）曾称之为范围原则，意即研究地理事象的分布范围，乃是地理学的任务。

研究地理事象的空间分布首先要明确一些地理事物的空间位置，不同的地理位置是形成各个地区、国家或城市地理条件的重要因素之一。位置的含义一般有经纬度位置、自然地理位置和人文地理位置。讲述一些事物的地理位置时并不是逐项都需解释，而是突出其最主要方面的含义。如对各大洲的位置，必须突出它们的纬度位置、滨海位置，以及各大洲之间的相邻位置。非洲横跨赤道两侧，南北的距离约相等，这就形成了它在气候上的南北对称性。南美洲大部分位于热带范围，只南部约1/4位于温带范围，这决定了它在气候上形成温暖的大陆。大洋洲横跨南回归线两侧，处于南回归线高压带之下，大部分地区属于干旱气候。亚洲和北美洲兼跨三带，形成比较复杂多样的气候。大洋洲远离其他各大洲，形成它在动物区系上的古老特征。对这些地理位置特征的说明，均有利于认识各大洲的地理特征。

一个国家或地区的地理位置，也可按照不同的对象说明它的纬度位置、海陆位置和相邻位置，这对各个国家或地区地理特征的形成都是重要条件之一。

再从城市的地理位置来说，世界数以百计的大城市，均各有其特点，这些特点往往对这个城市的形成和发展起重要作用。这些城市的位置，有些是河口兼海港，如上海位于长江的河口，黄浦江和吴淞江的汇合点，是全国海岸的中枢，黄浦江又是天然良港，这一地理位置使它具有沟通长江腹地并联系南北海运的优良条件，近代资本主义兴起以来，它对外通商的地位日益重要，一百多年来逐渐发展成为全国最大的工商业城市。世界其他河口兼海港的城市，如英国的伦敦、德意志联邦共和国的汉堡、美国的纽约、法国的勒阿佛尔等也同样具有相似的地理位置。其他城市有的位于河口（如我国的汉口、重庆和法国的巴黎）、湖口或湖岸（如我国的九江和美国的芝加哥）。有的位于山口，如我国首都北京位于华北大平原的顶点，是居庸关、古北口和山海关三个山口进入华北大平原的会合点，这一地理位置，使它从早期起，就成为军事和政治重镇。新疆的乌鲁木齐市位于天山南北路交通要冲，当七角井山口的

北口。此外如潼关、郑州、石家庄、宝鸡等城市也都具有山口的地理位置。有些城市则位于河谷盆地或坝子和沃洲的中心，如西安、昆明、喀什等城市都具有这样的特点。还有一些城市则位于交通要冲或边境要冲，如徐州、株洲及丹东、满洲里等，说明这些城市的位置时，都必须指出它们在自然地理或人文地理上的意义，这样就有助于理解这些城市的特征和职能。

说明分布的含义还必须明确其分布的范围。从地形来说，南北美洲不仅轮廓相似，而且西部均系南北纵贯的山地，中部都是广大的平原，东部则是古老的高原和山地，讲述这些地形区的分布时，都必须勾出它们的分布范围及其形成的原因。就气候要素中的等温线来说，我国1月0℃等温线大致经过秦岭—淮河一线，成东西向分布，而这条线在欧洲却从挪威向南再大致沿多瑙河一线，略成南北向再转东西向的分布；这条等温线在北美洲也有相似的特征，其所以这样分布，可结合洋流及地形等因素来予以分析说明。对于工农业产品的分布不仅应指出其分布地点和范围，也必须说明其分布的原因。如近二十年来先后发现的大庆、大港、胜利、南阳、东濮等油田的形成主要同内陆的沉积盆地有关。太行山东麓煤田和燕山南麓煤田大多是古生代后期的大片森林所形成。对于矿产和其他工业生产的分布不应孤立地罗列地名，而宜将一些相近的地名归并为一个地带或地区进行讲述。如京西、井陉、峰峰、六河沟等煤矿均位于太行山东麓，其形成时期及条件亦大致相似，可归并为太行山东麓煤田。山西的煤矿分布很广，其中以大同、阳泉两地最为重要，也可归并为山西煤田。总之将分散的地名归并成带或区，有利于教材的处理和学生的学习。对其他工业部门的讲述也可采用这一方法，如黄河流域的棉纺工业主要分布于三个地带，即京广线的北京、石家庄和邯郸，陇海线的郑州、洛阳、西安和咸阳以及胶济线的济南和青岛，前两个地带又均位于产棉区的中心，均符合工业接近原料地的布局原则。

对铁路线的分布也常是教学中难于处理的问题。如用逐条叙述的方法容易陷入罗列名称，学生会感觉枯燥无味；但如完全用合并叙述的方法，又不易掌握整体路线的特征和分布，因此，可采用特征叙述的方法。如就黄河中下游地区的铁路交通来说，主要特征是：① 由于本区水运交通受季节及泥沙的影响，交通运输以铁路线为主，铁路网的密度仅次于东北，为全国第二；② 北京为主要干线的中心，由此出发的路线有京承、京哈、京包、京沪、京广、京原（至山西原平）等线，通达全国各地；③ 已形成四横、四纵的铁路网（四横即京包和京承，京原和京哈，石太、德石和胶济，陇海等四横线。四纵即津浦、京广、太焦和焦枝、同蒲等四纵线）。这种特征叙述方法比较容易使学生掌握华北铁路网的基本特征。

说明地理事象分布的原因，也就是地理学科的因果原则。

二、阐明地理事象间的相互联系和区域差异性

地理学科如仅停留在位置和分布现象的分析与原因说明显然是不够的，还必须进一步阐明各种自然和人文现象之间的相互联系，这就是地理学科的综合性。阐明地理事象间的相互联系主要包括以下三方面。

（1）自然要素之间的相互联系。即地理位置、地形、气候、水文、植被、动物和土壤等要素之间的联系。如讲述热带森林时必须联系它的自然要素，位于赤道地区，气候终年炎热多雨，森林茂密，植物层次多至5—8层，乔木可高达80米，附生植物和藤本植物到处可见；由于茂盛的植物提供动物充足的食料，因此多生长着巨大的动物，如象、河马、犀牛等；在高温多雨的条件下，岩石中的矿物受到彻底分解，释放出红色的铁铝氧化物，使土壤多呈现红色。

这些自然要素相互联系、相互制约，便形成热带森林的自然综合体。

（2）经济地理各生产部门之间的联系。如黄河中下游地区在棉花生产的基础上发展了纺织工业，在煤、铁和石油工业的基础上发展了电力、钢铁、机器和石油化工工业，在海盐生产的基础上发展了化学工业。这些工业相互之间相互联系，又相互促进，形成华北地区的生产综合体。

（3）自然条件和人类生产活动之间的联系。如长江中下游地区的河谷平原，夏季的高温多雨及稠密的人口，为稻米生产提供了优良的条件。江南丘陵的林木和有色金属矿产为木材生产和有色金属采冶工业提供了有利的条件。长江水运和浙赣等铁路的运输又加强了各经济部门之间的联系，这些都使得长江中下游地区成为我国工农业发达的重要地区。讲述自然条件和生产之间的相互联系也加强了地理学科的综合观点。新中国成立初期，高校强调了自然和经济的不同规律，使地理学科分家，中学地理课也曾受到影响。近年来，由于工农业建设发展的需要，人们越来越认识到过分强调自然和经济的分离，不利于建设事业和地理学科的发展。因此，在中学地理教学中，深入地阐明自然和经济相互联系，有利于培养学生的综合观点。

阐明地理事象间的相互联系，加强综合性的研究是地理学科特点的一个方面。由于地球表面在不同范围的地域中，各有其地区的特性和区内的差异，因此，阐明各个地区的主要特征以及区内的差异性，乃是地理学科的另一个特点。任何一个地区，不论范围大小，由于地理位置和地形、气候等条件的不同，均有不同于其他地区的特征。如新疆地区的特征是三列山脉，两大盆地，气候干燥，灌溉农业，牧场广阔，矿藏丰富等。青藏地区的特征是世界屋脊，高寒气候，大河源地，资源丰富，崭新的面貌等。突出地区的共同特征，可使学生环绕中心，将一些地理材料归入这些特征中，以便于掌握这个地区不同于其他地区的地理特色。

当然在一个较大的地区之内，其内部差别仍是非常显著的，就以青藏地区来说，藏南谷地、湟水谷地、柴达木盆地、羌塘高原、横断山脉以及山南地区，彼此之间均有很大的差异，在说明全区的共同特征之后，分别说明区内的不同特征，这是地理学科区域性的全部含义。

再以黄河中下游地区来说，由于区内地理事象的差异性较大，课本中所列举的特征较多，这不利于掌握教材内容的结构体系。这一类地区（也包括长江中下游地区）可采取特征归并的方法，黄河中下游地区可归并为：中华民族的发祥地、三大地形区、冬冷夏热的半干旱气候、海河治理、小麦棉花和轻工业、动力资源和重工业、首都北京、华北大港天津市、网格状的铁路和其他城市。总之一个地区的突出特征不宜太多，否则不利于学生掌握教材的整个结构体系。

三、探寻地理事象发展变化的规律

地表的各种地理事象，不论是自然现象还是人文现象，均在不断地发展变化之中。就自然现象来说，如气候的变化，河湖的变迁，海岸的变迁，土壤、植被的变化都是显而易见的。地形的变化，如火山地震现象、山脉的隆起、沙漠的迁移甚至大洲的移动也均有记录可查。至于人口的移动，经济的发展变化，以及国内建设的成就和国际形势的发展变化，都非常显著。地理教学如不紧跟形势，掌握地理事象发展变化的特点，那么不仅落后于形势，而且有损于地理学科的科学性质。

近年来，地理科学已从静态的描述进入动态的研究，强调历史过程和现代过程的分析，并进而预测今后的变化。在地理教学中,加强发展变化的认识和学习,不仅是学科特点的需要,也是发展学生智力的需要。如美国初中《世界地理》课本"地面水陆分布"一章中介绍大陆漂移学说,从大西洋两岸非洲和南美洲海岸轮廓、发现的恐龙化石以及地层等几方面的相似,指出在两亿年之前两洲曾相连接,以后才逐渐分离出去。接着介绍板块构造学说的主要内容。最后,提出一千万年以后世界的水陆分布又将怎样的预测,并绘有一幅推想的地图,图上显示出到那时波斯湾已不存在,阿拉伯半岛已和伊朗相连,红海已和地中海连成一片,非洲将完全和亚洲分离,亚洲又将和大洋洲相连,那时各大洲的形状都已改变了今天的面貌。通过这样的预测,既可说明自然界永远在变化着,也有利于发展学生的想象能力。

四、阐明人和地理环境之间的正确关系

长期以来有不少学者都曾提出地理学是研究人和地理环境之间关系的科学,但这种关系曾经有几种不同的看法。18、19世纪孟德斯鸠、巴克尔、李特尔等提出环境决定论,认为社会经济发展主要决定于地理位置、气候、河川及地形等。20世纪20年代法国的白兰士、白吕纳等提出人地相关论,他们所提的相关论,实际上是"或然论",即认为有时主要受自然环境的影响,有时又认为心理因素是人地关系的媒介。实际上这种"或然论"乃是"环境决定论"的另一种表现形式。针对以上两种观点,十月革命后,苏联地理学界30年代以来提出了社会的生产方式特别是生产关系是社会发展的决定性因素。这种观点,又走向了人地关系中同地理环境决定论相对立的另一极端。正确的人地关系论应以辩证唯物主义和历史唯物主义的观点来解释。人对自然环境的作用应居于主导地位,它同过去机械唯物论的人地关系论的根本区别,在理论上是以相互联系和发展的观点代替过去孤立的静止的观点,在研究方法上是以定量和多因素分析代替过去的现象描述和因果推论。

在人类社会以前,由于长时期的历史发展,自然界的各种事物和现象曾经历了长期相互作用的过程,已形成各个要素相互协调的生态系统。从人类社会的活动逐渐频繁之后,人和自然的关系也越来越密切,利用自然改造自然的深度也日益增加,因而自然界原来趋向于平衡的生态系统遭受不同程度的破坏,也就出现一些新的问题,如原来的植被破坏之后,引起水土流失;河流的泥沙增多,引起河流泛滥和变迁,并造成沙漠扩大。据估计,我国现有沙漠的面积约109万平方千米,约占全国面积的11.4%。其中在历史时期及近半个多世纪中由于土地利用不合理,沙漠化的面积达17万平方千米,当前受到严重威胁的地区又达16万平方千米,二者合计约占全国面积的3.4%[①]。因此,今后如不采取有效措施,沙漠化的面积将更扩大,对社会主义建设将产生很大的损害。

因此,在地理课中正确阐明人地关系必须根据辩证唯物主义的观点,从实际出发,从生态学的角度对人和自然的关系进行正确的分析,对于人类利用和改造自然的措施要分析其利弊,发扬优点,防止弊端。当前地理学的研究和教学中,有一个趋向,即以人地关系中的问题为中心,分析有关的自然条件和社会经济活动因素,找出合理解决的措施,以有利于人类更合理地进行建设事业。加强国土整治的研究和实施已提到加速"四化"建设的日程上,在地理课中采用问题的方法也可摆脱过去传统的要素叙述和特征叙述,使地理学科的教学进入一个新的阶段。

---

① 朱震达.开展沙漠问题的研究.光明日报,1981-04-12

试论地理教育学[①]

杨 尧

1978年12月，正值党的十一届三中全会之际，北京市地理学会邀集部分高等师范院校地理系担任地理教学法课的教师和其他有关人员，在通县座谈地理教学法这门学科的研究对象，与会同志赞成是"地理教学"。作者除表示同意并主张把"地理教学法"改称"地理教学论"外，还提出另一种意见，认为"地理教育"应该作为研究对象，科学名称宜名副其实，定为"地理教育学"。不少与会同志深表赞许，期望作者写出这门科学专著。

1981年9月，中国教育学会地理教学研究会在长春开成立大会时，教育学会会长董纯才同志和副会长张健同志在给大会的贺信中，殷切地希望研究会"把发展和繁荣地理教育科学的责任担当起来"。这里正式提出地理教育科学及其研究的责任，给与会者以很大的鞭策。

几年来，作者虽考虑要写出地理教育专著，不辜负同志们的期望，但总以忙于其他工作，无暇顾及。现在，在党的十二大号召全面开创社会主义现代化建设新局面的鼓舞下，准备从今年起，着手进行。

本文主要论述地理教育学的研究对象和任务，作为撰写这部专著的导言，并阐明它与地理教学法的联系和区别。

一

地理教育学是研究地理教育的理论及其应用的科学。地理教育是科学教育的一个重要组成部分，具有自然科学教育和人文科学教育的双重任务。根据培养目标的需要，它可以分为普通地理教育和专业地理教育。前者是受过普通学校教育的新生一代应具备的地理基础知识和基本技能，其中又因普通小学、初中、高中的学生接受地理教育的程度而异。校外的地理科普教育也属于这一类。后者是在普通地理教育的基础上，各种各类的专业需要某些方面更多的地理知识。大专院校的地理系科，是培养地理专业人才的，当然属于后一类。本文论述的范围是普通中小学的地理教育，属于普通地理教育学。

这门科学的研究对象是普通地理教育。它的任务：在理论上，探索普通中小学地理教育的规律性；在应用上，根据理论基础，寻求提高普通中小学地理教育质量的途径和办法，调整普通中小学地理教育的方向和方案。这是就整体而言的。分开来说，它包括三个主要部分：① 中小学地理课程；② 中小学地理教材；③ 中小学地理教学方法。围绕这三个主要部分，它还要研究中外普通地理教育的发展，从中汲取有益的东西，做到"古为今用，洋为中用"；从社会政治经济的需要和个人生活学习的需要，探讨普通地理教育的作用，即研究中小学地理

---

① 本文选自《湖南师范大学自然科学学报》1983年第S1期。

课程的效用问题;研究一般教学规律运用于中小学地理教学的特殊性,以及普通地理教育思想等。

"课程问题是学校教育的核心问题,也是教育科学研究的核心问题。"[①]为什么？这是因为"学校课程不仅把各科教学内容和进程变成便于教学的体系,而且是培养什么样的人的一个蓝图"[②]。我们平常所说的提高学校教育的质量,首要的而且关键性的是提高学校课程的质量。课程问题由来已久,随着科学技术的突飞猛进,知识更新的周期越来越短,它更成了当代世界各国学校教育的重大课题之一,许多国家都在这方面进行探索。

中小学地理课程是整个学校课程有机的组成部分,无论就学校教育还是教育科学研究来说,整体既居核心地位,部分当不例外。

在这个核心里,地理教育学必须运用现代学校课程的一般原理,并根据我国教育方针和当前学校的教育任务,研究我国中小学地理课程的设置、各教育阶段地理课程的任务和内容,期能有助于中小学地理课程体系的建立和地理课程标准(即地理教学大纲)的制订。

赵紫阳总理在1981年全国五届人大四次会议上所做的政府工作报告中,讲到今后经济建设的十大方针,把提高全体劳动者的科学文化水平和政治思想水平作为现代化建设中一项极为重要的根本性的建设,其中特别指出:"各级学校都要加强中国历史和地理的教学,这是向学生进行爱国主义教育的一个重要内容。"[③]诚然,地理是富有政治思想教育因素的学科,应该加强教学,卓有成效地完成本科的德育任务。但是,我们还要充分认识到,地理基础知识和基本技能是提高全体劳动者科学文化水平不可缺少的部分,其他学科不能替代,从这一意义上讲,也应加强。如何加强普通中小学的地理教学呢？这得从地理课程的设置做起。

我国普通中小学的修业年限,正在恢复并将稳定在十二年:小学六年,初中三年,高中三年。高中阶段计划文理分科和开选修课。根据这个学制,地理一科开在哪些阶段、哪些年级,学习多长时间,总学时占多少比重,以及地理课程体系怎样建立,与其他学科怎样配合,都值得认真地研究,得出合理的方案,从而有利于编制好整个中小学课程。

现代课程理论有两个显著特点:一是课程内容应反映世界上最新的科学成果;二是发展学生的智力应成为课程的重要任务之一。

邓小平同志在1978年全国教育工作会议讲话中指出:"按照中小学生所能接受的程度用先进的科学知识充实中小学教育内容。"[④]这种教育观点与现代课程理论是一致的。地理教育学应秉此原理,广泛而深入地研究地理科学,认定哪些知识是最基本的、最有用的而又是不同年龄的中小学生所能接受的,从而选入教材,以充实中小学地理教育的内容。

掌握知识和发展智力的关系是互相促进的。究竟哪样的知识有助于发展学生的智力,国外著名的心理学家和教育学家对此有所论述。其中影响很大的是美国布鲁纳提出的"学科的基本结构"和苏联赞科夫提出的"理论知识起指导作用的原则"。他们都主张以理论知识促使学生智力的发展,而且强调早期学习。这种见解是有一定道理的,从地理课程内容方面考虑发展学生智力时,可以参考。

---

① [美]罗伯特、特立弗.转引自:课程·教材·教法.1981(2):26
② 戴伯韬.论研究学校课程的重要性.课程·教材·教法.1981(1):3
③ 人民日报.1981-12-14
④ 人民日报.1978-4-26

紧邻地理课程内容之后的研究部分,是中小学地理教材。这有广狭二义。狭义的地理教材指地理课本。广义的地理教材,还包括学生学习用的地图册、地理填充图,供教师演示用的各种地理直观教具,以及可接触到的地理实体。

地理课本既是教师讲授地理的主要依据,也是学生学习地理的基本工具。依据地理教学大纲的原则精神和内容要点,怎样编出高质量的地理课本,既便于教,尤其便于学,是需要探讨的问题,也是教育科学研究的重要组成部分。

研究地理教材的编写应着重两个方面:一是革新教材的编排方式,也就是改变教材的结构。近年来,欧美一些国家的地理教科书,改变了过去以地志为主的编排方式,采用以问题为中心或专题的编排方式,可资借鉴。二是革新教材的表达模式。我国最近新编的小学自然课本,采用新颖的表达模式:从未知的、待解决的问题出发,引导学生自行探求,得出结论。这种模式有利于培养学生学科学、用科学的能力,促进他们智力的发展,值得大力研究推广。

各种地理直观教具,如标本、模型、图片、影片、地图等,称为形象地理教材,是形成学生地理表象必备的条件,对形成地理概念也有作用。怎样制造符合科学性、艺术性、适用性标准的地理直观教具,也必须进行科学研究。

有了良好的地理课本,怎样使学生掌握书本的现成知识,形成一定的技能,并从中受到思想政治教育;在地理教学过程中,怎样培养学生独立获得地理知识的能力,发展其智慧,这就需要研究教学方法。

广义的地理教学方法,包括途径、手段、设施及其运用方式;既要研究教师的教授法,也要研究学生的学习法,课堂教学和课外活动都在研究之列。

关于地理教学方法,广大的地理教师积累了丰富的实践经验,须从理论上分析概括,供之上升到科学水平。传统的教学方法,要采取一分为二的态度,科学地论证其优缺点。新式的教学方法,包括教育工艺学(Education Technology),要研究在地理教学中的可行性和实效怎样,如何推广应用。

二

地理教学法被认定为一门教育科学,它的对象和任务得到阐明,作者是在新中国成立以后,从苏联教育文献中获悉的。20世纪50年代出版的凯洛夫主编的《教育学》,对"各科教学法"下的定义是:"(各科教学法)是根据共产主义教育的总目的、苏维埃学校的教育任务,并考虑到学生的年龄特征,来研究各科教学任务、内容、方法和组织形式的科学。"[①]同期出版的爱尔杰里等著的《地理教学法》,其中提到这门科学的研究对象和任务时说:"地理教学法是一门科学,它研究教学生学习地理的规律性,以此为根据,并考虑到学生的年龄特征和解决苏维埃学校当前的普通教育任务,规定出学校地理的教学任务、各年级地理课程的内容以及教学形式和方法。"

70年代出版的达林斯基所著《地理教学法》,对此提出更加精当的见解:"地理教学法是一门科学,它的对象是学校地理。像所有教育科学一样,赋予地理教学法的使命是:帮助改进学校教育的过程,即确立学校地理教育臻于完善地步的途径和方法,帮助地理教师提高教

---

① [苏]凯洛夫主编.教育学.北京:人民教育出版社,1957:17

学的效果。"① 接着,扼要阐明了地理教学法的具体任务。

将苏联学者关于地理教学法的研究对象和任务与作者关于地理教育学所提的观点进行对比,可以看出实质上一些主要的异同点。相同的是,两者都要根据各自国家的教育目的和当前学校的教育任务,并考虑到学生的年龄特征,研究中小学地理课程的任务和内容,以及地理教学的形式和方法。不同的是,地理教育学研究的范围更广些,除包括两者相同的部分外,还要研究中外普通地理教育的发展,探讨地理课程的设置、地理教材的编写、地理教育思想等问题。

从我国来考察,地理教学法这个名称,在我国科学文献中,始见于1922年竺可桢所写《地理教学法之商榷》一文②。该文阐述的内容是:① 地理之重要;② 地理学之定义、范围及其分类;③ 中小学地理教授法原理大要,但未指出这是门什么科学及其研究的对象和任务如何。

国民党统治后期,作者在高师史地系学习一门地理教材教法课程,检查现存的听课笔记,没有见到对地理教材教法是门什么科学的解释。

新中国成立以后,不但一般人把教学法理解为教学方法,就是从事教育科学著作的同志和在高师院校担任分科教学法课的教师,也有人作如此理解,甚至更加狭隘地理解为教法。

从普通教学法来看,50年代中期,我国出版一本《教学法原理》的小册子。该书虽然着重论述了教学过程、原则、方法、组织形式四个部分,但开宗明义是说:"教学法研究怎样把知识传递给年轻一代,怎样使年轻一代掌握技能和熟练技巧,并能应用于实际。简而言之,教学法就是研究'怎样教'的问题。"③又如70年代台湾出版一本供大学用的《普通教学法》,其中明确指出:"教学方法是一种科学,也是一种艺术"。其所以是一种科学,是因为"它以生理学、心理学等科为基础,本身有其理论的体系和应遵守的法则"④。

从分科教学法来看,60年代初期,一本供高师地理系课程用的《地理教学法》讲义,开头就讲:"地理教学法,顾名思义,就是研究地理教学的方法。"现在,李秉德同志在语文学科中公开主张:"要把语文教学方法成为一门科学。"⑤

当然,要让各科教学方法各自成为一门科学,是符合科学发展规律的,科学的门类总是随着时代的前进而分化衍生的。但是这种性质的一门科学,已不是苏联教育界所讲的各科教学法的全部含义。

果如此分化,各科教学方法都各自成为一门独立的科学,那么,各科教学任务、内容及其他问题,就应另树一门或几门科学来研究。作者认为,应该有一门科学总揽全局,在全局之下,建立各科分支学科;这个有关各科全局的科学,就是各科教育学。

在此应作补充说明的,即前面提到在通县座谈科学的对象时,作者表示的两种意见:① 其所以同意"地理教学",是因为科学名称叫"地理教学法";其所主张改名为"地理教学论",一则可以更好地体现科学的实质,再则可以避免人们从字面上作狭隘的理解;② 其所

---

① [苏] A. B. Даринский. Методика преподания географии. 莫斯科,1975. 10
② 竺可桢. 地理教学法之商榷. 科学. 1922(7):11
③ 陈元晖. 教学法原理. 武汉:湖北人民出版社,1957:6
④ 孙邦正. 普通教学法. 台北:台湾中正书局,1977,10
⑤ 李秉德. 努力使中小学语文教学方法科学化. 教育研究. 1980(3):35

以另提"地理教育"应作为研究对象,是基于在概念上"地理教育"比"地理教学"外延更广的认识。大家知道,教育与教学是两个既有联系又有区别的概念。教育比教学含义广泛得多,而教学是学校主要的教育活动,从属于教育。至于定名为"地理教育学",既是名实相符,也合科学的称谓。从内在联系看,地理教育学与地理教学法是整体和部分的关系;从发展过程看,地理教育学是在地理教学法的基础上向前迈进一步。

地理教育学是一种边缘科学,建立在教育科学和地理科学的基础上,但就科学的性质来说,属于教育科学的范畴。它在我国刚被提出,本身有些问题值得商榷。去年10月,《教育研究》编辑部以"学科教育研究,提高教学质量"为题举行了一次学科教育研究座谈会。会上虽有同志做了"开展学科教育的研究"发言[1],但未谈出学科教育学的实质。作为一部科学著作,地理教育学本身的结构应该怎样,有待琢磨。最近从日本教育文献中,见有《国语教育学的设想》《国语科教育学》之类的名目[2],但原著立论和体系如何,有待研究。

---

[1] 张君达.努力使中小学语文教学方法科学化.教育研究.1983(1):25
[2] [日]增渊恒吉等.国语教育法概论.有精堂出版株式会社,1979,附录Ⅳ

地理教育要面向现代化,面向世界,面向未来

吴传钧

党的十一届三中全会实现了历史性的伟大转变,开创了我国现代化建设的新局面。前不久邓小平同志给北京景山学校题词:"教育要面向现代化,面向世界,面向未来",为我国在新的历史时期开创教育工作的新局面指明了方向。作为进行爱国主义和国际主义教育有力武器的地理教育,也要适应形势发展的需要,面向现代化,面向世界,面向未来。

教育要和现代化建设的新形势相适应,并有效地为现代化建设服务,首先必须培养具有现代化的科学思维和素养的建设人才。因此,地理教学的内容要相应地反映现代科学文化的新成就,反映国内和世界发展的新趋势以及我国在现代化建设过程中出现的与地理学有关的主要问题,从而开拓学生的胸襟和视野。

随着人类生活水平的提高和人口的增加,人类对于自然资源的需求不仅在数量上日益增长,而且在质量和品种上也不断提出了新的要求;再则随着人类科学知识的提高和新技术的应用,人类改造和利用自然的能力也不断提高,因此人类和自然环境的关系也必将向广度和深度发展,而变得愈来愈密切。了解自然环境变化发展规律以及它和人类活动的关系,正是地理学研究的中心内容。在全世界范围内由于人口的不断增加,粮食和能源等物资在供求之间出现了不平衡现象,人口大量向城市集中,城市变得十分拥挤,环境污染严重,生态平衡遭到破坏,人类的生活质量将有所下降。这一系列的全球性问题,变得越来越紧迫和复杂。因此如何协调好人和自然的关系,就成为地理学研究的当务之急。地理教育要阐明诸如此类的涉及我国现代化建设的背景问题。

标志着现代化水平的技术进步深刻而广泛地影响着生产布局和经济发展。举例来说,60年代涡轮喷射发动机代替了装活塞引擎的飞机,机身扩大了,装载量增加了,速度加快了,从而提高了运输效率,降低了运费,吸引了更多的客货运量。航空事业迅速发展,世界各地出现了众多的新飞机场,在机场附近兴起了以旅馆等服务行业为主的新市镇,航空食品工业也相应地发展起来。高速飞机又为开辟新的旅游点创造了条件,改变了各地的地理景观。又如对资源综合利用新技术的推广应用,促进了有关工业部门的协作联系和集群配置,如美国加利福尼亚州就出现了集中各类电子工业的"硅谷"。

技术进步又开辟了利用新资源的可能性。自1973年发生石油危机以来,石油不再是廉价而可靠的能源了,于是水能、地热、太阳能、生物能、潮汐能、海浪能等可再生能源的开发利用,就日益引起注意,正在改变着各国的能源消费构成。我国是个多山之国,又是滨海之国,迄至目前,对山区和海洋的开发程度还很低,而山区和海洋都蕴藏着大量的资源,综合开发山区和海洋将成为我国现代化建设的主要方向,从全国来说都要念好"山海经"。

---

① 本文选自《课程·教材·教法》1984年第4期。

教育要面向世界,就要在各个领域扩大国际知识的传授。在地理教育方面就要普及世界地理知识,培养把全地球看作一个整体的思想。由于交通日益发达,通信日益便利,世界正在迅速"缩小"。每个国家都不是孤立的,都是存在于同一个地球上,彼此无法隔绝;相反地,随着经济生产规模的扩大和贸易、旅游、文化科技交流等人类活动范围的扩大,国际关系变得越来越密切了。

世界各民族都有各自的精神的和物质的优秀创造,各种知识的成果是属于全人类的。世界上各种知识从来没有像今天这样急剧扩增和更新,需要迅速交流。在这方面,毛泽东同志早已确定了"洋为中用"的方针,但由于受"左"的影响,新中国成立以来除了50年代照搬苏联的经验外,对于世界各国的情况和经验很少了解和借鉴。党的十一届三中全会以来,我国政府坚定不移地实行对外开放政策,在文化科学技术方面也应当积极引进国外的新成就,从中吸取适合我国国情的内容,以加快我国现代化建设的步伐。通过学习世界地理知识,从而了解各国从自然到社会经济的国情差异,对引进中如何"筛选"对我有用的东西,援外时如何选定对口项目,都大有帮助。

教育要为未来服务,它所培养的人才应该适应未来的需要。未来的文盲不是不识字的人,而是面对世界发展的新形势感到茫然无所适从和无能为力的人。

展望世界发展的趋向,一次新的科学技术革命的物质技术条件已日趋成熟。一些新技术和新产品如微电子技术、激光、光导纤维、新型材料、遗传工程、新能源、海洋开发等,不仅日益广泛应用于生产领域,将引起传统生产方法和产业结构的变革,而且日益渗透到各种社会活动领域中,并将引起社会生活各方面的巨大变化。特别是微电子技术的发展,扩大了信息储存量,推广了微型电子计算机的应用,把人类社会推进到信息革命的时代。以"知识工业"为核心的"智力工业"将以第四产业的姿态出现。与此同时,未来的世界将从物质的经济转向信息经济。我们不但要注意新技术的发展,还要研究社会经济的整个变化。

为了适应世界未来发展的总趋势,我国的经济建设和科学研究,要立足于当前而高瞻远瞩面向未来。在引用国际经验方面,不能亦步亦趋一味仿效,而应采用最先进的科学技术成果,直接跨入"新技术革命"的阶段,加快现代化建设的步伐。

新的地理科学不仅要研究人地关系的现状,而且要预测人地关系的发展远景,预测改造自然、开发利用自然的后果。在地理教育中要培养学生善于运用发展战略的眼光、系统的观点和综合分析的能力;根据世界发展的远景,联系我国国土辽阔、资源丰富、劳力众多等优势,来研究我国国土整治、经济发展、生产布局、环境保护、区域开发等问题。而这些问题都是长期的过程,因此放眼未来不只是看到纪元2000年,而要对21世纪全国各地区资源开发、经济发展、生产布局等方面可能出现的重大变化有所估计。

面向世界看地理教育改革[①]

袁书琪

地理学科对学校教育面向世界有着重要作用,另一方面,地理教育本身的现代化,也需要面向世界。当今世界各国,尤其是发达国家对环境的改造所导致的环境反馈,已超越国界,造成一些全球性的重大问题。研究本国地理时,无法回避这些问题。随着现代化大生产以及交通通信手段的发展,世界各国之间的关系日益密切,世界各地的差异也日益明显。世界各地的自然环境和人文环境变化很快,地理教育的内容更新频繁。"地理八股"的形式已满足不了形势发展的需要。传统的地理教学方式也亟待革新。近年来,世界上地理教育的改革趋势有不少值得我国借鉴之处,当然借鉴并非照搬,必须从我国国情出发,发掘我国悠久教育史中适应新形势的遗产,结合国外经济进行合理的创新,以求改革实效。

一、提高对现代地理教育价值的认识

首先可供借鉴的是:世界各地重视地理教育的价值。对这一重要问题,国内许多地方因长期受"左"的影响,视而不见。只有对此正确认识,地理教育的地位才有保障,地理教育的目的才能正确制定,地理教育的作用才能充分发挥。

相当多的国家坚持将地理作为学校教育必不可少的基础学科。法国视为"一般文化的一部分",英国视为"一般教育的一部分"。而作为六大基础学科之一的地理,在我国的学校教育中实际上仍未与数理化一视同仁。中国香港在教学大纲中将地理列入每个中学生必修的"共同课程之一"。我们的大纲和教学计划也应明确指出地理的价值与地位。

更多的国家重视地理对学生世界观形成的影响,视地理为"解决作为整体的世界政治、社会和经济问题之工具"。法国视为"了解当今世界必不可少的知识",英国和爱尔兰视为"世界公民课的一部分",挪威等国着重"地理知识对经济发展和国际交易的作用"。值得我们参考的是:当前世界上人类面临的一些重大问题确实具有全球性,我国正在强调教育面向世界,这正是地理优势之所在。资本主义国家培养学生资产阶级世界观而重视地理。我们培养学生无产阶级世界观,若撇开地理,只靠政治课,则是不能奏效的。

值得注意的是,世界各国还"强调地理教育在智力训练方面的重要性"。法国指出,"地理方法要求学生观察、思维,判断和记忆",因此"地理知识的牢固掌握和敏捷运用"使学生"有能力更多更好地去掌握各种知识"。英国认为,地理"学习技巧的发展,对后期各科学习有利",爱尔兰、葡萄牙等许多国家都有同感。另外,当今世界教改的代表人物,如赞可夫、布鲁纳等,都以地理作为开发智力实验课,亦是佐证。国内许多学校尚认识不足,尚未将地理对智力的作用与语文、数学一样重视。

[①] 本文选自《中学地理教学参考》1985年第6期。

二、加强对学校地理地位的保障

其次,地理教育在世界上的地位也值得参考。近年来,我国领导人多次强调地理教育的重要,如要求各级学校加强中国史地教育,要求领导干部懂得人文地理、城市规划、旅游地理等。但不少学校仍视地理为"次课",要求地理为"主课"让路;不少地方,地理师资乏人,让改行的不够格的教师来教地理,连地图等最基本的设备也不予购置,地理课形同虚设,仍难以发挥其应有的教育作用。

从全世界看,自从大教育家夸美纽斯创设地理班级教学以来,总的趋势是地位不断加强。英国把地理与英语、数学并列为"三大主课"。日本中学理科不分学科,依次学习力学、化学、生物学、地理知识,把地理置于最高层次。苏联1984年部长会议要求中小学加强人与自然相互作用、生态经济等有关地理的内容的教学。葡萄牙鉴于地理在"中学教育中的独特价值",增加了地理课时。奥地利则"大力提高地理在学生心目中的地位"。意大利、土耳其、西班牙、爱尔兰等国学校中地理都居重要地位。

三、合理安排学校地理的课程

学校中地理课程的设置至关重要,是地位的保证。设置科学与否,从根本上影响地理教育目的的落实和教学质量的高低。

目前我国地理课程设置在小学、初中、高中,形成三次循回,与世界大多数国家一样,符合我国教育普及率方面的实际情况,保证了文化程度不同的学生走上社会所应具有的地理知识,但课时太少,低于世界多数国家。与日本、苏联、欧洲国家相比,初中少70%左右,高中少70%至140%,尤其高中地理时间过紧,很难完成教学任务。中国地理的课时也不到日本、欧洲国家的一半,许多国家的中学地理课程是连续的,我国在初中三年级和高中一年级缺失两年,小学与中学也间隔一年,不利于循序渐进,造成不必要的遗忘和返工。

中学地理教学内容的安排,我国与多数国家一样,初中主要学区域地理,高中以系统地理为主。但不少国家在学了系统地理的一般规律之后,还用以指导重点区域(包括本国在内)的学习。我国只在系统地理中举一些例子,这是不够的。

下面两例可供参考:

法国地理课程设置

年级	地理课程
6	普通地理,非洲
5	美洲、亚洲、大洋洲、极区
4	欧洲(包括苏联,不包括法国)
3	法国
2	普通地理、自然地理、人文地理
1	法国
毕业年级	世界列强、世界经济问题

土耳其地理课程设置

年级	地理课程
1	普通地理(以与土耳其有关的为主)、亚洲
2	非洲、欧洲、美洲、大洋洲、极区
3	土耳其
4	普通地理、人文地理
5	政治地理、邻国、欧洲其余国家、北非、美国、加拿大、巴西、阿根廷、巴基斯坦、印度、中国、日本、中亚
6	土耳其

许多国家中学地理必修与选修相结合,高年级开设选修可减轻学生负担,又可拓阔知识面,可供我们参考。日本高中选修地学、地理,美国新开选修课有全球地理、海洋学、宇宙空间学。英国中学头三年是必修课,周学时1.5至2;四至五年级约50％学生选修,周学时2至4;六至七年级约20％学生选修,周学时4至6。

四、修订贯彻地理教育的目的

世界上地理教育目的趋向全面,除进行知识教育和技能教育外,还兼顾智力教育与德育;另外教育目的还趋向现代化,重视智力开发和自学能力。从各国国情和当今世界重大问题出发,加强思想教育。我国近年来也重视了这些趋势,但由于地位、设备、教学方法等方面存在的问题,贯彻落实尚不得力。

塞浦路斯"培养学生爱国及对与本国在广泛领域中合作的其他民族和国家友好",意大利"使学生有责任感地进入社会生活,理解团结全球所有民族间的相互依存性"。许多国家都提到使学生了解"人与环境之间至关重要的相互依赖关系",葡萄牙"要求学生树立世界性全球观",西德"强调对世界及其问题的了解"。总之,各国都重视培养学生将来参与解决人类面临的全球性问题所应具备的全球性观念(环境观、资源观、人口观等)、爱国热忱、国际了解与合作态度及责任感等,注重目前形势下爱国与面向世界之统一。

法国要求学生在进行地理考察和描述中培养"观察、反应、判断、记忆能力"。葡萄牙要求"发展学生观察、判断、推理的能力和习惯,进行科研尝试"。我国香港地区在地理教学目的"个人品格发展"项目中有"个人与团体合作"、"探究问题时的客观与创新态度",表明地理能力的培养已突破了技能的范围,重视思维、创新、个人自处与他人协作等当代世界所重视的能力。这点内地尚重视不够,实行得更不够。

有些表述相当"地理化",很具体。如马耳他"要求绘出一幅在不同的地形、气候、植被、土地利用等条件下,依不同习惯生活和劳动的人的图景",中国香港"发展以地理观点看事物的能力"、"发展地理基本技能"等。

五、处理好地理学科的两个"二元性"

世界各国在学校地理中都兼有区域地理和普通地理,而当前的趋势是强调普通地理。普通地理的内涵各国不同,有的仅指普通自然地理,有的还包括人文地理。某些欧洲国家的人文地理仅狭义指除了经济地理外的人文地理。在普通地理方面,综合程度趋向高水平,自然与人文不再各自为政而是日益紧密联系。一贯主张人文与自然分家的苏联也在恢复统一地理学。各国往往在初中先学普通地理的基本知识,再以此为基础学习有选择的区域地理,即本国地理,及与本国关系密切的地区,不求面面俱到、平分秋色。新加坡着重东南亚及一些世界重要国家,英国着重英联邦国家等。西德、荷兰、奥地利、瑞士、葡萄牙、挪威等欧洲国家的教材中区域地理仍占很大篇幅,但也以普通地理为基础。各国高中都系统学习普通地理,之后再学以加深的普通地理为指导的若干区域地理。

各国普遍加强人文地理,体现了现代地理科学以自然地理方法为研究手段,以人文地理问题为研究目的的发展方向。在各分区内容的组织方面,西德等国创造以区域主要问题为中心,统一带动自然与人文地理各要素的新教材。世界大区域的划分,也不完全按大洲等自然分界法,而是将自然环境与人文环境共性较多的划成大区,如西欧、东欧、苏联、中国与东亚、东南亚、西亚与北非、盎格鲁美洲、拉美等。

我国教学大纲中的"以自然地理为主"刚改成"为基础",教材尚未体现。大洲以自然地理为主,分国经济共性没有提高层次归纳,区域性不突出,主次不分明。大学地理仍沿袭苏联50年代自然与人文分裂的体系,影响到一代师资,其对人文地理还心有余悸。教材中缺失许多人文地理内容,应批判地借鉴国外现有的人文地理中合理的内容,进行必要的修正与补充。

六、不断充实现代地理教学内容

现代地理新成果和新趋势在国外一些教材中体现较快,如生态系统原理、板块构造原理、季风环流新理论等,被引用来说明地理问题;海洋学、天文学、宇宙空间学的一些新发现也及时在教材中予以介绍;遥感卫片应用较多,判读水平较高,计量手段应用较多,我国香港的中学也用计算机研究土地利用最优化。

除了空间分布外,国外也较重视时间上的变化、迁移、扩散等概念,反映了地理演变及因果关系。地理教学手段相应从静态趋向动态,还注意追溯古地理和历史地理,预测未来。

规划、区划、制图、旅游地理等比较实用的内容,在许多国家的地理教学中受到重视。

七、发挥地理教材结构三系统的作用

世界上地理教材趋向于注意启发性、思考性,便于自学,即重视教材的智力结构、德育结构等隐性结构,体现在显性结构上,则趋于课文、图像、作业三系统并重。欧美、日本、东南亚各国的课文都力求精练,不平铺直叙,凡图表能较好表现的地理事实材料,都不在课文中重复;凡学生可以自学,需要启发思考的则配有适当的练习作业,作业中也图文并茂,重视培养学生的图表能力。在归纳地理原理时,课文起主力作用,也辅以必要的图表。相比之下,我国现行课本的智力价值尚有待提高。

八、改进地理教学方法系统

首先是废弃注入式,正确体现教师主导下学生积极参与教学活动的师生双边关系。多数国家的地理课都始终贯穿启发式问答,课堂气氛活跃,学生还通过记笔记、画略图来加深印象。

许多国家强调直观方法、直觉思维、实际经验的重要性,除了通过电影、照片、电视等直观手段外,还加强实地观察,注重"从具体实在的观察发展到归纳、演绎、推理、综合"。西班牙主张"学生从地方性地理知识入手来了解普通地理原理";比利时的"程序是调查、分析、解释、综合归纳";法国主张"多数地理事实是可以直接观察到的",甚至带学生考察讲法语的瑞士村庄;比利时头一年地理课中有一两次旅游,最后一年要对一个地区进行考察;爱尔兰新教学计划中列入野外研究;瑞士、意大利也有野外考察。

许多国家都鼓励自学,采取个别或小组的方式,完成指定的作业,主要从图书馆或野外获得资料。法国地理教学分两个阶段,"第一阶段给予学生一些定义和资料,由学生读图、绘图,以获得基础知识及养成良好习惯","第二阶段教师尽量少讲,由学生自学做笔记,教师作个别辅导"。

许多国家的教学计划中都重视学生的地图作业,包括从图上获取资料、研究分布、绘制略图进行地理记录等。

各国教学方法方式都是五花八门,相互配合使用,没有定法。

值得注意的是,当今世界上既重视地理的"数学传统",又重视地理的"文字传统"。英美地理界都指出这两种方法不可偏废。

九、不断充实地理教学设备

多数国家的教学设备较为充分,将现代化教具与传统教具互相配合使用。

法国有第一流的大型彩色照片集,西班牙等也由学生收集照片,多数国家都有照片。英国、丹麦、瑞士等中学都有地理专用教室,有的还不止一间。

值得指出的是多数国家的地理课本印刷精美,图像色彩明晰、丰富,课本图表的幅数超过课本页数,其中照片、示意图、大比例尺图、专门地图、归纳性的表格、统计图表、卫星照片要比我国现行课本多得多。人文地理的图表也很多,这是学生手头可常用的重要工具。我国课本图表在内容选择、表现力等方面尚存在不少有待改进的地方。

十、重视地理师资的终身培训

世界各国普遍重视地理师资的培养。首先是重视提高高师和大学地理系毕业生的实际水平,除了学好规定的地理专业课外,还要学习门类众多的教育学科,教育学科(包括教育学、心理学、地理教学法、教育实习)在高师地理系总学分中所占比率很高。如苏联占25%、美国占18.4%、日本占14.6%。

地理教学法,是世界公认的分科教育名称,苏联要修156课时,写出论文;日本用《地理教学讲班》教材共十册,修半年,实习半年,写出论文;英国地理教学法中引用大量心理学成果和新术语。

各国还重视教师的终身教育(在职培训)。欧洲各国中学地理教师要接受地方当局、地理学会或教师协会举办的短训班培训,或接受教学视察员的定期指导;美国在职教师每五年必须在教育学院、学区进修班获得120个学分,才予以更换教师合格证书,废除了教师终身制。

各国的这些经验,很值得我们参考,据统计国内地理师资最雄厚的上海等大城市,能教高中地理的合格教师只占三分之一,还有三分之一经培训可望达到合格水平。全国地理教师缺乏,存在青黄不接现象,必须采取得力的措施,才能在较短时期内达到保证中学地理教学质量所应有的师资水平。

我国教育历史遗产中确有丰富的宝藏值得发掘,发扬光大,国内广大地理教师也有大量宝贵的经验需要加以总结、提高和推广。古为今用,洋为中用,积极吸收当代广大教师的创新成果,是我国教育界和有关部门的历史任务。与国外相比,地理教育方面的差距是可以缩短的,有许多改革是可行的,我国有许多长处在世界上还是先进的。我们要有紧迫感和责任心,为我国,乃至世界地理教育改革做出应有的贡献。

当代地理教育目标和价值的更新[①]

李 晴

一、地理教育目标的更新

确立地理教育目标并非是轻而易举的事,尤其是在许多学校里,地理常常不被看作一门独立的学科,没有发挥它在处理社会空间问题方面的积极作用。不可否认地理概念上所存在的分歧,尤其是在研究和教学方面会更加明显。对于某些概念的不一致,既要看到它可能孕育着新概念的萌发,也可以将其视为学科分解的标志。从地理的一般概念到特殊概念,从地理的大尺度概念到小尺度概念,都遵循着一定的规律,可以看作地理教学基本结构的内容。

任何地理事物与现象,都必须有空间位置,以一个点(如农场、城市及工厂)、一条线(如河道、铁路及公路),或一个面(如耕作区、动植物区等)来表示,这就导致地球表面上的空间分异。若以不同尺度加以考虑,任一现象都会形成特殊的空间分布及其类型,这种空间分布并不是静止的,它与人类社会活动和经济过程以及时间变化密切相关。作为地理分析,既要阐明地理空间位置和地理空间分布,更要从自然和人文因素中寻求内在联系和发展变化规律。

所谓特殊环境,是某个地区几种现象相互联系、相互依赖的结果。例如,橄榄树和地中海式气候类型,就表明了空间分布及其差异赋予某个独特地方以某种特性。这类独特的环境有"自然"环境,比如热带沙漠、萨王纳(热带草原)、赤道雨林等,它们几乎未被人类接触过,自然被称为是罕见的环境。作为整个生态系统的一部分,而被人类和动物大大干扰过的那类环境,常常是处于平衡或非平衡状态的。人类通过大量开发自然资源,例如,发展畜牧业,建立农场、种植园和新的居民区及城镇等,总是不断地与其所处的环境相互作用、相互影响,关系更加复杂。当然,人类影响环境的程度是要依据其需要、技术及对外界的客观评价而有所不同,这种客观评价本身也要受到社会政治、经济和社会制度及人口压力的幅度和程度的影响。

人类社会与空间环境相互作用的方式是不胜枚举的,例如行政区划和土地所有权等。无论社会是公有制或私有制,人类所适应的空间场所,都会以土地所有权的显著形式所表现,土地所有权本身亦是经济制度作用的反映——在某种经济制度下,某些社会阶层可以施加强有力的力量或者调动国家机器有效地控制市场和土地。而土地利用模式,或者是宜农、宜牧、宜林的,或者是工业、住宅、服务业及运输业的,也会不同程度地影响社会、经济制度的结构与方针。例如,圣劳伦斯山谷的居民点模式与大草原居民点模式意义则有不同。

[①] 本文选自《地理教育》1987年第6期。

人们要生存并适应于某种环境,这种环境明显的标志是文化景观——它是人类与空间环境相互影响的结果,作为地理学科应能够表述和解释文化景观,并提供自然界和人类相互作用、相互影响、相互制约的种种方式。发达国家的地理学者倾向于研究人和自然环境的关系,因为人类社会仍然生活在与自然界密切联系的条件下。近几十年里,人造环境人为增长的现象趋于停止,这被看作是人类文明进步的象征,或者说人类优于自然的又一标志。经验告诫我们,最明智的是要与自然界合作,而不是反对自然界;要重视自然界生态系统平衡和谐地发展。所以,最基本的地理分析是决不能撇开环境因素的。

"空间组织"一词被当代地理学者经常使用,在地理研究中重新纳入空间概念是至关重要的。地理是研究人类和环境相互作用、相互影响的科学,人类对其环境的影响不是漫无目的、偶然自发的,而是与某种空间模式密切相关。一般而言,人们把环境理解为一个个区域,每个区域的核心是以人口为中心,人口本身又是空间组织及其空间差异的基本要素。设想一位开拓了新土地的农民,他可以依据邻近城市市场的需求,依据到达城市的运输设备的性能,依据城市的便利,即把生产的产品转变成成品或半成品,来决定土地如何利用好,以至于获得最大经济效益。可见城市本身也是空间组织的一部分,它内部具有不同的功能(如中心商业区、工业区和住宅区等)以及放射状的运输网络。

世界上存在的许多不同的文化景观可以表明,空间模式的明显差异是随着发展的水平不同和社会历史发展的不同而变化的。以某个工业中心或以某个服务中心为其核心的空间组织必然会导致空间的区域划分,因大小不同和层次各异而分门别类。每一个功能区域的面积理论是与受中心城市影响的地带相适应的,其界线是动态的和模糊的。区域往往通过行政划分,通过由区域外部显性结构(如道路、铁路、管道和排水道等)所构成的模式,通过沿着这种外部显性结构的物质运动,变得显而易见。

上述三个主要的概念可以广泛概括现代地理学的性质。当然,不是含糊其辞地概括,有几点需要说明。首先,要协调兼跨地球科学和行为科学的地理学的二元性是极其困难的。一般而言,地理学日趋专门化,但仍未摆脱受古老的传统影响。近五十年来,地理领域愈分愈细已是突出的标记,许多区域地理学者认为,对地形、气候、土壤、农业、工业和交通等成功地表述,完全可以提供某个地区的区域描述。对空间组织采用专门化研究要比历史方法更为重要。所以,地理的双重性要求未来的地理学者必须涉猎广泛而丰富的知识领域。第二,地理学由于各分支学科(如人口、群落、景观或空间组织等)研究的内容各异,正不断地被引向不同的发展方向。例如,人是地理的或空间变化的一大因素,毫无疑问研究人口结构和人口动态是十分必要的。然而,现实是人口研究非常局限,人口未被理解为空间差异和空间组织的原因之一。人类占据空间环境的现象及其原因无非是人类对其长期作用的结果。人类的行为、态度、感觉和信念及有关环境的标记,即构成某种文化的各组成部分,在地理分析中都是作为解释空间组织的因素,而不是其内容。第三,一般地讲,地理学科像自然科学一样往往会牵涉到某些特殊的、例外的和定量的问题。描述区域特征,进行空间分析,都要注意定性和定量方法的有机结合,这也是"新地理"所强调的。第四,要重视概念及术语的调整,确定不同尺度的划分原则。例如,分析欧洲都市中心区的分布,不可能与某个旧中心区结构分析模式等同,或者说对某地饲养肉牛及肉类出口作地理分析,也不能以阿根廷的根斯特州为同一标准。

二、地理教育价值的更新

如何看待新的地理教育的价值观,可从以下两方面分析:

一是地理教育的相对价值,是指地理学科联系、相关或渗透于其他学科中所表现出来的价值。

任何事物现象的出现,任何事件的发生发展都脱离不了空间环境。了解自己周围的环境,认识环境的真实性,不仅对地理学家,对经济学家、艺术家及诗人、小说家也是必不可少的。例如,对于城市这样的课题,地理教育可以依靠与空间模式的关系和所具备的定量方法、模拟及野外技术等技能,为多门学科对城市的研究提供事实材料和途径。

地理学习有助于学生理解自己生活的环境和其他地区的环境,积极关注人类所面临的一系列问题,如"生态平衡,世界人口增长及影响,不规则气候变化的性质及作用等"。当学生看到多种多样的空中照片,不仅会惊叹人类惊人的创造力,也会为图中所见的拥挤的贫民窟、待复兴的老工业区和极度都市化而变形的沿海区而焦虑,对现存状况产生疑问。照片无疑会增强时空观的形成,会增强事物是发展变化的规律性认识。

任何空间结构和区域模式都是自然和人类因素相互作用的结果。某一事物和现象,某一连续的事件,不仅要认识现存状况,还要考虑历史因素与人类因素(诸如政治、经济、社会及心理影响等)。地理学习有益于认清事件的复杂背景及原因,认识到不同的文明社会具有不同的空间结构方式,每种方式都应受到尊重和被理解;认识世界上各民族相互依存、相互影响的关系;认识到不同区域、不同国家和大陆具有不同的发展水平。

二是地理教育内在的价值,是指地理教育本身固有的价值,它必须从对人类活动结果和资源开发的客观性评价中表现出来。

经济价值常常排斥其他而引起矿藏、农业、工业和旅游资源的开发。当某国家或地区大力发展经济时,这种价值尤为明显。其主要目的是获得投资最少的利润,寻求花费最少的场地;同时,也会带来不良后果,如极度化的城市,沿海旅游点的成片、成带,城市里服务设施混乱,缺少绿地等。

社会价值体现在限制空间发展的不平衡和不均等,缩小区域间大的差异,比如废除贫民窟等等。

生态价值体现在自然界必须保持动态平衡,众所周知,通过自然过程回收废品等,使每个有责任感的公民都重视生态的阈限。

空间价值的积极确定,例如决定某工厂、某公路或某城镇的空间位置,不仅仅考虑位置的优势,更要考虑这一位置决定对景观等其他要素的影响,社会和环境的协调性及其经济费用,从根本上协调环境和人类的关系。

要成为独立的并有责任感的公民,应该受到地理教育,具备正确的地理"反映"。地理"反映"主要有:① 观察多样复杂的人类环境,既不能视而不见,更不能视而不清;② 要理解依据空间位置、关系和经纬网所见的事物与现象,并不是被动地服从于演化中的世界的感官印象,而要依据知识、模式,依据分析和先前的参考观点来理解整个世界;③ 学会空间操作,即在市内或乡下或山麓等能确定方位和自己所在的位置,说明景观并评价塑造景观的营力;④ 对貌似奇异的现象寻求解释及成因;⑤ 所有空间现象,都与社会经济和文化过程有密切联系,它们是可以复现的,所以也可以预测;⑥ 要明确所有的空间位置和所有的空间组织,无论是受控的或是自然的,都是社会的、经济的、文化的或生态的价值的体现。

正是这种地理的"反映",将减少人们承受图盲和对环境性质无知的压力,将有效地培养空间观念及增强空间能力,将有益于澄清当代的世界性问题,也有助于一般的识字、识数和识图教育。从今天的文化景观可明显看出人类长期调节的结果,这便是一种地理智慧,当然更是"地理教育"的结果。

地理学与中学地理教育的近今发展[①]

孟钧照

本文侧重探讨我国中学地理教育的近今发展,为此而对地理学的发展作必要的涉及。

一、特点

近今,即自 20 世纪 40 年代中期、60 年代初期和 70 年代末期以来,西方诸国(美、日、西欧)、苏联和我国的地理学与地理教育,相继摆脱低谷困境,先后呈现出一派欣欣向荣的上坡景象,其最引人注目的特点为以下几点。

1. 综合性与协调论相映生辉

综合性是地理的传统特色,近今又重放异彩。"综合"(comprehensive)是把事物的各个属性、部分、方面结合起来,与把事物分解为各个属性、部分、方面的"分析",是彼此相反而又相互联系的思维基本过程与方法。地理学从诞生之始,就是对地球表面的各个属性(如内营力和外营力)、各个方面(如各个同心圈层)和各个部分(如洲、洋、国家),以及人和自然进行综合描述。"geo"是地球,"graphy"是描述,"geography"是"描述地球"的意思。在西方诸国,地理学描述地球的综合性传统从未间断,仅是不同时期和不同学派在描述地球时对自然和人文两个方面有不同的侧重罢了。近今,由于人文地理学的勃起和区域地理学的复兴,综合性特色又异彩重现,成为不可或缺的方法;在苏联、东欧诸国和我国,虽然截然分开、分别归属于自然科学和社会科学的自然地理学与经济地理学在各自系统中也一直保持着综合性的传统特色,但因对"统一地理学"和"人文地理学"的批判和否定,人地关系的综合,受到人为的削弱达三十多年之久,以致"近今"一词,于苏联和我国地理学界滞后了二三十年。但对地理学的综合性传统,终究是驾轻车就熟道,不难迎头赶上。尤其是在我国,传统文化和指导思想中的辩证唯物主义哲学,都对"综合"这项基本思想方法具有天然的亲近感。不难想见,综合性这一传统特色,自将在我国地理学中更加璀璨夺目。

人与地(或自然界)的关系,在我国素有"天命难违"的地理环境决定论,也有"人定胜天"的人本主义思想和"天人合一"的二元论。"天"的含义,虽然带有神秘色彩和迷信成分,但主要是指自然界,是指本义上的地理环境。在西方,从古希腊、古罗马到现代,从希罗多德(Herodotos,公元前 484—公元前 426 年,被尊为历史之父,代表作有《希腊波斯战争史》)、希波克拉底(Hippocrates,公元前 460—公元前 377 年,名著有《论空气、水和地方》)、到孟德斯鸠(Montesquieu,1689—1755 年,名著有《论法的精神》)、拉采尔(Friedrich Ratzel,1844—1904,代表作《人类地理学》)、洪堡(A. Humboldt,1769—1859,提出地理学的因果原则和综合原则)、李特尔(C. Ritter,1779—1859,被认为是人文地理学的创始人之一)及至近

[①] 本文选自《课程·教材·教法》1995 年第 2 期。

现代的诸多地理学大师,虽然也有机械唯物主义的"地理环境决定论"和唯意志论的"人类征服自然"说,但多数学人总是如实反映了人地系统中两大要素及其相互关系的客观实际,坚持了人与地之间互相联系、互相制约、互为因果的辩证统一关系。及至"人口剧增"、"资源危机"、"能源危机"、"粮食危机"、"环境污染"、"生态失调"等一系列问题的出现与激化,人类已不得不承认节制自身再生产的必要,认识到人类生于斯、繁衍于斯的地球供应能力的有限性,于是,协调人地和谐发展的理论乃得以大放异彩。

2. 中学地理教学功能显现、改革深化

地理是人类生产、生活不可缺少的一门学科,早在远古,就需择向阳、滨水之地以居,识狩猎、渔获之所。进入农耕时代,更需辨土壤肥瘠,四时运行。及至进入商旅往返、军事远征,地理更显出其社会功能和经济效益。在我国漫长的封建社会中,"仰观天文,俯察地理"、"左图右史"以及游历名山大川,察勘关隘险要,都是莘莘学子应该修习的学业。及清末废科举、兴学堂后,虽历经变迁,但地理始终是基础教育中的一门必修课程。只是在"十年动乱"中,中学地理课才被取消殆尽,造成我国今日中青年一代地理知识缺乏,出现围湖造田、毁林开荒、污染环境等失误现象。在正本清源,端正了思想路线和政治路线之后,随着地理学在生产、生活中的重要作用得到承认,中学地理教育的功能日益显现。地理知识、技能和能力,不仅在生产和生活上有广泛的用途,而且对学习其他课程也是不可缺少的。并且地理课在传授地理知识的同时,使学生受到潜移默化的德育熏陶,树立和加强辩证唯物主义宇宙观及历史唯物主义、爱国主义以及求实精神、合作共事等人生态度。还可以训练对信息的摄取、综合分析加工和判断决策等能力。概而言之,地理课程在培养德智体全面发展的新人方面,已显现出不可替代的巨大功能。

中学地理教育的改革,近十几年来也处于空前活跃和飞跃发展、日益深入的状态。不仅教育思想和学科上发生重大改变,而且科学、技术与社会教育(简称STS教育)、科学为大众(Science for All)等新概念也以"洋为中用"的原则被批判吸收;在课程设置上,国家颁布的中学教学计划,为地理课增加必修的学时和选修的内容;在教材建设上,引入了竞争机制,除原有的统编教材之外,九年义务教育初中地理教材将达五种,小规模实验教材尚未计入其中,且大多是教材与教学参考书、练习作业、教学用地图册等各自形成的系列。此外,为成人高中和成人高考制定的地理教学、复习考试大纲和教材,也另辟蹊径,别具一格。在教学方法上,曾经出现过热现象,一时间各种名目的教学方法纷纷面世,但随着时间的流转,有些不合逻辑、未经验证、名实难副的教学方法,已在广大地理教师的实践中退出历史舞台,只有立论严谨、逻辑严密、经过验证并为广大中学地理教师喜闻乐用的教学方法才能日益深入人心。由此可见,我国中学地理教学改革正在不断深化之中。

二、原因

二战后近半个世纪中,古老的地理学和地理教育处于崭新的鼎盛时期,传统的综合性特色得到发扬光大,新注入的协调论成为所向披靡的利器。其何以然?一是社会政治经济发展对地理学和地理教育提出的需要;二是系统论、控制论、信息论、协同论、耗散结构论和突变论等科学新方法的引入,为地理学和地理教育的复兴与勃起提供了可能。

1. 需要

由于半个世纪的全球性相对安定,世界人口在1950—1985年的35年间翻了将近一番。

而在历史上，世界人口翻一番所需的岁月，在 1000—1650 年长达 650 年；1650—1850 年的 200 年间翻了一番；1850—1950 年的翻一番也用了 100 年。人口的迅速增长，与地球的有限性形成尖锐的矛盾，土地、矿产等自然资源的人均占有量锐减，人类对自身的发展不加节制而一味高喊征服自然显然已近乎梦呓。另一方面，科技的进步，大大提高了人类的物质享受，而这些物质归根到底是取之自然环境的，粮食危机、能源危机特别是石油危机等虽然都有其社会政治原因，但人多物少犹如僧多粥少同样是根本性的原因。再则，猛增的人口、巨量的消耗所带来的排泄物和废弃物，以及工农业生产中的不当措施，引起全球环境质量的急剧下降，废物成灾、土地退化、水污染加剧、气候变暖、臭氧空洞、森林锐减、物种灭绝、生态失调，环境问题已与广大群众的日常生活密切相关，而不仅仅是书斋中的热门话题，这就不能不使人想起地理学和地理教育的有用性，向地理学和地理教育提出综合治理和协调人地关系的要求。

2. 可能

地理学和地理教育能够满足时代所提出的需求吗？环境决定论者、唯意志论者面对种种危机只能噤若寒蝉，这就需要有哲学上的突破。控制论、系统论、信息论等在物质科学中已得到肯定的验证，并创造出雷达、人造卫星、计算机等物质文明；在生命科学中创造出试管婴儿、基因工程等奇迹；在人文科学和综合学科中是否适用？我国哲学界和地理学界在改革开放中对信息论等的广泛应用，有地理学科新体系的倡议；对人地系统、自然系统、人文系统和地理教育系统的探索，都已取得长足的进展。

三、趋势

在社会需求日益增长的形势下，在运用信息论、系统论等日益自觉的有利条件下，再加上卫星照片和计算机等科学技术的广泛使用，地理学和中学地理教育虽然目前步履维艰，但建立地理科学体系与规划地理科学教育的呼声已日益高涨。在严峻的形势与难逢的机遇之下，我国地理学与地理教育必将出现勃勃的生机。

首先，全方位的综合化与肩负人地和谐重任，是现今地理学性质、方法和任务的已有趋势，且将在一个时期内继续强化与发展。

（1）全方位的综合化。以人地系统为研究对象的地理学，既涉及地球表层的地质地貌、气候、水文、土壤、植物和动物，又涉及生活、繁衍于地球表层的人类社会生产、生活的各个方面。人类社会与自然地理环境是客观存在于人地系统中的两大要素，在对各级各类人地系统进行观察、研究时，无可避免地既要运用有关的自然科学成果，又要运用有关的社会科学成果，并且必须对这两者进行综合，地理学的这种综合显然远比物理、化学和生物学所探究的科学、技术与社会要广泛、深刻且更具历史渊源。地理学的研究对象包含了原有的自然综合体和人文综合体，以及古已有之、今又焕发的人地综合体，确确实实是一门综合性的科学。

（2）肩负协调人地和谐发展的重任。人地系统和谐发展的必备条件是发挥两者的联结功能，使两者互为因果良性化而不是互相侵害。协调的方法主要是确定两者作为子系统时内部的薄弱环节并予以拨动而产生震荡效应。而这些工程无疑带有鲜明的区域性和时间性，需要作因时因地而异的调控，需要对受控内容有深入的理解。在我国现实中，控制人口增长、提高人口素质已成为基本国策，如何使这一协调收到最佳效果，至今犹不失是一个重大课题。而在一些滥伐森林、滥垦滥牧的地区，恢复生态平衡更需要有生物措施和工程措施相结合的系统工程。近年来,三北防护林、长江上中游防护林、沿海防护林等都已初显成效,生态住宅、水污染处理等方面的研究也已起步,地理学在协调人和环境中的作用必将与日俱增。

其次,目前,受片面追求升学率和形式主义的影响,我国中学地理教育远未受到应有的重视。相反,常常成为减轻学生负担、精简课程门类的对象。随着人地关系日益受到重视和地理教育的德智体功能日益显现,下述三方面的发展趋势当能取得应有的成果。

(1) 整体改革更上一层楼。中学地理教育整体改革的硬件,应当包括课程、学时、教材系列和教学目标、方法、评价等方面。在课程设置上,高中应增加人文地理选修课,初中已面世的教材在科学性与教育性两方面都有很大的改进,一大批地方性教材和乡土地理教材特色鲜明,引人注目。在现有教学计划、大纲和教材框架下,广大地理教育工作者对教学智能目标和德育目标的确定、教学方法的优选及教学效果的检测与评价,已经并继续从事研究与探索。再加上近年来教师素质的逐步提高,我国中学地理教育改革必将更上一层楼。

(2) 地理教育的德育功能特别是思想政治教育功能,将受到越来越多的重视。《中学地理教学中的德育目标》、《中学地理课中德育的实施》等小册子已经相继面世,对这方面的探究已日益深入。

实践性与趣味性的增强,从已编出的九年义务教育初中教材中可得到强烈的感受。课堂教学在教材的导引下,自应紧相跟随,这是近今教育理论所要求的。

(3) 理科与社会两栖。科学技术是第一生产力,突飞猛进的科学技术,既促进人类向自然索取物质和能量的能力,快速提升也增加了人类向自然索取的需要。必然要增强人地关系的深度和广度,也势必向教育提出了解和善处人地关系的任务,这是地理教育必然要受到越来越多的重视的根本原因。我国小学的课程设置,在自然课程中含有地学的内容,在社会课程中含有人文地理和区域地理的内容。地理成为两栖课,这对提高国民素质将有良好影响。

树立面向 21 世纪的地理教育观[①]

王树声　钟作慈　李岩梅

21世纪即将来临。21世纪充满着机遇和挑战。我们能否抓住机遇，迎接挑战，在激烈的国际竞争中实现中国的腾飞，关键要提高民族素质和培养出大批适应21世纪需要的人才。而民族素质的提高和人才的培养，有赖于教育尤其是基础教育的改革与发展。

《中国教育改革与发展纲要》指出，基础教育必须向素质教育转轨。作为基础教育中的一门基础学科，中学地理教育应怎样改革与发展，这是中学地理教育工作者首先要考虑的问题。中学地理教育只有通过改革与发展，才能巩固并加强其在基础教育中的地位，赢得社会的承认。

改革与发展的根本，是树立面向21世纪的地理教育观，即跳出传统的对中学地理教育职能、课程设置、教学内容和教学方式的认识，更新教育观念，重新审视中学地理学科在基础教育中的地位和作用，探究其具有的其他学科不可替代的职能。

一、地理教育观念的更新

学科教育与教学观念，反映着教师和教育工作者对本学科职能、目的和作用的认识。80年代以来，对我国中学地理教育职能的确认，从"双基"到"'双基'加能力"，再到"基础知识教学、基本技能训练和能力培养、思想政治和品德教育三方面并重"，有了很大的变化。但无论从面向21世纪的角度，还是从地理科学和教育科学发展的角度来看，中学地理学科的职能仍在变化，地理教育观念也需要进一步更新。

"可持续发展"的理论与实践，为地理科学的发展提供了新的契机。地理学已不是严格按照自然地理和人文地理的界限，以描述和解释地理事实为目的的科学。21世纪的地理学，将着眼于如何辨识"人与自然"和"人与人"之间的关系；如何维系充分和谐与协同进化；如何达到利己与利他、当代与后代、自律与互律、环境与发展之间的平衡；如何实现资源优化配置与以区域协调发展为内涵，在资源开发、区域发展、国土整治、环境保护、灾害防治和城乡建设等方面发挥作用，并将建立全球发展的伦理道德体系（见牛文元：《面向21世纪的地理学》，本刊，1995年10期）。对于地学人才的培养，除了少数"基础型"人才以外，要大量培养"应用型"人才和中学地理教师（见陈宗兴：《关于21世纪地学人才培养的思考》，本刊，1995年12期），这就意味着地理科学将真正成为能够应用其理论、技术和人才，服务我国发展和解决全球问题的有价值的科学。

随着信息时代的到来，教育的价值观念也有了很大的变革。基础教育的基本职能已经不是使学生简单地接受人类已有的知识、经验和道德，而是要全面开发人脑资源，培养学生

---

① 本文选自《中学地理教学参考》1996年第5期。

的智能,促进学生的全面发展,使学生具有创造能力和新的文化观念,以适应未来的需要。中学学科教学的主要任务,已不是仅仅局限于向学生传授相关科学的系统理论知识,而是通过符合学生认知规律的教学过程,使学生在掌握一定基础知识的同时,智力得以充分开发,能力得到充分培养,同时接受一定的德育。传统的"学术化"和"专业化"的课程及科目的细分,难以适应21世纪的人才需要。而21世纪需要的是通过课程的综合化或综合化的课程,使学生对人类文化作横断式了解,拓宽文化层面,逐步认识人类社会发展的趋势和面临的各种重大问题,逐步形成适应21世纪的思想方法和价值观念,培养解决实际问题的能力和养成正确的行为方式,成为全面发展的有参与竞争和迎接挑战的潜在能力的人才。

因此,中学地理绝不应是单纯传授地理科学知识的一门课程,也不是一般的培养能力和渗透德育的学科,其作用在于可以教育学生关心并谋求人类的持续发展;可以引导学生树立全球意识和正确的地理价值观念;可以促进学生成为德、智、体全面发展的合格人才;可以对多种学科的教学内容进行综合和广泛联系。从面向全体学生和面向21世纪的意义来审视,中学地理教育的职能绝不应是仅为培养地理专业人才服务,使学生仅具有较为精深的地理专业知识,而是使学生获得日常生活、生产劳动和进一步学习各种科学文化的地理基础知识和基本技能,使学生受到多方面的思想政治和品德教育,使学生的智能得到全面开发和培养。

如果按照这种教育观念来改革和发展我国的地理教育,改革现有的课程设置、教学内容、教学方式、教学方法、教学手段和考试制度,使中学地理学科成为唯一的以人类的可持续发展、人类赖以生存发展的地理环境以及人类与地理环境的关系为基本内容的学科,把培养学生的智能,帮助学生形成地理思想方法和地理价值观念摆在突出地位,使学生从经济、社会、生态和伦理道德等方面理解和认识人类所面临的重大问题及应该采取的对策,具有全球意识和参与国际交往、合作与竞争的能力,以及迎接21世纪挑战的素质,就会升华中学地理学科的地位,彻底扭转来自社会和地理教育工作者自身对中学地理教育的错误认识,使中学地理学科真正成为面向21世纪的、其他学科无法替代的基础教育学科。

二、地理教学内容的变革

21世纪是信息时代。人类将从各种传媒接受大容量、快增长的科学信息。知识的更新速度极快。但信息高速公路的发展又使得知识的储存、检索和提取变得非常方便。因此,无须考虑学生在"信息爆炸"的情况下,如何记忆和储存更多的知识,而应考虑如何使学生在学校学会理解、分析、综合各种知识,同时学会运用适当的工具来提取资料和应用资料。面对这种形势,中学地理教学内容也势必要变革,应从系统阐述地理科学知识为主,变为在阐述一定地理基础知识的同时,培养学生学会获取知识和运用资料的方法,逐步形成正确的观点和认识问题、解决问题的能力。这种变革以地理教学内容的基础性、综合性和个性化为主要特点。

基础性,即区别地理基础教育与地理专业教育的不同性质,改变中学地理教学内容过于"专业化"和"学术化"的倾向,减少过多过难的地理原理和地理理论,特别是天文、气象、水文、地质等自然科学的相关理论,增加人文地理知识,增加区域地理知识,特别要增加有关以PRED(人口、资源、环境、发展的简称)为中心的现代人地关系、人类面临的全球性问题和"可持续发展"的内容,使中学地理教学的核心内容变为:使学生了解基本国情,懂得基本国策,理解人类发展与地理环境的关系,逐步树立正确的资源观、环境观、人口观和"可持续发展"的观点。

综合性,即打破自然地理和人文地理的人为界限,改变将地理知识机械地分为自然和人文两大部分的传统做法,实行着眼于地理环境整体和人地关系的自然地理与人文地理的综合,尤其要改革沿袭已久的,将中学地理教学内容中的基础知识按要素和部门加以罗列,先自然后人文,以位置、地形、气候、水文、生物、农业、工业、交通运输业、首都、城市的顺序依次描述的组织方式,以"区域—环境"为重点,突出反映人地关系的典型事物与特征,着重从人类活动的角度,来综合认识地理环境的总体特征,分析和评价地理环境对人类活动的推动与制约作用,以及人类活动对环境的影响,强调从人的角度认识地理环境和从环境的角度评价人的活动。还要实行基础知识内容、智能培养内容和德育内容的综合,一方面将智能培养的内容(如地理图像知识、学生活动等)和德育内容显性化和序列化,另一方面注意基础知识的多种教学功能,如中国地理知识的许多内容,既是科学知识,又是国情教育、国策教育、爱国主义教育的内容;又如有关人口、资源、环境问题的内容,既是科学知识的传授,又是科学观点的树立。

个性化,即改变教学内容和教材内容的整齐划一,逐步实现对不同地区或同一地区的不同学生提供不同的教材和教学内容,以适应个体差异和利于个性发展。实践证明,"一纲多本"仍不足以使教材多样化,反而使不同版本的教材内容趋同。因此,应尽早实行教材的"多纲多本"。同一版本教材,也应加大内容的弹性,增加"阅读"内容,以便于学生自学和选学。在课程设置方面,应在不同类型的高级中学开设不同内容的地理必修课和选修课。

三、地理教学过程的优化

21世纪的教育,将着力于人的全面发展和个性发展。这一趋势使得教学过程中的能力培养比知识传授更重要,非智力因素的开发比能力培养更重要。而能力的培养和非智力因素的开发,又依赖于教学过程的优化。离开教学过程和教学活动,就谈不上智能培养和全面发展。

通过地理教学过程,可以培养学生的认知能力和行为能力。认知能力的核心是思维能力,行为能力的核心是观察和使用地理图像的能力以及野外活动能力。中学地理学科教学内容和教学过程的特点,决定了形象思维能力、阅读和使用地图能力,是中学地理学科能力培养的重点。通过地理教学过程,还可以开发学生的非智力因素,促进学生情感、意志、兴趣、动机、品德等个性心理的发展。为此,中学地理教学过程,必须是开放的而不是封闭的,必须进一步优化。

受传统的封闭式地理教学过程的影响,相当一部分教师还习惯于"师讲生听"的教学方式,教学信息的传递过于依赖教师的讲述,教学信息的流向过于偏向"从师到生"的单一方向,教学环境基本局限在课堂之内,多数课还是注入式的"满堂灌"。开放式的地理教学过程的特点在于,教师应当运用多种教学媒体,通过多种渠道传递教学信息,充分调动学生的积极性,让学生充分参与教学活动,实现教师与学生和学生与学生之间的多向交流,创造各种教学情境,实行课堂教学与课外教学相结合,以便使每一个学生的各种感官都能接受到及时变化的教学信息刺激,都能做到眼、耳、手、脑并用,都有充分表达自己想法的机会。

优化教学过程要把握两个方面:一方面要使教学内容的编排合于地理知识的逻辑关系

和内在联系,避免把学生尚无足够基础知识,包括相关学科知识的教学内容硬"灌"给学生,还要避免简单重述教材,机械地"照本宣科",而应根据学生的实际,整理、组织教材,帮助学生理解新知识之间的事理关系和建立新旧知识之间的联系;另一方面,要使各项教学活动的设计和编排合于学生的认知规律。要把握地理学科的特点,避免单纯用语言和文字来阐述内容,机械记忆定义或名词术语,过分注重运用概念来推理、论证,而应充分联系学生实际,通过各种图像或实地观察,使学生充分进行感知,并在具有足够的感性知识的基础上,再转入想象和思维,最后得出结论。在思维方面,应吸收思维科学的最新成果,充分认识形象思维在科学研究和创造性劳动中的重要作用,改变传统的把形象思维作为思维过程的低级阶段的认识,充分发挥中学地理教学在培养学生形象思维方面的特殊作用,加强形象思维的培养和训练。

优化教学过程,势必要有明确的教学目标、恰当的教学内容、灵活的教学方式、适当的教学方法和手段,以及科学的检测评价,这些都是影响教学过程整体优化必不可少的因素和环节。因此,优化教学过程,可以促进中学地理学科的整体教学改革。由于信息传输方式的变革,特别是多媒体计算机的迅速推广,教学方式将更趋于个别化,而不是全体学生整齐划一,这又会使传统的课堂结构和教学模式发生变化,并促进教学过程的优化。为了适应这一趋势,今后的中学地理教学改革,应当注重以优化教学过程为基点的整体改革,并以"结构—模式"研究为优化教学过程的核心。在以区域地理为主的初中地理教学中,可多采用"结合事实、提出问题—展示图像、引导观察—展开联想、促进想象—组织讨论、启发思维—分析归纳、得出结论—练习检测、获取反馈"的课堂教学模式。在以系统地理为主的高中地理教学中,可多采用"结合实际、提出课题—利用图像演示过程和规律—引导观察并建立新旧知识的联系—分析比较、展开想象—推理论证、得出结论—练习检测、获取反馈"的课堂教学模式。

综上所述,面向21世纪的地理教育观应是以提高民族素质、培养全面发展的人才和促进学生个性发展为目标,以变革中学地理学科教学内容、优化中学地理教学过程、实现以可持续发展和人地关系为基本内容的开放式教学,使学生具有21世纪公民所应有的地理知识、能力、思想方法和价值观念,以升华中学地理学科的地位。

高中地理课程的核心论题[①]

陈 澄

自1981年高中课程恢复设置地理课以来,地理教材一直将"人地关系"作为一条主线。而1995年夏天在昆明召开的全国普通高中地理课程标准的研讨会上,却传出信息,改革后的高中地理课程(1997年在各地试点,2000年全国推广)将以"可持续发展"作为教学内容的核心论题。国家教委1996年5月编订的《全日制普通高级中学地理教学大纲(供试验用)》证实了这一举措。正在进行课程教材全面试验改革的上海,所编高中地理教材在经过了近五年的试点并准备于1996年秋在全市推广使用而进行较大修改时,也将"可持续发展战略"作为高中地理教材的核心内容。

高中恢复设置地理课程将近15年的教学实践表明,高中地理教学内容将人地关系作为一条主线是正确的。但对于为什么教学内容的主线要以"可持续发展"思想来取代"人地关系"理论,很多教师却并不十分理解,甚至有人认为,可持续发展和人地关系是一回事,提出此次改动只是为了"赶时髦"。那么,究竟为什么高中地理课程要以"可持续发展"战略作为教学内容的核心论题,人地关系理论和可持续发展思想两者之间有何区别和联系,本文试就该问题作一简要的剖析。

我们知道,我国的地理课程在初中义务教育阶段均以区域地理作为主要教学内容,而高中阶段则以系统地理的框架讲授自然和人文地理的有关知识,教学内容紧紧围绕人地关系理论这一条主线逐章逐节展开,最后一章"人类和环境"更是以如何协调人类和环境的关系作为总结。

人地关系论是人文地理学的基础理论,也是人文地理学研究的中心课题。人地关系是从人类起源以来就客观存在的关系,但人地关系论的产生和发展却经历了漫长的历史过程。近代地理学奠基人德国地理家学洪堡和李特尔是研究人地关系论的先驱。洪堡认为,人是地球这个自然统一体的一部分,地理学是研究各种自然和人文现象的地域结合。李特尔则把自然现象的研究与人文现象的研究结合起来,把地球看作人类活动的舞台,认为地理学的中心原理是自然的一切现象和形态对人类的关系。他们的这些思想为人地关系理论的发展奠定了基础。德国地理学家拉采尔详细探讨了地球表面居民的分布等对地理环境的依赖关系,并将达尔文的进化论引入人文地理学,认为各地区人类活动的特征决定于各地地理环境的性质。这种思想后来被其他人片面地夸张了,发展成为地理环境决定论。地理环境决定论又称决定论,它认为各地区人类活动的特征取决于自然环境,特别是气候条件。决定论过分强调了环境的决定性作用,而忽视了人的能动性,错误地认为气候条件决定一切。在19世纪里,决定论在地理界一直占据优势,直到20世纪,才有人对决定论表示异议,并提出"可

[①] 本文选自《地理教学》1996年第5期。

能论"和"适应论"。可能论认为,自然界对于人类没有必然,只不过提供机遇或困难,人类是选择或支配这种机遇的主宰。适应论则认为自然环境与人类活动之间存在互相作用的关系,人类研究这种关系,不应研究控制问题,而应研究人类活动对环境的适应能力,"适应"既意味着自然环境对人类活动的限制,也意味着人类社会对自然环境的利用和利用的可能性。第二次世界大战后,人地关系论的研究重点趋向"协调",即人类社会如何协调人类社会与自然环境的关系。

上述人地关系论的发展,体现了人类对人地关系认识的逐步深化。但是,无论是决定论也好,可能论、适应论也好,却已无法和当今现代社会形势发展相协调。20世纪50年代以来,为了更好地协调人地关系,一些发达国家先后走上了国土整治开发的道路。我国也于1981年成立专门机构,致力于国土整治开发工作。国土整治开发的内容主要包括两大方面:一是自然资源的综合开发与生产力的合理布局,二是生态环境的保护和自然灾害的防治。虽然国土整治开发的内容广泛涉及"资源"、"环境"、"经济",但是并没有直接、突出地涉及人口问题,即将怎样"整治"人类自己本身包括进去。随着时代的发展,当今国际社会普遍趋向将"人口""资源""环境""经济"综合起来考虑,致力于制定一项全球性的发展战略,来协调人类和环境的关系,这便是可持续发展思想得以萌生的缘由。

第二次世界大战以后,世界科学技术得到飞速发展,世界经济增势迅猛,人类在改造自然和发展经济方面取得了极其辉煌的成就,对于自然资源的开发利用也增势很快。以矿物原料的开发利用为例,在20世纪的40年代,元素周期表中的元素,还只开发利用了其中的30多种,而目前已增加到近90种;在工业中利用的矿物,已超过已知3 500种的近20%。其中非金属矿产品的利用,更是引人注目,已从20世纪初的60种,增加到目前的近200种。对自然资源开发利用的成功,带来了经济迅速发展,但另一方面,由于人口数量急剧增加、生产的发展,人类对自然资源的需求量增幅也相当惊人,近20年间,从地下开采出的煤,约占20世纪内90多年间总产量的一半以上;铁矿石约占60%以上;石油、天然气约占80%;铝土矿约占80%以上,从20世纪50年代到90年代间,世界人口由25亿增长到50多亿,翻了一番,而同期能源消耗却增长了5倍;主要原料来自矿业的工业制品价值增长了10倍,资源的人均耗费量大幅度增长。比耗费巨量资源更为严重的情况是,对自然资源的滥采滥用,已导致了某些自然资源的短缺和退化、环境污染日趋严重、生态平衡遭到破坏。例如,由于工业生产无节制地开采,使很多重要的矿产、能源面临枯竭的危险——全世界铜的储藏量可供持续开采期只有40年,天然气为50年,石油为30年;过度砍伐森林,使森林面积不断减少,从50年代到90年代,全世界的森林面积已减少了一半;由于工业用水和生活用水量急剧增加,水源遭受污染,全球有100多个国家缺水,很多地区已出现淡水危机;交通、城市、工矿大量占地以及垦殖不当,水土流失,造成耕地面积大量减少,从60年代以来,世界人均耕地面积已从0.45公顷下降到0.24公顷;由于工业生产排出大量废气、废热,已使大气中的二氧化碳大量增加,臭氧层遭到破坏,给地球环境和人类健康带来极大危害……综上所述,人类活动对地理环境的影响大大增强,致使"环境与发展"问题日益突出,如人口剧增、资源过度消耗、水土流失、土地退化、森林遭毁、生物种类锐减、水资源短缺、气温增高、自然灾害频仍等已成为人们普遍关注的重大问题,当今世界日益处于资源、环境、人口与发展严重失衡的困扰之中。在这种严峻形势下,人类不得不重新审视以往自己走过的历程,总结过去高消费、单纯追求经济数量增长以及"先污染,后治理""吃祖宗饭,断子孙路"所带来的严重教训。

为此,1992年在巴西里约热内卢召开的联合国环境与发展大会上,通过了《二十一世纪议程》行动纲领,制定了"可持续发展"战略,即当今世界人类社会的发展必须走"人口、经济、社会、环境和资源相互协调的,既能满足当代人的需求而又不对满足后代人的需求能力构成危害"的可持续发展道路。我国政府也积极响应,制定了《中国二十一世纪议程》,并宣布中国将认真履行联合国决议,实行可持续发展战略。1996年7月16日江泽民主席在第4次全国环保会议上的讲话中郑重指出,"在社会主义现代化建设中,必须把贯彻实施可持续发展战略始终作为一件大事来抓"。

　　现行的高中教材摆脱了传统的区域地理、部门地理的格局,以人地关系理论作为教学内容的主线,无疑是一个进步。但是无论是人地关系论也好,国土整治开发也好,目前都不能解决当今世界人类发展所面临的诸多方面的问题。自然地理学研究的是"地地关系",人文地理研究的是"人地关系",而"人人关系"则是社会学的主要研究范畴。可持续发展思想,则比较全面地涵盖了人类面临的资源、人口、环境问题内容的实质。高中地理课程确定以可持续发展思想作为教学内容的中心论题,将是又一飞跃。可持续发展的思想的提法将比人地关系论更全面、更概括、更系统、更完整、更深刻,并且更具有现实和长远意义。

　　可持续发展是一项全球性的全民战略,它的实现必须依靠全民的参与,所以对未来的公民、目前的学生进行可持续发展思想教育十分必要,它也是当前教育实现"素质教育"的一个重要的方面。我们知道,地理科学本来就是研究人类生存和发展的地理环境以及人类与地理环境关系的一门学科,在所有中小学各学科中,能担当可持续发展教育任务的,无疑首推地理学科。所以地理学科应当仁不让地占领可持续发展思想教育的阵地。除了在高中地理课程中要专辟章节讲述可持续发展思想的概念、意义、要求、任务之外,还必须在其他所有的教学内容中,包括地理环境的各个圈层、自然资源、工农交通运输业、城市、人口、环境、自然灾害等各章节,渗透可持续发展的思想;甚至在九年义务教育阶段以区域地理为主要内容的地理教学中也应贯穿、渗透可持续发展的意识和观念。只有这样,地理学科才能在可持续发展教育这项"功在当代,利在千秋"的崇高事业中,做出应有的贡献!

做一代地理意识的塑造者[①]
——对当前地理教育的一些思考

雷明德

纵观古今中外,凡有成就的学者,其共同特点是:潜心事业,自觉奉献,生活清贫,淡泊名利。当前更需要提倡这种传统风范。

20世纪中期以来,人类经历了两次世界大战之后,经济发展,科技进步,并给人们带来了多方面的物质和精神文明。同时随着人口的急剧增长和掠夺式的开发,资源匮乏,森林减少,草原退化,物种濒危,疾病增加,自然灾害加剧等,人类赖以生存和发展的环境和资源体系,面临严重的破坏和不足,这些日益成为各国人民和政府普遍关注的突出问题。计划生育,环境保护,节约和合理开发资源,制定和实施可持续发展战略,已是检验各个国家的文明进步和国力强大的试金石。在这一伟大的实践中,当代地理学已逐步显示出她的强大生命力,并已为某些国家和地区的开明领导人及知名科学家所重视。地理意识的塑造、普及与不断完善,实际上已成为新世纪地理学发展的一个重要标志。

一、地理学发展的简单回顾

人类社会产生,便开始了地理知识的记述和积累,先期为小范围、单项目的记录,继而为较大范围和多项目的记述,直到19世纪初,大体仍然如此,人们称其为古代地理学。19世纪到20世纪第二次世界大战结束,便是在积累基础上的综合分析,才真正明确了对象、任务,总结了方法,划分了学科体系,形成了科学地理学雏形,人们称其为近代地理学。实际上从古代到近代也只是一个从知识的积累到学科的初建阶段,只是解决了一个"是什么"和"有什么"的问题。20世纪中期以来的50多年间,由于整个世界文明的发展和社会文化思想、科学技术的进步,地理研究才真正步入了"为什么"的现代地理学阶段。水分热量平衡、化学元素迁移和生物地理群落,后来的遥感与计量技术在地理中应用等等,都是试图从学科体系、方法论上寻找自己的道路。由于这个时期地理学忙于充实和完善自身,尽管做了大量的实际调查工作,然而从总体上看还是"拿来主义"为主,即从各学科、各领域吸收的多,向社会生产奉献的较少。随着经济迅速发展和科学技术的不断进步,尤其是生产力的大发展,环境、人口、生态、资源等的开发利用中出现了多方面的冲突和问题,既通过困扰经济、区域的发展而制约了人类的进步,也限制和阻止了本学科及其他兄弟学科的发展。熟悉的不能满足需要,需要的却掌握得不熟练,因而出现了所谓的"危机"。为了自身的生存,也为了人类和社会的进步,学科必须走向社会,走向生产和生活,直接插入和占领"环境""资源""人口""大地""海洋""区域"等等的一个或几个方面,以开拓新的领域,这就是前段改系名、建专业、

[①] 本文选自《中学地理教学参考》1996年第10期。

成立中心等的根源所在。认识纷纭,措施各异,高考不考地理、压缩招生……便是其思想和行政措施的反映,既是多渠道探索和全方位试验之举,也是矛盾的必然和彷徨的表现。

但从推动社会经济、人类进步和学科发展来看,还得从资源科学利用、环境合理保护、区域综合开发和可持续发展战略等地理整体性原理方向寻求在理论上完善和方法上可行的发展道路。在这里地理教育也应当随着学科的发展进步和逐步完善,由地理知识传播型教育向地理科学意识塑造型教育转变,而这种转变首先应从学校教育开始,最终向社会以及全民开展。

二、什么是地理意识

地理意识是一种以地理科学理论、知识和技能为基础的科学思维方法和科学观点,也叫地理科学意识。意识是人的头脑对于客观物质世界的反映,是感觉、思维等各种心理过程的总和。地理意识有四个特点:第一,必须是反映实际存在的客观物质世界,必须是客观的物质对象;第二,是感觉、思维的各种心理过程的总和,这种总和随着人们的认识日趋深刻全面,即人对自然和社会的日趋深化;第三,其中思维是人类特有的反映现实的高级形式,这种高级形式一直处于随实践和认识的深化而不断上升、发展和提高,即始终处于发展变化和进步之中;第四,存在决定意识,意识有可能或有条件地反作用于存在,这决定于意识的客观性、科学性、完整性和深刻性,而且反作用有建设性和破坏性,这是人们的自然观、世界观、人生观、科学观等的发展变化、推动进步的基本观点,地理科学知识蕴藏于其中,发展于其中,顺之者昌,逆之者亡。

因此,地理意识就应当是用现代地理学的理论、知识和技能等基本科学成就和思维来认识和对待世界,并对地球、自然、人文、人地关系、区域经济发展和可持续开发等实践中的地理现象、地理过程、地理作用、地理系统及生产生活中的经验和教训,和今后还会出现的各类问题(当前集中在环境、人口、资源、城市、区域开发、可持续发展战略的调查、研究、规划和实践等几个方面)进行预测和预报。

由此可见,虽然研究和发展地理科学,主要是地理科学工作者的任务,而应用和发挥地理科学的作用,则除地理学家责无旁贷外,还应当是全民的任务。这就是说,地理意识应当是全民的意识。

三、塑造地理意识的意义

如前所述,地理意识塑造就是人们乃至于社会正确对待主客观世界的根本性态度和科学方法的确立,在世界趋势和社会经济急剧变革的今天,有着重要的理论和实践意义,它表现在多方面的需要上。

第一,爱国主义教育的需要。爱国主义是指对祖国的忠诚和热爱的思想,进行这种思想教育当然先要对自己国家的地理、历史、政治、文化等进行了解,如不了解,热爱和忠诚就无从说起。这里地理意识会提供完整、准确、深入、全面的基本情况,会激发出人们对伟大祖国的深厚感情,从而热爱她、保卫她、建设她,为她的兴旺发达而努力奋斗。

第二,实现基本国策的需要。为了体现我国人民当前和长远利益,全面落实宪法精神,国家已通过法律程序,颁布了一系列的基本国策,如珍惜土地、计划生育、环境保护、水土保持、自然保护、保护濒危动植物、爱护文物……这些大都是具体环境下的某些关系国计民生的重大举措,它们各有特征,互相间并与国民经济密切相关,如果脱离开对国情的深刻认识,没有足够的地理意识,很难真正落实;而一旦失误,其恶果难以挽回。

第三,精神文明建设的需要。社会主义精神文明建设的根本任务是"适应社会主义现代化建设的需要,培养有理想、有道德、有文化、有纪律的社会主义公民,提高整个中华民族的思想道德素质和科学文化素质"。而这些均奠基于马列主义与传统文化和现代科学文化基础上,地理基础知识和地理意识则渗透于各个方面,也应用于各个方面(或成功或失败均成为财富),舍此,精神文明建设会失去其丰富内涵。

第四,发展区域经济的需要。发展区域经济是建立在国民经济均衡发展指导下,从区域的整体和局部特征出发,取得最佳结构、最佳速度、最大效益的区域经济发展途径。它要求建立在对全局和地区各方面的内涵和关系的深刻了解,并对其运动规律和运作机制深刻认识和掌握的基础上的,缺乏这个基础或对其掌握不准,其整个发展速率效益则必将受到影响。

第五,国际交往的需要。随着改革开放的实行,市场经济的运行、引进外资、引进技术、劳务输出、公务和民间友好往来、学术交流等国际和地区间的交流广泛而深入,知己知彼,百战百胜,让中国走向世界,让世界了解中国已是发展的迫切需要。了解世界各地的政治、经济、文化、风情,已是人民群众文化的基本需求。作为东方大国的中国,在经历长期封闭之后,全球地理意识的建立和国际地理知识的普及,已是时代的潮流。

第六,可持续发展战略的需要。"既满足当代人的需要,又不对后代人满足其需要的能力构成危害的发展战略"即为可持续发展战略。这既是当代发达国家的发展战略,也是我国向世界公开宣布和承诺的我国发展战略,也应当成为我国人民群众,广大干部文化素养水平的标志和高素质的要求。我国已将环境保护、资源开发等方面体现在"九五"计划之中,并为新世纪之初做了安排。实现这一战略必须要有强烈的地理科学意识,否则盲目失手、举步维艰,先进的战略也难以实现。

第七,丰富个人生活内容的需要。国家经济发展,个人收入增加,部分人先富起来,家用电器群、通信网络、文化科技书刊、旅游活动不断发展,空间增大,距离缩小,社会交往越来越频繁,人们从中得到的启发和感受也越多,便需要更多的文化科学知识投入,才能较充分地发挥上述各种装备的作用和效益,其中地理意识的建立居重要地位。合法又合理,投入小而收效大,时间短而成效著,就必须由地理意识规范其行为。

第八,改革地理教育的需要。由于教育形式的多样化和各种知识的急剧积累,学校教育不能只停留在知识的介绍传播上,必然要增加综合性、规律性、概括性和实践性(操作性)的内容和方法,而地理意识的结构和传播,就成为各级各类学校教学和教育改革的新途径和新内容。这样,课程结构量有可能减少,但内容的囊括量增加,一些知识转向多种形式的社会教育,使学校地理教育打开新局面,更上一层楼,走出当前的困境。中小学教育和职业教育如此,也会推动高等学校地理教学的改革,进一步推动地理学科的发展。

四、当代地理意识的基本内容思考

社会在发展,人们的认识不断深化。当代地理科学意识至少有如下八个方面:

(1)区位意识。地表地理事物和经济活动的变化或运动规律及其作用、机制与其所在的地理或空间位置密切相关。地表事物的位置只有相似和相近,没有相同的。绝对位置不易变化而相互关系和时间变化却使位置的作用产生极大变化。如城市位置不变,但其政治、经济地位可以随历史而变化,市场位置的重要性可以在非交易时间变更。

(2) 环境意识。地理事物本身存在所依据的条件和周围的一切外部条件统称为环境。环境虽是多方面的,但却是有主次的综合体,可以静态观察的动态运动体,运动和变化可以是正面建设性的,也可以是负面破坏性的,还可以是破坏中有建设和建设中有破坏的。其主次是随时间、空间、条件而变化的,其正负面影响也随条件变化或随人们的利益而评价是非的。人们总是希望沿着有利于人们的需要而运动,但实际上人们也会遭受"碰壁"和"惩罚",根源在于缺乏正确的认识从而产生盲目的破坏性行为。

(3) 资源意识。资源是人类和社会赖以存在和发展的物质基础,都是客观存在的有形有色的物质。资源有已知的、半知的和未知的。资源有类别、发生、发展、变化、结构、组合、开发、依存等复杂特征。有些资源是无限的,但大多为有限的;有的可以再生,有的当然不能或难以再生;有的虽可再生,但过程太长。尤其在一定空间、一定时间、一定地域、一定周期内,资源几乎都是有限的。人工可以培育出某些资源,但人工不能合成资源。因此,人类应永远珍惜各种各类的资源。

(4) 人地关系意识。地理学家对人地关系的认识尚有分歧,学派林立,争论激烈,时有消长,这正说明人地关系的重要性,对其深刻认识和正确掌握的艰巨性。因此,人地关系仍然是地理学的基本理论和重要内容,支持着地理学独立发展。人产生于地、发展于地,人类社会文明是人地关系的结果,功过都是人地关系的反映,人定胜天是讲人的战略地位、聪颖智慧和主动机能,不是环境决定的,但是人类科学合理地驾驭环境,具体条件的限制作用是不应也不能否定的。人可以在实践的成功与失败中认识自然,能动地认识和遵循规律、驾驭自然。人类所做的蠢事归根结底在于违背了自然规律,对自然界无休止地掠夺和破坏,但人类为此也付出了沉重的代价,当忽然顿悟到这是破坏了人地关系时,已是后悔莫及,因为大自然已通过其独特方式惩罚了人类。然而有些人至今仍故态复萌,执迷不悟,口头上也大讲特讲保护环境、爱护环境如何如何重要,就是不理会环境教育从何抓起,并且忘记了进行环境教育的主渠道——地理学,令人颇感困惑。

(5) 区域意识。人类的生产和生活总是在具体区域内发生和进行的,每一区域均有其整体性、一致性特征。大洲、大洋、各国、各省、沿海、内陆、高原、盆地等都是区域。自然、人文或经济上共同性大于差异性的范围,即为区域,同一区域内其结构、组合、形态、功能相似,特征一致,通过预测和模型可以掌握其动态。传统的区域地理学采取按自然和人文进行部门叙述以达到解释区域的目的,而目前区域地理学多在动态基础上进行区域特征的分析,以便主动防害与预测效益。

(6) 可持续发展意识。这是既有利于当代,又照顾到后代利益的战略,是建立在对客观自然和人文状况深刻认识的基础上。积极开发与保护,又要留有余地。在资源与环境的利用上,要深刻掌握各因素间的关联与运动机制,做到先走一步、走好一步,走好这一步、想好下一步,在科学理论和技术设施上有储备,"造林伐木、永续利用",为官一任,不只富民一方,还要富民一代。能做到资源越用越多,环境越用越好,没有综合、整体、长远的地理意识是办不到的,甚而是想不到的。

(7) 全球整体意识。在通信和交通高度发达的今天,地球的体积和面积似乎在相对变小,国际、洲际、省区之间时距大大缩短而交通四通八达,地球的整体观念和作用日益显示出来，各地区之间优势和差异互补、余缺调剂，日益为人们所关注。因此，全球整体性规律的研究，资源、环境、市场、生态、劳动力和技术等相互影响，文化交流等显得日趋重要，以致各国政府和各地生产组织者不得不从制定政策和措施策划上给以极大关注。国际交往已从近距离、短时期转为全球化（南南合作、南北对话、东西交流等）、长时期、倾注极大财力物力的重大政治经济活动。

（8）识用地图意识。普通地图本来是一种大众文化用品，随着经济繁荣和科技进步，加上地理学的发展，地图的内涵日丰，人们的知识文化水平提高，人事往来频繁，使用地图、读图识图的要求和能力应随之而增强，诸多问题在相关地图上会一目了然。一张普通地图直观而艺术，犹如一本专业书刊；一张高水平的地图，其信息和立论可以代替一篇论文或专著，体量不大，但内容丰富。具备用图识图能力应当成为现代人们文化素养的标志之一。

五、地理教育应承担起塑造人民地理意识的历史使命

在新世纪即将到来之际，纵观我国地理学及地理教育的发展现状，遗憾的是我国人民的地理意识受落后观念的影响，不仅没有随地理科学水平的发展而迅速提高，相反，在某些主管官员狭隘思想的影响下，地理在各级地理教育中有所削弱，从而导致了社会地理意识的大倒退。这种状况不仅引起了地学界的普遍关注，各有关报刊均发文声讨，但至今尚无明显改观。在这种状况下，别无良策，只有丢掉不切实际的幻想首先从学校教育开始，我们应通过自己的执著努力，把重塑一代公民的地理意识这一跨世纪的光荣职责，积极认真地承担起来，使之成为地理学界，尤其是广大地理教师神圣的历史使命和迫切任务，也应当是地理教育改革的新探索。这是因为：

第一，地理教师数量大，分布又很普遍。据估计全国大中学校地理教师数十万人，分布于全国各省地市县、厂矿企业等的主要城市、乡镇和附属单位，几乎可以说凡在人口聚集、经济有一定基础的地方都有中学分布，也都有地理教师辛勤劳动在教学岗位上。他们与广大劳动者同呼吸共命运，共同劳动创造和抛撒人类文明的种子。

第二，地理教师的业务素质高而且较整齐。新中国成立四十多年来我国高等地理教育逐步发展，不但壮大了高等学校地理教师的阵容，而且健全和提高了中学地理教师的队伍。有人估计全国中学地理教师大学毕业的人数在85%以上，他们经过严格正规的地理专业教育，有关地理学科的基础理论、基本知识和基本技能掌握得都较为全面而系统，特别是改革开放这十多年来，随着先进地理科学理论的传输，地理科学有了长足的发展和进步，并在参加指导生产实践中，发挥了神威；经过历时16载的地理高考，产生了一大批素质高而且敬业的地理教师，这是塑造全民地理意识的重要保证。

第三，地理教师长期生活和工作在教学和生产第一线，扎根于广大群众之中，既了解基层的生产和生活，又熟悉基层的矛盾和问题，熟悉当地及邻近地区的资源状况、环境特征、风土民情、传统工艺等，有的已积累了数十年的经验，这为因地、因人、因时、因事制宜地开展地理意识的教育提供了极为有利的依据。

第四，从小学的自然课到现今的九年义务地理教材的颁行和实施以及高中都安排有地理课，这为塑造全民地理意识奠定了基础。继而可以通过社会各渠道，利用影视、报刊、文化馆等形式逐步向全民普及。

第五，通过教材内容和乡土教材，联系当地古今真人真事、资源和环境实际，借助普法活

动和精神文明建设教育,把地理科学基本理论和知识渗透进去,联系邻近地区,国内外的成功经验和失败教训等范例、案例,深入浅出地告诉人们,通过长期实践,即可逐步见到社会效果。

第六,在我国法制尚不完善的今天,除宪法外,《环保法》、《土地管理法》、《森林法》、《草原法》、《水土保持法》、《计划生育法》、《矿产资源法》、《水法》、《文物保护法》、《自然保护法》、《濒危植动物保护法》等一些具体法规虽已公布实施,然而切实而科学地使其真正成为指导人们生产、生活和工作的行为准则与规范,尚须诸多方面的基础知识。这里地理意识是不可缺少的,而且是十分重要的。人常说我国的"法盲"多,实际上是"文化盲"与"科学盲"太多的表现,群众中如此,基层干部也有不少,不过尚无自知罢了。因此,结合法制教育,用地理科学意识和基础知识充实头脑,就会减少和限制在行为上的"盲动","天意"(客观自然规律)不可违,"人意"(社会科学规律)不可违,否则,盲目蛮干更会受到大自然的无情惩罚并殃及子孙后代。

结语

本文着重谈了地理学的发展趋势,时代的呼唤,地理意识的内涵与塑造地理意识的重要性和主要承担者,而并未对其困难条件具体罗列。因为任何事物在其发生发展中都得克服一系列的困难,排除险阻,破中有立,塑造人们的地理意识刚刚提出,需要团结更多的人,集思广益,和衷共济,不断探索,逐步积累,用事实启迪人们,实为当务之急,高明之举,因此对困难和障碍暂不赘述。

总之,从青年一代开始塑造未来的社会公民的地理科学意识,已是时代赋予我们的光荣职责,虽需经历曲折的道路和漫长的历程,但却是历史的必然,有着广阔的前景。

国际地理教育的进展[①]

陆 军 丁尧清

地理在学校中的功能之一是培养学生确切地想象未来的广阔世界的能力,这样有助于他们明智地思考周围世界的政治和社会问题。

二战以后,随着国际和平秩序的建立,国际理解深入人心,地理教育的任务也开始转向服务于这些目标的实现,因为环境知识的增进有助于生活水平的提高,地理科目因而也在发展中国家的学校中得到重视。

地理的这一教育功能也反映在联合国教科文组织(UNESCO)1950年于加拿大麦克唐纳学院召开的地理教学会议,以及1951年出版的《UNESCO地理教学建议手册》中。但是,现代形式的地理科目其目的和方法尚不为公众和教育管理者所了解。在某些国家如美国,地理为社会科所兼并,而在另一些国家,学校地理教学仍然沿用过时的概念和方法。因此,宣传地理的教育价值及其对于国家教育目标的贡献,激发地理对于国际理解的潜在价值,迫切需要一个国际性的策动力,国际地理联合会(IGU)学校地理教学委员会(CTGS)便应运而生。

一

CTGS的首倡者是Neville Scarfe和Winnipeg,它的前身是国际地理联合会在1904年设立的地理教学委员会(CTG)。1952年,第17届国际地理学大会(IGC)在华盛顿举行,首届CTGS成立,会议主题是"地理在学校中",委员会首要目标是提出一份展示学校中地理现状和改善教学方法的建议报告。代表们一致认为地理教育者应更加清晰、有力地向普通大众,特别是教育者展示他们的哲学观点。CTGS先列出目标供讨论,接着调查和评估小学和中学的地理教学现状及近今趋势,希望能对在这些水平上应该教什么以及如何在课堂上实施提出建议,进而表明地理是基础学校课程中一门重要的整合性科学。

1953—1954年的调查结果表明:地理处于社会课的威胁中,许多国家学校教学中,自然和人文分离,人文科学和自然科学分离,而地理能很好地弥补这一缺陷;低劣的教学和过时的表达方式使地理深受其害;现代地理学者所广泛从事的"人地关系"研究为整合整个学校课程提供了良好的基础。

二

1956年,第18届IGC在里约热内卢举行。Scarfe在长达32页的报告中对调查做了总结。报告包括现代地理教育的目的和方法,问卷应答小结以及美国、加拿大、土耳其、法国、

[①] 本文选自《地理教学》1997年第5期。

印度的地理教学现状。报告用案例分析了地理作为学校课程科目,当它的功能被完全认识到,并运用生动、具体的方法教学时所体现出的价值。报告认为:确立地理在学校中的健康地位还需要做很多工作;各国应该更加有效地培训地理教师,提供良好的地理教学设备;地理对国际和平的独特贡献使得地理在整个教育事业中占据着极具价值的部分。

1957年1月的巴黎会议提出了一份考虑到学生年龄和各种可能方法的学校地理教学计划,编制出涉及科目教学问题的问卷。到1958年5月,有20个国家做出回答,有些国家建立了自己的工作组。同时,CTGS与UNESCO建立了良好的合作关系,并呈送了题为"地理教学和适应学生智力水平的教学大纲"的报告,并就地理在UNESCO促进东西方相互理解的项目中所能起的作用问题,进行了讨论。

三

1960年,第19届IGC在斯德哥尔摩举行,Brouillette教授蝉联CTGS主席一职,新的CTGS获准执行UNESCO项目"编制小学和中学地理教学手册",旨在直接展示地理如何有助于改善人们的相互关系,给予教师改进教法方面的实践指导。1962年,文本草稿送交亚洲、非洲、拉丁美洲国家的教师征求意见,3月份在曼谷、吉隆坡和新加坡召开的IGU区域会议就文稿进行了讨论。会议敦促文本内容应着眼于直接的实践而不是理论探索,呼吁由熟悉地方问题的地理学者来编制区域教科书。

四

继续执行UNESCO项目是1964年在伦敦举行的第20届IGC上成立的新一届CTGS成员的工作目标,会议强调了教学问题和资源、实地学习的重要性,决定以区域为工作重点,计划于12月在巴黎与北非、热带非洲和大陆其他国家的地理学者就地理在非洲国家经济发展中的地位问题进行非正式讨论。

1965年,《UNESCO地理教学原始资料》分别以法文、英文和西班牙文出版。12月,非洲非正式会议在亚的斯亚贝巴召开,计划编制适合非洲情况和教学目标的教学手册,并成立了地理档案中心。

1967年,拉丁美洲地理学者非正式会议在圣地亚哥召开,讨论了编制本区域教学手册的可能性,并考虑了南亚和东南亚的行动提议。

五

1968年,第21届IGC在新德里举行,CTGS更名为地理教育委员会(CGE),设立了3个分委员会(学校地理教学分会是其中之一),目标是研究和改进世界范围的各级水平上地理的地位——不仅仅局限于中小学和大学,也包括成人教育、大众传媒、报纸电台、电视和电影。

1970年6月的罗马会议回顾和展望了CGE的工作目标。Gribaudi综述了社会和教育方面的一系列重要发展,包括教育普及的来临、技术变革和新的通信方法、对经济发展和教育投资的强调、宗教和道德问题意识的增长、指导核心从社区向个人的转移。他认为,地理教学(特别是在中学水平)应适应这些发展,他还试图表明地理作为一门教育科目,是如何在期望的技能和能力方面做出贡献的,如空间真实意义的学习、精确的定位技能、寻求相互关系、激励智力探索和研究、面对自然伟力的谦虚。

1971年8月在布达佩斯就CGE工作目标进行了另一次重要讨论,科恩等人提出就"环境—人相互关系"主题(即人地关系论)撰写学习材料,包括资源管理、人和自然环境相互作用以及世界生态系统的活动要素引起的空气、水污染和其他问题,采用体现系统概念和空间问题调查的复杂方法。

六

1972年于蒙特利尔举行的第22届IGC确定新一届CGE工作重点是学校水平上的地理教育,继续和UNESCO合作研究。新成立的7个工作小组是:① 编制《拉丁美洲原始资料》;② 编制地理教育文献索引;③ 研究大学前水平地理教育中的学习问题;④ 发展地理教育目标;⑤ 开创地理对环境教育的贡献;⑥ 促进地图活动练习的国际合作;⑦ 进行作为规划者的地理学者教育的比较研究。

1972年9月的新加坡会议讨论了东南亚的地理教学问题。一年后在悉尼成立工作室,着手编制教学单元。到1976年,《拉丁美洲原始资料》完成,《地理术语》(3 000个条目)编制也取得进展,洪斯等人草拟了地理教育文献索引,斯托特曼开始进行"地理教师教学风格的学生感观"项目研究。

CGE在1973年的会议上,提出编制新版《UNESCO地理原始资料》,地理教学如何帮助增进国际理解的问题再次被提出,人口问题、经济社会发展和环境教育应该比1965年的版本获得更多的关注,新版本还计划反映教育思想的发展,特别是在儿童智力发展、课程发展、课堂策略和教学评估方面,对如何重新定义地理教育目标问题,有四点一致性意见。

(1) 人类面临的一些共同问题在不同的文化中可以有不同的解决方法,从而导致欣赏和容忍文化的差异。

(2) 环境的考虑在所有经济发展中是重要的,因此学生应意识到生态平衡问题、经济发展的社会代价和审美问题。

(3) 人的社会和经济行为导致某些动态演进的空间形态和配置,因此学生应意识到空间分布、空间相互作用和空间扩散。

(4) 问题的空间层面的特征和解决取决于考虑的尺度(规模)。

七

1976年在莫斯科举行的第23届IGC上,CGE的任务被确定为教育研究进展及其在地理领域中的应用。1978年3～4月的伦敦会议讨论了16～19岁年龄组的地理课程,研究课题涉及地理的心理界面、感观问题、地理信息传播模式的运用等方面。

《地理术语》的编制进展不大,但联邦德国的巴斯德博士开始着手编制《地理教育术语多国语言词典》。

八

1980年,第24届IGC大会在东京举行。1982年,《新UNESCO地理教学原始资料》出版,全书分为10章;① 地理教育的目的与价值;② 智力发展与地理学习;③ 教学方法与学习策略;④ 现实问题的解决;⑤ 信息采集;⑥ 信息处理;⑦ 分析地图与相片,研究相互关系和建构模型；⑧ 学习资料管理；⑨ 地理课程设计；⑩ 地理教育评估。与较多描述和说教的1965年版相比，该书以教育研究为基础。

1983年4月，极具实践意义的"微机辅助学习"会议在伦敦召开，CGE与地理协会（GA）合作开创了交流微机辅助学习资料的国际网络。1984年的乌特勒克会议讨论了信息和档案问题。与国际科学联合会合作，Graves作为小组主席负责撰写"土地、水和矿物资源"原型教学单元。

九

1984年在巴黎举行的第25届IGC确定CGE的工作目标除了加强初等、中等和专科水平地理教学的国际性努力外，也应关注更为适用的科目教学研究、提议新的教学指导、寻求将地理科学研究进展转化为课堂教学内容、开发课堂适用的教材、视听材料和电子媒体。

1986年8月，CGE在巴塞罗那召开专题研讨会《新UNESCO地理教学原始资料》被译成俄文，在微机辅助学习、教学方法和地理指导的科学内容方面出版了很多材料，CGE与美国印第安纳州布卢明顿的指导技术部（AGC）合作完成"全球地理项目"。这一影像材料包括10个国家的重要地理问题，该片适合多种语言和技术系统。CGE还设立了专题地图方面的特别委员会，负责人是爱丁堡的Coppock教授，与国际科学联合会合作出版系列地图。

1988年在悉尼召开的第26届IGC上，德国的Haubrich教授当选CGE主席，会议出版文集《地理教育中的技能培养》。1992年在华盛顿召开的第27届IGC上，Haubrich连任CGE主席，会议起草并公布地理教育国际宪章，推荐给各国作为保持高质量地理教育的基础。宪章分为序、挑战与反应、地理问题和概念、地理教育的贡献、地理教育的内容和概念、实施的原则和策略、地理教育研究、国际合作八个部分。1996年，在海牙举行的第28届IGC上，Gerber博士当选CGE主席。本次CGE会议主题为"地理教育改革"，就地理教育中的知识与技能、环境学习、新旧媒介、国际理解与合作、课程发展五个方面进行了专题讨论。

在飞速发展的当今社会，环境问题、资源的可用性、人口增长、城市化、贫穷、饥饿、洪水、国际合作等已引起越来越多的国际关注。Kropotkin 1885年提出将地理学习作为实现国际理解的一个关键要素已有一百多年，距Fairgrieve 1926年的呼声也有半个多世纪。这是一场与科学知识和地理状况的变革步伐保持同步的赛跑，要保持和巩固地理在学校中的科目地位，继续发挥地理的普通教育功能，需要各国地理教育工作者的团结合作和积极参与。我国的基础地理教育工作有良好的基础，教师人数居世界之最，国际地理教育的发展需要中国的参与和推动。

可持续发展战略与地理教育改革[①]

官作民

走可持续发展道路是历史的必然,可持续发展战略为21世纪的地理教育改革提供了一个新的思考视角,为未来的地理教育展示出一个更为广阔的前景,提出了一种新的发展理念。

一、可持续发展战略——一种新的发展理念

可持续发展战略作为面向未来的一种新的发展理念,已成为世界各国决策和行动的指针。可持续发展战略是在20世纪80年代、西方社会反思自工业革命以来走过的发展道路,针对片面追求经济的高速增长而带来的一系列社会问题的基础上提出的,并且写入1992年联合国环境与发展大会通过的《21世纪议程》等文件中。会议确立可持续发展战略为指导各国社会经济发展的重要理论。现在,可持续发展的战略已成为当今世界的共同课题。

关于可持续发展的概念,人们有不同的界定。一种观点认为,人们应吸取西方旧的"人类中心论"的教训,运用马克思主义实践观建立新的以人或人类为中心的发展观;另一种观点认为,可持续发展的概念要在观念形态层次、经济—社会体制层次、科学技术层次三个层面上展开和深入;还有一种观点认为,可持续发展作为一种新文明观,是对工业文明的辩证否定。"里约宣言"把可持续发展定义为:"既满足当代人的需求,又不损害子孙后代满足其需求能力的发展。"可持续发展战略的核心是发展,其实质就是协调好人口、资源、环境和发展间的关系,为后代开创一个能够持续健康发展的基础,这个定义已被人们普遍接受。

第三次联合国教科文组织——亚太地区教育改革发展中心国际会议:教育改革与可持续发展大会,于1997年12月1日至4日在泰国曼谷举行,来自世界40多个国家的400多位代表参加了大会。大会对"可持续发展"主要有三种理解:第一种理解是社会经济的可持续发展,侧重探讨生态教育、环境教育方面的内容;第二种理解是人的可持续发展,侧重探讨普通教育中课程教学方面的改革如何以学生的学习为中心,提高学生的学习能力;第三种理解是教育研究的可持续发展,侧重探讨各种行动研究项目如何对教育实践产生可持续的影响,以及各种行动研究项目如何可持续地发展下去。这次大会对目前教育界关于可持续发展与教育改革的讨论,必将起到积极的推动作用。

[①] 本文选自《地理教育》1998年第4期。

二、可持续发展与未来地理教育

1. 未来地理教育要为经济与社会的可持续发展战略服务

可持续发展的理论与实践,为地理教育的发展提供了新的契机。地理教育不再是单纯传授地理知识的一门课程,也不是一般的培养能力和渗透德育的学科,其作用在于教育学生关心并谋求人类的持续发展,引导学生树立全球意识、环境意识和正确的地理观念。地理教育要为经济与社会的可持续发展战略服务,地理教育对于经济与社会发展战略的实施,负有比其他学科更为重大的责任,起着更为重要的作用。尊重自然规律,节约自然资源,保护生态环境以及维护社会秩序,促进经济与社会健康地发展,是地理教育的神圣责任。因此,学校地理教育应当教育学生具有可持续发展的观念、知识和能力,使他们既有实施可持续发展战略的意识和责任感,又有实施可持续发展战略的本领。

2. 可持续发展的教育是未来地理教育的重要内容

(1) 可持续发展思想适应了未来社会发展的需要。人类社会发展到现代,由于经济和社会的发展,对自然的开发、利用和改造的深度、广度和速度日益发展,科学技术的进步,又加速改变着各地区的自然结构、社会经济结构和产业的空间转移。与此同时,地理环境对人类社会经济发展的影响和反作用也愈益强烈,导致了区域性甚至全球性人口、资源、环境、生态、国土、经济、社会关系的严重失调。如何协调好人地关系,适应未来社会发展的需要,可持续发展战略为我们提供了全新的思路。

(2) 可持续发展思想适应了未来地理教育的需要。在未来的社会里,人地关系日益复杂,矛盾也日趋尖锐化,人们对地理环境的认识要求更深入、更迫切了,这就对地理教育提出了更高的要求。可持续发展思想是在现有对人地关系认识基础上的加深和发展,它不仅继承了协调人地关系的固有思想,还要顾及后代人的需要,其思想内容更广泛、更深刻。要协调好人类与环境的关系,必须在地理教育中培养学生持续发展的意识。否则,学生形成的人地观将是片面的、狭隘的、落后的。

(3) 可持续发展思想适应了培养 21 世纪的合格公民的地理教育的需要。我国是一个人口众多,又亟待提高人口素质的发展中国家,需要宣传、教育和培养公众"持续发展"的意识和观念。青少年现在和未来都是环境保护和持续发展的重要推动力量,更是未来的决策者和建设者,是推动可持续发展的重要力量,没有广大青少年的广泛参与,要实现可持续发展是不可能的。所以,地理教育应把可持续发展作为重要内容,在未来的地理教育中,对学生进行深入的可持续发展意识的教育。

3. 未来地理教育中进行可持续发展教育的主要内容

可持续发展的核心是协调人口、资源、环境与社会经济之间的关系。其主要内容包括:人口可持续发展、资源可持续利用、环境可持续发展、经济可持续发展、社会可持续发展、区域可持续发展等。一般地说,可持续发展包括以下三个方面。

(1) 社会可持续发展。内容包括控制人口增长,提高人口素质;提高人民健康水平,改善人类居住环境;消除贫困;防灾减灾等。在不对后代的生存基础和发展能力构成威胁的前提下,在人口、文化、教育、卫生等方面得到全面发展。

(2) 经济可持续发展。内容包括农业和乡村经济持续发展;工业、交通与通信的持续发展;能源生产和消费;区域开发等。转变传统的发展模式和消费方式,建立经济、社会、资源、环境相协调的可持续发展的新模式。

（3）生态可持续发展。内容包括自然资源保护与利用；生物多样性保护；荒漠化防治与土地退化整治；保护大气层、控制大气污染、防治酸雨；固体废弃物作无害化处理；国土整治与管理等。生态恶化是广大发展中国家特别关注的问题，也是解决全球环境问题应优先考虑的关键问题。

三、从可持续发展的角度探讨地理教育的改革与发展

1. 转变思想观念，明确培养目标

地理教育改革的战略目标是面向 21 世纪育人，促进可持续发展，培养 21 世纪的合格公民和建设人才；让学生理解可持续发展思想的内涵，树立参与持续发展所必需的新地理观念；让学生掌握参与持续发展的地理技能和能力。从这一战略目标出发，未来地理教育必须变"应试教育"为"素质教育"、变"封闭教育"为"开放教育"。实施素质教育是我国可持续发展对未来地理教育的客观要求，开放型人才需要开放型教育来培养，地理教育面临着机遇和挑战，转变思想观念是首要任务。对地理教育来讲，重要的不是学生学什么地理知识，而是怎样学，教会学生学习比学习本身更重要。对学生来讲重要的不是已经学到了多少知识，而是是否学会了自觉主动地学习，是否有了终身学习的习惯和观念，是否有了随时获取地理信息、处理地理信息的能力。

2. 从可持续发展角度探讨地理教育的改革与发展

从可持续发展的角度来探讨地理教育的改革与发展，可以使我们站得更高，看得更全面、更有深度。地理教育与其他社会系统一样，也存在可持续发展的规律。地理教育改革与发展的方方面面问题，从发展战略、培养目标、地理专业设置到地理教学内容、地理课程体系、地理教学方式方法等，都可以从可持续发展的理念与原则中得到某些启发，开辟新的思路，获得新的认识。

（1）地理教育自身的可持续发展。地理教育的价值并不在于地理科目是否是高考科目，即使高考没有地理科目，地理教育在各方面的价值也是有目共睹、不容争议的，而且我们国家的高考制度也正处于改革试验阶段，即将实行的 3＋X 科目的高考，将会有助于我们走出失落，振奋精神。地理教育工作者要加强对地理学科的再认识，更新观念，强化地理教育的功能。地理教育目前在世界各国普遍受到重视，地理教育自身的可持续发展是必然的，可持续发展战略为 21 世纪地理教育的发展注入了强大的动力，地理教育自身的改革和发展，必将随着社会的可持续发展而发展。

（2）树立新的地理教育课程观。学科教育课程理论方面，出现了各派理论相互渗透和融合的现象，形成学科教育课程结构由单一到复合、学科教育课程与活动课程相结合的新模式，学科教育课程的类型也更加灵活多样。地理教育既要研究地理学科的知识结构，选择最基本的原理和知识进行教学，又要充分调动学生内在积极性，发掘其潜力，开展多种形式的第二课堂教育，培养学习能力。地理教育必须以可持续发展思想为指导，树立新的地理教育课程观，力求正确处理地理课程设计与适应社会发展需要、传授地理知识与发展智能、地理逻辑系统与学生心理发展顺序、昔时信息与即时信息、统一要求与个别差异等诸对矛盾的相互关系。

（3）培养具有可持续发展意识的地理教师。没有一支高素质的地理教师队伍，地理教

育任务的完成是不可能实现的。地理素质教育呼唤地理教师素质的提高,地理教师的素质直接制约着地理素质教育和可持续发展意识教育的实施。世界各国已经对提高教师素质工作给予高度重视,制定了各种法规和多种措施,以强化教师在新技术革命这场世界性竞争中的地位和作用。并且,日益重视教师素质的提高,不断探索有效提高教师素质的规律和途径,已经成为历史发展的必然趋势。

(4)地理教学内容的改革。地理教育内容的发展,不是靠不断增添新的内容而是靠基础的更新。必须将实现持续发展的必备素养作为基础的核心部分,而不是把地理知识的最新成分作为核心部分。树立新的地理观念和环境道德规范,内容包括环境意识、公众意识、参与意识和发展意识等新的地理观念;经济增长不等于经济发展;暂时的发展不等于持续的发展等观点。当代人的决策和资源享用,不应以损害后代人的生活质量为前提,在当代各国之间应建立新的、公平的全球伙伴关系等观点,这些都应作为未来地理教育的内容,以促使学生形成良好的地理修养和地理行为。地理教育内容要体现时代的特征和社会的需要,就必须删去过时的、陈旧的、繁琐的内容,增加培养可持续发展意识需要的新内容以适应社会需要。同时注意学生智力能力的发展和创造精神的培养、道德培养及人格培养,使他们学会生存、学会学习、学会关心,在合作中竞争,在竞争中合作。

(5)地理教学方式方法的改革。地理教育发展到今天,其教学内容已经发生了很大的变化,已成为培养学生地理意识、环境意识、可持续发展意识及相应价值观的一门不可缺少的学科。地理教育如果仍然使用传统的教学方法,显然无法适应,甚至会制约地理教育的发展。因此,当地理教学内容发生较大变化时,我们更应该关注与之相适应的地理教学方式方法的改革。同时,地理教育教学中如何更新教学手段,引入多媒体技术和地理信息系统也将是摆在地理教育工作者面前的一个紧迫课题。

中国的地理基础教育问题研究①
——兼论我国中学地理课程标准的目标与内容结构

樊 杰 许豫东 陈 澄 林培英 袁孝亭 高俊昌

在全球化进程中,国力竞争日趋激烈,人力资源开发被认为是国家创新能力建设的核心环节,实施高质量的基础教育是培养高素质国民、增强国家综合实力的基本保证。自古以来,地理在我国始终被认为是人们必备知识素养的一个重要组成部分。目前,世界各国的基础教育体系中,尽管地理呈现的课程形式有所差异,但基本上都是不可缺少的内容之一。面对地理科学发展和社会发展提出的新要求,我国地理基础教育改革已势在必行。而且,地理基础教育的前景,也直接关系到地理学的社会影响和学科价值,其对地理学长远持续发展的潜在作用是不能低估的。

一、地理基础教育在国民素质教育中的价值

提高国民素质是我国基础教育的宗旨。地理基础教育的价值主要体现在学科性质内涵的价值、社会的客观需求和学生成长的心理适应性等方面。从国内外的教育实践看,地理课程是基础教育阶段学生认识地理环境、形成地理技能和可持续发展观念的一门必修课程,兼有社会学科和自然学科的性质。

(一)地理学内涵价值的拓展

随着地理科学不断发展,地理学内涵价值也相应地得到了拓展。一门学科的发展主要有三个方面的驱动力:① 学科本身的内在动力:通过发现并解决新的科学问题而使学科得到发展;② 社会需求通过为学科提出新的命题和目标而拉动了学科发展;③ 技术方法的进步改变了学科研究与实践的手段,从而促进了学科的发展。近几十年来,地球表层系统——特别是人类智慧圈发生着重大的变化,遥感和地理信息系统技术方法的应用为地理学注入了活力②,地理学正处在一个重要的发展阶段。把握学科发展趋势,是正确评判基础地理教育在国民素质教育中的价值的科学依据。

1. 学科发展层面

目前地理学呈现出两种并存的发展趋势。其一,从"过程"入手,采用实验和微观研究的方法,探讨地理事物的成因和变化机理。自然地理侧重生物、化学和物理过程的研究,人文地理侧重经济、文化和社会过程的探讨;由此导致地理学在微观层面的进一步分化。其二,以全球问题为对象,进行宏观层面的综合集成研究,解决人地关系、可持续发展等战略性问

---

① 本文选自《地理研究》2001年第5期。
② 张超.论地理科学的理论研究与新技术手段.地理学报,1995,50(1):85—86

题。在地理学内部表现为人文地理与自然地理的相互渗透,重大的自然地理过程纳入了人类活动因素的驱动力研究,而人文地理研究也将资源环境作为作用因素和决策目标的有机组成部分;在地理学外部则更多地强调地球四大圈层的相互作用关系研究,人类发展与环境问题成为新世纪地球系统科学的共同主题[1]。

2. 社会需求层面

我国地理学科建设向来强调要面向国民经济建设,因此表现出很强的应用性特点。80年代以前,应用领域集中在资源开发利用、工农业生产布局、重大项目选址、区划和区域规划等决策支持方面。此后,关注全球性的南北矛盾和地区文化冲突问题、协调人类发展与资源环境保护的关系、重视企业作用和地区比较优势等,将成为地理学应用的主题,进而影响地理科学发展的走势[2][3]。

3. 技术方法层面

遥感(RS)、地理信息系统(GIS)和全球定位系统(GPS)的出现和快速发展促使地理科学发生了明显的变化。地理学研究从样本区域向大尺度空间的转换成为可能,从而便于揭示地理事物空间分布格局形成与演变的宏观规律,地理的科学性显著加强;以 GIS 技术应用为龙头的地理信息和3S(RS、GIS、GPS)技术应用产业化也不断壮大,有力地增强了地理学研究成果的应用价值。

(二)地理基础教育的社会需求

人类文明经历了20世纪的重要发展时期之后,又面临着价值观、社会形态和经济发展的一次转变。高度重视人类社会、经济和文化发展对地理课程的影响,是体现地理教育改革时代性特征的必然选择。

1. 社会发展对地理课程的影响

开放型和高效率的信息社会,逐步地改变着人们的传统观念和价值取向。传统中学地理课程中"二元论"的内容体系显然不利于学生综合性和前瞻性地认识地理事物的能力培养。社会发展有两个不容忽视的趋势:其一,由于高度重视环境演变问题,环境伦理道德观以及可持续发展观将成为人类新世纪的主流意识,以此对现代化道路与前景、发展方式与效果的选择和评价,将会对人类的生存与发展产生全方位的深刻影响。其二,全球性问题逐步融入人们的日常生产与生活活动当中[4],社会结构多样性与趋同性并存。社会的发展,要求地理课程处理好自然地理与人文地理、部门地理与区域地理的关系,并在意识形态方面加强培养学生环境意识、合作与竞争等情感态度。

2. 经济发展对地理课程的影响

同世界经济形态急剧变化相比,我国经济的发展更为复杂,有三个新趋势将在深层次改

---

[1] 钱学森等.论地理科学.杭州:浙江教育出版社,1994:37—40

[2] 陆大道.地理学发展与创新——中国科学院地理研究所伴随共和国成长的五十年.北京:科学出版社,1999:5—10

[3] 吴传钧,张家桢.我国20世纪地理学发展回顾及新世纪前景展望.地理学报,1999,54(5):387—388

[4] 曹凤中.全球化与可持续发展.环境科学动态,1999(3):2—5

变地理科学研究的内容范畴和作用机理。第一,经济全球化。随着世界生产要素市场的建立和国际水平分工的发展,世界经济分布格局将发生变化,地区间经济技术合作显著加强,这将从根本上改变传统的经济空间观念。第二,知识经济和新经济①。智力资源和无形资产成为资源配置的第一要素,新技术革命成为经济发展与增长的重要推动力。知识的生产、分配和使用(消费),高技术产业的兴起,以及经济决策知识化等,将导致人类生产活动的空间组织机制与演变机理发生重大变化。第三,市场经济体制的建立与完善,决定着经济发展的驱动力状况、区域间经济竞争优势的对比关系,进而影响到区域经济格局的变化。

3. 文化发展对地理课程的影响

文化发展对于地理课程的影响,既反映在区域文化景观的变化和差异方面,而且也体现在国家和地区文化内涵与精神文明方面。除了传统的物质文化、精神文化对地理课程产生的影响之外,应当给予制度文化高度的重视。制度文化以人地关系协调发展的行为准则——如规章制度等为呈现形式,体现一定空间范围的主流文化方向,反映了人与环境(包括他人)、个体与群体之间的关系。地理教育应当将文化发展的新理念纳入到课程建设中,重点培养学生互助互爱的精神境界、珍视世界文化多样性的审美情趣、积极向上的社会态度与道德准则以及正确的行为规范。

(三) 学生心理发展规律与地理基础教育②③

1. 中学生年龄差异的影响

地理基础教育改革将有利于学生心理的发展。中学生随着年龄的增长,除了在记忆、思维、想象与创造等方面遵循一般心理发展规律之外,对地理内容的兴趣取向和空间感知方面的变化,应在地理基础教育改革中予以特别重视。

初中学生学习地理的兴趣表现出稳定性差与可塑性大的倾向,而高中生对地理的兴趣则趋于稳定,其兴趣程度取决于对课程价值的认识;另一方面,初中学生更宜接受以感性材料为主和富含情感性色彩的地理内容,高中阶段却呈现出思辨性和理智性特点。因此,初中阶段激发学习兴趣和高中阶段重视体现"对学生终身有用"的地理教育,应当成为分阶段教育目标的取向。对上海市中学生实际问卷调查分析结果也说明了这一点(见下表)。

中学生对现行地理教材内容的兴趣调查结果

初中生感兴趣的内容	初中生不感兴趣的内容	高中生感兴趣的内容
地理奇闻趣事、各地风土人情、名胜古迹、各自然带的珍奇动物	板块运动、地壳变化的内外营力、气候成因、工农业等经济地理知识	全球经济发展,世界争端热点的地理背景,资源—人口—环境问题,自然地理原理,我国的国土整治、对外开放、城市建设、环境保护等

空间感知和读图能力对于地理学习具有重要的作用。空间知觉能力随着年龄的增长逐步增强。初中学生即使有直观图像和教具的支持,往往在学习地球运动、时区与区时、日界线、等高线地形图等知识时会产生心理障碍。高中学生则容易形成空间表象和空间概念,并

---

① 刘燕华,刘毅,李秀彬.知识经济时代的地理学问题思索.地理学报,1998,53(4):291—293
② 林崇德.学习与发展.北京:北京师范大学出版社,1999.30—31
③ 钟启泉,李雁冰,等.课程设计基础.济南:山东教育出版社,2000:33—34

善于进行空间思维与空间想象。

2. 地理学习的动机

地理学习动机是学生个体发展和维持其地理学习行为的一种心理状态,它与地理课程之间是相互影响的。目前,学习地理的动机状态差异很大,有远大志向激励下的"主动型"、追求优良学习成绩的"认真型"、由兴趣引发的"情绪型"、受"偏科"思想影响的"被动型"以及被外界硬逼出来的"对付型"地理学习动机状态。综合分析,学生学习的动机受社会舆论与评价导向影响最大,并同学校课程策略、地理教材以及教学方式与过程的关系密切,树立以学生为本、扭转学生普遍不爱学地理的倾向是解决动机问题的立足点,而把学生对地理学习的需要转化为兴趣并上升为动机则是课程建设的着眼点。其中,适应与保护环境、合理利用空间与位置的生存的需要,对文化的相互了解、增进联系的交往需要,认识多姿多彩的地理事物的求知与审美需要,都应在地理课程的实施过程中得到强化。当然,包括高考在内的评价体系是启动学生学习地理、扭转社会舆论倾向的重要杠杆。

3. 地理学习对学生心理发展的影响

学生的心理发展包括地理知识、能力和情感等智力与非智力因素。地理知识因素要体现知识的层级性特点,改变传统课程重事实性知识而忽略了方法论知识、规范性知识和价值知识等其他层次知识的教学观念。在事实知识传授过程中,学生要掌握认识地理事物本质和规律的思维方法,理解地理内容同科学技术和社会的联系。这样,有利于实现"知识"与"智能"的有机结合和相互促进,有利于地理情感和态度的形成。① 地理能力突出地表现在:就不同尺度地理空间的地理现象提出问题,从多种地理信息源有效地搜集相关的资料,通过资料整理与分析给出自己的解释或得出自己的基本结论,进行合理推测并加以检验,初步学会从不同角度寻找解决问题的多种思路与方法。除了培养热爱家乡和祖国、尊重自然与人文多样性等地理情感之外,现代地理教育要突出道德意识的发展,切实将地理学基础教育作为实现"人类只有一个地球""人要与自然和谐共处""节约资源和保护环境"等道德意识形成的主要载体。

二、当今国内外地理基础教育的比较分析

《地理教育国际宪章》中提出:"地理在各个不同级别的教育中都可以成为有活力、有作用和有兴趣的科目,并有助于终身欣赏和认识这个世界。"②国内外地理基础教育的发展,是人们的教育理念与社会发展不断适应的具体体现。对美国、英国、法国、日本、加拿大、澳大利亚、德国、俄罗斯8个国家近两年制定和修改的中学地理课程标准的研究表明,国际地理课程标准的共同特点是:不把地理科学体系作为地理课程的内容体系,关注现实社会的重大问题和学生生活实际问题,充分考虑学生的学习兴趣和个体发展的需要,注重地理技能、能力和地理思想的培养,倡导探究式的学习方式,为地理教师创造性地开展教学活动提供条件等。在我国,地理作为中学的一门正式课程始于20世纪初。1949年前,清政府和民国教育部门制定了11个中学地理课程标准。新中国成立后,教育部制定颁布了10部教学大纲,这10部大纲以及我国现行影响较大的7套中学地理教材以及港台地理课程标准反映出我国

---

① 王树声.学科素质教育丛书——中学地理.济南:山东教育出版社,1999:2—3
② 国际地理联合会地理教育委员会.地理教育国际宪章.地理学报,1993,48(4):289

中学地理教育发展具有以下特点:课程设置格局基本稳定,初中以区域地理为主,高中则侧重系统地理和专题地理;知识量逐渐精简,知识难度逐步降低;人文地理内容不断加强[①]。

(一) 地理课程的理念与基本方略

除了"世界理解"(国际地理大会)"地理为生活"(美国)等口号之外,强调人和自然协调发展的"可持续发展"的理念在各国地理教育中越来越受到重视。我国自 90 年代以来,也在中学地理课程中开始强调可持续发展观的体现,但由于在教材内容的安排上自然和人文部分之间缺少有机融合,从而难以很好地体现人地协调的现代意识。

地理课程在各国普遍受到重视。英国地理被列为七门基础课程之一,美国政府规定了国家五项核心课程之一是地理。此次比较的 8 个国家的地理课程的开课年限和课时均多于我国。如德国从五年级到十年级每周都有 1~2 节地理课,国外中学阶段每周地理课时数一般在 10 节左右,我国只有 8 节。此外,所比较的国家中地理课程设置呈不同层次和不同类型,大多根据地区、学校、专业的不同,设置不同的地理课程。例如,法国除了为一般学生(文理专业)设置的地理课程外,还分别为高中的旅游方向、音乐舞蹈方向、工科方向等学生设置了专门的地理课程。而我国多为统一的课程标准,不仅难以解决"多本"发展的问题,也制约了课程的开放性和针对性。1995 年上海市恢复地理高考时,有 50 多所院校的 200 多个专业可招收、兼收选考地理(文科类)的考生,其专业包括经济贸易、金融税收、企业管理、工商行政、旅游饭店和英日法外语类等,如果传统的课程理念没有实质性突破,就无法满足多样的社会需求。

(二) 地理课程的目标结构——技能/能力的培养与知识学习的关系

地理学研究范围广、内容庞杂。尤其是传统的区域地理学,过于注重文字描述并形成面面俱到、"有'地'无'理'"的所谓"地理八股"传统。反映在我国地理课程上,一方面,表现为重知识传承而轻能力和科学观念的培养,重结论而轻过程,以及过分强调学科体系和独立性而轻视学科间的联系与互相融合等倾向;另一方面,多数教材在知识内容本身上不同程度地存在着繁、难、多、旧等情况。"普通高中新课程试验监测报告"显示:认为地理难学的学生比例高达 45.6%,在七门学科中排在物理(56.9%)之后而位居第二。总之,目前我国地理基础教育仍是以严格规定的地理知识点代替技能和能力的培养。

国外大部分国家地理课程目标有比较清晰的层次,英国《国家地理课程标准》中遵循由浅入深、循序渐进的原则,将教学要求分为八个等级(或水平)。例如,关于区域有不同的目标要求:从低到高分别为"认识自己居住的区域""认识其他区域""比较不同的区域"。除此之外,国外地理课程突出地理技能和能力的培养,以技能和能力培养的详尽要求或建议代替地理知识的学习,这同我国有着显著的差别。具体而言:

1. 淡化、粗化具体知识内容,强化、细化地理技能和能力的要求

要点粗化便于教师创造性地开展教学,而不拘泥于具体知识点的束缚。如日本的地理课程标准的表述以观念和能力的培养立意,不具体规定教学知识点,而课程标准的说明细化则便于教师以类似的方式理解课程标准。例如,加拿大安大略省的课程标准中规定,在概念

---

① 吴传钧,刘昌明,吴履平.世纪之交的中国地理学.北京:人民教育出版社,1999:510—513

和技能应用方面,7年级结束时,学生应会撰写一篇有关新闻报道过的当前环境事件的报告,但并没有规定一定写哪方面的报告,为了便于实施,只在括号中给出例子(例如,地方:发现一种新的资源;环境:渔业资源的损耗)。

2. 以强化教学要求的形式突出技能和能力的培养,淡化对具体地理知识的要求

我国的教学大纲知识点明显细化,规定必须学哪些国家中的什么工业基地,必须记住中国的哪些山脉等,这样容易导致学生死记硬背,而忽略了技能和能力的培养。从江苏省2000年保送生能力测试看,大多数人无法在图上正确判断开封、杭州、南京、北京四座古都的位置,有的甚至分不清中美洲图上的海洋和陆地,把巴拿马运河画在海里。

3. 对地理技能和能力的要求充分体现地理学科的特点和社会发展的新要求

对使用和绘制地图技能及能力提出具体要求,这与我国基本相同。对地理实践能力特别是野外实践的能力要求比较多,这是我国地理课程目标的一个弱点。突出现代信息技术应用和地理信息处理能力的培养,使用计算机及网络技术进行地理学习以及从各种来源获取有用的地理信息并学会处理和应用,是大多数地理课程技能和能力目标的重要组成部分之一。

(三)中学地理课程的内容体系及结构比较

八国的地理课程内容体系及结构大致可归纳为三种模式:单纯考虑内容而不对阶段做具体规定的内容体系;将传统系统地理内容与区域地理内容划分为阶段明显又循环进行的内容体系和结构;主题形式的课程内容体系和结构。但大多数中学地理课程是以上三种体系结构的综合或融合,而不是纯粹的区域结构或主题结构。与我国现状相比所得到的启示是:其一,打破严格的地理学科内容体系,建立符合儿童心理发展和社会需求的地理教育内容体系。地理课程内容的选择和结构主要不是从地理科学的需要出发,而是从地理教育的需要出发,这已经成为世界许多国家的共识。其二,将传统的区域地理内容与传统的系统地理有机结合,是一种采用较多的内容结构。即使是明显的区域结构,也多采用在选定的区域中重点讲一地理要素的方式。

(四)地理教学方式方法

探究式的学习方式是一种适合于科学教育的方式,这已经被国内外普遍接受并积极提倡。但在纲领性文件中,我国一般只是给出少量原则性的教学建议,不对具体的教学方式提出要求。相比之下,国外的课程标准已不只是简单的教学目标和知识内容载体,而是包含丰富的教学方式方法指导的内涵。其根本原因在于,国外对学生地理学习的技能和能力要求较多且较细,这些技能和能力培养自然会形成以探究式和实践活动为主的学习方式。例如,在加拿大安大略省的课程标准中规定:"学生应会从各种原始资料(如访谈、统计、实况广播等)和第二手资料(如地图、图表、录像、光盘、互联网)中查找相关信息"。这样,教师在组织教学活动时,必然要采用学生实践活动的方式。

除了在课程标准中直接提出对探究式地理教学方法的要求外,减少规定的主题和增加单元教学时间,为安排学生探究式学习活动创造了条件。国外课程标准安排的主题较少,但每个主题给的时间相对较多;而我国地理课程与此正相反,大纲中要求学的主题和知识点很多,每个主题规定的教学时间很少。例如,法国地理课程标准中,"印度"的教学为3—4课

时,充足的教学时间可以使教师组织以学生为主体的实践活动。我国地理教学大纲中"印度"只有一课时教学时间,造成教学只能以教师简单描述为主。

（五）课程的评价与管理

国外在地理课程标准中明确规定课程的评价体系,以增强课程标准的教学指导功能。特别是使用行为目标表述评价要求,把目标、内容与评价相结合,是值得借鉴的。国外地理课程评价体系可分为两种:一种是类似加拿大安大略省的表述方法,使用行为目标确立课程的目标和内容,教师可直接使用这部分课程标准实施评价;另外一种是以罗列具体知识内容的方式安排课程标准的内容,评价的目标和标准单独安排。我国正在实验的新高中地理大纲正在尝试第一种方法。

受高考指挥棒导向的作用,我国地理基础教育起落变化幅度很大。1977年恢复高考后,由于地理被列为文科高考科目,地位迅速提升;但由于"考地理的"(指高中文科生)不学地理(大学中地理属理科),而"学地理的"(指大学地理专业学生)入学反而不考地理,削弱了地理基础教育的价值。而后,无论是会考或"3＋X"等方式,都无法遏止地理教学大面积严重滑坡。因此,在地理课程评价与管理中,启用高考杠杆的作用,是不容忽视的具有中国特色的问题。

此外,我国地理基础教育同比较国家对比,在课程实施条件方面的差距显著。其一,师资素质有待提高。学生普遍存在的"喜欢地理,但不喜欢上地理课"的现象,与师资不能适应教学要求关系密切。其二,课程资源的开发利用与组织管理薄弱,难以为自主探索、研究性学习提供必要条件。①

三、我国地理基础教育发展的基本战略与主要内容

（一）支撑地理基础教育的课程结构

根据以上分析,未来我国地理基础教育的基本战略应是:注意利用现代信息技术的同时,着力于建设开放性的课程体系。通过创设"发现闪光点""鼓励自信心"的激励性评价机制,在激发学生地理学习兴趣的基础上,培养学生的地理探究能力和创新意识,并使学生树立正确的情感、态度和价值观。支撑战略实施的课程结构如图1所示。

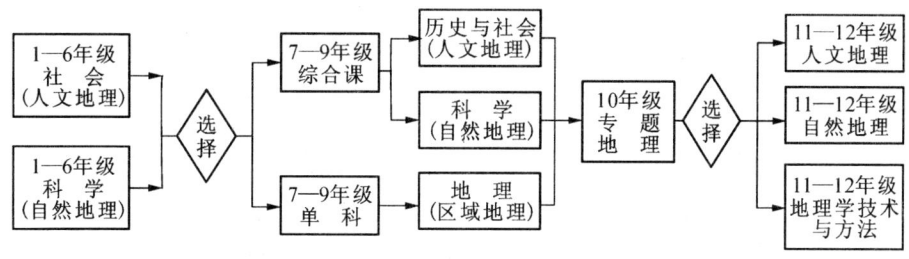

图1 地理基础教育课程结构图

---

① 陈尔寿.地理教育与地理国情.北京:人民教育出版社,1998:91—92

(二) 课程的重大变化及其原因

1. 地理基础教育的阶段分工

在1—6年级,无论是科学中的自然地理部分,还是社会课程中的人文地理部分,在体系安排上,均是从学生熟悉的事物切入,采取由近及远的方式。针对该阶段学生求知欲和好奇心强烈的特点,课程的重点落在激发学生地理学习的兴趣上,并使学生初步了解周围的地理环境。

7—9年级是基础教育的重要阶段,研究表明,该阶段学生的兴趣集中在感性和富含情感色彩的内容上,因此7—9年级地理教育的目标取向是使学生学习生活中有用的地理,并能在日常生活中应用所学的知识。根据这一目标取向,我国新地理课程标准中对7—9年级地理课程的体系、内容均作了重大调整。在体系上,新地理课程标准虽然仍以区域地理学习为主线,但区域的选择和安排均作了重大创新。例如世界地理和中国地理的分区部分,只列出区域的基本地理要素和学习区域地理必须掌握的基础知识与基本技能,以及所选区域的尺度和必选区域的数量,而不是兼顾所有的区域,其目的在于使学生初步掌握学习和研究不同尺度区域的基本方法,而非掌握完整的区域地理知识,这极大地增强了课程的开放性和弹性。在内容选择上,新地理课程标准突出基础性、概括性和实用性的内容,而不追求学科知识的系统性和完备性,这大幅度降低了内容的广度和难度要求。例如世界地理的自然部分,只列出海陆分布和气候,地形和自然资源等部分不再单独列出,而是放在地区和国家的学习中;中国地理也只列出气候、地形、水资源、土地资源等。在以往被忽视的乡土地理方面,课程标准明确提出了具体要求,增强了对乡土地理学习的约束性。课程标准的导向是把乡土地理作为综合性学习的载体,进行以环境与发展问题为中心的探究性实践活动,这不仅是7—9年级学习内容的总结,而且为进入10—12年级以可持续发展为主题的学习作好铺垫。7—9年级的地理课程结构如图2所示。

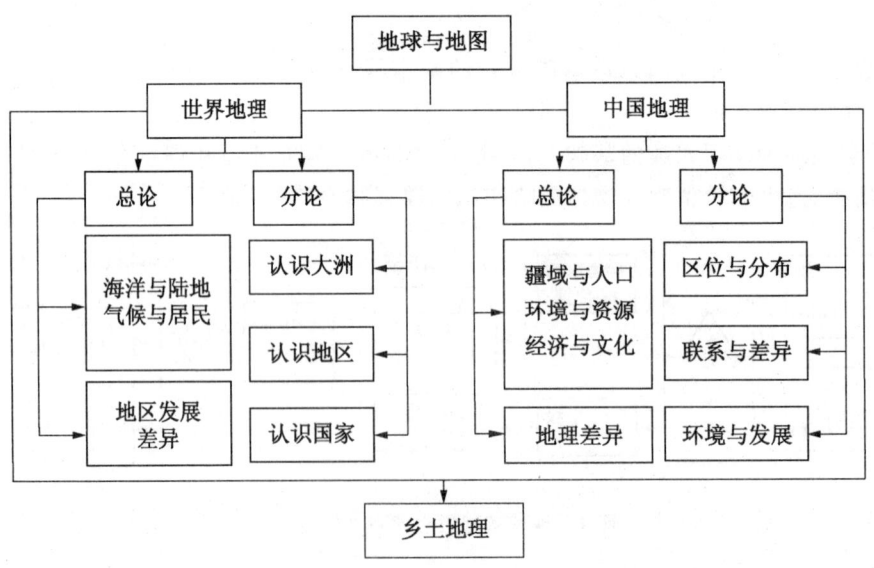

图2 7—9年级地理课程结构图

10—12年级的学生已经形成了一定的分析、判断、推理、归纳能力,他们的兴趣转向抽象性、思辨性和理论性较强的内容,因此,在该阶段,地理教育应强调学生学习科学的地理,初步探究成因、机理和过程等地理理论问题。为此,在10年级,所有学生均进行以可持续发展为主题的专题地理学习,通过综合分析与解决问题的研究方法加深对地理学基本原理的理解;11—12年级则开设三个分科,内容各有侧重,便于学生在某一领域进行深入学习,为学生的长远发展奠定基础。

2. 过程和方法

以往的地理课程虽然也注意到要通过过程和方法的目标要求,培养学生的地理技能和方法,包括:根据地理事物形成地理概念,进而理解地理事物分布和变化的基本规律;运用已获得的地理概念和基本原理,对地理事物进行分析,做出判断;发现地理问题,尝试提出解决问题的构想;运用适当的方法,展示地理学习成果。但是由于把能力要求和知识要求相互孤立与割裂,使得地理技能和方法的培养缺少载体,因而很难实现。新地理课程则是采取以活动带知识和技能的方法,把地理知识和地理技能有机地结合在一起。例如在地图的教学中,教师可组织学生绘制校园平面示意图,在把实物转化成符号的过程中,大多数学生可归纳出地图的基本要素,并初步掌握绘图技能,这还使得学生对地图具有了亲切感,从而在今后的生活中会主动地去使用地图。

3. 情感、态度和价值观

培养学生求真、求实的科学态度,尊重不同的文化和传统;通过了解我国基本国情增强学生的爱国主义情感,一向是地理基础教育的重要目标。除此之外,新地理课程突出强调要使学生树立正确人地观、环境伦理观和可持续发展意识,养成关心和爱护人类环境的行为习惯。例如,在"运用资料,说出我国水资源的时空分布特点以及对于社会经济发展的影响"的教学中,要使学生认识到我国水资源总量虽大,但人均很少,因此需要有资源忧患意识,并在日常生活中养成节约用水的良好习惯。

(三)实现地理基础教育改革的关键环节

1. 教学改革

地理教学中,应突出地理学"地域性"和"综合性"的特点,强调地理事物的空间差异和相互作用,特别是自然和人文因素对地理现象和地理过程的综合影响,引导学生从不同角度看待地理现象和问题。比如在学习"日本"时,教师可分别展示日本自然条件和经济文化方面的资料,让学生进行对比,看看自然条件在哪些方面制约了日本的经济发展和居民生活,反过来,日本在发展经济、进行国家建设时又是怎样克服这些不利条件的。

教学中还需重视的是,必须根据教学内容、学生年龄特征和学校条件选择互动型、自主型、实践型、理论型等多元的教学方法。比如经纬网的教学一向是教学的重点和难点,单纯的概念式教学难以收到好的教学效果,可以考虑采取"师生互动型"的教学方法。首先教师提出问题:一艘海上遇难船只如何向别人报告自己所处的位置。接着学生运用生活经验,提出在教室里或电影院里找座位的方法,教师进而启发学生把这种确定座位的方法概括为利用"行"和"列"定点的方法,并最终引出经纬线、经纬度和经纬网的知识。

2. 评价体系

改变传统的只重结果、忽视促进学生发展的评价观念,建立科学的评价体系是实现课程改革目标的重要保证。新的评价体系在地理知识上,不能局限于学生知识量的多少,而是应把评价的重点放在学生的理解水平上,常用方式主要有:让学生用自己语言表达和解释概念;给出概念的肯定例证和否定例证,让学生验证;能把一种表达方法变成另一种表达方法;会进行概念、区域之间的比较,会进行区域的自然和人文特征的分析与综合;会运用地图、图表和简单模型表达区域的自然和人文特征。在能力评价方面,着重评价学生能否把现实生活中的问题抽象为地理问题;能否制订解决问题的方案;能否形成有效解决问题的思路;能否检验并解释结果。在评价学生解决地理问题的过程时,应了解学生在提出地理问题、搜集整理以及分析地理信息资料、回答地理问题这一完整过程中的表现。其中,重点是对学生在搜集整理以及分析地理信息资料过程中的表现进行评价。在对学生情感、态度和价值观进行评价时,应关注学生以下诸方面的变化与发展:对地理的兴趣和好奇心;体会地理学与现实生活的密切联系和地理学的应用价值;对周围环境和地球上不同自然和人文特征的审美能力以及对社会和自然的责任感,热爱祖国的情感与行为,关心和爱护人类环境的意识和行为。

3. 课程资源的开发

课程资源开发,首先应重视教材开发。教材的编写既要反映时代特征,也要充分考虑到我国的社会和教学实际。同时,教材必须重视系列化建设,包括教学参考书、教学地图册、幻灯片、录像带、计算机软件等。除教材外,还应充分利用校内外各类课程资源,并注意地理课程资源的积累和更新,实现校际地理课程资源的共建和共享。

地理学科美育的价值①

黄京鸿

中共中央国务院《关于深化教育改革全面推进素质教育的决定》明确指出:"实施素质教育,必须把德育、智育、体育、美育等有机地统一在教育活动的各个环节中。"因而美育的实施,也是包括地理学科在内的相关学科责无旁贷的义务。地理学科本身就其研究对象来说,蕴涵着丰富的自然美、人文美等诸多的美育内容,它是大美育系统的重要组成部分。地理学科美育即地理教师依据一定的审美标准,借助一定的审美媒介,从审美化的角度把握教学内容,实施教学,使学生在审美状况中获得知识、开发智力、提高能力,同时陶冶审美情感,提高审美能力,促进其素质全面和谐发展的教育。概括而言,地理学科美育的价值主要体现在以下几个方面。

一、以美启真,完善智力,激发创造

首先,美感引发愉悦感、自由感及强烈的求知欲、探索感,这些炽热而积极的情感成为人们步入智慧之门、追求真理的强大动力。列宁曾说:"没有人的情感,就从来没有,也不可能有人对真理的追求。"受宇宙和谐美之吸引,呕心沥血,矢志不渝,哥白尼创立"日心说"、开普勒总结行星运动三定律、牛顿发现万有引力;被大自然神奇之美所激励,历千难万险而无悔,郦道元写《水经注》、徐霞客著《徐霞客游记》、沈括成就《梦溪笔谈》;竺可桢纵论中国五千年气候之变化、李四光力探中国大地构造体系之规律……正是美的启迪和对美的追求,使无数科学家为人类的真理宝库做出巨大建树。美感的增加性既有其生理基础——人体整个生理组织系统的全面激活,也有其心理基础——由愉悦、积极情感引发的人的心理素质及活动的全面调动,这已为现代生理科学和心理科学的实验研究所证实。在指导学生学习地理的过程中,常常可以看到这样的例子,只要以美为先导,将知识与教学赋予美的形态,例如美的景观、美的语言、美的活动方式、美的氛围,就会为学生喜闻乐见,就会吸引其主动参与、积极投入,收到良好的教学效果。而且审美化程度越高,教学效果越好。目前,在"愉快教学""情知教学""情境教学""成功教学"等富有审美化特质的教学模式中,以美启真的动力效应都非常显著。不少学生不仅在课堂上乐此不疲,而且在课外自发组织探奇览胜,访问调查,取得一批富有新意及建设性意义的成果。

美能启真,除了其独特的动力效应,还因其形象性特征有利于人们形成形象思维与抽象思维互补互促的整体思维,有利于完善智力结构并激活创造能力。凡进行高级的智力活动,特别是创造发明,不可缺少形象思维。钱学森曾指出:"只有形象思维和抽象思维同时发展,人的想象力与创造力才能展开翅膀。"从张衡的地动仪到魏格纳的"大陆漂移学说",无一不

---

① 本文选自《中学地理教学参考》2002年第1—2期。

是整体思维的精美结果。正是因为美令人愉悦,使人心理安全、心理自由,由此产生了"有利于创造活动的一般性条件"(罗杰斯);美的形象有利于发展人的全脑思维,由此提供了创造性思维的基本方式;美所激发的强烈情感成为创造性活动的动力支持。所以,美能激活创造。

地理学科是一门综合性、区域性、空间性、直观性都很突出的学科,形象思维和创新能力的培养对学科发展十分重要。地理学科美育的发展有利于革除长期以来传统教学中重抽象轻形象、重应试轻应用、重沿袭轻创新的弊端,为地理科学事业和现代化建设培养大批全面发展的创造性人才奠定了理论基础。

二、以美促善,完美人格,陶冶情操

以美促善指通过美育能促进审美主体高尚道德情操的发展和人格的完善。

以美促善至少可以从两个方面予以体现。首先,美善两者有天然联系,美中寓善。美育本身是以美促美的教育,通过欣赏美、表现美、创造美,引导人们厌憎丑恶事物,热爱美好事物,培养人们美好、和谐、完善的心灵,这实际上就包含着道德教育。故普洛丁说:"善在美后面,是美的本质。"其次,美可促善。美育以令人愉悦的形象,喜闻乐见的方法为人们所喜欢,从而心甘情愿地接受并追随美的内涵,这无疑大大加强了教育的实际效果。

地理学科美育正是以其丰富多彩的教育内涵及生动活泼的教育形式在促进学生学习进步的同时也促进了其精神道德的发展。

地理学科以大量生动的形象蕴含着丰富的思想内涵:巍巍高山,滔滔江河,如画田原,展现出祖国母亲的玉质天姿;攀登珠峰,重建唐山,卫星发射,透出中华民族的豪迈气概;烧荒的土地,大气的污染,《小鸟的悲哀》,敲响生态灾难的警钟;沙漠的防治,节水农业的推广,表达出可持续发展的信念;星移斗转,沧海桑田,宇宙万物不断变化;山水相随,人地两依,和则共存,伤则俱败……爱国爱民的情怀,科学的资源观、人口观、环境观、人地协调观、唯物辩证观尽都包容在地理教学之中。

地理学科美育还以令人深感愉悦的多种教学形式使学生油然而生高尚的情感:一幅彩色地图,使其神游五洲,心连世界;一曲《长江之歌》,令其热血沸腾,豪情无限,仿佛回到母亲怀抱;驻足博物馆,耳边长鸣时代的呼唤……没有严肃的指令,无需冗长的说教,理性之光与激情之火已经照亮每个纯真的心灵世界,这就是美育的独特之处,这也正是美育的魅力所在。在学生的感想畅谈中,在学生的习作论文中,随处可感到他们的炽热情怀。"神奇而又旖旎的姜家溶洞是我的故乡——重庆的一笔宝贵财富,更是祖国乃至世界的瑰宝。我们应当加倍地爱护这难得的地下博物馆……我热爱这大自然鬼斧神工的奇迹,更热爱我的家乡、我的祖国以及我们共同拥有的这颗蔚蓝的星球。"(引自《地下博物馆——姜家溶洞群》,作者刘彦)"可爱的南湖,既是如此醉人的旅游胜地,又有巨大的水利资源,正等着人们去开发……为了巴南辉煌的明天,同学们,努力学习吧!"(引自《可爱的南湖》,作者陈承)

三、以美育美,美的观念,美的能力

虽然人们常说:"爱美之心,人皆有之",但这并不等于人自然具有美的修养和言行,这需要专门的教育。正如蔡元培先生所言:"人人都有感情,而并非都有伟大而高尚的行为,这是由于感情推动力的薄弱。要转弱而为强,转薄而为厚,有待于陶养。陶养的工具,为美的对

象;陶养的作用,叫做美育。"当今时代人地关系的普遍恶化和人际关系的种种不和谐,加大了地理学科美育的迫切性。

以美育美,即通过使个体参与渗透美育要素的审美学习活动和实践活动,培养学生的审美素质。审美素质主要包括健康高尚的审美观、良好的审美欣赏和审美表现及审美创造能力。

1. 培养健康高尚的审美观

审美观是人们在审美实践活动中形成的对美、审美和美的创造发展等问题所持的基本观点,审美观的核心是审美标准和审美理想。健康高尚的审美观能使审美主体积极主动地辨识和接受美的信息,敏锐地发现和欣赏对象的美,并激励其以极大的热情和坚忍不拔的毅力去追求美、创造美。

地理学科美育通过让学生充分感受地理世界气象万千的自然美、社会美、科学美、艺术美、形式美等丰富生动之美的形态,使其明晰美的概念和美的本质;通过人地关系的历史发展,感悟美的观念的历史变化;通过自古以来地理发现、地理发明、地理建设的丰功伟业,体会美之创造的规律与永恒;通过大量的审美学习与活动实践,让其识真伪、辨美丑、明善恶,将美的观念用于指导日常的学习与社会生活……这些,对培养学生健康高尚的审美观都极有帮助。

2. 培养良好、敏锐的审美欣赏能力

审美欣赏能力是审美主体凭借自己的审美感受、审美情趣、审美经验和文化素养(其中主要是艺术修养),有意识、有目的地对审美对象进行观察、体验、品味、判断和评价的一种能力。这种能力不会自发产生,必须通过训练在实践中形成。

审美欣赏能力是现代地理能力的重要组成,《地理教育国际宪章》对此已明确述及。然而长期以来因种种原因,地理学科教育基本上无暇顾及审美欣赏能力的培养。缺乏审美欣赏能力,便不可能获得丰富多彩的审美享受。面对苍茫大地,浩渺时空,有多少人能领略到"寒暑相推,四时代序,这便是时令的节奏……陵谷相间,岭脉蜿蜒,这便是地壳上的节奏"(郭沫若)之意趣? 放眼阳朔山水,有多少人能感发"有山如象鼻,有山似飞龙,有山如军舰,有山似芙蓉,有山如卧佛,有山似书童,有山如万马奔驰,有山似牛女相逢"(陈毅)之丰富想象? 聆听《长江之歌》,多少人心中能涌动历史的壮阔与使命感? 触目荒山秃岭,烟尘蔽日,污水横流,多少人能感到"大地在呻吟,母亲在哭泣"的剧痛? 枯燥的说教,应试的记诵,封闭的桎梏已使我们的热情、想象与灵性消损得太多。倘不能欣赏天地万物之美,又何能表现美、创造美? 何能拯救伤痕累累的地球? 地理学科美育通过有目的、有计划的审美活动,引导学生感知自然万物的活色生香,体味宇宙大地的生命颤动,把握和谐为美的标准,评判人地关系的善恶美丑……在不断实践中逐渐练就"有音乐感的耳朵"和"善于感受形式美的眼睛"及"善于创造美的心灵",审美欣赏能力便可不断得以进步。

3. 培养丰富多样的审美表现能力和审美创造能力

审美表现能力是审美主体在实践中按照美的规律,通过一定的物化形式,把内心的审美感受表达出来的一种能力。审美创造能力是审美欣赏与审美表现的高层次发展,其重要特征是富有新意的美好事物的形象设计与形象物化。

地理学科美育为学生的审美表现和审美创造开拓了广阔的心理时空和物理时空。学科美育培养的审美理想激发学生对表现美与创造美的无尽追求;"真与善的内容与美的形式相统一"揭示了美之表现与创造所遵循的美的规律；学科美育展示的精美典型为美之表现与创造提供了光辉范例。实验和实践表明，有美的召唤和激励，无论是地图、模型的精巧制作，地理园的精美布置，或是多彩地理活动的成功举行，为乡土建设服务的设计、实践，中学生们常表现出令教师也叹为观止的想象与创造。

审美素质的上述三方面互相联系，密不可分。审美观是指导，审美欣赏能力是前提和基础，审美表现能力是发展，审美创造能力是升华，三者相辅相成，最终促成美的人格与美的世界之建造。

四、以美统率、五育共进、和谐发展

由于美育可以使人产生愉悦的心理感受，使人消除紧张、烦躁，保持心理健康；美育使人心情舒畅，肌肉放松，心律舒缓，机能协调，增强体质体能；美育还能促进人对有助于形体美的各种体育活动、野外活动的向往，所以美能助健。马克思所说："一种美好的心情比十副良药更能解除生理上的疲惫和痛楚"，就是对"以美助健"的形象而经典的概括。我国许许多多的地理学家辛劳一生，人至老年仍精力充沛，才思敏捷，与其一生倾情自然、畅神山水密切相关。在丰富多彩的课外美育实践中，学生们普遍反映"既开阔了视野，学活了知识，陶冶了情操，还增强了体质"亦是对美能助健的生动印证。

劳动创造了美。学生在地理学科学习、实践的过程中，通过大量地理操作和地理制作，不仅培养了良好的劳动习惯，掌握了技能，而且通过对自己精美劳动成果的欣赏，体会到劳动创造了美之深刻意蕴。地理美育实践中的大量活动是学生的集体活动，学生们必须通过密切交流，团结互助，才能高效地完成学习任务。同时，由于美育活动是高层次的精神享受活动，在由美引起的共鸣及对美的共同追求中，人们常得以去掉个人得失的功利束缚，而较容易关心他人、与他人友好相处。这些，都利于引导学生协调好人际关系。所以，美能乐群。

综上所述，美能启真、美可促善、美能助健、美能乐群、美能育美，美的促进作用体现、渗透于教育的各个方面。我国美育先驱蔡元培先生早就明确指出："美育者，神经系也，所以传导"，著名教育学家苏霍姆林斯基也曾指出："美是道德纯洁、精神丰富和体魄健全的有力源泉"，也正是基于此，美育的价值更为深远，无可限量。

基础教育阶段地理信息(GIS)教育研究[①]

段玉山　夏志芳

地理信息系统(Geographic Information System,缩写为 GIS)是近十年来发展起来的一门综合应用系统,它能把各种信息同地球位置和有关的视图结合起来,并把地理学、几何学、计算机科学及各种应用对象、CAD 技术、遥感、GPS 技术、Internet、多媒体技术及虚拟现象技术等融为一体,利用计算机图形与数据库技术来采集、存储、编辑、显示、转换、分析和输出地理图形及其属性数据。这样,可根据用户需要将这些信息图文并茂地输送给对方,便于分析及决策使用。GIS 应用遍及金融、电信、交通、国土资源、电力、水利、农林、环境保护、地矿等国民经济各领域。

GIS 是多学科集成的空间型信息系统,其本身的综合特性,决定了其具有以下各种广泛用途:量算和统计,监测和预测,规划和管理,辅助决策,向空间拓展等。

随着地理科学的发展,地理科学的研究与应用已经离不开 GIS 有关技术和理论的支持,人们已经开始意识到 GIS 的优势及其广泛应用,它已成为地理学科的重要信息工具。因此进行 GIS 教育,尤其是在基础教育中普及 GIS 知识,显得非常重要。而要进行 GIS 教育,普及 GIS 知识,当务之急是进行 GIS 教学资源的开发。

GIS 在信息社会有着举足轻重的地位和作用,GIS 的教育形势很严峻,可以说,哪个国家能先成功地落实 GIS 的教育普及化问题,哪个国家就先赢得信息革命某种程度的胜利。从另一个角度来看,GIS 的教育不能简单地与基础教育中的信息技术教育混为一谈,基础教育中的信息技术教育课程的重要目标是传授计算机基础知识和培养学生计算机基础操作与应用能力。具体地说,就是教会学生使用 Windows 操作系统、字处理软件(Ms word)、表处理软件(Excel)和网络浏览器及电子邮件等计算机基础操作与应用。

GIS 的教育的目标则是教会学生在掌握了计算机基础知识以后,应用 GIS 专业软件对地理有关数据,进行一系列的操作处理后,形成能够解决具体实际问题,提供有关功能的教育过程。GIS 的教育在基础教育阶段,一般不要求进行具体系统原理、系统设计(包括编程)的深层次教育,只要求掌握 GIS 的基本概念和基础能力。GIS 是用计算机手段处理地理数据,所以,GIS 教育的首要条件是学生掌握计算机基础操作和地理学有关知识。在目前我国的基础教育中,特别是高中阶段,学生通过信息技术课程和家庭教育、自学等各种渠道,已经基本掌握了计算机的基本应用能力,具备了 GIS 教育基本条件,在学校地理教育中,从客观条件看是可以完成 GIS 教育的。

[①] 本文选自《全球教育展望》2002 年第 11 期。

一、正确认识基础教育阶段中地理教育与 GIS 的关系

在基础教育中,落实 GIS 教育的问题,除了客观条件的某些原因之外,在基础地理教育中渗透 GIS 知识教育的教育改革上,还有许多观念、思想和认识方面的问题。例如,在地理教师、教育决策者当中,存在着将 GIS 教育看作深不可测、难度很大的观念,有对 GIS 教育的实用价值功能认识不足的问题,也有对 GIS 教育本身所具有的思想教育、能力培养等教育功能认识不足问题,还有一些思想僵化、裹足不前,害怕新事物冲击的地理教育工作者,这些都是 GIS 教育面临的重重困难。GIS 教育客观存在着技术含量较大、软硬件环境要求较高的特点,但在基础教育阶段,随着教育部对基础教育改革的精神,不同水平、不同地区实行越来越灵活的课程标准、教材、考试政策,特别在发达地区(例如东部地区)和教育基础较好的地区(中西部经济较发达城市、地区),尽快落实 GIS 教育是地理教育寻求新的出路,找到发展与生存的关键和突破口,对于这一点,每个地理教育工作者应该有清新的认识。

1. GIS 作为地理学的内容应渗透到地理教育当中

目前,GIS 教育要走进基础教育,一个关键的问题是如何看待 GIS 与地理学之间的关系问题。地理学发展到今天,GIS 充当着从传统地理学发展到现代地理学的重要标志之一,也是现代地理学能够迅速发展、地理学研究进一步深入和地理学应用水平逐步提高的革命性因素。因此,将地理信息系统(GIS)归纳到地理学科体系当中的思想是有一定道理的。当然 GIS 的发展也与计算机技术、系统工程等分不开。

地理信息系统技术的创立与发展是与地理空间信息的表示、处理、分析和应用手段的不断发展分不开。60 年代始,逐渐发展起来的 GIS 技术在地理学发展和应用中不断吸取了其地理学研究的成果和理论,同时也吸取遥感、计算机领域的先进技术与方法,包括地图学、图像处理技术及计算机图形学、数据库与信息系统技术、系统工程方法、决策科学及专家系统技术等。地图学是 GIS 空间数据组织与空间数据操作的基本框架;图像处理技术和计算机图形学则是 GIS 中算法设计的基础。GIS 正是在地理学及其相关学科相结合的基础上发展起来的学科。当然 GIS 本身就是一个庞大而复杂的系统,在地理学所涉及的各个学科领域都有广泛的应用(见图 1)。

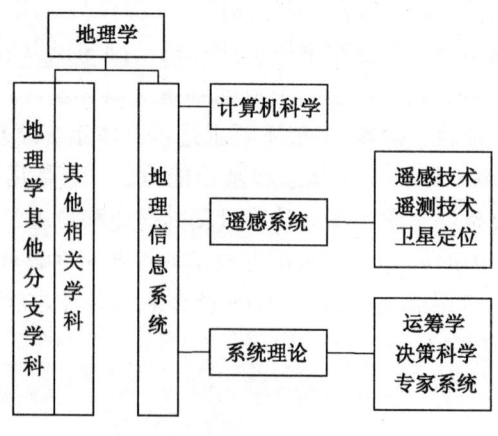

图 1 GIS 与地理学之间的关系

地理学是 GIS 的科学基础,技术的迅速发展极快地改变着 GIS 的面貌,同时,也更加密切了 GIS 与地理学的关系。地理学为信息科学提供了空间检索分析的规律和技术,也提供了整合地理特征的空间数据与属性数据的构架和依据。GIS 为此提供了一个执行地理学规律的有力工具,它的可视性帮助我们了解地球上的过程,积累和综合各种与空间有关的知识。

在 GIS 成功地描述了大量的地理现象后,它已经开始进一步被用于模拟地理变化的过程。众多的地理模型可以立即用 GIS 测试、验证、修正和运行。例如图形网络功能在 GIS 的成功实现,为模拟水文、交通、管网等地理过程创造了条件。又例如 ARC/INFO GRID 对扩散现象的描述,为污染、疾病、森林草原火灾的模拟提供了工具。这对灾害的预防和决策方案的挑选都是极为有效的。

模拟真实的地理过程对 GIS 的功能也提出不断的挑战。例如三维模型表达的实现增加了模拟真实地理现象的能力,ARC/INFO TIN 和 ArcView 3D Analyst 的广泛应用是很好的实例;又例如 GIS 对实时变化的管理功能增加了图像跟踪目标移动和监督动态变化的能力,ArcView 或 MapObjects 与 GPS 的结合为此提供了条件。

地理教育是从地理科学中提取基本的地理概念、原理和地理学思想理论,以及地理科学的先进研究技术、手段,根据教育学、心理学、认知理论来科学组织而形成的学科教育。现代地理学成熟的一个重要标志——地理信息系统,作为地理科学研究的技术手段之一和学科体系的一部分,地理教育要承担传授地理科学的最新研究成果和其研究方法、技术手段的责任,这个责任由计算机学科或者其他什么学科教育来承担都不是很合适的。所以,充分认识 21 世纪地理教育的 GIS 教育重任非常重要,意义深远而重大。

2. GIS 作为教学技术手段应用于地理教育当中

GIS 作为教学技术手段应用于地理教育中的含义有两个方面:一方面是 GIS 自身具有对地图处理与操作的强大功能,地图是地理教育的重要方法,利用 GIS 的地图叠加、地图漫游、地图缩放和地图要素的增减等,辅助地理教育,其效果是一般教学手段不可比拟的。另一方面,GIS 技术是一种解决实际问题,提供地理数据处理功能的技术和方法手段。地理教育,不仅要传授地理知识,也要提高学生收集地理信息、处理地理信息、解决实际问题的能力。GIS 对地理数据输入、处理与分析功能,能很好地完成地理教育在能力培养方面的功能;这是 GIS 在地理教育中的地位无法取代的原因,也是地理教育在信息社会必须承担 GIS 教育的客观原因。

GIS 软件的功能是非常强大的,目前众多的 GIS 软件可以说"只有想不到的,没有做不到的"。随着计算机技术和软件技术日新月异的迅猛发展,GIS 软件的智能化、集成化与模块化程度越来越高,功能更强,但操作更简便;加之 GIS 软件提供的二次开发功能,在地理教育中开发一些功能简单、操作方便、界面良好的 GIS 应用小软件,来适应基础教育的需要并不很难,从这个角度,GIS 教育在地理教育中普及也是很现实的。

3. GIS 在地理教育当中具有独特的教育功能

地理教育把传授地理知识、培养地理技能和提高地理思维能力作为地理教育的基本目标。在地理教育中实施 GIS 教育不仅是落实地理教育的责任,也是落实教育本身赋予地理教育的任务。GIS 教育在学生信息技术的掌握、地理研究技术的了解与应用、地理区域系统思想的建立和地理空间思维能力的培养,以及地理问题的分析与处理等多方面具有不可替代的独特功能,从下面地理信息系统自身的特点中可以略见一斑。

(1) GIS的空间可视化(Spatial Visualization)特征可以培养学生的空间想象能力和建立区域(空间)概念。

信息系统是对现实世界的计算机模拟,而地理信息系统则突出了它对现实世界空间关系的模拟,使我们对于在空间中各事物的状态有一个非常直观的感受。无论是在屏幕上展示一幅可以无级缩放和信息查询的地图,还是展现一幅三维的地形模型,都使我们对现实世界空间关系的认识更为直观、具体。或许我们可以用计算机科学中常用的"所见即所得"一词来解释这一点。

地理信息系统的空间可视化功能还包括对空间分布的地物的属性信息的图形可视化,这一点是以地理信息系统的一个重要特征为保证的,即GIS实现了空间信息和属性信息的集成管理,并能够完善地建立二者之间的联系。例如,利用一张中国的行政区划图,我们可以从地理信息系统数据库中提取各省、直辖市、自治区近年的人口统计数据,计算人口密度,并按人口密度的分级指标指定不同的色彩和填充方式显示行政区所对应的图斑(这实际上是一个从属性到空间的关联过程),这样空间地物的专题属性特征就可以通过地理信息系统工具实现具有空间参照信息的可视化。

利用地理信息系统,我们不仅可以纵览研究区域的全域,还可以利用缩放和漫游等GIS所提供的基本功能深入到我们更感兴趣的区域去研究。

一个完善的地理信息系统提供了空间数据库功能,使我们可以小比例尺查看全局,以中比例尺查看局部,以大比例尺查看细部。在比例尺不断增大的同时,它展现给用户的空间信息内容会不断更新。例如在浏览一个行政省全局时,只需要显示大的河流、省级公路、铁路以及市县级行政分区图斑等全局信息,而随着比例尺的不断增大,就需要显示街道、建筑物、公园等具体的空间地物。

地理信息系统的空间导向功能还可以从空间查询功能中得到体现。利用一张省级土地利用图,我们可以通过空间查询找到"城市中的公园",并即时将地图的显示范围缩放到所有"公园"空间分布的范围内,这样同样是空间导向作用的体现。

(2) GIS的数据关系(属性数据与空间数据)特征可以提高学生的地理空间思维(Spatial Thinking)能力和辩证思维能力。

地理信息系统的空间数据库在存贮各地物的空间描述信息的同时,还存贮了地物之间的空间关系,这一特点为进行空间分析提供了基础。

地理信息系统的空间思维,就是要利用GIS数据库中已经存贮的信息,通过GIS的工具(例如缓冲区分析、叠置分析),生成GIS空间数据库并存贮。

地理信息系统将许多空间分析工具集成起来,并提供二次开发工具。在进行空间分析时,用户将各种分析工具按所研究领域的专业模型组织成一个程序(即计算机可以识别和操作的思路),交由地理信息系统完成,最后提供空间可视化的分析结果。

地理信息系统的空间思维功能使我们能够揭示空间关系、空间分布模式和空间发展趋势等其他类型信息系统所无法完成的任务。城市与区域规划是地理信息系统技术体现空间思维特征的最典型的应用领域。

(3) GIS对人地关系与可持续发展、环境意识的教育功能。

人地关系和可持续发展是地理教育的一条主线,是地理教育改革发展的必由之路,21

世纪地理教育思想和地理教育改革的指导思想就是坚持以人地关系和可持续发展观念为主线。

可持续发展简单地说就是在不破坏自然环境的前提下发展经济,使周围环境能持续不断地供给人类生存和繁衍的物质、能量与信息。可持续发展是协调人与自然关系、促进全人类生存与发展的必由之路,它要求人们不要为了眼前和自己的利益破坏人类共同的环境,在发展生产的过程中既要获得经济利益,又要注意维护自然生态系统的动态平衡,不能进行掠夺性经营。

随着人口增加和提高生活质量的需要,特别是进入工业化社会以来,人们有意和无意地超量采矿、采水、伐木、开荒、围垦,排放超过自然界净化能力的废水、废气、废物,造成环境污染、水资源短缺、植被破坏、水土流失、灾害频繁。过去20年,世界能源消耗增长了50%;海洋渔业资源目前已减少了1/4以上;80年代初期全世界32.57亿公顷生产用旱地已有61%受到荒漠化的影响。大量施用化肥、农药,不仅已使土壤和地下水受污染,而且使土地生产力下降,人们赖以生存的粮食和其他农产品也受到了污染的威胁。据美国矿产局估计,按1990年的生产速度,现已探明储量的矿产资源中,世界黄金储备只够用24年,水银为40年,锡为28年,锌为40年,铁为65年,铝为35年,石油和天然气分别为44年和63年,不可再生资源日渐减少。

发展经济与保护环境常常是一对矛盾,需要科学技术支撑才能协调好它们的关系。没有科学指导,即使出于美好的愿望,也常会顾此失彼,造成资源浪费或环境破坏。GIS有助于人们对地理环境的了解,以便制定可持续发展规划。GIS技术可以把相关地理数据转换成可理解的信息,如高分辨率卫星图像、数字地图,经济、社会和人口的信息。利用GIS可获得地形、土壤类型、气候、植被、土地利用变化数据,获得区域矿产、石油、森林等资源信息,应用空间分析与虚拟现实技术,模拟人类活动对生产和环境的影响,制定可持续发展对策。

在农业领域,GIS可提供高分辨率的农田作物生长信息,分析土地和作物生长的空间差异,从而进行科学施肥、灌溉、施药、除草、耕作等管理,实施"精细农业",提高肥料利用率,减少化学物质对土壤和地下水的污染,还可监测和评估地区的灾害和作物产量,制订生产计划和商业计划,防止出现粮食生产和消费分布不平衡的现象,实现资源在不同地域和人群中合理分配的可持续发展目标。

通过应用GIS手段,解决环境问题、经济发展问题、人口迅速增长的问题以及资源合理开发等全球性问题是社会发展与地理信息系统科学发展的必然,同样GIS解决方案有助于了解全球问题和培养学生环境意识、人地关系思想与可持续发展观念。另一方面,通过GIS教育,能培养学生用GIS解决全球问题的基础能力,为学生走上社会、解决实际问题,拥有全球观念和意识打下坚实的基础。所以,从这个意义上讲,在基础地理教育中,贯穿和渗透GIS基础知识、基础应用方面的内容,是社会发展、人类文明进步的重要方向(见图2)。

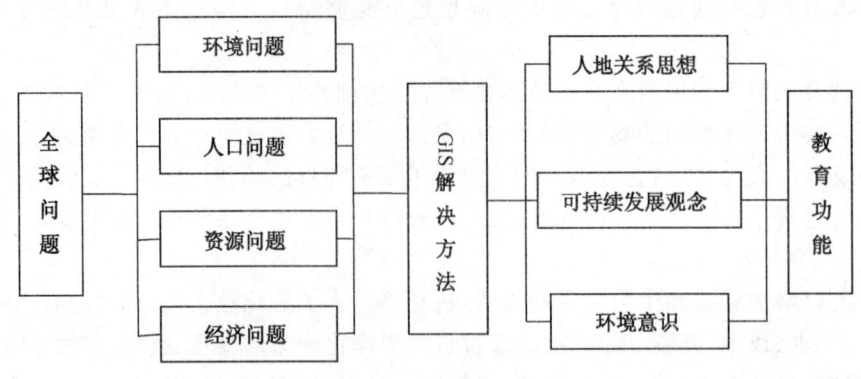

图 2　GIS 的教育功能

二、基础地理教育中普及 GIS 教育的问题

据悉,即将出台的《高中地理课程标准(实验稿)》已经把 GIS 纳入必修的地理课程内容范围,并把它列为六大地理选修模块课程之一。目前,有关的教材也正在开发与研制之中,这是我国地理教育界的一大幸事。但作为一种技术含量高、环境要求高的地理信息学教育,在我国基础教育领域进行大众化教育,客观问题也不少。

1. 教育决策者与地理教育者对 GIS 本身的认识问题

对 GIS 的认识主要是两个方面的问题,一个方面是教育决策者对 GIS 广泛应用和其光明的发展前景不了解或者了解不深刻。GIS 日益强大的应用势头和无所不至的应用触角在圈内令人感到非常振奋。但对于大多数普通教育决策者和地理教育工作者而言,由于种种客观的和主观的原因,很难了解或者跟上地理信息时代的步伐,因此忽略在地理教育中实施 GIS 教育也是情理之中。

另一方面,广大的地理教育工作者对 GIS 有望而生畏的思想。GIS 技术确实是一种综合的、难度较大的信息技术,学习与掌握都非常不容易,但是我们主张在基础教育当中的 GIS 教育不是完整的 GIS 系统技术教育和系统的原理的教学,而是 GIS 的基本概念和基础应用,也就是基础层次的了解与操作。所以,"中学地理教育中实施 GIS 教育不现实和时机不成熟"的想法是片面的。

在日常生活和工作中要处理许多与地理空间有关的事务,GIS 应当作为一个为大众服务的工具,而不是一个令人望而却步的专家工具。因此,普及 GIS 技术、使 GIS 软件大众化,应是 GIS 软件开发者的基本开发目标之一。

2. 地理教师 GIS 技术掌握问题

在当今的社会经济环境中,我们日常涉及的各种信息,其中 80% 在一定程度上与地理信息相关。GIS 发展至今,尽管已经有不少比较成熟的软件系统,但这些软件大都功能繁多且系统庞大,熟悉和掌握这些软件不是一般地理教师容易做到的。

GIS 系统需要学校花费额外的资金购买和地理教师的充沛精力去掌握,这都给将 GIS 知识应用到基础地理教育当中带来困难。针对这个问题,有的 GIS 系统采用模块化的方式,可以根据实际情况选择需要的功能模块,但这些可以拆卸的功能模块的运行仍然依赖于一个庞大的基础功能环境,而且,系统使用的复杂性并没有因此而降低。普通地理教师要达到这样的要求同样需要相当高的 GIS 技术水平。因此，GIS 在地理教育的普及，迫切需要一种新型的 GIS 软件技术体系，以满足全民日益增长的 GIS 应用需求，并跟上软件技术发展的潮流。

3. 教学的软硬件环境问题

GIS 教育与其他传统地理学科教育不同，它要求教学单位要具有计算机机房、软件系统，要真正落实好 GIS 教育，必须能够让学生有充分的上机实践机会。在 GIS 教学中，还需要相应的投影、数字化等设备。发达地区或重点学校已经初步具备这样的条件，人手一机在有的学校已经不存在问题，但在经济条件较差和教学水平较低的地区或学校，要建设这样的教学环境还存在困难，尚需努力克服。

另一方面，在地理基础教育中，实施 GIS 教育的外部环境已经初步形成。2001 年 6 月，我国首次以国务院的名义召开全国基础教育会议，会议通过了《国务院关行基础教育改革与发展的决定》（简称《决定》），该《决定》明确要求"地方各级人民政府和教育行政部门要重视常规实验教学""加强基础设施建设""提高教学仪器设备"等。同时，该《决定》提出要"大力加强中小学教师队伍建设""加强中青年教师的培训工作"，为 GIS 教育的教师培训带来了希望。

三、基础教育阶段 GIS 教育的层次

GIS 教育要根据实际教学环境（硬件、软件、学生状况、教师队伍），采取分层次、分地区、分级别的方式有区别地对待，可以按照基本要求教学、拓展性教学、研究性教学等几个层次进行。在教学方法与手段上，要强调直观，加强传统教学方法与多媒体教学、参观、实习等教学模式相结合。在拓展性和研究性教学层次，加强学生的实践能力、基本操作技能、系统设计能力的培养。下图是 GIS 教育层次的简单模式（见图 3）。

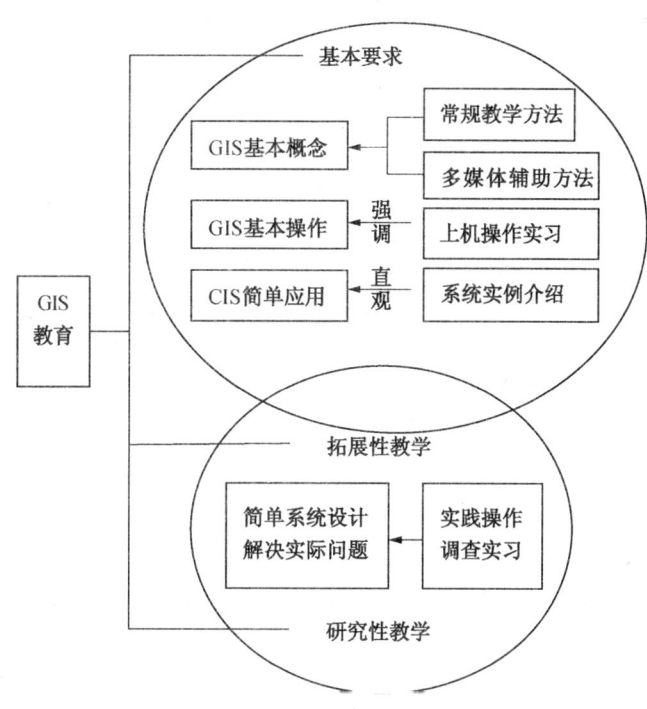

图 3　GIS 教育层次的简单模式

赫特纳地理教育思想评介①

高建军

德国地理学家阿尔弗雷德·赫特纳(Alfred Hettner,1859—1941),是19世纪后半期区域地理学派的倡导者。他一生著述很多,尤以1927年出版的《地理学:它的历史、性质和方法》影响深远,是地理学思想史和方法论研究的权威著作。

赫特纳认为地理学是地球表面的科学,主张区域地理研究既要进行描述,又要寻求规律,从而使瓦伦纽斯以来长期形成的"区域地理进行描述,普通地理学才进行规律探讨"的理论受到挑战和震动。另外,他认为人与环境在区域内是相互结合、相互影响的,这一思想对德国和世界地理学产生了重要影响。

赫特纳与李希霍芬、拉采尔都共过事,与斯特拉斯堡大学的乔治·格兰特教授同时获得地理学的博士学位,1897年被聘为图宾根大学地理学教授,1899年改任海德堡大学教授,这个职务直到1928年退休时为止。1895年创办《地理杂志》,任编辑直到1935年,共40年整。

赫特纳终身从事地理教育、编辑、研究工作,从未间断,在实践中逐渐形成了自己的地理教育思想和教学方法,丰富了近代地理教育理论和经验。这一点可从其所著《地理学:它的历史、性质和方法》一书中窥见一斑。

一、赫特纳的地理教育思想

1. 关于地理学的教育价值

赫特纳认为,"人类的整个生活深深扎根于地球表面的自然环境之中,任何民族、任何国家、任何文化、任何一种经济生活,如果没有地区和它的位置以及它的自然情况都是不能理解的。民族和国家的奋斗在地理状况中都有它的根源。没有任何人类的活动,至少没有任何实际活动是能够脱离地理环境的。如果我们忽视地理的教育,我们就会损害我们整个民族的、国家的、经济的发展。"关于地理学的教育价值,他从三个方面加以概括。

(1)地理知识对生活的价值。他认为,许多职业需要地理知识,如邮电业、商人和官方贸易人士、政治家、企业家等。我们整个实际生活都是建立在地理知识之上。

(2)培养能力的价值。他提出"生活是人类一切活动的背景,但也只是背景",教育不应规定为直接针对实际的用途,而应该成为一种自成系统的和谐的教育。"教育仿佛是武器库,必要时生活就从中取出武器",地理教育必须超出事实理解而去认识因果联系,从而促进归纳推理能力的形成。以地理学的方式去观察和思考,同时借助想象力,从单纯的描述中建立生动的形象,并考察其原因,是地理更重要的功能。

---

① 本文选自《地理教学》2002年12期。

(3) 品德价值。通过地理教育唤起和加强对故乡的热爱,了解人类历史与自然环境的密切结合,国家间联系的日益密切,这也是地理教育的价值所在。赫特纳认为地理学还可以使人们对国外的道德观念持有合理的判断,"从而为消除民族的傲慢和增强真正的人道和博爱做出贡献"。

另外,他认为地理学教育与美学教育有一定联系。"对于一个地方作为整体的理解会使人在更高的水平上理解这个地方的美"。

从环境的角度,他也提出了自己的一些看法:"在被砍伐而没有再植树的林场景象中,燃烧的树干,杂乱的灌木丛,土地荒芜,看上去令人生厌,伤害了我们美的感受,而且我们还要抱怨破坏了抵御冲刷土地的有效防护,去设想洪水将会带来的灾难性后果"。

从以上可以看出,在20世纪20年代赫特纳已经看到地理教育在国情教育、国际理解、环境、资源美学等方面的价值,可谓具有远见卓识。

2. 关于地理学课程

在赫特纳所处时代,地理学虽然已是学校课程之一,但仍受到歧视。地理课常和历史或其他课程结合在一起交替进行,有名无实。很多州大学地理学教授职位甚至不被承认,如巴登-符腾堡州甚至怀疑地理学的资格。在这样一种背景下,赫特纳以一个严肃的地理学者的眼光审视学校中的地理学。

他认为地理课程这种地位一方面受地理学本身发展的影响(在19世纪60年代末期李特尔学派影响下地理学侧重于历史方面),另一方面也受学校的处理影响。"地理课程只有作为一个独立的学科时才能完成它的任务","地理学在学校中和在科学中一样有它专门的任务,任何其他课程都不能取而代之",不同的教育目标应以不同的规模来争取和达到,根据学生智力成熟程度,许多教学任务只有在高年级可以完成。而当时德国地理教育往往到中年级就结束了,由此赫特纳痛呼:"这是可笑的,甚至是可悲的!"

针对于此,他对地理课程设置、目标、内容作如下思考:"学校能提供的知识其数量总是有限的,如果人们在高等学校或在生活上转而从事别的研究工作和别的事务,这些知识的一大部分不久又会丢掉。在好的课程中取得的能力,保存下来的就会多得多。"而且不同类型的学校应追求不同的目标。但不管怎样,中学生都应该深入生活,熟悉自己的祖国和近代文化地区。他认为,地理课程应从乡土志开始,然后从家乡转到其他地带和地区,乃至世界其他国家,以这样一个同心圆的形式向外扩展。国民学校的地理课实行一轮的教程,高级中学可进行第二轮课程(即螺旋式课程设置思想)。因为到了高年级,学生达到较为成熟的年龄,具备了其他学科的进一步知识,有可能真正领会地理学,可以充分发挥地理学的实际教育价值。

作为课程的物质载体——教材,赫特纳有其独特见解:第一个要求是正确性。第二个要求是"有目的的、适合各类学校和班级的教材选材,要照顾到各种不同的现象,还要注意到详尽程度"。但是任何一本书都不会适合所有教师,教师总会在细节上有所增减。第三个要求是有关文体的。对于以提问形式编排的教材,他不赞成,他觉得可把提问留给教师和上课时去做更好,否则学生在做家庭作业时碰到困难只会感到扫兴。

针对当时存在的电报文体的教科书,他认为是"异想天开",这种教科书节省纸张,书价因此会便宜些,但学生怕读这种文体,所以教科书应该易于阅读,文体必须清晰。当然,他也提到,教科书不同于其他,"过美的文风会转移对内容的注意力"。就教材中"文图结合"的问题,他以为适当的图片有助于直观,但"如果美学的要素挤掉了科学的要素,它们就很容易把人引入迷途"。

3. 关于地理教学方法

赫特纳一方面强调感官的直观,一方面也重视对概念的理解。"单纯的直观图景总是孤立的,只有通过概念化的途径才可能把它们联系起来"。据此他提出了自己有关地理教学方法的见解,可大致归纳为五种,简介如下。

(1) 观察的方法。青年必须学习自由地观察,用眼睛吸收可靠的知识。

(2) 概念思维。学生认识到各种现象之间的联系,"地区的自然状况并非现象的偶然并存和交替,而是一个有规律的和谐的整体。只有这样他才可以把地理学的教育内容吸收到自己的脑子里"。

(3) 提问的方法。针对当时普遍的教育学要求——劳动课程,赫特纳认为"劳动"这个词不能片面理解为手工劳动,学生不应是体力劳动者,而是脑力劳动者。教师应向学生提出问题,学生试图找到答案以取代教师讲述,也就是用苏格拉底的方法代替教条的方法。

(4) 地图等直观教具方法。文字只能恰当地表达观念的一部分,它表达不出空间的观念。而"地图,包括立体图、剖面图、图解和图片,才能把地表的复杂现象按照它的排列搞清楚。它们不是文字表述的偶尔补充和说明,而是和文字同等重要的另一种表述方式"。他认为,地理学表现的双重形式,使其有别于其他大多数科学,地图的巨大优越性在于它的一目了然。他在书中专章讲述"地图和图片",可见对地图的重视。当时挂图、地图集、教学幻灯片的费用较高,但他认为还是要设法使学生会读。就幻灯片的使用来说,"教师不要匆匆变幻灯片,也不要解释其内容,而要引导学生自己从幻灯片中去了解它",教师应细心恰当地放映,使它真正有利于教学。另外,对学生动手制作立体模型他也颇为推崇。最后,他强调直观资料要防止过多,因为可能会导致肤浅。

(5) 其他一些辅助方法。地理旅行可以避免学生成为单纯的书呆子,他们必须自由面对景观,学会野外观察,独立思考。另外也可引导学生利用图书室个人自修。

4. 关于地理教师

前已述及,赫特纳所处时代地理学虽然在学校和日常生活中有了一席之地,但很多地方仍待改进。如有些教师未研究过地理学,只是因为他们有时间,就来讲述这门课程,缺乏必要的训练。"甚至有些当局和学校校长对地理学性质毫无所知,把它当作一种单纯的死记硬背材料,以为任何一个教师,甚至任何一个军士都可以把这种材料教给孩子们记下来。"

赫特纳认为"地理教师必须掌握地理学",而高中地理学教师所需要的基本培养方式是大学教育,而且必须下功夫钻地理学,才能适应这样一门丰富的课程需要。他也赞成在学生毕业考试后,委托有经验的学校负责人安排大学生关于教学的培养,大学和中学的教学职位都要求全力以赴,大学的地理教师还要进行科学工作,尽可能用若干年的时间进行科学的研究旅行。

鉴于地理学在普遍教育中的地位,他分析原因认为可能是中学地理课只讲授贫乏而枯燥的地志学,学生产生不了兴趣,只是个别突出的教师或个别特别令人感兴趣的讲题才会吸引学生。

二、简略的比较和评价

19世纪60年代俾斯麦当政时,普鲁士邦在德意志联盟中取得无可争议的领导地位,德意志人民的勇气和力量得到恢复,从而使德意志在国际上取得了适当的地位。德国政治出现欣欣向荣的景象,同时教育也跨入生机勃勃、突飞猛进的时期,德国处于世界科技中心,教育发展水平居世界首位,已经认识到国民教育的重要性,教育的方方面面都在变化。例如,伴随人们对一般现象问题、工作问题和生活问题普遍的讲求实际效用,现实主义在教育中随处可见,相应的教学方法也起了类似的变化。各地从大学到初等学校都在以独立探索和运用实事实物,来代替一向采取的书本学习方式,甚至在一些中等学校也建立了实验室和实习工厂。

在这样的背景下,作为地理学教育工作者,赫特纳形成了自己的地理教育思想,给后人以启示。如他对地理教育社会价值的认识对改善德国地理教育状况起到一定的积极影响,甚至影响至今。目前德国地理教育仍然十分重视社会价值,注重对学生的培养,讲究实效;关于地理课程设置连续性的建议也非常合理,如今很多国家高中都开设有地理课;还有对于直观方法、动手能力的强调也可引起我们对当前地理教学的思考:现代手段多样,但直观性常被忽视。

当然,作为生活在一定时代的人物,都会明显地带上时代烙印,有其局限性。比如赫特纳认识到地理教育的社会价值,但很大程度上却是为当时德国的殖民统治服务的,学习外国地理是为了考察国外的气候及人文环境是否适合德国人健康生活,保持德国精神,德国能以什么样的关系与之相处,经济存在的可能性有多大。因为他认为一战后从地理学的观点去阐明世界政治、经济、交通是一种必需,德国的国民教育缺乏这方面的知识。

赫特纳一生从未离开教学岗位,始终把教学的研究与研究式的教学相结合,在"教"与"研"方面都可谓是行家里手,可以说是一位学者型的教师。而当前教育中"教而不研"或"研而不教"的现象较多,赫特纳也许会带给我们一些有益的思考。

国外两次大的地理教育改革运动[①]

王 民

一、20世纪60年代的地理课程改革

20世纪50年代，人类从战争中解脱出来，开始了大规模的建设。人口迁移、工业布局、城市规划、经济建设等对地理学提出了新的要求，大大地推动了地理学的发展，从而对地理课程提出了新的要求，传统的地理课程受到挑战。世界上开始了地理教育改革的浪潮，"如果没有本世纪60年代末70年代初，地理教育在世界各地的长足进步，地理教育很可能早已被放弃"（Hartwig Haubrich，1988年）。

地理教育改革，与世界规模的教育改革浪潮相呼应。对教育目的、课程设置、教学内容、教学方法和手段进行改革，从更广阔的领域看待地理教育，将其作为研究整个世界政治、经济、社会问题的手段，特别是处理好人地关系，已在地理教育目标中有所反映。课程内容发生了明显的变化，"引入专题性问题，诸如环境问题、资源、再生产、劳动力、失业率的限度、空间规划等，这些是改革的共同倾向。一种虽不普遍但却引人注目的倾向是，从分区地理学转变为以自然地理和人文地理为基础的系统分析。例如：捷克斯洛伐克要求减少大量的百科全书式的地理资料，缩减同心圆式的区域地理，增加应用地理学方面的主题"。

教学方法也在相应变化。教师更多地采用以探究为基础的方法，重视野外观察，如法国、德国等设有野营学校。笔者曾参观过位于德国汉诺威的一个供地理、生物野外实习的学校。它范围很大，内有大片的树林、小河、暖房及各种实验用具。汉诺威市的中学每学期有1~2次机会到此实习，现此校已改为环境教育实习基地。地理教学提倡鼓励学生自学的教学方法，如布置个人或小组作业和课外活动，鼓励学生从图书馆或野外获得资料等。

此外，20世纪50年代，地理学兴起了计量运动，伯顿在1963年以"计量革命"来描述这场运动，使计量革命在60年代达到了高潮。所谓"计量革命"，既表示地理学中大量采用数学方法，用定量的方法和模式来描述地理学的分布、运动以及规律，也表示这场运动对地理学的巨大影响。这场运动对地理教学也产生了深远的影响。不过，这种影响是在其后的岁月中逐渐表现出来的。

20世纪60年代的地理教育改革中，地理科学的影响十分明显，地理课程内容仿照地理科学的内容，较多地接纳地理科学的新发展，偏重于地理科学体系的完整，在一定程度上，造成地理课程内容的深度过大。社会需求也得到了较多的反映，偏重地理课程的社会应用方面。例如：德国的地理教育在20世纪70年代初，发生了新的变化。当时，"68届人"（即1968年入学的大学生，也就是战后出生的一代）向传统提出挑战，向社会争取更多的自由，

[①] 本文选自《中学地理教学参考》2003年第3期。

这引起许多社会矛盾。这种社会变化反映在地理课程中,有关空间的内容——不管是国家还是景观,都让位于普通地理结构。但是,"很少讨论到学生对地理教育的愿望及地理在他们心目中的地位"(Hartwig Haubrich,1988年)。

二、20世纪80年代以来的地理课程改革

20世纪70年代,西方资本主义国家处于广泛的社会运动之中,诸如生态运动、反战、争取女权等。这些运动的客观效果,对西方乃至世界产生了很大影响。中学地理教育乃至整个教育都在不断调整自己的位置。"地理课作为一门独立的学科,人们关心的是这门学科的贡献即能否担负起解决未来本国以及全球环境问题,地理教育能否担负起综合教育的任务,能否使学生得到发展以及能否满足公众和社会所能理解的需要。大多数热情、适应能力强、富有改革精神的地理学家和地理教师们将对此做出完满的解答"(Hartwig Haubrich,1988年)。

如何做出完满的解答,地理学家和地理教师们开始了新的探索。20世纪80年代以来,"教育改革的总趋势是教育多元或多样化、教育社会化、教育信息化和教育国际化"(吕型伟,1989年)。其地理教育改革的特点如下:

第一,地理课程目标关注学生的全面发展,强调地理课程的一般教育功能,注重知识、技能和情感态度及价值观的均衡发展,培养未来社会的合格公民。

显然,这既是对20世纪60年代地理教育改革的反思,也是对21世纪新挑战的准备和反应。例如:美国认为地理学习可以使学生掌握有关世界地理知识,在全球经济竞争、环境保护、文化交流以及分析国际事务方面具有地理的视角和能力。澳大利亚认为地理教育应该培养学生基本的生产者、消费者、休闲者以及公民应该具备的地理素养,以承担未来的生活角色。

第二,地理课程中态度和价值观的培养备受重视,这也是拓宽地理教育功能的必然结果。

例如,世界理解、环境意识、社会公正、南北关系、环境保护、可持续发展等都是受到各国重视的观念,还有如多元文化、人权、男女平等也在地理教育中广泛讨论。在德、英等国,地理教育与环境教育紧密结合,渗透生态保护、地球太空船、环境伦理与道德、环境素养等观念,拓展了地理教育的领域,满足了社会对地理教育的需求。随着1992年里约热内卢联合国环境与发展大会的成功举行,可持续发展的思想在世界得到越来越广泛的普及,可持续发展的思想与战略也成为地理教学的核心内容,大大丰富了人地关系的理论、人地协调的观点及其实践。

第三,重视培养学生的地理技能和能力,以适应社会的需要和发展。

地理科学发展迅速,地理知识也在爆炸性增长。为此,各国的地理课程改革都非常重视培养学生的技能和能力。不仅授之以"鱼",更要授之以"渔"。美国《国家地理课程标准》把地理技能概括为"提出地理问题、获取地理信息、整理地理信息、分析地理信息和回答地理问题"。以提出问题开始,解答问题结束,中间是过程,具体、明确、实用。美国等国的地理课程标准以技能和能力的叙述方式来撰写。

第四,地理课程内容较好地解决了社会需要、学生发展、地理科学进展的不同要求。

关注人类面临的人口、资源、环境和发展等方面的重大问题,人地关系成为各国地理课

程的核心;课程内容丰富,形式多样;关注学生的个性发展,与学生的生活紧密结合。

第五,教学评价标准多元,评价方式多样,全面、综合地进行评价。

传统的书面笔试还起着应有的作用,除此之外,教师指定或自己提出的课题研究、专题讨论、课内外的各种活动、野外实习和调查等等,大大丰富了评价的方式。

后现代主义是西方哲学自20世纪60年代以来新兴的几种思潮或倾向的总称。后现代主义的知识观就是这种思想在知识领域的体现,具有开放性、整合性、变革性;与这种知识观相应的课程观认为课程应具有内在性、自发性及不确定性。

我的地理教育思想[①]

褚亚平

近几年来,有多位年轻同行问我:"您的地理教育思想主要有哪几点?"围绕地理教育思想这个主题,最近一段时期,我经过反复回忆和认真反思,理出几个要点,现在我用最坚定的专业信念和最明快的言词,向各位同行朋友敬告:

其一,协调人和自然的关系,不断改善人类生存生产环境,合理利用与开发自然资源和文化资源,并探明可持续发展的途径,应是现代地理学科教育内容的基本实质。

其二,以人为本,以德智体全面发展为培养目标,以终身有用的地理基础知识为教育素材,以全方位多侧面观察分析地理事物的方法为探究常规,以典型地域和乡土地域的实地考察为实践依据,是当代地理学科教育工作者应具有的基本思想和工作要求。

其三,地理事物的地域性和综合性是认识地理事物特性之所在;辩证唯物主义和历史唯物主义是地理教育思想深化的理论基础。在认识地理事物和传播地理知识的过程中,始终要把握住上述两个方面,才能深化地理教育的思想与水平。

其四,由于地理事物普遍具有形象性、生动性和可摄取性,故在现代化发展进程中,电脑网络就成为地理教学迅捷摄取、传播和探究时空形象信息的高效能手段,这就使地理课程的教与学大放异彩,更会成为人人爱学的课程。

其五,教育是人才产业,地理教育是培养战天斗地创造型人才的产业。人类社会现在已进入一个善用电子武器探天改地的时代,环境保护与可持续发展、资源开发与可持续发展、国土整治与可持续发展、人口调控和城乡建设规划以及探星登月等等宏观问题的处理,其科学文化的知识基础,就在地理课程之中。由此可见现代学校地理学科教育的重大育人作用和对社会经济发展的必然关系。

其六,美国总统老布什当政时期,把地理课程列为学校的核心课程(共5门)之一,我认为这是完全正确的。但多年来我对核心课程共有的重要性所在,尚存识辨不清之处。这个问题,我直到2003年读到希拉里回忆录《亲历历史》(Living History)后,才算识辨明白。她在书中写道:"如今我越发肯定核心课程在各学科中的重要性。"再根据她在威尔斯利女子学院(波士顿)学习四年的体会认识到,核心课程是一个人打造思想文化基础的基础,学好了终身有用。这个结论,应当得到社会确认,并应受到国家教育行政主管部门的充分肯定。

其七,作为职业,退休之后就算结束了。作为事业,那应是一生追求和营造的理性大厦。我是抗日战争和解放战争时期学师范地理专业出身的大学毕业生,是新中国党和人民培育成长的地理学科教师、教授。一生做一名社会主义祖国的人民教师很光荣,心甘情愿为

[①] 本文选自《地理教育》2004年第1期。

伟大祖国的地理教育事业鞠躬尽瘁,其乐无穷。我曾设想,如有再生之年,我仍愿全身心地致力于地理教育大业,为我的祖国奋力培养时代所需要的智能俱健的优秀人才。

其八,"地理教育为今日和未来世界培养活跃而又负责任的公民所必需。"(引自《地理教育国际宪章》,1992年)全世界重视科学教育的国家,在学校里总会把地理课程置于应有的重要地位。这是教育历史发展的必然规律,不可抗拒。

2003年中国地理基础教育报告[①]

史培军 王 民 钟作慈 韦志榕

中国地理学会地理教育委员会在2002年10月中国地理学会年会上,发表了《中国地理教育:继承与创新》的年度报告。其中对于基础地理教育的论述,以"基础地理教育改革步伐加快,新旧体系共舞"为题目,概括为三点:
- 中学地理教材体系与内容的调整取得明显进展;
- 基础地理教育突出了可持续发展的内容;
- 从应试地理教育评估到对地理素质教育水平的综合评价。

2003年中国地理学会年会于2003年10月17日至20日在武汉举行,中国地理学会地理教育委员会在会上提出了2003年中国地理基础教育年度报告。

一、我国基础教育地理课程改革不断深入,新的地理课程体系已初见端倪

开始于2000年的新一轮基础教育地理课程改革,从课程目标、内容、方法等方面提出了改革的着眼点和最终归宿——"为了中华民族的复兴,为了每个学生的发展"。这一基本的价值取向预示着我国基础地理教育课程体系的价值转型。新的课程顺应时代发展的需要,决心彻底扭转传统应试教育的弊端,以培养学生健全的个性和完整的人格为己任,努力构建符合素质教育要求的新的基础教育地理课程体系。

根据新的理念编制的《全日制义务教育地理课程标准(实验稿)》(2001年7月)和《普通高中地理课程标准(实验)》(2003年4月)已经颁布,并在全国进行实验。这标志着新一轮地理课程改革法令性文件编制阶段已经完成。《全日制义务教育地理课程标准(实验稿)》已经于2001年在各实验区进行实验,计划2005年秋季在全国初中起始年级实施;《普通高中地理课程标准(实验)》将于2004年在山东、广东、海南、宁夏等省和自治区进行实验,计划2008年秋季在全国高中起始年级实施。

与此同时,1993年颁布、2000年修订的《九年义务教育初中地理教学大纲》和1996年颁布的、2002年修订的《普通高中地理教学大纲》,还将分别使用一段时间。

基础地理教育是国民素质教育的重要组成部分,也是实施可持续发展战略、树立可持续发展意识的重要途径。我国是世界人口大国,是教育大国,也是地理教育的大国,从事地理教学的教师人数高达20多万人。在国家加快实施可持续发展战略、基础教育改革与高考制度改革步伐加快,高校扩大招生规模的形势下,基础地理教育迎来了前所未有的发展机遇。面对基础地理教育的挑战与机遇,我国基础地理教育战线的广大同仁们,以不同的途径,开展了全面的基础地理教育改革,在新旧基础地理教育体系转换的时代,取得了显著的成就,

---

[①] 本文选自《地理教育》2004年第2期。

在向地理教育强国的方向努力迈进。

二、满足社会需求，中学地理课程突出情感态度价值观，可持续发展成为贯穿主线

在中国基础教育阶段实施可持续发展教育，不仅是中国可持续发展的需要，而且也是基础教育自身改革的需要。中学地理课程改革以可持续发展为主线，如高中地理课程总目标中要求学生"树立科学的人口观、资源观、环境观和可持续发展观念"；"高中地理课程内容的设计以可持续发展为指导思想，以人地关系为主线，以当前人类面临的人口、资源、环境、发展等问题为重点"。

高中课程标准中提出培养学生的"地理素养"，这是因为现代人口、资源、环境与发展的问题日益明显，给地理教育提出了新的问题和要求；从人地关系的角度考虑，既包括环境观，也包括人口观、资源观和可持续发展的观念；从组成因素看，包括地理知识、学习能力、生存能力、价值观、行动策略、关注社会问题等。

2003年8月，国务院总理温家宝对中国的可持续发展教育作出重要批示："对广大公民特别是青少年进行环境、健康与可持续发展教育很有必要。要把这项工作同公民道德教育和学生素质教育结合起来，使之经常化、制度化。"温家宝总理的重要批示充分表明，中国政府更加重视环境、人口与可持续发展教育在实施可持续发展战略中的重要作用。这对地理教育改革也是极大的促进。

2003年3月，教育部颁布的《中小学生环境教育专题教育大纲》要求，"本专题教育从小学一年级到高中二年级，按平均每学年4课时安排教学内容，小学1—3年级12课时，4—6年级12课时，初中12课时，高中8课时。学校可以根据本地实际情况对每学年的课时安排做适当调整。课时由学校从地方课程、校本课程中进行安排"。这对地理课程开展环境和可持续发展教育既是一个促动，也是结合的新渠道。同时，如何有机地融合可持续发展教育的内容，仍需要进一步在中学各课程教材内容体系的设计中加以解决。

三、中学地理教科书制度和编排方式逐渐与国际接轨，进步很大

我国的中学地理教科书制度已经采用国际上普遍采用的审定制。

目前，我国中学使用的地理教科书无论是内容体系、编写方式，还是编辑、出版质量，都加快了与国际接轨的步伐，取得了很大的进步。

新的地理课程改革确立起新的知识观，把知识与技能、过程与方法、情感态度与价值观三者统一起来，使知识技能的获得过程同时成为学会学习和形成正确价值观的过程。从而超越了课程目标的知识技能取向；确立了新的学生观，把学生个性的发展作为课程的根本目标；确立起课程与社会生活的联系，使新的课程根植于生活的土壤。相应的内容体系也做了较大的调整和改革。

根据教育部公布的中学地理教学大纲（或课程标准），中学地理教科书的编写和出版由单一向多样化发展，即"一纲多本"。

目前，对应于1993年颁布、2000年修订的《九年义务教育初中地理教学大纲》，教育部审查通过的初中地理教科书有人民教育出版社出版的"人教版"地理（1—4册），北京师范大学出版社出版的"北师大版"地理（1—4册），广东省教委组织编写出版的"沿海版"地理（1—

4册),四川省教委组织编写出版的"内地版"地理(1—4册)。与此同时,北京市教委在教育部公布的初中地理教育大纲的基础上,经适当修改,以适应首都基础地理教育需要,组织编写出版了"北京版"地理(1—4册);上海市教委针对本市课程改革实验的布局,组织编写出版了"上海版"地理教材,即《自然地理》、《中国地理》和《世界地理》;浙江省教委针对本省课程改革实验的布局,组织编写了由单科课程向综合课程转型、含有基础地理内容的"浙江版"社会(1—2册)。"上海版"和"浙江版"都是在自定地理课程标准的基础上,编制的中学地理教材,一共7本。这些版本的地理教材由于目标不同,所以在具体内容的选择以及教材内容的编制结构上也显示出明显的差别,即使是内容相近,但选择的重点也有所不同。

对应于1996年颁布的、2002年修订的《普通高中地理教学大纲》,教育部审查通过的高中地理教科书有两套,它们是人民教育出版社出版的"人教版"和中国地图出版社出版的"北京版"教材。

对应于2001年7月颁布的《全日制义务教育地理课程标准(实验稿)》,教育部审查通过的初中地理教科书有三套,分别是人民教育出版社出版的"人教版"、湖南教育出版社出版的"湖南版"、中国地图出版社出版的"新世纪版"教材。

对应于2003年4月颁布的《普通高中地理课程标准(实验)》,通过教育部审查,获得编写资格的有课程教材研究所立项、人民教育出版社出版,北京师范大学立项、中国地图出版社出版,湖南师范大学立项、湖南教育出版社出版和南京师范大学立项、山东教育出版社出版。

我国地理教科书多样化的工作,经过十多年的努力,取得了突出的成就。

四、地理课程改革提倡新的教学方法,以及与信息技术的有效整合,课程资源的开发成为改革的新任务

概括起来,中学地理课程改革提倡的新教学方法,主要有:自主学习、合作学习、探究学习。

自主学习的特点是学生明确自己的学习目的;学生的学习动机是自我驱动的;学习内容是自我选择的;学习策略是自我调节的;学习时间是自我计划的;学生也能够主动地营造有利于学习的物质和社会条件;学生能够对学习结果作出较为正确的判断和评价。

合作学习则是突出学生主体地位,实现学生作为主体的共同参与;促进学生人际交往,形成"组内成员合作,组间成员竞争",追求"不求人人成功,但求人人进步"的高境界;促进全体学生发展,以小组总体成绩作为奖励或认可的依据;促进教师角色转变,教师"导",学生"演"。

探究学习以学生发展为本:关注每一个学生,关注学生的全面发展,关注合作和创造,关注知识的建构。

在中学地理教学实践中,教学方法从单纯的依赖"师讲生听"方式,向根据教学内容、教学条件和学生实际选择适宜的方式转变,已取得良好的效果。

结合教学方式的多样化,信息技术与中学地理教学的事例整合也取得了长足的进步。广东、北京等地在信息技术与中学地理教学的整合方面开展了较深入的研究,多种课件和资料库在教学中推广使用。

目前,教师在教学中的主要问题有理解不透、不善于选择和使用等。

此外，课程资源的开发成为地理课程改革的新任务，地理课程标准和教科书都提出要开发课程资源。但这对于广大教师还存在较大困难，需要探索新制度和方法，建立合作备课，共享资源。

五、评价方式已成为课程改革是否成功的关键因素，但仍处于探索之中

地理课程理念、内容的改革迫切需要评价方式的改革。初、高中课程标准提出重过程、重应用、重体验、重全员参与，发挥学习评价的发展与激励功能；关注学生在学习活动中的表现与反应，给予必要的、及时的、适当的鼓励性与指导性评价。教师如何做？如何克服旧观念和老习惯？探索可操作性的方法是急需的工作。

教育部已经连续3年委托北京师范大学进行全国中考地理试卷的评估工作，在此基础上，已经制定了《初中毕业生地理学科学业考试命题指导意见（征求意见稿）》，以指导2004年17个国家基础教育课程改革实验区的首批初中毕业生毕业和升学考试。

与初中地理课程评价的改革相比，高中地理课程评价改革难度更大。由于中国高等教育资源的严重短缺，即高考毛升学率刚达到15%（发达国家这一指标一般在50%以上），所以，高考在很大程度上左右着我国基础教育水平的综合评价。显然近年国家在加快基础教育的改革中，高度重视寻求从"高考指挥棒"下解脱的良策，但成效仍不显著。在这样的形势下，我国基础地理教育界开展了由应试地理教育考试评估到对地理素质教育水平综合评价的艰苦改革。借各省市区陆续实行升学会考制度，以及国家高考全面实行"3+X"考试模式之机会，开展了真正能够评价学生学习地理水平和教师地理教育质量的改革工作。这种改革一是体现检查学生掌握国家地理教学大纲内容的水平，二是体现全面评价地理教师熟悉这一教学大纲内容的程度，以及他们从事地理教学的技能、责任与事业心。从各省地理课程升学会考，以及全国高考综合课考试中与地理相关的内容等实际情况看，我国中学生掌握中学地理课程内容的总体水平在逐渐提高，教师从事中学地理教学的质量也在逐渐提高。尽管如此，全面实现从应试地理教育考试评估，到对地理教育水平的综合评价，仍然面临着诸多体制与机制上的障碍。这主要表现在各级教育行政主管部门评价基础地理教育水平的标准、途径和方法，升学考试制度改革的力度，优质中学数量和优质大学数量增加的幅度，整体教师学历与学位水平，特别是教学质量提高的程度，以及教师待遇提高的速度等等。为此，进一步探讨基础地理教育水平综合评价的指标、技术与方法，仍然是基础地理教育改革的重要工作。

我国地理教育比较研究的回顾与前瞻[①]

刘学梅　李家清　闻民勇

地理教育比较研究是一个从世界的大视野中审视地理教育的现代化与面向未来问题的前沿领域。20世纪80年代以来,我国的地理教育比较研究进入了发展阶段,特别是20世纪末,更是获得了较大的发展。本文以《中学地理教学参考》《地理教学》《地理教育》三大杂志为样本,对1980—2003年间的相关成果进行统计和分析,拟阐明我国地理教育比较研究的现状,从而探寻我国地理教育比较研究的发展走向。

一、我国地理教育比较研究的成果回顾

1. 初步构建了比较研究的信息平台

20世纪80年代以来,上述三大杂志先后开辟了相关专栏,成为我国瞭望世界地理教育的窗口和进行地理教育比较研究的信息平台。这些栏目,既是积极的舆论导向,又为展示地理教育比较研究的成果提供了舞台(见表1、表2)。

表1　三大杂志比较教育研究的栏目设置(1980—2003年)

杂　志	栏　目
中学地理教学参考	国外地理教学、国外信息、国外教育动态、国外地理教育
地理教学	国外地理教学、港澳台专稿、港澳台专页、国外地理教育之窗
地理教育	国外地理动态、国外地理之窗、地理译文、海外信息、国外环境教育、台港澳之窗、国外地理教育

表2　三大杂志发表地理教育比较研究论文数(1980—2003年)

杂　志	1980—1989年(篇)	1990—1999年(篇)	2000—2003年(篇)
中学地理教学参考	8	20	18
地理教学	38	34	15
地理教育	6	14	7
合计	52	68	40

2. 研究成果不断增加

统计表明,在我国地理教育改革不断深化的历史进程中,我国地理教育比较研究成果在不断增加,且增长的幅度愈来愈大。

特别是陈可馨、宫作民的《地理教育比较研究》,王民的《国外地理教育动态》《国外地理教科书比较研究》等著作的出版,积极地推动了我国地理教育比较研究的发展。

---

① 本文选自《中学地理教学参考》2005年第1、2期。

3. 研究领域不断扩大

20多年来,我国地理教育比较研究的对象国有英、日等传统地理教育国家,还有澳大利亚、新西兰等非传统地理教育的国家;有美国以及欧洲一些发达国家,还有亚洲、非洲等发展中国家;同时还有我国港澳台地区。总之,其领域已从发达国家、周边国家拓展至非洲、拉美等发展中国家。

另外,统计表明,美国、日本、俄罗斯、德国、英国和我国的港澳台地区是我国目前地理教育比较研究的重点区域。

4. 研究层次不断提升

首先,从教学的角度看,由关注地理教学方法、教学媒体,发展到关注地理教学系统内部多个因素比较研究;从关注教师的教学方法、技能的培养方式、学生的学习方式,发展到关注学生全面发展的比较研究。

其次,从教材建设的角度看,由国外教科书的直译发展到介绍国外地理教科书编制管理的先进经验。随着"新课改"的进行,对国外地理课程设置以及课程标准的比较研究越来越多。

再次,适时介绍国际地理教育的机构和学术会议活动,开阔了地理教育比较研究的学术视野。

5. 研究方法不断改进

20世纪90年代以前,我国的地理教育比较研究侧重于定性的描述研究,缺乏定量的、调查的实证研究。而20世纪90年代以后,虽然仍是以定性研究为主,但也开始尝试使用定量的方法和调查的实证研究。

6. 地理教育国际交流与合作不断加强

近年来,有不少学者通过出国留学或出国考察,学习和研究国外地理教育的先进经验,并应用到我国地理教育改革的实践中;一些国际性的会议,也提供了地理教育国际交流的平台。

二、我国地理教育比较研究存在的问题及其原因

(一) 存在的问题

1. 研究的成果与地理教育改革需求不对称

首先,与其他方面的文章数量相比,地理教育比较研究成果数量相形见绌。其次,虽然三大杂志开辟有相关专栏,但不是每期都有这方面文章刊登。再次,相关的学术专著更是寥寥可数。总之,地理教育比较研究的成果与地理教育改革需求不对称。

2. 研究的内容有限和研究领域存在某些缺失

统计表明,我国的地理教育比较研究侧重在地理课程设置和地理教材上,而对于教学系统内部,如教学目标、教学过程、教学策略、教学方法、教学媒体、教学环境、教学活动等方面的研究力度非常有限。

3. 研究的程度不深入

首先,对研究结果的差异缺乏相应的归因分析。目前我国地理教育比较研究的成果,很少从地理教育系统外部探讨其深层次的根源。其次,我国地理教育比较研究一般停留在描

述现象或总结经验层次上,对比较分析的结果缺乏规律性的、理论上的总结。

4. 研究的方法不完善

注重定性方法研究是我国教育研究的传统。但只停留在定性分析上,很难实现对地理教育规律的科学认识。目前由于过于依赖定性分析,我国的地理教育比较研究还处于一种理论薄弱或缺乏理论的状态。

5. 研究的国际交流不对称

当前我国地理教育的比较研究侧重于"输入"国外的先进经验,忽视了"输出"本国积累的经验。不可否认,我国的地理教育与国际地理教育还存在一定的差距,但我国也积累了一些宝贵经验,需通过"双边"或"多边"的交流,让世界了解和认识我国的地理教育。

(二)原因探析

首先,研究的时间不长。我国地理教育比较研究真正的发展是从 20 世纪 80 年代开始,迄今仅 20 多年,尚处在一个初步发展阶段,所取得的成绩极其有限,因此还未引起人们足够的重视。其次,地理教育比较研究受地理教育发展的影响。统计表明,地理教育比较研究发展的曲线与地理教育发展的曲线基本吻合。过去的一个世纪,我国的地理教育的地位历经沉浮,到 20 世纪 90 年代中后期才真正受到重视。作为地理教育的一个领域,地理教育比较研究的地位也势必受到影响。再次,人们对地理教育比较研究意义认识还不全面。人们关注地理教育比较研究更多的是从我国正在进行的地理课程改革的需要出发,而总结地理教育的一般规律,促进整个国际地理教育的发展这个更重要的意义,却往往被忽视。

三、地理教育比较研究的前景探索

地理教育比较研究以其广阔的国际视野开拓了地理教育一个崭新的领域。我国的地理教育比较研究要获得进一步的发展,必须建立在以下基础上。

1. 重视地理教育比较研究,加强国际交流与合作

首先,必须树立起国际大地理教育的观念。地理教育比较研究的意义不只是急功近利地解决目前我国地理教育的一些问题,更重要的意义还在于揭示整个地理教育发展的一般规律。我国地理教育的发展,应在国际视野中去寻求未来走向,应为国际地理教育的发展做出自己的贡献。其次,创造条件,建立地理教育比较研究的相关机构,扩大研究的阵地,也为第一手资料不易获取等问题,寻求解决的有效途径。

2. 加强人才的培养,优化课程结构

我国师范院校地理教育的本科教学虽涉及了一些相关的内容,但其内容非常有限,尚无专门的"地理教育比较研究"课程,因此增加地理比较教育方面的内容十分必要。优化课程结构,发挥高校地理教育研究的比较优势,走在比较研究探索的前沿,具有重要意义。

3. 改善研究的方法

长期以来,研究方法的相对滞后制约着中国地理教育比较研究的发展。而目前,社会科学研究发展的突破性成就是注意定量研究或定量研究与定性研究相结合。地理教育比较研究也应该采取定量研究方法,运用数量化的手段,促进定量与定性研究方法的结合、文献研究与调查研究的结合,实现地理教育比较研究的科学化。

4. 拓宽研究范围,加深研究程度

我国的地理教育比较研究,应该研究外国的地理教育现状,研究各国地理教育教学过程和影响地理教育的因素。在此基础上,从经济、政治、社会、文化等多角度揭示其深刻的根源,研究国际地理教育的发展规律,为国际地理教育的发展做出预测,并提供理论依据。

建设"学习共同体"：我们共同的责任[①]

陈昌文

不久前，报上曾刊过这样一篇短文，说的是在一堂地理公开课上，老师把中国地图拿出来问学生"中国地图像什么"，有的同学说像公鸡，有的同学说像山羊。老师再问那些说像山羊的同学："你们再看看像什么？"同学们依然回答说像山羊。许是那位老师认为在公开课上竟然出现这种荒谬的答案是丢他的脸，他恶狠狠地再问："你们再看看真的像山羊吗？"他把"再"字说得震天响。那些同学胆怯地说"像公鸡。"老师提高嗓门再问全班一次："中国地图像什么？"全班齐声问答"像公鸡！"老师满意地笑了。

想必当地理教师的都更愿意相信这只是一则笑料，而不是一个真实的故事。但是，这样借助所谓的师生互动和对话，辅以学生对教师语音、语调和友情"心有灵犀一点通"的"经验"，把学生的思维和想象"引导"到教师设定的"路径和目标"中的地理公开课，又有哪位地理教师对此闻所未闻呢？而笔者的伤感不仅在于"中国地图像什么"在课堂上终于有了一个"齐声问答"的响应，更在于师生被扭曲的心灵"声情并茂"地"公开"，胆怯在不该胆怯时出声、满意于无须满意处露容。同时，既忧思还有多少这样被扭曲的心灵，也感愤这样的心灵究竟是怎样被扭曲的。

教育部基础教育司编写的《走进新课程》一书指出，传统的严格意义上的教师教和学生学，将不断让位于师生互教互学，彼此将形成一个真正的"学习共同体"。在这个共同体中"学生的教师和教师的学生不复存在，代之而起的是新的术语：教师式学生和学生式教师。教师不再仅仅去教，而且也通过对话被教，学生在被教的同时，也同时在教。他们共同对整个成长负责。"然而，建设这样一个令人心仪的"学习共同体"远没有建一个多媒体教室容易。"学习共同体"作为一个开放的系统，仅仅靠学生和教师来共同负责是远远不够的。教师自然责无旁贷，但教师身上无疑比学生有更深厚的社会文化和教育传统的积淀。西谚说罗马不是一天建成的，生于斯长于斯、学于斯教于斯的教师教育理念和行为方式，又何以经数日培训就能转变！检视新课程的实践"学习共同体"的理念不禁让我们反思这样一个问题，即我们在要求教师关注学生的同时，谁来关注教师？

新课程要求教师更新观念、转变角色的意义早已明晰，但是现实创设了多少必要的教学制度、教学条件和教学氛围为教师更新观念、转变角色保驾护航呢？当"鼓励和尊重学生不同的经验、想法和说法"，"为学生创造宽松的学习环境"的呼声不绝于耳的时候，谁来鼓励和尊重教师不同的经验、见解、想法和说法，谁来为教师创造宽松的工作环境，让教师也如沐春风呢！不然，当课堂上"讨论法"闻风而起的时候"讲授法"怎么就无地自容了呢？按一个模子培养学生不可，按一个模子要求教师不啻是开错了药方。一千个读者有一千个哈姆雷特，

[①] 本文选自《地理教育》2006 年第 5 期。

一千个地理教师该有多少样式的地理课堂？掌控课堂评价话语权者如何拿捏评价的标尺？总是批评教师给学生灌输了太多东西的人，为何不问自己给教师灌输了多少？

让理解生成理解，让尊重激励尊重，让民主培育民主。伴随新学期的开始，又有一批地区和学校加入到实施新课程的行列。当我们对教师提出"发展学生的批判性思维和创新思维"，"采用适应学生个别差异的教学方式"，"让学生拥有更多时间进行自主学习"等等要求的时候，可否转换一下思路，先考虑我们怎么采用适应教师个别差异的培训方式，怎么发展教师的批判性思维和创新思维，怎么让教师拥有更多时间进行教学反思和研究……

研究后现代主义课程观的多尔对教师角色的界定是"平等中的首席"，何谓"平等中的首席"？其实并非只需身处"学习共同体"中的教师来品味，如果所有关心"学习共同体"的人都来参与解读，身体力行而不做看客，那么我们地理的"学习共同体"一定另有一番风景！

台湾中学地理教育的改革与实践①

陈国川

一、前言

长久以来,台湾中学地理教育大致延续20世纪20年代张其昀建立的传统,直到20世纪90年代前后,才有较大幅度的变革。变革的方向有四:一是中学地理课程的定位,由"民族精神教育科目"转向"生活教育的通识课程";二是中学地理教材的编写,由"教育部"统一编撰改由民间自由编写,经"教育部"审定通过后发行;三是废除初中地理科课程,以"社会领域"代之,并取消教材纲要,改以"能力指针"作为编撰教材的依据;四是高级中学部分,减少区域地理的内容,增加系统地理和应用地理的分量。这些变革,固然有其理想性与前瞻性,但在实践过程中,仍有许多问题有待克服。为了论述方便起见,本文分初中地理课程和高中地理课程两部分讨论。

二、初中地理课程的变革

初中地理课程的变革,可分为两阶段。其一是20世纪80年代末到20世纪90年代初,有关乡土地理、台湾地理分量的争议以及分科与合科的论争,其二是20世纪90年代末到21世纪初的"九年一贯课程"的出现。

1. 乡土、台湾的争议和分科合科的论争

20世纪80年代末期,为了解决台湾初中地理教育的问题,如地理教育目标的叙写笼统而不具体(施添福,1987)、初中学生学习地理有困难(师大教育系,1979;陈国川、姚翰玲,1988)以及地理教材中缺乏"乡土地理"的内容等(陈国川、翁国盈,1993;陈国川,1995),而在课时不变的情况下,提出三个改革方向:

其一,采用分段叙写的方式,明确指出初中地理教育目标的具体内涵,并增加地理技能的学习目标。

其二,在教材内容方面,增加乡土地理和台湾地理的内容,使乡土地理、台湾地理、中国地理、世界地理的内容比例,分别占2/10、2/10、4/10、2/10(修订委员会,1989;未出版)。

其三,比例占1/5的乡土地理,规定:① 乡土以县、市为单位;② 教材由各县市地理科教学辅导团撰写;③ 教材内容以各县、市的自然和人文地理景观为媒介,复习小学应学而未学好的基本地理概念和基本地理技能(修订委员会,1989;未出版)。

意外的是,此次的修订草案,却引发三方面的激烈争论:① 乡土应以县、市为单位还是以台湾为单位;② 台湾地理和乡土地理的比例,是否需高达2/5;③ 地理、历史和公民与社

---

① 本文选自《地理教育》2007年第1期。

会应合并,另立"社会科"("教育部",1991:6—7)。争论的结果是:"地理科"暂时得到保存,但取消乡土地理和台湾地理的名称,改以"认识台湾地理篇"代之,分量减为2/10,中国地理和世界地理则增为5/10和3/10("教育部",1994)。

  2. "九年一贯课程"中的地理教育

  2000年9月,"教育部"公布实施"中小学九年一贯课程暂行纲要"("国教司",2000)。此一新制至少有三项特色值得注意:其一,在课程结构上,废除传统的"学科制",改以"学习领域"取代。其二,各学习领域的课程纲要中,废除传统"教材纲要"改以"分段能力指标"代之;各学习领域教材开放,民间依据"分段能力指标"编辑。其三,各学习领域的教学评量,参照"能力指标"命题。就地理教育而言,此三项特色的意义是:初中地理教育在形式上已经消失,在实质上也分量极微。

  在"九年一贯课程"中,与地理有关的教育内容,已和过去迥然不同。

  (1)地理教育目标。虽然有不少论者认为,地理科只是被并到"社会领域"之中,并未被废除,但从"社会领域"的课程目标来看,与地理科密切相关者仅占1/5;就主要内涵而言,社会领域的内容包含历史文化、地理环境、社会制度、道德规范、政治发展、经济活动、人际互动、公民责任、乡土教育、生活应用、爱护环境与实践等十一部分,其中与地理密切相关者仅占1/11。

  (2)地理课时。"九年一贯课程"规定的第四阶段(初中)每周学习总课时为86节,其中"社会学习领域"占总学习节数之10%～15%。如果从分段能力指针来看,社会领域所欲达成的分段能力指针中,与地理密切相关或者部分相关约只占1/5;就课时分配而言,以地理的分段能力指针占1/5计,地理科课时只占总课时的2至3,远少于过去的5以上。

  (3)教材内容。"九年一贯课程"规定,分段能力指针是编辑教科书的依据。分段能力指针的意义是:在某一学习阶段完成时,学生必须精熟基本学习内容,以及能力表现方式与水准的指示(陈新转,2004:7)。因此,能力指针的书写本就比较含糊而不具体,直接用以作为编撰教材的依据,将导致地理教材无法兼顾知识体系的系统与逻辑,而使教材内容零碎化;教材编撰者、审查者、教学者和学习者,对指针的解释不同,使用哪些情境或区域知识来达成指针的看法也莫衷一是,以致产生教材版本有别,内容有异(吴进喜,2006),以及初中、高中之间难以衔接的问题(陈国川,2005)。

  (4)教材编撰。"九年一贯课程"的教材开放为由民间编写,"国立编译馆"审查通过后使用。新课程实施四年以来,总共有五个出版单位延聘六组编辑群编辑出六种不同的社会学习领域教科书,其内容编选、版面编排、印刷效果等,都有大幅度的改善。

三、高中地理教育的改革

  相对于初中地理教育的变革,高中地理教育的改革比较稳定,改革的方向主要集中在地理教育目标和教材内容方面。

  1. 地理教育目标的改革

  1995年,"教育部"修订公布的高中课程标准中,通过地理教育目标明确指出学习地理的三个步骤:首先,在认知方面指出高中地理的学习内容,是地理学人地、空间和区域三大研究传统所建构的地理知识;其次,明确指出高中学生必须学习的地理方法与地理技能;最后,指出高中学生学习地理的目的是培养其适应环境、爱国情操、科学素养和学习兴趣。这个课程目标最重要的特色是：地理知识和地理技术的学习是手段，重视学习过程，而不是知识的获得；学习地理的最终目的，是培养适应环境、爱国情操等能力与情怀。

2005年，高中地理教育目标再次修订，除了进一步细分为通论地理和区域地理两部分外，更明确指出这些目标将透过哪些核心能力来达成。此教育目标还潜藏五项重要讯息：其一，传统上，高中学生学习通论地理的目的，系作为学习区域地理的基础，但2005年通论地理的教育目标，则具有解决全球或区域环境议题的潜在目的；其二，在区域地理的教育目标方面，从学习心理学的角度，明确指出由近而远的学习程序；其三，区域地理教育目标指出的学习要点，扬弃从文化地理特色入手的传统，而从经济发展的角度出发；其四，区域地理的学习目的，具有相当浓厚的"经济全球化过程中，各区域可以或已经扮演何种角色"的色彩；其五，无论是必修地理还是选修地理，其教育目标中，"一般文化陶冶"的色彩已被淡化，代之而起的是"应用"和"为地理学而学习地理"的浓郁色彩。

2. 地理课时

20世纪90年代以后的高中地理教育改革，地理科的课时基本变动不大。在1983年至1994年，高中地理每周课时为必修8、选修8；1994年至2004年，则改为必修8、选修4；2005年以后，仍保持必修8、选修4。

3. 地理教材内容的改变

传统上，高中必修地理教材均以区域地理为内容主体（施添福，1983；陈国川，1995），其比例占3/4。然而，2005年公布的地理课程标准中，教材内容中区域地理的比例减少为1/2。区域地理教材纲要的内容，一扫过去以生活方式所塑造的区域特色为重心，改以现代经济发展为重点。

4. 教材编撰

1995年以后，高中地理教科书的编撰，已开放由民间编写，经"国立编译馆"审查通过后发行。教科书废除统一编撰的政策，使民间出版社不惜耗费巨资，延聘地理学家撰写教科书，教科书的品质大幅度提升。

四、地理教育改革的反省

近年地理教育的改革，至少有三项成果值得称道。首先，地理教育目标已由过去含混笼统的叙写方式，转为具体明确的规定，使地理教师和学生更能掌握中学地理教育的重点，教师知道"为何而教"，学生了解"为何而学"，社会大众也较能理解中学生需要学习地理的原因；其次，在教材内容方面，增加本土地理的内容，有利于学生的学习经验与生活经验相结合，也符合从具体运思到形式运思的心智发展过程；再次，教科书开放由民间编撰，民间出版商在市场竞争的压力下，莫不铆足全劲在文字内容、图表、照片、版面编排和印刷等方面，力求改进，使十余年来，台湾中学地理教科书的品质大幅提升，不仅大幅超过新加坡、日本等亚洲国家的教科书，甚至比英、美优越。

然而这些改革成果，并不能掩饰改革背后还有些有待克服的问题：

1. 初中地理教育改革的问题

"九年一贯课程"扬弃教材纲要而以"分段能力指针"作为编撰教科书的依据，结果导致教材无法兼顾知识体系的系统与逻辑，而使教材出现内容零碎化，以及初、高中之间难以衔接等问题。

面对这种问题,"教育部"虽于2005年公布"七至九年级基本内容",明确规定达成能力指针的区域和情境("国教司",2006),但却又使"社会领域"学科真正变成地理、历史、公民三科拼凑的学科。另一方面,由于"分段能力指针"是各种考试的命题依据,各种民间出版的教科书,则因市场需求而莫不以能力指针为尚;过去"以考试领导教学"的弊病,将进一步恶化为"以考试引导教科书"(陈国川,2003)。

2. 高中地理教育改革的问题

高中地理教育的改革,虽然已取得不少成就,但也有一些需要反省或进一步克服的问题。

(1) 地理教育目标的"一般文化陶冶"色彩渐淡,"为地理学学习地理"和"应用"的色彩渐浓,这样的教育目标,是否经得起考验,尚需拭目以待;

(2) 地理教材中,通论地理的分量增多,区域地理的分量减少,由于在中学的学科结构中,区域地理是最难以被取代的部分,通论地理的分量增多,会不会导致未来高中地理课时缩减的后果,尚待观察;

(3) 区域地理教材的内容重经济现况而轻区域历史厚度,组织顺序缺乏空间层次,而以经济发展高低的顺序代之,这样的安排,能不能在学校课程竞争中胜出,尚待验证。

3. 教科书开放民间编撰的问题

教科书开放由民间编写,固然因百家争鸣而使教科书的品质大幅改善,但出版商为了博取地理教师的青睐以增加其市场占有率,莫不纷纷开发、编制所谓的"配套产品"分赠地理教师。这些"配套产品"中,包括了教学活动、教具、补充资料,甚至教学光盘。结果,使不少地理教师上课前,不必整理教材重点,不必设计教学活动,不必制作教具,不必搜集教学资料;上课时只要拿起"备课用书"照本宣科,甚至播放教学光盘;下课后,不必设计教学评量,无论是随堂测验或月考、段考、模拟考,试卷都是现成的。教师"传道、授业、解惑"的功能消失,"经师、人师"的角色遭到斫伤。

地理课程研究

- 试探地理学科的知识结构(黄德芬)
- 关于高中地理课程改革的构想(仇奔波)
- 当前地理课程改革的主要趋势(孙大文)
- 中学地理课程发展的趋向(林培英)
- 我国中学地理课程面临的问题与改革思路(王民)

试探地理学科的知识结构

黄德芬

美国教育心理学家 J.S. 布鲁纳在 20 世纪 60 年代初期提出了学科知识基本结构学说。他认为任何学科的知识,都有它的基本结构,"教学与其说是使学生掌握学科的基本事实和技巧,不如说是教授和学习结构"。布鲁纳提出要学习知识结构的理由是:掌握了基本概念或原理,就可以理解许多特殊现象;可以更好地记忆科学知识;能促进知识、技能的迁移,举一反三、触类旁通;能够缩小"高级知识"和"初级知识"之间的距离。一句话,掌握了学科知识的基本结构之后,就能在其基础上不断地学习新的知识,适应社会的需要。那么,什么是地理学科的知识结构呢?有哪些地理概念一旦被学生掌握,就能理解许多特殊现象,不断获得新的知识呢?本文试图探讨有关地理学科知识结构的一些问题。

一、地理学科的知识结构要能反映现代地理科学的发展特点和水平

布鲁纳在谈到学校课程设计的指导思想时,特别强调现代课程必须反映各学术领域的发展水平,也就是说各学科的课程必须建立在该学科的现代科学水平上。这样,要探讨一门学科的知识结构,必须首先对该学科的科学水平有所了解。这点,由于地理科学的复杂性,显得特别重要。

地理科学的发展大致经历了古典地理学、近代地理学和现代地理学三个阶段。现代地理学有些什么特点呢?综合有关的论述,大致表现在下列几个方面。

1. 整体性、综合性的发展方向

长期以来,关于地理科学的对象、属性的认识争论不休。但 20 世纪中叶以来,由过去的专论分化向整体、综合方向发展的趋向越来越明显。美国普雷斯顿·詹姆斯在《地理学思想史》中指出:"地理学不在于要求有一个地理学的定义来确定它的科学边界。目前的趋势是:科学的一切领域正环绕着具体问题走到一起来了。分离过程已经为结合过程所替代。"特别是 70 年代以来,地理学围绕着人类—环境系统为核心的研究,更日益体现出这门科学的整体性、综合性的特点。

现代地理学整体性和综合性的特点,也反映在研究和表述的方式上。詹姆斯曾指出,在古代地理学中,地理学也有两个传统——文学传统和数学传统,即描述地理与数理地理。但就整个地理学发展史看,20 世纪中叶以前,一直是描述地理占主导地位。50 年代以来,随着电子计算机的出现,地理学界相应地出现了计量革命。数学的方法是地理学的一种新的"研究工具",它给地理学带来了极大的好处,使地理学由定性分析跃入定量分析阶段。但计量化不能完全取代地理学上的文学传统。美国 H. M. 斯蒂文斯 1979 年在《〈地理学的理论问

---

① 本文选自《课程·教材·教法》1985 年第 4 期。

题〉英译本评述》一文中指出:"在美国和其他国家的地理学者中,近十余年来,发生了一种针对计量革命的相反的革命。"

体现地理学的整体性、综合性的另一个方面,是区域地理学的发展,针对过去一个时期轻视区域地理的偏向,1980年第24届国际地理联合会提出了复兴区域地理的口号。但现代区域地理的研究,已不再是停留在过去的地志式的区域描述阶段,以整体的、综合的、系统的观点方法研究区域地理,有了许多新的突破。

2. 系统化

第二次世界大战以后,学科发展的整体化、综合化趋向,使得系统论这一新兴的横向科学势不可当地发展起来,并进入各个学科领域。作为一门以整体性、综合性为突出特征的地理学,一旦以系统论的观点武装时,就出现了崭新的面貌。

把系统论的观点和系统分析的方法用之于地理研究中,探讨地理环境中各要素(包括自然要素和社会要素)组合的模式,是现代地理学的又一显著特点。

3. 运用新的观察技术和新的分析手段

数千年以来,人们对地球表面的了解,主要是靠直接的观察。20世纪60年代以来,人们借助于现代空间技术,如测地卫星、气象卫星、登月探险等等,使地理观察飞跃到一个新的阶段。许多过去靠大量人力、物力还不可能解决的问题,现在通过航片、卫片、信息库,一下子就解决了。而电子计算机对于所有的地理学家来说犹如绘图、查阅参考书一样是必不可少的工具。遥感、电子计算机等现代化的观察、分析技术手段,大大提高了地理学的研究效率,也成为"新地理学"的重要标志。

4. 新的研究成果和新的研究课题

随着新观点、新技术、新方法在地理学中的应用,近三十多年来,地理学有了不少新的发现和突破,取得了许多重大的成果。诸如海底扩张的发现,板块构造学说的创立,南赤道气流的发现,季风环流的新理论,区位论及地理生态系统的研究等等。另一方面,随着社会生产力的发展,人类与自然环境的关系日益向广度和深度发展,如何协调人类与自然的关系,诸如人口、粮食、资源、能源、环境等等,许多新的研究课题,也就摆在了现代地理学的面前。

现代地理学的这些特点,对地理教育产生了深刻的影响,首先就是地理教学内容的更新。60年代以来,许多先进国家都先后编出了各级各类学校的新地理教材。不少新教材打破了原来的自然地理、人文地理、区域地理的传统体系,代之以人—环境系统为中心的整体的综合的体系。现代地理学的新理论(如板块学说等)、新观点(如生态系统观点)、新的研究问题(如资源、能源、人口、环境等)、新技术、新方法(如遥感、计量等)等等,都在教材中有所反映。我国人民教育出版社编的现行高中地理教材,就是这一指导思想的产物。

二、要能由普通的教师教给普通的学生

布鲁纳在提出按学科知识基本结构设计的课程要反映各学术领域的发展水平时,还强调"要使所编的教材能由普通的教师教给普通的学生"。也就是说,作为学校一门课程的学科知识结构,不仅要考虑其知识的科学性,同时还必须考虑教育、教学的规律,要符合学生的年龄特征、心智发展水平与可接受的程度。恰恰在这个问题上,现代的课程改革运动(包括

布鲁纳本人领导的美国60年代的课程改革运动)未能解决好。普遍的现象是新编的教材偏深、偏难、偏多。翻阅一下国内外新编的一些中小学地理教材,确实存在这样的情况,许多章节、课题,实际上是大学同名课程的压缩、简化的复制本,堆满了专业名词术语、最新成就,别说学生难以掌握,连许多教师也感到难以理解。教材的偏深、偏难,造成学生负担过重,是六七十年代世界教育的普遍性问题。

这种现象是怎样产生的呢?这里涉及几个问题。

1. 学科教材的科学性问题

学科教材的科学性,应包括两个方面:既要符合学科知识的科学要求,又要考虑教育的规律,所授科学知识的深度、广度要符合学生的心智发展水平,具有可接受性。如果把科学研究的所有成果,不加选择地全放在学科教材中,或把大学生学的一套硬搬到中小学去,学生根本听不懂,接受不了,违反了教育科学的原则,也就谈不上什么科学性了。

2. 知识的科学价值和教育价值问题

地理学科是进行地理科学教育的课程,它取材于地理科学,但不等于地理科学。各级各类学校开设的地理课程,要按照培养目标对地理科学知识进行筛选。教材内容是要为教育目的服务的,因此,取舍的原则更多的是要考虑知识的教育价值。知识的科学价值与教育价值并不等同。有些知识,具有重大的科学价值,对于专业教育必要,对于普通教育并不一定必要。如地理学中的新理论、新学说、新发现,尽管在地理科学中有重大意义,但放进地理教材,就应考虑其教育上的价值,这样比较容易把握住教学的要求。

3. 基础知识和最新知识的关系问题

布鲁纳曾指出,要把那些基本的知识结构放在教材的中心地位。他认为学习的知识越基本,越容易实现知识的迁移,"学到的概念越是基本,几乎归结为定义,则它对新问题的适用性就越宽广",要"用基本的普遍的观念来不断扩大和加深知识"。六七十年代,西方出现不少以问题为中心编写的中、小学地理教材,这些教材在反映新的地理科学水平、激发学习兴趣、联系社会生活等方面,有不少优点;但人们也普遍反映其难教、难学。这是没有处理好最新知识与基础知识的关系。70年代末期以来,我国领导人指出:"教书非教最先进的内容不可,当然也不能脱离我国的实际情况。"[①]这是编教材时要注意的。

三、地理概念的基本特征

布鲁纳认为,学科知识的基本结构,主要是指该学科的基本概念、基本原理和规律性。而许多学科的知识,有着明晰的特征,这些学科知识的特征就构成该学科知识结构中的关键性概念与这门课程的核心,并联系着整个学习过程。

有的地理学者认为,地理学科中的关键性概念可归纳为三个不同的但基本联系的概念,即"空间位置""空间分布"和"空间联系"。这三个概念被称为地理学基本的结构概念,并论证有关地理特点的各种概念,诸如人地关系、生态系统或区域景观等,都可以包括在这三个基本概念中。所谓区域概念,也是一种空间概念,区域也是一种空间系统。在现代地理学中,"空间系统"概念构成地理课程的核心,地理学的主要课题应是"空间系统"。

地理空间是一个包含着长度、宽度和厚度的三维空间。但是在学习、研究地理时,常常借助地图。地图把地面上的地理事物缩小、转换为符号表示在平面上,成为一个只具有长度和宽度的二维世界。在地理教学中,怎样使中小学生树立地理空间概念,善于把地图上的二维世界转换为三维世界,往往是成败的关键。

四、方法也是知识,而且是更重要的知识

布鲁纳在提出学习学科知识结构的同时,强调也要掌握研习这一学科的基本态度和方法。他的知识结构学说是和他提倡的"发现法"教学法紧密结合在一起的。

地理课一贯被认为难学,其原因就是人们认为学地理除了死记硬背,别无他法。传统的地理教学,只注意表述具体的地理知识,很少对学生进行地理研习方法的教育,更谈不上把方法列为知识,放进教材。现代教学论的观点认为科学方法也是一种知识,而且是一种特殊的更为可贵的"活知识"。各门学科中的具体知识虽然也可以转化为方法,但这些知识常常由于科学的不断发展而变得陈旧,甚至完全被淘汰而代之以新知识,而普遍性的科学方法则具有相对的稳定性。要使学生在校学到的知识终身受用,必须教授学科的研习方法。因此,地理的研习方法应被列为地理学科知识结构的重要组成部分。

在普通地理教育中,应让学生掌握哪些地理研习方法呢?个人认为应包括下列几方面。

1. 学会使用地理研习工具——地图

传统地理教学一贯重视地图,我国中学地理教学大纲中,也明确指出"培养学生运用地图的能力,是地理教学的目的之一"。但就我国目前的地理教学状况看,有意识、有目的地把地图教学作为地理学科的方法教育的还为数不多。教学大纲中也只提"在教学中要始终注意指导学生读图、用图,使他们逐步养成运用地图分析地理事物的习惯",而没有明确提出要求掌握运用地图学习地理的方法,教材中也没有反映出这部分的内容要求。因此,目前地理教学中使不使用地图,教师可随意处理。同时,我国中学地理教学目前仅限于应用常规地图,而国外,航片、卫片等遥感技术在中学地理教学中已广泛应用了。

2. 学会运用各种地理资料

地理资料包括地理文献、统计图表、资料汇编、电影电视、景观图片、报刊中的有关报道等。目前我国的中学生几乎是完全靠那几本课本学习地理的。离开了学校,没有了地理教科书,恐怕就难以学到什么地理知识了。因为我们没有注意这方面的教育,尽管在他们接触的事物中包含着丰富的地理信息,但也往往视而不见,听而不闻,不能形成地理的观念和意识。我国港澳台地区及国外的地理教育,十分重视培养学生运用地理资料的能力。会运用资料就等于有了一把打开知识库的钥匙,可以使他们在地理知识宝库中取之不尽,用之无穷。

3. 学习进行地理观察的方法

观察是认识地理事物最直接的手段,当学生具有地理意识,掌握地理观察的方法时,就可以使他们从周围环境、旅行途中、电影、电视、图片相片等等视线所及范围中,获得地理信息,增长地理知识。

4. 掌握地理思维的方法

日本地理教学中把培养地理的认识方法、思维方法作为智能教育的核心,列为教学的中心目标。在认识与理解地理事物的过程中,学生需要有多种多样的思维活动。地理思维既有形象思维,又有辩证逻辑思维;既要比较、分析,又要概括、归纳、推理、判断。地理学科的综合性,决定了地理思维的综合性特点。在教学过程中,要把某类地理问题的认识规律、思维方法作为一项知识、技能让学生掌握。以后遇到类似的问题,就会有清晰的思路,找到解

决的途径。国外有人提出进行"地理思考模式"教育。"地理思考模式"有若干类型,但个人认为根据地理学科的特点,广泛而多方面地思考,整体地具有内在联系地思考的综合思考模式应是地理思维的主要类型。

能反映现代地理学的水平,又能为学生所接受的地理基本知识(核心是空间系统概念)及地理主要学习方法(工具、资料、观察、思维),这就是地理学科知识结构的基本内容。

谈中小学地理教学大纲修订中的几个主要问题[①]

吴履平

《全日制中学地理教学大纲》和《全日制小学地理教学大纲》经全国中小学教材审定委员会审定后正式颁布了。这两个大纲作为1990年过渡性大纲,对于学校教学工作将起着重要的指导作用。修订这两个大纲时力求体现普通中小学的培养目标,贯彻关于教育体制改革决定的精神。修订后的大纲同1978年大纲比较,有以下主要特点。

一、教学目的更加明确和完整

教学目的是对学习本门学科规格的规定或要求,它指导着教学内容的确定。修订后的中学教学大纲,关于教学目的的提法同1978年大纲比较,增加了"积极发展学生的地理思维能力和智力,培养他们学习地理的兴趣、爱好和独立吸取地理新知识的能力";在思想教育方面增加了"进行有关的政策教育,还要对学生进行科学的资源观、人口观和环境观的教育"。这就从知识教育、思想教育和发展智能三个方面提出了要求,使教学目的更为完整全面,更能体现中学培养目标。这一变动也反映了教育观念的转变和地理教育改革的成果,它使地理教育不仅重视传授基础知识而且重视学习方法、学习能力的培养和发展,使学生不仅掌握已有的知识,同时具有进一步学习的能力,这是终身受用的本领。在教学目的中,重视人地关系的教育,培养学生具有科学的地理观念,这反映了自然地理与人文地理的综合化,地理教育更加密切联系生产、生活实际的方向,使学习地理知识更加有用。同时,与地理有关的一些政策教育也是进行爱国主义教育的重要内容,对于培养学生良好的道德品质,保护环境、节约能源和资源等也有重要作用。

修订后的大纲指出了地理知识教育、智力和能力的培养、思想政治教育三者的统一性,指出:"地理知识教育是发展学生智力和能力的基础,思想政治教育应寓于知识教育之中。"而在地理能力的培养方面着重指出:"培养学生的地理思维能力,即具有对地理事物和现象的空间结构、空间分布和空间联系的观念以及综合分析和认识地理问题与区域特征的能力。"这个要求是较高的,高中阶段才能基本达到,而在小学、初中阶段更多的是培养学生的观察力、记忆力、阅读分析地理图表资料的能力以及初步的地理思维能力。

二、教学要求比较具体,基本训练有所加强

修订后的教学大纲教学要求比较具体、明确。小学大纲每章教学要点后面都提出了基本要求,中学大纲也提出了基本训练要求,这就使教师的教学工作有所遵循。这个问题已有专文论述,这里就不多说了。

---

① 本文选自《地理教育》1987年第4期。

三、减少知识量,减轻了学生负担

近年来,各地反映初中地理内容多,负担重,很难完成教学任务,特别是初中中国地理。这次修订大纲时对初中中国地理的教学要求和教学内容要点做了较大变动,即将原来的八个区域的知识,除保留首都所在地的黄河中下游区和学校所在地的区域作为必学内容外,其余六个区作为选学或自学内容。采取这个措施,目的是减少知识量,减轻学生过重的负担,用余下来的时间切实加强中国总论知识的学习,加强基本技能的训练,使学生学得生动活泼,切实提高教学质量。能不能达到这个目的,会不会大大降低程度?我想,适当减少知识量,加强知识的应用,只会提高学生的学习兴趣,提高教学质量,比那些知识过多,忽视应用,忽视能力培养和基本技能的训练,效果会好很多。目前我国中学地理同国外比较,课时少,而知识量却不少,因而形成教师满堂灌,学生死记硬背的教学状况,使本来生动有趣的地理教学变得枯燥无味。近年来,随着地理科学的发展和社会主义现代化建设的需要,在中国地理教材中增加了与社会生产生活密切相关的知识,如生态、环境、人口等知识,这是十分必要的,教学中也取得了很好的效果。但由于课时有限,在增加新知识的同时,必须对传统的原有的知识进行调整,这是一个需要认真研究的问题。这次修订大纲是在原有教材不变的前提下采取的过渡办法,即适当减少一些区域的具体的地理知识,以换来地理应用知识和能力的提高。

当然,这个办法只是一个过渡性措施,它并不是完美的。例如,多数区域作为选学内容后,学生区域地理知识不足,这将会影响最后几章总论知识的学习,如学习"区域特征和区域差异"这一章,会感到比较空洞,学习"交通运输和贸易"一章,有些知识欠缺,这都需要在教学中予以适当调整。因此,我们建议所有学生都应至少学习两个区域,黄河中下游地区的学生除学习本区外,最好再选学一个区域,如长江中下游区或边疆地区,以便于了解区域差异和区域特征。对于其他六个区域,一般应让学生自学,了解其大概。而对于条件较好的学校,如有余力还可以多学一些。总之,从局部看,某些知识欠缺了,但从整体看,负担减轻了一些,会使最重要的知识学得更好一些。

四、加强了乡土地理教学

小学地理教学大纲中规定的教学内容,第一部分就是认识自己的家乡。中学乡土地理教学课时数由 7 课时增加到 10 课时,并具体规定了乡土地理的教学内容、要求等。为什么要加强乡土地理教学呢?

首先,乡土地理教学是使学生了解本乡本土地理特色的教学活动。乡土地理教学可以使学生了解自己的家乡,培养其热爱家乡、建设家乡的志向。我国 90% 以上的初中毕业生不能升入高一级学校学习,他们将就地参加家乡的各项建设工作。这些学生愿不愿意参加家乡建设,会不会建设家乡,这是社会向学校教育提出的重大课题。多年来,我国有一些学生从学校毕业后扎根家乡,建设家乡,做出了贡献,但是多数学生并非如此,他们不安心家乡建设。这个问题要从整个办学指导思想、课程设置、教学内容等方面解决。地理课教学在这一方面是可以有所作为的,加强乡土地理教学就是采取的措施之一。

使学生热爱家乡,首先要使他们了解家乡,并且懂得一些建设家乡的知识和本领。乡土地理教学可以使学生了解家乡的自然面貌、资源状况、风俗民情、生产特点以及发展远景等。

由于我国幅员辽阔,地区发展极不平衡,有些地区经济发达,资源丰富,进一步发展的潜力很大;有些地区有独特的自然条件,丰富的旅游资源。教学中指出这些优越条件,指出家乡人民是如何利用这些地理优势发展生产、改善生活的,这无疑会使学生产生对家乡的爱恋之情。但是,另一方面,我国也还有许多自然环境较差的地区,如贫瘠的山区、干旱的荒漠等等,那里经济落后,人民生活贫困。教学中应该指出在合理利用方面的困难并同时指出当地人民应如何因地制宜、趋利避害,以发展生产、改善生活,激发学生改变家乡落后面貌,建设美好家乡的热情和信心。

其次,从地理教学本身来说,乡土地理教学是重要的组成部分。乡土地理是学生身边的地理事物,是看得见、摸得着的具体形象的事物。小学地理从认识自己的家乡开始,就是为了使学生从身旁常见的接触到的地理事物开始,通过观察家乡和学校附近的地形、河流、天气状况等,了解周围的自然环境;通过对周围工厂、商店、田地、道路等的了解,初步认识人类活动对自然的影响。学生通过这些教育,获得具体形象的地理概念,可以以近比远,使远处的抽象的地理概念具体化,进而认识祖国的和世界的地理事物和现象。

加强乡土地理教学,必须十分重视实践活动,让学生走出教室,到野外,到社会上去看去听去问,自己调查研究,收集资料,培养他们独立学习的能力,切忌教师在课堂内照本宣科。

乡土地理教学在我国有些地方是受到重视的,浙江、湖北等省的许多县都编写了乡土地理教材。但是,也有不少地方还未落实,因为不考试而不教学。所以必须转变教育思想,采取有效措施,才能切实地落实教学大纲提出的要求。

初级中学地理教学大纲的改革精神[①]

陈尔寿

最近学习了1988年11月国家教委颁发的《九年制义务教育全日制初级中学地理教学大纲(初审稿)》(以下简称"新大纲"),初步体会到新大纲既保留了1987年初国家教委颁发的《全日制中学地理教学大纲》(以下简称"现行大纲")中的有益部分,又有不少改革和创新。现在谈谈自己对新大纲改革精神的几点认识。

一、在确定教学内容的原则方面

1. 明确规定义务教育的初中地理教学,是从培养社会主义公民的需要出发

教学内容应该符合义务教育法的要求,贯彻使学生德、智、体、美全面发展的方针和教育要面向现代化、面向世界、面向未来的精神,培养有理想、有道德、有文化、有纪律的社会主义公民所必须具有的地理基础知识,目的是提高民族素质,而不是单纯为升学,或者只是强调地理学科知识的科学性、系统性而去确定教学内容,这对转变传统的地理教学思想,有着重要的指导意义。

2. 以环境、自然资源、人类活动为线索,正确阐明人地关系

多年来,初中地理教学一直以自然地理为重点,以区域地理为主要内容,因而侧重于区域自然地理知识的传授,而有关人文地理和人地关系的教学内容比较薄弱。尽管现行大纲中增加了对这些方面的要求,但受地志形式知识结构的限制,不能很好表述当代社会人类所面临的环境、资源、人口等重大而纷繁的问题。新大纲要求以地理环境、资源、人类活动作为线索确定教学内容,即要求学生认识地理环境是人类赖以生存的基础,人类通过利用地理环境中的各种资源(包括能源),以发展生产力。利用合理时,就能促进社会的发展和进步;利用不当时,则出现生态平衡遭受破坏、环境被污染等危及人类生存等问题。这样地理教学的内容,就能很好体现"教育要面向现代化、面向世界、面向未来"和"教育必须为社会主义建设服务"的精神。

有关人地关系的教学内容,初中地理同高中地理的基本精神是一致的,但是表达的方式和要求有所不同。高中地理是按系统地理的形式,多从环境结构和机制等方面作理论阐述。初中地理则从区域地理的角度,多用事实材料,使学生认识不同地区和国家的居民,如何因地制宜,利用当地的自然条件,以发展生产和促进社会进步,解决不同国家所出现的程度不同的环境、资源、人口等问题。

3. 广度和深度要适当

现行大纲和通用地理课本中的教学内容,涉及的面过广,地理事实材料偏多,有些内容

[①] 本文选自《课程·教材·教法》1989年Z1期。

又较深,超过初中十三四岁学生的接受能力,因而学生的学习负担较重,学习兴趣不高,教学效果不够理想。新大纲指出,确定教学内容要按初中教学计划根据地理的要求和学生年龄的生理、心理特征,加以选择;要从我国的国情出发,讲求实效,广度和深度要适当。例如,现行大纲对要求学生必须记住的地名,没有明确规定。初中中国地理和世界地理课本中出现的地名,各有1100个左右。新大纲规定必须记住的重要地名,中外地理只各有300多个。这就大大减轻了学生记忆地名的负担。又如,世界地理中单独讲授的国家,现行大纲中为41个;新大纲精简为14个。有的同志担心,减少很多地名和国家地理知识,是否会影响地理教学质量。我认为,学习地理主要是掌握本学科知识的基本概念、原理和规律以及懂得自学地理的方法。当然,学习地理也必须记住一定数量的地名,知道一些重要国家的地理特征,但在有限的课时内,不可能也不必要让学生去背诵、记忆大量的地名和国家地理知识。不过应教会学生阅读地图,能从地图上查找在课外阅读、听视中所接触到的地名和国家,并熟悉它们,以扩大自己的知识面。

现行大纲中的世界气候部分,规定要讲"地球上的气压带""地球上的风带""地球上气压带和风带的季节移动""世界主要气候类型"。根据调查,这是初中世界地理教学的难点,大多数学生接受比较困难。新大纲在世界气候部分,只要求讲清楚世界气温和降水的分布规律,纬度位置、海陆分布、地形和洋流对气候的影响,世界气候的地区差异。这就大大减轻了教学难度,容易为大多数教师和学生接受。

为了因材施教,满足一部分较高水平师生的需要,新大纲将"地球上的气压带和风带"列为选讲内容,不作统一要求,这也是切合实际的。

4. 有利于启迪智能和参加社会实践活动

新大纲强调确定教学内容要有利于学生智能的发展,并注意联系实际,为学生参加社会实践活动打下基础。这是针对传统地理教学多偏重于传授知识,忽视发展学生智力,培养学生能力,以及课堂教学多照本宣科、理论脱离实际等缺点而提出的。近年来,不少教师在启迪学生智能、组织学生作野外观察与社会调查、撰写小论文等实践活动方面,已取得不少成绩。这样,既发挥了教师的主导作用,又调动了学生学习地理的主动性和积极性,使教学质量明显提高,学生的才智得以增长和发展。

地理教学可以联系实际的方面很广,过去注意联系生产实际较多,这是必要的。今后应扩大联系实际的范围,像自然现象、社会现象、国际事务、学生生活中都有很多与地理教学内容有关的事例,可以联系;或是要求学生运用所学地理知识联系实际予以解释。这样,教师就把大纲规定的地理知识教活了;学生就会感到学习地理知识是有用的。新大纲保留并增强了有关基本技能训练的要求,这是落实启迪智能和加强实践活动的重要措施。

二、在教学内容的组成和安排方面

新大纲初中地理的教学内容,虽然同现行大纲一样,包括地球、地图、世界地理和中国地理四部分,但在体系安排上有较大的灵活性,在知识结构方面有较大变化。

1. 初中区域地理的教学顺序,世界地理与中国地理的先后问题,有两种不同意见

一种意见是先中国后世界,由近及远。理由是中国地理的内容学生比较熟悉,容易接受;世界地理的内容学生比较生疏,地名也较难记,应先易后难。另一种主张是先世界、后中国,从整体到部分。理由是小学地理和今后的社会课,都是由近及远,从周围的环境,逐步扩

大到全国和世界。初中地理就不必再重复这一顺序,而应把中国作为世界的一部分,以认识其规律性和相互联系。目前,美、苏、日本和欧洲许多国家的初中地理课本,都是先讲世界后讲本国,可以借鉴。

新大纲在"教学中应该注意的问题"中指出:"本大纲所拟定的教学内容组成部分及各部分的课题,教材的编者和教师都可以根据具体情况确定其顺序。"这就是说,世界地理和中国地理的教学顺序,教材编者和教师可自行安排,不作统一规定。又如,"世界的时区与区时差、国际日期变更线"的课题,现行大纲安排在最初的"地球"这一部分之中,实践证明,这是初一学生学习的难点,因为刚学习地理的学生,空间观念还较薄弱,理解困难。新大纲将其安排到世界地理最后"人类共同生活在一个地球上"的部分,与通信、旅行等实际生活联系起来,接受起来可能容易一些。如果,教材编者与教师认为应把这个课题同"地球自转"结合起来教学,自行调整其顺序也是可以的。

2. 世界地理知识结构的变化

多年来,我国世界地理的知识结构,基本上是以自然地理为主的分洲列国志,大体上分为世界概况—各大洲—洲内各部分—各洲主要国家,层次较多,内容比较繁琐,重点不突出,人文地理知识较少,与当前世界政治、经济形势有些脱节。新大纲精简了层次,在世界地理概况之后,直接把世界按自然地理和人文地理的综合特征,分为东亚、东南亚、南亚、西亚和北非、撒哈拉以南的非洲、西欧、东欧和苏联、美国和加拿大、拉丁美洲、大洋洲、南极洲十一个地区,这样既便于联系当前世界的政治、经济形势,又突出了区域特征。像西亚和北非虽分属于亚非两洲,但是自然与社会经济方面的共性较多,如地形多为高原,气候多为热带沙漠气候,农业以灌溉农业为主,石油资源丰富,居民以阿拉伯人为主,多信奉伊斯兰教,地理位置占据欧亚非三洲要冲等。把这两个地理条件相近的区域,综合在一起讲,可以节省教材篇幅和教学时间,也便于学生掌握这一区域的地理特征。

有关国家地理的知识,新大纲在每一个地区一般只选择一两个影响比较显著,或是具有鲜明地理特征的国家作典型分析。例如东亚的日本,东南亚的新加坡,南亚的印度,西亚和北非的巴勒斯坦、埃及,撒哈拉以南非洲的坦桑尼亚,西欧的英、法和联邦德国,东欧的民主德国以及苏联,北美洲的美国、加拿大,拉丁美洲的巴西,大洋洲的澳大利亚。现行大纲每个地区单列的国家较多,像东南亚就有越南、老挝、柬埔寨、缅甸、泰国、新加坡、印度尼西亚七国,由于课时所限,每个国家的内容都很简单,蜻蜓点水,难以较好地说明每个国家的地理特征和人地关系。我认为,新行大纲对国家地理的处理,既突出了重点,又减轻了教学负担,并且所列国家的地理知识,都增加了人文地理的内容,这是比较合适的。在东南亚选择新加坡,颇有特色。因为这个国家的地理位置的特征比较显著,该国居民中华裔占大多数,本国虽然缺乏自然资源,但实行开放政策,引进技术,发展制造业,成为亚洲新兴的工业区,并且注意环境保护,美化城市,这些都是我国可以借鉴的。

3. 中国地理知识结构的变化

中国地理的区域地理部分,究竟是分省讲,还是把位置相邻、自然条件相近的省(自治区、直辖市)组合为几个区讲,意见也有分歧。现行大纲和教材分为八个区,教学效果并不理想,原因是头绪较多,学生年龄小,对区域特征难以掌握。教学内容又增加了对人文地理和乡土地理的要求,课时更感到紧张。所以,现行大纲对八大区的教学要求,除黄河中下游区作为必讲的内容以外,其余区域作为选讲和指导学生阅读的内容,这属于临时性措施。新大纲的解决办法：一是加强总论；二是将区域地理简化，在中国自然地理总论后，讲全国三大自然区域——东部季风区，西北干旱、半干旱区，青藏高寒区；三是在人文地理总论后，讲全国三大经济地带——东部沿海地带，中部地带，西部地带；四是讲本省（自治区、直辖市）地理和乡土地理。我认为，在初中教学计划只讲一学年中国地理的有限课时内，这样安排教学内容是比较合适的。至于有关全国各省区或是综合地理区的知识，今后可编写课外阅读材料，供学生自学。

中国地理总论方面，除保留了必要的自然环境的知识外，还增强了对自然资源、人口和民族、乡村和城市、交通、贸易与旅游业的教学要求，这是适应我国发展商品经济和对外开放政策的需要。

三、有关思想教育的内容方面

新大纲对思想教育的要求，在地球、地图、世界地理、中国地理和乡土地理各部分都提得比现行大纲更明确、具体，并列出了有关的教学内容要点和基本技能训练的要求。

在地球、地图和世界地理部分，要求"培养学生的辩证唯物主义观点，帮助他们正确认识各个地理要素之间的相互关系，正确认识人类活动与地理环境的关系；进行爱国主义和国际主义教育，了解人类共同生活在一个地球上，国际间的交往日益密切，加强各国人民间的友谊，共同创造适合于人类生存的美好环境的重要意义"。在教学内容要点中，增加了"地球上的自然资源"和"人类共同生活在一个地球上"两章，在"地球上的人类"一章中增加"世界人口问题"的内容，目的是增强学生的环境意识和全球意识，树立保护环境、注意生态平衡、加强国际协作、保卫世界和平的观念和责任感。

在中国地理和乡土地理部分，要求"培养学生初步树立人地协调的观点，根据我国土地辽阔、山川壮丽、资源丰富，但人口众多、人均资源少、国土开发需要与国土整治同步进行等地理事实，懂得按自然规律和经济规律办事的道理，初步树立正确的资源观、人口观和环境观"；以及"培养学生热爱祖国、热爱家乡的情感，激发民族自豪感和责任感，从小树立为建设富强、文明、民主的社会主义祖国而献身的志向，增强执行国家有关政策和法令的自觉性"在有关各章的教学内容要点中，都要求根据国情，讲授国家的基本国策和法令，如"珍惜每一寸土地"、"决不放松粮食生产，积极发展多种经营"、"保护森林资源和绿化祖国的重要意义"，"水资源的合理利用"、"合理开发和保护我国矿产资源"、"计划生育是我国的基本国策"、"因地制宜利用自然，保护乡村环境的重要性"、"旅游区的建设和保护"，等等。同时，在对有关各章的基本技能训练方面，都要求尽可能联系当地实际，进行观察、调查和分析。我认为，新大纲中的思想教育同地理知识教育和实践活动有机地结合在一起，是很必要的。

目前新大纲只是初审稿，在编写教材和研究过程中，还可进一步认识、体会，其中不妥之处，也可向国家教委提出修改建议，使其更充实、完善和切实可行。

关于高中地理课程改革的构想[①]

仇奔波

为了对 21 世纪中学课程改革提出建议性方案,以供决策部门参考,笔者参与了国家教委下达的"我国普通高中课程改革的研究与试验"子课题研究。在实际工作中深感 90 年代高中地理课程改革具有承前启后、继往开来的特殊地位,其过渡性强的特点突出表现在四个方面:从教学目的看,要符合从"升学教育"向"素质教育"的方向过渡;从课程要求看,要完善从 80 年代恢复、向 21 世纪初相对完善的方向过渡;从初高中教材内容衔接看,要适应多年来与"一纲一本"初中地理教材的简单衔接向全面实施九年制义务教育大纲后与初中地理"一纲多本"复杂衔接的方向过渡;从考核方式看,要适应从目前文科高考的必考科目向 1994 年的高中毕业会考、高考选考科目的过渡。因此,本文试图就高中地理课程改革中的几个问题,冒昧地陈述己见,谬误之处企望前辈与同仁指正。

一、在统一教学大纲指导下制订不同类型的课程标准

普通高中教育属于较高层次的基础教育,课程既要适应升学的需要,又要适应现代化社会生活和就业的要求。从总体上看,现行高中地理要求偏高,课程结构和教学内容尚未摆脱过分强调地理学科的系统性、逻辑性、完整性以及完善的概念体系而产生的影响,更多地体现为升学教育而不是素质教育。

地理科学是涉及自然科学和社会科学的庞大的科学系列。笔者认为考虑到高中毕业生分流以适应社会的不同需求,以及在教学中尊重不同学校和不同学生个人发展的差异,拟在统一教学大纲指导下,进一步制订不同类型的课程标准,例如可分成以下四种类型。

(1)重点综合型:主要适用于重点中学的一些特殊班级,培养具有某些突出特长和发展前景的学生。其地理必修课的深度、广度和难度基本保持、部分超过现行大纲规定的要求,其主要任务是为高等院校输送基础知识宽厚扎实、动手和表达能力强的学生。

(2)侧重文科型:主要适用于条件较好的一般中学和某些重点中学。其必修课中经济地理、人文地理内容要求较高,而自然地理部分低于现行大纲规定的要求,其主要任务是向对理科知识要求不高的高一级学校文科专业以及社会上某些对文科知识要求较高的职业输送新生力量。

(3)侧重理科型:主要适用于条件较好的一般中学和某些重点中学的理科班学生。其必修课适当降低经济地理和人文地理的要求,而在地球科学、自然地理学等内容中重视与理科各学科间的横向联系,注重培养学生的知识迁移能力,以改变当前某些学校理科班不重视开设地理和某些理科生将地理当成"苛捐杂税"的现状。

---

① 本文选自《地理教育》1991 年第 5 期。

(4) 趋向职业型：主要适用于条件中等或较差的一般中学，其地理必修课的要求低于现行大纲。课程标准作为合格高中生应知应会要求的下限，并作为高中会考命题的依据。除必修课外，根据当地社会需要和学校条件适当开地理选修课，其主要任务是使那些不能升学的学生在择业时有一定的竞争能力。当然其优秀者亦有可成为大专或中专的新生。

二、降低课程深度和难度措施要得当

由人民教育出版社按照"人地关系"为线索，从系统地理学的角度编写高中地理，有别于初中的区域地理学，这无疑是成功之举，但是课本往往以叙述和说明性的文字为主，过多地从概念出发，在学生缺乏感性认识基础的情况下，便急于将抽象的概念和原理直接灌输给学生，因而显得索然无味。特别是下册，有的教师反映"教完第六章地球上的生物、土壤和自然带就没有什么好讲的了"。

1988年5月，南京师范大学对江苏省南京、常州、南通、淮阴等地25所普通高中的（其中有6所重点中学，19所一般中学）调查表明：尽管地理课每周平均课时一般都超过1981年原教育部颁发的《全日制六年制重点中学教学计划试行草案》规定的时数，但教学效果并不理想。任课教师对4000多名高中生地理课程掌握程度的评价是：未达大纲规定要求的学生数高达20％，在调查的10个学科中，所占比例仅次于外语和数学。

因此从总体而言，适当降低课程的深度和难度，以减轻学生负担是必要的。除了根据国家教委颁布的《现行高中教学计划的调整意见（征求意见稿）》，对现行中学地理教学大纲所采取的调整措施以外，笔者认为还可以做以下三方面工作。

一是从课程结构上，摆脱系统式结构的束缚，汲取重点式结构的某些优点，抓住地理学科的关键问题（例如人口、资源和环境问题等）组织教学，形成既不受系统性、完整性的束缚，又在重点突出的前提下照顾知识的系统性与连贯性的所谓"板块式结构"。

二是从知识结构上减少层次，突出重点，将主线条梳理得更加清晰。

现行高中地理课本共有十一章，还缺"交通和贸易"的内容，笔者认为高中地理的知识结构可调整为四大块：

地球所处的宇宙环境（第一章　地球——宇宙中的天体）

人类生存的自然地理环境
- 第二章　地壳
- 第三章　大气圈
- 第四章　地球上的水
- 第五章　地球上的生物、土壤和自然带

人类创造的社会经济环境（三大产业、城乡聚落）
- 第六章　农业生产和粮食问题
- 第七章　工业生产和世界能源问题
- 第八章　交通、贸易和旅游业
- 第九章　人口和聚落

人与环境的问题和展望（第十章　人与环境）

三是从专业结构上形成特色，克服面面俱到、泛泛而谈的弊端。一方面提倡全面提高学生的素质，另一方面要重视个性的发展，不苛求所有学生达到同样高的标准。即用4种不同类型的课程标准调节课程内部的专业结构，使学生各有所得，以优化人才的知识结构。

此外，在教学内容上要不断纳新，例如扩大有关海洋的知识，增强学生的海洋作用观、海洋国土观和"以法治海"观等。对执行较高课程标准的学生还拟介绍有关"合理运输""农村聚落的合理规划"的基本原理和方法,以提高应用性。

三、地理课程还是安排在高中第二、三学年开设较为合理

鉴于我国恢复高中地理课程后,课时总数仍达不到1958年以前的水平,且与当今苏联、日本及欧洲发达国家相比,则少70~140课时的事实,每周增加一课时很有必要,但要权衡利弊,地理必修课仍放在高二开设为宜,其理由有三:

其一,高中地理课程涉及的知识面较广,具有文理兼备的综合性特点,与其他学科之间的联系广泛,特别是有高一所学的理科知识作基础,学起来较容易理解。

其二,隔年重开课,势必花较多的复习时间,造成课时浪费。由于初三不设地理课,因而初高中之间地理课程间隔不可避免。考虑到1994年以后,地理作为高校招生的选考科目,课程放在高二、高三两学年连续开,在课时安排上也较为合理。

其三,地理课集中在高二、高三开设还可较有效地扼制某些学校随意变更教学计划,靠加班加点,片面追求升学率的做法,有利于考生平等竞争。

四、选修课及地理考核要与培养和选拔人才的要求相一致

高中开选修课的做法,现已被广泛接受,但是从新近公布的高中三年级地理选修课的要求来看,似乎尚未摆脱为文科地理高考服务的单一模式。为了提高学生素质,使高中真正完成为高校和社会输送合格新生及合格劳动者的双重任务,在高三年级每周开设2~3节地理选修课是必要的,但教学内容上应该各具特色,并形成系列,大致可分为三类:

第一类是为准备升学时选考地理的学生开设的"必选课"。它是在执行"趋向文科型"或"趋向理科型"等较高课程标准必修课基础上的延续和加深,具有明显的学科分流性质。文科的选修:人文地理学概论(含经济地理)、区域地理(以中国地理为主,在较高层次上将中国地理与外国地理知识相结合);倾向理科的选修:地球科学(以天文、地质、气象、海洋、环境科学的基础知识和基本理论为主,辅以观察实验)。各自的选修课按规定与必修课一并分别列入文、理科高考中选考科目的主要内容。

第二类是有利于发展学生个人兴趣和爱好的自选课,例如天文学基础、环境科学基础、乡土史地等。这类选修课对学生的个性和才能的发展有意义,应适当提倡。开课的形式可以有综合课、单科课和单题课等。

第三类是为培养某种职业或劳动技能创造条件的选修课,例如农业与气象、测量与绘图、商业地理和旅游地理等。

为贯彻执行国家教委有关部门关于高中会考和高考制度改革的方案,在地理必修课学完后即组织省级会考是保证教学计划得以落实的有力措施,有利于教学面向大多数学生和大面积提高教学质量。会考作为校标考试,要求不宜太高,试题以"趋向职业型"课程标准要达到的水平作为合格下限较切合实际。

会考后的高考是选拔考试,其考试范围包括必修课和选修课的教学内容,应注重对学生能力的考查。对于选考数学、语文、地理、外语四科的考生,拟根据地理试题不同的知识范围及其他三科试题不同的难度要求再细分为文、理科两个不同的专业发展方向。文科考生选考的地理以经济和人文地理内容为主,理科中有关地学及邻近专业考生选考的地理,则侧重于自然地理和地球科学的内容,以彻底改变我国高校招生中"考地理的不学地理,而学地理的又不考地理"等不合理现象。

面向 21 世纪高中地理教学大纲的继承与突破[①]

袁书琪

制订面向 21 世纪高中地理教学大纲(以下简称"新大纲")所面临的主要矛盾之一,是继承与突破的矛盾。要正确处理这一矛盾,又涉及两个矛盾。一是现行高中地理教学大纲(以下简称"现大纲")自身长处与短处(适用性与不适用性)之间的矛盾,二是高中地理教学大纲改革的期望值与承受力之间的矛盾。

现大纲是改革开放的产物。80 年代初期,在恢复了历史上比较持久的初中区域地理之后,面对当时全球性人地关系重大问题,参照当时国际地理教育重心的转移,适时恢复久违了的高中系统地理是卓有远见和富有成效的壮举。现大纲的实施,使中学地理的面貌焕然一新,全社会对中国地理教育刮目相看,也迫使中学地理教师的素质提高了一个档次,并且促成了 80 年代后期开始的九年义务教育初中地理的突破性变革。因此,制订新大纲所必需的基础工作是正确评价现大纲。这不只是回顾现大纲功不可没的历史作用,而且还实事求是地估量现大纲在面向 21 世纪时,那些有生命力的因素与过时的因素。

至于高中地理大纲改革的期望值与承受力,都应从 21 世纪我国社会发展的实际出发,才能有正确的认识。制订新大纲的过程中出现过几个认识上的问题。首先,大纲改革的力度如何把握,是基本上沿袭现大纲的指导思想和体系框架,在内容上进行更新,以至在某些观念和素材上作重大更新;还是完全突破现大纲体系,更新指导思想,构建新框架,内容重新组织?遵照国家教委的要求,达成后一种共识。其次,教学大纲的现代化是否就是与国际接轨,学习有中国特色的社会主义理论,认识到 21 世纪国际社会的现代化内涵之一就是多样化,各国国情不同,富有国情特色和阶级性的教育改革,不存在统一的国际标准的内涵。虽然新大纲的制订研究了几十个有代表性的国家和地区的地理教学大纲,也从中汲取了不少可供借鉴之处,但我国的地理教育没有条件,也没有必要,基本照搬发达国家的教学大纲模式。再次,学校和教师的承受力有多大,是基于现有条件,还是创造条件,是学校条件和教师素质服从社会需要,还是社会发展服从学校和师资现状,回顾现大纲出台时我国学校地理的状况以及之后几年内学校地理的长足发展,应当认识到,社会需要是根本,创造条件改革教育势在必行。地理教育要发挥其对我国 21 世纪持续发展所固有的重大作用,必须要有质的变革,外行任意在地理讲坛上滥竽充数、中学地理教育不满足于社会主义市场的发育和社会的持续发展,不为高校深造打基础等现象再也不能继续下去了。新大纲有重大突破,师资有重大任务,已成定局。

[①] 本文选自《地理教育》1996 年第 4 期。

一、继承

基于上述共识的基础,对现大纲的继承主要可从下面几个角度来看:

第一,现大纲鲜明地提出了以人地关系作为主线是正确的,体现了地理科学的现代化这条主线不但贯穿高中系统地理,使高中地理不迷失在四分五裂的部门地理之中,而且还影响到区域地理教育的现代化。地理教育的"人地关系"是"人地空间关系"的简称。研究人地关系的学问不只地理一科,所以,地理教育不是有了人地关系主线就不要区域性了,而是在区域研究中突出人地关系,在人地关系研究中体现空间性。现大纲对天气与气候、水资源、工农业布局、人口迁移与环境、城市化进程、全球性问题、人地关系思想、人地关系协调等课题所作的有益的探索是可以继承的基础之一。

第二,现大纲根据人地关系主线所选用的一些课题和内容具有教育的价值在培养科学的观念方面,例如,分散在天体系统和太阳系两个课题中有关于地球是既普通又特殊天体的内容在突出地理意义方面;例如在地球运动课题中突出地理意义的内容,在大气组成和分层的课题中有对人类影响的内容,在大气运动、大气降水等课件中有大气运动输送水分和热量的内容等。在揭示人地关系问题实质方面,例如分散在农业发展、世界粮食、中国农业等课题中的环境问题和粮食问题内容,分散在资源、农业、工业、城市等课题中的资源问题和环境问题内容,集中在世界人口和中国人口课题中的人口问题内容等。在树立正确的人地观方面,例如集中在环境和人与环境课题中的人地对立统一关系、协调人地关系、参与国际协作等内容。

第三,现大纲所提出的高中地理教学的总要求和各大课题基本训练要求有不少符合我国的国情,符合我国地理教育现代化要求。教学要求突出了地理环境对人类生存和发展的重要性、人类与地理环境之间的辩证关系、协调人地关系的重要意义和基本途径,高中学生应当掌握的观察、实习、调查、运用图表和数据分析地理问题的能力,高中阶段应树立的科学资源观、人口观、环境观以及全球意识。基本训练要求中较多体现了综合分析、推理等思维能力。观察能力、读图、绘图和调查等技能,较好体现了观察能力与读图能力、思维能力的结合。现大纲对思想教育、知识教育和能力教育的要求,从总体上看,程度比较适宜。

二、突破

面向 21 世纪,在继承现大纲上述长处的基础上,新大纲更多考虑对现大纲的全面突破。

第一,新大纲在整体宏观教学目标和要求上有较大的修改、拓宽和提高。在科学性方面,纠正了地理环境只是人类生存环境,增补了人类发展的环境的提法;纠正了只提自然环境的表述,增补了人文环境的提法,从而使地理环境完善成为人类生存和发展的自然与人文合一的环境。在观念方面,除了人口观、资源观、环境观之外,明确增补可持续发展的观念,使观念要求提高了层次。内容方面,增加了当代中国地理区域研究的重大课题,使学生学以致用。在能力方面,突破了现大纲运用哲学观点观察、综合问题的局限,拓展为运用科学观念、知识、地理思维能力、地理独立学习能力、技能,判断、评价问题。在要求方面,提高到从全球和未来来认识环境,深入到对环境负责的观念和行为之上。

第二,新大纲在教学内容这一层面上,作了全面的突破。从整个高中阶段来看,打破了教学内容结构自然地理与人文地理各占其半的格局,使人文地理对自然地理的比例达到 2∶1

的优势,将自然地理仅作为人文地理的必要基础来看待,大量削减了与人类活动关系不甚密切的自然地理内容。人文地理增补了许多方面的内容,包括政治地理、文化地理、联系地理(交通运输地理、通信地理、贸易地理、服务业地理等)、旅游地理等。在教学内容各组成部分打破了现大纲部门地理的深深烙印,更彻底地用人地关系的主线来组织内容,废弃各部门地理的完整体系。例如,不要求现大纲的地理的宇宙环境,天体系统也不求完整,只突出日地关系,增加了人类宇宙探索,将大气圈层系统改为大气环境系统;削减大气降水、气候成因、气候类型等分支内容,增加了气候资源及其利用,气象灾害及其防御、大气环境保护的内容;从环境的完整性出发,打破水圈、岩石圈体系,建立海洋环境、陆地环境体系等;明确了与初中地理内容的分工,不单列资源、能源、人口等大课题。

第三,新大纲在素材的选用方面,大胆打破了都以全世界或全中国为例的格局,改用个案法选择典型的区域个案,区域可大可小,视需要而定。新大纲为减轻学习负担,避免与区域地理重复,不介绍全世界主要工业部门的分布,只选择西欧、北美、东亚等几个典型工业区域,代表不同的工业区类型。中国区域研究案例,只选择个性突出的区域,以及区域中的突出问题。例如东北的农林基地、黄淮海平原和南方红壤丘陵的整治、黄土高原的整治开发、西北地区的整治开发、柴达木盆地区域开发、长江三峡地区开发、西南地区经济发展与交通等案例。

第四,新大纲在理论要求方面有很大的加强,这适合于21世纪的高中办学水平。它将具体素材提高到理论上来认识。例如,将海洋水的运动,提高到海洋中物质能量的循环原理;将工农业的生产条件提高到工农业区位原理,人文地理有较多的增加。例如城市区位原理、交通区位原理、商业区位原理、人口容量原理、城市中心地理论、综合国力理论、区域研究方法论等。

第五,新大纲完善和提高能力要求,将技能训练扩展为智能训练。从技能要求结构看,对地理图像分析能力的要求大大加强,适当减少了绘图能力的分量;从智能要求结构看,适当加强了比较和推理能力要求,减少了观察能力的分量,在能力要求上显示了与初中地理不同的分工。

第六,思想教育要求具体化到各大单元,这是新大纲的显著特点之一。新大纲思想教育的要求与现大纲相比更加充实,有所提高。新大纲将科学观念与科学探索精神相结合,例如,科学的宇宙观与勇于探索宇宙的精神相结合;将科学观念与自觉行为意识相结合,例如科学的人口观、资源观、环境观与保护资源、保护环境、控制人口的行为意识相结合;注意培养国情意识,例如,通过确定各国城市发展正确道路来体现国情差异;将智育、德育与美育相结合,例如,通过旅游活动,将旅游与环境相互关系的知识、旅游审美情趣与保护旅游资源的道德风尚、热爱祖国的情感结合起来。

当前地理课程改革的主要趋势[①]

孙大文

地理课程改革的主要趋势是课程的微型化、课程的乡土化、课程的个别化和课程的综合化。

一、课程的微型化

学习研究的结果表明,个人认知侧面的学习变化,与个性差别相关,表现在每个人对学习的兴趣、态度各异,要注重每个个体的情意侧面。这些都要求中等教育阶段地理课程多样化。

美国在中等教育阶段实施课程的微型化便是典型的一例。20世纪70年代以后,在美国学校的社会学科中,引进了微型课程。它主要是一门学科中所包含的一系列的半独立性的专题(单元),其引进的目的是在社会科教学中,让学生从中选择符合自己口味兴趣及发展方向的课程,这就出现了专题进修。微型课程的长处是:① 学生能够自由选修,灵活多样,有利于提高学生对特定学科,尤其是语言和社会科的兴趣;② 有利于发展教师的特长;③ 在许多领域里,能提供当前存在的问题的有关信息,开拓课时内容的深度与广度。

二、课程的乡土化

从培养好的会生活的人的立场出发,越来越多的国家强调人文与社会、经济、理工三个系列相结合。提供2～4年课程,注意发挥地方特色,使学生毕业后既能适应当地的就业需要,也可以进一步升入到高一级学府深造。

三、课程的个别化

教育媒体——教学机器的进步,尤其是电脑的引进,促进了个别教学。适应个人的能力的教学,是各国共同关注的一个问题。在美国,一般认为,个人的学习能力差异,不只是学习速度的差异,其学习方法也是不同的。这就是说,所谓学习,要根据每个学生的要求、兴趣、能力的不同来展开。学习目标、教材、学习方法、学习环境等都要个别地组合,让具有各种学习能力的学生都能充分发展其潜能。

四、课程的综合化

在最近的课程改革中,实现课程的"综合"成了研究的新课题。美国的"超越学科的学习活动"便是一例,如"水——自然环境的学习"这个学习单元的教学目标,涉及四门学科,它牵

[①] 本文选自《地理教育》1997年第5期。

涉到地理和社会的"自然环境"的内容。这个单元,旨在使科学的调查性的演习同地理、化学、生物、自然环境的学习结合起来。日本目前也非常重视合科课程,尤其是以环境教育为核心的综合学习。

从上可看出世界课程改革的趋势:精减教学内容;注重学生能力的发展;课程合科趋势明显,同时开发了微型课程、乡土课程等,注意研究个别化教学。

五、几个有代表性国家地理课程的改革

20 世纪 50 年代以来,由于新技术的发明和应用,社会生产力迅速发展,资源、能源被大量消耗,环境污染严重,人口增长迅速,生态系统遭到破坏,环境、资源、人口成为世界性问题,各国都普遍重视地理课程发展。

1. 美国的地理课程改革

二战以前,美国一直不重视中小学地理课程。本世纪初至二战前,地理与历史、公民、社会、政治等课程融合成一门系统的社会研究课,地理课分量不重。50 年代末 60 年代初的教育改革热潮中,美国全国社会研究会开始重新评价地理在教育中的作用和地位,并增加了地理在社会研究课中的分量。这一时期新设的地理课主要包括全球地理、世界地理、航空时代地理学等。由于地理学界的不懈努力,80 年代来学校地理教育正逐步摆脱长期的困境。1984 年,全国社会研究委员会制定了一套供 12 年义务教育(即中小学教育)使用的社会研究课的"内容和安排",增加了地理学的内容。其中,从 1 年级到 7 年级的社会研究课中,主要是地理的内容。12 年级开设多种选修课,其中与地理有关的课程是国际地域研究。与此同时,为使地理课的教学更适应社会的需要,由全国地理教育协会和全国地理学者协会组成的地理教育联合委员会于 1984 年制定了《小学和中学的地理教育纲要》。这一纲要提出了学校地理教育的一套新内容体系,因而被认为是"新学校地理"的开端。其核心是把位置、地方、联系、移动和区域作为中小学地理教育的五大主题,并且以此作为课程改革和师资培训的规范。近年来,随着美国地位在国际贸易中日趋下降等问题出现,及针对美国国民地理知识贫乏的情况,美国国家地理学会呼吁学校专门开设地理课,"好让学生知道这个世界是怎么回事",并坚信"世界上的一切事情没有一项能够离开地理"。

2. 日本的地理课程改革

日本的小学和初中都设有必修的理科和社会科课程。地学包含在理科中,地理包含于社会科中。近年来的课程改革方向是:① 重视学生个性的充分发展;② 重视学生的创造能力;③ 重视入学考试的改革。日本国立教育研究所地学教育研究室的下野洋先生提出一个改革地学教育的方案,目标是"培养个性和创造性的教育",其主要观点是要加强野外观察活动。他认为,一要确立有兴趣的地学学习内容,如对太阳、星空、风云、河流和地层等都有进行野外观察的必要。在各地发生的山地滑坡、河流泛滥、地震等自然灾害,都是关系到人们生命安危的重要自然现象。用中小学生身边发生着的有趣的事象激发学生的学习欲望。二是采取激发学习意欲的方法,这种方法就是"野外观察"和"电子计算机教学活动"。目前学生得不到野外观察的乐趣,无法指望在教室内的学习会使学生产生直接体验,于是就越发使学生认为地学是死记硬背的学科。三是重新评价野外观察,即以往的小学高年级到初中的野外观察,多是对课堂教学内容的验证,这和重视传授知识的课堂教学没有多大的差别。正确的野外观察,应是在抽象的理论学习之前很好地接触自然事例。

中学地理课程发展的趋向[①]

林培英

课程是一个动态的、发展的概念。我国中学地理课程在近50年间一直随社会的进步和科学的发展不断改进。目前,世界正以前所未有的速度变化着,人类社会及其教育均面临着21世纪的挑战。虽然从20世纪迈入21世纪是个渐进的过程,但未来社会对人才的需求、对教育的期望,使我们不得不经常反思已做过的工作,用发展的眼光看待中学地理课程,使它能够根据社会的进步适时调整自己的方向。

许多因素影响地理课程的发展。比较重要的有:社会对环境及可持续发展的关注、基础教育价值观的转变和信息技术的发展。综合这些因素的影响,本文认为,中学地理课程的发展大致有以下几种趋向:与中学其他课程综合,以环境教育和可持续发展教育的思路重新定向,在注重人文地理的同时突出地球科学、逐步信息化。这几个趋向既是有各自特点的独立发展方向,又是相互联系、融合在一起的。

一、融合在综合课中的地理知识

在基础教育阶段加强课程的综合化是当今世界课程发展的一个重要动态。课程综合化主要是解决中学特别是初中阶段课程划分过细、过多,造成学生学习负担过重、缺乏综合掌握和利用所学知识的意识和能力的问题。现有的综合方式多种多样,基本上是按大的科学分类,把中学的课程分为综合理科(也有称自然科学或科学的)和社会科。综合理科包括分科时开设的物理、化学、生物、地理中的地学部分;社会科则包括历史、政治、社会常识、地理等内容(或只包括历史和地理)。

北京市九年义务教育课程改革方案中,也有把原有的地理课和历史课合并为社会课,原有的物理、生物、化学课合并为科学课来作为学校课程选择之一的设想。此外,北京市和广东省的综合课方案还纳入到高中课程改革方案之中。

由于我国综合课还处在实验阶段,内容的综合问题还没有得到很好解决,其中的地理知识往往带有明显的分科课程痕迹,即地理类知识集中安排,其结构与分科地理课程基本相同。这在社会科的综合中更为明显。

上海市的综合课与浙江省不同的地方在于地理知识与其他知识的融合性更强,它并不是全部集中在一册书或一个年级中,而是分散在不同阶段,特别是在初三安排了地球知识的学习,这是符合学生年龄和能力特征的。

综合课程的发展给地理教育研究提出了新的问题。一方面,中学课程淡化学科概念,会使地理知识与其他学科知识、与学生生活实践更有效地融合起来,其结果是中学的课程将更

---

① 本文选自《中学地理教学参考》1999年第3期。

贴近学生发展的需要。因此,地理教育的研究将更多地针对地理内容学习本身以及地理与其他学科内容之间的关系,而不再是试图建立更完善的地理课程体系。另一方面,课程综合化的结果是实现了文、理科各自内部的综合而强化了文、理之间的分化。现行中学课程中的学科分化现象很严重,但地理课程的实质却是综合的。其一,地理课程涉及各门学科的基础知识,并为这些基础知识提供了一个综合利用场所;其二,地理课程综合了自然科学知识和人文科学知识。比较理想的状态是在初中文、理科内部分别综合的背景下,单独保留地理课,使学生有一个综合利用所学文、理科知识和进一步学习综合性较强的知识的领域。然而,地理课如果想承担起这样一个独特的角色,必须进行课程结构的改革,打破传统的地理学科体系,建立一种以地理思想为中心的、能被人们广泛接受的课程结构。

二、地理课程的环境化趋势

地理课与环境教育的关系既有重合又有区别。从广义的环境教育概念看,有关人类生存环境特别是自然环境的知识,大部分都已含在现有的地理课程之中,因此,地理教育实际就是环境教育。从狭义的环境教育概念看,环境教育主要是环境问题或环境保护教育,而传统的地理课内容以环境的组成、要素本身的特点及其演变为主,如构成环境的各种自然要素及其变化。此外,地理课程中的行政区划知识等许多内容也不属于狭义的环境教育内容。但是,中学环境教育的主要途径之一是地理课程,这一点为大多数地理教师所认可。中学地理课近几年的变化也反映了地理教育界对环境问题的重视。虽然地理课程的历次改革主要从内容的更新或重新组合和数量的增减方面进行,在课程结构上一直没有根本的变化,但地理课程的环境化趋势已经在内容的更新方面体现出来,即增加和强化了资源及环境问题的教学。1997年新高中地理课程实验大纲,也是以加强环境学知识组织地理课程内容为特点的。

根据国家高中地理试验大纲编写的高中地理新教材(人教版)是"用'可持续发展'的观念构建教材的框架"的(韦志榕,1997)。在现行高中地理教材侧重阐述人与环境的关系的基础上,新教材加强了环境与发展的内容。编者试图突破地理圈层的框架,从环境的角度组织教学内容的思路,把人类生存的自然环境由远及近分成宇宙环境、大气环境、海洋和陆地环境,"在这个框架下,教材讲各个环境的特点,以及人类与各个环境的关系。对于人类生存的社会环境,则融入了人类对环境与发展的新认识"(韦志榕,1997)。编者认为这样的"教材具有鲜明的素质教育方向性",而从实际上看,说这样的大纲"更具有鲜明的环境教育的方向性"也许更恰当。

中学地理教育的环境化趋向并不只是从国家制定的教学大纲反映出来,不少大、中学地理教师也提出了同样的观点,认为"面对21世纪的地理,可持续发展应作为地理教学的核心"(程平,1996),"可持续发展应该成为21世纪地理教育的内容框架"(贾国江,1997)。

地理课程的环境化趋向使我们意识到以下一些问题:

其一,课程发展的环境化,使地理课程与环境教育之间潜在的或隐性的联系越来越明朗和突出。地理课与环境教育本来就有内在联系,在某些方面难以划分界限。有人从中学课程范式的角度论述中学地理课程与环境教育的关系:"地理学科是一门综合性的学科,它有一些不同的传统或范型,其中之一是人与环境的传统,这个传统强调人类活动与地理环境的关系,主要是通过人类对资源的利用而衍生的。不少国家包括中国的中学地理课程内容和知识结构都反映这种以人地关系为主线的范型。"(李子建,1996)从国家高中实验大纲和现行大纲的对比中也可以看出,新大纲的突出特点是将地理教育与环境教育之间的内在联系明朗化,也是地理学科内容结构以环境教育为核心的重新组合和转化。

其二,作为上一个问题的必然结果,中学地理课传统的地理科学体系将被打破。当前意义上的环境教育是以环境问题为中心的,而目前中学地理课程则是以地理学科体系为中心的。将环境教育的内容和地理教育的内容融合起来,会生成新的课程结构,即把一些国家或地区的地理背景与当地最重要的地理或环境问题融合在一起,类似一种区域研究的结构。

其三,地理课程环境化的过程中,地理内容选择中的重要原则之一"地理性"将会有所改变。过去人们强调地理性,是因为地理教育涉及的内容十分广泛,很容易将属于其他学科的内容吸收进来。"地理性"的提出,对于保证地理课程内容的学科特性和精练起到了很好的作用。然而,"地理性"是个模糊的概念。更重要的是,当地理课程趋向于环境教育或可持续发展教育时,再来过分强调"地理性",将无法真正达到预想的教育目标,例如:当我们进行能源问题学习时,只是简单介绍一下能源的概念、能源的种类、能源的特点、能源的分布和使用数量(传统意义上的地理内容),而缺乏必要的能源生产的知识,如核电站的内部结构怎样,它是如何工作的,核能使用中的社会性和心理性问题,核能污染是如何防治的等,学生很难真正理解能源问题并对它产生兴趣。所以,地理课程的环境化趋势需要更多的"开放性"而不是"地理性"。

总之,地理教育的环境趋向是人类社会发展趋势在学校教育中的必然反映,也将使学生对区域地理、部门地理知识的理解更为深刻,更有学习兴趣。

三、"地球"课程的设立与地理课程的分化

北京市21世纪基础教育课程改革方案准备在高中阶段开设"地球"课程,同时仍保留地理课,后者将以人文地理为主。我国在中学还没有开设过"地球"课。当今人类社会出现的大量环境问题、生态问题、人口问题、资源问题使人类的生存受到威胁,也使教育工作者逐渐认识到,仅仅让学生懂得分子、原子、物理过程、化学过程是不够的,他们还应该懂得地球本身的一些知识,地球课程逐渐受到人们的重视,例如:美国正在进行以地球科学为核心的课程改革实验。

"地球"课程的设立在我国虽然刚刚处于设想阶段,但我们可以在这个基础上探讨一种新的地理课程的分化模式。

首先,高中开设"地球"课,实际上是将现行高中地理课程中的自然地理部分分化出来(虽然"地球"课程不同于自然地理),高中地理课将以人文经济内容为主。

其次,现在的初中地理课程以区域地理为主,自然地理内容很少,可以将区域内容大幅度减少,增加学习自然地理的时间。加强自然地理内容学习至少有以下几点好处:一是具有一定的自然地理基础知识,对理解环境问题是必不可少的;二是为高中学习"地球"课做些准备;三是给那些不准备上高中的学生一些基本的认识自然环境的知识和科学方法。

再次,适当加强一下小学高年级的社会课程中的地理部分,把一些简单的区域地理知识放在小学高年级,其实,现在小学社会课中的内容许多与初中有重复,初中地理课只是在小学社会课的基础上更为详细和系统。

四、地理课程的信息化趋向

在面向 21 世纪所作的地理课程改革中,我们不能忽视社会信息量的激增和信息技术高速发展可能带来的影响,地理教育界应为基于信息技术平台上的地理课程开发及早做出适当的思考。

首先,基础教育阶段地理课程在学生发展中的独特功能日益显现。关于地理教育在培养学生能力中的独特功能到底是什么,其实一直不甚明了。传统的认识是掌握地理知识、发展地理思维能力、发展地理技能等,似乎在一般知识和能力前面加上"地理"就是地理教育的特殊功能;也有的在这些功能上又进行了提炼,就有了"空间想象能力"等特殊地理能力的提法。这些提法也有一定道理,但仅仅把"空间想象能力"的培养作为地理课程能力培养的特点还远远不够。到底什么是地理教育在培养学生能力和促进学生全面发展中的独特功能呢?传统地理学是一门发现、记录、描述、解释(含定性、定量)和寻找规律的学问,它帮助人们不断扩大对世界和对人地关系的认识,并运用在发现和研究中形成的地理思想指导人类的生产和生活实践。现代地理学增强了理论体系的建设、现代技术的应用和与经济发展更为直接的联系,形成了理论、技术和应用三个层面。不论地理学如何发展,它都是建立在大量地理信息基础之上的。把地理学研究的对象和方法与学校地理课程联系起来,可以认为,获取、处理、使用和评价地理信息的能力应作为现代地理课程中学生能力培养的重要方面。这个特点的逐渐显现是和社会信息及信息技术的发展状态直接相关的。

其次,大众媒体的发展将分散部分中学地理教育的功能。传统地理课程中的不少内容属于地理常识,例如:地名、地理事物的分布、常见的地理现象等,以这些内容为主体的地理课程(以初中为主)体系,与现代地理学的内容相距甚远,对地理学研究工作者来说,中学地理课程似乎过于陈旧;对一般人来说,又会以为地理学就是如此。这里面的矛盾在于既要充分考虑学生发展需要,又要考虑地理学自身的发展。矛盾的主要方面是学生,基础教育的任务是为全体学生的全面发展和今后的生活打下良好的基础,而不是培养科学家,也不可能承担起培养科学家的重任。所以,地理课程内容是否与现在地理学研究的内容一致,并不很重要,重要的是开设的课程是否是学生发展需要的。在信息量不是很大、信息技术不很发达的时代,学生日常生活中可能遇到的地理常识,如世界各大洲、各地区、各个国家的分布、特点都要通过地理课程一一传授给学生,否则,学生很可能无处去获得这些知识。现在或未来不太远的社会中,信息量如此之大,由学校地理课程传授给学生的地理知识只能是现有知识的极小一部分,而且很可能若干年后这些知识就会发生变化。此外,大众媒体的发展也扩大了学生课外知识面。当学生需要知道某个国家的位置时,只要查查地图就可轻易找到,地图册或大量图书、报纸杂志、光盘和网络中都可以获得有关一个国家的地理情况,这样获取的信息不仅符合学生的需要,而且可能比从地理课上获得的丰富和有趣得多。学校地理课程将集中精力帮助学生学习地理方面的基本概念和原理;帮助他们科学地理解地理现象和地理问题;培养学生主动获取地理信息的意识和能力;引导他们热爱自然、热爱科学并树立科学道德和科学精神。

再次,地理课程将更有效地促进学生主体性的发展。当地理课程内容过于依赖地理课本和教师讲授时,学生的主体性是无法得到很好发展的。首先,学生获取地理信息的唯一可视来源是地理课本,会使学生的视野和想象力受到很大限制。特别是目前常见的现象:学生大都从课本寻找现成答案,只能满足教师提问的要求,而无法激励学生探究更多的问题。其次,过于贫乏的地理信息会限制学生的学习活动方式,而适当丰富的教学信息环境将使学生以多种形式参与学习活动成为可能。例如:除了听教师讲授外,学生可以进行资料查询、社会调查等活动,用自己找到的地理信息进行独立学习、网络学习、合作学习、批判性学习、创造性学习等。学生将由对地理知识的被动记忆和存储者变成积极主动的学习者。

开发基于信息技术的地理课程,不仅是必要的,也是可行的。它将体现一种现代地理教育观,会带来一种全新的学校地理教育方式。

深化中学地理课程教材改革的思考[①]

陈昌文　黄昌顺

一、中学地理课程和教材改革是时代的呼唤

伴随十余年来上海市第一期课程和教材改革的实践,中学地理学科也和其他学科一样,无论是课程结构和课时安排,还是教材体系和编排方式,都有了崭新的变化和飞跃,为学生加强基础、培养能力、全面提高素质从而实现课改目标,做出了积极的贡献。

然而也应该看到,尽管我们对学校地理课程的内容结构进行了理论与实践的努力探索,逐步明确了以人地关系和可持续发展理论作为地理课程设置的指导思想,并在围绕这一核心论题去铺展自然地理和人文地理知识内容方面取得了一定成果,但是如何在以介绍区域地理知识为主的初中地理课程中渗透区域可持续发展战略内容、构建相应的课程框架,尚未形成理想的模式。从中学地理教材编写的具体环节来看,"以自然地理知识为重点"的做法已得到纠正,人文地理的比重已得到一定的加强,世界地理和中国地理的比重基本相当,应用地理的内容也有体现,但是自然地理和人文地理的比重如何配置,两者之间如何更好地渗透、整合;与社会热点广泛联系的应用地理如何充实和加强;区域地理总论和分区的关系如何妥善处理,如何选择典型的区域范例,教材组织如何更好地由条述法向特征法转变;教学内容的选择和编排,如何适应当前地理科学、教育科学和教育技术的发展,如何由偏重地理分布事实的罗列更好地转向事实与原理相结合的阐述,地理原理的阐述如何从偏重结论转向过程与结论的结合;教材的图、文如何更有机地结合,文字表述如何更加生动有趣;智力系列和情意系列在课程结构中如何切实得到加强和合理安排并且兼顾学生的个性差异,提高实践能力和发展性学力等等,仍然是有待进一步解决的问题。

当前,地理科学和教育科学都处于一个新的发展时期,地理课程如何吸纳和反映地理科学的新观念、新成果和新的研究手段,如何体现"以学生发展为本"的思想,发挥地理学科的特殊教育功能,培养学生创新精神和实践能力,使学生形成基础性学力、发展性学力,乃至创造性学力,正在引起越来越多的人的关注。

由此,我们认为,中学地理课程和教材改革始终是一个不断探索、逐步完善的过程。新世纪的到来,急切地呼唤着教育的深入改革,同样也急切地呼唤着中学地理课程和教材跟上时代前进的步伐,为提高新一代社会公民的地理素质做出应有的贡献。

[①] 本文选自《地理教学》2001年第3期。

二、中学地理课程结构和教材体系改革的设想

1. 三种功能型地理课程

新的地理课程将包括基础型地理课程、拓展型地理课程和研究型地理课程。基础型地理课程是为全体学生开设的,也可视为地理必修课。初中学段以地球和地图、世界地理、中国地理为基本内容,分为六大篇:景观—地图篇、分国篇、全球篇、祖国篇、省区篇、区域发展篇。高中学段内容主要为系统地理中的若干专题。

拓展型地理课程,中学各年级都可设置。课程着眼于对基础型地理课程中某些知识加深深度,拓展广度,内容可以涉及旅游地理、文化地理、天气与气候、城市环境、天文学基础、遥感与地图、海洋开发等,并以专题选修教材形式供各学校开设专门选修课使用,目的在于拓宽学生地理视野,使学生获得更多的地理知识和地理技能,进一步提高学生地理素养,培养学生发展性学力,并兼顾创造性学力的培养。在高中较高年级可设置限定性拓展型地理课程,其内容注重相对完整的地理知识体系,综合性强,教学要求也较高。该课程的开设可使学生更系统地掌握中学阶段的地理知识,地理思维能力和运用地理知识解决问题的能力达到较高的水平。

研究型地理课程的教学内容,在初中学段可以围绕"社区或村镇地理"的课题,根据实际情况,选择人口、环境、道路、交通、工业、农业、商贸、金融、文教、卫生、休憩、旅游等专题,进行空间分布和空间结构的调查与研究。在高中学段可以以此为基础,对某专题的相关内容和因素进行定量、定性、动态的深入研究,也可对社区或村镇的发展规划提出合理化建议;或围绕中国或世界的区域热点问题,如能源匮乏与可持续利用、气象灾害及其防治、水污染与水资源管理、城市废弃物的处置、人口老龄化与社会保障、区域规划与发展、世界经济一体化、区域经济集团化、地区冲突与和平发展等进行研究。

研究型课程可以采取在教师指导下学生个体或合作的方式,通过资料搜集、实地调查、文献综述等方法,进行综合比较、探寻规律、追究成因、分析趋势、提出对策;也可以通过学生独立发现问题、确定课题、设计方案、展开研究、交流成果的过程来实施。研究型课程力求发挥学生的学习积极性,培养学生主动钻研和主动实践的意识,自觉参与社会的人文精神,不断进取和以创新精神进行探究、求真、求实的科学精神,形成发展性学力和创造性学力。

不同类型地理课程的设置,既要保证所有学生都能受到必要的、基本的地理教育,又要兼顾学校之间、学生之间客观存在的差异,从而为学校的地理教育特色、学生的个性与特长的充分发展创造条件。

2. 基础型课程和限定性拓展型课程的地理教材体系

多年来,世界地理教材体系结构常常分为三个层次:世界总论、各洲概述、主要国家。"世界总论"从全球的角度展现地理知识,并阐述一些基本的地理概念和原理。把"世界总论"放在《世界地理》的第一部分,可以对学习世界地理起到"统率"的作用,有助于学生以此为基础去学习和理解不同国家自然和人文现象的地理背景。但是在教学实践中,由于世界地理总论部分抽象原理较多,教学难度较大,往往使刚刚进入初中阶段学习的学生不易实际消化和吸收。比较而言,国家地理部分知识难度相对较小。这样,世界地理教学内容的难易梯度,不是由易到难,而是由难而易,明显不符合学生认知发展规律,因而也影响了学生学习地理的积极性和教学效果。

因此，新的世界地理教材体系拟将有关国家地理的内容放在前面，通过展示丰富的、引人入胜的地理现象来吸引学生，同时引出问题和悬念为后续的学习埋下伏笔，作好铺垫。国家地理的介绍将不面面俱到或刻意显现某些细节知识，而是突出国家间自然与人文的特征性差异，或突出其人文特征，或突出其自然特征，或突出其地理位的优势，或突出其风土人情；或突出某一传统产业，或突出某一新兴产业，或重点介绍影响其经济发展的自然因素，或重点介绍影响其经济发展的人文因素，等等。同时，把重心放在培养学生学会通过搜集、利用不同形式的文体、图表或其他媒体和途径学习国家地理的能力上，然后，通过比较、归纳、分析和综合，学习世界地理总论知识，使学生不仅对世界地理内容有整体的了解，而且对有关国家地理内容的理解也得到深化。

中学的中国地理一般包括全国总论和分区地理两大部分。然而，由于种种原因，究竟如何分区，一直是中学地理教材未能很好解决的问题。在以往的教材中，曾经有过将全国分为四大区、八大区、十大区等多种分区形式。我们认为，省级行政区在我国政治、经济、文化和社会生活等各方面都起着十分重要的作用，分区地理中区域的基本单位应该是省级行政区，分区地理不妨重点凸现分省地理。全国现有三十多个省级行政区，由于中学地理学科课时有限，教学中难以面面俱到，拟采用范例的形式进行学习。具体的做法是，选择五六个省级行政区作为分省地理中的范例，并介绍分省地理的学习方法，另外再以形式各异的图框介绍各省级行政区的主要地理特征，还可以以音像教材或多媒体等形式展现各省级行政区的地理事象，为学生在范例教学后自学其他省区创造条件。采用范例式教学，不仅可以解决课时少的矛盾，而且可以破除地理课的"八股"味，使学生在认识不同省区自然、经济和社会发展特色的同时，逐步形成地理学习的发展性学力。

关于初中区域地理内容的介绍，教材还可呈现供学生自主学习的国家和省区材料，这些材料可不拘泥于文体、格局和样式，可以是新闻报道、文学作品，也可以是统计数据、图像表格等等，还可以提供参考书目、相关网址，让学生以个人或小组的方式，自主确定要学习的国家或省区的主题，搜集、阅读、分析相关资料，确定成果方式，进行成果交流。

高中地理教材内容主要源于系统地理，但是，高中地理教材不宜编成大学教材的缩写本。高中地理教材可采用"专题式"编排体例，这些专题可以是系统地理中的议题，也可以是目前世界上和我国面临的重大地理问题。如："区域与可持续发展""超市和它的供应地""硅谷的兴起""海洋空间的开发与利用""浦东的奇迹""数字地球""政治地理"等等。这些专题在教材叙述结构上，可以将议题的提出、原理的阐述、问题的成因和解决方案等内容以不同组合形式串联起来。假如有这样一个专题："肆虐的洪涝灾害"，其内容就可包括世界和我国洪涝灾害的实例，河流补给和水循环原理，洪涝灾害的成因及其防治等内容。这样不拘一格的叙述结构，可以体现自然地理和人文地理的相互渗透、理论地理和应用地理的有机结合，可以使地理学科的社会价值得到最充分的展示。

高中较高年级可开设限定性拓展型课程，鉴于该课程的特殊功能，教材的内容和教学要求都应居于中学地理教育的高层次，因此，该地理课程的教材将以系统地理知识为主干，内容涉及四大圈层、地理环境等比较系统的自然地理知识和资源地理、农业地理、工业地理、交通贸易地理、人口地理、文化地理、灾害地理等比较全面的人文地理知识，并在初中地理基础上，对中国地理和世界地理等区域地理内容有进一步的介绍，对整个中学阶段的地理知识进行梳理，重新整合，以拓展学生学习地理科学的深度和广度。如在介绍大气圈的内容中，不仅讲述大气中的一些物理现象和成因,而且讲述世界上主要气候类型的特点、成因和分布,中国的气候特征及气候评价;在工业地理部分,其包括的主要内容可以有工业布局原理,主要工业部门的分布,世界和我国的主要工业区、工业地带的形成和特点、工业布局的新趋势等。注重理论联系实际,以培养学生具有较高水平的利用地理理论解决实际问题的能力,将成为高中限定性拓展型课程地理教材编写的基本宗旨。

3. 中学地理课程和教材体现实践性的设想

(1) 把"实践与应用"的思想作为新的地理教育观念,贯穿在整个地理课程设计过程之中,无论在初中地理还是在高中地理内容中,无论在基础型课程还是在拓展型、研究型课程中,都要突出这一思想。

(2) 引进"应用地理学"的新概念。目前,在地理科学领域里,如雨后春笋般地萌生了诸如"应用气象""应用地貌学""应用水文学""行为地理学""建设地理学"等等应用性极强的分支学科,这对于中学地理课程的变革会产生重大影响。因此,必须把"应用地理"这一块引入到中学地理课程之中,并将其与其他的地理课程内容相融合、相渗透。另外,还要将遥感地图、地理信息系统等地理技术的内容渗透到地理课程中。

(3) 地理教材的编写必须在"实践与应用"方面下功夫。教材编写不仅要仔细筛选、精心编排必要的地理知识与地理技能,力图使它们得到符合逻辑、清晰而科学的表述,而且要认真考虑如何把这些知识和技能活化、外显化,便于操作,便于实践。教材将注重学生基本技能训练,注重能力培养,尤其是要创设"实践与应用"系列,使地理实践与应用系统有机贯穿在教材的图文系统中,通过地理观测、地理操作、地理实验、地理考察等方面得以充分体现,让学生动眼去观察、动脑去思考、动手去计算,使学生在这一过程中提高地理实践与应用的能力。

(4) 地理课程要设置地理实践活动时间和空间。配置不同级别、各种类型的地理野外实习基地和社会考察基地,提出考察、实习内容和要求。要确立学校地理专用教室标准,各中学要配备达标的地理专用教室,添置各种供学生"实践与应用"所需的地图、地理模型、地理实验器具,并逐步建设有特色的地理园,按实践内容的有关要求开展实践活动。另外,还要将地理实践活动列入地理教学计划和学校活动计划,使地理实践活动得以顺利进行。

三、中学地理教材编写改革的思路

第一,基础型课程的地理教材采用指定性必学课文和自主性选学课文相结合的表述体例。自主性选学课文须按规定课时选择学习,也允许学校、学生根据具体情况适当增加学习课时;指定性必学课文可分为主干课文和枝叶课文。枝叶课文的篇幅应占一定的比例,允许某些课题的枝叶课文篇幅,相当于甚至超过核心课文的篇幅。新闻报道、文学作品(诗歌散文、游记传记)、统计数据、图像资料、网上信息等均可作为枝叶课文的编写素材。

音像教材的编制要和文字教材的编写同步进行,特别要重视地理学科计算机教学软件的开发,建立地理教学素材库,提供世界上各地区各种类型的自然景观和人文景观的资料,为推进现代教育技术的运用提供条件。"景观—地图篇",将编写多媒体教材,这里的多媒体教材不是教科书的补充,而是直接构成整体地理教材的组成部分。

第二,教材编写必须符合学生的年龄心理特征。基于初中学生好奇、好动、求知欲强、爱好广泛的身心特点,初中地理(尤其是起始阶段)教材内容和文字将改变注重从地理概念、地理原理入手的表述方式,而是注意较多地从学生身边的生活实际出发,力求以各种景观图、地图、示意图、漫画、图表及地理事实材料等感性材料贯穿始终,做到形式活泼,生动有趣,以唤起学生学习地理的兴趣和动机,并注意让学生自己经过观察、分析、思考,完成从感性到理性的认识过程,从中获得知识、增长能力。即使在高中阶段也应避免深奥、繁琐、空洞的阐述,课文的表述要由浅入深。由单因子、单要素到多因子、多要素,逐步加深、循序渐进,把握好内容的深度和广度。

教材内容在注重引进与学生生活密切相关的知识的同时,将努力反映地理学科发展的动态趋势,紧扣环境与社会的热点,寓德育于知识教学中。如"水资源"内容,不仅有水资源分布等知识,还要有人类不合理利用水资源、污染水资源等内容,培养学生树立保护环境的观念,养成节约用水的习惯。另外,教材要注意引用与地理学科相关的诗文培养学生审美情趣,陶冶良好情操。

第三,考虑到作为21世纪的合格公民,不仅需要掌握必要的地理知识和技能,而且要学会学习地理,形成发展性学力乃至创造性学力,教材编选应对培养学生的记忆能力、观察能力、思维能力、想象能力、动手能力等方面的要求作通盘考虑。教材可设学法指导专栏,如:"怎样学习国家地理""怎样学习分省地理""怎样读等温线图""怎样读简单的卫片""怎样读地理统计图表"……教材还可设置"读一读""想一想,做一做"等栏目,采用范例式、专题式等多种编排形式,增加学生动眼、动脑、动手的实践机会。课文中应穿插一定量的思考性问题和练习。思考性问题的功能可具有多样性:或引入正题,或剖析课文,或启发理解,或比较综合,或诱导想象,或温故知新……练习要起到检验学习效果、复习巩固提高,举一反三、促进知识和技能迁移的作用。

各个年级的教材将不出现上、下册的分界,而采用"全一册"的形式,以便教师更灵活地处理教材,调整教学进程,发挥教学的创造性;同时,也有利于学生温故知新,掌握新、旧知识之间的内在联系,学会知识的迁移,使学生感到所学到的不是孤立分散的知识,而是于社会和个人、生产和生活有用的知识。

第四,提高教材印刷、装帧水准。有关地图、示意图等各种图像的知识和技能,是地理学科基础知识和基本技能的重要组成部分。地理教材必须具有丰富的地理图像,这是地理教材区别于其他学科教材的显著特点之一。同时,各种图像中包含的大量地理信息,是学生获得知识和分析问题解决问题的工具。因此,图像印刷质量的好坏,直接影响学生获取地理信息的准确性和有效性。我们注意到,国外的地理教材大都已采用全彩色印刷。在国内,随着《自然地理》(发达地区版)成为我国第一本全彩色地理教材之后,人民教育出版社和其他省区版地理教材也相继采用了双套色或全彩色印刷,使地理教材的面貌焕然一新。我们认为,作为跨入新世纪的发达地区版的地理教材有理由也有条件更上一层楼,使整套地理教材采用全彩色印刷。

我国中学地理课程面临的问题与改革思路

王 民

一、我国中学地理课程改革面临的主要问题

自新中国成立以来,我国颁布执行的中学地理教学大纲共有六部(分别在1956年、1963年、1978年、1986年、1992年、1996年颁布)。这些教学大纲反映了我国不同时期的思想和社会要求,也反映了地理课程设计思想和教育教学的不断发展和进步。特别是90年代以来,我国在地理课程改革方面做了大量工作,这主要反映在九年义务教育初中地理教学大纲和高中地理教学大纲的制定上,一些新的思想、教育理念、教育内容和方法贯彻其中。各地教研员和教师结合贯彻和讲授新教材,开展了大量具体的教学和研究工作,在地理教材编写、教学内容选取、教学方法改进方面有较大发展。不少教师和研究者致力于介绍国外地理课程和教科书,开始进行地理课程的研究。但是,从总体来讲,我国中学地理课程改革与国际先进水平相比,在改革深度和广度上均相差较远,主要表现在以下几个方面。

一是对中学地理课程的研究还处在初级阶段,在课程编制中较多凭经验办事,缺少理论支持和深入研究。现有的研究较多的是"如何教好,如何学好",缺少宏观和深入的分析。在编制过程中,较多以学科知识为中心进行设计,凭经验选取内容。以学科为中心的课程设计,导致把传授知识作为主要目的,以获得好的考试成绩作为主要的评价依据,从而成为加重学生负担的主要原因。对国外地理教育的研究较多介绍国外现状,以"是什么""有什么"为主,缺少"为什么""将来怎样,如何改革"的深入研究。研究中事实堆积较多,理论分析不足,也存在对地理教育和中国国情认识不清,机械照搬和盲目攀比的现象。

二是从课程理念到课程目标、课程内容和学习评价方式还存在脱节。初中、高中地理上册也有一些脱节。在课程理念上,还没有从传统的课程理念和知识体系中解脱出来;在课程目标上,重知识而轻能力和态度培养;在课程内容上,脱离学生的现实生活,过多从学科逻辑加以考虑;在学习方式上,多记忆学习而少探究学习,解决实际问题明显不足;在学习评价上,过分强调书本知识。

三是中学地理课程改革的思路有待进一步搞清,这反映在对中国地理课程改革的经验教训总结不够,对国外改革了解不透,对中学地理课程改革发展趋势把握不稳,致使我国地理课程改革目标不明确,凭经验办事,经常摇摆。如地理课程中区域地理与系统地理的关系;学生学习地理的认识过程和规律,是由近及远,还是由远及近;学习的评价方式和方法。到目前为止,我国地理课程研究成果主要还是地理教学大纲,缺少对地理课程标准的研究。

四是中学地理课程内容在满足社会需要、学生个性培养、创造能力培养上相差较远,课

---

① 本文选自《中学地理教学参考》2001年第3期。

程设计、编制技术还较为落后，急待制定在目标制定、内容选择、标准制定、评估等方面的依据和措施。

二、国际中学地理教育改革的新动向

20世纪80年代以来，世界范围内兴起新一轮的地理教育改革浪潮，其核心是课程改革，世界各国纷纷推出地理课程改革的新理念、新方案。课程已成为地理教育改革的先导和突破口。纵观80年代以来地理教育改革的历程和发展动向，有以下特点。

1. 满足社会的发展，提高新的教育理念

世界经济、政治、社会的迅速发展，给地理教育提出许多新的问题和新的任务，推动了地理教育的发展，提出了一些新的教育理念。"地理为生活"，美国的国家地理课程标准制定以此为口号，提出要关注人的生活，解决实际问题，教给学生活生生的地理；"世界理解"，这是国际地理大会提出的口号。我们生活在一个地球上，人们要理解其他国家、其他民族和其他文化，这已反映在一些国家的地理课程标准中，如德国提出容忍价值观同社会的存在，提倡人类的互相谅解和和平意识教育；"环境意识"，这是地理教育发展的重要理念，它是建立在"地球太空船"的理念之上，要对生态环境负责，协调人地关系；进一步发展，便引出"可持续发展"的理念和目标。以上理念的提出对于目前地理课程的改革产生了深远的意义，提升了地理课程的价值和功能，也导致了地理课程的诸多变化。

2. 调整课程目标，适应未来发展

在新的课程理念的推动下，课程目标各部分的重点发生了变化。在知识方面，强调基本的知识结构的同时，又有新的发展，如英国1991年颁布的《地理课程标准》中，规定地理内容为地理技能、区域知识与理解、自然地理、人文地理和环境地理五部分，环境地理即为新的内容；在技能方面，强调技能的综合运用，如美国1994年颁布的《国家地理课程标准》把地理技能概括为"提出地理问题、获取地理信息、整理地理信息、分析地理信息和回答地理问题"五个方面；在情感和价值观方面，要求培养学生热爱自然，理解人与环境的关系，培养负责的行为，树立可持续发展的观念。

3. 更新教学内容

具体表现为内容的精简和综合、反映地理学的新发展、区域地理与专题并重、全面认识人地关系。如德国贯穿于大多数州的地理课程主题有：环境—资源—可持续发展；全球化：一个地球；人口—食物—工作；多文化—冲突/解决冲突；信息。

4. 学习方式和评价方式发生转变

将系统学习、问题解决学习、探究学习结合起来，强调通过案例来学习，结合社会实际；强调社会参与，地理学参与空间规划；强调社会实践和野外考察等。评价方式由单方面的强调知识向多方面的综合发展；由仅仅评价课堂内向课内外结合，全面评价发展；由纸笔测验向多样化，注重学生发展、创新发展等。

国际上地理课程改革正处在不断发展之中，对它进行研究，分析它的成功经验和教训，特别是一些规律性的东西，对我国地理课程建设是十分有益的。在我国，除国家的中学地理课程改革之外，一些省市也在积极进行地理课程改革的探索，如上海、浙江等省市。特别是北京市《21世纪基础教育地理课程改革方案》的出台，在地理课程编制的各方面都进行了有益的尝试和改革，体现出一些新的理念，这些都为国家初中、高中地理课程标准的研制提供了有益的经验。

三、我国中学地理课程改革的几点思路

中学地理教育改革的核心是地理课程的改革,而地理课程改革的最终成果是地理课程标准。地理课程标准,将确定我国初中和高中阶段地理教育的基本目的、教学的基本目标、教育教学的基本内容和标准;整体设计初中、高中地理教育教学的课程体系和结构形式;对教师的教学和学生的学习、评估与评价进行全面规划和要求。

改革的几点思路如下:

1. 确定目的和目标

确立以促进学生全面发展,进行协调人地关系和可持续发展教育为中心的基本目的。培养和发展地理认识能力、社会实践能力、合作交往能力和创新能力;教育学生关心并谋求人类的可持续发展,逐步树立环境意识、全球意识和可持续发展的观念,正确认识和评价人类所面临的重大发展问题,并形成对这些问题采取正确行为方式的健康情感、积极态度和正确的地理价值观念,从而具有21世纪所需要的、活跃而有能力的、负责的未来公民的基本素质。明确目的、目标与内容之间的对应和联系,并对初中和高中分别提出针对性的培养目标和要求。

2. 制定地理课程的内容和教学要求

依据目的和目标,确定知识、技能和态度情感等方面的内容。以学生发展为中心、社会需要为方向,以地理学科发展为基础进行具体设计。构建三个方面不同主题、多层次的内容体系。

(1) 知识方面。重组地理学科基础知识的内容和教学要求,突出主干,明确结构,反映目的。通过专题和层次等形式,按照新的课程理念来组织有关知识内容,突出综合性、基础性、现代性、联系性和应用性。

(2) 技能方面。设计并开发有关地理在观察、实践、问题解决、国土规划决策、交流信息和科学学习等方面的高级心智技能,加强与相关学科的联系和协调。

(3) 科学态度情感和人格教育方面。着力对体现协调人地关系、加强全球理解、促进可持续发展的教育内容进行开发和设计,对初中和高中不同阶段的教育内容和教学要求提出具体的设计。

(4) 内容要求的弹性问题。对于教学内容的主题从不同层次、层次内的不同等级、等级内不同的具体要求来区分,体现弹性,并处理好国家课程、地方课程和学校课程的关系。

3. 设置地理课程结构和组织模式

提出地理课程的课时分配建议,从地理课程的设置顺序、展开方式、内容的表达方式等方面提出课程结构和组织模式,提出几种课程类型。既有清晰的结构和组织模式,也为地方及学校制定自己的课程提供可能和条件。

4. 对于地理教学实践和地理学习提出要求和建议

将地理教学的目的、理念和思想落实到教学实践中,根据不同类型的教学内容和教学目的设计出有效的教学模式,并配以教学案例加以示范指导。对地理教学中的特殊内容如野外实习、社会实践等进行研究、设计并提出实施的原则。

5. 设计新的地理教学评价体系

重点研究并解决对于地理认识能力、社会实践能力、创新精神和能力、环境意识、全球意识、可持续发展意识以及相关的态度、情感的评价、测量的指标和手段工具,与地理知识的评价构成一个有原则、有内容、有方法的整体。同时,对现行的学业成就评价体系进行改造,重视评价的调节、反馈功能,突出公平、标准多元、方法多样等原则和多种方法。

科学素质与人文精神整合的地理课程编制策略①

袁孝亭　刘　兰

科学和人文是学生发展的双翼。这里所说的"科学"是指一个人所应具备的科学素质；"人文"主要指人文素质中的核心要素——人文精神。培养兼具科学和人文双重品质的人才，要求地理教学发挥兼跨科学教育与人文教育两大领域的优势，注重科学素质与人文素质的整合。课程编制是完成一项课程计划的整个过程，它包括指导课程编制的课程基本理念、课程目标、课程内容的选择和组织、课程实施和课程评价等重要内容。课程编制是实现地理学科科学素质与人文精神融合的基本途径。地理教学中科学素质与人文精神整合的课程编制策略主要是：在课程的基本理念上，要坚持科学素质与人文精神的统一；在课程目标上，要准确定位地理学科与人文和谐发展的具体目标；在课程结构、课程内容上，要从地理知识体系中精选、确定与科学素质和人文精神相关的存量知识；在课程学习评价上，要全面关注科学素质与人文精神整合状况的评估。

一、课程理念：坚持科学素质与人文精神的统一

课程理念是人们在课程改革实践过程中形成的对课程编制的指向性的理性认识。"现代教育发展的一个重要特征，就是以理念的突破和更新为先导，再在教育实践上引起巨大的变革。"在地理课程编制中坚持科学素质与人文精神统一的理念，就是在课程价值取向上，不应单独地提升科学精神或人文精神，而需使二者在现代化的价值导向的基础上协调发展。体现这种价值取向的地理课程设计，首先要使学生掌握现代地理学的基础知识、基本技能、方法，形成实事求是、追求真理、勇于创造的科学精神，不致使地理教学只强调地理科学规律的客观物质性和技术应用，而忽视了人文精神的熏陶。其次，要注重发挥地理学科在培养与形成学生的人文精神方面的独特学科优势。在课程设计时，不忽略地理教学本身所具有的人文教育的属性，不偏斜到科学主义的"功利性""工具性"一方，从而使学生在熟练掌握地理科学知识与技能的同时，能够真正理解地理学的价值及其人文意蕴。

坚持科学素质与人文精神的统一，不是两者的简单拼凑或平均用力，也不是在地理课程内容中加进一些人文精神的内容作为点缀，而是要在课程编制时，正确处理地理知识与技能、地理过程与方法、地理情感态度与价值观的关系，以培养学生的地理科学方法、实践能力、科学精神为重点，通过地理知识的获得、地理科学方法的实践、地理技术应用能力的训练，来培养学生科学的态度、科学精神、创造性思维的能力、探究与发现的能力、动手操作的能力和解决实际问题的能力。地理课程的编制还要突出加强人文精神的浸染和熏陶，以学生为中心，突出思想感情、道德观念、人格品质的培养，突出学生潜能的开发、创造力的培养

---

① 本文选自《中学地理教学参考》2002年第7—8期。

和自我实现等,来塑造完善的人格,促进学生个性的充分发展。这就需要充分挖掘"地理科学"中蕴涵着的人文精神教育因素,在地理知识呈现、地理活动安排中潜移默化地贯穿人文精神。

二、课程目标:准确定位学生科学与人文和谐发展的要求

现行地理课程并未真正实现由培养未来的学科专家,向使学生具有一个公民所必需的地理基本知识、能力和情感的转变,人才培养目标已不能适应时代的需要。地理课程目标设计要高度关注学生科学素质与人文精神的和谐发展,就要处理好地理知识、能力、态度、价值观的关系,克服以往地理课程过分注重知识传承的倾向,要求地理课程目标把"知识与技能""过程与方法""情感态度与价值观"三者结合起来。这样使学生不仅知道重要的地理概念、原理、方法和结论,而且能发展地理思维能力,领会地理学的精神实质和思想方法,受到一定的人文精神的熏陶。

在地理知识与技能的基础上,特别强调发展学生的地理信息加工能力、了解和体验地理研究的过程、掌握初步的地理科学研究方法、形成一定的情感态度与价值观,是着眼学生科学与人文和谐发展的地理课程目标的基本定位。

1. 发展学生的地理信息加工能力

社会信息化提出了普遍提高国民信息素养的要求,信息加工能力是信息素养的核心。所谓信息加工能力,是指个体在主动选择和运用信息及信息手段方面的基本素质。国际上的地理课程对地理信息加工能力的培养都给予了较高程度的关注。

美国《国家地理标准》提出的五项核心地理技能(提出地理问题的技能、收集地理信息的技能、整理地理信息的技能、分析地理信息的技能、回答地理问题的技能)中,其中后三项为地理信息加工能力。

《地理教育国际宪章》对地理信息加工能力也给予了高度的关注,在其所列地理技能目标中,把引导学生提出地理问题、收集和组织地理信息、处理资料、分析资料、评价资料、发展规则、做出判断、做出决定、解决问题等能力作为培养目标。强调这些能力培养要以运用文字资料、图片、表格、绘制地图、访问、调查、理解二手资料、运用统计方法等技能训练为基础,渗透在具体地理技能培养的内容与过程之中。发展学生地理信息加工能力的课程目标应当包括以下几点。

获取地理信息的技能:能用多种方式搜集信息,包括阅读地图、各种图表、访谈、实地调查与观测、去图书馆查阅等等。特别要注重信息的原始来源,尤其要学会利用网络资源进行自主学习。

整理地理信息的技能:学会在各种有效信息中,选择最有价值的信息,从而形成自己的观点;能够把搜集的信息资料写成短文、绘制成图表和简单地图等等。

分析地理信息的技能:分析和解释信息时,能够探索地理事物的模型和地理事物间的关系,用以探求知识和促进学习。

2. 体会地理研究的过程,掌握地理方法

在过程上,一方面要引导学生学习地理发现的结果——地理知识,使学生通过学习地理科学知识了解世界,对世界产生好奇;另一方面,更加强调发展学生的观察、分类、读图、交流和实验能力。要求地理课程目标设计必须注重"地理科学活动"的过程,让学生"重演"地理

学家发现的历程,像地理学家那样观察、思考,提出假设、检验假设、得出结论。

在方法上,地理课程目标要定位于使学生形成从地方、区域乃至全球视野看待世界各种事物和现象的意识,形成特殊的思维品格、思辨能力和创造素质。制定地理过程与方法方面的目标要求涵盖如下主要方面:

第一,从形成学生敏锐的时空觉察力的角度出发,地理课程目标要针对地球表层各种事物的空间关系、时间过程、空间格局的观察与学习活动进行设计。

第二,从培养学生养成注重空间关系分析、区域综合分析、比较的思维品格着眼,地理课程目标要对学生进行地理要素及其普遍存在的空间关系分析,区分主导因素,进而把握区域特征以及通过与其他区域进行比较,弄清区域差异,以突出区域特征的学习内容与学习活动予以规定。

第三,从形成系统的整体思维的品格着眼,地理课程目标要规定涉及从地理要素之间的相互联系、相互渗透、相互制约的关系分析,说明地理事物的空间格局及其空间上的成因联系的学习内容与学习活动要求。

第四,地理学习对象还要涉及"地理过程",特别是一些地理现象或发生在地球内部(如地质过程),或空间范围广大(如水循环、人口迁移),或经历的时间尺度长(如地壳运动、岩石风化)的内容,因其对学生想象、猜测、直觉思维有独特价值应在地理课程目标中占有一席之地。

第五,从使学生既受到一定程度的地理科学研究方法训练,又发展学生的"读写能力、口头表达能力、计算能力和图解能力"着眼,地理课程目标应对利用地图、表格、图片、图解以及进行实地观察、观测、调查访问以及探究等学习方式所应达到的目标做出相应规定。

3. 关注地理情感态度与价值观

地理教学中的人文精神的渗透、熏陶,集中体现在地理情感态度与价值观的培养过程之中,其目标定位应当如下。

对地理学的认识:强调体会地理与人们日常生产生活的密切关系;认识地理对于未来进一步学习的作用;初步理解地理的趣味性和挑战性,能感受地理学的美。

社会责任感:强调培养学生的国家意识,热爱自己的国家,维护国家尊严和利益,并意识到自己所负有的责任;关心周围环境和地球上不同的自然和人文特征,欣赏自然的美,理解人类的不同生活状况,具备初步的全球意识和国际视野。

批判性思考能力:强调将学生兴趣、好奇心与负责的态度相结合,认识各种科学方法的用途和局限,愿意接受不确定事物,敢于质疑,具有怀疑精神和证伪精神,不迷信权威。

个性与人格发展:使地理教育起到促进学生个性自主、和谐发展的作用。在课程设计上,要注意给学生创造更多机会体验主动学习和探索的"过程"和"经历",让学生拥有更多的自主学习的时间,以培养学生的个性与创造能力。

价值判断能力:重点是使学生理解人与自然、社会的关系,具有"尊重自然、人与自然和谐共处"的意识,"人口道德"意识、"环境道德"意识、"资源道德"意识、全球意识、尊重不同地区和国家"多元文化"意识和可持续发展的意识。

三、课程内容:合理选择与配置地理学科中蕴含人文精神的地理知识

长期以来,我国中学地理教学内容在编选上存在着割裂人地关系,重自然、轻人文的倾

向,其结果是大大削弱了地理教学本身所具有的人文教育的功能。总的说来,地理课程编制过程中对地理科学素质的培养是给予了高度关注的,而对地理学科中所蕴含的人文精神教育因素的挖掘一定程度上被忽视了。因此,合理选择与配置地理学科中蕴含人文精神的地理知识,是赋予地理课程内容编制的重要职责。

合理选择与配置地理学科中蕴含人文精神的地理知识的基本思路是:

合理选择与配置地理科学史方面的知识。即将讲述地理科学发现的历史以及地理学家奋斗的故事,融入地理课程内容之中,用以激励学生"以伟大科学家为楷模,激励他们努力为科学而献身,为真理而奋斗"。

合理选择与配置环境伦理方面的知识。即将含有很强地理成分的人口动态、城市化、经济差异、动植物灭绝、毁林、土壤侵蚀、荒漠化、自然灾害、气候变化、空气污染、臭氧洞、资源限制、增长限制、土地利用、种族冲突等内容纳入地理课程之中,使学生在认识这些问题、解决这些问题的学习过程中,明确个体对建设"一个宽敞的地球、一个富裕的地球、一个干净的地球、一个安全的地球"所负有的责任和义务。

合理选择与配置有助于国家意识形成的知识。即将有关认识家乡和祖国的壮丽山河以及我国改革开放以来所取得的伟大成就、我国人口众多、自然资源相对不足等内容选进地理课程之中,用以对学生进行国情和国策教育,培养学生的民族自尊心、民族责任感和强烈的爱国情感,树立为中华屹立于世界民族之林而奋发学习的崇高志向。

合理选择与配置有助于国际理解的知识。即地理课程要展现全球不同地域的自然地理环境结构和特征,展现与其相关的不同民族的文化、文明、价值观和生活方式,在此过程中,引导学生从全球范围和世界各国相互依存的角度去认识和把握世界现实,并将本国家、本地区、本乡、本土置于国际大背景下加以思考和分析,从而学会尊重与理解、竞争和合作、关心和交往。用以培养和平共处的人,理解并增进与其他国家、其他民族及其他文化的交往,认识国际相互依存关系与全世界共同存在的问题,形成全世界的连带意识,养成具有国际协调、国际合作的态度和能力。

合理选择与配置自然美和地理科学美方面的知识。地理课程还要展现自然美与地理科学的美。这些教育因素,不仅表现在地理现象中,而且存在于地理规律中。地理课程内容的选择与配置可以介绍科学家用科学美的观点来进行科学创造的成功例子及对创造美的感受;介绍历史上科学家对科学美的评析;教师对教学内容的美的赏析及展现,使学生从中得到美的感受;教师与学生进行自然美与地理科学美的讨论;指导学生开展地理创造活动及科学审美活动;等等。用以引导学生通过观察、体会去挖掘,去欣赏地理现象的美;在分析、归纳地理规律的同时,感受地理科学规律之美。

四、课程学习评价:全面关注学生科学素质与人文精神整合状况

全面关注学生科学素质与人文精神整合状况的地理学习评价,既要关注学习结果,也要关注学习过程,更要关注综合评价学生的地理科学素质、学生在情感态度与价值观等方面的进步与变化。体现这一理念的地理学习评价要体现以下六个"关注":第一,关注学生对地理位置、地理概念、地理特征、地理空间结构、区域差异、地理因果关系的理解状况;第二,关注学生在寻求空间有序性与规律(如空间排列状态与规律、地理过程规律等)、解释空间效应(如区际联系,一个自然地理要素的变化是怎样导致其他要素发生变化的,地是怎样影响人

的,人是怎样影响地的等等)等学习活动中应用地理知识的状况;第三,关注学生在地理探究学习过程中的各种表现(如学生是怎样提出地理问题的,他们怎样搜集、整理、分析地理信息资料,怎样提出假设和验证假设,怎样表达研究成果等等);第四,关注学生是否学会了相应的地理方法(如空间关系分析、区域综合分析、区域比较等);第五,关注学生读写能力、计算能力、图解能力的发展;第六,关注学生是否在地理学习过程中形成了课程目标所要求的情感态度与价值观。

简析现代中学地理课程价值内容体系的建构

仲小敏

自 1904 年清政府《奏定学堂章程》将地理确立为学校课程起，我国中学地理课程价值的问题就成为人们关注的重要理论问题和现实问题。但不同时期人们强调的地理课程价值内容不同，如：20 世纪初的培养"爱国心性志气"价值，30 年代的国防教育价值，50 年代的爱国主义教育价值。90 年代后，地理课程价值研究的视野扩大，但多数是从"五育"教育方针或"知、能、情"教学目标出发，虽然也有从地理课程内容的角度进行概括的，但提出的地理课程价值内容基本都停留在宏观层面，体现地理学科特性的具体价值内容揭示不够；从研究方法看，多为"应然"的定性分析，缺少令人信服的、历史的、比较的"实然"考察，更缺乏对地理课程价值内容的系统分析，反映出研究的理性分析不足。

一、地理课程价值内容体系建构的依据

毋庸置疑，地理课程价值的大小与地理课程内容有直接关联，但价值的标准、尺度不在地理课程自身，不同时期社会和学生的需要及人们的价值取向是课程价值的决定性因素。地理课程作为一种"法定知识"正式进入学校，就是因其具有满足社会和学生的某种需要的特有价值，这种价值通常体现在国家颁布的"课程计划"和"地理课程标准"（或地理教学大纲）中，特别是其中的"课程目标"或"教学目的"部分。

通过对百年来我国中学地理课程标准（包括地理教学大纲）中地理课程价值内容变革的"历时态"的纵向梳理及当代国际地理课程改革的"共时态"考察发现，"公民教育""国际理解教育""可持续发展教育"等已成为包括我国在内的当代各国地理课程的共同价值追求。例如，1992 年《地理教育国际宪章》（以下简称《宪章》）指出："地理既是促进个人教育的重要媒介，也可以对国际教育、环境与发展教育做出重大的贡献。"国际地理联合会（the International Geography Union，简称"IGU"）在 2002 年发表的《为了环境和文化多样性的地理教育》（*Education for Environmental and Cultural Diversity*）中提出，当今世界的发展给地理教育提出以下四个方面的新挑战：一是培养积极的公民；二是鼓励使学生致力于可持续发展；三是增进学生理解不同问题的知识；四是强化学生的媒体技能。[②] 其中"信息技能"强调的是地理信息的搜集、处理能力，属于个人的基本地理素养。《宪章》提出的地理的"个人教育"价值也主要体现在认知方面。

20 世纪 80 年代中期以后，世界许多国家的基础教育地理课程改革都把"可持续发展教

---

① 本文选自《课程·教材·教法》2007 年第 8 期。
② Editorial Geographical Education for Environmental and Cultural Diversity. International Research in Geographical and Environmental Education. Vol. 11, 2002(3): 213—217

育""国际理解教育"列为地理课程的核心内容,如美国、日本、韩国、荷兰等国明确提出地理具有培养世界公民的教育价值;《宪章》及美国、日本、韩国、我国的香港和台湾地区也都把"国际理解教育""可持续发展教育""环境教育"作为地理课程主要价值内容。可见,立足国际视角,进行可持续发展教育、国际理解教育、培养国际公民已经成为当代地理教育的落脚点。

我国新一轮课程改革也在上述价值教育方面提出要求,如:在初、高中地理课程标准"课程目标"的"情感态度与价值观"部分,初中要求"尊重不同国家的文化和传统,增强民族自尊、自信的情感,懂得国际合作的价值,初步形成全球意识";高中新增了"了解全球的环境与发展问题,理解国际合作的价值,初步形成正确的全球意识"。另外,初、高中在"可持续发展教育"及"公民教育"方面也提出了不同程度的要求,如"增强对资源、环境的保护意识和法制意识,(初步)形成可持续发展的观念,增强关心和爱护环境的社会责任感,(逐步)养成良好的行为习惯"[①](括号中为初中部分所加)。可见,新世纪我国中学地理课程已从传统的德育教育转向视阈更广的公民教育、国际理解教育和全球教育。

此外,注重"生活教育"是20世纪80年代以来世界地理课程改革的一大趋势,美国的《国家地理标准》明确提出了"地理为了生活"的口号就是很好的证明,我国的地理教育也有重视生活教育的传统。

基于上述分析,笔者构建了当代地理课程的价值内容体系,如图1所示。

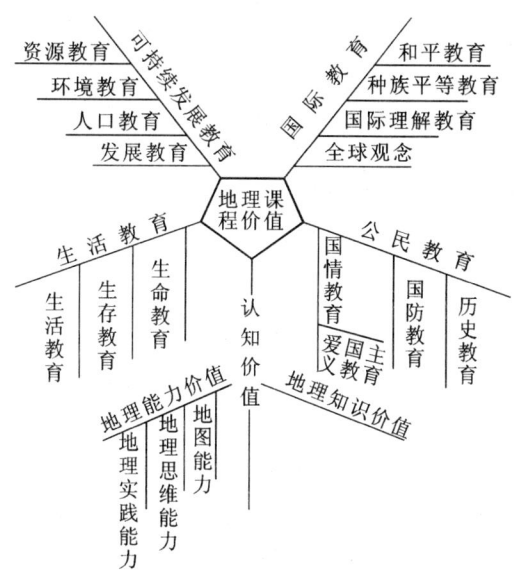

图1 开放的中学地理课程价值内容体系

二、主要地理课程价值内容的内涵

当代地理课程的价值内容体系主要包括五大部分,即认知价值、可持续发展教育、国际

---

① 中华人民共和国教育部.全日制义务教育地理课程标准(实验稿).北京:北京师范大学出版社,2001:5.中华人民共和国教育部.普通高中地理课程标准(实验).北京:人民教育出版社,2003:6

理解教育、公民教育和生活教育,其各部分的主要内涵是:

第一,"认知价值"是地理课的最基本价值,具有恒常性,是地理"知识"独特性的体现。早期人们强调的大多是知识自身的价值,当前趋向于透过"地理知识"培养学生相应的"地理能力"。地图能力、地理思维能力、地理实践能力是地理的基本学科能力;地理素养或称"地理的视角"是地理能力的整体体现。

第二,"可持续发展教育"可以说是当代地理课程价值的最重要内容。可持续发展的核心思想是实现人口(population)、资源(resource)、环境(environment)与发展(development)的协调,即"PRED"协调发展。它是从传统的人地关系教育演变而来,但不同时期内涵不同。

从清末的"适应自然"到国民党时期的"利用自然",从新中国成立之初的"战胜自然"到20世纪80年代中期的"保护环境",再到90年代的"人地协调"及"可持续发展",这一系列变化不仅是人地关系认识上的飞跃,更是地理学内容扩展及其注重实用价值的体现。2003年4月,联合国教科文组织(UNESCO)在《可持续发展教育十年纲要》中,确立了2005—2014年可持续发展教育十年的十大主题:[①]其中,"环境保持和保护""不同文化间的理解与和平""可持续生产和消费""文化多样性"等都是与地理学科内容密切相关的主题,也是21世纪地理在可持续发展教育中发挥独特作用的领域。

第三,"国际理解教育"是二战后由联合国教科文组织最先正式提出的,其目的在于培养各国国民之间的相互理解与友好感。[②] 我国地理课程早期强调的培养学生"世界的眼光"及种族平等教育、和平教育等,应该说都具有国际理解教育的思想。至今,"和平教育""国际教育"等也是国际社会关注的地理课程的价值内容。如,国际地理联合会(IGU)1996年进行了一次国际调查研究(全球31个国家),在其发布的报告中提出的"地理十大主题趋势"[③]中有四大主题涉及国际理解教育,它们是国际教育、和平教育、跨文化教育和全球教育。为此,有学者指出,当今出现的"国际理解教育""国际教育""全球教育"等各种各样的教育表明:适应全球化时代的教育显得越来越重要了,是全球教育即从前所讲的异文化理解教育加上开发教育、环境教育、人权教育、和平教育等在内的"新的国际理解教育"[④]。我国也有学者提出,"进入崭新阶段的国际理解教育已扩大为国际教育"[⑤]。

第四,"公民教育"一直是西方国家地理教育价值的重要内容。国际地理联合会提出地理在"公民教育"中的贡献包括:帮助学生成为积极的、负责的、具有批判反思精神的公民,使他们能有效地参与当地的、国家的和全球的政治、经济、社会和文化生活;地理知识教他们辨别影响我们世界变化的因素,并对其形成合理的看法,以确定附近地区或全球变化发生的位置,并采取积极的行动以推进其在自然和人类社区中的良好状态。[⑥] 我国地理课程的公民

---

① 王民.可持续发展教育研究项目与国际动态.北京:地质出版社,2005:24

② 钟启泉,李雁冰.课程设计基础.济南:山东教育出版社,2000:389—390

③ Rod Gerber. Editorial the State of Geographical Education in Countries Around the World. International Research in Geographical and Environmental Education. Vol.10,2001(4):356

④ 大津和子.全球教育的课程的构想.东京:明治出版社,1997:36

⑤ 钟启泉,李雁冰.课程设计基础.济南:山东教育出版社,2000:385

⑥ Editorial Geographical Education for Environmental and Cultural Diversity. International Research in Geographical and Environmental Education. Vol.11,2002(3):214

教育的主要内容有爱国主义教育、集体主义和社会主义教育、民族教育、国情教育、国防教育、历史教育等。其中,爱国主义教育是公民教育的核心思想。

第五,注重"生活教育"是我国地理课程的传统,如,清末强调地理为学生未来生活做准备的"生计价值"。国民党时期,《学校系统改革令》明确提出"生活教育";① 新中国第一代地理课程因过于强调"政治思想教育","生活教育"被弱化,但第二代地理课程明确提出"生活教育"和"生存教育"。"生存教育"是随着20世纪70年代以来,环境问题等全球性问题日益凸显而提出的。在当代,"生存教育"有扩展为"生命教育"的趋势,地理课程的跨自然科学与社会科学的交叉学科属性及区域地理内容的特殊性,决定了其在"生命教育"领域具有重要价值。

三、地理课程价值内容体系的特点

上述地理课程的价值内容体系有如下两个突出特点:首先,当代地理课程价值内容体系是一个不断拓展的动态生成系统,上述"五大价值内容体系"是历史上三十余种地理价值内容逐渐汇合而成的;其次,"五大价值内容体系"是具有一定结构层次的、开放的系统。

第一,地理课程价值的动态生成性。可持续发展教育、国际理解教育、公民教育、生活教育等作为当代地理课程价值的主要内容,它们大都是由历史上众多价值内容逐渐拓展而来的,这可以从百年来我国中学地理课程价值的发展中得到证明。例如,"国际理解教育"经由了"国际同情心—世界的眼光—国际主义教育、种族平等教育、和平教育—国际理解教育";"公民教育"经由了"历史教育—民族教育—国防教育—爱国主义教育—国情教育—公民教育";地理认知价值的"重心"也发生了明显的转移,即经由了"地理知识—地理技能—地理能力—地理素养"。

上述地理价值内容的拓展及价值重心的转移一方面是地理学自身不断发展的反映,但更重要的是地理课程适应社会需要的结果。例如,"公民教育"不同时期的教育价值内容就是很好的说明:清末重视"历史教育"和"民族教育",特别关注丧失国土的问题;国民革命时期对"民族教育"的强调是课程以孙中山先生"三民主义"为根据的反映;抗日战争时期,地理课程标准和地理教科书中加入大量与国防有关的内容,这是为适应抗日形势的需要;新中国成立后,随着社会形势的变化,"爱国主义"成为地理课程价值教育的核心;当前,以地理课程知识为载体,培养学生的爱国主义、集体主义和社会主义观念,对国家和民族命运具有责任感的情感、态度、价值观和法制观念及行为规范等的"公民教育"已成为我国地理课程的重要教育价值内容。可见,今日的"公民教育"涵盖了比"民族教育""爱国主义教育"更广泛的内涵,当然地理的"国防教育"价值依然存在,但其地位已今非昔比了。因此说,当代地理课程价值是在动态发展过程中逐渐生成的,这也是地理课程价值开放性的体现。

第二,地理课程价值目标的结构层次性。课程的价值必须经过教学,落实到学生身上才能实现。"课程价值是以实现教育目的的具体化的课程目标来展示的,因此,在很大程度上说,课程价值即是课程的目标价值。"① 二者之间的关系是:课程目标决定课程价值;课程价值体现课程目标的功能。

---

① 石筠弢.学前教育课程的价值与基本价值取向,http://www.j12sy.cn/newpage/jsaq/yjqy/0307/079.htm

美国教育心理学家布卢姆(B. S. Bloom)曾将教育应当达到的全部目标分为认知、情意、动作技能三个领域,"在这里,认知领域包含了知识的再现与认知、智力、智力技能的发展等目标";"情意领域包含了兴趣、态度、价值观的变化和鉴赏,以及发展适当的适应等目标"。[①] 依据布卢姆关于教育目标的分类,我们将地理课程的价值目标划分为"认知目标"和"情意目标"两大类。其中,地理"认知价值"的意义主要在于提供学生必要的地理知识、技能和能力,增进学生智能发展,这是形成地理素养或地理视角所必需的个体层面的价值;"公民教育""国际理解教育""环境伦理教育"主要属于"情意目标"类,虽然这类内容也具有"认知"的价值,但掌握知识不是最终目标,更重要的是情感、态度、价值观的变化。

"生活教育"是地理课程价值实用性的体现,从传统的"生活教育"(准确说是"生计教育")到"生存教育"及未来的"生命教育",表明地理课程对教育终极目标——学生主体的关注,重视价值教育的意识、行为的一体化。正如瑞夫·泰勒(R. W. Tyler)指出:"教育的真正目的不在于教师完成某种活动,而在于学生的行为范型中引起某种重要的变化",教育目标应从"行为侧面"和"内容侧面"两个侧面加以细化。"行为侧面"是学生中应当发展的行为种类,"内容侧面"表明这种行为赖以实现的教育内容的领域。[②] 地理课程的不同价值均有支撑其"内容侧面"的具体地理知识,其价值目标按照"知、能、情、行"可以分为"知识、技能、能力"层面,"情感、态度、价值观"层面和"意识、行为"层面,这三个层面的价值目标的实现难度逐级递增。(详见图2)

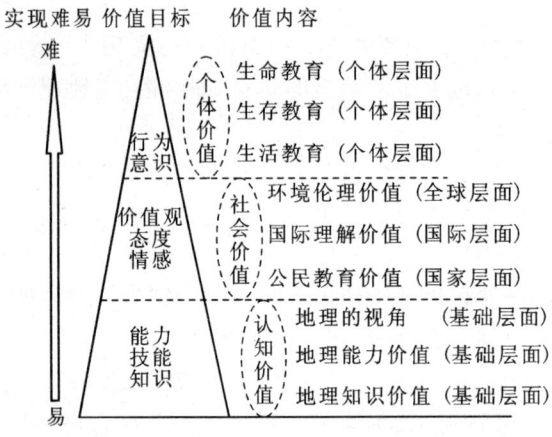

图2 地理课程价值的目标层次性

在上图中,"地理知识价值""地理能力价值"和"地理的视角"属于以"知识教育"为主的"认知价值",居于基础层面;"公民教育价值""国际理解价值""环境伦理价值"是地理课程"社会价值"的体现,它们具有"知识教育"与"价值教育"的双重功效,其中,"公民教育"主要基于国家层面,"国际理解教育"基于国际层面,"环境伦理教育"基于全球层面;"生活教育""生存教育"和"生命教育"重在对学生个体意识和行为的影响,主要为个体教育价值,居于价值体系的意识、行为层,其实现难度最大。

---

① 钟启泉,李雁冰.课程设计基础.济南:山东教育出版社,2000:351—353
② 钟启泉,李雁冰.课程设计基础.济南:山东教育出版社,2000:347—349

四、结论与思考

地理课程价值变化是一个不断"放宽视野"的过程。在刚刚过去的 20 世纪,地理学的发展使其提供给课程"选择"的内容的广度、深度、复杂性都有了很大变化,但地理学自身的发展只为地理课程价值的拓展提供了基础和前提,促进课程价值变革的真正直接动力是社会发展的需要;我国地理课程的价值内容具有随政治与经济的变革而变动的特点。因此,随着地理学自身的发展及我国社会经济发展现实的需要的变化,未来地理课程的价值内容必将得到新的拓展,这是从百年来我国地理课程价值嬗变历史得到的启示,也正是建立当代中学地理课程价值体系的现实意义所在。价值结构决定价值的功能[①],探讨当代地理课程价值体系可以使价值的多种功能得到充分发挥。

---

① 王玉樑.价值哲学新探.西安:陕西人民教育出版社,2000:75

课程建构二元论

焦秋生　徐志梅

一、平衡与不平衡——多种论点的统一性表述

皮亚杰(Jean Piaget,1896—1980)认为认知发展是以个体已有的认知结构为基础,并以已有的认知结构与环境(自然环境、社会环境)相互作用(互动交流)而产生的认知需要为动力,在这种动力下学生努力消除认知不平衡,并获得对环境的适应。认知结构建构的过程可以与达尔文的进化论所表述的过程相类比,两种过程都是个体在与环境的互动中发生了机体结构、认知结构复杂的改变。其共同点是,适应环境的部分被保留下来,并且得到加强,形成相对稳定的结构。当外部环境因子发生变化后,机体或原有的认知结构就会不适应,就会设法改变自己的结构去适应外部环境,于是新的建构(进化)就开始了,或学习就发生了。

当个体已有的认知结构与所面对的学习材料差异较大时,已有的认知结构不能解释或解决当前的新问题,新问题超出了原有认知结构范围或水平,就是皮亚杰所说的"认知不平衡"。当个体面临新的学习任务时,即认知不平衡时,就会产生困惑和疑虑。对学习新知识而言,此时新知识还没有通过某种联结方式与原认知结构相联结,在大脑中处于游离状态,个体因对新知识不了解而产生了困惑;对个体原有认知结构而言,面对新的知识,个体对原有的已经熟悉了的认知结构产生了怀疑,尤其是在新知识可能替代原有认知结构中的知识时所产生的疑虑更为强烈。于是,学习者产生了消除困惑和疑虑的需要(认知需要),个体必须设法在原有知识和新知识之间找到某种联系,使新知识纳入个体的认知结构中去,使原有的认知结构由于新知识的纳入得到补充、修正甚至更替,所以教师的一个重要的任务是为学生制造一定程度的认知不平衡。认知不平衡促使学生关注新的知识,找出新旧知识之间的区别和联系,修正或更新原有的认知结构;但是当这种认知不平衡太大时,学生就会放弃学习新知识的努力,所以教师在制造认知不平衡时要把握认知不平衡的"度",使学生在面对新知识时,能够产生认知需要,并能在自己努力之后,获得对知识的理解。皮亚杰不主张毫无根据、过分地、超越学生认知发展阶段地加速学生发展的教育行为,即教师所讲解的知识要尽可能与学生的认知发展水平相匹配,但其深度可以稍稍超过:学习材料太简单,学生会觉得学习索然无味;适当地超出学生的认知水平,可以刺激学生的求知欲望,寻求新的思考问题的途径,获得新的认知发展。

究竟怎样把握制造认知不平衡的度才能使个体由不平衡达到平衡呢？维果茨基的"最近发展区"理论认为,个体心理发展分两个水平,一是现有的认知水平,二是潜在的认知水平,其水平差就是个体的最近发展区域。对于认知学习而言,"最近发展区"的概念是一个模

---

① 本文选自《山东师范大学学报(人文社会科学版)》2008年第2期。

糊概念,无法去量化,用"差"来下定义是不合适的,我们试着将"最近发展区"定义为:最近发展区是指个体在外部刺激和内在动机的作用下,利用潜在的认知水平去学习其难度超出个体原有认知水平的那些知识(或利用潜在的能力去解决其难度超出个体原有能力的那些问题或任务)。如果潜在的水平较高,学生的最近发展区就越大,学生所学习知识的量就越多,教师讲解和要求学生完成的课业的速度和难度就较大;如果潜在的水平较低则相反。在学生潜在水平较低时,教师讲解和布置作业时应该稍高于学生现有的水平,使学生经过积极努力后能够掌握一些新知识,尽管掌握新知识的量较少,但已经充分利用了学生的最近发展区,挖掘了学生的潜能。

知识之间通过某种联结才能形成新的知识,事实上,利用最近发展区进行授课的实质就是教师运用各种教学手段设法使学生现有知识和其他知识进行联结建构新知识的过程,当学生的相关知识和能力丰富时,最近发展区就大,知识之间这种联结就会变得容易,学习新知识就会顺利;当知识和能力贫乏时,最近发展区就小,知识之间这种联结就难以实现,学习新知识就会困难。

显然,皮亚杰的"认知不平衡"和维果茨基的"最近发展区"是对同一问题的不同表述。对于他们的理论也有反对意见,苏联教育家赞可夫认为:在短时间内,迅速加大学习的分量,会促使学生学习快速进步。维果茨基的论点是针对所有学生的,即所有学生都有他们各自的最近发展区;赞可夫的论点是针对有些学生,那些在某一方面有特殊智能的学生。那些具备了一定认知结构的学生都属于这一类型,因为这些特殊智能的学生针对某些知识领域的最近发展区特别大。赞可夫的论点还针对有些课程,即那些诸如历史、文学、人文地理等课程,这些课程对于大多数学生潜在的发展水平来说,在较短的时间内学习大量的知识不成问题。苏联教育家凯洛夫提出"量力性和可接受性"的学习原则,这一原则认为个体学习应该逐学渐进,规定了个体认知学习的"最低限",但忽略了学生潜在的能力;而赞可夫提出的"高难度、高速度"的要求,强调了个体认知学习的"最高限";维果茨基根据学生实际状况建立了认知学习的"最近发展区",认为不同个体因潜在的能力不同,认知学习的最适度范围应介于"低限"和"高限"之间的区域。

二、直接经验和理性知识——各自在课程建构中的定位

一些建构主义教育学者关于创设学生学习情境的观点来源于皮亚杰的观点。建构主义者主张教学应与学生所置身的实际的环境紧密结合,教师在教学时应为学生设置自然和社会的情景,让学生在与环境的互动中获取真实的经验,建构知识的意义。美国心理学家维特罗克提出了学生学习的生成过程模式,对建构模式做出了说明。他认为学习的生成过程是学生已有的知识经验(即原有认知结构)与从环境中主动选择和注意的信息相互作用、主动建构信息的意义的过程。这一模式说明,学习总是要涉及学生原有的知识经验,并利用这些经验来理解和建构新的知识。这一观点是无可厚非的,但是值得一提的是,许多建构主义学者片面地、极端地解释这一观点,认为所有的学习都必须回到真实的生活环境中去,都必须依据个体生活经验,这样才能真正有效地进行学习。然而,真实世界中的体验并非都是真实可靠的,许多体验只是停留在事物的外在,而事物外在的表象常常是假象的、错误的,并没有反映事物的本质特征,对事物表面错误的直观体验对学生学习反而起到负迁移的作用。例如大熊星座中的七颗较亮的星在一般人的经验世界里是位于同一个球面中,但天文学教科

书中却告诉学生,组成这一星座的主要的七颗恒星,是存在于一个立体的空间中,并令人惊诧地相距若干光年。经验对于认知结构的形成具有积极的一面,但经验也具有荒谬性的一面,错误的经验会妨碍学生形成正确的认知结构,会对学习产生负迁移作用。作为一名教师要善于甄别学生所处的认知发展阶段中经验的构成、质量,既能充分利用学生已有的生活经验,又能修正学生错误的生活经验。教师的一个重要的职责是修正、改变学生在经验世界中的错误体验,使学生获取科学的真实体验。

在当下基础教育改革中,一些专家片面地将建构主义"在生活情境中建构知识"论点绝对化,在生活情境中建构知识固然重要,但许多看似偏离生活的知识,却是个体理解生活中经验的关键知识。例如将房顶形状的区域差异看作是生活中的经验,要想真正解释这一生活中的经验,就必须学好四季成因、三圈环流、气候分布等知识。况且这些所谓偏离生活的理论知识最初都来自人类的经验世界,是经验的归纳总结,用杜威的话来说,这些理论知识都是经过逻辑加工的间接经验。既然如此,就不可能在课程的设计中去泛生活化,去有意回避那些重要的理论。在课程建构中,生活经验与理性知识之间的内在联系表现在两个方面,一方面有些学习的内容需要以学生的直观的生活经验作为起点,不断向教材中的理性知识渗透。在这一过程中,教师所要做的是帮助学生甄别经验的真伪,选择有意义的经验参与到学习过程中去。另一方面有些学习是以教材中的理性知识为起点,不断向后续直观经验进行扩散。在这一过程中教师所要做的是将这些理性知识按照学生目前的认知结构水平进行形象化的加工整理(影视、图片、动画、标本、模型、场景等),为学生创设获得经验的情境,并结合社会他人的一些间接性的直观经验,帮助学生建构知识。此外,激进的建构主义者认为所有的学习都必须到真实的环境中去直接亲历,否则学习是封闭的、无效的。试问,学习"世界地理"就必须周游世界吗?即使时间和资金都很充裕,学习的效率也不会高。更极端的例子是学习诸如月球、火星等知识,地球上还没有几个人能去亲历。建构主义在表达学习与对真实世界体验的关系时,思路并不清晰,而过分地强调学习的直接经验背景,会导致否定通过学习间接经验来迅速积累知识这一有效学习途径,从而彻底否定了通过大量间接经验学习新知识的可能性,这一点应当引起当前教育改革者的充分注意。

三、同化与顺应——内涵的延异及对课程建构的启示

同化(assimilation)与顺应(accommodation)的观点在皮亚杰的认知结构理论中也占有相当重要的地位。建构主义作为一个有影响力的学派,其"建构"一词的含义与这两个概念有着极大的关联性。建构主义中的"认知灵活性理论"认为建构包含两个含义:一方面是对新信息意义的理解;另一方面是对原有知识经验的改组和重建。这一点与皮亚杰的通过同化与顺应实现双向建构的过程是一致的。

在皮亚杰的重要著作《皮亚杰的理论》一书中较清晰地说明了同化与顺应的概念:"从生物学的观点来看,同化就是把外界元素整合于一个机体的正在形成中或已完全形成的结构内。"根据皮亚杰的观点,在认识过程中,同化是把外部知识纳入主体已有的认知结构之中,引起认知结构的量的变化。例如在学习一种新的岩石时,我们已有的是关于三大岩石种属逻辑分类的认知结构,由于这一结构的存在,新学习的岩石知识很容易纳入这一结构中去,并联结在原有认知结构的某一位置中,以后不管我们学习了多少种岩石,我们都会运用这一认知结构去接纳新的有关岩石的知识,而我们的认知结构只发生了量的改变。

在同一本著作中皮亚杰对顺应所下的定义是:我们把同化后的图式或结构受到它所同化的元素的影响而发生的改变称为顺应。根据这一定义,我们对"顺应"这一概念产生了第一种理解:被同化后的知识,并不是被动地与原认知结构结合在一起,有时新知识的纳入会引起原认知结构发生质的变化,比如说一位市长学习了可持续发展的理论后,就可能打乱他原有的城市发展的思路,重新制定他的施政纲领。这种同化他人观点理论后,抛弃原有认知结构,建立新的认知结构,使原有认知结构发生质变的过程就是顺应。我们把这种顺应称其为影响性顺应。

在皮亚杰早期的著作中对顺应所下的定义是:内部图式的改变,以适应环境,叫作顺应。顺应是指有机体调节自己内部结构以适应特定刺激情境的过程。按照皮亚杰这一顺应的定义,对"顺应"这一概念的理解是:在认知过程中,顺应是主体的图式不能同化客体时,必须建立新图式或调整原有图式,引起原有图式的质的变化,使主体适应环境。例如,按照原有的权威地质理论,中国应是一个贫油的国家,地质专家李四光原有的图式不能解释客体,不适合在中国特定的环境中寻找石油,不能适应中国的环境,但李四光创立了"地质力学"这一新的理论"图式",改变了他原有的图式,用新的理论解释中国特定环境下的油气资源的分布,取得了成功,新的图式适应了中国的国情。这种个体为了适应环境而改变原有认知结构,使其发生质变的过程就是顺应,我们称其为适顺应。图式(scheme)是皮亚杰经常运用的一个心理学概念,是指个体对世界的知觉、理解和思考的方式。托勒密的宇宙图式和哥白尼的大不相同,即他们对世界的知觉、理解和思考的方式大不相同。托勒密的宇宙图式是将地球作为中心的宇宙系统,所有的天体都安排在这一图式的不同圈层中;哥白尼的图式是将太阳作为中心的宇宙系统,所有的天体都安排在这一图式的不同圈层中。我们可以把图式看作是心理活动的框架或组织结构。图式与认知结构的概念有关,认知结构是由图式和知识共同组合的一种心理系统。因此图式的形成和变化是认知发展的实质。

在个体原有形成的认知结构中,先行建构储存了许多套适应不同环境的认知结构,当面临某一种环境时,个体就自动优选输出某一种或多种认知结构,以便适应所面临的环境,例如学生学习不同的学科课程时,就会输出不同的认知结构。因此,顺应还具有第三种解释类型:个体为了适应环境而选择输出某一种或多种原有认知结构体系来接受外在信息,并造成认知结构发生质变的过程就是顺应,我们称其为选择性顺应。选择性顺应的定义说明,为了适应某一种环境,个体可能输出一种或多种认知结构体系;一种认知结构体系也可以适应一种或多种环境;在某一特定环境中建构形成的认知结构(顺应),可能适应另一特定的环境,也可能不适应另一特定的环境。

在上述几种有关顺应的定义中,有一个共同的特点,就是环境作为主动的一方,而个体则作为被动的一方,因环境的刺激使个体的认知结构发生改变,并被动地适应环境。但在现实中还有一种现象,即个体作为主动的一方,环境为适应个体而变。当一些科学家、发明家、思想家突发奇想,获得重大发明创造时,他们并没有意识到,这些发明能对个体之外的环境产生重大影响。这与环境的变化致使主体认知结构发生变化来适应环境不同,主体在封闭的状态下先行进行了认知结构的建构,之后是环境发生了质的变化。例如,爱因斯坦在突发奇想之后的若干年中,地球上的能源环境发生了较大的改变;塑料的发明使世界的原材料环境发生了较大改变;因特网的发明使世界的信息传播环境发生了较大转变;等等。这些个体利用原有认知结构中的知识与经验,自组织建构全新认知结构的过程也是顺应的一种类型,这类顺应似乎与环境没有太直接的关联,是在封闭的、不受环境影响的自我状态下形成的,并且很可能会对环境造成重大影响,我们称其为封闭顺应。这一种有关顺应的解释符合激进的建构主义关于"知识是个体主动建构"的论点的本质。从第四种顺应概念的探讨中,我们可以认为,环境并不都是造成顺应的条件,没有环境的参与,个体认知结构的质变照样会发生,也就是说特定的环境并不是产生顺应的特定的条件,没有这种特定的环境,顺应仍然可以产生,并且个体所产生的顺应并不需要去适应任何当下的环境。这样的表述是否颠覆了建构主义关于个体建构的另一要点,即建构是个体在与环境的互动过程中进行的,必须有环境的参与个体才得以建构?不过值得一提的是,即使封闭顺应是客观存在的现实,但顺应之前也发生过数次获得外界知识信息的同化作用,只不过不是当下的同化,这些被同化的知识信息终于有一天会在自组织状态下,会在思维引力的随机或逻辑的联结下,发生滞后的、质变的重新建构,即在没有任何外部刺激的作用下,个体也能颠覆原有的认知结构,并自组织形成新的认知结构,前提是个体已有丰富的知识积累。

综上所述,对顺应的解释可以合四为一,形成一种解释:认知结构发生质变的建构过程就是顺应。如上面分析,顺应有四种形式,从而提示我们,个体的学习过程也存在四种基本形式,在进行课程设计时也应该有四种思路。这四种思路是:第一,运用新的理念来更换学生原有的认知结构,使学生建构新的知识体系和改变原有的思维方法;第二,使学生面对原有认知结构无法解决的问题,思考并建构一种能够解决当下问题的新的认知结构;第三,尽可能多地引导学生输出不同的认知结构体系,来学习所面对的学习材料;第四,赞赏学生在没有学习和解决问题的任务情况下所产生的奇思妙想,并鼓励和帮助学生进一步完善它们。

四、内源论和外源论——从建构主义的悖论回归二元论

建构主义的"学习是学习者主动建构的过程"的观点也来源于皮亚杰的同化—顺应理论,弱建构主义学派(传统建构主义)倾向于同化的观点,认为知识的建构是在原有认知结构的基础上通过主动学习不断累加的;激进的建构主义学派(个人建构主义)更倾向于顺应的观点,认为知识的获得是个体自我调节、控制、自我组织、顿悟、突变的过程,更强调顺应过程中个体本身的经验和主观意志的作用。建构主义认为顺应是因人而异的,新知识被学习者纳入会引起原有认知结构发生质的变化,不同的学习者因所处环境和所拥有的经验背景的不同而主动生成不同的知识理念,或同一个学习者因所处环境的不同而与环境产生不同的交互作用主动生成不同的新的知识理念。建构主义承认在我们的主观世界之外有一个客观世界,但不认为知识原本存在于客观世界中,因而也就不认同不同个体在认知客观事物时思维方式的一致性,而是主张基于原有经验的、主动的、与所处环境的双向互动的、多元的、动态的、发展的认知客观事物的思维方式。建构主义不认为知识是人脑对客观世界的反映(与洛克白板论相反),许多当代的教育心理哲学理论如解构主义、后现代主义、经验自然主义、结构主义等学派,都异口同声宣称,世界上的现象、规律、规则不是原来就有的、等待我们去发现的,而是在人的原有经验的基础上和主观意志的作用下与环境互动被建构出来的,因而知识是不确定的、不稳定的,是因时空变化和因不同个体而定的,个体亲自通过思考建构了的知识才是知识,这种内源论的观点揭示了经验和主观意志在个体认知和人类文化进步方面的重要作用,但同时也使我们迷茫在几千年积淀的人类文化知识的"存在"与"不存在"的悖论中去。这种悖论是:第一,若知识是个体主动建构形成的,每个个体的建构千差万别,那

么个体之外的那些被称为知识的"东西"就不是知识,而是个体可以随手拈来进行建构知识的"零件",知识生成并存在于每一个个体之中,客体中不存在任何知识;第二,如果只依靠个体的经验背景(原有知识)来建构知识,那么经验来源于哪里?显然一部分来源于个体之外的他人、各种媒体和真实世界,那么,个体之外就应该存在一个知识的源泉——客体。事实上,要解决这一悖论,我们必须面对以下事实:第一种,个体之外的确存在着人类社会文明所涵盖的所有知识和那些存在于自然界中的被人类发现和未发现的系统、规律和法则,而且这些知识在某一历史时段和某一地域中是相对稳定的。第二种,主体经过自主建构,能够重复别人的建构过程,形成自我的认知结构,当多个个体的建构相互重复时,就形成了社会的共识。例如勾股定理,不可能因时、因地、因人而异,勾股定理是实实在在的存在,东方人独立地发现了它,西方人也独立地发现了它。知识不因我的存在而存在,也不因我的不存在而消失。显然在实际中并非不同的个体在对同一问题的思考时,就一定会建构出差异较大的不同结构。第三种,这种自主建构还会打破原有相对稳定的主体的认知结构,形成客体中存在的然而以前未被发现的认知结构,即不同主体之间在建构知识时,有统一性,也存在着差异性,差异性是创新性的必要条件。第四种,这种自主建构还能够形成前无古人的、自然界中也绝不存在的认知结构系统。

经过上述分析,我们不仅要问:建构主义理论的"内源论"观点是正确的吗?在人的意识之外真的是一派杂乱无章的状态吗?经验是怎样生成的?是从虚无中形成的吗?"内源论"认为知识是在人的经验和主观意志下建构的,那么,经验和主观意志又是怎样形成的?经验可靠吗?在经验的荒谬状态下,个体能进行有意义的学习吗?正如建构主义所主张的一样,在研究建构主义时(包括这一理论对学习的指导理念),我们将建构我们自己的新主张,而我们的新主张既不否定外部世界秩序与规律的存在,又赞成个体在与环境的互动中自主建构的观点。在课程建构中也应该基于这种二元论主张,以便深刻而全面地反映课程的结构和意义。

五、相对性和绝对性——解构建构主义理论中的主观倾向

建构主义者经常强调知识是不确定的、开放的、动态发展的,是建构过程中的一环,是只有起点而没有终点的等等,这些观点对于教育来说是积极的,有其正确的一面,但如下表述更能反映实际情况:知识系统的稳定是相对的,不稳定是绝对的;知识系统的完整性和封闭性是相对的,不完整性和开放性是绝对的。建构主义理论强调知识系统的开放性、不稳定性,反对将知识体系看作一成不变的封闭的整体,有些矫枉过正,过分地强调"绝对不稳定"而淡化"相对的稳定",过分地强调学习中主观性的一面,淡化"知识"客观存在的"实在性"的一面,会否定知识体系的相对稳定性和相对的整体性,会抹杀那些知识精英通过艰苦的逻辑思考和科学实验研究已经主动建构过的知识系统,从而彻底从理论上推翻传统的系统科学体系和系统学习方式,并在应用这些理念指导实际教学时造成矛盾和混乱。例如在课程编制和具体教学中,开放式的、生动活泼的、以学生为中心的教学和严谨的、以基础训练为主的、以知识为中心的教学都不能偏废,两种教学在学生的成长中都承担着相应的职能,前者培养学生的灵活思考、勇于创新的科学素养,后者培养学生严谨的思维习惯和形成学生发展的、丰富的、能够继承前人优秀文化的知识体系。而建构主义观点是对后者持否定态度的,他们认为既然知识是不稳定的、时刻发生变化的,在教学中就不能采取传统的教学方式。由于我国新课程改革的旗手们接受了建构主义的观点,因而在新课程编制的一些指导文件中,强调新理念,对传统的教学方式加以回避,甚至不加分析宣判其"死刑",造成了教师教学的困惑。

在不同的学科领域,学科知识系统的相对性和绝对性是不相同的,哲学家怀特海认为:无机系统中按照某种自然规律所表现出的连续性居支配地位,而个性、差异性和创造性进展倾向降至最低,我们可以在怀特海的思想中进行一些增补,即在社会系统中,差异性更容易冲破稳定性,社会的变革频率更高,远远超过生物进化和无机界变化的进程。因此,在课程实施过程中,对人文知识系统的建构过程中的个体差异性的现象要比对自然知识建构中个体差异性的现象更多些,在教学中,教师引导学生对人文知识进行发散性的讨论比对自然学科更容易些。

六、单中心和多中心——课程建构中的中心交互论

以学生为中心的课程论的论点承袭了建构主义的自主建构的理念,在教育实践过程中,我们发现过分地、单纯地强调以学生为中心的教学是一个无法实施的过程,教师们困惑于这种理念与实际操作的差距之中,只好回到原来以教师为中心的教学情境之中去。为什么单纯的以学生为中心的教学无法实施呢?过分地以学生为中心,过分地强调个性的发展,会导致对学生的放纵,就会妨碍教师贯彻教学目标的顺利实施,许多目标的落实会因为学生的爱好兴趣或学生不成熟的学习方式而不得不敷衍了事,不求甚解,甚至放弃,其结果是阻碍了必要的文化传递。这如同过分地以课本知识为中心一样荒谬,过分地以知识为中心,会导致学生的个性(心理需要、智能特征)泯灭,使学生无条件地服从于文化的传递,压制了学生批判思维、反向思维、发散思维等创新思维的发展。

在结构的中心这一问题上,最具反叛特征的理论应是法国后现代哲学家德里达所创立的解构主义理论,该理论认为结构不是唯一的、固定不变的,在结构中的中心也不是唯一的,可能有多个中心的存在,并且结构本身和结构中的中心的意义也是在不断变化过程中。

教学过程中的中心并非一个,而是有多个,包括:以教师为中心、以学生(个体)为中心、以社会(班级团体、实践活动、生活、语境、社会问题)为中心、以教材为中心(理性知识)等。机械武断地用一个中心去代替其他中心的作用是不符合现实情况的。理解课程多中心论的关键是:在多个中心之间适时地转换,根据学生的发展阶段、教材的难度、知识的类型、课程的进度去确立某个中心的地位。在实施课程中,有时"中心"是独立的,例如当教师要展现自身的人格魅力并以此来影响学生时,当面临较难的解决问题的情境需要教师进行解疑释惑时就应该以教师为中心;当学生在建构知识的过程中需要进行自我的逻辑思维能力、发散思维能力、交往能力的培养时,就应该以学生为中心,教师只能起到引导与辅助的作用;当学习自然学科的内容时,更倾向于以课本为中心,当学习人文学科的内容时,更倾向于以社会为中心。在更多的情况下"中心"的确是交互存在的,就如同生态学所表述的那样,以多个子系统的形式存在,中心之间相互依存、相互影响,中心之间具有信息的流动和控制机能。教师在这一过程中,除了在适当的时机成为课程的中心之外,还起到对课程中心转换的控制因子的作用。

关于建构主义的经验论,我们还有话要说:第一,不同个体的经验也有因时因地的相对一致性,因为生活在同一环境下的不同个体会通过互动协商产生共同的语境,会对于同一问

题的认识产生趋同现象,即产生相同的经验。许多建构主义者不同意这样一个基本的事实,他们偏执地认为每个人都是主观地建构自己的知识,如果说与别人相同,也只是一种巧合。建构主义的这一观点导致了当前过分强调以学生为中心的课程论点的泛滥。第二,同一个体的经验因外部环境的变化也在不断变化,经验的形成是建立在个体与不断变化的环境互动基础之上的。环境在变,个体的认知结构为了适应环境也在变,经验从无到有、从少到多、从误到正、从此到彼是一个动态变化的过程,不能把个体的经验看成是一成不变的。而这种变(顺应),有时候是被动的,我们称之为被动顺应;有时候是主动的(形成创新的并能改变环境的认知),我们称之为主动顺应。事实是个体在与变化的环境互动过程中建构着一个不断变化的认知结构体系,同一个人的某个思想、观点可能会在瞬间发生变化,甚至会自我否定,这种经验随外部环境突变而发生变化的现象比比皆是,这种现象反驳了建构主义内源论的建构观,这种观念认为,知识只能是个体主动建构的,不能被动接受吸收。第三,外部环境的状态也有其相对的稳定性,要变化也有一个由量变到质变的过程,因此,人的经验(或知识)的变化,也应该具有相对的稳定性,只有当环境的变化使个体产生认知不平衡时,学习才可能发生,新的经验知识才可能形成。这一点反驳了建构主义的关于知识飘忽不定、没有相对封闭的边界的论点,建构主义的论点阻碍了在课程中强调基本知识和基础理论的学习、强调学科逻辑思维的训练,阻碍了适时施行以知识为中心的策略。第四,经验或知识是来源于个体进行实践活动的环境还是来源于个体大脑内源的建构?建构主义学者关于这一问题的论点也是自相矛盾的,他们一方面说个体的知识是在自我经验中主动地建构的,把个体的经验知识与个体之外的环境各自孤立起来;另一方面又说,个体的知识是在与环境的作用中互动建构的,强调生活实践的重要性,强调环境因素在建构中的作用,强调个体之间互动的重要性,这种自相矛盾的表述在教学实践中也引起了极大的混乱。例如,是主张让学生独立思考,以学生为中心的课程观,还是仅仅提倡与环境中的社会成员和自然事物合作、互动式的以社会为中心的课程观。独立思考出自于建构主义主动建构的观点,合作互动出自于他们的与环境相互作用、互动建构的观点。新课程改革的设计者们似乎更偏爱后面的观点,使得我们许多教师言必谈合作互动、合作探究,而不再热衷于鼓励学生进行独立思考,回避了在教学中弘扬独立思考的人文精神的教育。事实上,人类社会中的一些成果是合作互动形成的,另一些成果则是独立思考形成的,教师应鼓励学生形成这两种学习和工作的风格,不能偏废。

参考文献:

[1] [美]菲利浦·罗斯.怀特海.北京:中华书局,2003
[2] [美]莱斯利·斯特弗等.教育中的建构主义.高文,等译.上海:华东师大出版社,2002
[3] 张华,石伟平,马庆发.课程流派研究.济南:山东教育出版社,2001
[4] 陈嘉明.现代性与后现代性十五讲.北京:北京大学出版社,2006

地理课程内容的历史演变与编制基准[①]

王向东　王海霞

从 1902 年清朝政府颁布《钦定中学堂章程》到 2003 年中华人民共和国教育部颁布实施《普通高中地理课程标准(实验)》,我国共颁布了 30 部地理课程标准或教学大纲,其中初级中学 16 部、高级中学 7 部、全日制中学 7 部。这些地理课程标准或教学大纲不仅能够反映出地理课程内容演变的基本轨迹,而且能够投射出地理课程内容的编制标准。

一、地理课程内容的历史演变

1. 萌芽阶段(1902—1955)

这段时间内共颁布 17 部课程标准或教学大纲。课程内容以地方志为主,其顺序是先讲中国地理后讲外国地理,也有部分课程标准或教学大纲涉及自然地理内容。萌芽阶段的课程内容没有形成完整的体系,多以知识点的传承为主,知识点繁多且有一定程度的横向交义。但从另外一个角度讲,萌芽阶段提供了地理课程内容选择和组织的一般线索,为以后课程标准或教学大纲的制定奠定了基础。

2. 确立阶段(1956—1977)

这段时间内共颁布 2 部课程标准或教学大纲。与萌芽阶段相比,确立阶段课程内容具有较强的逻辑体系,能够从自然地理、经济地理要素的角度选择和安排内容,可以说有效地探索了地理课程内容的组织结构。尽管这个阶段地理课程的设置时间和课时数在不断变化,但课程内容总体上采用从整体到部分的原则,国家和地区的顺序主要按地理方位排列。确立阶段的课程内容仍存在一些问题:① 知识点繁多,"地理八股"味道浓重,强调面面俱到;② 过于强调区域地理,但区域的选择代表性不强;③ 初、高中内容衔接得不好,且知识点横向交叉较多;④ 人文地理比重较小。

3. 发展阶段(1978—1991)

这段时间内共颁布 5 部课程标准或教学大纲。与确立阶段相比,发展阶段基本确立了一条比较明确的逻辑线索,即初中阶段以区域地理知识(先中国地理,后世界地理)为主,高中以系统地理知识为主。此外,这一阶段设立了地理选修课(高三),适当地增加了人文地理的比重,一定程度地考虑了学科逻辑与学生心理特征的结合。尽管发展阶段的课程内容具有一定的系统性和稳定性,但仍过分强调知识点的累积和面面俱到、部分知识点有重复现象,并没有充分考虑学生的兴趣与能力水平。

4. 完善阶段(1992—2000)

这段时间内共颁布 4 部课程标准或教学大纲。从 1992 年开始,地理课程内容的组织结

---

① 本文选自《地理教学》2008 年第 3 期。

构日益稳定,同时也形成了比较明确的逻辑主线,即初中阶段以区域地理知识(先世界地理,后中国地理)为主,高中必修以系统地理知识为主,选修以人文地理和区域地理为主。特别要注意的是,这个阶段强调以人地关系观点和可持续发展观点为核心构建内容,力求体现课程内容的基础性、综合性和实践性。此外,课程标准或教学大纲中还规定了教学内容要点,并提出"运用识记、理解、应用"来表述对知识的要求。尽管这一阶段地理课程内容的选择与组织一定程度地考虑了学生的能力、经验和兴趣,但仍然存在许多问题:① 识记的知识点较多,对能力和情感态度的培养显得不足;② 课程内容体现地理学科的最新发展不够;③ 课程内容结合学生生活、结合社会实践不够,难以引发学生的兴趣;④ 课程内容偏难,过于强调学科的逻辑体系,忽视学生的心理发展和能力水平。

5. 成熟阶段(2001年至今)

2000年我国进行了新一轮课程改革,课程内容调整是本次课程改革的一项重要内容。2001年,教育部颁布的《全日制义务教育地理课程标准(实验稿)》规定的地理课程内容组织方式与呈现方式较以往有很大不同,主要体现在以下几个方面:第一,初中地理课程内容的选择要贴近学生生活、贴近社会,目标是促进学生终身发展;第二,知识点相应减少,关注方法培养和情感态度价值观教育;第三,活动类课程内容增多,注重学生体验和参与。2003年教育部颁布的《普通高中地理课程标准(实验)》也提出了一些新的规定和要求:第一,高中地理课程内容从公民素质教育出发,不刻意追求地理科学的系统性;第二,强调地理、人文地理及区域地理内容的联系与融合;第三,区域地理以案例分析方式选择内容,至少3个中国案例、1个外国案例;第四,选修课程设置七个模块,其学习可根据学生能力、学习兴趣及学分要求进行针对性选择。

二、地理课程内容的编制基准

地理课程内容的编制应在体现教育目标、培养目标的基本规定基础上,满足学生的兴趣和需要,着重体现地理学科的特点。

1. 地理课程内容要体现地理学的综合性

地理课程内容的选择应从内容编排和教育功能两个方面来体现地理学的综合性特征。

第一,内容编排上要体现综合性。地理课程内容的选择不仅要涉及位置(纬度位置和海陆位置)、地形、气候、河流、动植物等自然地理内容,而且要包括人口、聚落、交通、旅游、工农业等人文地理的内容。此外,地理课程内容也要涵盖各种自然要素和人文要素之间的相互联系与作用,强调自然因素和人文因素对地理现象和地理过程的综合影响,更要着重突出人地协调、可持续发展等密切关联的综合性内容。因此,地理课程内容内部要素之间要具有密切的关联性和系统性,进而能够充分体现地理学的整体性和综合性。以初中地理"日本"为例,教材从"多火山、地震的岛国""发达的加工贸易经济""东西方兼容的文化"三个方面对日本进行介绍,实际上三部分内容间具有极强的关联性(见下图),它们之间是相互影响、相互作用、相互制约的关系,较好地体现了地理学的综合性特征。

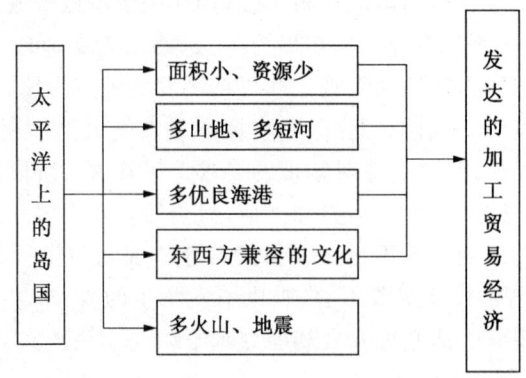

地理课程内容体现"综合性"特征

第二，教育价值上要体现综合性。地理课程内容的构成要素应包括知识、能力、方法、情感态度与价值观等方面，这样能够使学生各方面能力获得均衡发展。其中，必要的存量地理知识是学生发展的基本前提，地理能力能够促进地理知识的内化与迁移，地理方法和地理情感态度与价值观能够引导学生的价值取向。可见，地理知识、地理能力、地理方法以及地理情感态度与价值观之间是相互联系的统一整体。因此，在教育价值上，地理课程内容的选择要体现综合性的特点。

以"酸雨危害与防治"为例，从教育价值上看包括以下构成要素：① 地理知识要素。通过上述内容的学习可以使学生获取什么是酸雨、酸雨的形成原因、酸雨的危害及其防治等相关知识。② 地理能力要素。通过读图能够判断我国酸雨分布的地区差异，并进一步分析形成这种差异的原因，从而培养学生的读图能力、析图能力以及综合分析问题的能力。③ 地理情感态度与价值观要素。通过对酸雨危害的学习，可以使学生意识到酸雨对生物、建筑物、土壤以及人类都有很大的危害，进而形成一种环境保护意识。综上所述，"酸雨危害与防治"课程内容不仅能够使学生获取必要的存量知识，而且能够使学生养成必备的地理能力，更重要的是能够形成健全的地理情感态度与价值观，从而促进学生的全面、协调、健康发展。因此说，在教育价值上，"酸雨危害与防治"充分地体现了综合性特点。

2. 地理课程内容要体现地理学的区域性

地理学是一门旨在解释地区特征以及人类和事物在地球上出现、发展和分布情况的科学。它研究地理事物的空间分布和空间结构，阐明地理事物的空间差异和空间联系，并致力于揭示地理事物的空间运动、空间变化规律。地理课程内容应从区域特征、区域差异和区域联系等三个方面体现地理学的区域性特征。

第一，地理课程内容要体现区域特征。地理学的区域特征是指某一区域的显著征象与标志。地理课程内容的选择要注意体现不同尺度区域的显著标志。以初中地理"非洲"为例，它强调非洲是一个高原大陆，自然景观以热带为主，荒漠面积广大，以黑色人种为主；自然带呈带状分布，并以赤道为轴南北对称分布；热带为主的各自然要素类型众多，动植物特有种丰富。这部分内容从地形、气候、植被、生物、人种等角度，较好地反映出非洲的典型区域特征。

第二，地理课程内容要体现区域差异。地理学的区域差异是指区域地理环境结构在区域内部的差异。这种差异可分为纬向地带性和非纬向地带性差异。前者是指地理环境各组成要素和它们所形成的自然综合体,有沿纬线方向东西延伸、按经线方向有规律地南北循序更替的带状分异排列;后者是指地理环境任何与前者有偏差的分异现象。例如,"由于太阳辐射在地表分布的不平衡,地表组成物质在各部分的差异,不同的地形结构,相异的海陆位置,以及地表各部分不同的历史发展,大陆的地理环境按照不同地段的总体特征可以划分成不同的区域,这样就体现出差异性"。

第三,地理课程内容要体现区际联系。地理学的区域联系是指不同尺度自然综合体内部各要素和各部分相互联系、相互制约,从而形成一个完整的、独立的、内部具有独特性的整体。地理课程内容的选择要能够体现各自然地理要素和人文要素之间的联系乃至地理环境的各个部分间的联系与作用。这类地理课程内容包括两大类:① 地理环境中某一要素的变化会给其他要素带来影响;② 地理环境中某部分变化会给其他部分带来影响。例如,通过世界气候分布图可以看出,欧洲气候海洋性显著,而北美洲却以温带大陆性气候为主;但从地理位置和气压带风带来看,欧洲和北美洲大部分地区位于北半球的西风带,欧洲位于亚欧大陆的西侧、大西洋的东侧,北美洲位于太平洋和大西洋之间,可以说地理位置和气压带风带两种要素对两洲气候的影响差别不大。原来,造成这种气候差异的重要原因是:北美西部高山高原地区阻挡了来自太平洋的暖湿西风深入内地,使太平洋的影响仅局限于太平洋沿岸一带,而对东部广大地区的影响则很小,完全不可能同大西洋对欧洲气候的影响相比。由于地形的影响,造成两洲气候不同,从而导致两洲地理环境差异显著,这说明北美高山高原地区对整个北美地理环境特征的形成有巨大的影响。所以说,地理环境中某部分的变化会给其他部分带来影响。

3. 突出地理课程内容的基础性

基础教育的性质决定了课程是为学生的终身发展打基础。地理作为基础教育课程体系中的重要学科,理应选择最基础的内容。但在以往地理课程编制中,因对"基础性"的理解存在一定程度的偏差,导致地理课程内容"难、偏、旧",因此统一对"基础性"的认识十分必要。

所谓基础性有三个方面的含义:第一,地理课程内容的根本性或基本性,即反映地理学科基本结构的内容,包括地理学科的基本概念、基本观点、基本问题、基本原理等。《地理教育国际宪章》指出了地理学习的基本概念和基本问题,基本概念包括:位置和分布、地方、人与环境的关系、空间的相互作用和区域,基本问题包括它在哪里、它是什么样子的、它为什么在那里、它是什么时候发生的、它产生了什么作用、怎样使它有利于人类和自然环境等。地理课程内容选择应该围绕上述基本概念、基本问题循序展开,进而反映地理学科的基本结构。第二,发生性或起始性,即地理知识体系中那些迁移力最强、迁移程度高的内容,包括地理成因、地理事物和要素间的相互联系等内容。这部分知识是学生后继学习的准备条件,也是学生创新精神和创造能力发展的基础。第三,地理课程内容的普遍性或者共同性,即较长时期内已被广泛认可或使用的地理知识。这可以说明不同时期、不同地区的人们都认为这些地理知识是重要的,从而反映出这些地理知识的基础性。

在重视基础性方面有几个问题值得重视。其一,重基础并非重传统。有人认为地理课程内容选择中的基础性就是强调传统、强调个人经验,从而否认了地理学科的前沿发展,这是一个误区。地理科学的发展具有继承性和一贯性,也具有创新性和动态性,现代地理学的发展产生了许多新成果、新知识、新观念,这些内容需要及时反映到地理课程内容中来,以体现课程内容的时代特征。因此,夯实基础并吸收创新是地理课程内容编制的可行对策。其二,重基础知识与技能,并非否认学生的创新发展。重基础并没有否认为学生后继学习提供相应的知识支撑和保障,相反给学生的后继学习打下了坚实基础。其三,协调地理知识的广度与深度。在地理课程内容选择过程中,确立地理知识广度与深度间平衡的支点是一个难题,也是不可回避的问题,只有这个问题处理好,地理教材"偏、难"的现象才能得以根本改观。

4. 地理课程内容要贴近社会生活与学生生活

课程内容的生活化与社会化是课程改革的主要趋势之一。地理作为一门综合性学科,与社会联系十分密切,地理课程内容理应贴近社会生活与学生生活。首先,人地关系是地理学科的核心线索,与此相关的人口问题、区域差异、经济全球化、旅游、数字地球、可持续发展等与社会生活密切相关;其次,地理与民居、地理与服饰、地理与饮食、地理与交通、地理与疾病等与学生生活密切联系,这些都是地理课程内容的重要组成部分。因此,地理课程要发挥"社会性"的学科优势,课程内容要回归生活、回归社会。

特别需要指出的是,地理课程内容贴近社会生活与学生生活,并不是毫无选择将地理学科中与此相关的内容"和盘托出",而应处理好如下几个问题:第一,地理课程内容的社会化与生活化既要考虑地理课程内容与现实社会的联系,也要考虑地理课程内容与未来社会的联系。地理课程应该帮助学生更好地觉察未来的各种选择及其后果,既要有利于促进社会的发展,也要让学生肩负改造和建设社会的重担。第二,地理课程内容的社会化与生活化要避免功利主义倾向。有人把"学了就能在社会上派用场"作为衡量中小学课程内容与社会需要相结合的尺度,实际上是一种很浮躁的功利主义倾向,这种做法是短命的。第三,地理课程内容的社会化与生活化要考虑到学生的年龄特征。与地理学科相关的社会现象与社会问题要依据难易程度分配到不同年级讲授。其中比较简单的放在初中阶段,如人口问题、旅游等;比较复杂的放在高中阶段,如经济全球化、区域差异、可持续发展等。第四,要依据本国国情和发展阶段选择相应的地理课程内容。

澳门中学地理课程的历史发展[①]

黄逸恒

一、1899年以前的澳门教育与地理课程

澳门教育所呈现的是中、葡双轨并行,传统中国学塾与西式教育同在的景象,盖因当时葡人只是以自治的租居者名义生活在澳门,在此背景下,当时中葡双方在教育上基本呈现互不干涉的状况。此期间教会、葡人与华人共同负起兴学的责任,逐渐形成了澳门教育特有的传统。从学校课程的角度而言,当时教会着重培养传教士以及教导信众礼拜天主,而葡人学校与华人学校亦皆依其传统教导学童,从此逐渐形成了多元并进的课程特色。地理课程方面,捷克教育家夸美纽斯在著名的《大教学论》一书中,第一次阐述了地理作为独立学科学习的必要性,并因此促成17世纪如英国等西方国家开始设置学校地理课程,并于19世纪50年代在西欧慢慢地得到普及。随着19世纪末期地理课程在大学地位得到确认以后,地理课程正式成为一门学科,并普及于当时西方国家的大多数学校课程中。受此影响,澳门作为当时东西方文化交流的桥头堡,在19世纪末期已开始出现一些由教会办理的新式学校,其中有部分已首开中国学校先例开设地理课程。例如,为纪念基督教传教士马礼逊而于1839年11月在澳门开办的马礼逊学校,将近代西方教育模式引入中国,中国近代第一批留学生容闳、黄胜宽等即为该校学生,其学校十多门课程中就包括了地理课。1842年11月,马礼逊学校迁往香港,更成为香港开埠后的第一所学校;澳门著名教育家陈子褒先生于1899年所创立的蒙学书塾,与当时其他的几间新式学校一样设有地理课,澳门现代学校中的地理课程,就在此段时期开始萌芽。

二、1900—1949年间的澳门教育与地理课程

澳门的学校教育制度与课程设置,逐渐由旧制转型为新制。受到清末以至民国年间中国蓬勃发展的影响,澳门新式学校教育开始萌芽发展。抗战时期大批内地的优良师资与优质学校避难而来,使此时的澳门教育水平及人口文化素质等方面皆大为提高。但由于政府管制松散,亦少予资助,因而形成了类似"市场调节"的机制。此期间澳门的课程,亦因其办学的主体不同,而不完全一致;同时,亦依其教学语言为葡语、英语或华语的不同,而有所差异。此期间的地理课程,大致的课程模式是:官方或教会所办以葡语授课的地理课程,基本以葡国教育部所公布地理课程为依据;以英语教授的地理课程则以英国特别是香港习用的地理课程为依托;至于以华语教授的地理课程,则准用国民政府时期的地理课程,或径采香港习用的地理课程,或自行编辑,不一而足。这个时期,以外地地理课程为准据的"依赖型"

[①] 本文选自《中学地理教学参考》2009年第7期。

课程逐渐成形,并成为澳门中小学教育地理课程的一项重要特色。

三、1950—1991年间的澳门教育与地理课程

1949年中华人民共和国成立后,澳门政府当局处理一切政务,仍然以"核心—周边"的划分为其主要的行事原则,教育政务亦不例外。在"核心—周边"的行事原则下,这段时期澳门政府当局对华人的教育很少介入,特别是当时为数众多的私立学校。当时的澳葡政府对于个人或是团体办学,采取的是绝对自由的政策,只有形式上的管制。这一情况直至1970年代后期,澳门政府才逐步介入私立学校的资助与监管。同时,澳门的学校教育制度在这时期更进一步地确立为中国学制、葡国学制、中葡学制,以及英国学制四种学制并存,而其所承载的课程亦各具特色,并在百余年来兼容互存,各自在"多元化、自由化、市场化"的规律之下竞争着、汰换着,形成了澳门教育制度的特色。

地理课程方面,此时期中国学制、葡国学制、中葡学制,以及英国学制四种学制的学校地理课程,大致上承接着新中国成立前的发展。中国学制的学校课程内容参照大陆和台湾的地理课程,选用的地理教科书以两地出版的为主。葡国学制的学校,课程内容参照葡国教育部颁行的地理课程标准,采用葡国出版的地理教科书。此时中葡学制的中葡中学由于仅开办数年,地理课程尚以参照中国学制的学校为主,使用香港出版的教科书。英国学制的学校,地理课程以香港为准据,而由于其教学语言为英语,主要选用香港出版的英语地理教科书。

四、1991—1999年间的澳门教育与地理课程

1991年8月29日,经过澳门立法会通过并且由总督颁布施行的11/91/M号法律《澳门教育制度》,作为澳门首个涵盖教育范畴诸方面的教育法,影响着当时澳门整个教育制度以至课程的发展,同时,亦为澳门教育制度及课程发展明确了一些基本的准则与规范。澳门教育制度法律的颁布,亦标志着澳门学校课程由原来的几乎完全自由进入到"公共化"及"普及化"的阶段。地理课程方面,从该教育法律确立后,澳门的教育发展渐渐迈向"规范"的制度。诸制度中的课程发展更成为当时关注的部分之一,1994—1997年间,澳门政府颁布了《初中教育之课程组织》以及《高中教育之课程组织》等法令文件,成为当时学校设置地理课程的依据。一系列的课程组织法令通过后,当时的教育暨青年司又于1994年9月成立课程改革工作小组,并在1994—1995年内的一年时间内,为初、高中编制地理科课程文件,包括初中部分的《地理课程大纲》以及高中部分的《地理课程大纲》。次年地理课程大纲于各所公立中葡学校先后试行,并于1999年先后完成有关文件的修订工作,成为澳门学校地理课程的参照依据。该项课程改革工作于1991年11/91/M号法律《澳门教育制度》颁布开始,1994年多份课程组织法令通过后至1999年的基本定稿,共经历了约8年时间。上述的课程文件,规范了由政府办理的公立学校地理课程,上述的中葡学制学校课程准据及学制就在此期间得到进一步的规范。私立学校方面,此次课程改革政府政策仅作为私立学校课程设置的参考或建议,并没有进行严格规范,因而回归前的澳门地理课程,仍依据不同学制学校各自参照的课程准据而存在。

五、回归后的澳门教育与地理课程

1999年12月20日澳门回归以后,由教育暨青年局于2003年6月推出的《澳门教育制度修改建议》,以及2006年12月13日由澳门立法会及行政长官通过颁行的9/2006号法律《非高等教育制度纲要法》,使当时的澳门教育制度由"巩固期"进入"调整期"。至于课程方面,回归前的澳门政府所制订的地区课程,象征意义超过实际的意义,因此澳门特区政府期望透过《非高等教育制度纲要法》以及一系列补充法令的修订及颁布,整体规划各教育程度"课程框架和基本学力要求",并由学校自主发展其校本课程。多元并进的澳门课程特点,随着2006年底《非高等教育制度纲要法》的颁布,以立法的形式得以确认,而包括地理课程在内的"课程框架和基本学力要求"等一系列的课程改革及发展工作,将保留原来多元并进的特点,在进一步适度规范的原则下以校本地理课程的形式呈现。相关的地理课程发展工作,亦于2008年开始进入研拟阶段,预期2010年将进行广泛的咨询和试行。

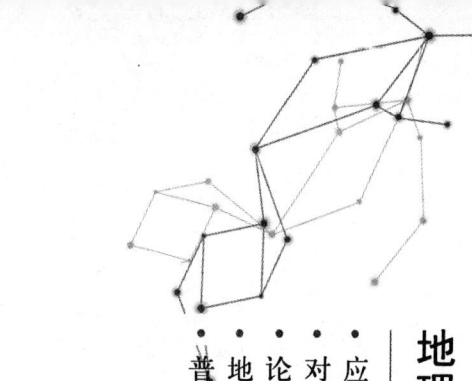

地理教材研究

- 应用教材分析的内容和方法(刁传芳)
- 对编写高中地理新教材的认识与建议(李家清)
- 论高中地理新教材需要处理好十大关系(李晴)
- 地理新教材改革的突破口——学生学习方式的变革(韦志榕)
- 普通高中地理课程标准（实验）选修模块『地理信息技术应用』内容解析(段玉山)

利用图像系统发展学生的智能[①]

孙景沂

完善的教材是由课文系统、图像系统和作业系统有机结合而编成的。从教材的智力价值而论,这三大系统都要符合学生智力发展的要求。现仅就图像系统来论述如何发展学生的智能。

一、把利用地图作为开发学生智能的一种手段

利用地图进行地理教学是一条普遍规律,也是一个教学艺术问题,它还可用来作为开发学生智能的一种手段。配合教学把地图运用得是否恰当,关系到教学效果的好坏。彼得罗夫斯基曾说:"察看地图是一所培养再造想象的特殊学校。"因为地图对培养学生的注意力、观察力、记忆力、思考力和想象力,都起着重要的作用。

在教学中,要求学生对地图能做到"看、指、读、写、画、变、想"七个字。看和指是对某地的相关位置和山川线段位置,在图册上找到,或在挂图上指出,这就要求学生具有读图和识图的基本技能。读和写是指对长地名要反复读(经验证明:越长的地名,如布宜诺斯艾利斯、马格尼托哥尔斯克等,学生记得越牢固,因为首先引起了他的注意力,进而多次熟读,加强了他的记忆力),一般地名在暗射图上填,生疏字要学生反复写,以避免同音、近形、近义等错别字的出现。

训练画图对培养学生动手能力至关重要,平时绘制地理略图的常用方法有:

1. 山川控制法

以山脉或河流作为基线、反映线上及其两侧的地理事物,可醒目地显示出一个国家、一个地区的地理大势。例如,1984年高考地理试题中有一题:"……画一幅新疆三山夹两盆的示意图,注出三山、两盆的名称,并简要回答:① 为什么天山北坡生长着良好的森林,而南坡的森林却很少? ② 为什么天山北坡牧场的利用上有"冬、夏之分"? 这是一个很好的智能题,因为要求学生具有画图能力、思考能力、分析能力和表述能力等。现行地理课本中像这样类型的题还可以命出很多,如"试画出构成青藏高原骨架的山脉及主要河、湖分布图,并简要回答这些山、河、湖泊有何重要的经济价值"? 此外,东北三省、印度半岛、南美洲等的山河大势图等,都可以画出草图,难度并不算大。

2. 相关位置控制法

将图形相互对应的各点,作为描画该图的控制点加以定位,然后根据地理事物的图形特征,将各点联结起来。例如画长江水系示意图,第一步,先以渡口和武汉为控制点,画出小的和大的两个"W"字形(两地均位于"W"字的中心尖端处);第二步,将两个"W"用线连起来,

---

[①] 本文选自《中学地理教学参考》1985年第6期。

再向上游或下游延伸,这样就画好了长江干流;第三步,再补几个控制点,如重庆、涪陵、城陵矶和湖口等,于是,雅砻江、嘉陵江、乌江、湘江和赣江等都可以画出。

3. 城市中心辐散法

描画铁路、航空、海运等交通线路图可用此法。例如,我国西南三省建国以来,新建八条铁路线,形成环状铁路。画图时,先用相关位置控制法,以重庆、成都、昆明、贵阳四城市作为铁路枢纽,画成定点,然后从铁路枢纽向外辐射或延伸,即画成成渝、成昆、宝成、襄渝、川黔、湘黔、黔桂、贵昆的环状线。

熟练运用地图,最好要"变"。所谓"变",是指同一个地名既能在大小不同的图幅上很快找到,又能在不同种类的图形上,不费力气地指出。因为能变则通,能通则活,用的时候才能得心应手。

将直接读图引导到"想图",即根据图显示出来的地理事物,进行地理要素内在联系或因果关系的联想,从而分析出地理事物的成因,例如,讲南美洲暖湿气候的成因时,可边讲边画略图,从纬度位置和大陆形状、邻海位置及洋流、气压带和风带(大气环流)、地势等方面的分析,能得到许多图上没有直接反映出的知识。可见看图推理对学生思维、想象力的培养有着重要的作用。

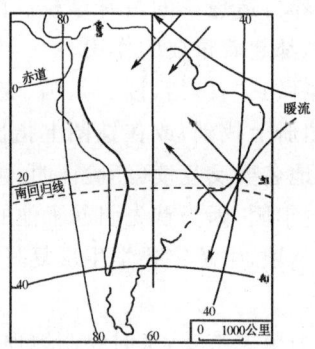

二、挖掘课本图像系统中的智能因素,寓智力开发于教材之中

课文插图中的智能因素丰富多彩,教师要在熟练掌握教材的基础上进行挖掘,例如通过高中地理上册(第二版)P44"大气对太阳辐射的散射"图,可以提问:① 该图中心的点代表着什么？② 四周的箭头表示什么意思？③ 为什么由三股线变成为两股线？④ 此图最好的读法应该是怎样？又例如,初、高中课本都画有"南亚季风"图,在冬季风图中,可让学生思考:① 北半球的西北季风怎样演变为南半球的西北季风？(地转偏向力)② 南半球的西北季风为什么吹到澳大利亚大陆？(因夏季形成一个低气压中心)③ 南、北半球的西北季风源地、成因、盛行季节、性质,对当地气候的影响等方面有何不同？

此外,各种统计图表、生产联系图的分析说明,都蕴含着智力因素,教师必须有意识地充分发挥图像的智力价值。

三、简化原图、原文,设计地理略图,以教师本人的智力去开发学生的智力

考虑到课本插图中表示的地理特征和地理事物,在教学时显得不够突出,或内容繁多需要进行简化,为此,应发挥地理略图的特殊功能,并进行地理略图的构思和设计。常用的方

法是:

1. 线条法

读高中地理上册 P89"水循环示意图"后,为了要求学生领会该图的中心意思,让学生抽掉图中的云、雨、林等自然景观,只用线条在黑板上描画一简图表示出水的循环领域及环节(如下图),并提问:"水循环包括几个领域,有哪些主要环节?"学生自己能画出图来,表明已经懂了,用不着再去讲述。如果为了加深印象,可请学生朗读一次课文。

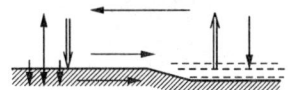

2. 动态图法

课文中关于季风、冷锋和暖锋以及秦岭山脉对南北两侧气候的影响等,都可使用此法,启发学生用智力去解答。例如,教师画东西走向的秦岭山脉,要求学生补画:① 我国冬、夏季节盛行的季风风向箭头;② 根据冬夏季风性质和地形的影响,将冷、热、干、湿四字,分别写在山脉的两侧。

3. 示意图法

教师觉得教材原文含义较深,文字不够简练,概念或分布知识容易混淆的部分,可以根据教材内容和教学目的要求,自行设计示意图,例如,讲述高中地理下册 P173 城市生态系统的一段课文时,要求学生阅读课文后,用概括的语言,填在下图括号内。

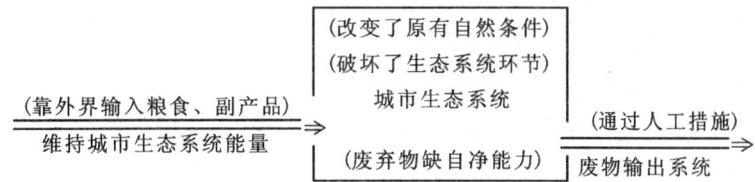

实践证明,大部分学生都能填出上表括号中的内容。这样的训练,可以大大提高学生的阅读能力、归纳概括能力和表达能力。

总之,简化原图原文,设计地理略图,必须有计划有目的地进行。遵循的原则,应该是符合教学的目的和要求,不能超出教材内容,注意科学性,不能任意裁剪或歪曲,讲点艺术性,但不要画蛇添足,哗众取宠。

中小学地理课程设置与教材结构问题[①]
——在"太原会议"上总结发言

褚亚平

今天是我们这次学术讨论会最后一次发言,我的小结发言是在大家讨论的基础上讲的,从这个意义上说,我讲的小结是大家的小结。一次会议总是需要将会议讨论的一些基本观点或涉及的重大问题,加以梳理,取得一个比较集中的看法。我今天主要讲下面三个问题。

一、"太原会议"的特点

这次会议有这样几个特点:

(1) 讨论会的主题明确。这次会议的主题是中小学地理课程设置和教材结构问题,别的问题暂不讨论。围绕主题大家从不同的角度、不同的侧面开展了研究探讨。

(2) 会风良好。党有党风,校有校风,会有会风。研究会没有良好的会风,是开不好的。这次讨论会,充分发扬了学术民主,到会的同志准备很充分,做到各抒己见,畅所欲言,提出了很多具有学术价值的共同意见,同时又保留了学术上的不同看法。

(3) 参加这次讨论会的,有高等师范院校的教师,有教育学院的同志,有地理教材的编辑同志,有科研所、教育厅局教研室的同志,有中小学教师,还有硕士研究生,大家共聚一堂,集思广益,为中小学地理课程设置与教材结构的改革,做出了良好的开端。我们相信"太原会议"的学术讨论之花,必将结出它应有的丰硕果实。

二、关于课程设置

教育要为社会主义现代化服务、面向世界与未来,使受教育者在德、智、体、美、劳动技术等方面得到生动活泼的发展,成为有理想、有道德、有创造能力、身体健康、守纪律的劳动者,这是决定了我们学校教育、学校课程设置、学校教材结构的基本出发点。我们研究课程设置与教材结构的根本出发点是培养什么人的问题。党的方针、政策,特别是邓小平同志提出的教育要"三个面向"的指示,是我们讨论中小学地理课程设置与教材结构的指导方针。1977年邓小平同志还讲过这样一句话:"关键是教材,教材要反映出现代科学文化的先进水平,同时要符合我国的实际情况。"这次会议大家认真贯彻了这种精神,这是我们编写教材的思想依据,也是我们探讨课程设置和教材结构的思想依据。

在这次讨论中,大家很注意强调我国的国情。我国的国情是什么呢?地大物博,人口众多,人均占有量低,地域差异大;社会主义性质的国家,而且是发展中的国家,这就是我国的基本国情。我们要建立适合我国国情的、具有中国特色的中小学地理课程系统和教材系统。

[①] 本文选自《中学地理教学参考》1985年第6期。

我们研究课程设置总的设想是什么呢？可以从以下几个方面来说。

第一，地理课程的总体设计，可分为小学、初中、高中三个阶段。现在就是这样安排的。这种安排，经过几年的实践，大家认为是符合我国国情的，是比较合理的。但另一方面，谈到课程的时候必然要联想到课时的问题，我国目前中小学地理课的授课时数，与世界上多数国家相比，是偏少的，因此这个问题值得我们注意与研究。

第二，两个课堂——课内、课外的结合问题。我们这次会所谈的课程设置，主要是探讨第一课堂的课程设置。探讨第一课堂课程设置的时候，很自然地要联想到第二课堂的问题，目前我们还很难构思出一个第二课堂用的课本。所谓第二课堂，是教学的第二渠道，它实际上是个多渠道的问题，包括课外读物、广播、电视乃至于课外的科技活动等等，而且第二课堂还有一个特点，就是知识信息比较新。学生从第二课堂中获得知识技能，有着多种活动形式，而不是像第一课堂那样，受到某种授课条件的限制。课外读物是多种多样的，而很多内容本身不是地理问题，而是联系到地理知识，所以第二课堂的内容是丰富的，表现形式是多样的，与第一课堂有很大不同。因此很难设想编一本第二课堂用的教材。第二课堂与第一课堂的结合，会使学生在智力的发展上、知识的积累上、能力的增长上获得比较显著的效果。

第三，必修课与选修课的结合问题。这个问题，小学、初中、高中不能同等要求，在中学阶段应该设一些选修课，特别是高中阶段要较多地设一些适合需要的选修课。初中可不可以开设少量的选修课呢？这个问题我们可不必去争论它。在我国，有的学生高中毕业后就业，有的初中毕业后就业，有的小学毕业后就业，这是我们国家的国情。因此，选修课要适应就业的需要。初中要不要设选修课的问题，要根据具体情况而定，要与经济发展相适应，例如第三产业的问题，在北京就有不少农民进城办第三产业，他们中间有很多是初中毕业生，那么在初中阶段让学生选修一些商业方面、服务业方面的知识有什么不好呢？所以我们要密切注意我国经济发展的这种形势、这种需要，来考虑我们的教育措施。因此，不能说初中不能设选修课。至于高中，则可以较多地开一些适合需要的选修课，要根据实际的需要来定。

第四，关于小学课程综合化问题。这个问题大家在讨论中认为是比较合适的。在小学阶段要避免开设过多单科的课程。单科课程名目繁多，对小学生的发展不一定有利。小学的综合课提出自然课一条线，社会课一条线。讨论中大家认为这种设想是比较好的。

第五，关于课程内容问题。小学、初中、高中三个阶段地理课程的基本内容如何安排为好呢？简单地说，小学阶段可不单设地理课，而把地理知识融合在自然课与社会课里，以学习地理科学的感性知识为主。

初中阶段主要设置区域地理课程。教材内容的安排先世界后中国，先整体后部分，这样比较好。在区域地理之前，一定要有相当的地理基础知识的内容，包括地图知识、地球整体知识等。

高中阶段，大家认为现行的高中地理教材基本上是好的，因此我们应该基本肯定。高中地理教材在一定程度上体现了现代地理学的思想和现代地理学科的水平。高中地理以人地关系为主线（或者叫基线），可以安排综合性的、联系实际的内容。此外，在讨论中有一部分同志提出，高中可否开设地学、经济地理，这种意见可作进一步研究。

三、关于教材结构问题

研究教材结构首先要确立关于教材的概念。教材可以分为广义的教材和狭义的教材两种。广义的教材包括教科书、声像教材、参考资料、教师指定的课外读物等等(国外有的把教材分为印刷教材和声像教材)。狭义的教材是课本教材,或叫教科书。我们这次讨论的教材结构主要是指狭义的教材。

其次,关于课本教材的结构,着重谈以下几个问题:

(1) 所谓教材结构是指教材内部各组成要素之间相对固定的、有秩序的联系。教材结构应包括哪些内容呢?它应包括方法论在内的知识结构、智力结构和思想教育结构。在教材结构的处理上,应该注意到教材结构的美育效果。美育效果是通过各种结构和谐的统一而产生的,不是狭义的课本中的形式美(当然不排斥课本形式的美观)。事实上,地理讲的是活生生的自然界,是生动活泼的人文地理现象,这本身就蕴含着无限的美,要用这些来感染学生。曹琦同志讲的日本教材要求要有陶冶性,这种陶冶性包括了地理美育因素的陶冶,当然这不是唯一的,还有思想的陶冶。

教材结构中,知识结构则是主结构。

在知识结构中,编写地理教材时要了解现代地理学的特点。现代地理学有些什么特点呢?主要有:第一,整体性与综合性的特点;第二,系统化的特点,特别是空间结构系统的特点;第三,新的观察技术和新的计算技术运用的特点。我们的地理教材要适当体现这些特点。

智力结构问题。智力结构是在教材知识结构中体现的。要在知识结构中渗透对学生智力发展全面的、系统的要求。在智力结构中要特别重视发展学生创造性的能力,还要根据辩证唯物主义的认识论和方法论培养学生掌握科学的学习方法,这对学生智力的发展作用是很大的,因为学习方法对头,更容易促进学生智力的增长。

(2) 关于教材问题,中小学地理学科的教材,属于普教学科中的一个系统,从这个意义上说,小学、初中、高中的地理教材可属于三个子系统,这三个子系统在组成上应该是配套的,应密切联系,同时它们又各自成为系统,这也是以我国的国情来考虑的。

中小学地理教材作为一个系统,它应当放在整个中小学全部课程和全部课本教材的大系统中来做整体的考虑,以加强各课程内容之间的配合,避免各课程内容之间的重复,以保证中小学各科课本教材的整体性和一致性。

(3) 关于教材结构的层次问题。课本教材的层次可以分为表层系统和深层系统。表层系统就是课本教材中的课文系统、图像系统和作业系统,它是横向的系统。深层系统是由地理学的最基本的思想和地理教学目的统一起来的地理知识系统和地理智力系统以及地理思想教育系统有机的结合体。

(4) 关于教材的表现问题。教材的表现大家倾向于两个方面:第一,在现行的课本教材中,仍然存在着注重课文系统,忽视图像系统、作业系统以及忽视三个系统的密切结合的问题。这种教材我们称之为松散结合的教材。教材结构的松散,必然带来知识教育、智力开发的松散,不能取得最佳的教学效果,因此,我们应当改变这种状况。第二,从课本教材的表述来说,要改变那种直述式的教材,努力创造表述生动、富有趣味性的教材。

应用教材分析的内容和方法[①]

刁传芳

随着教育理论的不断发展,随着社会、经济对教育要求的不断提高,课堂教学过程正经历着一场深刻的变革。为了适应并促进这一变革,"应用教材分析"的思想及理论逐渐形成、发展起来。所谓应用教材分析,就是运用教学论的基本理论,对教材的系统、性能进行分析、测定,并为教学方法设计提供科学依据,而保证全面完成教学任务的过程。这种教材分析,重视分析方法的研究,并与教学过程紧密结合,为了将其与一般的教材分析区分开来,故而称为"应用教材分析"。现将近几年来在实验与研究中取得的点滴认识分述如下。

一、为什么要进行应用教材分析研究

凡是有成效的教学,都有共同的特点:教师在教学过程中充分发挥了主导作用,学生因而处在主动学习状态中。因此,从某种意义上说,有成效的教学过程或教改试验,正是教师主导作用发挥充分的结果。教师的主导作用,就是教师对学生学习过程的控制,是通过对学生学习的引导、指导、疏导完成的。但这三个方面都是通过教材进行的,因此,教师主导作用的发挥,进而教学方法的改革,都必须以对教材深刻的认识,为"物质基础"。

怎样才能做到对教材的深刻认识?在研究了一般教材分析的基础上,我们深感有必要建立一种有利于教师直接应用的新型教材分析方法系统。我们通过四年多的实验与研究,在北京师范大学地理系高如珊老师、北京教育学院李南老师的帮助、指导下,初步形成了应用教材分析方法系统的如下设想。

二、"应用教材分析"的内容与方法

应用教材分析是通过对教材形成背景、结构、内部联系与外部联系的分析,确定教材目的、一般特点及其功能的全过程。它是由宏观分析与微观分析两部分组成的。

(一)宏观分析

宏观分析,又称整体教材分析,是从整体教材出发,分析教材产生的时代背景、教材的整体结构、教材的内部联系与外部联系,以便使教师了解整体教材的目的、特点及功能,从而掌握使用教材的一般方法。

1. 时代背景

研究并了解教材产生的时代背景,有助于教师明确教材的目的,掌握教材的特点。例如,高中地理是在世界结构发生巨大变化中产生的,是为了适应人类需要研究环境,尤其是

[①] 本文选自《中学地理教学参考》1986年第3期。

教育青年一代了解、热爱环境,普及环境教育的科学知识而设置的。这一背景反映出高中地理教材的目的与特点:① 向学生进行认识环境、热爱环境及合理利用环境的教育;② 以人类与环境之间的关系为线索,指导人们树立辩证唯物主义的自然观与环境观。

2. 教材的内部结构与内部联系

教材的内部结构适应一定的功能需要。因此,分析教材的结构,不仅有助于了解教材各组成部分之间的关系,即内部的联系,而且有助于认清各组成部分的性能及整体教材的功能。

高中地理是以人地关系为线索,将众多地理知识组合而成的一部教材,其功能是向学生进行正确认识、处理人与环境关系的教育。适应这一功能,教材采用了同心圆的结构(图1)。这一结构图有利于教师了解教材的结构、内部联系及编排特点。这些特点主要有:① 同心圆以人类为核心,表明教材是以人类为出发点,研究人与环境间关系的。这是全部教材的基本观点,是认识环境,评价环境优劣的出发点。② 各层次内外顺序,反映出教材各组成部分的先后顺序,即由外向内为天文知识→地球知识→自然环境知识……③ 教材各组成部分在整体教材中的地位,又可分别反映在各层次距核的远近距离上,距核越近其地位越重要,即为教材之重点。④ 从各层知识反映的客观事物上看,由外层向内层又是事物客观的进程。在一定的宇宙环境中出现了地球,在地球这一特定的行星上必然地出现了地理环境,地理环境长期的发展出现了人类……⑤ 相邻层次之间关系十分密切,外层教材是内层教材的基础知识,例如天文知识是研究地球知识的基础,而地球知识又是研究地理环境的基础,各层间层层相接,形成完整而统一的知识系统。

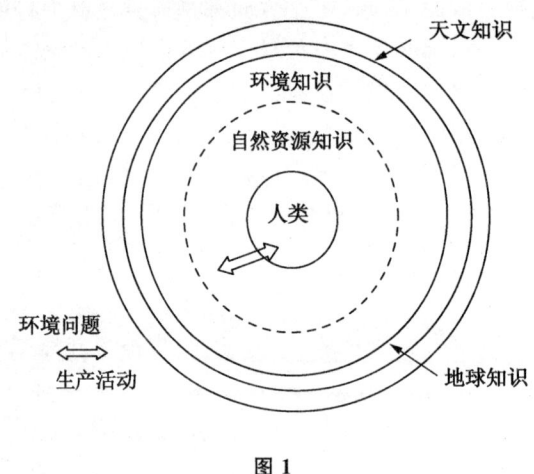

图1

掌握高中地理的结构特点,对于了解教材的功能,进而正确处理教材,是十分有利的。例如从结构图中清楚地反映出:位于距核近的资源、生产及人口、环境等下册人文地理知识,应是高中地理的重点,这样就可自觉地克服目前在教学中常常出现的"重上(册)轻下(册)"的倾向。

3. 教材的外部联系

地理教材的外部联系非常广泛,但主要的有两个方面的联系:一是与实际的联系,包括与社会生活、经济生活、自然界的联系;另一个是与其他相关学科的联系,包括与数学、物理、化学、生物、历史、政治、人口等学科的联系,统称为科际联系。

教师通过外部联系，不仅补充、辅助并加强地理教材功能的发挥，还可以形成更加广阔而又深刻的知识系统，有利于学生智能的发展。

从高中地理的外部联系图（见图2）可以看出这种知识系统的形成，扩大了高中地理教材的功能，尤其可贵的是形成了一个易于知识迁移的知识网络。例如，在学习中午太阳高度地区变化与周年变化时，让学生运用几何计算方法，就可轻松而又深刻地认识这一变化规律；在学习工业生产和城市发展时，联系世界与中国历史有关不同时期生产力发展状况，就加深了对工业、城市发展原因的认识；在学习城市环境问题时，联系当地环境状况，会使学生真正理解环境问题的实质原因……如果在整体的教学过程中，有计划地、适当地进行了这种有成效的联系，促进地理知识与实际、相关学科知识的相互渗透，不就可以形成以高中地理教材为基础的，具有多方联系的知识系统吗？

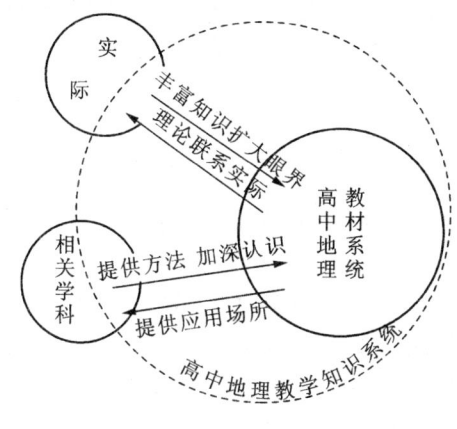

图 2

综上所述，地理教材的宏观分析，为教师在教学中发挥主导作用，提供了方法论的指导依据，使教师能在较高的认识水平上掌握、使用教材。

（二）微观分析

微观分析，又称局部教材分析，是对某一单元（一章、一节或一段）教材的分析。分析其内部联系、外部联系、能力层次及教育作用，并在此基础上提出合理的方法组合。

微观分析一般由以下几个方面组成：

（1）教材组成。按照知识的体系和教学的需要，将被分析教材划分为若干个小的组成单位。这些组成单位称为教学因子。例如在《中国地理》上册中"地球和地球仪"一章，可划分为"地球的形状""地球仪""经纬网"等三个教学因子。教学因子可以是单一的概念，也可以由数个概念组成，例如"经纬网"因子，就是由经线与经度、纬线与纬度及经纬网等概念组成的。合理的划分教学因子，不仅正确体现了知识的体系结构，而且还有利于教学过程的进行。

（2）内部联系。分析各教学因子之间的联系，以便弄清教材内部的结构。在单元教材中各教学因子的联系是多种多样的，常见的有并列联系、主从联系及因果联系等等。在分析中找出各教学因子的联系方式，确定其内部结构，就容易形成教材内部的知识体系，并且在揭示内部联系时，有利于发展学生的智力。例如，"地球和地球仪"一章三个教学因子的内部联系表现为:"地球形状"是"地球仪"的基础,而"地球仪"又是"经纬网"的基础。它们之间环环相扣,知识是直线发展、步步加深,形成一种直线阶梯式的结构。这样建立起来的系统化的科学知识,利于学生应用和发展他们的智力。

(3) 外部联系。确定各教学因子的外部联系,这是宏观分析外部联系的具体化。加强教学因子的外部联系,有利于加深对教材的理解。

教学因子的外部联系有不同类型,由于它们特点不同,因此在教学中发挥的作用也不相同。按照学生掌握知识的状态,可划分为已知知识的联系(即负向联系)和对未知知识的联系(即正向联系)两类。负向联系一般有助于学生恢复知识的良好准备状态;正向联系主要用于新知识的迁移或应用中,对培养能力、发展智力很有好处。例如学习地球形状时,联系到中午太阳高度的地区变化、地面热量的地区变化,不仅使学生更深刻地理解了地球形状的地理意义,而且将学生最初认为毫无相关的几个概念"球形""太阳高度""地面热量"联系起来,形成紧密相关的、完整的"地表面热量的知识系统",这对学生是一个认识的飞跃。

教学因子的外部联系,还可根据其功能划分为比较外联、加深外联及应用外联三类。比较外联经常应用于建立新概念的过程中,有助于对新概念本质的认识。加深外联是采用其他学科的知识,对教学因子的知识内容加深认识的一种联系。应用外联是诱导新学知识迁移或创立新知识应用"场所"的一种联系。

(4) 能力层次。是确定在教学因子及其内、外联系的教学过程中,可能培养学生能力的内容及这种能力的高低层次。

在地理教学中可培养的学科能力很多,可将它们分别归纳为四个层次:

① 识记。对地理事物的观察、认识、记忆等方面的能力。包括使用地图、地理数据、图表、景观图的能力,对地理描述、地理文献的理解力,对地理事物的记忆力等等。这是最初步的地理能力,也是培养高层次地理能力的基础。

② 推理。在掌握地理材料的基础上,运用地理学基本理论进行分析、综合,确定地理特征,解释地理成因的能力。实际上是一种地理知识的初步的应用能力。

③ 应用。使用已学地理知识,更好地处理自己与自然环境、社会环境之间关系的能力,根据协调"人地关系"的基本原则,运用地理学的理论知识,对地区的地理环境进行评价的能力(包括对自然环境、资源、社会环境的评价)。

④ 创见。对一地区或某一地理事物,提出合理规划或合理利用的意见。这是最高层次的地理能力,是创造性运用地理知识于实践的能力。

在确定教学因子的能力层次时,要遵循"高层次为主"与"适应学生认识水平"相结合的原则。

(5) 教育作用。是指教学因子的思想教育内容及其作用。确定教学因子的教育作用,是结合教材具体内容,深入揭示其内在的思想品德教育因素,确定思想教育内容的过程。

为了确定教学因子的教育作用,首先要明确学科思想教育的重点。地理学科思想教育的侧重点是爱国主义与辩证唯物主义宇宙观教育;它们在现代地理教育中,又更具体化为辩证唯物主义的人口观、资源观、生态观与环境观教育。有了地理学科思想教育的范围,为我们确定各教学因子的教育作用提供了依据。例如在学习土地资源时,结合我国山地面积广平原面积少的特点,对学生进行节约土地资源,合理利用土地资源的教育,这就是爱国主义思想教育,是更具体更深刻的思想教育。

在确定教学因子的教育作用时,还要区分各教育作用的表现形式,以便更好发挥它们的作用。常见的表现形式有三种:① 显露式。指教学因子本身就有明显的教育作用,可直接进行思想教育的。例如我国幅员辽阔、资源丰富,是引起民族自豪感的爱国主义教育的教材。② 隐蔽式。指知识不具有思想教育作用,需要教师揭示其内涵的教育作用,才能进行思想教育的。例如,地球是椭球体,并不具有任何思想教育的作用,但是仔细想来,这里却凝聚了人类漫长岁月(由"天方地圆"到麦哲伦首次环球航行……直到卫星观测)的智慧结晶,是激励学生珍视知识、努力学习、勇于探索的绝好的思想教育材料。③ 互补式。需要与其他知识结合,才能起到教育作用,这需要教师的巧妙联系。例如讲到我国幅员辽阔、资源丰富时,如果结合人口众多这一内容,使学生了解我国各种自然资源(包括土地资源)的人均量都很低,从而进行了珍惜资源、节制人口的教育,这是从另一角度进行的爱国主义思想教育,是互补作用的结果。

最后需要指出的是,应用教材分析设立教育作用一项内容,是为了保证思想教育在课堂教学中应有的地位,并将它与知识教学、能力培养紧密结合起来,成为三位一体的立体教学,即知识教学、智能培养与品德教育融为一体的教学过程。

三、应用教材分析在教学中的应用

应用教材分析应用范围十分广泛,可涉及有关教学各个方面。例如教学方法设计、教材的运用、教材改革、教师的提高等等。现将其几个主要应用方面简述如下。

(一) 了解掌握教材

了解掌握教材是教学活动的基础。怎样才能有成效地了解掌握教材呢?应用教材分析提出了明确的方法,这些方法概括地说就是:由整体到部分,由结构到功能,由教材到方法。这是了解一部教材必须遵循的程序,也是了解一部教材必须研究的内容。在教材分析中,核心的内容是结构与功能。

(二) 正确使用教材

1. 宏观分析提供方法论的指导

应用教材分析从产生背景、教材结构、外部联系几个方面对整体教材的分析,为使用教材提供了方法论的指导。

"教材产生的时代背景"的设立,是从"教育要适应社会、经济的需要"这一指导思想出发的,用这一观点研究教材的目的与特点,也用这一观点确定教材能否适应现代的要求。

"教材的结构"分析,是运用系统论关于结构、功能等方面的基本理论,对教材的组成与内部结构进行剖析,进而阐明教材的功能。

"外部联系"的分析,是运用系统的有序原理,分析教材外部联系的必须与可能,探讨教材成为开放系统的途径。

2. 微观分析为使用教材提出了具体方法的指导

微观分析在对教材分析的同时,就为使用教材提供了教材方法。

(1) 使用教材的一般步骤。首先让我们一起分析微观分析各个项目之间的关系,这种关系表明在图3之中。

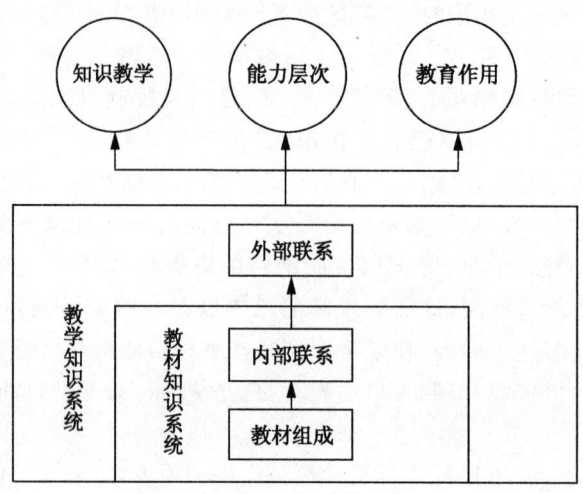

图3

图中说明教学因子的划分,即教材组成,为内部联系提供了分析的条件,并与内部联系共同组成了教材知识系统的内部结构,而教材知识系统是认识与使用教材的基础,当然也是进行外部联系的基础。教材知识系统与外部联系共同组成了教学知识系统,这就是系统化的科学知识体系,它具有切合教学实际的特点,又具有强附着性与迁移性的特点。

由此,不难得出对具体教材使用的一般步骤应是:① 在弄清教材的主要内容,分析其内部结构的基础上,使学生建立教材知识系统;② 根据教学实际进行有计划有目的外部联系,形成教学知识系统;③ 在教材知识系统形成中,完成基础知识教学的功能,在教学知识系统形成中,完成更完善的知识教学功能;④ 在两个知识系统形成的过程中或以两个知识系统为基础,实现培养能力、发展智力与思想教育的功能。简言之,正确使用教材就是形成两个知识系统,完成三项功能。

(2) 教学目的的确定。现代课堂教学目的,一般均由知识教学目的、发展智能目的与思想教育目的三部分组成。使用微观分析可以十分准确而又全面地确定单元教材的教学目的。因为微观分析的几个项目,正好与三个目的相对应:教材组成——知识教学目的、能力层次——能力培养目的、教育作用——思想教育目的。

(3) 教学重点的确定。教材在教学三项功能实现中的作用大小,是决定其是否是教学重点的标准。因此,微观分析又可通过对教材的分析,较准确地确定教学重点。一般说,内部联系与外部联系广泛的教学因子,高层次的能力培养目的,具有地理学科重点思想教育内容的教育因素,就是教学重点。但需要注意的是,在实际教学中以能力层次确定重点时,还要结合学生的实际水平。

(三) 选择合理的方法组合

应用教材分析为了便于使用微观分析的析分结果,组成合理的教学方法组合,首先将教学方法进行了分类与分析。

(1) 自得式教学方法。即学生通过自己的活动,获得掌握知识、巩固知识、应用知识的方法,例如学生阅读、自学、做练习、写论文等教学方法。

(2) 他助式教学方法。即靠外部因素传授知识的方法,如教师讲解、电影、录像教学等教学方法。

(3) 结合式教学方法。即学生与他人共同活动中获得知识的方法,如问答式、课堂讨论等教学方法。

三类教学方法各有特点,都能在教学中发挥良好作用。自得式教学方法有利于培养学生独立学习的能力,激发学生的学习兴趣,但在时间上一般消耗过高,效率往往较低;他助式教学方法能在短时间里,使学生领会知识的实质,在认识上得到质变飞跃,但学生往往处于被动状态,对培养学生主动学习精神、习惯及自学能力不利;结合式兼有两者的特点,但又都不能达到它们各自的优势地位。由于三类方法各有长短,绝不可一概肯定或否定,而应根据教材、学生、教师等因素,选择适当的教学方法组成合理的教学方法组合。

而在决定教学方法组合的诸因素中,最重要的是教材。因为教学方法是协调教学过程中教师、学生之间关系的形式,而教材是教师与学生之间联系的媒介,因此教学方法要适应教材特点。也正因此,微观分析才有可能为选择教学方法组合提出建议:

(1) 一堂课的教学方法组合应由两类以上的方法组成。鉴于各类教学方法各有特点,为发挥它们之间的互补作用,在一堂课中应避免用同一类方法组合。例如一堂课由教师讲解与电影课组成,学生全课处于被动状态,不利于学生积极主动学习;相反,一堂课中由阅读、练习等方法组成,又会失去教师启发的机会,不易形成学生认识"飞跃"的条件。

(2) 知识教学可以运用三类教学方法中的任何一类,例如教师讲解、学生自学或讨论等等均可。

(3) 能力教学应以自得式教学方法为主,这是因为能力的获得更大程度上是依赖于学生自我体验(实践)过程。例如只有通过学生自己的观察才能培养观察能力。

(4) 思想教育多运用他助式教学方法或结合式教学方法。前已说明,教育作用很多内涵于教学因子之中,需要教师启发方为学生所接受。常常见到,教师在教学中,简短几句的讲解,就可在思想教育方面具有极为强烈的感染力。

法国高中《世界地理》教材的几个特点[①]
——评两本法国《世界地理》教科书

蔡宗夏

不久前,笔者收到法国同行友人赠送的他们新近编著的两本《世界地理》教科书(均为 1983 年出版,高中毕业班用书)。书作者诚恳地要求本人对书中有关中国的章节提出意见,为此我认真地阅读了一遍。读后觉得法国中学地理教科书很有特色,重点突出,繁简得当,教学指导思想明确。这些对我们中学地理教学和教材编写工作有一定的参考价值。

法国中、小学都设有地理课程,对学生的地理知识教育向来比较重视。小学地理课教学主要以认识自然、认识世界、普及最简单的地理常识为主。地理课常与历史课结合为史地课,多由同一教师任教。中学地理课教材内容就比较深,由专职地理教师讲授,主要讲授法国地理和世界地理。世界地理为高中毕业班的课程。法国没有全国统编的地理教材,只有统一的教学大纲。根据教学大纲,各大区和省市可以编著和使用不同的教材。这一点与我国情况有所不同。本文介绍的两本《世界地理》新教材,一本主要在巴黎地区使用,另一本主要在西南地区和波尔多市等地使用。虽然编写体例和章节安排不同,但主要教学内容和教学指导思想是一致的,都是按照教育部部颁教学大纲编著的。

我认为这两本法国中学地理教材有以下几个共同特点。

一、强调"人地关系理论"的教育

这历来是法国地理学派的传统和鲜明的特征之一。反映在教材上,是自然地理与经济地理紧密结合,作为一个整体来描述,两者之间没有明显的分隔和脱节。不像人们常见的地理教科书或地理书籍那样,先写自然条件,从地貌、气候到土壤植被,各种自然地理要素逐一叙述,然后再论述经济地理,工业、农业,一个个部门,面面俱到;而是把自然地理要素作为经济发展的条件来阐述,突出重点,避免一一罗列现象。着重于那些对经济发展起重大作用的关键性自然地理要素的深入探讨和分析。例如,这两本教材中对美国、苏联的论述,就着重于叙述那些有利于使这两个国家经济强大的有利的自然条件。在苏联一章中,有"经济发展的条件"一节;在美国一章中,有"美国强大的基础"一节。又如在日本一章中,有一节题为"有限的自然条件",突出分析日本岛国自然条件对经济发展的限制性,以及由此而产生的经济、贸易的对外依赖性。类似的例子,还可以列举很多。总之,"人地关系理论"作为教材的理论基础,贯穿在教材全文之中。

[①] 本文选自《课程·教材·教法》1986 年第 7 期。

二、人文地理内容占了很大的比重

在这两本教材中,人文地理方面的阐述占了大部分的篇幅,特别是对于社会和经济问题的分析,其指导思想是教育学生认识国际与地区间社会经济的特征,掌握国际新经济秩序及其发展趋向。人文地理内容的叙述很注意选材,尽可能选用重点突出、最有特色的内容和采用最新的资料素材。例如在中国一章中,就有"十亿人口""中国经济发展的道路——从自给自足到对外开放"等很有特色的几节,生动地介绍了中国经济发展的现状,很有时代气息;又如在日本一章,有题为"日本的'奇迹'"一节,着重介绍了现代日本经济的迅速发展及其问题,特点也很鲜明。由此可见,教材的篇幅有限,选材得当,有繁有简是十分重要的。教材的作者在这方面是颇费匠心的,基本上把握住了有关国家社会经济发展的特征,给学生以鲜明的概念。

三、重视世界性问题的研究和分析

其目的在于引导学生善于以全面的观点来观察和认识世界。其中特别注重阐述世界经济的现状、发展与趋势,国际经济发展的不平衡性,走向世界性的市场经济以及国际贸易平衡等世界性问题的论述。对于作为国际经济与贸易中的矛盾焦点的石油与小麦的世界市场等问题的分析,有相当的深度。

四、区域和国家的描述注意重点突出,详略适宜

根据教学大纲的要求,两本教材均重点阐述法国人心目中的世界四大强国——美国、苏联、中国和日本。美国和苏联占教材篇幅最大,大约各占 20%,中国和日本合起来占 20%。相反,对于西欧邻国、澳大利亚、加拿大等国家,或全未涉及,或一带而过。由此可见教材的编选取材非常注意重点突出,可谓是大刀阔斧,全然没有面面俱到之感。这方面与我们的教材体例很不相同,孰优孰劣,还可以展开讨论和争鸣。至于广大的第三世界发展中国家,则放在"经济发展的不平衡性"的总标题下加以阐述,着重介绍非洲、印度和巴西等地区和国家。以它们作为典型,分析发展中国家经济发展的特性、不发达的根源、发展中国家之间的巨大差异性以及各种不同的发展道路的评价等等。总之,法国地理教材一般都很重视区域描述,这本身也是法国地理学派的一大特点。但在区域分析中,贯穿主次分明、详略有序的原则,对于增强学生的学习效果,精简教材内容,减轻学生负担,无疑是有一定好处的。

最后,为了使大家具体了解这两本教材的编写体例和主要章节,现将其目录附录于后,希望能为我国高中地理教材编写工作提供一定的参考。

附

《现代世界》——中学毕业年级地理教科书
R. 弗罗芒，R. 基埃纳斯特合著，1983 年出版
（法国西南地区和波尔多市中学使用教材）

Le monde actuel Geographie terminale

R. Froment，R. Kienast，1983

目 录

第一章 世界性的经济与贸易

1. 两极分化的世界；2. 经济发展与发展不平衡性；3. 走向世界性的市场经济；4. 经济平衡，货币与资本；5. 国际贸易与运输的地位；6. 国际贸易平衡；7. 小麦——粮食之王；8. 小麦市场与食物"武器"；9. 石油——世界第一能源资源；10. 石油市场；11. 国际石油运输

第二章 美国

12. 世界第一强国；13. 山地平原，河流湖泊；14. 气候的一致性与差异性；15. 美国人口；16. 经济体系与企业；17. 乡村与城市；18. 空间管理及各种联系网；19. 能源与矿产资源；20. 工业实力与基础工业；21. 从汽车工业到尖端工业；22. 农业；23. 服务业、商业与旅游业；24. 空间组织——西部地区；25. 空间组织——东北部、中部与南部地区

第三章 苏联

26. 苏联的强大；27. 中央集权与多民族的国家；28. 经济发展的条件；29. 气候；30. 生活环境；31. 苏联人口；32. 社会问题；33. 铁路在交通中的首要作用；34. 空间布局——西部和东部（以乌拉尔山为界）；35 丰富的能源；36. 强大的工业；37. 大工业区；38. 农业；39. 对外贸易

第四章 远东——中国和日本

40. 远东的国家；41. 中国的革命；42. 十亿人口；43. 自然条件与自然灾害；44. 土地的开发利用；45. 能源与交通；46. 中国的工业；47. 中国经济发展的道路——从自给自足到对外开放；48. 日本的"奇迹"；49. 有限的自然条件；50. 人口过度稠密的群岛；51. 建立在贸易交换基础上的经济；52. 日本与海洋；53. 集约化农业；54. 工业居世界第三位

第五章 经济发展的不平衡性——非洲、印度与巴西

55. 非洲人口：多种族，年轻化与贫穷化；56. 自然环境与发展政策；57. 非洲农业；58. 非洲的工业化；59. 印度：环境与人；60. 印度农业；61. 工业活动；62. 印度——今天与明天；63. 不发达的大陆——巴西；64. 巴西社会——农村与城市；65. 一个"潜在实力"的国家及其问题；66. 地区的不平衡与内陆的荒凉；67. 不发达的特征表现；68. 发展中经济的性质，不发达的原因；69 从第三世界到第三世界——其他第三世界国家巨大的差异性；70. 发展的道路

学生学习主要参考文献。

《世界地理》——中学毕业年级地理教科书
Y. 拉科斯特等十人集体编著，1983年出版
（巴黎地区中学使用教材）
Geographie—Classes terminates
Yves Lacoste etc.

目　录

前言

一、美国——自然条件与居民；二、美国经济强大的基础；三、对外关系与主要经济问题；四、美国大经济区分论；五、苏联——领土、民族、中央集权计划经济；六、人口；七、苏联的农业；八、工业与交通；九、现代世界中的苏联；十、日本——自然环境；十一、日本的社会；十二、日本经济的强大；十三、中国——广阔的农村；十四、中国的工业化与经济发展；十五、世界经济发展的不平衡问题；十六、第三世界的一致性与差异性；十七、巴西——第三世界中的一个大国；十八、印度；十九、热带非洲的发展问题；二十、世界性的贸易；二十一、石油市场；二十二、小麦市场

附录：怎样准备中学毕业会考中的地理科考试？

建国以来我国中学地理教材的改革[①]

王肇和

教材是学生获取知识的一个重要媒介。一本好的教材,既要符合学科知识结构的逻辑顺序,又要符合学生认识发展的心理顺序。教材改革是当前教学改革的一个关键。回顾建国以来我国中学地理教材改革的过程,总结这些改革的经验和教训,分析我国现行中学地理教材存在的问题,从而明确今后改革的方向,这对当前中学地理教材的改革无疑有重要的意义。

一、建国以来我国中学地理教材的演变

建国三十多年来,我国地理教育工作者遵循地理学和教育学的基本原理,对我国中学地理教材进行了一系列改革,质量有所提高。不过其中还存在一些问题,现分述如次。

1. 由偏重提供事实材料向事实与原理相结合的方向转变

在 50 年代和 60 年代,地理教材偏重于向学生提供事实材料。现行教材比较重视成因的分析,并努力使事实与原理有机结合起来。例如,关于我国的地形,1964 年出版的《中国地理》讲了"地形的主要特征"和"五种地形的分布概况"两个部分;1982 年出版的《中国地理》分三部分讲述有关地形的内容,它们是"地形地势概况""地形的分布"和"地形分布的成因"。这样做,与 1964 年的教材相比,有三个明显的差异:第一,把"地形分布的成因"作为专门一节,突出了这部分内容的重要性;第二,内容的深度有所增加,如"褶皱山和断层山""地壳和地壳运动"等都有一定的深度;第三,关于地理成因内容的篇幅也有增加,1964 年教材关于地理成因内容约有 400 字,而 1982 年教材关于地理成因内容约有 2 000 字,还有四张示意图。由于增加了地理原理的内容,不仅提高了知识的教育质量,而且对发展学生智力,培养学生学习兴趣也有好处。

2. 由偏重自然地理向自然地理与人文地理相结合的方向转变

建国初期的中学地理教材偏重于自然地理,那时教材几乎全是讲区域地理内容,而其中又以区域自然地理为主,这种状况目前已有明显改变。现行高中地理下册专门讲述了生产布局、农业生产的自然条件评价、粮食、能源、资源、人口、城市等人文地理内容。这些内容的加强,体现了现代地理学中自然地理与人文地理相结合的趋向,加强了与社会主义现代化建设的联系,符合地理教学面向现代化的精神。

3. 自然地理内容由集中讲述向分散在区域地理之中讲述的方向转变

1953 年至 1957 年,我国在初中实行初一讲自然地理,初二和初三讲区域地理的教材体系。后来,有一种意见认为,自然地理中难点较多,初一学生接受不了,于是实行"难点分

[①] 本文选自《课程·教材·教法》1987 年第 8 期。

散";把自然地理内容分散到区域地理中讲述。但这样做也带来了一些其他问题：一是这样做打乱了自然地理知识的系统性和连贯性，如关于西南季风的成因不是一次讲完，而是分成几次讲述；二是这样做使较先学习的区域地理知识缺乏自然地理一般原理的指导，例如，关于洋流的知识是在讲完了世界各大洲之后才讲述的，这就给各洲地理中的有些内容（如西欧温带海洋性气候的成因）的教学带来困难。应该看到，某些自然地理内容在初中学习确实困难较大。从近年来世界各国地理教材编写的状况来看，克服这一困难的途径并不是把自然地理知识延后，而是在学习区域地理之前，用生动的例子、形象的比喻等手段，深入浅出地讲述一些较难懂的原理。这种做法是可以借鉴的。

4. 在区域地理中，由先讲总论，再讲分论向目前的被称作"总、分、总"的方向演变

1953年至1959年，我国中学地理教材的区域地理内容，是先讲总论，再讲分论，即先讲全球，其次讲大洲、大洋和各国，最后讲本国。这种由整体到部分的结构体系，有利于学生认识地理环境的全貌。后来有一种意见认为，这样编排，学生对整体的认识缺乏具体的事实材料基础，故改变成现行的被称作"总、分、总"的方法，如中国地理先讲总论，再讲分论，最后讲"自然资源及其利用"。从"总、分、总"的含义看，应是先讲某一知识领域的概况和一般规律，再讲分区或分国，最后在一个新的高度对这一领域的知识进行总结，达到认识的深化。然而在事实上，现行教材并不是这样编排的。现行教材中一部分内容是按"先总后分"的方式编排，而另一部分内容是按"先分后总"的方式编排，所以，认为这种编排方式是"总、分、总"是不恰当的。例如，中国地理中关于气候成因这一部分内容，是按"先总后分"的体系编排的，但关于交通运输这部分内容，却是按"先分后总"的体系编排的，教材先讲各地区铁路网的分布，再讲全国铁路网的分布。这样，学生在对全国铁路网分布缺乏整体认识的情况下学习分区铁路网分布的知识，结果就难认识清分区铁路在全国铁路网中所处的地位及其与外区的联系，同时也使这些知识显得零散而不易掌握。因此，造成了教学的困难。

5. 区域地理内容的组织形式由条述法向特征法转变

条述法按地理要素的项目（如位置、地形、气候、水文等）进行讲述，它条理清楚，但分类太多，地区特征不突出。现行教材用特征法来组织区域地理内容，即着重讲述一个地区的重要地理特征，这样做突出了地区差异性，克服了条述法的不足。但特征法也有不足之处，由于各地区的特征在内容范围和结构层次上互不相同，学生对教材的结构体系很难掌握。如关于气候的内容，中国地理教材"南部沿海三省一区"一章以"高温多雨的气候"为题进行讲述（属气温和降水量的特征），"西南三省"一章就以"地形对气候、河流影响很大"为标题进行讲述（属影响气候、河流的因素），而在"长江中下游六省一市"一章中又以"梅雨和伏旱"为题讲述（属降水类型和干旱特征）。这些特征量多，每一个地区有十个上下，内容范围和层次结构也各不相同，为了掌握这部分内容，学生不得不进行大量的机械记忆。调查表明，大多数地理教师认为，造成学生记忆负担过重的一个重要原因是"地区特征太多而且表述得条理不够清楚"。这次调查也表明，在中学地理教师中，赞成用特征法组织教材的人数只有赞成用条述法组织教材的人数的1/6，反映了中学地理教师希望加强地理知识类型化和层次化的强烈愿望。

6. 在教材表述手段上，由以文字表述为主向文字和图像相结合的方向转变

建国初期，文字表述占绝大部分的篇幅。现行教材已注意运用图像来表述地理景观、地理分布等内容。这种文字和图像相结合的表述方法，不仅有利于向学生提供丰富的感性材

料,也有助于增强教材的趣味性。

总之,建国以来,我国中学地理教材几经改革,水平已有很大提高。但在改革和尝试中,也出现了一些曲折。有时候,为了克服以前教材的某一不足而在实际上又造成了另外一些新的问题,这就需要我们对历次教材改革的经验和教训进行很好的总结。

二、建国以来我国中学地理教材改革的经验和教训

建国以来我国中学地理教材几经改革,有不少可贵的经验和值得重视的教训,对此,有必要认真总结。

改革的经验主要有:

(1) 改革须符合地理学和教育学发展的趋势。例如,地理学强调针对全球性的实际问题进行研究,我国现行高中地理教材专门讲述了资源、能源、粮食、人口、城市等问题。又如,教育学注重知识的理解和发展学生智力。现行教材关于地理规律、地理成因等内容的比重,与建国初期相比有很大的增加。

(2) 要注意针对原有教材的不足进行改革。例如,建国初期的教材中文字表述占绝大部分篇幅,使教材缺乏生动性和直观性,现行教材已经大大增加了各种地图、景观图、示意图等,增强了教材的直观性。

(3) 要注意根据新编教材在教学实践中的试教情况不断进行改革。例如,在1960年,为了精简教材内容,取消了中国地理分论而只讲总论。通过一年的实践,感到取消分论的做法是不适宜的,于是在1961年的中国地理中又增加了分论的内容。

在改革中,也曾走过一些弯路,这主要是由于:

(1) 在指导思想上,在教材编写中对教育学和教育心理学的基本原理的重要性认识不足。例如,教育心理学认为,广泛的丰富多彩的材料对学生智力的发展十分重要,但现行教材中有不少地方都只有结论性知识而缺乏生动形象的实际材料。教育心理学认为,学生的经验在认知活动中有重要作用。而我们的教材对一些难度较大的内容的处理,要么用"大学教材缩写方式"进行介绍,要么完全不讲,没有认真考虑怎样从学生的生活经验出发让学生来理解一些比较复杂的自然现象。

(2) 在思想方法上,缺乏系统的观念,往往解决了某一个别问题而又造成了其他更大的问题。例如,把自然地理知识分散在区域地理中讲述,尽管难点有所分散,但结果又造成自然地理知识被割裂、区域地理的学习缺乏一般原理的指导等问题。

(3) 在怎样对待继承和发展的问题上,缺乏科学的认识,轻易地否定了过去一些合理的做法。例如,不少中学教师指出现行地理教材难度太大,学生接受不了。然而早在50年代,我国就有地理教育工作者在如何通俗易懂地向低年级学生讲述一些较复杂的原理这一课题上,进行了可贵的探索。如1956年出版的《自然地理》教材中关于海陆热力性质的差异这一节,就是这样处理的:

夏天的早晨,太阳照着大地,那时我们到河里去游泳,觉得河岸上的沙石已被阳光晒得很暖,但是河水很凉。到了晚上,太阳早已落山,我们再到河里去游泳,就觉得空气已较凉爽,河岸上的沙石也变凉了,但是河水还保持着温暖。

为什么河水在早晨比岸上的沙石凉,在晚上比岸上的沙石暖呢?那是水的受热和散热

都比沙石来得慢的缘故。[①]

　　这种处理,对于解决在初中阶段引进地理学基本原理与学生可接受性之间的矛盾,提供了一种有效的方法。然而这种做法在现行教材中几乎没有什么体现,造成教材内容的难度太大。

　　(4)在借鉴别人经验与自己进行独创的关系上,也存在片面的认识,表现为对近年来国外中学地理教材及其发展趋势缺乏研究。例如,近年来各国地理教材普遍采用生动形象的比喻和例子让学生明白一些复杂的原理,而我们却推行"难点分散"的做法,结果造成一些不良后果。

三、目前中学地理教材存在的主要问题和今后改进的意见

　1. 主要问题

　　我国现行中学地理教材除了区域地理知识的学习缺乏自然地理知识基础,一部分知识"先分后总"地讲述使知识显得零散,区域地理中区域特征太多而且缺乏层次清楚的结构等问题外,还存在一些其他的问题,这些问题主要有:

　　(1)教材的感性事实材料还不够充足。例如,对诸如冰川之类学生不熟悉的地理事物,教材缺乏对其外表特征的描述和介绍。又如,讲述华北平原时,既没有自然景观的描述,也没有提供华北平原的景观图。

　　(2)教材和大纲都没有明确规定哪些是基本内容,哪些是相对次要的内容,结果造成考试题目涉及的面太广(如柴达木盆地各种矿产的分布地点),给学生增加了记忆负担。这样,不仅抑制了学生积极思考,而且也影响了他们学习地理的兴趣。根据上海市敬业中学对初一、初二、高二这三个年级的调查,学生对地理课不感兴趣的主要原因是记忆性材料太多。

　　(3)教材对一些较复杂的地理原理缺乏说明或说明不当,使不少学生感到教材难度过大。例如,初中教材直接告诉学生存在海陆热力性质的差异而没有进一步说明原因;直接告诉学生东北三省寒凉的气候与冻土的发育造成土壤中水分不易排干,但没有进一步说明原因。

　　(4)教材的趣味性不够。在一次全国性的调查中,接受调查的102名中学地理教师中,认为目前中学地理教材趣味性好的仅占7％,认为趣味性一般或趣味性差的占93％。

　　(5)教材对学生智力发展尚重视不够。纯属资料性的内容显得过多,利于发展智能的内容显得单薄。启发分析少,引导学生观察、思考也较少。例如,对各地区的地形特征,教材没有引导学生通过阅读地图得出结论,而是直接提供了结论性知识。这样,不利于学生智力的发展。

　　(6)地名罗列、材料堆砌的现象仍然存在。例如,初中教材在"世界主要海港"这一小节课文中,13行文字共罗列了39个地名。[②] 高中教材也有类似的情况。

　2. 改进意见

　　一定要从"三个面向"的高度对中学地理教学的内容、结构和表述等方面进行全面的审查和改进,而不要局限在一些枝节问题上。

[①] 褚亚平,芮乔松.自然地理.人民教育出版社,1956,86
[②] 全日制十年制中学课本《世界地理》下册.人民教育出版社,1980,135—136

(1) 在教学内容上，必须克服抽象叙述的倾向，向学生提供丰富的各种各样的自然地理现象和人文地理现象。只有让学生接触丰富的事实材料，才能为他们智力发展提供足够的养料。从沙漠植物怎样适应干旱，到瑞士怎样开发旅游资源，发展旅游事业，这些知识都应以适当的形式在教材中出现，以扩大学生的眼界，发展学生的智力。同时，也需通过一定的方式让学生明白哪些是基本的内容，哪些是比较次要的材料，这样，学生的学习负担不仅不会加重，而且可望得到减轻。

(2) 在教材结构上，应着重处理好下述关系：

第一，正确处理普通地理知识与区域地理知识的关系。可以实行由普通地理到区域地理的两次循环，即初一上半年学普通地理(以自然地理为主并包括两部分浅近的人文地理)；初一下半年学世界地理；初二全年学中国地理；高一全年学地学和人与环境方面的知识(相当于目前高二的内容)；高二全年学习我国国土开发和整治常识(包括全国的和分区的有关内容)。这样做，有利于学生在掌握一般原理的前提下认识各个地区(国家)，并不断加深认识，提高区域地理教学质量，也有利于学生掌握必要的有关国土开发和整治的掌识，紧密联系祖国现代化建设实际。

第二，正确处理总论和分论的关系，拟按先总论后分论的顺序讲述。如中国地理内容，在总论中不仅讲述地形、气候、河流等自然地理内容，也讲述工业、农业、交通等人文地理内容，使学生在对整体有比较明确的认识的前提下学习各分区的知识。区域地理实行两次循环，初、高中都学习区域地理，使学生从不同的角度深化普通地理知识。

第三，正确处理自然地理和人文地理的关系，在讲述自然地理时，要体现自然条件和自然资源对人类的影响，在讲述人文地理时，要把自然环境作为一个重要的因素，就是说，力求使自然地理与人文地理有机地统一起来。

第四，正确处理特征法和条述法的关系。特征法强调通过把握一些较重要的知识从而"以点带面"，如通过长江中下游地区"鱼米之乡"这么一个事实来把握与之有关的气候、地形、水文等方面的知识；而条述法则强调知识的类型化，即把大量的各种各样的知识嵌入一个业已组成的结构之中，这样，各种知识都得到归类和整理，有利于学生识记和回忆，有助于学生有效地掌握这些知识。在实际教材编写中，专用特征法或专用条述法都有局限性。仅用特征法往往把地理知识的结构打乱，把它们分裂成一个个的"特征"来讲述学生掌握起来比较困难，如一个大洲的气候，需从气温和降水两方面进行说明，气温又包括冬夏气温和季节变化等，降水又包括年降水量和降水量季节分配等，这样组织，条理清楚，层次分明，如一定要把它打乱只能人为地制造掌握知识的困难；仅用条述法也有局限性，如关于"工业从沿海向内地发展""全国最大的城市——上海"等内容，很难纳入一个在整个学科中普遍适用的结构。所以，比较合理的区域地理的组织形式应是把这两种方法有机地结合起来。

在概述中运用条述法，即按各要素项目进行讲述，在分区中用特征法，即突出分区中特有的地理事物和现象。如美国中学教材《世界地理》在"北美洲"概述中用"地形""生态系统""交通""土地利用"和"人口"五个标题，比较系统地讲述基本内容。而关于"美国"这一节就分成八个大区讲述，每个大区只讲最能体现该地区特征的地理事物或现象。[①] 这种组织方法是可以借鉴的。

---

① SaraRau 等. *WorldGeography*. American Book Company, 1979: 225—226

（3）在教材表述手段上，应努力使内容的编排符合学生认识的规律和心理发展的规律。第一，在初中阶段，对一些较复杂的原理，应尽量通过生动形象的比喻或实例，深入浅出地加以阐明，而不要用对待成人的方式去讲解这些原理，也不要认为这些内容难教而轻易把它们删去；第二，要努力提高表述的趣味性，可以通过实际生活中的某些现象（如井水水面上下浮动），引出课文的主要内容（如地下水位的变化），也可以通过介绍某一奇特的现象（如一次地震造成的破坏），引出产生这一现象的原因（如地震的成因），这样可以充分运用学生的好奇心，使他们在这种好奇心驱使下积极地去阅读教材，探求答案；第三，应适当增加图像（尤其是彩色图像）的比重，增加感性材料，加强教材的趣味性和直观性；第四，对一些记忆性材料，应尽量简化。例如，对黄河下游地区煤炭资源的分布，不一定要求学生背出一个个煤矿的名称，而只要求他们掌握煤矿的主要分布。这样，不仅大大简化了信息，而且还有利于学生掌握这些煤田的成因及其开发利用。

乡土地理教材的编写原则与方法[①]

赵贤舜

编写乡土地理教材和进行乡土地理教学之间有密切关系。编写乡土地理教材是为了有效地进行乡土地理教学;通过乡土地理教学、开展乡土地理观察和调查活动,可以丰富乡土地理教材内容。

1987年大纲规定,乡土地理教材将由县(市)教育部门制订、编写,省(区、市)教育部门审定。一本成功的乡土地理教材的产生,一般要经过如下工作步骤。

一、明确编写原则

(1) 目的性原则:1987年大纲指出了地理知识教育、智力和能力的培养、思想政治教育三者的统一性,指出"地理知识教育是发展学生智力和能力的基础,思想政治教育寓于知识教育之中"。对本地悠久的历史、丰富的资源、优美的环境、蓬勃发展的经济、宏伟的蓝图以及用一分为二的观点分析本地区的自然环境和经济发展的状况,这些内容的编写都要贯彻上述教育目的性的原则。

(2) 要有乡土地理特色:乡土地理属于区域地理的范畴,要体现地理学科区域性和综合性的特点,突出本区特有的地理事物。如山区要突出山区的地理特色,平原要突出平原的地理特色,为此要选取典型的具有代表性的事例。

(3) 深度、广度要适当:乡土地理教材的对象是初中学生,因此,教材内容要符合初中生的年龄特征、知识水平和接受能力,并要根据教学计划的要求和课时安排内容。本县(市)乡土地理10课时,每课时2 000~2 500字为宜。

(4) 要有较强的科学性:力求选用最新的地理材料,说明问题做到准确可靠。对不同单位提供同一材料,如土地面积、人口、工农业产值等数据,如有矛盾时,一定要复查核实。

(5) 力求通俗易懂,图文并茂:教材内容的表述,既要注意科学性、系统性,又要力求文字简练、通俗易懂、图文并茂。行文要流畅,要避免把生僻术语编入乡土地理教材。地图是地理教学必不可少的工具,也是学生吸取地理知识的重要源泉之一。为了使学生全面了解本地区地理事物的分布,就需借助于地图。众多统计数字,容易使人感到烦琐,这需要把资料编制成各种图表,使人一目了然。有了各种地图和图表,教材内容就富于形象直观,既便于教学,又可借助地图进行实地考察,并进一步学会运用地图的方法。

(6) 要有内容不同、形式多样的作业:既有记忆性的练习,又有思考性和技能性的练习;既有课堂练习,也有野外考察、调查的训练。通过各种训练,学生在掌握乡土地理知识的同时,逐步提高地理观察和调查能力。

[①] 本文选自《地理教学》1988年第3期。

二、拟订编写计划和教材提纲

(1) 编写计划：包括全书的章节安排、教材提纲、资料收集和整理、编写、定稿和复印等工作及其时间安排等。

(2) 教材提纲：提纲应比章节安排更详细，如经济发展状况应包括工业、农业、交通运输业等，其中工业部分还可以分发展工业的条件、工业发展的特点和现状、主要工业部门及其工业布局等问题。

三、资料的收集和整理

编写乡土地理教材，应先有资料。资料收集可通过下列途径：

(1) 通过政府向有关部门收集，如：向地方志办公室了解当地的历史沿革、发展变化情况；向经委了解经济发展状况、工农业产值等；向地质局了解当地及附近地质情况；向气象站了解当地及附近气候资料；向水文站了解当地及附近水文资料；向工业局了解当地工业生产条件、发展特点、现状和生产布局及主要产品销路等情况；向农业局了解农林牧副渔的生产情况、农业结构、主要农产品、土特产的销路等情况；向交通局了解当地的水陆交通发展变化情况、主要线路及货运情况；向文化局、教委了解文化教育发展情况、名胜古迹等；向计委了解当地城市发展变化和远景规划等情况，并请提供乡土地图；向环保局了解当地环保情况、存在问题及改善措施；向民政局了解人口数量、人口密度、人口分布和民族构成等情况。

(2) 通过乡土地理调查，收集资料，如：向当地有经验的老农了解当地农业生产情况、气象谚语和天气变化的关系、土质和农业生产的关系；向乡政府或生产队调查当地人民如何因地制宜、利用自然、改造自然和农业的发展变化及今后的打算等；调查几个集镇，了解农贸市场的物资交流情况。

(3) 通过社会实践、野外实地考察、参观等收集资料，如：进行野外实地考察，了解当地地质构造、地形的特点、山丘的利用、水库的建造和作用，并采集岩石、矿物标本等，参观博物馆、文史资料陈列馆，了解当地历史变迁、文物、名胜古迹及革命纪念地等情况；实地考察革命纪念地、名胜古迹，了解其意义和作用，在必要时可拍摄照片。

此外，还可查阅当地的地方报纸及与乡土地理有关的文章资料。

在整理资料方面，主要工作是：

(1) 分类：一般可将全部收集的资料分为五大类：综合类、自然地理类、人口地理类、经济地理类、其他（如名胜古迹、旅游、环保等）。

(2) 编制目录和索引。

(3) 加工复制：不少资料需要认真仔细加工；各种草图，按照一定要求加以清绘、着色或复制；向有关单位借阅的图表、文献，也要抄摘或复制。

(4) 核对、统计和计算：对数据要细心核实。需要统计和计算之后才能使用的资料，必须及时加以整理。

(5) 编制各种图表：如气温、降水等值线图，农业结构示意图，各种农作物和工业产品产量增长的柱状图等。

(6) 整理实物标本：如挑选岩石、矿物标本，填写标本卡片（名称及采集时间、地点、采集人），整理土壤剖面，鉴定生物标本的科、属、种等。

在资料整理的基础上要做进一步分析，以把握乡土环境的本质。

中学地理教科书的应用与编写[①]

冯以浤

本文的标题把"应用"放在前面,主要是因为笔者认为,应用是主,编写为次,编写者必须按照应用者的要求来编写,而不是应用者按照编写者的意旨来使用。

一、教科书的应用

过去四十年来,地理教科书的应用在香港的中学里发生了一些变化。在 40 年代末期,地理教科书用英文写的来自英国,用中文写的来自内地。进入 50 年代,香港开始出版自己的中文地理教科书,第一本特别为香港中学生编写的英文地理教科书于 60 年代初出版。在 60 年代中期,香港只有一套为本地初中生编写的英文地理教科书,而今天可供选择的初中英文地理教科书有八套之多。

为英国学生编写的中学地理教科书固然不适合香港学生的需要,为香港学生编写的又是否能够完全符合本港所有学生的要求呢?答案当然是否定的。因此,从 1988 年开始,教育署便大力鼓励各中学发展以学校为本位的课程和教材。

在 40 年代末期,地理教师照本宣科是常事。记得在 50 年代中期,笔者的老师上课时已不要求我们打开课本,因而给我们留下了深刻的印象。今天,再没有地理教师经常拿着课本逐句讲解了,也很少见到他们在制订全年的进度时,一章一节地依照教科书的编排去处理。现在常见的做法是:先根据教育署公布的课程纲要以及学生的能力和兴趣,制订一个全年教学进度表,然后再看看可以怎样利用教科书。互相配合时,就尽量利用教科书;不配合则由教师提供补充教材。这样,教科书在教学中所扮演的角色改变了,以前的身份是指挥官,现在则是服务员。

现在,香港的中学仍然要求学生拥有指定的教科书。购买哪一套一般由任教该科的教师共同决定,但如何利用则让各位教师自行处理。由于各校的情况不一,在教科书的选择上便出现了不同的要求,在应用上也出现不同的处理方法。就是在同一所学校里,因为学生素质的差异,不同班别的教师在教科书的运用上也会做出不同的处理。

一般而言,素质低的教师倾向于选用资料详尽、包罗万象的教科书,以省却另找补充资料的麻烦。在备课和教学时,也有依赖教科书,依书直说的倾向。素质高的教师会根据学生的兴趣和能力来决定怎样选择和运用教科书。对能力一般的学生,他们会选择内容比较简单,字少图多的课本。备课时,如果发现教科书在内容上有不足之处,他们会加以补充;上课时,他们不依书直说,而常常引导学生阅读课文和分析课本上的图表。对能力高的学生,他们选择资料详尽的教科书,并鼓励学生参考,但备课时又不受它的局限。上课时主要指导学

---

① 本文选自《地理教学》1989 年第 1 期。

生怎样利用教科书,鼓励学生自己从教科书和其他参考书中抽取所需的资料。

英、澳、美、加等地的一些中学是不指定教科书的,学生也不拥有私人的教科书。上课用的课本由学校购置,供学生借用。所购置的课本也不限于某一家出版社。这样,学生可以自由选择或按照教师的指导选择合适的课本使用,而教师备课时必须参考大量的教科书。让学生使用不同的教科书当然会增加教学上的困难,但如果每班只有约二十名学生,困难是可以克服的。

综上所述,教科书的应用是因物质条件、教学观念和教育对象的改变而改变的。

在物质条件比较优越的社会里,因为学生可以很容易地从参考书和大众传播资料那里获得知识,而教师也能够在课堂上运用各种不同的教材施教,于是教科书的重要性相对下降,由于知识的来源和教材种类多了,因而在教与学的过程中,应用教科书的方式也相应有所改变。

教科书的应用中,教师起着决定性的作用。他的教学观念在很大程度上决定了他怎样去运用一本教科书。如果物质条件改善了而他的观念维持不变,他仍然会沿用旧有的方法去运用教科书。反之,如果他不断更新自己的教学观念,即使受到物质条件的限制,他也会积极创造条件,使教科书得到最合理的运用。

必须指出,教科书的应用受到客观条件的制约,因此,不能盲目引用别人的经验。物质条件所起的作用固然重要,学生的态度和能力也不可忽视。一般而言,能力低的学生对教科书有较大的依赖性,也较需要教师的具体指挥。

二、教科书的选择

在人力和物力都不太丰裕的情况下,把教科书的出版工作统一起来,每科只出一套,也是无可厚非的。但必须指出,这只是应急的办法,一旦情况改善了,便要尽快把出版工作下放,编出多套适合各类学生的教科书。教科书的出版工作开放了,教师便要面对选择的问题。

在选择地理教科书的时候,我们大概要考虑以下的问题:

(1) 它的内容是否符合课程的要求?
(2) 内容难度是否适中?是否循序渐进?
(3) 资料是否准确?是否全面?是否最新?
(4) 地理概念是否受到重视?
(5) 它的文笔是否流畅?描述是否生动?解说是否清晰?
(6) 文字是否适合学生的水平?有没有太多艰深的词汇和复杂的句子?
(7) 对新名词的处理是否恰当?
(8) 篇章结构是否严谨?表达手法是否新颖?
(9) 它的开本和厚度是否恰当?纸张是否优良?装订是否稳固?
(10) 字体的大小是否适中?标题的眉目是否清晰?版面的设计是否优美?
(11) 图表的数量是否恰当?设计是否精简?说明是否清楚?内容是否与课文配合?
(12) 图表的大小是否适中?色调是否和谐?印刷是否精美?
(13) 它有没有明确的教学目标?这些目标是否切合实际?
(14) 它是否包括适当的辅助资料(如教师手册)和辅助教材(如作业、投影和幻灯片等)？
  (15) 它能否引起学生学习的兴趣？能否满足我们深入研习的要求？
  (16) 它的定价是否合理？学生能否负担？

三、教科书的编写

教科书的编写是一项看起来容易做起来困难的工作。教科书的应用深受物质条件的影响，而它的编写又要以应用者的需求为依归。因此，在下笔之前，第一项要做的工作是审度社会形势，了解它的经济状况和物质条件，知道教师和学生在教与学的过程中可以利用的资料有多少。此外，还要知道，教育界一般对教与学的工作抱着什么样的观念和态度，学生和教师是否乐意和懂得怎样利用这些资料，与教科书相配合，以加强教学的效果。有了以上的认识，我们才可以初步确定编写工作的方向。

方向初步确定了之后，我们还要进一步研究，这本教科书究竟是为谁编写的。对象越明确，就越容易下笔。可是，现实的情况是很复杂的。以香港为例，虽然各校的物质条件基本上一样，教师的资历也不相上下，但他们的热诚和学生的素质却可以有很大的差距，这就造成了各校之间甚至各班之间在教科书的运用上出现截然不同的情况。因此，在下笔之前，我们必须先确定对象，明确地知道是为哪些学生和教师编写的。如果对象模糊，面面兼顾，企图把全港的学生"一网打尽"，必然是吃力不讨好，两头不到岸。

教科书的编写当然要按教育署颁布的课程纲要进行，但各校在落实教学工作的时候，却不一定要完全依照纲要行事，这就造成了矛盾。如果教科书编写者所持的观点跟课程纲要所显示的不一致，问题就更复杂了。教科书的编写者应该怎样面对这种情况？他应否什么都不管，完全按照课程纲要行事？以前，他也许需要这样做，但在今天的香港，这样做恐怕已经不合时宜了。作为教科书的编写者，我们应该有自己的观点，并把这个观点融化在整本教科书里。这个观点是由自己对地理教育的认识、对社会经济状况的分析和对运用者的了解而形成的。

不论教师用什么态度去看待和用什么方法去处理教科书，它都是学生的主要阅读资料。因此，对学生来说，教科书的可读性是很重要的。可读性高，学生就乐于阅读，否则，对着它就要皱眉了。可读性主要包括两个要素：一是内容有趣；二是文字平易近人，优美流畅。要提高教科书的可读性，必须尝试从学生的角度看问题，并且用他们的语言把内容表达出来。1968年，笔者任教中学时，曾经尝试将这个想法付诸实行。当时笔者有意编写一套初中地理教科书，计划利用三年时间完成这项工作。办法是：邀请四位成绩优异和语文能力高的初一学生合作，在每一年的期间由笔者向他们再教授一次该年的地理，然后让他们把所授的内容消化，重新组合，再用自己的文字写出来。之后，笔者根据他们所提交的初稿，再请其他学生提意见。可惜这项工作开始不久便因笔者转职而搁置了。

科技和经济的发展使得资料的来源和教材的形式不断增加。面对各种教材的挑战，教科书在中学教育里所扮演的角色正在不断改变，以适应新的形势。作为教科书的编写者和应用者，我们必须密切注视各种教材的发展，以便互相配合，把教学工作做得更好。

论乡土地理教材的评估标准[①]

陈胜庆

一、评估乡土地理教材质量的意义

近几年来,随着教育改革的不断深入,乡土地理教育得到了充分的重视,各地新编的乡土地理教材不断涌现。国家教委于1987年和1990年两次召开有关乡土教材建设的工作会议和经验交流大会,有力地推动了乡土教材的建设。

地理学科具有开展乡土教育的悠久传统。古今中外很多地理学家和教育家都曾反复强调过乡土地理教学的重要性。我国清末一些仁人志士在废"科举"、办"新学"的过程中,就把乡土地理列为新式学堂的课目之一。近代中国最早的乡土地理教材始见于20世纪初,有江苏通州(今南通)的《乡土历史地理》(翰墨林书局1907年出版)和上海的《上海乡土志》(著易堂1907年出版)等版本,其内容涉及地理、沿革、资源、古迹、风俗、乡贤、物产等等,文字精练,内容丰富,重视实用知识,并有较强的爱国情感色彩。《上海乡土志》的序文中写道:"……今又获睹是编之成,益喜吾乡学龄儿童有所凭籍,以培养爱国爱乡土之心,激发志气,其幸福为何如也!"可见乡土教材在当时社会上激起了积极的反响。但由于时代局限性,当时的乡土地理教材带有地方志色彩,罗列事实,堆砌材料,体系结构不甚严密,也没有地图的配置。

80年代以来,乡土地理教材的建设进入了一个前所未有的大好时期。据不完全估计,目前全国县、市一级乡土地理教材已达千余种。乡土地理教材的编写工作使一些在教学第一线的教师成为教材的编著者,形成了一支群众性的教材编写队伍,并大胆地在教材改革方面进行了一些有益的探索,改变了长期以来由少数专职编辑人员编写教材的局面,这对我国当前进行的中小学课程、教材改革,也具有重要意义。国家教委于1990年成立了由领导和专家组成的全国优秀乡土教材评委会,评选出一批全国优秀乡土教材,其中获一、二等奖的乡土地理教材占获奖各科乡土教材的50%,表明已经涌现了不少优秀的乡土地理教材。

因此,为了更好地总结乡土地理教材改革的宝贵经验,逐步形成富有我国特色的乡土地理教材编写理论,如何评估乡土地理教材的质量就成为一个既有实践意义,又有理论价值的课题。从实践意义上说,有了一个相对科学的评估标准,可以使评估教材质量达到科学化;从理论意义上说,评估标准的研究可以深化我们对新时期的乡土地理教材特点的认识,对进一步推动教材建设和深化乡土教育起到重要的作用。

二、新时期乡土地理教材的特点

新时期的乡土地理教材作为我国中小学地理教材的一个组成部分,除了具有一般地理

[①] 本文选自《地理教学》1991年第5期。

教材的共性如鲜明的地理性、严密的科学性、强烈的思想性以外,还应具有以下特点:

(1) 乡土性特点。乡土地理教材要有浓郁的乡土气息,典型而鲜明地突出当地独特的地理特征和社会风貌,避免与通用地理教材的简单重复。限于课时,选材不能面面俱到,而要精选最富有乡土特色和教育意义的素材,只有精选素材,才能有效地突出乡土性特色,并使学生的知识教育、思想教育得以充分的落实。可以说,乡土性是乡土地理教材的生命所在。

(2) 时代性特点。乡土地理教材除了要反映当地自然地理特征以外,还要及时地反映当地工农业建设、城乡建设、文化教育、商业贸易、交通运输的新貌,注意选用最新资料,特别要注重反映近十余年来改革开放的成果,并展示家乡发展的美好前景,使之充满时代气息。

(3) 实践性特点。乡土地理教育的特色是强调学生的实践活动,因此教材必须具有引导学生投身于课外实践活动的功能。课文的叙述和作业设计中应要求学生对家乡的地理环境(包括社会环境)进行观察和调查,理论联系实际,使学生得出自己的结论。

(4) 可读性特点。由于乡土地理教学课时有限,而且学生对自己家乡都已有一定程度的感性认识,所以教材有相当部分的内容留给学生自学和阅读。课文的文字和图像的设计都要考虑到可读性,以激发学生对乡土地理学习的兴趣。地方志式的资料堆砌或刻板的"八股"式体例,以及生硬晦涩的文字都会降低教材的价值。

(5) 实用性特点。为了乡土地理教育能更好地为当地社会主义建设服务,教材应结合当地实际需要,渗透一些有用的知识和技能训练,使学生在今后的生产建设中能发挥一些作用。

以上几方面特点中,乡土性乃是最根本的特点,教材的思想性、时代性、实践性、可读性、实用性都必须立足于教材的乡土性。

三、乡土地理教材质量评估要素的确定

教材质量评估是教育评估中的一个子系统。任何形式的评估,都必须涉及评估要素和评估量度两个方面。即要事先研究教材质量是由哪些要素项构成,这些要素项的评判等级标准如何?评判等级若以得分值表示,则教材质量水平最后可以以数量形式表示,达到定量和定性相结合。

乡土地理教材的质量评估要素与标准,应根据国家教委对乡土地理教育的基本要求和乡土地理教材的特点,以及教学的实施效果等方面来加以限定,尤其应该突出乡土地理教材的特殊性,比如教材是否有乡土实践活动的要求,是否联系当地经济建设的实际问题,内容是否具有典型的乡土气息和时代特征等。此外,制约教材质量的一些外部因素也可以列为评估要素,如理论研究水平如何、教材系列化配套程度如何等等。因此,评估要素可以分成一、二级指标,各由若干项要素构成。

四、评估的质量等级划分和确定权重的原则

在确立了评估要素之后,根据定量分析的要求,应该确定质量评估的等级层次和每一项要素在整体中的权重。

在划定质量评估等级层次时,应注意以下问题:

(1) 教材质量层次的差异具有模糊性,等级层次是相对的而不是绝对的。

(2) 对模糊性层次的辨别力一般不宜超过五级,也不宜低于三级,即可分为优、良、中、可、差五级,或上、中、下三级,也可以用得分值加以区别。

(3) 评估者对等级层次的判断具有主观性,因此要考虑到评估人员的代表性和一定程度上的广泛性。

每一个评估要素的得分在整体中的比重称为权重,可用百分数表示,同层次各评估项的权重总和为100%。在确定各评估要素的权重时应考虑以下原则:

(1) 客观性原则。即要根据各项评估要素在教材整体质量中的重要性程度来确定权重的大小。比如以下的评估表中一级项目"教材质量"占权重最大,为70%,"其他"一项只占15%。

(2) 导向性原则。如果想要通过评估来加强教材建设中的某些薄弱环节,则可增大某项要素的权重。例如下表中"是否具有配套的教材系列",是指教学挂图、幻灯、录相以及野外实习基地等,是乡土地理教材建设的重要方面,增加权重,以引起重视。

(3) 可测性原则。某些内容可测性较差,可降低比重,以免造成评估中过大的失误,如"教学效果"是衡量教材质量重要标准之一,但实际测定较难,则降低至15%。

五、乡土地理教材质量评估量表及使用

编制乡土地理教材质量评估量表是有效进行教材评估的前提,实际上是一项有重要价值的科研工作。在开展教材评估工作之前,应先由教育部门的一些研究、教学人员共同研究制定,使参加教材质量评估的人员有一把相对统一和相对标准的"尺子",使评估工作尽可能地科学化、标准化。

以下评估量表是笔者在近几年来参加乡土地理教材评比工作中,综合各方面意见概括而成的,尽管不尽完善,但抛砖引玉以期得到同行们的指正。

下表中评估要素分二级指标,评估量表使用时,先对第二级指标进行评分(在100、80、60、40、20五栏中选择),各乘以对应的权重系数后,将同一层次的二级指标总得分累加,即为第一级指标的得分。各项一级指标的得分乘以对应的权重系数后,再累加后则成为教材质量评估的总得分。

乡土地理教材质量评估量表

一级指标	权重系数	二级指标	权重系数	评 分				
一、教材质量	70%	1. 内容是否具有典型的乡土特色	10%	100	80	60	40	20
		2. 教材中是否渗透思想教育	10%	100	80	60	40	20
		3. 内容是否体现为当地社会主义建设服务和具有时代特色	10%	100	80	60	40	20
		4. 教材是否具有启发思维和培养有用技能的特色	10%	100	80	60	40	20
		5. 内容的科学性是否严密	10%	100	80	60	40	20
		6. 教材的体系结构是否有所创新	10%	100	80	60	40	20
		7. 文字是否流畅、生动、简练,可读性程度如何	10%	100	80	60	40	20
		8. 图像的设计和配置是否合理	10%	100	80	60	40	20
		9. 作业有否引导学生进行实践活动的要求	10%	100	80	60	40	20
		10. 与通用教材及其他学科的联系是否合理	10%	100	80	60	40	20

续表

一级指标	权重系数	二级指标	权重系数	评 分				
二、教学效果	15%	1. 教材是否能引起学生兴趣	40%	100	80	60	40	20
		2. 教材是否便于教师讲授	30%	100	80	60	40	20
		3. 教材能否发展学生的自学能力	30%	100	80	60	40	20
三、其他	15%	1. 是否具有配套的教材系列	40%	100	80	60	40	20
		2. 印刷装帧质量如何	30%	100	80	60	40	20
		3. 价格是否适中	30%	100	80	60	40	20

一个地区中各地乡土地理教材的质量评估是一项严肃的工作，应该在科学研究的基础上进行。评估人员的组成要有权威性和代表性，可由教育行政部门的领导、教学研究人员和教师组成。各人评估的总得分有所差异，可最终取平均得分。评估定量工作还须和定性分析相结合，即要通过评估的得分状况，组织认真的讨论和分析，合理地指出教材的主要优缺点。同时，在评估工作之后，还可对评估量表做出进一步的修改，使之更加科学化。

地理课程教材改革诸矛盾分析

王克平

课程教材改革,是当今世界教育改革的重要内容之一。我国地理教育界为适应这一改革大势,勇敢地冲破传统的统一地理课程模式,变"一纲一本"为"一纲多本"或"多纲多本",变地理学科中心课程为分科、综合课程实验并进。新编几个版本地理教材在体系、内容和编制方法上各显神通,力求新颖、独特,与国外教材不相上下。

从课程模式上看,人教社、上海、广东、四川、北师大等版本仍属分科体系。浙江是板块式综合体系即合科式,将地理、历史、政治三部分合并为社会课,但内容体系相互独立。而上海的社会课是贯通式综合体系,以地理、历史和政治三门学科的内在联系为依托点全面贯通,改革步伐较大。

从编排体系上看,各版本大都采用由整体到局部的编排方式,即初一讲世界地理,初二讲中国地理,最后是乡土地理。

从编制的形式上看,一改传统呆板生硬的编制、叙述方式,更注意适合学生的认知特点。每个版本都为套色印刷甚至彩色印刷,图像数量大增,每幅图信息量骤减,清晰易读,文字表述较为生动,比较接近学生生活实际,而且尽量体现教学和学习的过程,有些栏目,如"读一读"、"看一看"、"想一想"等也十分具有吸引力。

但是,由于这场改革来势迅猛,以致我们来不及做好充分准备,因而在理论和实践上遇到一些难以处理的矛盾。

一、地理"教材"与"学材"的关系

过去,我们一直依照地理学科的逻辑体系来编制教材,只关心哪些地理知识是基础知识最有价值,学生应该接受什么,而很少考虑他们能不能接受以及是否乐于接受;只把地理教材看作是地理知识的载体,是教师教和学生学的依据,没有看到地理教材的内容及编制结构对学生有效学习地理知识的潜在影响。因而作为学习者主要的阅读材料——地理教科书,则难以发挥其应有的功效,影响了学生学习地理的效率和效果。

因此,地理教材应在遵循地理学科逻辑顺序的基础上,充分体现学生的认知特点,使地理学科的逻辑顺序与学生的心理顺序在地理教材中得到完美的统一,这是实现地理教材向学材转化的关键,也是地理学材之要义。地理学材与教材的区别在于,它的选材与编排更符合学生学习地理的心理特点,有利于学生成功地学习地理,促进其身心的发展。

为了实现地理教材向学材的转化,新教材中的图像应力求简明醒目,符合学生的感知规律,以利于学生地理空间观念的形成,为其准确便捷地理解和记忆地理事物和原理提供充分

---

① 本文选自《地理教学》1995年第3期。

的表象依据,从而促进其想象力的发展;教材中地理事物的展示与论述要符合学生的思维特点和思维方式,教材的编排要由浅入深、由易到难,显现出知识迁移的性质,使地理知识结构与学生的认知结构统一起来,促进学生思维能力的发展;教材的图像设计、文字叙述及作业系统应具有较强的启发性、趣味性、可读性和激励作用,利于引发学生学习地理的动机,运用学生的非智力因素对学习过程的制约作用,提高地理学习的效率,促进学生情意的发展。

二、地理教材的先进性与减轻学生负担的关系

地理科学飞速发展所产生的对地理环境以及人地关系的新知识、新观念要求在地理教材中有所渗透,特别是那些具有固结地理知识作用的原理或上位概念的增加是十分必要的。但是,如果把这种新知识的增加难度的提高视为地理教材先进性的唯一含义的话,必将加重学生学习的负担,显然这与地理课程教材改革的初衷,减轻学生负担是背道而驰的。因此,这次改革既要增加新知识,又要努力精减原来陈旧的内容,特别是分区地理的内容。

九年制义务教育应让学生了解我国和世界自然与人文地理的主要特征,及区域差异大势,分区不要过细,内容不要太详,不要以地理知识点的多少论得失,地理教材的先进性应体现在"新、精、活"上。"新"就是要有新的内容、新的概念,特别要增加某些上位概念,以利于地理知识的迁移与同化;"精"就是要删减传统烦琐的知识,不求个别知识点的得与失,重能力培养和观念教育,如正确的人口观、资源观和环境观的教育;"活"表现在教材的编排不僵化、灵活多样,具有较强的可读性。只有这样,地理教材的先进性与减轻学生负担才能在对立中统一起来。

三、地理科学特性与地理教材内容价值的关系

地理科学历来以研究地理环境以及人地关系而著称,但由于它在社会发展中的作用不像某些学科那样显著,从而导致其研究内涵的动摇,以至今日地理学界众多有识之士热衷于地理科学性质与价值问题的探讨。究竟地理学是硬科学还是软科学,它自身对社会的贡献在哪里,从理论上说清楚绝非朝夕之事,这种现状直接影响着学校地理教材内容的价值,进而影响学生对地理学科价值的认识。其实,这个问题并不在于要求有一个地理学的定义来确立它的科学边界。当今的趋势是,科学的一切领域正环绕着具体的问题走到一起来,在结合的过程中,每一门专业把它自己特有的技术和概念运用到诸如贫穷、人口过剩、资源匮乏和环境恶化等主要难题上来。在解决这些问题时,地理学是在与其他学科的相互渗透中实现自己的价值的。事实上,地理学正在城市规划、国土整治、生产布局、能源利用、资源开发、环境保护和人口控制等方面发挥着重要的作用。

因此,我们在论及地理学的价值时,更要着眼于地理学在与其他学科的联合作战中,共同解决实际问题时所体现出来的价值。这种价值观念是当今学校地理教材内容价值的主导方向(以地理专题形式编制的教材便是以这种价值观为基础的)。为此,在地理教材内容的选择与编排上,要适当考虑这种价值观念。让学生认识到区域位置和地理事物空间关系对社会发展的意义,并让他们初步学会这种评价方式,使他们真正理解地理学的应用价值,达到学以致用的目的。

四、地理知识教学与素质培养的关系

变知识教学为能力培养,变应试教育为素质教育,这是当前课程教材改革的主旋律。我们要勇于摈弃陈旧琐碎的地理知识,将素质教育的思想贯穿于地理教材之中,并使其有机地结合于地理知识体系之中。

素质教育包含三个层次。

首先是学生生理潜能的开发。地理教材中融有大量的图像,以逼真形象的方式经常作用于学生的感官,促进学生形象思维的发展,开发右脑潜能。其次是心理品质的培养。地理教材中不论图像、文字和作业哪个系统都要有充分的智能因素,以利于学生地理观察、记忆、思维、想象和创造能力的培养,特别是各种技能技巧的发展。地理教材中要自始至终贯穿"方法"因素,这里的方法是指地理思维的方法,也就是地理学家看待世界的科学方法,以及地理学习的方法。地理教材要生动有趣,以激发学生的求知欲和探索精神,形成积极向上的情感。最后是文化素养教育。地理教材在叙述地理知识的同时,要结合爱国主义教育、环境教育等观念,特别要渗透国情教育因素,不卑不亢,使学生科学地认识国情,增强自尊心和自信心。这些思想观念有机地体现在地理教材之中,从而起到潜移默化的作用。

五、区域地理各种分区模式的关系

区域地理分区模式是这次地理课程教材改革中面临的难题之一。以中国地理为例,有二分式、三分式、四分式乃至十分式,主张各异。初中学生只要求了解我国一些区域的地理环境及其主要特征,初步认识我国区域内部差异大势,明了这些差异对人类的生产、生活以及社会发展的影响,从而形成因地制宜利用自然、改造自然、发展生产的科学观念。因此,中国地理分区不宜过细,分区过细就会陷于复杂的具体知识的传授,而忽视对宏观区域差异的认识,就会喧宾夺主,不能达到分区地理学习的目的。

此外,各种划分方式大都是以自然地理特征为主要依据,对我国人文地理,特别是经济发展的重大差异反映仍欠充分。如何将自然地理和人文地理特征结合起来,划分出较为妥帖的分区模式,仍是今后要进一步研究的课题。

对编写高中地理新教材的认识与建议[①]

李家清

按照国家教委制订的高中地理新大纲,高中地理新教材即将进入编写阶段。高中地理是在完成九年义务教育地理教学基础上,对学生进一步进行地理基础教育的必修课。

高中地理新大纲与现行大纲相比,教学目标和任务更加明确。教学体系、结构有新的突破,体现了改革和创新精神。它既为新教材的编写提供了依据,也为创造性地编写新教材留有余地。众所周知,好教材既具有教学信息的储存功能和传递功能,又具有教学方法的指导功能,因此教材既是教师进行教学的工具,又是学生学习的蓝本。从系统论观点看,教材、教与学构成了地理教学过程中一个复杂的大系统,三者各为子系统,其关系可借用一幅三圆相交的示意图加以说明:

地理教学体系

图示说明教材、教与学各自都有相对的独立性,但三者之间又有密切的联系,其中共同的即相交的核心部分就是教材,是教和学要达到的目标。新教材担负培养跨世纪人才的重任,如何编写好高中地理新教材,笔者在此谈谈个人的认识与建议。

一、新教材结构应具有新意

1. 对体现基础性的认识

高中地理课程是基础教育的组成部分。高中教材的基础性要反映 21 世纪对国家公民地理知识和能力的基本要求,贯彻邓小平同志"教育要面向现代化,面向世界,面向未来"的指示精神,发挥地理教材的政治功能、文化功能、经济功能与对社会进步、实现"四化"的教育作用,而其物化形态应体现在地理知识基础性内容之中。地理学有严密的科学体系,有大量的概念、原理、规律。作为基础教育的地理教材,不应该是地理学体系、原理的"浓缩",而应将概念、原理与地理现象、地理问题结合起来。多选择使用频率高的知识,使用少的少选择,甚至不选择,不能包罗万象。知识数量太多,势必影响智力发展的质量。要着力展示地理知

[①] 本文选自《课程·教材·教法》1996 年第 3 期。

识的社会价值,强调学是为了用,现在有用,将来有用,终身受益。注意材料的可读性、探究性,便于学生认识和理解地理问题。

2. 对体现时代性的认识

教材知识内容的时代性是教材生命力的重要所在。新大纲仍然继承现行大纲以"人地关系"为主线的指导思想是值得肯定的,并增强了人口—环境—持续发展的科学观念。新教材在这一主线下应以学科的发展为依据,选择最新观念、最新资料并适度超前,使地理教育不仅适应而且为推动社会经济发展做出贡献。例如未来的农业、工业、交通、旅游业、经济体系等在 21 世纪中最可能具有哪些特征,新教材应有所体现。与此同时渗透效益观念、时间观念、竞争观念、信息观念、联系观念、整体观念、系统观念等先进的思想观念,使学生掌握的地理知识具有时代的烙印。

3. 对体现教材结构优化的认识

地理教材的表述形式是文字、图像和作业三个子系统的有机组合。地理教材结构优化的内涵应是恰当表达一定知识容量时其篇幅数量的最小值,文字、图像、作业三者密切结合的最优值,整体功能的最大值。现行高中地理教材,尤其是义务教育初中地理教材在表述结构上有许多可借鉴之处,但在此基础上还要精练文字叙述,加强文字的逻辑概括,加强文图结合,充分发展图像在地理教材中的作用。国外有的地理教材文字与图像之比为 1∶1,而我国一般为 3∶1,这种状况是值得斟酌的。在教材中应根据地理事物之间的相互关系设计和创造一些新图。例如,不同形式的统计图表,对于揭示人文地理中的地理本质,反映地理规律是一种很好的方法,不仅概括性强,而且使版面活跃,也为教师通过运用统计图表培养学生地理思维能力留有余地。在作业系统的设计上应增强层次性和开放性,减少封闭性。例如适量增加观察、观测、实验、设计、讨论等题型,有利于学生的知识迁移,培养理论联系实际的实践能力。

4. 对体现因材施教的认识

我国各地区政治、经济、文化发展不平衡。新教材应考虑我国目前地理师资水平、设备条件、城乡差别、内地与沿海的差别,使教学要求、教学内容在保证基本水准的前提下,富有弹性;使条件好一些地区的学生和条件差一些地区的学生都能在原有的基础上得到发展。这不仅符合我国地区差异大的国情,也符合因材施教的原则。例如作业系统设计,可以提出普通要求和较高要求,规定学生选做和必做。课文内容中可适度增加阅读材料,使有志趣于地理学习的学生拓宽和加深知识。

二、新教材应体现学生的认知特征和育人功能,成为学生乐学的基础

1. 对体现认知特征的认识

地理教材是学生学习地理的材料,又是认识世界的媒体。新教材应考虑学生的认知能力和知识储量,遵循学生从感性—理性—实践的认知规律和从形象思维到抽象思维的智能发展顺序。从纵向看,高中地理新教材应是九年义务教育初中地理教材内容的渐进和发展。如高中地理教材中讲授的地球知识、气候知识、人口知识,应是初中地理教材中相关知识的加深和拓宽。高中地理应重在揭示规律,培养学生认识和解决地理问题的能力。从横向看,学生的知识储量还应包括已具有的相关学科的知识基础,如物理知识、数学知识、生物知识等。高中新教材应注意运用相关学科的知识结论来说明地理问题,重在培养学生知识迁移

的能力,使相关学科之间的关联问题不脱节,不重复,相互照应,相得益彰。

2. 对体现育人功能的认识

教育的目的在于育人。用系统论的观点看,育人也是个系统工程,必须以系统的观点全面考虑。从纵向看,初中地理到高中地理逐步渐进,教材中的育人因素应有个整体规划、前后衔接的问题;从横向看,政治方向、公民意识、思维方式、价值取向、道德品质、环境观念应有一个层次问题。新教材应从学生品德发展的规律出发,将地理学科的知识体系渗透其中,克服随意性和成人化的弊端,有层次、有计划地安排思维教育因素,体现地理学科在育人中其他学科所不能替代的特殊功能。

3. 新教材应成为学生乐学的蓝本

古有"知之者不如好之者,好之者不如乐之者"的遗训。这个道理告诉我们求知同志趣相伴而生,有了兴趣才有可能产生求知的内驱力和积极进取的精神。毋庸讳言,过去有的地理教材中的部分内容八股形式严重,曾经给学生带来地理课乏味的印象,给教和学都带来一些困难。新教材在选材和表述时应考虑趣味性、可读性和生动性。新教材应依据高中学生心理发展的一般规律,可不拘泥于统一的编写程式。如采用现象→问题→观察→结论或现象→观察→结论或现象→考察→结论或现象→实验→结论或问题→讨论→结论或问题→实验→结论等模式,根据教材内容特点,选择合理的表述形式。学生拿到这样的教材愿读愿看,从而培养自学能力、独立思考能力、语言表达能力和动手操作能力等。

三、新教材应考虑教学体系,使教材成为教师乐教的工具

1. 新教材应处理好地理学科知识的逻辑体系和教学体系的关系

地理教材规定了地理教学的主要内容,是地理教师进行地理教学的依据,对教学活动起着制约作用。新教材的编写,不仅要考虑地理学科知识的逻辑体系,学生学习地理的认知体系,还应考虑教师进行教学的教学体系,使三者密切联系,彼此促进,产生整体大于部分之和的良好效果。现行高中地理教材,有的部分只是大量的文字叙述,造成学生一读到底或教师一讲到底的局面,对教学质量有较大影响。教学实践证明,以节为单位的教材内容,表达形式愈单一,教学过程愈困难,教师的创造性就愈易受到抑制。

2. 新教材应有利于教师按照先进的教学思想和方法进行教学

地理学科知识有很强的综合性、区域性,地理要素的相互关系既复杂又有规律可循。新教材应渗透地理教学的原则,有利于教师按照先进的教学方法进行教学,为教师创造性的工作留下余地,使教师乐教。教材章节内容的安排,要考虑教学时数,分量恰当,层次明晰。文图表述中可安排设问、质疑,有利于教师组织教学活动。教材中的思考题、练习题应有利于启发学生积极思维,巩固学习成果,激发求知欲。

现行高中地理在教材类型上,活动课教材和视听教材不足,这也应该是高中地理新教材编写改革应考虑的问题。

论高中地理新教材需要处理好十大关系[①]

李 晴

高中地理教材怎样编写得更好,许多地理教育工作者已分别从不同角度提出很好的意见与建议。本文拟侧重就新编高中地理教材需正确处理好的十个关系谈谈个人的看法。

1. 传统知识与新知识的关系

地理教育史中经过上百年乃至几百年的选择所形成的传统地理知识体系,其中的大部分知识仍然是应该学习和掌握的,是高中地理新课程更加有效地引进地理科学新知识、新技术,探索地理科学新领域、新问题的必不可少的基础。所以,高中地理教材首先应从高中教育的基础性出发,重视地理科学知识体系中的比较稳定、比较成熟的基本概念和基本原理等。随着地理环境的发展变化和人类社会的改革进步,新的地理知识不断涌现,在上述基本知识的基础上,应当有选择地介绍一些当代地理学的最新研究成果及其应用前景,力求反映世界的最新面貌和现代社会所面临的最新问题以及有代表性的广为运用的地理科学新的方法论、研究手段、技术等。可以分正文和阅读材料,将新知识予以分层次有弹性的介绍,使学生能更好地理解现代地理科学飞速发展的重大成就和远大前景,有利于形成强有力的地理学习动机。在高中地理课时偏少的情况下,要注意精选教材内容,无论是传统知识还是新知识都要分清主次,突出重点,切忌学习总量超限,加重学生学习负担。

2. 事实与原理的关系

地理原理是反映高中地理课程内容间的内在联系,体现地理学科基本结构的有关地理概念、规律、成因等理论知识,涉猎的有关自然、人文地理原理、概念是理性知识的基础。由于指导性强,应用很广,概念在高中地理教材中可起到纲目的作用,占有较大的比重,并可贯穿于高中地理教材的始终。地理事实表现为地理分布、演变、景观、特征的事实材料或地理现象,是说明概念、论证原理、分析成因、表现规律的基本内容。新教材要注意事实与原理并重,不能"有理无地",缺乏分析研究基础,也不能"有地无理",单纯描述,理性不强。对于某些概念、原理等理性知识,要以学生能够接受的形式加以阐述,要有足够的事实材料作为分析依据,尤其要注意结合具体事例、典型范例,以增进学生对理性知识的理解和提高他们的学习兴趣。对于某些事实材料及实际应用内容,则要说明其指导作用和指明其中的原理、规律,并让学生在掌握和运用知识的过程中,巩固和加强地理知识,发展地理能力。

3. 自然地理与人文地理的关系

与初中区域地理不同,高中地理是系统地理,容易分解成自然地理和人文地理两个孤立的系统。现行高中地理教材虽然贯彻"人地关系"的主线,但自然地理和人文地理两部分的独立性仍然偏强,不利于体现现代地理的人文化、社会化倾向。新的高中地理教材以人类社

[①] 本文选自《地理教育》1997年第5期。

会的可持续发展为主线，以自然地理为基础，这种新指导思想必须贯穿教材的始终。一方面，在以自然地理基础知识为主的章节，必须大量删节与人类活动关系不大的自然地理内容，不再偏重各自然地理分支的相对完整结构，将一些自然地理分支内容有机结合起来，构成人类活动的基础，加强自然地理要素及其组合与人类的交互作用；另一方面，在以人文地理知识为主的章节，也必须删除与"人地关系"关系不大的人类活动的内容，不强调各人文地理分支的相对完整结构，将人类活动按照不同的需求层次重新调整和组合，使人类社会的可持续发展与地理环境的相互关系更加明晰。因此，新的高中地理教材要注重资源的可持续利用、环境的可持续改良、经济的可持续发展、社会的可持续进步、人口数量和质量的可持续整合，将这些现代地理的核心内容贯穿于以自然地理或人文地理为主的章节之中。

4. 知识与能力的关系

教材中的基本知识与基本能力两类要素之间应当要相辅相成。高中地理开发智力，培养能力的要求较高，是建立在掌握和运用地理规律性知识基础上的。随着地理方法论知识的掌握和运用，地理能力的发展才有基础和机会，无知绝对谈不上有能力。而高中地理教材中的能力培养及智力开发的要求，又是学生掌握和应用知识的必要条件。在知识仍是高中地理教学重点的同时，应强调和重视知识掌握与智力开发、能力培养的相互渗透。新编高中地理教材的知识要求应当体现基础性、先进性和贯彻少而精、学以致用的原则，在培养学生创造性思维、自学能力上打基础。创造性思维的特点在于创新，勇于突破传统的习惯势力所形成的思维定式，好奇心强、善于联想、富于想象、敢于怀疑是创造性思维必备的前提。创造性思维是创造能力的核心，正文、阅读或选学材料都要自始至终为创造性能力的培养提供知识基础和能力要求。例如，可通过角度新颖、思考性强的设疑、质疑，或介绍思维独特、别具一格的地理观点、有待解决或有争议的地理问题，激励学生独立思考、勇于探求的精神；还可专门开辟"小栏目""小天地"等，让学生以知情者、参与者身份对现实地理问题做出分析、评价、预测和决策，为发展他们的创造性思维提供广阔的新天地，也有益于培养学生的地理科学志趣及研究社会现实地理问题的能力。

5. 理论与实际的关系

理论联系实际是编写高中地理教材和进行教学的重要原则之一，高中地理课程一向注意这一点。新编高中地理教材应继承和发扬这一优良传统，进一步加强理论与实际的联系，体现高中阶段应有的教学要求，这不仅有助于学生正确理解地理理论来源于实践、又运用于实践，深化他们的地理认识过程；同时也有助于开阔地理视野、扩展地理思路、培养地理应用意识，提高应用知识于实际解决现实地理问题的能力。编写教材中密切联系实际，突出学以致用，一是可以联系日常生活、社会生活的实际，使学生切身感受到地理知识与生活密切相关。例如天气预报旅游，商品流通等。二是可以联系生产发展、经济建设的实际，突出地理科学促进生产力与社会主义市场经济发展的功用。例如，资源评价、对外交易、经济发展规划等。三是可以联系本国、本地区的实际，深化学生对联系实际重要性、必要性的认识。例如调查市场经济状况、研究乡土发展规划、开展乡土建设咨询等。四是可以联系地理学对于人类文明、社会进步、民族昌盛的重要作用和古今中外地理学家解决重大社会问题取得重大发现及贡献的事例，激励学生形成良好的学习动机和热爱地理科学、树立远大志向。五是可以联系与地理科学有关的重大社会问题。例如人口、能源、环保及可持续发展等，加强地理实验操作与实践活动。六是可以注意与其他学科知识、文化知识的联系，促进学生从更广阔的角度认识地理学的重要作用,扩展联系实际的内涵。

6. 统一性与灵活性的关系

我国是一个发展中国家,各地的政治、经济、文化发展很不平衡,师资队伍、教学条件、仪器设备、图书资料等方面存在很大差异。而市场经济条件下人才培养目标的多样化在客观上又要求课程和教材要体现多样化,以往那种对课程、教材内容统得过死的现象必须得到改正。新教材应在高中课程计划和教学大纲的统一基本要求前提下,考虑到地区差异和市场经济需求,允许教材有一定灵活性。一要注意教材内容应面向大多数学校和大多数学生,使多数学校的师生经过努力能教得了、学得好。二要在大纲统一要求下,编写各具特色、各种风格的教材,表现在教材内容上可以多样化处理,甚至涉及内容选材、体系结构等;教学要求上可以多层次,有的教材内容高于大纲,有的符合大纲要求,有的略低于大纲;练习系统可以多类型、多档次、多要求命题,内容表述可以形式多种、推陈出新,以适合城市与农村、沿海与内地、发达地区同欠发达地区不同情况的需要。三要加强教学大纲的弹性,教学要求及内容和课时安排上要留有余地,便于因材施教,发展学生的爱好与特长,让教师教有所长。

7. 系统性与个性发展的关系

学科课程一直是我国课程体系中占主导地位的形式,其特点强调知识结构和系统,重视面向全体学生的相对一致性,优点是具有系统性和简约性。而活动课程的特点是强调实践活动和动手操作,重视学生的选择性和自由度,具有注重学生学习心理和个性发展的优点。这些课程模式(或类型)在义务教育初中地理教材编写中也有所体现。新编高中教材应认真研究和吸取这些课程模式的优势,扬长避短,体现教学方法的改革。由于教材设计类型、教材组织方式与教学方法有着更为直接、更为密切的关系,也必将在一定程度上影响教师教学时所采用的教学方式。为此,教材编写要注意渗透综合观念、联系观念、整体观念,避免教学模式、教学方式的简单化和僵化,根据教学目的、教学时间和教学主体情况,最大限度地利于学生掌握教材的基本内容,力图寻求、选择使学生能够较容易地理解和接受科学文化知识的途径及方式,谋求教学方法的最优化组合。例如,直观与抽象、叙述与实例、讲解与练习、提问与思考、演示与实验等组织内容,直线式、螺旋式、问题式、归纳式等穿插编排。其目的就是为学生创设最佳的学习情境,提供积极思维、讨论探索、动手操作的机会,激励学生求知欲望,为学生乐学、会学和教师愿教、好教提供条件。

8. 课文、图像与练习的关系

课文、图像和练习三系统是地理教材不可缺的有机组成部分。课文系统主要以文字形式传递知识内容,新教材除应保留以往教材科学性强、语言简洁等优点外,应提高可读性、生动性,使抽象问题具体化,具体问题抽象化,力求突出重点、要点,设置难点、疑点,探求关键、特征,从多方面强化这一系统的功能作用。例如,课文系统可以设正文、提示注释、阅读材料、选学内容等部分,其中提示部分可有预习提示、自学预习和课后提示等,注重启发、培养学习能力。图像系统侧重图示形成传递知识信息,新教材要注意借鉴九年义务教育初中地理教材和国外优秀地理教材的可取之处,在图像比重、图像内容选择、图像类型、图像组合、图文配合、图像安排等方面有所突破,以充分发挥以图释文、以图引文、以图析文、以图代文的作用。例如,增设组合图,增强其表现力,插图内容的难度也应逐步加大。练习系统是供学习活动和实践活动的部分,设计上一要容量适当,不加重学生学习负担;二要题型多样化,增加探究性、开放性、应用性题目,给实验以应有的地位;三要主次分明,具有层次差异;

四要注意学生表达能力、创造性思维能力、应用知识能力等的培养;五要编排位置灵活,各种练习可穿插于教材结构的各个环节中。

9. 教科书与配套教材的关系

教科书又称课本,是教师施教和学生学习的主要凭借。配套教材则包括教师用书、教师地图集、学生地图册、练习图册以及电化教材等,从不同侧面为师生更好地教与学提供服务,其中教师用书(教学指导书、教学参考书)等是针对教科书教什么、怎样教而编写的。其一应突出实用性,便于教师教学。例如,可增强教材内容内在联系分析、教学设计构思以及提供多种教法选择;亦可考虑增设一定的背景材料或补充资料以及教学范例。其二应注重权威性,便于教师更好地领会和驾驭教材。例如,有争议、未定论、不成熟的观点不宜随意写进用书里;解答练习题目要慎重、严谨。电化教材是新教材体系的突出特征,也是教育现代化的标志。它主要涉及幻灯片、投影片、电影片、录像带、视盘、计算机辅助教学软盘等。目前,电化教材仍处于辅助教材的地位,如何完善配套,充分发挥其自身优势,提高普及性,促进教学效果和效率的大力提高,在教材改革中需要加快研究和研制。

10. 课程纵向设置与学科横向联系的关系

所谓课程纵向设置是指高中地理与初中地理的关系。很明显高中所学知识是在初中知识的基础上有所发展和提高,而初高中阶段学生年龄特征、心理规律和认知结构都有所差异,反映在初高中教材的编写意图、编排结构、语言表述等方面各有侧重。例如,初中地理以区域地理内容为主,高中地理则是侧重比较系统的自然地理和人文地理内容,区域地理内容一般只作为个案,偏重区域专题研究。读图和运用地图、图表等技能主要在初中阶段训练,高中阶段则可集中培养创造性思维,独立获取和更新地理知识的能力以及社会实践和应变能力。学科横向联系是指地理学科与其他相关学科内容之间的联系。一方面,有些门类教育,中学未能单独设学科,例如,人口、环保等教育,需要中学有关学科密切合作,合理分工,各有侧重地加以渗透和体现。避免重复或脱节,有利于促进学生学习和掌握横向知识、交叉知识、综合性知识,符合现代社会培养复合型人才的要求。另一方面有利于利用其他学科的知识解释地理事物,说明地理问题,促使学生知识迁移能力的发展。

高中地理新教材的问世,是我国地理教育面向21世纪改革成果的重要标志,是全国地理教育工作者关注的大事,解决好上述十大关系,是高中地理教材建设的关键。

结构与理论

——高中地理新教材研究之一

徐 岩

按照原国家教委的部署,新一轮的高中地理教学大纲和教材已经在江西、山西和天津两省一市试用一年多了。与现行教材相比,新教材在整体面貌上有很大变化。教材的内容结构、方法和呈现方式都有所改革、创新。编写一套教材是一项很大的工程,好的教材是集课程研究、学科研究、教育理论和实践,以及编辑出版工作经验大成的著作。用一两篇文章当然不能全面说明编写工作的方方面面,本文仅就高中地理必修课新教材(以下简称新教材)的框架,从宏观上探讨以下几个问题。

一、运用人地关系协调论和可持续发展的理论武装学生,构建新教材的教学内容体系

地理学科的基础是地理科学。地理科学有其自身的逻辑顺序和内部结构,在科学技术飞速发展、知识剧增的当今时代,地理科学与其他科学一样,也在不断发展。在其各分支学科的研究逐渐深入的同时,地理科学还与其他科学不断融合,产生了很多新的边缘科学,逐渐扩大其涉及的领域。科学的发展是无限的,而学生的接受能力是有限的,学生的课时是个常数。面对这种情况,高中地理应该如何组织教学内容,是一个需要研究的课题。多年的教材编写实践表明,教材的编写不但要遵循科学的逻辑顺序和结构,也要考虑学生的认识顺序和水平,教材不应成为科学体系的"缩写本"。新教材就是依据新的高中地理教学大纲的精神,考虑到高中学生的基础和年龄心理特点,以人地关系协调论和可持续发展的理论为线索,选取地理科学体系中的适宜内容,构建了高中地理的教材内容体系。

在构建新教材体系时考虑到两个层面的问题。

1. 教材内容的整体结构如何搭建

协调人与自然的关系始终是世界发展的一个核心问题。人类社会的发展就是在人类认识、利用、改造和适应自然的过程中不断演进的。当今世界,经济发展迅速,人类活动对环境影响的程度越来越深,范围越来越广。人口、资源、环境与经济的不协调发展,产生了很多问题。人们逐渐对"经济增长=发展"的模式展开了讨论,终于在1987年由挪威首相布伦特兰夫人提出了可持续发展的理论。

可持续发展理论的提出,是为了解决人类不断增长的需求与自然有限供给之间的矛盾。可持续发展已经成为我国甚至世界大多数国家的发展战略。现在基础教育培养的学生,将是21世纪中国社会成员的主要构成部分,能够从可持续发展和人地协调的观念出发去思考

---

① 本文选自《课程·教材·教法》1999年第4期。

和处理问题,是他们应该具备的基本素质之一。面向21世纪的中学地理教育,应该承担起培养这种素质的任务。地理学是既研究"地"(自然环境)又研究"人"(人类活动)的科学,协调人地关系,使自然、社会和经济可持续发展,是地理学研究的主要问题。高中地理以这样一条线索组织教材,既保留了地理学的精髓,又可以较为灵活地组织教学内容,是一种合理的选择。

根据这一思路,高中新教材没有按照自然地理—人文地理或系统地理—部门地理的传统方式组织内容,而是将必修课内容的基本框架定为"一条线、三大块"的格局。"一条线"指协调人地关系和可持续发展的思想;"三大块"指人类生活的自然环境、人类的基本生产活动与自然环境的关系、人地相互作用产生的问题。人地协调和可持续发展的思想这一条主线,将这三大块贯穿起来。

在这三大块内容中,第一部分是基础,讲了一些天文、大气、海洋和陆地的知识。按照传统的方法,这部分内容是从圈层的角度讲,如大气圈、水圈、岩石圈、生物圈等。每一个圈是一个相对完整的自然系统,其内容不容易与人类活动结合,而且常常会出现因照顾各圈层的系统和完整而导致教学内容过多的问题。新教材在处理这部分内容时,从"人"的角度出发,以人类赖以生存的自然环境为视角,由远及近,讲了宇宙环境、大气环境、海洋环境和陆地环境。内容强调自然环境与人类活动的联系,不强求自然地理知识的系统性。

第二部分是发展,由"地"的内容推广到人类的活动,讲人类如何在自然环境中,为解决衣、食、住、行等基本生活需要而进行的生产活动,以及这些活动与自然环境的关系。这部分内容中特别注意体现要依照自然和经济规律办事的思想。

第三部分是升华,在讲了"地"和"人"的一些内容之后,又把人地关系中的不协调情况摆出来,呈现问题,使学生认识到问题的严重性和解决问题的迫切性,同时指出解决问题的途径,或是"从我做起"的办法。

2. 各单元的内部结构如何搭建

新教材的三大块内容又分为十个单元。除"人类面临的全球性问题"和"可持续发展问题"两个单元之外,每个单元就是地理学的一个分支。同样依照以上原则,各单元内容的选择和组织都是紧扣地理知识与人类生存与发展的关系这条主线。

讲述自然地理环境的各单元内,在讲基本原理和概念时,注意联系生产、生活实际,着眼于环境对人类活动与人类活动对环境的相互作用。在每个单元中,还都增加了有关环境问题与环境保护的内容。

讲述人类生产与生活的各单元中,侧重点不在人类活动本身,而是突出人类活动与地理环境的关系。无论是讲基本原理还是案例分析,都以发展的眼光看问题,使学生懂得要因地制宜、趋利避害、合理利用和保护环境。

二、运用教学论的有关理论,系统渗透教学方法

教学论所研究的客体是教学,它研究的是如何使学生最有效地获得知识与技能的方法。教材是供教师和学生(特别是学生)在教学过程中使用的传播知识的重要媒体,教材编写研究的很多问题也与教学论相同。所以,很多研究教学论的专家都把教材作为研究的对象。苏联的一些学者甚至认为教学论就是研究学生掌握教材的过程。

一套好的教材不但应具有科学性,还应体现正确、有效、先进的教学方法。虽然是"教学

有法,教无定法",要给教师提供一定的选择和发展余地,但是否渗透了好的教学方法,无疑是衡量教科书质量的一把关键的尺子。

人们常说,一本好的教材要"便教利学",这里面有很大的学问。"便教"是指教材正确地体现了教学大纲的精神,学科知识组织得很好,配套产品全,便于联系实际,便于因材施教,等等。它和"利学"是双向的,是一个问题的两个方面,都是为了向学生传授知识,培养能力,使学生树立正确的思想和观念,达到培养目标。随着研究的不断深入,它所涵盖的内容可以是无限的。新教材编写过程中,我们遵循理论联系实际,要有直观性、启发性,要循序渐进、因材施教、渗透思想教育等原则,并结合地理学科的特点,吸收了教学论的研究成果,注意系统地运用其他一些教学方法。这些方法虽然也已应用在过去的地理教材中,然而将它们有意识地作为贯穿全书的方法,在教材整体设计时就与教学内容紧密结合起来加以考虑,是新教材的特点之一。下面仅就几个方面做一介绍。

1. 注重使用案例

案例教学法,又称范例教学法。它是德国瓦·根舍因提出的,被一些学者称为五六十年代最有影响的教学理论流派之一。这种教学方法应用于教材编写,是从生活中选取一些隐含着本质因素、基础因素的典型事例,让学生透过这种范例"窥一斑而见全豹",举一反三,学习认识问题的思路,然后由"个"的知识向"类"的知识迁移,进而掌握科学知识和科学的方法论。新教材在很多地方使用了这种方法。例如,在讲交通运输时,重点分析了南昆铁路和上海港,说明了影响铁路和港口的区位因素,又将北京西客站站址选择的三个方案提供给学生,让他们自己去分析,深入理解区位选择的原理。在讲世界主要的农业地域类型时,商品谷物农业、大牧场放牧业和混合农业分别以比较典型的美国、阿根廷和澳大利亚为例,从典型到一般,讲出这些类型的一般规律。

在新教材中,由于受到篇幅和课时、教学大纲内容的限制,还没有条件将案例完全展开分析,所用的方法还不能说是真正的案例法,只是在这方面做了一点尝试。试验表明,这种方法在教学中取得了较好的效果,有利于学生的知识迁移,克服了教材内容的烦琐和面面俱到的弊病,增强了教材的可读性。

2. 注重教学内容的简化

美国奥苏伯尔等著《教育心理学——认知观点》一书中,就如何向学生简明而正确地传授知识提供了一些方法。如删去不重要的专门术语和中间步骤,将材料缩短或加以压缩;删去对学生来说毫无意义的公式,保持一般的和简明的讲述水平,提供简明而通俗的例子,使用简单的解剖模型和图表,尽可能排除无关的线索,等等。新教材特别注意了这些方面的问题,在可能的地方,以简单明了的框图代替烦琐的文字叙述;除了必不可少的地方之外,尽量少出现概念和数据;表格中出现的数字不要求过高的精确度,而是以学生能够理解所说明的问题为原则;每一幅图上的信息尽量简约,减少不必要的线条和注记,改变了过去图表中,特别是地图中信息过多、过杂,学生不知道该看什么、该记什么的状况。输送给学生的,是简约、明了、条理清楚的信息,使学生能够抓住重点,掌握主要知识。

3. 注重学生的"元认知"

学生是学习活动的主体。主体对客体的认识要受到自身语言、文字、思维等认识能力、水平的影响和制约,学生对知识信息接收、改造、加工、转换的能力越强,其主体作用就越大。所以,要"教会学生学习",才能最大限度地发挥学生的主观能动作用。这就是西方近年提出的"元认知"和"认知策略"。成功的教学活动,应是使学生在理解和掌握了学过的材料之外,还学会学习的方法、方式和手段,也就是具有我们常说的"自学能力"。

上面所说的案例法即是一个例子。除此之外,教材还采用了其他策略,以下再举几例:

(1) 设计"自学园地",给学生提供一块自学的空间和内容(这在下文中还要详细介绍)。

(2) 在教学内容的呈现过程中,教材不是直接给出结论,而是加强对地理事物和现象过程的分析,包括自然地理过程和生产过程,目的就是为了教给学生学习的方法。

(3) 注意培养学生研究问题的基本方法。如利用卡片搜集整理资料、分析数据和知识结构、地理事物的表述(文字的、平面图的、景观图的)和地理观察的方法等。这些都是从教会学生学习这一角度出发,学生掌握了这些自学方法,可能比学会某些知识的意义更大。

三、运用系统论的观点,设计新教材的呈现体系

我们每编写一部教材,实际上就是在构建一个系统。所谓系统,就是由相互制约、相互依存、相互作用的若干部分或要素,以一定的结构组成的具有某种整体状态和整体功能的有机联系的统一体。系统内的各部分要紧密地互相关联,它们有序的结构使系统成为一个统一的有机整体,形成一种总体(或整体)功能。

如果把整个教材看作一个大系统,那么它还可以分解为一个个层次的子系统。根据研究的角度和层次的不同,我们可以把它分为不同的几个子系统体系,或称为子系统结构,这些系统相互交织,形成了一个网络。

1. 系统结构一:整套教材的三条线——知识、技能、思想教育

传授地理知识、培养地理技能、树立正确的地理思想观念,是学校地理教育的三大任务。只有全面完成这三项任务,才能使学生具有较好的认识地理事物和解决地理问题的能力。

新高中教材的知识系统,前面已经做了介绍,这里就不再赘述。

在技能培养方面,除了在课文中注意渗透教学方法之外,还在插图下以小字的形式提出问题,引发学生思考。每一课都安排了若干"活动",大部分放在课文后,有的插在课文之中,让学生通过实验、联系课文内容和生产生活实际,巩固所学知识。在设计整套教材时,还将学生应该学习的地理技能一一列出,分成若干专题,在教材中系统安排,供学生循序渐进地、有序地学习。

新教材的思想教育主要在两个方面进行。一是在课文中渗透人地协调论和可持续发展的思想,正确的环境观、资源观、人口观,因地制宜的思想,爱国主义思想等,这是地理教学一直坚持的好做法,新教材继承了这一传统。另外,新教材还结合各单元的内容,在每个单元的"自学园地"中安排了"阅读篇"让学生自读,进一步落实思想教育。这部分内容设计得可读性较强,不让学生感到是在"说教",而是使他们在阅读之中潜移默化地受到教育。

2. 系统结构二:每个单元的两大部分——课文和自学园地

自学园地的设计是新高中教材的一个创举。顾名思义,这部分内容不作为教学要求。设计的目的一是为了培养学生的自学能力,二是为了培养学生的地理技能,三是为了进一步落实思想教育,四是为了给较高水平的学生提供一些提高的内容,增加教材的弹性。

教材从整体设计时就研究了地理课应培养学生什么样的技能,并根据学生的接受能力和已有的基础,列出学生应掌握的技能系列。因为技能是运用一定的知识,顺利完成某种动作或比较复杂的活动的一种能力,不能离开知识去盲目地练习,所以新教材根据由浅入深和

与课文内容相结合的原则,在每个单元后安排了一项技能训练,有制作地理资料卡片,分析地理知识间的联系,地理数据的表示和运用,地理事物的表述方法,怎样进行野外观察,怎样了解一条街的变化,怎样留心身边的地理事物和现象,设计旅游活动方案,怎样参与环境宣传活动,怎样办一张地理墙报,等等。

为了进一步落实思想教育,各单元结合本单元的内容,均设计了一篇阅读材料。例如:有助于学生树立正确宇宙观的"人类天地观的改变";赞颂气象工作者严谨的科学精神和敬业精神的"天下第一气象站";增强海洋国土意识的"增强海洋意识,发展海洋事业",培养学生正确自然观的"地球的演化发展";增强环境和可持续发展意识的"农业发展的新方向——持续农业"和"生态城市——21世纪城市发展的模式";对学生进行美育的"因地制宜与园林建设"等等。

为了进一步巩固所学知识,培养学生运用所学知识综合分析问题和解决问题的能力,各单元还设计了综合性较强的练习题,供学有余力的学生选用。

3. 系统结构三:每课的三大块——课文、图像、作业

新教材采用的是单元—课的结构。每个单元下设若干课,每课基本是一个课时完成,便于教学。每一课由课文、图像和活动(即作业)组成,这三者是一个有机联系的整体。课文构成了教学内容的主干,有些用图表表达更好的信息,则通过图表来说明。图表下常常附有简短的说明和问题,旨在引起学生的进一步思考。课后的作业有多种形式:讨论、小实验、资料的收集、资料和图表的分析、绘制示意图、实地调查、结合学生所在地的实际情况说明某些问题,等等。

以上三种系统结构是相互交叉的,都是教材的组成部分,是从不同的角度分析教材的结果。这三种系统有机结合,形成了一种较强的整体功能。所以在设计教材时,只有仔细规划教材的系统结构,才能充分发挥教材的作用,更好地完成教材所担负的任务。

参考文献:

[1] 全日制普通高级中学教科书(试验本)·地理(必修)上、下册,人民教育出版社,1996

[2] 吴也显主编. 教学论新编. 教育科学出版社,1991

[3] 中国21世纪议程——中国21世纪人口、环境与发展白皮书. 中国环境科学出版社,1994

[4] [美] 奥苏伯尔等. 佘星南等译. 教育心理学——认知观点. 人民教育出版社,1994

[5] 关士续. 科学认识的方法. 黑龙江人民出版社,1984

[6] Strengthening Geography In The Social Studies, National Council for the Social Studies Bulletin No. 81

地理新教材改革的突破口——学生学习方式的变革
——国家地理课程标准实验教材（人教版）的主要特点

韦志榕

21世纪初，我国正在进行新一轮的义务教育地理教材改革。这次地理教材改革，我们选择的突破口是"改变学生的学习方式"。

突破口的选择，离不开时代对教育的要求。我们所处的21世纪，将是全球巨变的世纪，体现在经济的全球化、知识的社会化、文化的多元化、信息的网络化等诸多方面。这样一个世界，要求教育能够为新时代输送具有创新精神和实践能力的人才。在这个大背景下，教育部《基础教育课程改革纲要》与《全日制义务教育地理课程标准（实验稿）》，都提出了教育改革的新理念和新要求。例如，《基础教育课程改革纲要》提出的此次课程改革的第一个目标就是"改革课程过于重视知识传授的倾向，强调形成积极主动的学习态度，使获得知识与技能的过程成为学会学习和形成正确价值观的过程"；《全日制义务教育地理课程标准（实验稿）》提出的六个课程理念，其中之一是"改变地理学习方式"。这些新观念是我们确定教材改革突破口的重要理论依据。

突破口的选择，要切中初中地理教学存在的问题。虽然现行的义务教育初中地理教材，在教学内容等方面不断更新，但是用新的教育理念来衡量，仍然有许多需要改进的地方。例如，过分重视知识的传授，而对能力培养落实不够；过分重视知识目标的实现，而对情感目标的达成重视不够；过分重视学习结果，而对学习过程关注不够。概括来说，地理教学尚未使学生从"学会地理"，走向"会学地理"。初中地理教育的现状，是我们确定教材改革突破口的重要实践依据。

从教材改革的突破口出发，教材在以下四个方面有所创新，也就形成了本套教材的四个主要特点（见图1）。

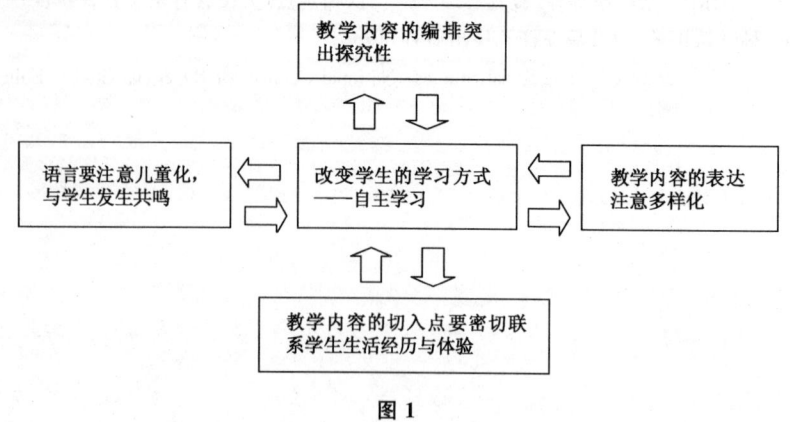

图1

---

① 本文选自《地理教学》2001年第12期。

特点1　教材在结构设计中加大了"活动"的力度,增强教学内容的探究性

探究式学习是目前国外和我国香港地理教材多采用的方法,对于培养学生的能力十分有效。如何把这种方法引进地理教材中,是一个需要很好研究的问题。地理学科不同于生物、物理等理科,很多内容无法按照"提出问题—做出假设—寻求证据—解决问题"的探究步骤来完成。但是,地理课可以把"探究"作为一条组织教学内容的主线,而不求其步骤的完整。有些内容,可以介绍前人是如何探究的;有些内容,可以给出一些材料,让学生在这些材料的基础上探究等等。通过这些方法达到启发学生思维、培养学生能力、激发学生学习兴趣的目的。为此,教材把"活动"作为教学内容的重要组成部分,它的功能已经从复习巩固课堂知识,转而承担一部分新知识教学(图2)。通过"活动"形式,切实让学生参与教学活动,增强了教材探究性和实践性。

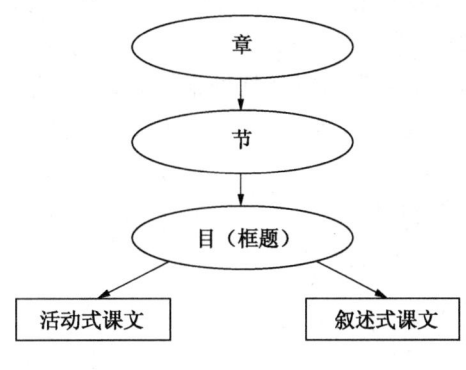

图2

教材的基本结构如图2所示。我们对每一"目"的内容都做一个分解,适合用叙述方式表达的内容,在叙述课文部分呈现;适合用活动方式表达的内容,在活动课文部分呈现。举例如下:

在叙述课文中,教材尽可能避免平铺直叙,采用不同的呈现方式;在活动式课文中,题目的设计,一种类型是注意设问的梯度,比如多角度度地分析某一个地理问题。

特点2　教学内容的呈现形式多种多样,增强教材的直观性

目	内容的分解	
	叙述式课文	活动式课文
认识地球的形状和大小	人类对地球形状的认识过程	通过小实验、分析月食照片,体验古人是如何认识地球形状的
地形图的判读	地形图的基础知识	动手制作等高线地形模型,绘制地形剖面图
七大洲和四大洋	大洲和大洋的分布	通过分析地图,认识七大洲和四大洋的位置和轮廓
天气及其影响	天气的概念	阅读相关资料,总结归纳天气与我们的关系

续表

目	内容的分解	
	叙述式课文	活动式课文
世界人口的增长	世界人口数量变化的总趋势	分析、计算不同国家或大洲的人口增长情况
聚落的发展与保护	发展和保护传统聚落的意义	结合实例,讨论传统聚落保护的问题
发达国家和发展中国家	发达国家和发展中国家的分布和经济差异	调查说明发展中国家处在不断的发展之中

教材中尝试采用不同的呈现方式,例如一些地理概念的图释、说明地理问题的对话、展示地理过程的组照或组画等,不断给学生以新鲜感,激发他们对地理课的兴趣。

例1:"地球的公转",要讲到二分二至日太阳光照射的情况。过去教材中图和文字是分开的。新教材中,把相应的文字内容用对话框的形式,标注在合适的位置上(图3),加强了学生对这一知识点的时空感。这种呈现方式在教材中多处用到。

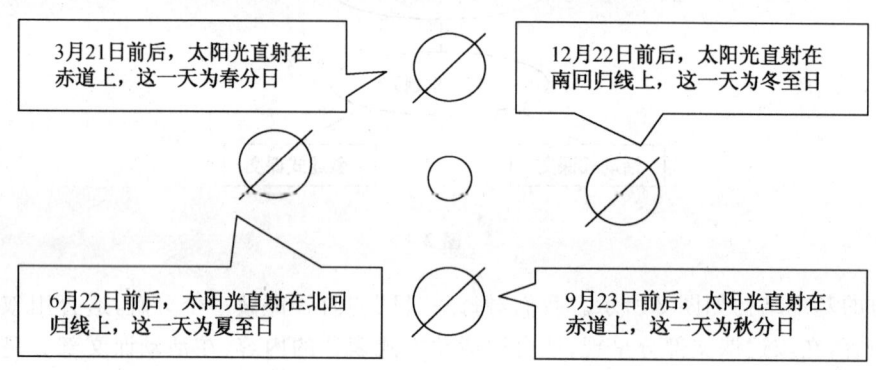

图3　(简化示意)

例2:教材在多处地方采用对话的方式,引出或说明地理问题。语言风格随设定的人物身份而定,增强教材的趣味性和亲和力。如讨论各大洲的轮廓和分布特点,教材设计了一段学生的对话。甲:咦,大洲怎么一南一北成对称分布?乙:大陆的形状还多是三角形呢!这段话,既借用学生的口,讲出了知识内容,又带有一定的思考性,能够引起学生的兴趣。

例3:教材设计中一些说明问题的组照或组画,如大陆的漂移、红海的形成、电视天气预报的制作过程等,增强了对地理过程的形象描述。多种呈现方式的不同组合,使教材显得生动活泼,学生喜欢阅读和学习。

特点3　密切联系生活和生产实际,尤其是注意挖掘学生的生活经历和体验

教材十分重视对每一个教学内容的引入,尽可能多地联系学生的生活实际,使学生感受到地理就在身旁,是鲜活的,这样的例子在教材中有很多。例如,教材的序言《与同学们谈地理》,选择"生活与地理"这个话题为切入点,有以下考虑:

第一,有亲和力。每个学生都有一定的生活经历与体验,这个主题比较容易贴近学生的生活,调动他们的生活积累,引发共鸣,激发学习的积极性。

第二,有趣味性。"生活"的内容相当广泛,包括衣食住行、经济、文化等各个方面。课文

中选择的若干生活实例,很可能是学生耳熟能详的,但是他们并不一定思考过这些生活中的实例与地理有什么必然的关系。课文抓住学生这个知识上的"空白点",并由此提出问题,把生活与地理联系起来,让学生在盎然的兴趣中迈进地理课的大门。

第三,体现《地理课程标准》中"学习生活中有用的地理"的理念。

此外,在教学内容中,都注意密切联系生活实际,有些部分还专门安排了如"气温与生活"、"降水与生活"这样的"目",重点分析不同地理要素对人们生活的影响,使学生感受到学习地理是有用的。

特点4 平实、生动的语言风格,使教材有亲切感

我们从初一学生的年龄出发,尊重他们的语言习惯和审美情趣。教材尽可能避开生涩的地理专业术语,摒弃板着面孔说教,要求语言通俗、生动,朗朗上口。切记教材要"写话"而不是"写文章"。例如,我们尝试在表现学生对话的对话框中,使用学生的语言。此外,一些小标题也比较活泼,富有启发性。

下面选择一些现行地理教材和新地理教材都有的内容,对比标题风格的变化。

现行地理教材	新地理教材
世界海陆分布	地球?水球?
地形是不断变化的	沧海桑田
天气和气候	多变的天气
天气预报	明天的天气怎么样?

此外,在每一个篇章页上,都提出一系列问题,让学生带着好奇心进入每一章的学习。下面以"第一章 地球和地图"的篇章页为例:

人类是如何逐步认识地球形状的?
● 地球仪有什么用途?
● 地球运动对人类活动有哪些影响?
● 你会在地图上查找地理信息吗?
● 你会根据需要选择合适的地图吗?

特点5 版式设计生动活泼

我们对教材从文字到图像进行整体设计。教材中的叙述式课文、活动式课文、阅读材料各有统一的设计;不同的图像也有各自统一的风格。教材版面设计活泼但不凌乱。

人教版新地理教材是在地理课程标准制定小组的指导下研制的,课标组组长樊杰博士担任主编,还有三位课程标准组的专家参加教材的编写工作。今年,我们的教材在8个实验点进行实验,参加实验的学生大约8万人。我们希望通过实验,使教材逐步完善,对提高学生的素质、培养学生的创新意识和实践能力有所帮助。

试论近十几年来我国中学地理教材的改革[①]

高俊昌

本文关注的我国中学地理教材的改革,始自九年义务教育初中地理教材,这套教材从1987年开始编写,1990年秋在全国部分地区实验,1993年秋在全国正式使用。之后,与义务教育相衔接的高中地理教材于1996年开始编写,1997年秋在山西、江西、天津两省一市开始实验,至2002年秋在全国使用。2001年《全日制义务教育初中地理课程标准(实验稿)》颁布,配套的实验教材于同年9月在一些实验区开始实验,之后实验范围逐年扩大。从这三套教材可以看出,我国中学地理教材的改革是一个逐步深入的过程。

一、探索符合教育特点的框架结构体系

很长一段时期,我国中学地理教材的框架结构体系因循地理学的科学体系,结构严密。随着人文地理学的发展,地理学的科学体系越来越庞大,而我国中学地理课的课时较少,传统的内容要讲,新的内容也要写进教材。于是,中学地理教材的编写与地理学科体系之间存在着难以统一的矛盾。在改革、创新的时代背景下,这一矛盾促使中学地理教材力图摆脱地理学科体系的束缚。同时,随着我国教育改革的深入,对中学教学的目标和要求逐渐转变,如改变以知识传承为中心的目标,确定以培养学生的综合素质为主要目标。因此,中学地理教材也必须从教育的角度重新设计框架结构体系,以适应当前教育改革的要求。

综观世界各国的中学地理教材,都在力图从教育的角度设计框架结构体系,但至今仍没有一种框架结构体系在世界范围内获得共识。在吸取其他国家有益经验的基础上,我国也在这方面进行了积极的探索。

我们在编写义务教育初中地理教材时,框架体系的探索仍处于初始阶段,尽管那时的认识是比较模糊的,但是毕竟朝着上述方向做了有益探索。例如,在世界地理部分,没有按照之前的大洲—地区—国家的编写方式,而是直接把世界按自然、人文等综合特点划分为13个地区,在每个地区中再选讲重要的一两个国家。与之前的教材相比,这样处理,使教材中的区域地理知识大为减少。

随后的高中地理实验教材,在框架结构设计上又向前迈出了很大的一步。例如,必修课以系统地理为主要内容,框架结构没有按传统的部门地理一一介绍,而是做了一次大胆设计(见下图)。根据这个框架结构,传统的天文、气象气候、地质地貌、水文,以及农业、工业等内容大为减少,并赋予了高中地理课以崭新的内容。与之相适应,2001年7月,教育部组织制订的《全日制义务教育地理课程标准(实验稿)》,在对课程的理解和设计方面,也在尝试一种跨越式的发展。例如,在其中的世界区域地理部分,只要求学习区域地理的一般方法,而对

[①] 本文选自《课程·教材·教法》2003年第5期。

具体的区域内容都不作要求,只对区域的数量做了至少"一个大洲、五个地区、五个国家"的规定。课程教材研究所根据此课程标准编写的初中地理实验教材,在世界区域地理部分选择了一个大洲、五个地区和六个国家,它们分别是:亚洲;南亚、中东、欧洲西部、撒哈拉以南非洲、极地地区;日本、印度、俄罗斯、澳大利亚、美国、巴西。教材把它们进一步组合起来,设计了以下的框架结构:我们生活的大洲——亚洲;我们邻近的国家和地区;东半球其他的国家和地区;西半球的国家;极地地区。这样的框架结构已不再是传统意义上的世界区域地理了。

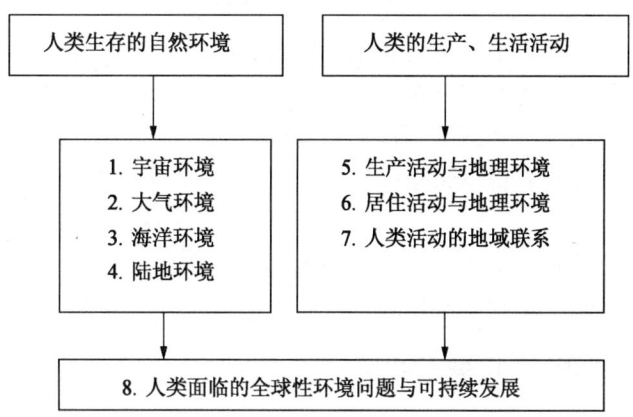

从教育角度设计中学地理教材的框架结构,可能会引起两方面的质疑,首先,这样的结构科学吗?其次,这样的结构能使学生更好地掌握地理学的基本知识吗?对地理课在中学教育中所处地位下降的担忧,促使人们对上述疑问关注,并引起中学地理教材的框架结构向地理学科体系回归。例如,高中地理教材必修上册正式本依据大纲的要求,将四大环境改为地球在宇宙中、大气、陆地和海洋、自然资源与自然灾害四个单元,跳出关于这一问题的争论;另一重要的却一直未受到足够重视的问题需要人们深入思考,即课程设计者应该站在地理教育者的角度还是学生的角度来设计课程?

二、突出人地关系,精简内容,降低难度

人地关系是地理学研究的核心内容之一,也应成为中学地理教学的核心。20世纪80年代以后,世界各国的中学地理教学多围绕人地关系精选内容。我国中学地理教材在这方面的尝试是比较早的。早在20世纪80年代初编写高中地理教材时,就提出了"以人地关系为主线"的编写原则,并积极探索如何将人地关系这条主线贯穿于教学内容之中。随着我国教育改革的深入,政府和教育理论界都倡导减轻学生负担,一方面要求大量减少知识量,另一方面要求大大降低知识难度。中学地理教材的编写在继承优良传统和总结先前经验教训的基础上,提出"突出人地关系"的原则,并围绕人地关系重新组织教学内容。这样编写的教材至少有以下两方面的显著效果:第一,使具体内容的编写摆脱了传统地理教材的"八股"编写模式,而使自然、人文、区域的内容有机结合起来;第二,自然的内容减少了,人文的内容扩展了,既降低了难度,又接近社会实际。

在初中世界区域地理的讲述中,不再要求位置、范围、地形、气候、水文、农业、工业、城市、交通等面面俱到,而是抓住区域地理特征,将区域自然、人文内容有机结合起来。例如,

人教版《全日制义务教育课程标准实验教科书·地理》中有关东南亚的内容主要有"十字路口的位置""热带气候与农业生产""山河相间与城市分布"等;中东的内容主要有"长期的热点地区""三洲五海之地""丰富的石油资源""匮乏的水资源""文化差异"等。

在高中地理教材中,围绕人地关系,自然环境部分主要抓住三个问题,即自然环境条件对人类活动的影响、自然资源对人类活动的影响、自然灾害对人类活动的影响;人文地理部分主要抓住两个问题,即人类各类活动的地理环境条件、人类活动对地理环境的利用和改造。这样编写,传统的自然地理内容被大量删减,天文、大气运动、地壳运动等对于中学生来说比较难理解的内容也被删了,因而大大降低了教材的难度。

然而,这一教材编写趋势也因我国的课程设置而受到一定的限制。我国中学课程中没有地球科学这门课,其相关内容都放在地理课中学习,因而地理课又承担着科学素养教育的一部分任务。按"突出人地关系"的思路,有关地球科学的内容在教材中出现的概率大为减少,这样会使学生的科学素养得不到全面发展。因此,中学地理教材在"突出人地关系"的同时,又从科学素养教育的角度,适当增加了一些天文学和地球科学的内容。例如,高中地理教材在实验一轮后,本着适当加强科学教育的思路,又增加了"天体系统""太阳大气结构""气候的形成和变化""板块运动"等内容。

三、注重基本原理,密切联系实际

长期以来,我国中学地理教材比较重视对地理概念的解释和地理事实的描述,对于地理原理也做了适当的分析,但相对而言仍然只是停留在理论层面,并没有与实际有机结合。这样的教材,除"地名+物产"等大量的记忆性内容外,原理方面也就是比较空泛的条条。学生学习地理,主要是对"地"的博闻强记。再加之以前高考重知识记忆的影响,使中学地理教材给人们留下的印象主要是记忆一些没有多大用处的地理事实。尽管 20 世纪 80 年代初的高中地理教材在这方面已经有所改变,但是社会对于中学地理教学的认识积重难返,以致到 90 年代初,对于中学教学有重要引导作用的高考中,取消了地理科目。其理由之一是认为学了地理没用,二是认为地理缺少"理"。高考取消地理,对中学地理教学产生了极大的负面影响,由此,中学地理教育界也进行了深刻的反思。这次反思的一个重要方面就是摆脱以前"知识堆砌"的教材编写模式,注重基本原理的叙述,并通过实际问题加以说明,以密切理论与实际的联系,体现地理的"理"和实用价值。

从国际中学地理教材的编写经验来看,原理与实际之间的结合方式主要可分为以下三种:第一是在原理阐述的过程中适当以一些实例进行说明或论证,实例保持相对独立性,不干扰课文的叙述,这样的实例一般称为"个案";第二是从典型案例的分析中得出基本结论和基本原理,原理和案例在课文中被整合在一起,这样的方法一般称为"典型案例分析",相应的教学方式称为"范例教学";第三是完全详细分析案例,结论由学生在学习案例的过程中,通过教材的适当引导得出。结合我国中学地理教学的实际情况,我国中学地理教材的改革主要采取了前两种方式。

"个案"的方法早在义务教育初中地理教材中就已经采用,但呈现的方式多种多样,并且在教材中也没有正式出现"个案"一词。后来新编的初中和高中教材,都对这一方式做了灵活处理,基本目的是用实例对所要阐述的原理进行说明或论证。例如,有的个案是以阅读材料的形式出现,有的个案是以图及说明文字的形式出现,而有的个案则结合在课文的叙述中。

典型案例分析的方法始自1997年开始试验的高中地理教材。这套教材对教学大纲中的有些问题的处理，尝试通过在世界范围内选取典型的案例作较为详细的分析，并把所要说明的基本原理或结论结合案例分析简略地写出来。在教材的试验过程中，许多教师对教材的这种编写方式不太适应。因为，传统的教材使教师认为，凡是教材上写出来的内容，都应让学生掌握。而案例只是用来说明问题的材料，是不需要学生记忆的。于是，当教师看到新教材上的有关内容，大量的篇幅是关于案例的描述，因而在教学上难以把握。通过培训和一段时间的试验后，教师逐渐掌握了新教材的教学，并因教学效果较好而普遍得到支持。

在刚出版的全日制义务教育地理课程标准实验教材中，这种典型案例分析的方法又获得了进一步的发展。例如，教材中所选择的区域都只是作为案例，通过这些区域的学习，不要求掌握所选区域的具体知识，而是要求学会区域地理的学习方法。

值得一提的是，我国无论是以前的教学大纲，还是现在的课程标准，尽管对知识量一减再减，但与英、美等国的课程标准相比，知识量仍然显得较多、较细。在有限的课时内，完成这些知识量的教学，已没有更多的空间留给教学自由发挥。受这种条件的限制，除大纲或课程标准明确规定的案例分析内容外，教材其他内容只能有选择地采用案例分析的方法。相信随着教育改革的逐渐深入，中学地理教材中的案例分析比例将逐渐增大。

四、体现教学性，以促使教法、学法及评价方式的改变

教材是提供给教师的教学材料。为了便于教学活动的开展，并对教学改革起到引导作用，教材的编写除了注意要如何落实课程设计的客观要求之外，还应考虑教学实践，以设计出既符合教育改革精神，又能为不同教师、不同条件的学校采用的教学方法提供广阔空间的教材。

20世纪90年代以前，我国中学地理教材的编写，在教学性方面注意得很少，那时考虑的主要是概念和语言的表述应符合学生的接受能力，但在教学内容的组织、设计方面，没有把联系教学过程放到重要的地位。义务教育初中地理教材在这方面做了初始的探索，但在认识上仍处于萌芽期。这套教材改变了过去教材中完整课文叙述的方式，将一些小栏目穿插在课文之中，如"读图"、"读一读"、"想一想"、"做一做"等。这些小栏目的设计在实际教学中取得了很好的效果，受到了学生的普遍欢迎。当时，设计这些小栏目的目的，并没有从教学过程的角度来考虑，而是为了吸引学生的学习兴趣，改变教材的严肃面貌，以使学生主动参与教学过程。然而，这却在体现教学性方面为后来的教材编写积累了宝贵的经验。

之后，1997年试验的高中地理教材的编写明确提出了要关注教学过程并系统渗透教学方法的指导思想，除课文要注意教学过程外，还针对每课内容单独设计了与教学内容密切相关的学生"活动"。"活动"已完全摆脱了传统的对课文内容复习巩固式的练习题或复习思考题的模式，而成为与课文紧密结合的课堂教学活动。

新的初中地理课程标准实验教材在这方面又大大地向前迈进了一步。这套教材已没有传统的大段文字叙述，"活动"本身成为课文的重要组成部分，其中的内容承担了一些教学内容要求。在此之前，教师照着教材可以教学，但是，对这套教材，教师必须很好地以教材给出的材料，设计整节课的教学活动。从这个意义上说，这套教材真正把教学从教材的束缚中解放出来，教法和学法能有充分的空间进行改革。然而，与之前的教材相比，这套教材对教师

的要求很高，教师不仅要花大量的时间备课，解释教学内容，还要设计课堂活动的每一环节和步骤，并要求有较强的组织、协调和应变能力。

改变学生学习方式，把学生推到教学的主体地位，为教学改革提供广阔的空间，是教材体现教学性的目的。以学生有体验的或感兴趣的问题引入，不直接给出结论，将一些问题的分析过程留给教学处理等，是编写教材时为体现教学性而常用到的方法。自1997年开始试验的高中地理教材开始，范例教学方法、充分调动和运用学生的元认知等教学方法在教材中得到体现，并且把小组合作、角色扮演、辩论、模拟等活动形式也引入了教材当中。

在教学活动设计中，培养学生的实践能力和创新意识备受关注。在实践能力培养方面，教材安排了大量的基本技能训练，以及实际观察、社会调查、逻辑思维、科学探索等方面的训练。在创新意识培养方面，教材设计了一些开放的、没有标准答案的思考讨论题。同时在课文中也介绍了不同的观点及科学界有争论的问题，而在数年前，我国中小学教材还要求必须编写有定论的内容。

教材这方面的改革不仅促使教学方法的改变，而且也促使教学评价方法的改变。现在，为适应对新课标地理实验教材的教学，教学评价不再只关注知识的传授和掌握，而重视学生实际学习能力的提高以及情感、态度、价值观的发展。

五、呈现形式活泼多样

在改革教学内容的编写的同时，中学地理教材的呈现形式也在逐渐趋向活泼多样。改革教材呈现形式的基本思想是不拘一格，突破之前教材分为课文系统、图像系统、练习系统的划分，而使这三个系统融合成一个有机整体。这种思想在课程标准初中地理实验教材中得到最为充分的体现。在这套教材中，文、图、练习之间已无明确的划分界线，而把课文分为叙述式课文和活动式课文两种形式，无论哪种形式的课文，又都以文字叙述、图像、资料等多种方式呈现。有些内容，如概念、分布等，通过在图中开"天窗"的形式呈现；有些地理问题的说明，通过设计学生对话图的方式呈现；有的图中引出一些思考性较强的设问；有些地理问题的说明用过程图示，等等。教材的这些呈现形式，有利于吸引学生的学习兴趣，引导学生主动、积极地投入到教学过程之中，为教学改革确立了必要的基础。

结束语

目前，我国中学地理教材的改革已经进入全面深化的阶段，此次改革是全方位的改革，上述五个方面是在改革中思考较多并在实际中得到认真体现的主要方面。综上所述可知，尽管改革的时间大约只有十年左右，但无论在认识上，还是在具体内容的处理上，都在不断向前发展。每一套新编的教材，都成为改革的一个阶段性成果，可以说，它们既借鉴了国际教材编写的良好方法，也继承了我国传统教材编写的成功经验，同时又有自己独立的探索。作为探索，必然也会存在一些问题，通过实验反馈信息，不断修正，编出务实有效、与时俱进的一流教材正是我们工作的最终目的。

国外高中地理教材比较分析[①]

谢 辉 张 雷 刘 慧 陈文言

一、导言

高中阶段学习是九年制义务教育的后续，是为将来工作、生活打下坚实基础的重要阶段。地理学是以人类与地理环境间的相互关系为研究对象和内容的学科。当今世界，人口、资源、环境等问题变得日渐突出，人们在高中阶段如果没有获得足够的地理知识与技能，将来独立面对这些问题时将会无所适从。因此，如何通过教材的合理编排，引导学生在正确认识人地关系的基础上，形成可持续发展的基本观念，成为各国地理新教材编写的基本要求。

《地理教育国际宪章》提出："地理在各个不同级别的教育中成为有活力、有作用和有兴趣的科目，并有助于终身欣赏和认识这个世界。"国内外地理基础教育的发展，是人们的教育理念与社会发展不断适应的具体体现。为满足时代和地理学发展的要求，许多国家，尤其是一些发达国家，对中学地理教材进行了改革。改革体现在多方面，包括教学目标、结构体系、主要内容，以及编写手法、教学要求、版式设计等。研究国外已有的高中地理教材，可以对我国的新教材编写起到借鉴作用。

二、国外高中地理教材分析

（一）教材多元化趋势

一个国家，特别是幅员辽阔的国家，其自然、社会及经济条件差异较大，教育发展的程度也有区别，在地理教学中采用统一大纲、统一教材往往起不到较好的效果。因此，许多国家从各自的实际情况出发，制定了不同的地理课程纲要与地理教材。例如，美国于1995年制定了《国家地理标准》(National Geography Standards)。该标准由联邦政府公布，其本身并不是一个强制性的规范，而是作为建议和参考之用。各州的教育主管机关可以根据本州特色来制定相关的课程知识和技能要求，如美国德克萨斯州的教育厅在联邦标准基础上，针对该州的中小学教育制定了《得州基本知识及技能》，明确地规定了各年级的知识、技能要求。

英国教育部在1995年出版了《国家课程中的地理学》，作为其地理课程标准。该标准分成地理技能(geographical skills)、地方(places)、主题学习(thematic study)等三部分。标准列举了各年级学生所应该具备的能力，作为教师评价学生学习成绩的指针。在课程标准的基础上，英国各出版社出版了一系列的地理教材，如朗曼版《探索地理》、斯坦列版《关键地理系列》、剑桥版《剑桥地理系列》、霍得版《霍得地理系列》、莫雷版《11—14地理系列》等。

[①] 本文选自《中学地理教学参考》2004年第3期。

德国宪法规定了各联邦的"文化主权",各州也很注意该州的文化,不容侵犯。德国有16个州,每州都有自己的高中地理教学大纲,并根据大纲分别制定教材;法国只有统一的教学大纲,没有统一的教材,高中地理教材版本五花八门,学校可自由选择教材。

总的来说,各国高中地理教材的一纲多本、多纲多本情况非常普遍。多元化是当前国际高中地理教材发展的一个趋势。

(二)打破传统学科体系,重新构建教材内容体系

传统的地理教材内容体系按要素排列,面面俱到,缺乏综合性;自然地理与经济地理、区域地理与系统地理部分之间缺乏联系。近年来,许多国家新出版的中学地理教材,都在努力摆脱传统束缚,建立新的知识结构体系。

英国高中地理教材《英国地理》从英国处于高度城市化时代的实际出发,采用主题方式组织教材。全书六章依次为都市区的类型与问题、工业分布的变化、动力与原料、都市与工业区间的交通问题、为都市用的食物供应、城市的娱乐园。全书紧扣"英国城市人口占全国总人口的77%,生产以工业为主"的基本国情,以城市地理问题为中心,融入自然地理基础知识。

德国萨尔州的大纲中,中学地理的讲授内容基本是以一个个相对独立的主题形式呈现的。教材既没有遵循传统的地理学科体系,也没有明显地按区域组织。柏林市的教学大纲偏重于区域地理内容,将自然地理学内容放进每一区域里讲授。巴伐利亚州则把自然地理学与区域地理学的内容结合起来讲述。

美国现行的一部中学地理教材《世界地理》,以航天航空时代的新视角组织教材。全书共分三篇:第一篇以宇宙空间视角观察地球,研究全球性重大地理现象,作为研究人类活动和全球性问题的宏观背景;第二篇以航空视角观察、研究区域性地理背景;第三篇以地面上的视角来观察、研究尺度较小区域的人类活动。由远及近、由整体到局部,探讨各个层次的地理问题,强调了全球的联系、区域间的联系和人地关系。

由这几个国家的实例可以看出,各国都在探索建立各种新的高中地理教材内容体系,其中"主题式"内容体系是近年来的一个重要趋势。

(三)突出地理思维、技能的培养

从现代教育思想和教育改革目标出发,地理学科除了阐述基本的地理知识、原理之外,还应当发挥在培养智能、技能等方面的优势。这一点已经成为当今世界各国高中地理教材编写的重要原则。

美国国家地理标准认为"有地理知识的国民"应该具有下列三方面的能力:能察觉到空间中各种事物安排的意义;察觉到人、地方、环境之间的关系;能使用地理技术。这套标准还针对学生的地理技能制定了明确的学习目标,强调培养学生提出地理问题、收集资料、组织资料、分析资料、回答问题等五个方面的能力。美国教材的编写也体现了上述思想,把教会学生观察、探究自然环境的方法和能力,视为教材结构的重要组成部分,使学生学习地理知识的过程成为对周围自然环境进行观察、探究的过程。

日本在由文部省制定的《学习指导要领》(相当于中国的教学大纲)中,明确了高中地理教学中关于技能培养的要求,并且把地理的认识、思维方法作为智能教育的核心,要求教师

在拟定教学计划时紧紧围绕这一智能培养目标。日本的高中地理教材也注重培养学生从地理事物的位置、分布、地域性质等特征上认识事物的能力,以及从人和自然环境的相互关系、地理事物本身的发展规律中进行思维活动的能力。

德国要求通过高中地理的学习,培养学生综合能力、计算能力、应用能力、评价能力、模拟能力和获取新知识的能力等。

澳大利亚则规定地理教材主要是培养认识技能和社会技能,即运用地理资料(如地图、图表、统计数据等)阐明和发现地理问题,进行逻辑思维,从而提高分析、综合、推理和判断的能力。

法国教材认为,所谓地理方法是基于观察、思维、判断和记忆的,学生在地理学习中应该锻炼这些方面的能力。而地理知识的牢固掌握和熟练运用可以使学生有意愿、有能力去了解和掌握更多的其他有关的知识。法国高中地理教材在每章之后,通过安排青年教师的辅导课,培养学生在某一方面的具体技能,如航片判读;同时还专门安排地理方法的学习,如怎样收集分析资料、如何论述一个问题等。

虽然各国对地理技能及思维培养的提法不一,但有三点在认识上是较为一致的:① 地理是一门重观察的学科,在地理教学中可以对学生进行观察能力的培养;② 地理是一门综合性的学科,它把人与地理环境视为一个整体,将自然现象和社会现象融合在一起研究,这就能更有效地引导学生掌握地理事物和现象之间的内在联系及外在联系,进行分析、综合、对比、推理能力的培养;③ 地理是一门空间性很强的学科,有助于培养学生的空间概念和空间思维能力。

(四)兼顾基础性、时代性、选择性

地理学是一门应用性很强的学科。国外高中地理教材在讲授基础地理知识和基本原理的同时,普遍注重教材的时代性与选择性。

1. 关注生活实际问题和社会热点问题

世界政治、经济、社会的迅速发展,给地理教育提出许多新的问题和新的任务。

进入后工业化社会的日本,社会与环境问题越来越成为其发展的焦点。为了能够更好地适应社会的实际需求,修订后的高中地理教材压缩经济地理的篇幅,扩充文化地理、环境地理等内容。例如,在高中地理 B 类教材中,有关产业地理的内容被压缩为一个章节——资源与产业,而关于生活、文化、社会与环境方面的内容则贯穿通篇。

美国的国家地理课程标准提出了"地理为生活"的口号,并且出版了《生活化的地理学》(Geography for Life)丛书。书中提出了地理教育的使命和信念:终身教育、持续生活、提升生活。强调要关注人的生活,解决实际问题,教给学生活生生的地理。

德国各州教材虽然不同,但都有以下的专题重点:① 社会地理学专题。讲授影响各种空间结构的社会问题,同时指出规划中出现的矛盾。② 生态专题。近几年来这一内容处理得比较多,人们从学生的经验出发挑选内容。如垃圾处理站的地址、过多施肥而引起的对土地的危害问题等;同时也吸收全球性的问题,如热带雨林的破坏、废气所引起的温室效应、臭氧层的破坏等。

2. 立足本国,关注邻国,放眼世界

日本是一个陆地狭窄、多火山和地震的岛国。因此,教材中关于海洋问题的论述占了相

当分量,并且有专门章节论述关于地震等自然灾害的原理及自然灾害的防治知识。日本的教学大纲要求高中地理教材必须选取2~3个近邻国家作为研究对象,以加深对"近邻国家"的了解。在出版高中地理B类教材的8家出版社中,有4家选取了"中国"作为实例。由于日本地少人多,资源对外依赖性较大,日本的地理教材还特别注重全球视野的培养,在其中学教育目标中明确指出:"通过对日本及世界各地的学习,培养地理概念与方法,开拓广阔的视野,培养学生加强对我国国土知识的了解,""整理日本及世界各种区域知识,从理解各区域的相互关联中,思考日本在国际社会中的地位。"

法国高中地理教材在区域地理部分中,除了介绍热带湿润区、极地等几大典型的区域外,还重点讲述了与其相邻或相近的荷兰、西班牙等国。

德国的地理教学中很注重对其所处欧洲的地理教学,例如,巴伐利亚州高中地理教材体系通过典型的由近及远的结构来组织,先安排德国本国内容,再到欧洲,然后到更远的亚洲、美洲等。

英国的《探索地理》共分三册,第一册强调地方的学习和数据采集技能;第二册在欧洲框架中深化前一册的主题和技能,对比学习各个国家的区域特征;第三册以经济发达国家、发展中国家和新兴工业化国家为例探讨全球性问题,鼓励学生探索和检验可持续的发展道路。

3. 选修课的开设

很多国家的高中地理除必修课之外,还开设了多门选修课程。比如,美国早在1922年中学就开始采用学分制,学校提供地理方面的必修课与选修课,选修课与学生未来从事的职业挂钩。

(五)注重情感及可持续发展观的培养

各国都从本国的社会政治需要出发,重视地理德育功能的发挥。德国强调"研究本国地理与其他民族的政治、经济关系,促进宽容与仁爱之心";意大利的地理教材提出,学习地理用以理解各民族之间的相互依存关系;新加坡在中学地理教学目标中提出"培养对环境欣赏和负责的态度,培养对不同文化背景的人群理解和容忍的态度";波兰地理教材重视自然与社会即"人与自然"之间的相互作用,认为这样做可以纠正民族狂妄症和民族自卑感,为各国、各民族之间的相互尊重与相互理解打下心理基础;捷克斯洛伐克的地理教材通过对自然与社会之间关系的认识来反对种族歧视;芬兰则提出:"爱国主义与理解尊重别国独立相结合"。总之,"爱国主义""国际协作""民族独立"等思想和观念,在世界各国地理教材中均是一条德育的主线。随着人口、资源、环境等全球性问题的日益紧迫,辩证的人地协调观在世界许多国家的地理教育中开始得以充分体现。在芬兰,地理教材重视传授环境如何影响人的生活和工作,以及人又如何将工作"痕迹"留在自然界;在英国,地理教材注重研究人的行为对自然资源需求的影响;新西兰的地理教材则强调环境教育并要求学生具有参与环境规划的能力;德国认为"环境意识"是地理教育的重要理念。注重对生态环境负责、协调人地关系"可持续发展"的观点,正在成为越来越多国家地理教材的核心理念。

(六)表述生动,图文并茂

世界各国高中地理教材都注意发挥文字、图像两大系统的表述功能,知识内容宜于文字则用文字表述,宜于图像则用图像表述。

1. 生动的语言表述

美国教材有一个鲜明的特点,就是不急于下定义和下结论,而是从最常见的客观现象出发,逐步深入,再总结性地归纳出定义和结论。比如,《世界地理》教材在讲述矿物的主要特征时,先从大自然到处可见的岩石、沙砾和土壤开始,进而转入基岩和构成基岩的矿物,然后再列举许多科学事实,叙述矿物的基本性质,最后才总结出矿物的四个主要特征。另外,美国教材各章节还设有引人入胜的导言和典型生动的阅读材料。

德国中学地理教材的文体活泼轻松,在讲授原理时,不是仅叙述要点,而是从生活实际出发,把知识渗透在丰富多彩的例子中,让学生通过形式多样的练习和讨论,培养观察、分析、概括、表述等能力。例如,德国中学九年级和十年级地理教材"环境的组成"一章在讲述原理时,有的从一个生活实际问题开始,有的从读图发现若干有趣事实开篇。教材的标题也富有吸引力,例如,"贝克尔先生可以在这一地皮上盖房子吗?""一座百货公司和它的供应区"等等。课文的语言生动活泼,以启发引导的口气设置的问题随处可见。此外,课文中还时常穿插有一些调查报告、采访记录、报刊上一些有趣的报道和专家们在学术讨论中的不同意见等,力求避免呆板。

2. 加强图像系统的功能

国际高中地理教材改革的一个鲜明趋势是地理知识的图像化。由于文字表述的局限性,有些地理知识,如地理事物的空间分布、空间结构等,必须借助于图像来表示;有些地理知识,如各地理要素之间的相互影响、相互作用,以及地理过程等,通过设计出合理的示意图则一目了然。

在日本的高中地理教材中,对"中国小麦产区"说明时,不仅配备"中国小麦分布图"和"中国气温与降水量分布图",同时还有小麦收割、拉面店以及人们就餐时的照片。这样,仅用极少的篇幅,就从自然条件到社会生活,从生产、加工到消费,对中国小麦产区作了全面概括的介绍。

在美国中学地理教材《世界地理》中,各种不同类型图像的篇幅占整个教材篇幅的 2/5,其中卫星影像 39 幅、航空照片 32 幅、漫画 25 幅、地图和各种图表 148 幅。这些图像无论从选题、构图,还是色彩印刷上都具有较高的表现力。

各国地理教材编写者都追求图文结合,图像在当今地理教材中已不再是"附图"或"插图",而是与文字叙述并重的教材表述手段。许多国家的地理教材不仅图像篇幅比例大,而且色彩丰富、形象生动;教材的印刷、装帧质量也很高。

普通高中地理课程标准(实验)选修模块"地理信息技术应用"内容解析[①]

段玉山

一、"地理信息技术应用"在高中地理课程中的地位

1. "地理信息技术"是地理科学发展与社会信息化的重要内容

当今时代,信息技术飞速发展,地理信息技术对资源与环境可持续发展、国家经济建设与社会进步的巨大作用日益显著,地理信息技术应用的具体形式,大到地球村、数字国家,小到数字居民区、数字家庭。随着工业化和信息化水平的进一步发展,世界城市化成为文明进步的标志。城市带来了富足、繁荣,但也带来了人口拥挤、交通紧张、资源短缺、用地紧张等一系列城市问题,这也为地理信息技术提供了大显身手的机会。世界各国的城市,尤其在经济发达和发展水平较高的城市,数字城市研究日趋成熟,信息化管理成为热门研究领域,利用地理信息技术进行社会、经济、文化、基础设施、交通通讯、城市规划等数字管理,成为构筑新世纪人类生存环境的新模式。

地理信息技术对政府部门获得资源与环境方面的信息,科学地执行可持续发展战略具有重要作用。我国的洪水、干旱已引起社会的广泛关注,耕地面积减少、荒漠化加剧等环境问题越来越尖锐。面对这些问题,以前往往是个别地作出反应,在某种程度上是"头疼医头,脚疼医脚"。而利用地理信息技术可以从宏观、整体的角度提供多分辨率和三维的信息,为政府部门对资源、环境问题的决策提供科学的依据。

地理信息技术是"数字化地球""信息化地球"的基础,信息化发展需要大量的具有地理信息技术基本素养的人才。从国家战略的高度来讲,基础教育阶段的地理信息技术素养教育很必要也很紧迫。

地理信息技术作为地理科学发展的重要内容,加之其在社会生产、生活中的广泛应用和价值,在高中阶段,将其纳入地理课程体系,意义重大。

2. 设立"地理信息技术应用"模块有利于提高学生信息素养

信息科技时代,教育的目的不应仅仅是教会学生知识,更应是以学生的发展为根本,全面提高学生的素质,使学生身心得到发展,激发学生的外在和内在潜力,促使他们全面发展。地理信息技术在信息社会有着举足轻重的地位和作用,设置地理信息技术课程是普及地理信息技术基础知识的有效途径。对学生进行地理信息技术教育,可以培养学生的思考能力和分析能力,提高学生的信息素养,符合《高中地理课程标准》的设计理念,也是提高学生综合素质的基本途径。

[①] 本文选自《中学地理教学参考》2005年第7、8期。

当前,基础教育强调全面的素质教育,地理教育也应如此。在对各种地理知识(信息)掌握的基础上,地理教育重视学生能力的提高及地理思维方式的培养,要求学生既具备地理知识素质,又具备地理能力素质;要求学生能运用地理知识去处理和解决地理问题;要求学生既能主动地吸收、掌握各种地理信息,又能将信息分析、重组、应用。

地理信息技术教育过程是一种逻辑性、实践性都较强的认知过程,与解决地理实际问题结合起来,能引导学生进行理性思考,发展学生思考问题和解决问题的能力。

本模块的学习,除了基础理论知识外,还要进行相关的操作实践和具体应用。学生不能只停留在理论学习层面,而要能实际操作,分析相关问题,做出自己的作品,解决具体的问题,从而培养实践能力、创新能力,符合现代教育要求。

3. "地理信息技术"是一种重要的教学技术手段

地理信息技术作为教学技术手段应用于地理教学中,也是地理信息技术应用模块重要的价值取向之一。以 GIS 为例,GIS 具有对地图处理与操作的强大功能,地图是地理教育的重要方法,利用 GIS 的地图叠加、地图漫游、地图缩放和地图要素的增减等进行辅助教学,效果不是一般教学手段可比拟的。另一方面,GIS 技术是一种解决实际问题、提供地理数据处理功能的技术和方法。GIS 的数据输入、处理与分析功能,能很好地完成地理课程在能力培养方面的要求。

地理信息技术教育对学生信息技术的掌握、地理研究技术的了解与应用、地理区域系统思想的建立和地理空间思维能力的培养,以及地理问题的分析与处理能力的培养等具有不可替代的独特功能。例如,"全球雨带分布与干湿地区"的教学,教师可应用 CAI 辅助教学的方法进行教学。从全球气压带、风带分布入手,通过投影、板图或计算机动画演示,标示出三圈环流,再从近地面垂直气流上升、下降状况得出多雨带、少雨带的分布。教学过程形象、生动,学生印象深刻。又如,干湿地区分布的教学,需引导学生思考降水量和蒸发量的对比关系,形成正确干湿地区分布的概念。如果借助 GIS 软件(如 MapInfo)提供的图层控制和数据合成、专题图等,教师可以很快利用世界地图及各地区降水、蒸发状况数据库,绘出一张"全球各大洲(或某些区域)降水与蒸发柱状(或饼状)对比图",再叠加上雨带分布图,学生就能一目了然。这简化了教学的程序,帮助学生形成地理要素间相关性的逻辑概念,提升了学生的理性认识能力。

二、"地理信息技术应用"内部结构分析

1. "地理信息技术"体系

地理信息技术是地理科学新的分支学科,是地理科学研究的关键技术。地理信息技术科学体系主要由地理信息系统(GIS)、遥感(RS)、全球定位系统(GPS)三方面的核心技术组成。另一方面,GIS、RS、GPS 技术又以计算机科学、通信技术、遥测与卫星定位,以及系统论等信息技术和理论为支撑,属于地理科学与信息科学的交叉学科。

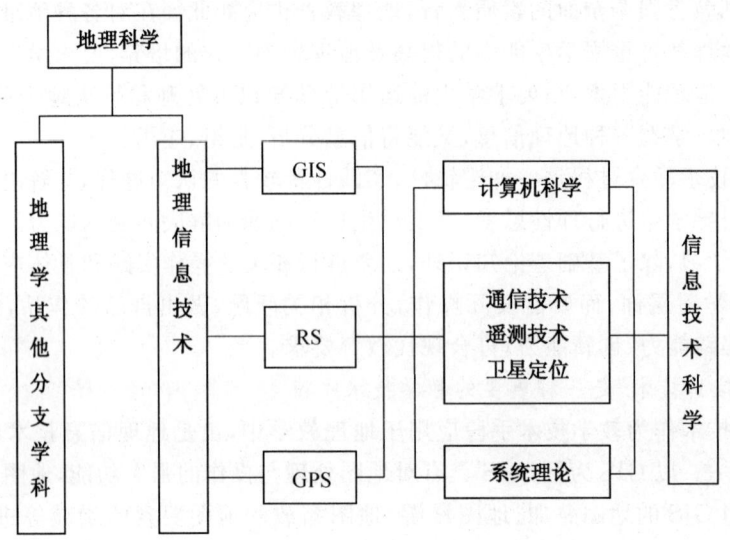

图1　信息技术体系及其与地理学、信息技术的关系示意图

2. 本模块的结构

本模块中,地理信息技术知识与技能的总体要求是:在初步了解地理信息技术内涵与发展状况的基础上,分别对地图与遥感、地理信息系统、全球定位系统的基本原理与相关知识有简单认识,并能对遥感图像进行简单判读,对地理信息系统进行基本操作实践,对3S技术在社会生产、生活中的应用有所了解,形成基本的地理信息素养。

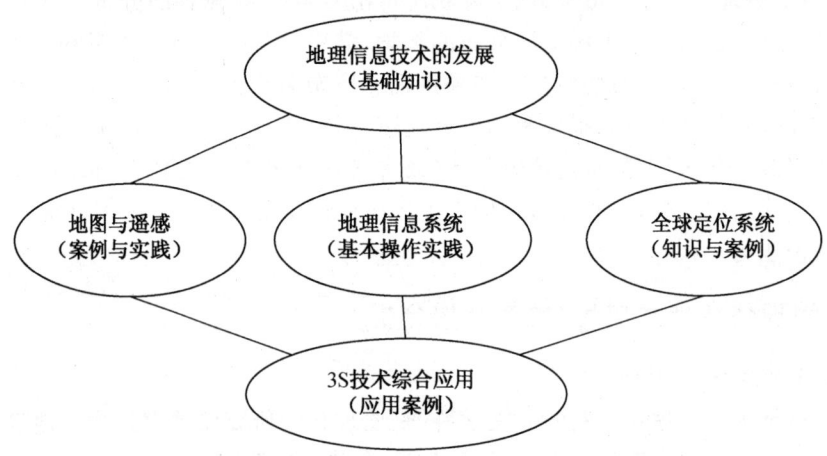

图2　地理信息技术应用相关知识结构及其要求示意图

三、学习目标及其内容选择

1. 地理信息技术的发展

（1）把握地理信息技术的基本内涵。把握地理信息技术的基本内涵可为后续有关的地理信息系统、遥感与全球定位系统的具体内容学习奠定基础。对这条"标准"的理解,应该从

地理信息技术的基本概念、技术构成等方面进行。另外,应让学生适当对地理信息技术与地理学、信息科学之间的关系,以及地理信息技术的发展过程有基本的了解。地理信息技术是地理学研究技术科学发展的巨大成就,对地理信息技术发展的认识,有助于培养学生的科学精神与科学态度,为地理教育的综合教育功能形成合力。

（2）认识地理信息技术的革命性意义。通过了解地理信息技术科学在社会生产、生活、管理、科学研究等各个领域的应用,认识地理信息技术对促进社会发展与信息化进程的巨大意义,让学生懂得学习地理信息技术、形成地理信息素养的重要性。

在认识地理信息技术的革命性意义过程中,学生要能够说出地理信息技术在具体领域或部门中的应用及其功能,形成根据具体案例分析问题的能力。

（3）形成在网络中获取信息的意识。有关地理信息技术概念、发展、应用,以及技术方面的网络资源非常丰富,在教学过程中,教师要有意识地利用网络资源辅助教学,也要有意识地培养学生利用网络资源获取相关学习信息的意识。具体在教学过程中,可以布置学生在网络上收集相关资源自学,利用网络资源开展研究性学习,在相关网络论坛上对有关问题进行讨论等。

2. 地图与遥感（RS）

（1）了解遥感技术的基本工作原理与应用领域。近几年,遥感技术发展迅速,社会许多部门都引入遥感技术,如农业生产、土地利用、气象预测、城市管理等。通过学习,学生要认识到遥感技术的广泛应用离我们并不遥远,并对遥感基本工作原理有所了解,但不需要涉及深难的专业理论。另外,通过学习,学生要说出遥感在一两个部门的基本应用及功能,并根据遥感的工作原理和基本功能,推想遥感在其他领域的应用,能够进行知识迁移、举一反三。

（2）初步掌握进行简单的遥感图像判读的技能。对遥感图像的判读是本课程操作技能目标之一,"标准"要求进行简单判读的含义是对遥感图像中的典型地物,包括水体、植被、建筑群等进行判读。另外,需要让学生掌握遥感图像的类型（见下表）。对"标准"的实施,要根据实际,在教科书或配套教材中提供一些典型遥感图片等相关教学资源,尽可能让学生判读熟悉地区的航片或卫片,并能够根据判读结果对其某些地理问题进行分析讨论。如对城市化过程中不同时期遥感片的判读,分析城市用地,并结合实地考察,进行土地资源利用合理性分析,学以致用。

按照电磁波段遥感分类类型

遥感片类型		成像电磁波波段	地物特征
彩色航空遥感片		利用可见光波段	遥感片上地物与天然实物色彩十分接近
近红外遥感片	黑白遥感片	利用可见光和近红外波段	对近红外光吸收能力越强,色彩越深
	彩色遥感片		相片的色彩为人工合成,与天然实物色彩不同。对近红外光吸收能力越强,色彩越深
热红外遥感片		利用物体发射的热能量扫描成图	一般与物体温度有关,物体温度越高则颜色越浅,温度越低则颜色越深
侧视雷达遥感片		利用物体发射的雷达波扫描成图	一般与物体反射的雷达波能力有关,回波越强颜色越浅

3. 全球定位系统(GPS)

(1) 知道全球定位系统的基本工作原理。本条"标准"对全球定位系统工程原理的目标与遥感的工作原理的要求一样，不需要作专业的深入分析，学生只要能够对 GPS 工作原理有基本了解即可。教材处理中可以用描述的形式进行阐述，教学中可以通过网络资源辅助学习。

(2) 熟悉 GPS 的应用领域。GPS 应用日趋广泛，民用 GPS 也逐渐走入百姓当中，车载 GPS、小型 GPS 手持仪我们并不陌生。通过对 GPS 具体的应用(收集资料、专门实践调查等)，让学生认识 GPS 在交通、旅游、探险等领域的应用及功能。有条件的学校可以配置一些教学用 GPS 接收机，作为教学资源建设非常必要。本条"标准"对 GPS 的操作使用并没有明确要求，教学中根据实际情况，可适当增加一些操作方面的要求。

4. 地理信息系统(GIS)

(1) 知道 GIS 的应用领域。根据课程目标，GIS 部分是本课程的重点内容，对课程标准中知识目标的把握，应该包括：知道 GIS 的概念、原理与发展的基本知识，了解 GIS 的具体应用领域，并能够比较具体地说出 GIS 在某一具体领域的作用与功能。教学中，可以参观、走访 GIS 应用部门，听取并观看相关工作人员的介绍、演示等，对 GIS 的工作环境、软硬件环境有感性的认识。也可以结合网络进行学习。目前，网络上关于 GIS 方面的介绍、讨论，以及应用软件、演示软件非常丰富，通过上网学习，对学习 GIS 有非常好的帮助作用。

(2) 学会 GIS 软件的基本操作。GIS 软件的基本操作是本模块的重点操作技能目标。GIS 的实际应用在技术层面包括两级水平，一是基本操作，二是系统的开发设计。按照课程的设备目标，本课程只要求达到第一级水平，即让学生掌握基本的 GIS 操作技能，而不要求学生学会专业的系统设计开发。但对于基本操作的把握，应该是熟悉 GIS 窗口界面、学会使用 GIS 窗口主要快捷按钮(如放大、缩小、漫游、移动等图层显示，图层叠架，标注显示，等等)、掌握简单查询分析(点查询、条件查询、简单缓冲区查询等)、学会建立数据库(表)的方法等。

GIS 操作技能的教学，要充分加强实践教学(上机操作)，并科学安排理论方法与实践操作之间的关系和课时安排。本模块关于 GIS 部分的教学，最少保证一半以上的上机操作实践。教学中充分发挥协作学习模式的功能，让学生在学习过程中互帮互学，共同进步。同时，要加强操作实践的考核。

另外，本课程建议使用二次开发的 GIS 软件(如对国产软件进行二次开发)，简化 GIS 功能。教学过程中，建议开发地理信息技术综合学习软件平台进行辅助教学。

(3) 培养地理信息收集、处理与分析的素养。对 GIS 的操作应用本身是对地理信息(数据)收集、处理、分析与应用的过程。在教学中，教师要注意引导学生这方面的学力与能力，包括培养学生在地理信息处理分析过程中的创造能力和综合能力。在技术性较强的地理信息技术课程中，要注意发挥综合教育功能。如在协作学习中，培养学生的合作意识、敬业精神及竞争意识；在借助网络资源学习相关知识时，一方面要培养学生的网络信息素养，同时，也要注意提升学生网络道德修养。

5. RS、GPS、GIS 技术综合应用

(1) 对 RS、GPS、GIS 技术的综合应用领域有所了解。3S 技术并不是地理信息系统、遥感及全球定位系统三种技术的简单相加，而是一种综合集成技术。在当前 3S 的实践应用

中，往往是某两种技术(如 GIS 与 RS 集成或 GIS 与 GPS 集成)的综合应用，这也是 3S 应用的一种形式，教学中，可以按照这样的应用案例进行教学。

对于 3S 技术综合应用，也建议结合 3S 的具体应用案例进行。对学生的考核，同样可以考核其对具体应用案例的分析、认识能力。

（2）培养有志于探索地理科学前沿的意识。地理信息技术属于地理科学与信息科学交叉融合的前沿学科，学习地理信息技术的相关理论与知识，掌握一定的地理信息技术技能与应用，对于培养学生的科学素养、探索地理科学前沿非常有利。所以，编写教材时，以及教师在教学过程中，都应注意培养学生此方面的素养。资料的引用、教学方法的设计、教学过程的把握等各个环节都要努力向这方面靠拢。

试论以案例分析的方法编写教材[①]
——以高中地理教材为例

林培英　朱剑刚

案例教学是一种将某些概念、原理、观念和事实等学习内容置于一定的实际情境中开展教学的方式。因为案例的本质是创设学习情境,所以教学案例应该尽量包括实际状况的各个方面,如遇到的问题、人们的困惑、不同的见解和不同的解决问题的方法等。[②] 在教学中,教学案例还提供了师生互动的中介,搭建了原理学习与问题解决之间的桥梁。近些年来,对案例学习的讨论已经从教学领域扩大到课程和教材领域,有些学科已开始将案例和案例学习纳入课程的要求。例如,2003 年,教育部颁布了新的《普通高中地理课程标准(实验)》(以下简称"课标"),明确提出案例教学的要求:教师和教材编写者应在"区域可持续发展"部分,选择符合"标准"主题的区域,采用案例分析方式编写教科书和开展教学。[③] 可见,新"课标"将使案例学习成为高中地理学习的基本方式之一。

用"案例分析"方法编写教材是一个将案例研究的学习方式融入高中地理教材的过程。反过来,这种教材的出现又促进了案例教学的研究和发展。尽管地理教材中使用案例的尝试从基于现行教学大纲的教材编写就已经开始,如何在教材与案例教学的互动过程中使地理教材的编写不断创新仍可以看作是一个新的挑战,值得深入探索。目前根据国家课程标准编制的几套地理实验教材都在探索这个问题方面有所表现,本文作者也在研究的过程中试编了部分教材,积累了一些想法,在这里和大家探讨,所谈观点仅是作者本人的研究心得。

一、利用综合案例体现地理问题的综合性

一般地,为了较深入地认识某个区域的特征、分析其可持续发展的条件和措施,我们会从该区域案例比较典型的某个要素、某一方面或某个时期入手,进行诸如区域特点、影响因素、存在问题等若干方面的地理问题分析,以得到某个方面的典型结论。如区域不同发展阶段中的人地关系,从矿产资源的开发利用过程对该区域的工业经济乃至整个区域的地理状态发展的影响。[④]

然而事实上,每一个区域都是一个具有一定发展历史的地理要素的综合体。虽然对没有接触过区域学习的学生来说非常必要用简要的方法来学习区域分析,但单要素、单方面以及片段性的分析始终没法让学生对区域建立起综合的认识,建立起正确的发展观点。因此,

---

[①] 本文选自《课程·教材·教法》2006 年第 6 期。
[②] 林培英,杨国栋.案例式环境教育的思考.环境教育,2002(1)
[③] 中华人民共和国教育部.普通高中地理课程标准.北京:人民教育出版社,2003
[④] 地理课程标准研制组.普通高中地理课程标准(实验)解读.南京:江苏教育出版社,2004

为了让区域案例在高中地理学习中发挥更好的作用,就需要注意在案例设置和使用中的综合性和发展性,为此,提出以下几点建议。

(一)课标中可以综合的几个标准要点

课标中给出的标准要点可以综合在同一区域的案例中形成综合案例。《普通高中地理课程标准(实验)》要求"必修地理3"以区域学习为主线,并明确提出要"采用案例分析方式编写教科书和开展教学"。在实际操作中,从区域含义的学习到区域分析方法的学习都是可以通过具体的案例来进行的。课标中列举的标准要求中,不少标准都冠以"以某区域为例……",这就要求使用案例。那么,能不能选择同一个区域的案例来进行分析,以对应课标中所提出的几个不同的标准要求呢?从综合和发展的角度看,我们需要这样做。而从课标要求的几个方面来看,我们也确实可以这样去设计。如课标中有关"区域发展阶段""产业转移""农业""工业和城市化"等标准要点,就可以在同一区域案例上建立起这种综合的关联。

区域发展阶段在理论上被划分为"初期阶段、成长阶段和衰落阶段",[1]以美国东北部匹兹堡的工业形式为例,该区域在工业化时期表现出这种明显的周期性,而这种周期性对于该区域整个人地关系的发展过程而言,应该只是其中一个特殊的时段。将区域的发展放在人类历史的背景上看,可以有更大的周期:从"蛮荒时期"到"农业社会"再到"工业社会"和"后工业社会",区域在伴随着人类社会经历着不同发展阶段的同时自身也在同步发展着。在这些不同阶段中,人地关系处在不同的状态:蛮荒时期自然环境对人类有着更多的限制,人类的活动只能去适应自然环境;农业社会时期,人类对自然条件的利用和改造能力已经明显提高,局部状态下已经出现对自然环境的破坏现象;工业社会时期,人类具有了极大的对自然环境进行改造的能力,生产力水平有了前所未有的提高,随之而来的是人类对自然环境的破坏。同样,这种人地关系的变化也会表现在人们的生活方式上,如人们的衣着和食物、人们的居住和交通等方方面面。

在区域的发展阶段中,特别要注意的是农业社会和工业社会两个典型的时期。这既是目前主要存在着的生产力结构形式、人地关系中最现实的两种状态,又是在人地关系上存在着巨大反差的两种形式。课标中有着"以某区域农业为例学习农业条件、布局、特点和问题"和"以某经济发达区域为例,学习其工业化、城市化的推进、问题和对策"的两个要求,完全可以和区域发展阶段中的农业社会时期和工业社会时期相对应起来。当然,农业本身有传统农业和现代农业的不同形态,工业也有从手工业到现代工业的不同时期,区域内不同形态、不同时期的农业和工业有着它自身的特点和形成条件,其中不乏农业和工业之间的相互影响。因此,综合地分析区域案例中的农业和工业也是相当有意义的一种学习内容。

另一个与区域发展密切相关的课标要点是"产业迁移"。在课标中,产业迁移和资源的跨流域调配是组合在同一个要求中的。[2] 相比而言,资源的跨流域调配主要是在工业化社会以后人类对自然资源的需要量超过了区域内部的提供量的时候提出的,涉及的要素相对较少,而产业迁移(产业转移)涉及的要素相对要多。产业迁移基本可以理解为是在经济发展的驱动下,产业部门由其传统分布区迁移到生产条件类似而经济效益更高的地区。这种

---

[1] 地理课程标准研制组.普通高中地理课程标准(实验)解读.南京:江苏教育出版社,2004
[2] 中华人民共和国教育部.普通高中地理课程标准.北京:人民教育出版社,2003

过程涉及纵横两个因素:纵的因素是该区域的发展,产业形式由低级向较高级再向更高级;横的因素是区域内部或区域与外部其他区域之间的一种关系,案例区域可能接受更高级区域移来的产业,也可能向较低级区域迁出相对高投入低产出的"低效"的产业。产业迁移在区域发展的过程中始终存在着,如,在某些区域的农业发展过程中粮食生产逐渐为经济作物生产所替代,一方面经济作物生产有更高的经济收益,另一方面也有周边区域能承担得了相应的粮食生产。当然,现在最关注的产业迁移,还是对我国目前的经济发展起到极大影响的以东亚地区为核心的国际产业迁移。

因此,以区域案例为核心,我们完全可以把有关区域发展阶段、农业、工业化和城市化以及产业迁移等因素放在一起来综合考虑。

(二) 合理组合案例框架、选择案例区域

设计综合案例需要注意合理组合案例框架、选择案例区域,以区域的发展历史为主线来综合区域案例中有关发展阶段、农业、工业化和城市化以及产业迁移等要点是一个比较合适的框架形式。如下图所示,案例的呈现形式是以从"原始社会时期"到"工业社会时期"为主轴进行排列的,把原始社会、农业社会和工业社会等几个时期分别作为相对独立的片段去刻画。这样呈现在学习者面前的一幅幅人地关系的历史画卷可以把区域内人地关系的发展阶段清晰地表现出来,同时又能比较系统、全面地就重要片段中的地理要素关系进行深入的揭示和分析,从而能顺利地把农业的要点、工业化和城市化的要点单独地提出来。同时又能将产业迁移在不同的历史时期的作用,尤其是在近几十年中的强大作用表现出来。

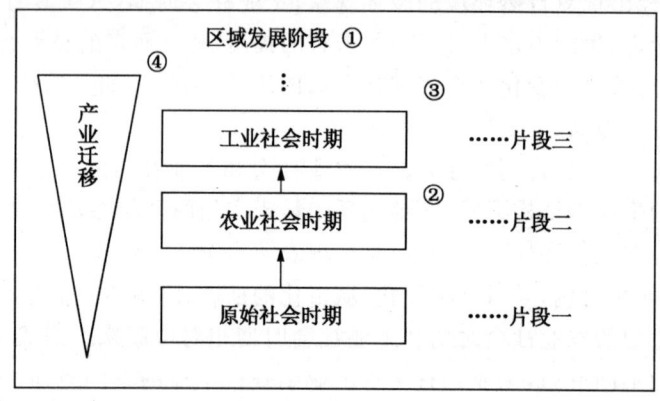

综合案例设计示意

基于上述考虑,在选择具体的区域案例时,找到能够把以上几个方面课标要求综合在一起的案例是至关重要的。一方面,这个区域需要有较为优越的自然条件和悠久的人类发展历史;另一方面,这个区域要在近代和现代工业发展和城市化的发展中体现出明显的优势,同时表现出与国家之间、周边区域之间以及在区域内部都有明显的差异性。这样的区域案例主要集中在东部沿海经济较为发达的地区,如长江三角洲、珠江三角洲、台湾岛等。

长江三角洲地区可以作为这种综合案例的首选方案。这里有着优越的自然地理条件和漫长的区域发展历史,很早就有原始人类的活动,随时随处表现出"人·地·水"关系这一本区域所特有的人地关系核心。这里所经历的原始社会—农业社会—工业社会等典型发展时

期在国内具有较好的代表性,尤其是传统时期的农业、新中国成立以后商品粮基地和综合性工业基地的建设,一直到改革开放以后的外向型经济的发展和近些年的城市化过程,这些都是在国内具有相当典型意义的,而早在明清商品经济萌芽时期的产业迁移就对长江三角洲地区的经济结构产生过明显的影响,近十多年来产业迁移又对长江三角洲地区的产业发展产生着极大的影响。

(三) 综合设计的优势和需要面对的问题

这种案例的综合设计具有传统的案例教学所没有的优势。通过综合案例的学习,能让学生更好地掌握地理要素之间的相互关系以及它们对区域地理总体的影响,也能让学生更好地把握区域的发展规律。或者可以说,综合案例的使用让我们对区域发展的认识有了更广的视野,让我们对区域地理要素的分析有了更好的纵深感,总之,我们能让学习者从更高的层次来认识区域,能让学习者接触到更加贴近实际情况的区域案例。同时,教师在安排教学时也可以把本乡本土的区域地理学习有机地安排在一起,作为拓展的案例加以学习和分析,这样既学习了乡土地理的内容,又提高了学习运用的能力。

综合的区域案例对教学资源的组织和教师的教学安排也提出了更高的要求,需要处理好以下一些问题。首先,将区域发展阶段、农业、工业化和城市化以及产业迁移等内容综合在一起的案例比起单一功能的案例来说,在内容上、结构上必然会更加庞杂,因此理清区域各种地理要素之间的复杂关系是首先要做好的;其次,一个区域案例与一个课标要点相对应的关系被打破后,一个综合案例对应若干课标要点的关系要在案例编写中得以体现,通过有机安排区域案例的各种地理元素,尽可能以各种形式突出课标要点所规定的要求;最后,综合案例需要较为全面而纵深的历史地理内容,这也是在教学资源组织和教师教学安排等方面所面临的前所未有的形式。

二、利用案例平台创建地理原理和地理事实之间的新关联

(一) 现有教材中地理原理与地理事实的组合方式

在地理教材研制中,很少有人特别去注意地理原理和地理事实表述之间的关系。我国地理教材中的地理原理与地理事实呈现方式和组织结构有着比较固定的模式。通常整本教材都用编者的口气将地理原理和地理事实"混合"叙述,而不对地理原理和地理事实作明确区分,也不对"客观"(教材编者和读者之外的第三方)的信息与"主观"(教材编者)的表述进行区分。在大多数情况下,地理原理与地理事实之间的关联由编者以一种线性的方式建立起来,即用某些事实说明某个原理,或用某个原理解释某些事实。学生的活动设计或是用于导入新课,或是用于学生操作等实践,或是用于课后的复习,而很少有活动设计为:要求学生利用课文(可以理解为必学部分)中的某个原理或观点与具体案例之间建立联系。随着教材研制的发展,教材中的栏目增多,一些地理概念或地理事实用专门设计的栏目呈现,不仅使教材看上去更活泼,而且使部分地理事实的呈现独立出来。但这些栏目主要还是为了区别"必学"和"选学"、"重要"和"次重要"、"课文"与"活动",而不是为了区分地理原理和地理事实。这种组织方法用在专题地理教材中是比较适合的,但在用案例分析方式编写的教材中使用,则会降低这种教材编写的意义,因为这样做会使它看上去与其他类型的教材没有根本

的区别,也为教师使用教材进行案例教学带来困难。

地理原理与地理案例的关系一直是个困扰教材编写者的问题。在用案例分析方法编写教材时,作为教材中的案例,它们所展现的都应是地理事实,是以"客观"(当然是经过编者加工)的面目呈现,而不是将相关原理的表述和编者的观点、解释及分析"混合"在一起。在这种情况下,如何使教材做到一方面真正以一种"案例分析"方式组织内容,另一方面这种编写方式又不会使教师和学生忽略案例学习中地理原理的重要性?如何使教师和学生能够接触到"真实"的案例而又有意识地将具体案例的学习提升到认识一般原理?我们可以尝试从学生活动的设计入手来解决这个问题。一般的学生活动会设计成"回答案例中提出的问题"的形式,但如果设计不当,会出现这样的情况:或者教材编写者已经在正文中给出解释,学生"照猫画虎"回答;或者教材不提供任何理论依据,学生无从下手。因此,关键的问题是如何处理好教材中案例与相应地理原理的呈现方式和相互关系,并用某种活动使学生有机会在案例与原理之间建立起关联。笔者认为,这样的活动设计可以使学生的学习活动更有意义,也更加开放,可以真正体现利用教材去学习。学生通过学习活动理解的地理原理,比直接阅读编者的"解读"应该有更好的效果。这样的学习活动对已经学习过前两个模块的高中学生来说,从难度上看是可行的。

(二) 建立地理原理与地理事实的关联

那么可以建立起什么样的关联和怎么建立关联呢?首先要做的,是将地理原理与地理事实在以案例分析方式编写的教材中实施"分化",即用适当的表现方式把案例事实和地理原理明确分开,告诉教师和学生,哪些是事实,哪些是原理。要做到这种"分化"有两个前提:一是客观,即让教师和学生看出这些事实和原理都是"别人"的,而不是教材编者的;二是教材不负责"建立关联",即教材编者不对二者之间的关系进行任何的阐述,既不用案例事实去证明原理,也不用地理原理去解释事实。第二步要做的是设计学习活动,而活动的核心就是去建立地理原理与地理事实之间的关系,即在地理事实与地理原理之间建立关联是学生要做的事,而不是教师或教材编者要做的事,整个案例学习的核心也就是在这种关联的建立过程中。例如,教材中可以分别给出某个区域发展案例事实和相关的原理表述,然后在活动设计中提出如下问题:"试用某国(教材案例中的国家)煤炭资源开发利用的事例解释原理中有关矿产资源开发与区域经济发展之间关系的表述",或者,"根据某某原理(案例教材中已给出)分析,某城市转型与另一个城市(均为教材中给出的材料)有何异同"。学生能否在原理与事实材料之间建立起合理的关联,则取决于他(她)是否认真研究了案例,是否理解了原理的含义,也取决于案例学习方法的掌握。至于能建立起什么样的关联,则与教师的水平和学习者的水平有关,因而是个真正的具有开放性的教材。在这种关联的设计中,案例教学、学生自主探究、科学思维的培养、教材的开放性等课程和教学理念就都在案例教材的平台上综合体现了。可能存在的主要问题之一就是,教材中没有直接呈现出教师所关注的"正确答案"。"正确答案"确实很重要,但如果教材设计得比较合理,不是过难或过偏,学生通过教师指导的案例研究过程是可以接近合理关联的。此外,在教师参考用书中可以给予教师详细的建议和指导。

综上所述,利用案例分析方式编写教材可以有不同的思路和格式。本文着重探讨了在教材中使用案例分析方式时,如何关注地理事物本身的综合性,从而避免仅从形式上使用案例,以及如何把案例学习的特点很好融合在教材编写中,使教材编写更好地体现案例分析的特征。笔者的目的是希望促进教材编写思路和编写形式多样化的研究。

美国中学地理教材特点简析[1]

吕润美

位于美国新泽西州萨多河上游的普润第斯—霍尔出版有限公司(Prentice-Hall, Inc., Upper Saddle River, New Jersey),2000年出版了地理教材《地球变化的表面》(Earth's Changing Surface)。这本书有以下几个显著特点:非常重视学生动手实践,让学生通过"从生活中学习"来建构自己的认知;注意培养学生的科学研究精神和态度;重视培养学生参与社会问题解决的意识。教材在目录和每章小结部分很有自己的特色,这些对我国的教材编写和教学改革有一定的借鉴作用。本文试就此作一具体的分析介绍。

一、培养学生运用自己生活中的经验和已有的知识,建构新的认知

人的认知不是被动地接受的,而是通过自己的经验主动地建构的。[2] 在此基础上,建构主义教学论总结了当代各种教学论流派的思想,指出教学应当力求使学生自己进行知识的建构,而不是要求他们复制知识。美国地理教材充分注意到了这一教学论原则,注重学生的动手实践,充分调动学生的学习主动性,让学生通过自己的经验来学习,使学生从自己的经验中学习并建构自己的认知。

例1:"制作地图"

"要邀请你城外的亲戚来学校参加运动会,可以用以下的语句来说明如何找到学校,比如从高速公路的第三个出口下来,到第一个红绿灯时左拐之类的话。但是往往口头上很难说得清楚。你可以画一张关于'到学校的最佳路线'的草图,地图可以用图片的形式而不是语言的形式告诉人们学校的所在地。"(《地球变化的表面》,第19页)

这个例子是在学习地图之前,让学生自己先想象着画一下地图。

例2:"怎样把曲面地球展平?"

(1)用粗尖的钢笔在橙子或柚子的表面大致勾画出各大洲的轮廓;

(2)用塑料刀小心地剥下橙皮。如果可能,尽量剥成一大块,以便各大洲能连在一起;

(3)试着把橙皮平摊在桌面上。(《地球变化的表面》,第19页)

这个例子是在学习地图投影之前,让学生感受一下球面与平面的差异。

如果把学生比作一张纸的话,每个学生并不是一张完全空白的纸,而是一张上面有一些色彩的纸,因为学生在成长过程中有一些自己对生活的经验感受,也有类似或相关知识的接触和学习。以上两个例子都是在学习课本知识之前,先让学生从生活当中去感受、体验,自己先想想、说说这部分的知识会是什么;然后根据和运用自己生活中的经验去实践,检验一

---

[1] 本文选自《课程·教材·教法》2006年第10期。

[2] 高文.教育中的若干建构主义范型.全球教育展望,2001(10):3—9

下自己的认识；之后再从课本当中学习，看看自己的认识和课本中的知识有何相同，有何不同，在矛盾冲突中构建起属于自己对知识的正确认知。

在以上"制作地图"的例子中，教材不是先假设学生对于地图一无所知，告诉学生地图都有哪些要素，要怎么使用比例尺、方向和图例等知识，而是让学生亲自去画画看，你要让别人通过你的地图找到要到达的地方，怎么能够表示清楚？对此，学生自然就得先想想：地图需要怎样画，才能说明问题。学生可能以前接触过地图，可能使用过，可能只是看过，也可能根本没有认真看过地图，但是他一定有关于这方面的生活常识，即学生一定从一个地方到达过另一个地方，也有一些对方向和位置的内在的概念，所以在画地图的过程中，他会尽力把他对地图的认识和地图需要有的要素表达出来。虽然可能表达得有错误，可能不准确，也可能对地图三要素的把握不全面，但是他在画地图的过程中亲身体会了地图需要的要素。有了这些基础，教师再指导学生，告诉他们地图需要三个要素——比例尺、方向、图例。这样学生内在的概念就会更加清晰，并且通过亲身建构的过程，把知识内化为自己的认知。

在例2中是探索如何把球面转化为平面的世界地图，这并不是说一个球面平展开就可以了，因为球面是不可能变成一个两维的平面的，因此，学习球面投影，首先要让学生知道为什么会有几种地图投影技术的存在。"怎样把曲面地图展平"的例子，就是让学生自己亲身去感受球面和两维平面的差异，然后知道要将球面转化为两维平面，需要一些投影技术参与其中，这样才可以制作出两维的平面地图。

这两个例子都是建构主义理论的体现和运用，学生本身有一定的生活常识和对事物的认识，当他学习新的东西时，就会把他原有的知识迁移进来，这些迁移可能有对的，可能也有不对的。从上面的例子可以看出，美国教材并不是先假设学生对新学习的事物完全没有了解，而是允许学生把旧有的知识迁移进来，让他们自己去构建新的认识，在学生构建自己认识的过程中，教师再进行一些引导和纠正，这样学生就会把旧有的知识和新学习的事物合理地、有区别地联系起来，形成对新知识的正确认知。

例3："制作地形图"

● 材料：

深水槽，1升水，记号笔，硬纸板，干净的厚塑料薄膜，做模型用的黏土，一张白纸，米尺。

● 步骤：

(1) 剪一张与水槽底部大小相适应的纸板。

(2) 在纸板上，把黏土塑成一座山的模型。

(3) 把模型置于水槽内，往水槽中倒入1厘米深的染色水代表海平面。

(4) 在容器上蒙上一张干净的硬塑料薄膜。

(5) 在薄膜上勾画出水槽的轮廓。垂直俯视水槽，勾画出模型周围的水的轮廓，然后移走水槽上的薄膜。

(6) 往水槽中再加入1厘米的水，使水深达2厘米。再次蒙上薄膜，画下水位。多次重复第6步，直到下一次加水将模型完全淹没为止。

(7) 取下薄膜，在白纸上临摹出塑料薄膜上的轮廓。

● 分析与结论：

(1) 根据你画的地形图，怎样知道模型的什么地方是陡坡，什么地方是缓坡？

(2) 怎样知道地图上哪一点是最高点？

(3) 在地图什么地方可以找到小溪？请对此解释说明。

(4) 地图上是否有一旦下雨就会积水的洼地？用什么符号表示这个洼地？

● 进一步探索：

找一张含有山川、峡谷、河谷和海岸线等地面形态的地形图，研究地图上的等高线，画一张你想象的地图形态的草图，然后用黏土或硬纸板、泡沫板按比例建一个模型，与草图相比，你的模型怎样（《地球变化的表面》，第34页）？

这个例子是在学习了地形图以后，让学生根据实验去制作地形图，以加深对地形图含义的理解。

有些地理概念是非常抽象的，也很难准确地用生活中的例子来类比解释。如果在讲述这样的地理知识时，密切联系生活，让学生动手做一些相关的实验，深入浅出，引导学生观察实验现象，就能分解知识难点，降低知识难度，便于学生理解知识，逐步形成抽象的概念。

地形图是一个比较抽象的概念，学生在生活中很少接触到，用等高线把山的高度表示出来，学生一般比较难理解，但是学生已经拥有了一定的关于平面几何与立体几何的知识。教材中让学生亲自去做做实验，去画一下等高线，体会一下在平面纸张上代表山的高度的这些等高线是怎么来的，这样就在学生的旧知识和新知识之间搭了一个"脚手架"。在这个实验中，将立体几何转化为平面几何，学生比较容易地理解了地形图为什么是这样的，并且在看到地形图时也比较容易在大脑中将等高线转化为立体的山的高度，可以根据地形图判读出哪里是陡坡、哪里是缓坡、哪里是谷地，等等。这样就形成了对地形图概念的准确理解，真正达到了对新知识的内在建构。

美国教材中建构主义学习理念的体现，是我们可以借鉴的。教材在呈现知识给学生时，要特别考虑学生已有的知识、生活经验和对该知识点的内在模糊的认识。即不要把知识点直接告诉学生，这样就仿佛强加给学生，好像给婴儿喂饭一样，要先给学生一定的空间，让他自己去思考、认识这个世界，虽然这一过程中可能会遇到困难，出现差错，但是，这个过程完成了学生知识的真正内化，从而使知识成为学生自己的，而且是自己找到的。当然，这个改变也需要教师观念的转变，教师要在教学过程中注重让学生自己去建构新的认知，而不是把任何知识都填鸭式地一下全告诉学生。

二、与社会问题结合，培养学生参与社会问题解决的意识

时代赋予了地理学科新的教育使命：以实现全球环境生态化和区域的可持续发展为主题，这构成了当前学校地理学科教育发展的大框架。[①] 要完成这个使命，在教学中就不能仅提供给学生一些社会和环境问题的事例，而应该引导学生有意识地去分析问题，提出自己的解决策略，培养学生良好的社会责任感，使他们真正成为社会的小主人。

美国的地理教材非常关注环境教育，通过人口动态、环境动态和资源动态及其存在的问题，以及人口、资源与环境协调发展等典型的社会事例，使学生建立和增强对人口、环境、资源和可持续发展的全面、正确的观点和观念，并培养他们在意识上和行为上能自觉保护环境，主动地去参与社会和环境问题的解决。

例4："泛滥平原上的房屋保护"

---

① 陈澄.地理教学论.上海：上海教育出版社，1999

美国至少有一千万家庭生活在泛滥平原上。生活在河边是很诱人的,比如,河边的土地往往很平坦,易于修建房屋,因此现在有许多人愿意生活在泛滥平原上;可也正因为这个原因,洪灾的损失也增大了。沿河的社区想要减少洪灾损失,社区有关负责人想知道如何保护现有的生活在泛滥平原上的人及他们的房屋,社区有关负责人也想要知道如何阻止更多的人搬往泛滥平原。

● 社会问题

政府应不应该承担洪灾保险?

美国政府为住在泛滥平原上的家庭提供保险。保险公司能够为受灾家庭赔偿洪水之后所需的部分修复费用。保险可以帮助人,但是却很贵,只有17%的生活在泛滥平原的人买得起政府保险,政府洪水保险仅提供给采取措施减少洪水灾害的地方,易发生洪水的城市也只允许在高地修建房屋。保险公司不会付钱给曾在洪水中受过重创、之后又在原地重建房子的人们,这样,受灾人就必须花钱在其他地方找房子。

评论家说保险费只是鼓励大家回到发洪水的地方去。支持者们说制定规则来控制在泛滥平原建房,城、镇会得到回报。

泛滥平原上多大面积需要保护?

政府洪水保险只提供给科学家认为 100 年或 500 年才发一次洪水的地区。这些数字都是估计数字。在加利福尼亚萨克拉门托的一个政府洪水保险地区 12 年发生了 3 次洪水。

政府是否应该告诉人们"应该在何处生活"?

一些洪水控制计划已禁止在原地建设新的建筑,另一些计划也鼓励大家搬到更安全的地方,1997 年南达科达 Grand Forks 的红河水灾就是一例。水灾后,Grand Forks 市买下了沿河所有受灾的建筑,市政府想要建起一堵高高的土墙来保护城市的剩余部分。

Grand Forks 的计划也许能防止未来的损失,但是合理吗?支持者们说既然政府应该赔偿洪灾,那就应该让人们搬离泛滥平原;反对者们则说人们有权生活在任何他希望居住的地方,哪怕那里很危险。应该由谁决定在什么范围内不可以建新房子呢?谁来决定哪些人应该从泛滥平原搬走呢?到底由谁来决定,是当地政府、州政府还是美国国家政府官员?专家没能达成共识;有些人认为应该由科学家来做决定。

● 你做主

1. 提出问题

用自己的话,描述关于泛滥平原和房屋的争论。

2. 分析选项

列出能够减少泛滥平原上房屋受损害的措施。每一步都要列出谁从中受益,谁承担损失。

3. 提出解决方案

你所在城镇决定要为 50 年来最严重的洪水带来的损失做点事情。写一篇演讲稿来发表你的解决方案(《地球变化的表面》,第 84 页)。

这个例子是在学习了河流的作用以后,让学生运用所学知识分析社会问题。

学习发生的最佳情境(context)不应是简单抽象的,相反,只有在真实世界的情境中才能使学习变得更为有效。① 学习的目的不仅仅是要让学生懂得某些知识,而且还要让学生能真正运用所学知识去解决现实世界中的问题。在一些真实的情境中,学习者如何运用自身的知识结构解决实际问题,是衡量学习是否成功的关键。如果学生在学校教学中对知识记得很"熟",却不能用它来解决现实生活中的某些具体问题,这种学习只做到了单向的内化建构,而忽视了逆向的外化于物,显然是一种无效的学习。

"学以致用"是学习的目的,运用所学知识去分析解决社会问题,是地理学科的一大任务。美国地理教材非常重视这一点。每个人都是社会的一员,都应该积极地关注和保护我们的生存环境,有权利也有义务参与社会问题的解决,而这种意识应该从小培养。

"泛滥平原上的房屋保护"就是给学生一个真实的环境与社会问题,教材的出发点是,让学生思考,作为社会的一员,你怎么看待这个问题?你又认为该怎么解决这个问题呢?让学生从小就知道他应该也有能力为社会问题的解决出一份力。

教师和学生不是处于真空中,而是处于社会之中。我们不能将知识与社会生活脱离开来,只是教给学生书面的知识。很多学生走进社会,觉得自己读的书和生活脱节,没有什么用处,这在一定程度上是因为我们的教材和教学没有关注、引导学生学以致用。如果学生学习的目标只是关注考试,那么考完了,就感觉学的知识没用了;自然在生活中也不会自发地用学到的知识去分析问题,很多社会和环境问题就似乎与他没有什么关系,也就没有对社会的责任感。

新世纪教育的目的之一就是培养善于学习的终身学习者,他们能够自我控制学习过程,具有反思与批判能力,具有很好的生存和生活能力及良好的社会责任感。落实到我们的地理教学和教材上,就是应该为学生提供一些真实的社会素材,引发学生自发地去关注社会问题,积极参与这些问题的解决,培养学生作为社会小主人的责任感。

三、目录种类多样

美国地理教材的目录全面详细,除内容目录是"篇—章—节"的结构外,还有分类目录,种类多样。教材《地球变化的表面》中的目录分为:内容目录、附录目录、技能手册目录、实验活动目录、考察活动目录、主要概念的强化目录、技能实验目录、学科间活动目录。

例5:考察活动目录
你的学校周围是什么样的地形? （第14页）
怎样使一个刻好的球面变平? （第19页）
你能制一张像素照片吗? （第26页）
地图可以显示地貌吗? （第29页）
多快会冒泡? （第40页）
土壤是什么? （第49页）
怎样能够阻止土壤流失? （第57页）
……

目录种类多样化是美国地理教材的一个突出特点,将教材知识进行系统分类,综合列出其目录,有利于使用者更加系统地知道要学习的知识和要掌握的技能都有什么,让使用者更

---

① 毛新勇.建构主义学习理论在教学中的应用.课程·教材·教法,1999(9):19—23

清楚地理解教材的结构,便于使用者对教材的把握和利用。

我国的教材一般只提供内容目录,而没有其他的目录,教师和学生根据这个目录可以大体知道每单元学习什么内容。这样,学习成为了一个以知识点为线索的过程,复习也成为一个以知识点为线索的过程,并且这些知识点往往是零散的。由于教材对于学习的能力等没有比较好的总结归纳,所以还需要教师和学生自己从教材中一一抽出,进行归纳、分析和总结。

所以,如果在教材中能提供"技能手册目录""调查活动目录""实验活动目录""地图目录""统计图表目录"等,就可以帮助教师和学生更好地系统地把握除了知识点以外所要学习的各种能力,同时这也反过来帮助教师和学生更好地领会和掌握知识点。例如,当学生按照"地图目录"进行地图学习或者复习时,就对本册书编写者编写地图的思路有一个更深入的把握,并对地图由浅入深的学习过程有一个清楚的了解。当然,教材也不用把每种目录都列出来,要根据本身内容的特点和需要进行设计。

四、每章后有小结

美国地理教材每章后面都有一个小结,总结本章的知识点和新出现的关键地理术语,使教师和学生对本章的主要内容一目了然,特别是便于学生进行复习,检查自己在知识点上还有哪些不明白,哪些还没有掌握。如《地球变化的表面》第一章第一节的总结如下:

第1节 探索地表

主要内容

◆ 地球的地形由包括海拔和地势的地表形态组成。

◆ 三种常见的地表形态是平原、山地和高原。

◆ 大气圈、水圈、生物圈以及包围地球的岩石外壳——岩石圈。

关键术语

地形 平原 岩石圈 山地 大气圈 地势 山脉 水圈 地表形态 高原 生物圈 地形区(《地球变化的表面》,第35页)

我们的教材一般都配套有教师《课程标准》和《教师参考用书》,通过它们,教师对要学习和掌握的知识点比较清楚,但是学生手中没有这些材料。如果我们的教材也能在每一单元后面为学生提供本单元每节的内容小结,可以帮助学生对本单元主要内容有清楚的概括,引导学生更好地进行自主预习和复习,培养学生自学的能力。

总之,美国中学地理教材的以上几个特点是我国中学地理教学和教材编写值得借鉴的。在研究过程中,笔者着力肯定与介绍了《地球变化的表面》的优点和长处,但这并不意味着肯定它的一切,否定我们的一切。研究介绍国外教材的目的只是为了扬长避短,开阔眼界,丰富认识,从中汲取对我们有益的东西。我国的情况毕竟不同于美国,教材改革不能从形式上照搬。聪明的办法应该是,善于学习他们的优势,并在此基础上融进我国的优势和长处,从实际出发,编出具有中国特色的地理教材。

中学地理教材改革中的知识观探析[①]

江　晔　陈昌文

教材改革是当前基础教育课程改革的重要环节，而对教材知识的内容选择、组合、存在方式背后的知识观的认识更是深中肯綮。探讨地理教材改革中的知识观对于推动地理课程改革的发展具有十分重要的意义。

一、地理知识内容的非确定性

一般认为，知识是正确反映客观事物的本质或事物之间本质的必然联系，具有客观的确定性。因此，知识的确定性是人类的普遍诉求。表现在学校地理教学中，就是突出强调知识的确定性，在地理教材编制中则选取已有定论的地理知识，以绝对真理的面目处于绝对权威、毋庸质疑的地位，并将有争议的、非定论性的概念和问题排斥在外。

如果地理教材仅仅将知识整理成逻辑严密的概念体系，仅仅关注定论性的知识，忽视对地理学发展的曲折历史和不同观点之间矛盾冲突的反映，那么，学生头脑中对地理知识的认识，也就仅仅与确定无疑、绝对正确、亘古不变相关联，而地理知识的历史性、相对性、条件性等基本属性则成为认识的盲区。于是，为了将外在的、确定的知识储存在大脑中以备取用，机械记忆、反复背诵便成为了地理知识学习的唯一途径，成为学生对地理知识学习的基本态度和方法，这样的基本态度和方法不仅严重束缚了学生的思维，而且压抑了学生对知识的创造性阐释。

其实，知识并不是对客观的准确表征，它只是一种解释、一种假设。科学的知识包含真理性，但又不是绝对的、唯一的答案。随着时代的进步，人类对某种知识的新的假设将不断产生。因此，知识还具有发展过程中的非确定性，尤其是当今世界知识成果的急剧增长和迅速变化，不确定性的知识同样与日俱增。

地理教材编制中增加知识的非确定性，对知识而言是增加了教材知识意义的层次性、多种可能性或多重解释性，使静态的知识变成动态的知识；对学生而言既能使学生多角度、多方面对所学习的知识有足够的理解，又能使他们以富有想象力的思维与知识对话；对教学而言，是对以往地理教材过分追求知识的绝对正确性、确定性，以至于使学生缺乏批判意识的一种调整。目前，在中学地理教材编制中，可以通过以下两个方面来表现知识的非确定性：

一是在教材中直接引入非确定性的地理知识。这包括引入千古封存的地理之谜，如玛雅文明是怎样突然消失的、埃及金字塔是如何建造的等；引入地理学家科学研究的课题，如我国东水西调的可行性分析、如何解决我国的民工潮问题等；引入地理科学研究的历史进程，如人类寻找外星人年表、太湖成因探究历程等。

[①]　本文选自《上海师范大学学报》2007 年第 8 期。

二是改变知识的直白呈现方式。即在地理教材设计中加大知识开放度,动态地处理知识内容,对一些目前已有定论的地理知识,可以改变以往定论式的描述,适当地运用问题方式呈现,或以阅读课外书籍,或是查阅网站等方式呈现。如,有的教材在正文陈述了"世界人口稠密地区"后,对"世界人口稀疏地区"内容采取了问题方式呈现:"找出人口密度低于1人/平方千米的地区,对照世界气候图和地形图,概括出这些地区的自然环境特征。"有的教材在"新西兰"国家地理一节里,教材没有关于新西兰国家地理内容的任何介绍,而是开出了"参考书目""推荐网站"和《地理景观》光盘等学习材料。当知识以问题、课外学习等形式存在时,便人为地增加了教材知识的非确定性,因为,这些来自课堂、教材、教师以外的知识是开放的、有着多重解释的,而且当学生直面它们时,又会自然生成自己对纷繁复杂的地理现象的种种理解和解释。

二、地理知识组合的综合化

知识的"生态学理论"认为:像生态系统中生物各种群之间、生物与环境之间的相互依存和互补共生一样,人类的各种知识领域和知识类型的关系也是一种生态关系,各种知识都是系统中的组成要素,它们按照一定的生态学规律相互影响、相互渗透,而不是一堆自成体系、互相孤立的知识,同时,人们对知识的种种认识也是息息相通、相互关联的。因此,从生态的角度看,综合化是恢复教材知识之间的生态关系并在教材内构建完整的知识生态系统的重要途径。

运用知识的"生态学理论"建设地理教材的关键,就是要把知识放置在一定的环境与背景之中,使知识与知识、知识与方法、知识与学生的生活世界建立起内在的密切联系。为了建立这些内在联系,达到地理知识组合的综合化境界,我们以为可以侧重在以下三个方面加强联系:

一是加强地理学科内部知识及其与相邻学科知识之间的联系。以往地理教材编制中存在的问题之一,就是缺乏学科内部自然地理与人文地理的融合、区域地理与系统地理的结合,在地理学科与相邻学科的联系上则更不尽如人意。现在,我国大陆新编教材开始注意淡化学科体系,以专题形式组织教材,但仔细分析,一些教材还是以学科的自然地理和人文地理两大方面为基础编排。虽然在自然地理部分融进了人类活动影响的内容,在人文地理部分融进了有关自然地理背景的内容,但其深度和广度是不够的。如果地理教材中的专题能以现实的社会问题为核心,按解决问题的线索组织教材内容,如以人口、能源、粮食、居住、灾害、贫困与发展等问题为核心组织教材,并在每一专题中重点分析世界或我国典型区域的特点,那就可以更好地综合地理学科内部知识,甚至是地理学科与其他学科的联系。这在其他地区和国家的地理教材编制中有不少可以借鉴的经验。如我国香港中一年级《生活地理》教材,以"我们在何方""康乐活动""土地争夺""城市问题""工业迁移""人口流动"六大香港社会问题组织教材。日本的新高中地理,强调将环境、能源、人口、粮食、居住、城市问题等全球性课题置于教材组织的重要位置,并对这些课题以地球性和地域性的视野进行分析研究。虽然,以问题为中心组织地理教材内容,还存在有难以整体反映地理学科内容的纵向联系、教材编制难度大等问题,但其贴近学生的兴趣和认知困惑,为学生展示现实世界全面的地理知识图景,提供开展探究活动平台,培养学生分析问题和解决问题的能力等方面的积极意义却是不言而喻的。

二是加强知识与能力、知识与方法等的联系。地理教材应该改变干巴巴的知识描述状态,而将理解知识和运用知识的能力与方法,作为知识的基本要素有机结合到教材编制之中。这也正是新知识观中的"大知"观,即能力、方法是知识的重要组成部分。为充分体现教材作为学生学习方法、发展能力的载体,使学生不仅能掌握知识的浅层部分,而且能把握发现知识、创造知识的方法,我国大陆新编的地理教材中已有许多成功的探索。例如,有的高中地理教材,运用案例呈现地理知识内容,并在案例介绍后,要求学生自己分析、归纳特点;有的初中地理教材增加了国家地理学习方法指导。当然,我们同样看到在有的地理新教材中,能力与方法这类知识依然游离于教材正文系统,而只是落实在教材"练习"系统中,这种重"小知"、轻"大知"的传统知识观,显然难以适应时代发展对地理教育的要求。

三是加强地理知识与社会生活的联系。地理教材联系社会生活,必须使知识尽可能地以学生熟悉的社会生活做"底板",真正融入生活。目前,许多新编地理教材在这方面已进行了有效尝试。例如,有的高中地理教材每章后都安排了反映学生社会生活主题的"问题研究",如如何看待农民工现象,从市中心到郊区,你选择住在哪里等;有的则在"专栏"里编排了大量有关学生社会生活的内容,如大山居民的生存选择、国粹与海派文化等。这些"问题研究"的选题、"专栏"的选编,不仅充分体现了地理学科与社会生活的紧密、广泛的联系,而且深刻揭示了人类的生活方式和生存状态,有利于引导学生用地理的、伦理的、审美的眼光去观察、聆听、理解、反思和表现生活,进而形成正确的世界观、人生观和价值观。

三、地理知识存在方式的境域化

不同的知识观对知识的性质有不同的认识。从知识的"进化"角度看,知识的性质是不断变化的:知识在被发现的过程中是鲜活的,因为它与生存境域中的诸多要素有着千丝万缕的联系,也与每个研究者的精神世界有着内在的和丰富的关联。当知识一旦被发现、定型,经过抽象、概括等理性处理后以结论、定理的形式呈现出来时,知识就变成静止的、固定的了。因此,当知识要重新被人理解和学习的时候,应当强调知识以境域化和过程化方式存在。因为境域化和过程化的知识,使知识与其生存境域相联系,与学生过去或现实的生活情景相关联,鲜活而生动,具有较大的情趣性;同时也使知识立体而感性,有助于增进对知识的本质理解。

在以往地理教材中,大量的知识以概念、原理、规律等结论性形式存在,地理知识被限制在一个十分狭窄的范围之内,与其生成的自然、社会、文化、生活境域相分离,使知识失去了应有的生命体征和活力。如今地理教材改革已在不同程度上步出这一误区,但结论为本、理性至上的知识观在教材编制中仍频频可见。在一些教材中,有结论无过程;结论知识在先作为正文内容,过程知识在后作为补充解释,或作为"专栏""阅读"起辅助作用。这是片面强调结论为本、理性至上,忽视境域化、过程化知识的知识观在教材编制中的表现,在这种知识观影响下的教材知识往往是处于呆板、静止的状态,知识也变成了一个冷漠的、封闭的世界,结果造成知识与学生熟悉的生活世界相分离,乃至知识成为对学生的压迫。

其实,地理教材知识被定义为概念、原理、规律,如"世界上的火山、地震多分布在板块与板块之间的交界地带""平均海拔增高1 000米,气温下降6℃"这样的结论被陈述时,知识就失去了最初的生存境域,因而也没有了当初的生命活力。如果教材以呈现世界主要火山和地震发生的事实资料来展示世界火山、地震分布规律;以某山地一组不同海拔所对应的气温数据导出气温垂直递减律;以要求学生举例、讨论生活中商业活动分布受哪些因素影响来引导学生理解商业活动区位条件,或者是考察、调查学校周围商业活动区位形态等的存在方式呈示,即让地理知识回到最初的生存境域,既有利于显现知识的生命体征和活力,也可以使学生在与"源"、"本"的知识对话中,更好地体会"在场"和"不在场"、"已写出的"和"未写出的"知识本意。

四、地理知识认识的自组织性

知识的自组织性认为,知识并不是精确地概括世界的法则,知识需要学习主体针对具体情境进行再组织,每个学习者都以自己原有的经验系统为基础理解新的知识,建构、组织自己的知识系统。

自组织性是后现代课程知识观的重要基石,对我们当今地理课程改革有着重要的意义。要使课程知识教学具有自组织性,首先可从教材编制开始。以往地理教材有太多给定的东西,教材编制者会不遗余力地精确界定概念、原理,会精心选编呈现的一段段资料,其目的是想促进学生的知识形成。然而,在一个"给定"的知识世界里,学生的思维被显而易见、不证自明的给定的结论所引导和规范,他们选择和创造的空间被大大压缩,最终便阻碍了学生对知识的自组织。那么,地理教材编制怎样体现知识的自组织性呢?

一是可以通过加强缄默知识学习,创设学生自组织知识的情境和机会。知识可以分为显性知识(指可以用语言文字、图表来表达的知识,即可言传的知识)和缄默知识(指以主体经验为基础的只可意会、不可言传的知识)。由于显性知识具有系统、逻辑的特点,可以一点一点、一节一节线性地教授,因此,线性思维便成为地理教材编制和教学的一般通用思维。然而,正是这种线性思维掩盖了隐藏在显性知识背后的缄默知识,致使学生虽然建立起了地理基本知识与基本技能的逻辑体系,但却缺乏对地理的真正理解和对生活的地理感悟,表达不丰富、论述干巴巴、举例不生动。因此,新一轮的地理教材在编制中,应该重视缄默知识学习要求,如可以通过建立地理知识与学生生活的紧密联系,唤醒学生的生活经验,让学生在将自己的生活经验与地理知识融会贯通中,感受不可言传的地理意味、生活意义和人生价值;可以通过加强观察、实验、制作、访问等活动的学习要求,让学生在亲身实践中建构与地理知识相关的不可言传的规则、技能和方法等。而这种建立地理知识与生活的紧密联系,参与各种实践活动,正是学生自组织知识的过程。

二是可以在教材知识呈现中适当介入"干扰"因素。这里的"干扰"意在教材编制中,不是直接给出现成的、完整的、闭合的知识陈述,而是通过某种手段,制造学生认知系统的矛盾状态,同时营造出学生自组织的空间,促使学生在"干扰"因素的影响下进行自组织。如"商业区位条件",现在教材组织方式往往都是逐一陈述"交通""人口""地价"和"集聚"等区位条件,加上一个案例或一组事例。这种有定论、有事例分析的教材"给定"已经几乎没有空间让学生自组织了。其实,也可以换一种教材组织的方法,即将"交通""人口""地价"和"集聚"等区位条件对商业活动区位的影响融化在一种新闻报道式综述中,让学生从中辨析、归纳出影响商业区位的普遍条件及其影响力。其间的"干扰"就是故意不"给定"商业区位条件,但却要求学生自组织起商业区位条件及其影响的知识结构。

知识是教材构成的核心要素,知识的内容选择、组合及其存在方式是教材建设的重要方面,人们对待知识的不同观点决定着教材编制的不同范式,而不同的教材范式在很大程度上影响着教材的实施效果,即教学的成效。

参考文献:

［1］卢建筠.高中新课程教学策略.广州:广东教育出版社,2004

［2］洪成文.现代教育知识论.太原:山西教育出版社,2003

［3］郭晓明,等.论知识在教材中的存在方式.课程 教材 教法,2004(4)

［4］潘洪建.课程改革的知识观透析.教育科学,2004(3)

［5］周先进,等.从现代知识观到后现代知识观的转变.当代教育科学,2004(4)

地理教科书中的确定性结论对教学行为的负面影响[①]

夏志芳　陈大路

中学地理教科书中存在确定性结论本无可厚非。但是,过多、肤浅的确定性结论的存在及其不恰当的呈现方式却常常束缚师生的手脚,引发了许多不良教学行为。这一问题值得关注,需要从根本上加以解决。

一、地理教科书中充满确定性结论

地理学者提出以下问题:它在哪里?它是什么样子的?它为什么在那里?它是什么时候发生的?它产生了什么作用?怎样使它有利于人类和自然环境?[②] 于是,地理教科书就以一个先知者的身份给出这些问题的答案,表现为各种确定性结论充斥其中。相比而言,疑问在地理教科书中要逊色许多。

以往一些地理教科书没有用更多的篇幅展示人们的思维历程,特别是前人走过的弯路,取而代之的是人们思考的结果。这些结果常以概念、特征、规律的形式出现,用词是冰冷的、抽象的,读起来是艰涩的。由于确定性结论的存在,地理教科书更像词典,是供查阅、核对用的,而不是用来引起思考的。

地理教科书中的确定性结论是说一不二的,教科书由此成为真理的化身,这使得教师和学生在它面前自惭形秽。

二、地理教科书中的确定性结论引发的教学行为

(一) 照本宣科

照本宣科在教师的观念中早已失去了市场,但现实中仍大量存在。主观努力为什么换不来现实的改变?当中有没有客观因素的干扰呢?

还是了解一下照本宣科的具体表现。地理教师的照本宣科以不同的形式出现在概念教学上。如教科书中给出了城市的定义,对此,教师的处理方法各不相同。有的教师让学生照书念一遍城市的定义;有的教师出示农村和城市两幅景观图片让学生来辨别;有的教师对此定义不予理睬。哪一种做法好些呢?第一种做法把教师的照本宣科变成了学生的照本宣科,会招致大多数人的反对;第二种做法,学生辨别农村和城市不会遇到任何障碍,教师则把照本宣科换成了照"图"宣科;第三种做法摆脱了教科书的束缚,教师认为,城市的定义无须"照本",也无须"宣科"。

[①] 本文选自《全球教育展望》2008 年第 8 期。
[②] 国际地理联合会地理教育委员会. 地理教育国际宪章. 冯法译. 地理学报,1993,48(4):290

笔者支持第三种做法。给城市下定义在科学研究中有意义,也很复杂,但其教育学意义不大。城市的一般概念已大众化,其所谓的科学定义无须进入地理教科书。上述前两种做法受了教科书中出现城市定义这一确定性结论的干扰。

地理教科书重视概念本无可厚非,但是不是一定要用定义的形式来表述概念则另当别论。地理中的一些生活化概念不一定要处处下定义,以定义的形式来认识概念带有明显的工具理性色彩。[①]

(二)被动解释

既然地理教科书中有了确定性结论,未知变成了已知,教师所做的工作就只剩下带领学生解释、验证结论,而不能主动去发现结论了。如教科书中说上海的徐家汇交通发达,因结论在先,教学只好围绕这一结论解释、验证,创新的空间大大减小。如果教科书未列入此结论,而是对此引导发现,教学行为一定是另一个样子。虽然解释、验证也是认识世界的一种方式,也是不可缺的,可这毕竟出现在发现之后,远没有发现来得更刺激、更过瘾,而能否让学生"过瘾"地认识世界正是教育的追求。可以说,从卢梭划时代的《爱弥儿》问世以来,教育不正是在追求让学生"过瘾"吗?对地理学习来说,发现尤为重要。从某种意义上说,地理学诞生于对未知世界的发现之中,没有发现,也就没有地理学。与解释、验证相比,地理学习需要更多的发现,地理教科书中确定性结论的出现却完全忽视了这一点。

退一步说,地理教学即便真的去实施解释、验证,也要考虑具体情况。

单纯的描述性知识不一定要解释、验证。如对于城市学生而言,城市的特征就不用解释、验证。地理学科中这种描述性知识为数不少,教学自然应减少单纯解释、验证出现的几率。

对缺乏普遍意义的结论解释、验证意义不大。地理学中有绝对普遍意义的结论很难找到,各种确定性结论都和具体的事物相联系,这是地理学科属性使然。对这样的结论,认识它的适用范围和条件比认识结论本身意义大得多。

如地理教科书常把城市内部的土地利用简化成几种模式,不同版本的教科书因选材的不同常使这些模式不能全部展现,所谓确定性结论在教科书中也更显不完整。落实到具体城市,实际的土地利用情况总是和模式有出入。如果教学依教科书给出的结论解释、验证,形成的认识自然僵化,远离现实,远离客观、正确。那么,是不是教科书不给城市土地利用的模式更好呢?是的。这样,教学就会成为对某一城市土地利用实际情况的发现,教学行为有了更大的活动空间,学生的思维更为活跃。地理教科书中的结论常常是唯一的,在发现基础上获得的结论不一定唯一,这样的教学更有意义,更逼近真理。

又如,有教师在讲商业区位的影响因素时,采用了角色扮演法,让学生分别以消费者、商家、商业委员会主任等身份考虑商业区位的影响因素。这本来是不错的设计,但前提是学生不十分清楚商业区位的影响因素。教科书先入为主,把商业区位的影响因素明确列出来,学生自然要去对号入座,这样的教学不但思维训练大打折扣,还为投机取巧创造了条件。这里,教科书中的确定性结论给教学设计制造了困难。

布鲁纳在阐述发现法的使用时引用了一个地理的例子,学生要在一幅绘着自然特征和

---

① 汪民安.文化研究关键词.南京:江苏人民出版社,2007:88—90

天然资源但没有地名的地图上找出这个地区主要城市的位置。[①] 这个例子表明,发现法的使用有前提条件——地图上未给出地名。如果给出地名这一确定性结论,发现法将难以实施,教学的意义也不存在了。

解释、验证常涉及"意义"问题。如教科书指出了交通运输建设的意义,从解释、验证出发,教师变成信息发布员,发布从古至今、国内国外和交通运输建设有关的大量信息来说明"意义"。如果考虑到调动学生,教师也可能把信息发布权下放给学生,课堂就成为师生信息发布大比拼。这种解释、验证"意义"的教学,其能力培养价值令人怀疑。教科书中过多的"意义"反映了计划经济思想的某种影响。

解释、验证还涉及"分类"问题。分类在科学研究中是重要的。需要注意的是,科学研究中的分类无一不是从某一研究目的出发展开,各种分类有各自的适用范围。地理教科书中的分类无法照顾到这些,只能把某一分类的结论拿过来,如文化的分类,它可以从某种角度深化对概念的理解和认识,但也会导致对分类的认识只能在此确定性结论中打转转。地理教科书中概念的分类很难做到合理、适用、全面,解释、验证这样的分类等于强化了某种有缺陷的认识。分类所构建的知识体系常常是片面的,实没有强化的必要。好的教师对这种分类知识会抓重点,会选择,会放弃,不会伤脑筋去过多地解释、验证它。分类知识只有在使用时才能获得合理认识,如在保护自然文化遗产的学习中需区分物质文化与非物质文化才有意义。

(三)死记硬背

对确定性结论的解释、验证进一步发展,很可能变成单纯强化,最终走向死记硬背。死记硬背的对象常来自两类知识:一是非常简单的知识,二是非常难的知识。地名知识属于前者,人们由此认为地理是资料库;自然地理中的某些原理性知识属于后者,地理又给人以难学的印象。太简单的知识无须理解,太难的知识一时又理解不了。为了迅速完成任务,教学似乎只剩死记硬背一条路可走了。可见,彻底摆脱死记硬背非教师不想为,实教师不能为。那么,是否可以把这些知识从教科书中剔除?呜呼,果真如此,地理教科书恐怕早已不存在了。我们一直追求的减轻地名的记忆负担,降低某些原理性知识的难度似乎成为地理教育领域无法解决的难题。

如果认为死记硬背一些正确的知识还有一些被逼无奈的味道,那么,把错误的知识当成真理去死记硬背无论如何是不能原谅的。重视地图是地理教学的特色,而用地图做幌子来强化记忆所谓的确定性结论不过是死记硬背的变种。

(四)过于烦琐

解释、验证教科书中的确定性结论还以简单问题复杂化的形式表现出来。如教科书中定性地列举了铁路、公路、航空、水路、管道五种交通运输方式的特点。教学中教师将各种交通运输方式按运量、速度、运费、灵活性等指标分别量化赋值,再让学生依此精确地选择交通运输方式。这种做法一方面使学生认识到量化是认识事物的一种新的方式,与以往依经验定性认识事物的方式有所不同,另一方面也导致了简单问题复杂化。在交通运输方式的选

---

① [美]布鲁纳.教育过程.邵瑞珍译.北京:文化教育出版社,1982:39—40

择问题上,除了专业领域可能采用量化方法外,日常生活中的具体决策总是灵活多变的,一般无须此方法。在这里运用量化方法,如果处理不好,很可能越描越黑,搞乱学生的思维。学生获得规律性的认识在此意义不大,实际解决问题的能力反而可能下降,真有弄巧成拙之感。究其原因,教师可能既想解释、验证交通运输方式的特点,体现一点教学的创新性,又不想照本宣科,于是出现了不必要的复杂化。

可能有人认为,教师水平不高造成了教学不必要的复杂化。那么,面对教科书中的确定性结论,特别是那些简单的结论,高水平的教师能怎样处理呢?也许,对这些确定性结论置之不理反而比这种简单问题复杂化要更好。"教材解释"的观点和"教材编制"的观点都有各自应承担的责任。①

（五）问题泛化

对地理教科书中确定性结论的另一个处理办法是总问"为什么"。这种泛化的"为什么"在教学中并不处处适用,也不总是对思维起促进作用,用不好还会钻牛角尖。如教科书中说上海商业发达,教师就问"为什么上海商业发达"。与我国许多城市相比,上海商业发达是显而易见的,对中学生来说,这一结论无证明的必要。如果非要在此做文章不可,把问题换成"如何证明上海商业发达"或"上海商业发达是怎样形成的"会更具体明确。不过,这类问题总体上意义不大。又如,教科书中指出内蒙古草原文化区有那达慕赛马活动。为了说明地理环境对地域文化的影响,教师设计问题:"为什么在内蒙古不能举办赛龙舟,在江南水乡不能举办赛马?"此类"为什么"小儿科化严重,思考价值极低。

地理中有些事实性知识不需要问原因,学生根据学习的需要感悟就够了。地理教科书对此类知识以确定性结论的形式毫无遮拦、斩钉截铁地表述出来,教学如果再不问个为什么,深入挖掘一下,实在是无事可做了。常问"为什么"并非一无是处,至少,学生回答问题可以训练口才,但这离地理教学的核心目标已很远了。

（六）联系失当

如果教科书中的某些结论不值得一讲,教学可能会以此为线索,转而走到广泛联系的道路上去。如讲交通运输建设的意义时,教师介绍世界和我国铁路发展史知识,引用古诗来说明我国古代交通的情况并和现代相比较。这种广泛联系使得地理成为扩大知识面的学科,地理课堂可以形成生动活泼的局面,教师的主观能动性得以更好地展现。与此同时,广泛联系也存在危险性。教学的随意性可能增加,教学的主干内容更加模糊和淡化,理论思维可能降低为经验概念,②教学难以有质的飞跃。

---

① 钟启泉,张华.世界课程改革趋势研究:课程改革专题研究（上卷）.北京:北京师范大学出版社,2001:246—248
② 钟启泉,张华.世界课程改革趋势研究:课程改革专题研究（卜卷） 北京,北京师范大学出版社,2001:246—248

三、对地理教科书中确定性结论的思考

(一) 可以进入地理教科书的确定性结论

上文阐述了地理教科书中的确定性结论引发的种种不良教学行为。依此,似应将确定性结论从教科书中剔除,解放教师和学生。可现实不允许这样做。只有问题没有答案,或只有事实没有结论的地理教科书难以设想。地理教科书既要保留应有的确定性结论,又要尽可能减小它对教学行为产生的负面影响,这就要对确定性结论进行具体分析。

要区分确定性结论属于自然地理还是人文地理。上文的例证均来自人文地理。同自然地理相比,人文地理中的确定性结论引发的不良教学行为较多,事实的确如此。一般认为,自然地理属于自然科学范畴,人文地理属于人文社会科学范畴。两者除了具备地理学的一般性质外,其学科属性有很大的不同。自然地理中的确定性结论,确定性强,多需要教师解释,用教师的话说,叫"有讲头";人文地理中的确定性结论,确定性不强,主观色彩浓,很多结论无须教师解释,更多的需要学生自己去体验。可见,人文地理中的确定性结论应少进入教科书,也好给师生留下更多主动探究的空间。

要考虑进入教科书的确定性结论的可理解程度或难度。对人文地理而言,应将有一定难度,需要认真思考才能领会的确定性结论编入教科书,简单的结论不宜直接进入教科书。应将结论转换成研究问题的思路和方法,引导学生自己去探究并获得结论。

(二) 地理教科书应如何呈现概念

教科书中的概念是最典型的确定性结论,通常以下定义的方式来呈现。一般地,地理教科书中的概念属科学概念,它和生活概念有一定的距离,这也是地理教育总是和学生有距离的原因之一。科学和生活的区分相应地产生了科学语言和生活语言的区分,如果用生活语言来表达科学概念,最大的担心来自概念的科学性下降。那么,科学语言一定比生活语言科学性高吗?什么样的语言才真正够得上科学语言呢?问题的答案似乎不言自明。地理中的语言很大一部分是模糊语言,它更适合描述地理事物的特性,模糊语言可以科学化,也可以生活化。故科学语言和生活语言的对立在地理中是可以消除的,上述担心也是不必要的。

那么,科学语言和生活语言哪一个有优先使用权呢?遵循从感性认识到理性认识的思维顺序,应优先选择生活语言。在教科书中同时用科学语言和生活语言两种方式表达同一事物一般没必要。虽然生活语言可能不适合反映人们对事物认识的最高水准,但也不要企图在中学地理教育中使学生的认识一步到位。担心学生的认识不正确,总想用放之四海而皆准的结论填充学生的大脑,这是目中无人的表现,结果是欲速则不达。"语言就其本性和本质而言,是隐喻式的;它不能直接描述事物,而是求助于间接的描述方式,求助于含混而多歧义的语词。"[①]科学隐喻在科学领域已显示了它的强势,[②]文学隐喻进入中学地理教科书并非不现实。在一端是生活语言,一端是科学语言的"数轴"上找准合适的位置,使之符合学生的接受能力,正是教科书编制者要做的工作。准确地说,中学地理给概念下定义叫"解释概

[①] [德]恩斯特·卡西尔. 人论. 甘阳译. 上海:上海译文出版社,1985:140
[②] 安军,郭贵春. 科学隐喻的本质. 科学技术与辩证法,2005,22(3):44—45

念"更妥。因为,这里的定义不是瞄准科学研究并求得科学界的认同,而是瞄准让学生理解接受概念。

总之,给中学地理中的概念下定义,不能仅采用科学概念的表达方式。采用何种方式,表达的程度如何应根据概念的难度和学生的接受情况来定。这样,教科书就给教师处理概念等确定性结论留下了空间,师生完全可以自己创生更多"自认为的"确定性结论。

(三)比地理教科书中的确定性结论更重要的是什么

1. 解决问题

地理教科书普遍遵循概念开路的科学研究范式。影响到地理教学,似乎不先解决概念问题,其他问题便无从谈起。如文化内容的学习,教科书先讲文化的定义、分类,再讲文化和地理环境的关系。应当承认概念界定的重要,但同时不要忘了,科学界似乎从未界定清楚任何一个概念,对概念的统一认识远远逊色于对概念认识的纷争。这种现象之所以很难出现在基础教育领域,是因为学生在教科书和教师面前缺乏话语权。这样看来,在中学地理教学中仅给概念下一种定义,进而统一学生的认识已无充分理由。如果一定要在某概念的定义上做文章,让学生清楚概念认识的纷争,更显真实,更显必要。

不过,任何实际问题的解决(除了概念界定问题本身)都不会等到概念纷争有了结果后(实际上不可能有结果)再进行。欣赏感人的文学作品从来不需要概念界定,不需要统一思想,因为人性是相通的。

实际上,在文化内容的学习中,人的思维不是那么有顺序的。在学习文化的概念和分类时会涉及文化和地理环境的关系问题;在学习文化和地理环境的关系问题时,概念和分类问题又不断萦绕脑中。对此,教学应有整体考虑,不能严格依教科书行事。演绎思维方式往往导致概念开路,归纳思维方式一般不会如此。地理学习,特别是人文地理学习更多地需要归纳。这样,人文地理教科书中许多概念的定义就显得多余了,这与物理等理科学科给概念下定义有很大不同。同样,涉及概念外延研究范畴的分类问题也不要"科研化",而要"用途化"。

受确定性结论思想的影响,地理教科书对许多无结论和有争议的问题一般采取回避的态度,这种现象在逐步改变。确定性结论面向过去,地理还需面向未来。对未来的关注、预测,甚至大胆的猜测在地理教科书中应有所反映。

2. 过程与方法

地理学要想获得普遍意义的结论极为不容易,大量的调查和资料积累、复杂的定性定量研究是地理学研究经常要做的工作。由于地理学研究对象的复杂、广泛,地理学的结论从根本上说是没有普遍意义的。所谓普遍意义的结论一旦面对具体的地理事物必发生相应的变化。这就启发我们,地理教科书在关注确定性结论的同时,更要关心结论是怎样获得的,这样才能认识到结论的适用条件,认识也才能更多元、全面、科学。

地理学习方式多样。其中,探究式学习、研究性学习发展空间广大,地理实践活动更是学科特色的体现。与单纯获得确定性结论相比,这些丰富多彩的学习过程以及通过过程获得的地理思想方法更显魅力。在结论与过程方法两者之间,地理教科书应把重点放在后者。即便是结论也要努力摒弃那些正确的废话,这样说并非否定结论的重要,只是结论通常是要被忘记的。爱因斯坦曾讲过某才子对教育的定义:"如果一个人忘掉了他在学校里所学到的每一样东西,那么留下来的就是教育。"[1]地理学习最终留下的不是确定性结论,而应是地理思想方法。这些思想方法可以通过提出学习要求、指导学习方法、提供学习素材,以及"看看会得出什么结论"之类的问题等反映在地理教科书中,而不是直接给出确定性结论,能引发疑问和思考的教科书远比交代事实结论的教科书价值高。对人文地理而言,教科书最好提供原始资料,如给出运费和距离的关系图,就不如给出不同运输方式的运费,然后让学生绘制关系图要好。这样,接受式学习变成发现式学习,地理学习的智力价值、技能水平得以提升。

综上所述,地理教科书,特别是人文地理内容的教科书要减少确定性结论,以探究式、方法式、素材式的方式呈现确定性结论;地理教师在教学设计时要正确面对教科书中的确定性结论,以减少确定性结论对教学行为产生的负面影响。

---

[1] 许良英等.爱因斯坦文集(第三卷).北京:商务印书馆,1979:146

地理教学研究

- 改革教学方法是地理教学发展学生智能的重要环节(陈澄)
- 试谈高中地理教学的启发式(刘淑海)
- 地理教学法(竺可桢)
- 运用综合教学法改革中学地理教学(周靖馨)
- 地理教学法的科学研究(曹琦)
- 用新课程理念引领现代地理课堂教学(沈茂德)

在地理教学中如何培养学生能力发展学生智力[①]
——地理教学法理论与实践之一

陈国新

学生智力的发展和能力的培养,主要是在教育的影响下实现的,而教育对智力发展的影响则是以掌握知识和技能为中介的。掌握知识的过程包含着复杂的智力活动,学生在获得各种知识的同时,也形成和发展着他们的各种智力活动方式。通过各种地理练习或实践活动,以获得相应的智力技能,这是发展学生智能唯一切实可行的途径。

一、把思维能力的培养放在首位

思维是人的认识能力的表现和认识活动的过程,是人脑对客观事物的反映。思维能力是智力的核心。思维能力发展了,学生对地理事物和现象思考、分析、综合、比较、概括、判断、推理的能力就增强了。所以要培养学生的思维能力,就必须充分调动学生思维的积极性。我讲完"世界气候类型分布规律"这一节后,为了加强学生对世界气候这个既是重点又是难点内容的理解,让每个学生做一次"北半球的东半球大陆气候类型分布模式图"的练习。这样他们就能自觉主动地将刚学过的世界气候基本知识灵活运用,加深记忆,从而牢固掌握。因为在练习过程中,思维能力一直处在积极的活跃状态,就容易弄懂世界气候的分布规律、成因和特征。如果单纯让学生填绘一张"世界气候类型分布图",其效果并不好,因为他们都照着书上的插图抄一遍,所以印象并不深刻。

我曾在地理课总复习时,向学生提出这样一个思考题:世界上哪些地区"距海越近,降水越多";哪些地区"离海很近,降水却很少"?结果有部分学生气候概念不清,错误地认为海陆位置决定降水量的多少,把"距海越近,降水越多"的普遍规律代替了地理现象的特殊性,生搬硬套,乱推理。有了这次经历,我自己在教学中就特别注意,讲清矛盾的普遍性和矛盾的特殊性,防止片面性和绝对化;注意引导他们在分析地理现象时,考虑时间、地点、条件的相互联系;在讲解地理知识的基础上又积极依赖于思维,弄懂不同地区地理现象的差异性。

思维能力的培养寓于科学知识的传授之中,而要真正掌握知识又处处离不开思维能力这个杠杆。过去有的人错误地认为地理都是死记硬背的东西,而且枯燥无味,这是因为教学方法不好所造成的恶果。只有在知识的躯体内畅流着能力的血液,地理知识才会具有生动的活力。我们应把地理知识的传授与思维能力的培养共熔于一炉,生动活泼地反映在每一节课堂教学中。思维能力的培养要有计划性、目的性,在备课过程中就要认真地加以考虑,教案要精心设计,这样在课堂上就能有的放矢地调动学生思维的积极性,促使学生地理思维能力的发展。

---

① 本文选自《地理教育》1981 年第 4 期。

二、培养学生观察、综合、概括、分析、比较能力

培养学生的能力,从实际上来讲,就是人的认识世界、改造世界的智慧和才能,这种智慧和才能使学生在认识世界、改造世界的斗争中能够发现问题、提出问题、分析问题、解决问题,发挥更大的能动作用。

能力的范围较广,它除智力(包括观察力、注意力、记忆力、想象力、思维能力等构成)外,还包括一定的知识、技能、技巧,带有综合性与创造性的特点。地理课的各项活动,能培养学生多种能力。

(1) 观察力(感觉力)。观察是思维的窗口,观察得越细致、越全面,对客观事物的认识愈深入,思维就愈活跃。我校气象组除了日常观测外,还特别注意引导学生观察周围的植物、动物的生态生理的变化与气候的关系,他们对物候学特别感兴趣。我在讲江淮梅雨时,让学生注意观察知了什么时候开始叫,来验证地方谚语,例如"知了叫,梅雨结束盛夏到"、"蝉儿早早结束叫,秋季转凉来得早"等。1980 年夏季酷热天气很短,出现了夏凉,学生都观察到知了比往年早结束叫。我校几棵桂花在八月中旬就开花了,比往年要早一个多月,这说明夏季凉的结果。学生亲眼看到了天气的反常现象。

直观是学生接受地理知识的最初源泉。他们每堂课都希望看到不同的地理事物。我在讲中国地理时,尽量让他们多观察矿物标本,通过实物,使他们认识祖国地大物博。在上"上海乡土地理"课时,我们经常带学生走出课堂和校门,到附近地区直接观察各种地理现象,理论联系实际,使他们获得了课堂里所学不到的知识。去年暑期,我们挑选了几个地理成绩在 95 分以上的学生,参加"上海市暑期地质夏令营"活动。在整个活动过程中,他们一直积极地调查、观察、研究各种地质现象,并采集了大量矿物、岩石标本。夏令营增强了他们的真实感,开阔了他们的视野。返校后,他们编写了《太湖的形成》等三篇论文。

通过各种丰富多彩的观察活动,学生深刻地体会到观察是认识客观地理事物的基础,也是思维的基础。让学生积累感知材料是发展智力的第一步,从课堂的静景发展到大自然的动态,是活跃学生积极思维的有效手段之一。

(2) 综合、概括能力。《中学地理教学大纲》指出,中学地理,还要适当讲点学生能够接受的基本原理,如地理的演变和分布规律以及形成这种规律的原因。要讲明地理的基本原理,找出规律和原因,那么教师在讲课和复习过程中,就要善于综合和高度概括,这是提高教学质量的重要途径。反之,教师上课杂乱无章,逻辑性很差,重点不突出,就会影响学生智力活动,扼杀他们的求知欲望。

有次在上复习课时,我向学生提出一个问题:"我国为什么是一个多地震的国家?"全班学生回答不一,为什么会出现这种现象呢?主要原因是我在讲课时,没有把造成我国地震的原因综合、概括出几点,使得他们在头脑中概念不清。其中有一个学生回答说:"我国是个多山的国家。"在他的概念中多山必然就是多地震,这显然是不正确的。而另外一个学生回答就比较好,他说:"我们中国位于世界三大板块之间,正巧处在世界两大地震带之间的地区。"这个学生就能把已学过的中国地理和世界地理紧密联系起来,并能高度综合概括其原因。

我们培养学生综合分析的能力,就是把个别的、局部的、分散的地理事物或现象,通过对其间的内在联系进行归纳、总结,并由此得出新的概括性的结论。只有这样,才能使学生将学到的地理知识融会贯通、灵活运用,加深理解和记忆。

(3) 分析、比较能力。地理大纲中指出,要有利于学生了解地理事物的本质,提高分析问题的能力。在讲述区域地理时,必须抓住区域地理的特征以及形成这些特征的主要条件之间的内在联系。有比较,才能有鉴别;有比较,才能找出差异,从而揭示地理事物、地理现象的本质属性。区域之间的比较是十分重要的,也只有用分析、比较法才能使学生真正掌握地理区域的不同特征。

我在讲完亚洲后,给学生出了个练习题:分析、比较亚洲南部三大半岛热带气候的特征及其形成的原因(用类比法)。部分学生对印度半岛在季节上可分为凉、热、雨三季和中南半岛在一年中分为旱、雨二季的形成原因搞不清楚。我们抓住这个主题展开讨论,把亚洲地形图、气候类型图挂在教室,同学们发言非常热烈,各抒己见,展开讨论,最后教师进行综合归纳得出结论。这样的专题讨论会,培养了学生独立思考的能力,使他们能够分析、比较同类地区因受不同地理因素的影响表现出区域的特殊性和差异性。

我们在讲昆明静止锋时,绘制了一张"昆明静止锋和江淮静止锋示意图",分析、比较两个静止锋的异同点及形成的原因。

	昆明静止锋	江淮静止锋
地理位置及范围	25°N—34°N 西南三省地区	28°N—33°N 长江中下游及淮河流域
发生的时间及长短	10月(下旬)—4月(第二年)冬半年,时间长	6月—7月上旬(特殊情况到下旬)
暖气流来源及性质	西风环流南移形成西南暖气流(不是西南季风),温暖干燥	东南暖气流(来自太平洋,夏季风),暖湿
冷气流来源及性质	东北冷气流,温湿	北方冷气流,干冷
气候特点	昆明静止锋以西,温和晴朗,光照充足,日温差大,降水极少,形成"干季";昆明静止锋以东,贵州全省,四川南部,阴雨连绵,云量大,日温差小,形成"湿季"	乌云密布,阴雨连绵,正是梅子黄熟时期,称"黄梅天""梅雨";一年中降水最多量是6月—7月
诗意	"万紫千红花不谢,冬暖夏凉四时春"(昆明)"天无三日晴,地无三里平"(贵阳)	"黄梅时节家家雨,青草池塘处处蛙"

(未完待续)

从高考地理答卷看培养地理基本技能的重要性

喻成炳

中学地理教学的主要任务,是传授地理基础知识和培养地理基本技能,这就是通常所说的"知能"教育或"双基"教育。然而,在实际地理教学中,对传授地理基础知识比较重视,而培养地理基本技能却容易被忽视。这个问题在1981年四川高考地理答卷中明显地反映出来,可能是由于有的老师不太明确地理基本技能与地理基础知识之间的关系,或者是不太熟悉培养地理基本技能的方法所造成的。

培养地理基本技能,就是使学生把所学的地理基础知识运用于实际,同时又把地理基础知识巩固在地理基本技能之中。地理基本技能包括两大类:一类是认识性的地理基本技能,就是以口头或书面的形式,运用所学的地理基础知识来说明、分析、综合、判断各种地理事物和现象的能力。例如:运用地球知识来说明昼夜交替和四季成因的能力,运用中国地理知识来分析我国地理位置的优越性的能力等。另一类是技术性的地理基本技能,就是把所学的地理基础知识运用于学习、工作和生产中的技术操作能力。例如:运用地图知识来填绘地图的能力,运用自然地理知识来进行野外实地考察的能力等。很显然,这些地理基本技能都不是单纯传授地理基础知识就能使学生获得的,而是要通过课堂练习、课外作业、野外实习、考试训练和课外活动等形式来有目的有计划地培养的。

从1981年高考地理试题的类型来看,是比较齐全的,有填充、改错、判断、名词解释、读图、填图和问答等七大类,这对考核一个学生的地理基本技能是比较全面的。可是,从四川高考地理答卷来看,成绩是不够理想的。问题出在哪里呢?我认为不完全是由于学生的地理基础知识缺乏,而主要是学生的地理基本技能较差。例如试题中的改错题,要求对错误处打"×",并在其上方改正。

第1题的原题是:"南亚是热带季风盛行的地区,冬季吹西南季风,夏季吹东北季风。西南季风主要是由于南半球的东北信风越过赤道后,在地球自转偏向力的作用下,向左偏转而形成的。"

第3题的原题是:"在我国地形剖面示意图上,将陆地上错误的地理名称改正。"

其实这两个题改起来是非常简单的,第1题只改4个字就可以得全分,如下:

　　　　　　　　　　　　　夏　　　　　　　冬
南亚是热带季风盛行的地区;冬季吹西南季风,夏季吹东北季风。西南季风主要是
　　　　　　　　　　　　　×　　　　　　　×
　　　　　南　　　　　　　　　　　　　　　右
由于南半球的东北信风越过赤道后,在地球自转偏向力的作用下,向左偏转而形成的。
　　　　　×　　　　　　　　　　　　　　　×

---

① 本文选自《中学地理教学参考》1982年第2期。

可是有的考生不这样,而首先就把它的前提条件改了,把"南亚"改成"东南亚"、"东亚"或"西亚",后面就没法改下去了,因此而失去全部应得分。

第3题我国地形剖面示意图(沿32°N),是《中国地理》(上册)32页上一张现成的剖面图,只要把"秦岭"改成"横断山脉"、"柴达木盆地"改成"四山盆地"、"华北平原"改成"长江中下游平原"就行了。可是有很多考生没有改对,甚至还有个别考生把"横断山脉"写成了"华北平原","四川盆地"写成了"云贵高原","长江中下游平原"写成了"柴达木盆地";可见他们连这个剖面示意图也没有看懂,也就是说,还缺乏读图的能力。

在答卷中,失分最多的是问答题。问答题分三个小题(共40分):"① 世界大陆上为什么会形成水平自然带?分别说明热带雨林带与热带草原带的自然特征。② 试分析我国季风气候对长江中下游平原农业生产的影响。③ 亚马孙水系有哪些特征?并从地形和气候条件分析其成因。"

考生为什么对这些问答题失分最多,是不是由于考生正好缺乏这部分地理基础知识呢?看来不是的,考生绝大多数对这部分个别的地理基础知识都基本掌握了,如地球上五带的知识、热带雨林带地区的知识、热带草原带地区的知识、我国季风气候的知识、长江中下游平原农业生产的知识、亚马孙水系的知识、南美洲地形和气候的知识等。问题出在缺乏综合分析能力,不能针对题意把脑子里记住的一大堆个别的地理基础知识有机地组织起来,构成符合要求的答案,其结果是所答非所问,或者所答不全面,因而失掉了许多应得分。

答卷中还有一个问题,就是错别字太多。当然有些错别字不一定要扣分,但有些关键性的错别字是非扣分不可的。如在填充题里,把"本溪"写成"木溪"、"巫山"写成"鸟山"、"湛江"写成"堪江"等;在改错题里,把"冬季"写成"东季"、"东南"写成"东兰"、"四川"写成"四州"等;在填图题里,把"鞍部"写成"鞍山"、"赣江"写成"干江"、"安徽"写成"安微"等,考生因错别字而失分的也不少。

以上是从高考地理答卷中发现的与培养地理基本技能有关的一些问题。当然,我们中学地理教学的目的不单纯是为了高考,但是,为了适应四个现代化的需要,全面提高地理教学质量,对培养学生的地理基本技能应给予适当重视。

改革教学方法是地理教学发展学生智能的重要环节[①]

陈 澄

教材确定之后,教学方法的改革就是发展和培养学生智能问题的关键。教学方法不仅是调动学生智力活动积极性的最重要手段,而且是发展学生智力活动最现实的途径。有人形容教学方法"是达到智力发展彼岸的桥梁"[②],确实非常恰当。不适当的教学方法非但达不到充分发展学生智能的目的,甚至会成为发展学生智能的障碍。

一、传统教学法的弊病

所谓传统教学法,就是指以教师教授为主要手段的教学方法。这种教学法由来已久,原始社会,它表现为行动示范和口头传授,到了奴隶社会发展成口头灌输,到了封建社会,特别是在我国则变成了和科举制度紧密联系的口头注入和盲目背诵。[③] 目前,此种教学法虽有改进,如在教师讲授中穿插了提问、练习、演示,但传统的"教师讲,学生听"的基本格局没有变。地理教学与有众多习题的数学教学及有一定数量实验的化学、物理、生物教学不同,它往往更多地依赖以教师讲述为主的教学方法。几乎越是负责的教师,越是在课前严密设计好一节课的教法。讲什么、问什么、板书怎么写、学生练什么等等,一分一秒都做了安排,上课就照设计好的教案上到底,学生不大有插嘴、提问和思考的余地,这样往往就把学生爆发出来的智慧火花扑灭了。[④] 其实,忽视智能培养以讲为主的旧教学法之所以为人们所推崇,倒并不是因为它有绝对的优越性,只是因为它已为人们所习惯而已。传统教学法本身存在着一些弊病,这是我们迫切要求改革这种教学法的缘由。

传统教学法的特点是以教师为主体,忽视学生在学习中的主动性,教师的活动一般占上课时间的 60%～70%,有的甚至达到 80%～90%,学生经常处于消极的、被动的地位,[⑤]这对于知识的掌握和应用以及智能的培养是不利的。

首先,知识虽与物质相关联,但知识本身并不是物质的东西,而属于精神范畴,知识的传递"并不像传递物理东西那样直接简单。它既不能采取手对手的交接那样简单的方式来传递,也不能采取脑对脑的直接灌注的方式来进行"[⑥]。所以,不存在"把老师的'一桶水'往学生的'杯子'里倒"那样简单的事情。例如高中地理课中"宇宙无限"这一概念,学生听讲后未

---

① 本文选自《地理教学研究》1983 年第 1 辑。
② 刘寿祺.简明教育心理学.长沙:湖南人民出版社,1982:105
③ 郑其龙.论教学规律.长沙:湖南人民出版社,1981:150
④ 吕型伟.关于中学语文教学的几个问题.上海教育,1980(1)
⑤ 杨鸿昌.教育心理讲话.天津:天津人民出版社,1981:85
⑥ 冯忠良.智育心理学.北京:教育科学出版社,1981:10

必能彻底理解,就算学生能记住"时间上无始无终、空间上无边无际"这样一些话语,也并不一定就证明学生理解了"宇宙无限"的深刻含义。接收了语言信号是一回事,真正理解语言的含义又是一回事,二者之间有时并不完全统一。所以,以讲述作为知识传递的唯一重要手段,这是传统教学法的一大弊病。

其次,教师讲解的知识就算全部为学生所领会,但也不等于学生已会应用。因为从心理意义方面来说,知识的应用是抽象知识的具体化过程,知识的领会是具体事物抽象化过程,它俩是"知识掌握过程中两个不同的阶段"[1]。知识的应用及具体化过程被著名苏联心理学家梅钦斯卡娅称为"第二级的抽象"(知识的领会及具体事物的抽象化过程叫"第一级的抽象")。传统教学法正是缺少这种培养学生应用知识的重要环节。世界地理中气候类型的教学,有的学生可以把各种气候类型的特征背得滚瓜烂熟,但面对一道"已知气温和降水数量,判断气候类型"的习题却束手无策,有的学生学了地图知识却不会用地图。这些例子在传统教学中屡见不鲜,缺少应用环节是传统教学法的又一弊病。

再次,传统教学法对于培养学生智能极为不利。智力活动"是在头脑内部实现的,即在头脑内部对事物进行分析与综合、抽象与概括"[2]。而以教师讲述为主的教学,学生很少甚至没有时间来想象和思考。他们根本得不到观察的机会,也没有更多的机会动脑、动手、动口,更得不到充分体验、实践的机会。例如,地理教学很重要的一个任务是培养学生读和运用地图的能力,但很难想象,学生主要靠听讲就能熟练地掌握读图、用图、绘图的能力。不利于发展智能是传统教学法的第三个弊病。

此外,传统教学法还有其他方面的一些弊病。例如,它不能或很难适应学生的个别差异,学习能力强的学生受压抑,学习能力差的赶不上。又如,传统教学法也很难了解学生学习的结果,不能正确判断学生了解的程度,因而不能给予应有的评价和及时而细致的个别辅导。地理的传统教学作业少、检查少,在这方面更显薄弱。再如,传统教学法学习活动数量既少,内容又十分单调,很少变化,压抑了学生爱好活动、天真活泼的本性,倘若容许学生的个别活动,势必影响全体学生的教学,所以必然提倡正襟危坐、鸦雀无声的课堂气氛。此外,传统教学法采取长时间的演讲,比较难于维持学生的注意力……

总之,传统教学法一切弊病的根源在于"教师占中心地位,学生占被动地位",它与"在教学过程中占中心地位的应当是学,而不是教"[3]的先进教育思想是格格不入的。我国著名的教育家陶行知先生曾风趣地说,现在的学校不应叫××学校,而应该叫××教校,一针见血地指出了传统教学法弊病的根源。[4]

传统教学法的弊病,在本世纪初受到某些教育家和心理学家的注意,随着时代的发展,要求改革的呼声日益高涨。今天这种呼声已成为一股势不可挡的趋势。[5]

二、教学新法不断涌现

当今世界各国非常注意研究教学方法,各种教学新法应运而生,如程序教学法、发现法、

---

[1] 冯忠良.智育心理学.北京:教育科学出版社,1981:88
[2] 冯忠良.智育心理学.北京:教育科学出版社,1981:7
[3] 褚绍唐,孙大文.地理教学法.上海:华东师范大学出版社,1982
[4] 陶行知文集.南京:江苏人民出版社,1981:13
[5] 潘菽.数学自学辅导教学实验的初步结果.教育研究,1981(4)

暗示法、蜂音学习法(即小组议论法)、设计法、范例教学法……其中以程序教学法和发现法最具影响。近年来,中国科学院心理研究所实验研究的"自学辅导教学法"、南京市在地理教学中实验的"综合程序教学法"、上海市育才中学实践总结的"读读、议议、讲讲、练练"教学法也都是革新的教学法。

1. 程序教学法(programmed instruction)

程序教学法始于美国心理学家普莱西(S. L. Presser)1924年设计的第一架自动教学机。50年代美国的斯金纳(B. F. Skinner)发明了一种称之为"斯金纳箱"的实验装置,即把饥饿的白鼠置于箱中,白鼠通过压动杠杆得到食物丸而形成条件反射。斯金纳据此建立起"操作条件反射"和"积极强化"的理论,后引入学生的学习过程,设计了教学机器和程序教学,程序教学由此风行起来。程序教学一般要借助于教学机器,后来,又发展成也可不用教学机器,只用程序教材的程序教学。程序教学分为直线式和分支式的程序教学,基本过程大致都是由学生通过教学机器或程序教材按照教师所设计的程序进行自学(见图1)。

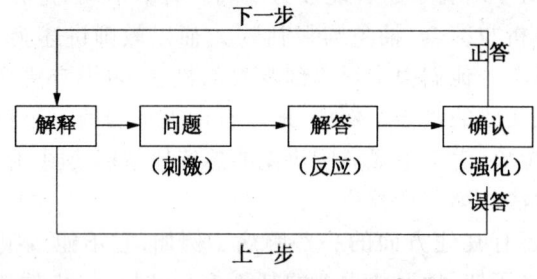

图1 程序教学基本过程[①]

程序教学也曾应用于地理教学,赖沙特(J. P. Lysaught)和威廉斯(C. M. Williams)曾在《程序教学法指南》(*A Guide to Programmed Instruction*)一书中举了一个地理教学的例子(见图2)。

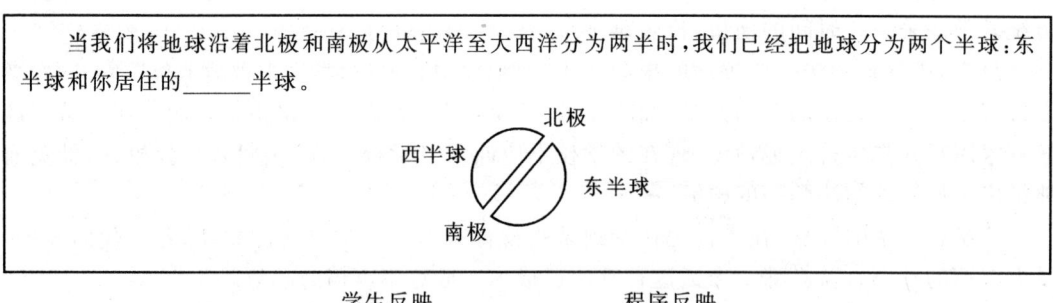

图2[②]

---

① 大桥正夫.教育心理学.上海:上海教育出版社,1980:55,图4—8
② [美]斯金纳.程序教学与教学机器.北京:人民教育出版社,1980:20

程序教学法的特点是小步子、积极反应、及时反馈、自定步调以及低的错误率。它的优点是能使不同程度的学生在学习中充分发挥其学习能力,差生或"问题儿童"进步明显。此外,学生在学习过程中动脑动手,自己学习、练习、测验,有利于培养学生自学的能力和习惯。此外程序教学使学生学习每一小单元的目的更为明确,学习责任心加强,减少了错误,学习更为有效。

但程序教学也受到一些非议:首先,斯金纳的学习是行为主义的,人类的学习不能简单地用动物学习的研究结果来解释;其次,程序教学的策略刻板,缺乏灵活性,限制了学生的独立思考和创造性。此外,程序教学过分夸大了机器和程序的作用,忽视了教师的作用。我国心理学界也曾在1961—1966年间对程序教学进行了研究。潘菽认为,程序教学的理论基础是错误的,并且它所用的教材篇幅浩大,如用机器则价格昂贵,不符合我国国情。[1] 不过,近年来国内一些地区进行的教学实验,实际上只是采用了部分程序教学的形式,避开其短处,赋予其新的内容、方法和步骤,取得了可喜的成果。

2. 发现法(discovery learning)

发现法是布鲁纳(J. S. Bruner)倡导的一种教学法。布鲁纳说:"发现不限于寻求人类尚未知晓的事物,确切地说,它包括用自己的头脑亲自获得知识的一切方法。"[2]发现法就是将发现的过程,予以教育上的再编程,使其成为一般学生的学习途径。布鲁纳在说明发现法原理时,曾举了一个地理教学的例子——关于芝加哥的位置[3]:教师拿出一幅有河、湖、山脉、城镇、矿区等等的地图,但没有标明芝加哥的地名,启发学生思考,学生通过自己观察、发现、思考和议论,从而获得了城市设置问题的知识。

发现法的优点,首先是它利于"提高学生智慧的潜力"[4]。能发展学生的智能,对培养学生的观察力、思维力、想象力都有好处;其次发现法可以提高学生的兴趣,"使外来动机向内在动机转移"[5];再次,发现法还可以使学生"学会发现的试探法"[6],发扬探究精神。此外,由于"人类记忆的首要问题不是'储存'而是'检索'"[7],所以发现法也有助于保持记忆。

发现法也有一定的局限性。首先,不可能所有的教材都可以用发现法来进行教学,很多教学内容很难甚至不可能采用"发现"的方法,这样,发现法就不能成为唯一采用的方法;其次,运用发现法教学,时间也要长一些,在有限的教学时间内要完成大量的教学任务将遇到困难。此外,对于不同智力水平的学生,不可能用同一种"方案"去启发学生"发现",所以发现法虽是一种先进的、有效的教学法,但还是应该同其他教学方法配合起来使用才能取得良好的效果。

3. 自学辅导法

1964年开始,中国科学院心理研究所受程序教学法的启示大胆创新、精心设计,较精细地编制了自学教材并在一批学校中进行试验。这种自学辅导教学的教材有三个本子:一是

---

[1] 潘菽.数学自学辅导教学实验的初步结果.教育研究,1981(4)
[2] 邵瑞珍.布鲁纳的课程论.中小学教学改革的理论和实际.北京:人民教育出版社,1979:27
[3] 布鲁纳.教育过程.上海:上海人民出版社,1978:15
[4] 邵瑞珍.布鲁纳的课程论.中小学教学改革的理论和实际.北京:人民教育出版社,1979:30
[5] 邵瑞珍.布鲁纳的课程论.中小学教学改革的理论和实际.北京:人民教育出版社,1979:30
[6] 邵瑞珍.布鲁纳的课程论.中小学教学改革的理论和实际.北京:人民教育出版社,1979:30
[7] 邵瑞珍.布鲁纳的课程论.中小学教学改革的理论和实际.北京:人民教育出版社,1979:30

课本,它的特点是寓心理学原则和教法于教材之中,适合于学生自学;二是练习本,它跟一般的练习本不同,是把习题印在本子上,留出空白给学生做习题;三是答案本,学生做完练习自行核对答案。教师主要作用是"启导",指导学生自学,对学生练习中出现的错误引导他们自己找出原因,启发学生的求知欲和兴趣,等等。几年来,各省、市多次实验表明,这种教学法的成绩是明显的。首先它能提高教学质量和学习效果。实验结果表明,实验班的成绩一般都高于对照班[1];其次,它说明了自学因素的重要,学生在学习过程中由被动到主动,提高了自学兴趣、阅读能力和练习质量,从而培养了一定的自学能力。此外,它部分体现了"因材施教",教师从单纯的讲解和批改作业中解放出来,从而可以研究学生的不同特点,做到有的放矢。不过,此种自学辅导教学实验时间不长,其优越性及理论依据有待继续探索;对于不同类型的学校、班级很难编出统一教材;此外,笔语表达也有缺点,如何应付直观性强的教材也有待提高。

4. "读、议、讲、练"法

1977年下半年开始,上海市育才中学在以前教改的基础上,先后抓了一些试点班,总结了一系列学科教学法改革的经验,逐步形成了一套"读、议、讲、练"的教学方法。具体做法是先由教师简单扼要地作一些介绍和布置,然后学生自行阅读课本,这是"读";在此基础上,教师提出一些发人深省的思考题,由前后座四个学生组成一组进行议论,这是"议";在议论的基础上,各组学生代表讲一讲议论的结果,教师针对关键和疑难问题进行讲解,这是"讲";不仅动眼、动脑、动口,还必须动手做练习,这是"练"。"读是基础,议是关键,讲是贯穿始终,练是应用"[2]。育才中学几年来的教学实践证明,此种方法是成功的。它简易可行、便于推广;有利于培养学生良好的读书习惯;有利于发展学生的智力,开阔学生的思路,提高他们观察问题、发现问题、探索问题以及分析、解决问题的能力,进而提高学生的自学能力;有利于因材施教[3],等等。当然这种教学方法还不够完善,对于适应不同学科不同特点教材的办法还不多,教学法的理论依据有待于继续探索,对于水平较差的普通中学学生的学习效果如何,还需进一步进行实验。

三、采用"以自学为主多种教学法合理结合"的教学法系统的初步探索

传统教学法的一个主要问题就是学生处于消极被动的地位,而各种教学新法的共同特点正是能够充分发挥学生的主动性。各种教学新法各有特点,但往往也有不足之处,而传统教学法也有各种新法所不具备的优点,因此,一个探索多种教学法结合的想法油然而生。

事物是千变万化的,单一的教学法不能适应现代化教学需要,必须建立一种切实可行、便于实施的教学法系统,才能适应迅速发展的教学需要。因此,建立一种以自学为主多种教学方法合理结合的教学法系统也许是发展和培养学生智能的一条途径。"以自学为主"符合人类认识事物过程的心理原则;"多种教学法"可博采众长,融各种教学法于一体;"合理结合"体现因"材"(教材)施教,使教材和教法珠联璧合、寓于一体。

---

① 潘菽. 数学自学辅导教学实验的初步结果. 教育研究,1981(4)
② 段力佩. 谈谈挖掘智力潜力. 人民教育,1980(10)
③ 段力佩. 解放思想,注重试验,努力探索教育规律. 上海教育,1980(9)

本着探索在地理教学中形成一套简便易行利于发展和培养学生智能的教学法系统的目的,1982年春,我们在上海市建青中学,对初一年级的地理课进行了"以自学为主多种教学法合理结合"的教学实验。实验时间为一学期。由于时间仓促,很不成熟,现把实验过程扼要地介绍如下。

(一) 实验过程

上海市建青中学是一所区属重点中学,初一年级共有 5 个班,有一个是差班(体育班)。我们在入学考试成绩均等、学习水平大致相同的四个班(体育班除外)中安排一个班为对照班,按照传统教学法上地理课;其余三个班作为实验班,采用以自学为主多种教学法合理结合的方法上地理课。由于实验班和对照班水平相仿并采用同一教材(全国统编教材《中国地理》),课节也相同,由同一位老师执教,基本上控制了实验的条件。

实验开始以前先制定教学实施计划。第一步,吃透教材,从教材的内容和特点出发,遵循因"材"施教的原则,对整个教材统筹安排,确定每一章、每一节所采用的教学方法。为体现"以自学为主",我们确定 60%~70% 的课选用"自学辅导"和"读、议、讲、练"的教学形式,主要培养学生的自学能力,选适宜学生进行探索发现的教材,采用"发现法"教学;适宜利用无意注意达到记忆目的的教材,采用"暗示法"教学;较难自学和理解的教材,则采用传统的"讲述法"教学……当然制定教学法计划时不应拘泥于方法的形式,各种方法可相互渗透,交替使用,对于以自学为主的教学也应始终贯穿教材的讲解和引导,充分发挥传统教学法的优势。第二步,详细制定每一种教学法的计划。从充分发挥学生的学习主动性、启发诱导学生积极思维、发展和培养学生的智能出发,认真备课,精心设计练习题和教学过程中的各个环节。以下将实验中所采用的各种教法简要地举例说明。

1. 自学辅导法

初一学生缺乏自学能力,所以实验的前几周全部采用自学辅导的教学形式,根据教材特点一般将每课分为两三个单元,教学进程大致如下:

(1)教师说明本课时学习内容、要求和方法,布置学生自学课文,并将油印习题发给学生。

(2)学生自学课文、解答习题,教师巡视、辅导。

(3)教师提问,学生解答,其他学生补充;教师小结,并转入下一单元学习。

(4)各个单元结束后,全课总结,并指出优缺点。

以上进程中要注意机动灵活,如自学能力差的班级,开始可在全班辅导自学,进行领读、分析课文、划出要点;有些习题绝大部分学生做得很好,也可不提到。教师经常注意鼓励学生,提高学生的自学兴趣和自信心。练习题的编制要抓住课文的"结构",要有启发性、趣味性,习题形式可多样化——问答题、填充题、选择题、填表格、列提纲、写大意、填图等等。练习题的步子不宜过大、过难,要让学生保持最低的错误率(见附题1),当学生有了一定的自学能力之后,练习步子可逐渐加大加深。

(附题1)

一、读图19,阅读课文第100页第一段,做下列练习。

1. 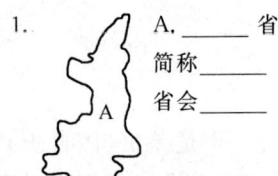 A._____省
简称_____
省会_____

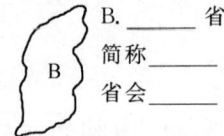 B._____省
简称_____
省会_____

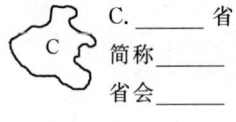 C._____省
简称_____
省会_____

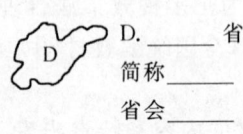 D._____省
简称_____
省会_____

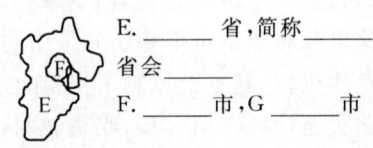 E._____省,简称_____
省会_____
F._____市,G_____市

2. 描一下各省的轮廓线。
3. 本区和上一章所学的东北三省的位置关系怎样?
4. 在地图上看一下黄河流经本区哪几个省?为什么河北省和北京、天津两市也划到黄河中下游地区?

2. "读、议、讲、练"法

在自学辅导法的基础上,可逐步过渡或交替使用"读、议、讲、练"的教学形式。教学进程是:

(1) 教师说明本课学习内容、要求和学习方法,布置自学,并将油印的思考题发给学生(或将思考题写在小黑板上)。

(2) 学生自学课文,然后由前后桌四人组成小组进行议论。

(3) 逐题进行小组代表发言,其他小组补充,教师小结。

(4) 全课总结,布置课堂练习或课外作业。

学生议论时教师应注意引导,有时可向全班学生提示、启发,有时也可深入一两组共同议论,培养中心发言。思考题步子可较大一些,要有启发性,能引起争论则更好(见附题2)。

(附题2)

二、仔细观察分析一下课本上第111页的插图,先用彩色铅笔把棉区和棉纺中心表示出来(棉区用绿色,老棉纺中心用黄色,新棉纺中心用红色),然后思考下列问题。

1. 本区的新老棉纺中心的分布各有何特点?
2. 结合旧中国的社会特点想想为什么老棉纺工业分布在天津、青岛?
3. 结合地形、气候、交通、生产和消费等原因分析一下,目前的棉区和棉纺工业布局有什么特点?

以上两种方法根据教材内容、特点可交替使用,也可在一堂课里穿插使用。这两种方法都是把大部分时间交给了学生,教师的辅导和讲解在于穿针引线、因势利导,特别是小结和总结要突出重点、言简意赅。必要时也可适当地补充一些课外的内容,也可利用一些其他教学手段,如实物、模型、幻灯,或做一些小实验等等。

3. 发现法

对于富有逻辑性适合学生探索研究的教材,选用"发现法"教学。事先必须对教材进行处理、设计,引导学生沿某一途径进行探索和发现。现简要说明"根治海河"一节用"发现法"教学的步骤:

(1) 挂出未标名称的海河根治前的水系图和此地区全年各月降水分配图(见图3、图4),并简要地加以说明和提示。

(2) 要求学生联系黄河观察并思考:这条河流容易出什么问题?为什么?假如你是治理这条河的水利工程师,你将怎样治理?

(3) 学生进行观察、思考、讨论。

(4) 学生代表发言,不同意见进行辩论,教师总结。

(5) 阅读课文,布置练习。

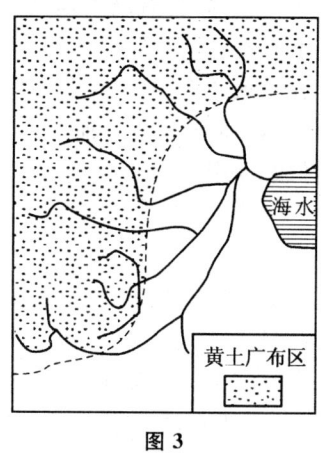

图3

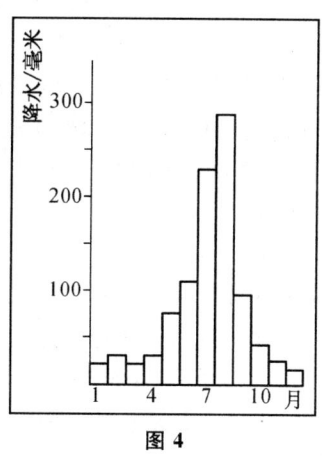

图4

发现法的关键是要让学生自己"发现",获得知识,教材要选择适当,因为不是任何教材都可用发现法进行教学。我们在这节课的实践时,学生议论如何解决"支流多,集中一处入海"这个关键问题时,出现了三种意见:在支流汇集处筑水库,把干流加宽,增挖入海口。这三种意见都是学生动脑筋思考的结果,教师总结时应分析得当,引导学生得出正确结论。

4. 暗示法

地理教学往往对记忆很多地理名称感到困难,选择某些具有特点的教材采用暗示法原理教学,或能收到效果。暗示法教学在国外颇为流行。据说用这种方法教授外语能使一个没有任何基础的学生"在一个月里就能学会1 800个英语单词和短句","平均可以记住其中的93%"[1],达到所谓"超级记忆"。暗示法的教学过程主要是通过扮演角色、交谈、参加大会、探朋友、逛商场、听音乐等等实践活动进行的。保加利亚的一位医生格里尔茨·洛柴诺夫专门写了一本书叫《暗示学》,并为暗示教学法下了定义:"创造高度的动机,建立激发个人潜力的心理倾向,从学生是一个完整的个体这个角度出发,在学习的交流过程中,力求把各种无意识暗示因素组织起来。"[2]实际上暗示是一种很普通的心理活动,教学中运用暗示法,就是教师通过看似无意,其实有意的暗中提示使学生在无意识心理活动中暗暗地激发记忆、发展智力的教学方法;关键就是怎么科学地、巧妙地、"潜移默化"地利用学生的无意识心理活动。例如,我们设计了一种游戏,上"铁路交通"一课。实验班在进行这种游戏时,学生的兴趣和情绪之高大大出乎我们的意料。学生们在操场上飞奔着、嬉笑着、竞争着,"无意识

---

[1] 霍兔.暗示法:英语教学实例.外国教育资料,1981(1)

[2] 殷鸿翔.对暗示法的评价.国外外语教学杂志,1981(4):34

地"熟悉了铁路的分布……事后的测验结果也表明了此种教学的优越性。

这种利用学生无意识心理活动进行教学的方式、种类应该是很多的。如学习一些诗歌,唱歌曲,学外语,旅游,参观,排演节目,看电影、电视……都可以利用来为地理教学服务,起到"潜移默化"的效果。但是,教师必须处处有意、精心巧妙地设计安排,才能奏效。这种教学有时可以和课外活动结合起来,也可用布置家庭作业的方式进行。附带在这里提一个倡议,如果有关部门能专门为学生开辟一个"地理公园",这将是一个创举。地理公园可以这样设计:整个公园就是一个中国的版图,东部的湖泊就是"海洋",公园里有山脉、高原、盆地、丘陵、湖泊、沙漠;有长江、黄河,也有长城、大运河;有各种植物,也有动物模型;有各省、区的轮廓,也有各大城市的模型;"陆"上有石油井架,"海"上有水产模型;各"港口"之间有小轮船通航,"城市"之间有几辆列车穿行……站在"珠穆朗玛峰"顶,"全国"景色尽收眼底,皑皑的"雪山"、葱郁的"森林"、潺潺的流水、隆隆的火车——这一切对儿童学习地理,对培养学生爱国主义精神,对陶冶儿童的情操,对促进学生的身心健康,都将是极其有益的。如办得成功对成人也将是一种教育。

5. 讲授法

对于较难理解不易自学的教材仍可采用传统的讲授法。它有省时、方便、生动等优点,有利于培养学生听讲能力和记笔记的能力。教师讲述得生动、有条理,可成为培养学生讲授能力的榜样。此外,生动的语言对于培养学生的想象力尤其重要。运用讲授法要特别注意和上面几种方法穿插结合起来使用,要取长补短。当然,讲授法也可单独使用,但讲授时一定不可呆板、枯燥,要语言生动、引人入胜,运用"启发式"等。

6. 实习法

地理教学的多种方法的结合还应注意采用实习法,应积极创造条件让学生走出课堂到大自然、到社会中去领略自然的风光和人类的活动。例如,学习城市知识时,如有条件到港口参观一下码头的设施,观察一下海港的位置,了解一下货物的品种、产地和去向,对开阔学生眼界,培养学生观察、思维能力都有积极作用。城市的学生要到农村、野外去,农村的学生也应到附近的城镇搞一些活动。当然地理的野外教学也可和班级其他活动结合起来进行。目前我国经济条件虽不太富裕,但每学期进行一两次野外教学应该说还是可行的。

此外,对于其他各种有利于培养和发展学生智能的有效教学法,也尽可能根据合适的教材选择采用,这里不一一举例。

(二) 实验结果

实验期间进行了一次自学能力测验、五次阶段测验、两次读图能力测验和一次期中考试。测验在实验班和对照班用同样的题目同时进行。此外在实验班还进行了两次兴趣调查。现将结果简述如下:

(1) 通过实验性教学,实验班的自学能力均强于对照班。在实验后期,选择了一章未学过的新课,进行自学能力测验。测验结果,实验班的平均准确率大大高于对照班,三个实验班高于对照班的幅度都在20%以上(见表1)。从次数分布的多角图[①]上看,实验班优于对照班的情况非常明显(见图5)。

---

① 左任侠.教育与心理统计学.上海:华东师范大学出版社,1982:32

表 1

	实验班 初一(1)	实验班 初一(2)	实验班 初一(4)	对照班 初一(3)
平均准确率(%)	76.91	74.67	70.65	49.90

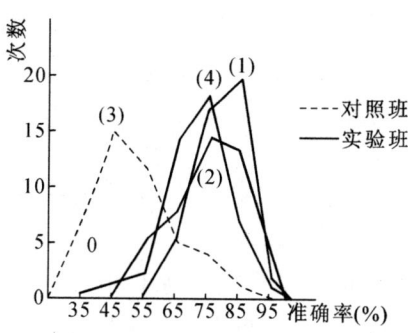

图 5　自学能力测验多角图

（2）实验期间进行了五次阶段测验,结果表明实验班的情况优于对照班。测验都是在事先不通知的情况下进行的。从图 6 可以看出,前两次测验,实验班的成绩均低于对照班,但以后三次测验,试验班成绩显著高于对照班。从成绩差异来分析（见表 2）,更可看出成绩差异由负变正,由小到大的变化趋势。这是因为实验班学生从小习惯于等待老师讲,消极被动地接受知识,自学能力差,所以开始不适应新的教学方法,以后成绩一次比一次好,说明在教师的启发指导下,学生增强了自学的信心,提高了自学的能力,"以自学为主多种教学法合理结合"的效果也就逐步显示出来。

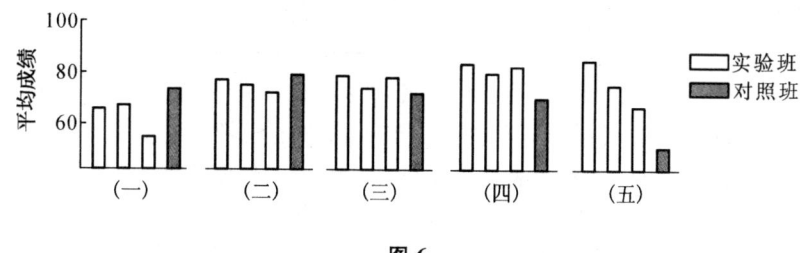

图 6

表 2

测验次数	实验班 初一(1)	实验班 初一(2)	实验班 初一(4)
（一）	－7.61	－5.23	－19.04
（二）	－0.25	－3.35	－5.61
（三）	＋5.83	＋1.10	＋4.53
（四）	＋11.33	＋8.58	＋11.00
（五）	＋36.39	＋26.00	＋16.50

注：成绩差异＝实验班平均成绩－对照班平均成绩

(3) 在实验中又另举行了两次读图能力测验,结果也是实验班成绩高于对照班,特别是第二次测验成绩差异更大些(见表3)。

表 3

		实验班 初一(1)	实验班 初一(2)	实验班 初一(4)	对照班 初一(3)
(一)	平均准确率	78.71	70.30	73.00	68.48
	差异	−10.23	−2.62	−4.52	0
(二)	平均准确率	78.25	75.13	81.78	69.28
	差异	9.00	−6.13	12.50	0

(4) 本学期期末考试实验班的平均成绩均高于对照班,成绩差异分别为+5.06分、+2.11分和+5.84分。这个差异没有最后两次阶段测验的差异大,这恐怕跟阶段测验是在未准备的情况下进行,而期末考试是在复习迎考以后进行这一因素不无关系。不过把本学期期末考试成绩与实验班上学期期末考试成绩进行对比便见端倪(见表4)。

表 4

		实验班 初一(1)	实验班 初一(2)	实验班 初一(4)	对照班 初一(3)
上学期期末考试	平均成绩	82.27	81.44	79.24	81.93
	差异	0	−0.34	−0.49	−2.69
本学期期末考试	平均成绩	89.17	86.23	89.95	84.11
	差异	0	+5.06	+2.11	−5.84

(5) 实验期间还对实验班的学生进行了各门学科的兴趣调查。结果表明,通过实验班教学后,学生对地理学科的兴趣有显著提高。调查由班主任把列有各门学科"喜欢"、"较喜欢"、"一般"和"不喜欢"四栏内容的表格发给学生,填写时要求不记名,力求情况真实。调查在实验前后共进行了两次(见表5)。为了简明起见,"较喜欢"和"一般"两项未列入表内。从表中可以看出:实验前学生"喜欢"的学科依次为——数学、生物、地理、外语、政治("不喜欢"的次序正好相反),地理在各学科中列第三。实验结束时,"喜欢"地理的从占总调查人数的27.27%上升到56.15%,增长的幅度很大。各学科的名次也发生了变化,依次为地理、数学、外语、生物、语文、政治,地理一跃而居首位。这一调查结果不能不令人振奋,对于我们这些搞"一向被人瞧不起的地理"教学的人来说确实是一种鼓舞,学生也反映本学期的地理课"扎劲"(有兴趣)。有的说:"我们现在知道怎么样看书了","老师出动脑筋的题目,我最喜欢";也有的说:"地理课时间好像很短,一会儿就下课了","自己看书印象深","老师讲得少,听得进"……

表 5　兴趣调查统计表(%)

		语文	数学	外语	政治	生物	地理
实验前	喜欢	24.04	56.19	22.31	4.13	21.40	27.27
	不喜欢	11.57	0	10.74	20.66	2.47	6.61
实验后	喜欢	20.00	55.38	33.07	6.92	28.46	56.15
	不喜欢	16.15	0.76	7.68	17.43	6.15	2.30

注：表中均为百分数，如调查人数为130人，喜欢的有13人，则百分数为10。

（三）实践的体会

从实践的效果看，"以自学为主多种教学法合理结合"还是一套比较完整的教学法系统，有一定的优越性。

（1）"以自学为主多种教学法合理结合"的教学法系统是以各种单一的教学新法为主体的，各种新法的共同优点是有利于培养和发展学生的智能，所以本教学法系统也具有各种新法所共同具有的这一特点；并且它把所有类型的感性知觉——包括听、观察以及运动感知——都吸收到教学过程中来，这样能使学生在智能的各方面得到全面的发展。"自学辅导"、"读议讲练"、"发现法"、"讨论法"、"暗示法"、"野外教学"都能启发引导学生仔细地观察、积极地思考，有利于发展观察力和思维力。前面所举的利用发现法进行"根治海河"一节的教学，同学们被问题和两张图所吸引，他们必须全面仔细地观察图上所提供的各种信息，并利用已有的知识积极地思考，才能解答教师所设置的问题。又如，关于黄河中下游区棉纺中心的教学，学生也必须仔细观察、综合分析思考才能掌握新老棉纺中心的分布特点……本教学法系统的各种方法便于"检索"和联想，所以有利于学生记忆能力和想象能力的发展。例如发现法、暗示法等都有此种特点。此外，本教学法系统加强了实践和运用，如自学辅导、野外教学等，学生都有充分练习和实践的机会，有助于培养学生解决问题的能力。所以说，"以自学为主多种教学法的合理结合"这样一种教学法系统可塑造成为发展和培养学生智能的一条有效途径。

（2）以自学为主——符合人类认识事物过程的心理原则。它使学生心理活动处于积极状态，不仅理解速度快、灵敏性高，而且因为是以视觉分析器为主要手段，学习对象不因时间和空间的变化而消失，便于"消化"，此外，还能做到及时强化剔除错误。

（3）多种教学法的并用可以博采众长，融各种单一的教学新法和传统教学法于一体，使它们的优点得到充分发扬，缺点得以避免，扬长避短，相得益彰。这和各种教学法互相联系、互相渗透的特点也是相吻合的。

（4）合理结合——不是指随意或滥用各种教学法，而是要合理地针对不同教材的内容和特点选择最佳的教学方法。列宁在《哲学笔记》一文中曾说："方法不是某种跟自己对象和内容不同的东西。"教学方法的采用必须受教材内容和特点的制约。所以，合理结合也是符合唯物辩证法的。

（5）"以自学为主多种教学法的合理结合"可以使学生处于较好的兴奋状态，没有了千篇一律、老生常谈，有利于学生掌握多种学习方法。对于教师来说，也可以根据本人的特点进行合理调整，以形成自己的一套教学法系统。

（6）有人担心，初一的小同学是否能适应这种教学法。其实，这个时期的学生，喜欢举手、提问，乐于发表意见，也喜欢和同学争论，往往认为自己的想法是对的，他们记忆力强、想象力丰富，但缺乏观察和分析能力。实践证明，本教学法系统和学生的这种朝气蓬勃的精神是完全吻合的，所以也是符合初中学生的年龄特征的。儿童心理学认为，这一时期学生正在"逐步形成独立的工作能力"，是一个"半幼稚、半成熟的时期，是独立性和依赖性、自觉性和幼稚性错综矛盾的时期"。[①] 在这样一个关键的"过渡期"，采用以自学为主多种教学法的合理结合，能培养学生的独立性、自觉性，克服他们的幼稚性、依赖性，从而达到培养学生智能的目的。

当然，由于设计仓促，"以自学为主多种教学法合理结合"的教学法系统还存在很多问题，很不完善。特别是我们没有能够设计出一套和本教学法系统相适应的教材，在实验的过程中感到不便。此外，本教学法系统在理论上和实践中都还存在一些缺陷。例如，"以自学为主多种教学法的合理结合"的理论依据及其优越性有待继续探索、实验；各种单一教学法的缺点在本教学法系统里有的已得到弥补，有的依然存在；本教学法系统对于纪律、成绩较差的班级效果如何，以及对高中地理课的教学如何运用也还有待实验；对于个人与班级、讲授与自学之间存在的矛盾，都有待于进一步研究……希望致力于地理教学法改革的同志们给予指正和帮助。

---

① 朱智贤.儿童心理学.北京：人民教育出版社，1980：397、403

试谈高中地理教学的启发式[①]

刘淑梅

重视发展学生智力,把智力发展放在教学首位,是当代教育改革的共同趋势。因此,教学方法的改革已成为当务之急。

高中地理的教学目的是:教给学生有关地理环境的基本原理和发展变化规律,以及当前世界范围内面临着的环境问题等知识,帮助学生树立比较全面的资源观、人口观和环境观,并使学生初步具有运用这些观点对人类生产活动与环境的关系进行观察、分析、研究和探讨的能力。"满堂灌"只是给学生传授一些现成的知识,达不到教学目的,必须在传授知识过程中,重视发展学生智力,培养分析和研究环境问题的能力,才能比较全面地达到教学目的。为此,教师应摒弃"注入式",采用"启发式",即启发学生的思维。由教师精心设计能发展学生逻辑思维的问题,引导学生去发现、分析、推论和探讨,使学生主动地接受知识,促进智力的同步发展。严格地说,启发式不是一个传授知识的方法,而是引导学生积极进行思维活动的方法。它可以运用于讲解法、谈话法、发现法、程序教学法,以及"讲讲、练练、读读、议议"的八字教学法等。在启发式教学过程中,教师宛如导演,学生才是演员。教师的任务就是千方百计地启发学生思维,引导学生探求解决问题的途径,培养学生分析问题和解决问题的能力。

下面以"地球上的大气"一章为例,对高中地理教学中的启发式进行探讨。

一、抓住关键,疏通思路

吃透教材,是启发式教学的前提条件。教师要善于根据教材的内在联系和因果关系,有计划地提出问题,引导学生按照一定的思路去分析、判断和推理。这就要求教师抓准教材中的重点和难点,把学生的思维引入一定的轨道,指向一定的目标,培养学生思维的逻辑性和推理的严密性。

"地球上的大气"一章,抓住以下关键,就能打开学生思路。换句话说,就是交给学生以下几把自化自得的钥匙。

第一,抓住大气中不同成分对辐射波长的选择吸收特性这个关键,引导学生分析气温的垂直分布和大气的热力作用。

讲述大气垂直分层时,教师可着重讲明平流层大气中的臭氧,强烈地吸收太阳辐射中波长较短的紫外线;对流层大气中的水汽、二氧化碳等,则主要吸收波长较长的红外线。从而明确平流层大气主要靠臭氧吸收太阳紫外线辐射而变暖,并指出臭氧含量从10公里高度起,随高度增加而增大,在20~25公里高度达到最大值,形成臭氧集中层。对流层大气则主

[①] 本文选自《中学地理教学参考》1983年第6期。

要是由水汽、二氧化碳等吸收地面红外线辐射而增温,地面是对流层大气主要的直接热源。指出这个关键,就为学生思考下列问题铺平道路:为什么对流层的气温随高度增加而递减?为什么平流层的气温在下部基本不随高度变化,上部则随高度迅速上升?这些问题即可启发学生对照课本第39页的"气温垂直分布图",自行分析得出答案。

把大气的选择吸收特性这个关键交代清楚,大气保温作用的基本原理也就能在教师启发引导下进行剖析和推论,教师可提出下列问题让学生回答:为什么大气主要吸收太阳辐射光谱两端的紫外线和红外线?为什么大气对太阳辐射光谱中能量最强的可见光来说几乎是个透明体,而对地面红外线长波辐射来说却是个不透明体?在学生回答的基础上,教师进一步说明大气吸收地面辐射后,不仅把热量保存在大气中,使热量不致散失,而且又通过大气逆辐射将大部分热量还给地面。这样,大气的保温作用这个难点就能简单明了地为学生所理解。

第二,抓住地面与大气的热量收支和热量交换这个关键,引导学生剖析气温的变化和分布,以及地球上的热量平衡。

讲课时教师只需交代清楚,无论是地面还是大气,温度的高低决定于热量的收支状况。又因地面是对流层大气主要的直接热源,因此地面与大气的热量交换是气温升降的直接原因。地面与大气间热量交换的方式又以辐射最重要,大气主要靠吸收地面辐射而增温。地面辐射的强弱取决于地面温度的高低,地面温度则是由地面热量收支所决定,也就是由地面吸收太阳辐射获得的热量与地面辐射失去热量的多少而决定。教师只要把地面热量收支与气温高低的关系这把钥匙交给学生,为什么一天中的最高气温并不出现在太阳辐射最强的正午,而出现在午后2点到3点;为什么最低气温出现在日出前后,就可以让学生从分析课本第49页的"上海气温日变化与地面热量收支的关系"图,得出答案。为什么一年中的最高气温不出现在太阳辐射最强的6月份,而出现在7月份(海洋上为8月份);最低气温出现在1月份(海洋上为2月份),也可引导学生自行推论。

学生掌握了这把钥匙,就可自行分析课本第53页的"地球热量平衡示意图"和"地球热量收支表"。教师只需点明地面与大气热量收支的项目,说明在地面与大气之间,除辐射能的转换外,湍流输送和潜热输送对地面来说都是支出热量,对大气来说则是输入热量。这样,便可在教师的引导下,让学生参照"地球热量平衡示意图"上的数字,对地面、大气乃至全球的热量收支算上一笔账,全球热量平衡的规律就可由学生自己推论而得。

第三,抓住在水平气压梯度力、地转偏向力以及地面摩擦力的共同作用下形成的风向这个关键,引导学生解剖高气压、低气压的气流系统和三圈环流的形成。讲述大气的水平运动时,教师着重交代清楚以下关系:在气压梯度力作用下,空气由高压流向低压,风向垂直于等压线;在地转偏向力作用下,风向偏离气压梯度力的方向,北半球向右偏转,南半球向左偏转。当地转偏向力与气压梯度力达到平衡时,风向平行于等压线,近地面大气受摩擦力影响,使风向与等压线斜交。指明这个关键,气旋、反气旋和三圈环流的成因便可启发学生逐层剖析。

(1) 对比、分析气旋、反气旋的形成。讲课时,教师只需在黑板上画出两个闭合高、低压中心,注出气压数值。首先让学生根据图上的气压数值,判断哪个是高气压,哪个是低气压;再让学生按照气压梯度力的方向,在黑板图上画出高气压和低气压气流的方向,并根据北半球地转偏向力,以及地面摩擦力对风向的影响,回答并画出高气压和低气压气流的偏转。在此基础上,让学生对比北半球的高、低气压系统气流旋转方向的差异,引导学生分析得出气旋、反气旋的概念。至于伴随气旋、反气旋的天气,则引导学生从上升气流、下沉气流与天气的关系去推论。

(2)解剖三圈环流的形成。首先,引导学生从地球上高低纬度受热不均导致的气压梯度力,分析赤道与极地间高空气流与近地面气流的方向有何不同,从而得出赤道与极地间的闭合环流,并将其画在黑板上,只画北半球。教师马上指出,大气一离开赤道,马上就受到地转偏向力的影响,致使赤道上空的空气不可能径直流向极地,极地近地面的空气也不可能径直流向赤道。接着,教师提出下列问题让学生思考并回答:以北半球为例,从赤道上空北流的空气,在地转偏向力作用下偏转成什么方向?让学生在黑板图上用两种颜色的粉笔画出赤道上空北流的西南风和极地东风(高空气流与近地面气流用两种不同的颜色表示,以下类同)。在此基础上,教师在黑板图上边讲边画,从赤道上空北流的西南风,当流到纬度30°附近上空时,风向偏转到平行于等压线,形成西风。来自赤道上空的空气源源不断地流来,在纬度30°上空聚积,由此引出副热带下沉气流与副热带高压带的形成。接着再提问学生:副热带下沉气流到近地面后,在气压梯度力与地转偏向力共同作用下,向南、北流出的气流各成什么方向?(将东北信风和中纬西风画在黑板图上)中纬西风与极地东风的冷暖性质有何不同?当这两支气流在纬度60°附近相遇后会发生什么现象?在学生回答的基础上,在黑板上画出极锋和副极地上升气流。并指出副极地上升气流到高空后又分别流向南北。这样,三圈环流的形成,便可在教师的循循善诱下,启发学生分析、归纳得出。

紧接着,抓住冷暖气团在移动过程中,哪个占主动地位这个关键所在,引导学生分析冷锋、暖锋、准静止锋与天气。讲课时,教师只需指出冷气团主动向暖气团移动,迫使暖气团沿冷气团爬升形成的锋叫冷锋;暖气团主动向冷气团移动,暖气团沿冷气团缓缓爬升形成的锋叫暖锋;冷暖气团势均力敌形成的锋叫准静止锋。指出这个关键所在,下列问题即可引导学生自行分析:为什么冷锋到来前天气温暖晴朗?为什么冷锋过境时常造成狂风暴雨等恶劣天气?为什么冷锋过境后气温下降,天气转晴?暖锋天气与准静止锋天气,也同样可以提出问题让学生分析得出答案。

最后,抓住大气的温度、湿度等物理性质主要受地面影响这个关键所在,引导学生分析气团的形成和变性,以及人类活动对气候的影响。学生明确了地面是大气的主要的直接热源和水汽来源这个关键,就能自行分析为什么只有当大范围性质均匀的下垫面和稳定的环流形势这两个条件同时具备时,才能形成气团;为什么气团移动以后就会发生变性;为什么人为改变地面状况,诸如植树造林、修建水库等,就能改变局部地区的气候。

二、从感性知识入手

进行启发式教学,必须遵循由已知到未知,由感性到理性,由具体到抽象的认识原则,才能符合学生智力发展的要求。只有在学生已有的感性认识的基础上进行启发,才能引起学生积极的思维活动,促使学生出现"心愤愤""口悱悱"的心理状态。感性材料是启发式教学的物质基础。

"地球上的大气"一章,有关大气的物理过程和发展变化规律较为抽象费解,教学时如能从学生看得见、摸得着的感性材料入手,学生学起来就会感到亲切,易于接受,有利于在形象思维基础上形成逻辑思维。例如,讲述大气的选择吸收特性时,可从盛夏中午窗玻璃与木头窗棂的温度差异引入。盛夏中午,用手摸摸窗棂,热得有些烫手,再摸摸窗玻璃依然是凉的,这说明二者对太阳辐射的吸收能力不同。由此引入大气的选择吸收特性,就使抽象的概念具体化了。再如,讲述大气对地面的保温作用时,可从城乡学生都熟悉的温室或花房讲起,从温室作用(温室效应)引申到大气的保温作用。又如,讲气旋联系河流中水的旋涡,讲季风成因,从夏季游泳时海水(或河水)与岸上沙滩温度的对比,引申到海陆热力性质的差异。

三、讲练结合

教师在教学过程中,充分运用教材所设计的发展学生逻辑思维的问题和练习,以培养学生对地理事物和地理现象进行比较、分析、综合、归纳和演绎的逻辑思维方法。可以先讲后练,也可以边讲边练。例如,讲完大气的热力作用后,可把第二节"问题和练习"的第 2、8 两题当堂练习。让学生综合运用大气和云对太阳辐射的削弱作用与对地面的保温作用的基本原理,通过对比、演绎等逻辑思维,推知下列一些具体的地理现象:地球表面温度的昼夜变化为什么不如月球剧烈?白天多云,气温为什么比晴天为低,夜间多云,气温为什么又较晴夜为高?霜冻为何多出现在晚秋至早春寒冷季节晴朗的夜里(一般在日出前)?再如,讲完大气环流后,可把第三节"问题和练习"第 3 题当堂练习,让学生综合运用三圈环流形成及其作用的理论,通过分析、综合、归纳、演绎,推知降水的纬度分布与大气运动的关系。讲述亚洲一月、七月季风图时,可结合第三节"问题和练习"第 5 题,让学生利用北半球反气旋的环流系统,分析冬季处于蒙古高压不同部位的东亚和南亚冬季风的方向。又如,讲述锋面与天气后,可让学生当堂练习第四节"问题和练习"第 2 题。首先让学生根据锋面概念,从图上冷空气的移动方向判断将有冷锋影响该城市;再让学生通过定量计算,算出冷锋移到该城市上空的时间;并运用冷锋与天气的知识,推知未来 48 小时内该城市天气的变化。这样讲练结合,可以充分调动学生学习的主动性,既加深了学生对基本原理和基本概念的理解,又发展了学生的逻辑思维,培养学生综合分析问题、解决问题的能力。

启发式要力求使学生的思维保持最佳状态,充分发挥教师的主导作用和学生的主体作用,促使学生主动地、生动活泼地得到发展。

地理教学中的智力因素与创造性思维[①]

孙大文

目前大家都认识到,在科学迅猛发展的形势下,学校教育再也不能仅仅满足于灌输现成的知识体系。那种在地理教学中以识记和在记忆里保持材料为主旨的教学,已跟不上我国社会主义现代化建设的步伐。地理教学中主要的精力不应该再去尝试给学生一个现成的知识体系,而应把发展智力,培养和发展学生的发现、创造能力,列入地理教学大纲,并作为地理教学的一项重要任务。因此,研究地理教学中如何发展学生的智力,使学生通过"自学"和"独立思考"去获得知识,这是科学技术迅速发展的时代对培养人才的要求,也是教学改革的必然趋势。

就地理教学研究的指导思想而言,开发智力是具有战略意义的,选拔学生、发现人才不仅要看一个人现在掌握了什么,掌握了多少,而且要看其潜在能力如何,可以培养成什么样的人才。

就地理教学研究的途径而言,自学为主、发展能力是当前教学改革的主要目标,而在能力培养的过程中,强调地理教学中的创造性即地理教学中如何发展创造性思维的问题是提高地理教学质量、培养人才的关键所在。

地理教学研究中,如何加强政治思想性,特别是当前地理教学中的爱国主义教育,是智力开发的动力。有的地理老师说,爱国主义教育是地理教育中的灵魂,这是很深刻的见解。当前,发展学生创造性思维的因素很多,但政治思想教育可以从根本上调动各种智力因素发挥最大的效能。因此,在地理教学中加强政治思想教育和加强智力的开发,在理论上即存在着相互促进的辩证关系。这种认识应该包括在我们进行地理教学研究总的指导思想之中。

现就当前中学地理教学中如何发展学生智力的问题,谈几点看法。

一、什么叫智力

关于智力的概念,国内外众说纷纭。例如,智力是对新环境的适应能力,智力是学习的能力;智力是处理复杂事物和抽象思维的能力,智力是人的各种能力的总和。智力包括感知和记忆,抽象与概括,独创性地解决问题的能力,智力是选择、计算、记忆和反应的能力,智力是指认识能力,表现在解决问题上,即认识事物的敏捷、准确、深刻和完善的程度等等。但按传统的一般说法,智力就是一个人的各种心理能力或认识能力的总和,主要包括观察力、记忆力、思维力和想象力,其中思维力是核心,这种说法是以"智力是人的大脑功能"为依据的,因为大脑具有感受、贮存、判断和想象四种基本功能,因此"最基本的智力",亦应当是这四种大脑功能的表现。

[①] 本文选自《地理教学研究》1984 年第 2 辑。

智力作为功能,是一种隐蔽在大脑中的高级的、有规律性的心理特征。

智力,通常称智慧,指人认识客观事物,并运用知识解决实际问题的能力,集中表现在反映客观事物的深刻、正确和完全的程度上和运用知识解决实际问题的速度和质量上,往往通过观察、记忆、想象、思考、判断等表现出来。它是在掌握人类知识经验和从事实践活动中发展的,但又不等同于知识和实践,它是先天素质、社会历史遗产和教育影响以及个人努力四方面因素相互作用的产物。

衡量一个学生的学习质量的高低,不仅要看他掌握知识的数量和质量,更要看他掌握知识和运用知识的灵活性和方式。

智力通过实践转化为能力。人的智力发展总是在改造客观世界的同时进行的。智力和能力通过实践相互转换,知识转变为能力的过程中,智力起着催化的作用。

目前,对智力和智能的概念有不同理解。有人认为,智能是智力和能力的合称;有人认为,智力和智能是指同一个概念。前一种意见强调智力是大脑的功能,能力则指实践活动的过程;后一种意见则从心理学的角度,把人们能顺利地完成某种活动的心理特性,统称为能力。虽然能力包括实践方面的活动,但这种实践是智力活动不可分割的一部分。

另外,还有人认为,智能是心智、材料与产品的结合,每一种心智运用到某种材料上去而产生某种产品是一种智能的表现。什么是心智呢?心智指各种属于思维方面的活动,如思考、评价等都属于心智的范畴;智力系指为测量心理能力之测验所得分数,通常以智商表示;智慧则指个体所有的全部心智的表现。出于智力测验不能普遍而有效地测量个体真正的潜能,故与智力区别之。

综上所述,关于智力的概念,各方面还在进一步探索、讨论当中,但这不影响我们在地理教学中尽快加速智力方面的研究。

二、地理教学中思维的灵活性与智力因素的挖掘

地理教学内容的选择是否包含有丰富的智力因素,教师是否能认真地想办法挖掘这些智力因素,这是提高教学质量的重要前提。不少同志习惯于把发展智力的问题,看成比较"虚"的任务,有时在理论上虽也承认掌握地理知识和发展智力的辩证关系,但总是认为,学生在掌握知识的过程中,智力也必然得到发展,因此"舍不得"在开发智力的问题上花功夫。实际上学生在掌握知识过程中智力发展的价值往往远超过掌握这些具体知识的本身。思维的灵活性是智力的重要表现,辩证的逻辑思维可以使学生掌握活的知识,可以使学生对知识的理解更加深刻。例如,讲内营力和外营力时,不仅要讲清两者的概念,而且要引导学生深刻理解内、外营力相互作用的辩证关系。既要讲一般情况下,内营力对地形起主导作用,又要讲在特定的情况下,外营力也可以起决定性影响,使学生不仅知其然,而且知其所以然。地理教学中注意地理事物间的内在联系十分重要。智力发展的潜在因素不仅要注意从教学内容的深度上去挖掘,而且还要注意锻炼学生的"思路"。我国东部的外流河,一般说,以秦岭、淮河为界,北方河流流量小,水位变化大,含沙量多,有结冰期;南方河流则相反。如能在学生形成这样一个对南、北河流总的规律性认识的基础上进一步提出:东北的黑龙江地处北方,纬度比较高,河流结冰期也长,可为什么水量并不小,水位变化并不大,含沙量也不多呢?这样的提问有利于学生的思维向纵深发展。从个别到一般,从感性认识到理性认识,是认识的飞跃。从一般到特殊又使认识进一步深化。这里特别值得注意的是:学生的创造性思维

往往就是在从个别到一般,从一般到特殊的转化中得到发展的。

地理教学中的各种知识、技能都具有一定的智力因素,但随着社会历史的发展,各种智力因素的价值也在发生变化。未来的知识社会,智力将成为社会的巨大力量,那时不仅陈旧的知识会被淘汰,就是低级的思维也可能在很大程度上被新的人工智能所取代。所以,从地理教学来说,不仅教学内容、教学方法要不断革新,就是地理教学中的思维也必须向高级的方向发展,创造性思维就是高级思维,它将成为决定生产力发展和经济建设成就的重要因素和人才培养的关键所在。

三、地理教学中创造性思维的发展

1. 地理教学中创新意识的培养

什么是创造性思维?通俗地说,凡能克服思维定势的思维活动即可称之创造性思维。具有创造性思维的人不喜欢人云亦云或按常规走路,而是喜欢博采众长,然后走自己独特的道路。

创造性思维的特点是创新,不是重复别人现成的路子,墨守成规,而是敢于突破传统的习惯势力所形成的思维定势。

从创造心理的角度来看,"创造"是指个体将一种或多种心智运用到内在与外在的材料上,以产生某种独特而具有人生或文化价值的产品。

当然,从心智到产品的产生,需要经过准备、验证、创作等过程,所以创造不是简单的单一活动,而是一连串的活动过程。

创新能力就是提出新问题、解决新问题的能力,也就是创造新东西的能力。

地理教学中怎样才能具有很好的创新能力呢?首先要有极强的创新意识。要想有发明创造,才有可能去发明创造,否则对新发现不敏感的人,往往就是到了真理的边缘也无法抓到它,地理教学中的许多问题需要去创造,去开创新的局面。

创新能力的前提是创新意识,创新意识的前提是科学的自信。

创新能力包含多方面。例如,很强的好奇心、深刻的洞察力、细致的观察、大胆的假设、发现问题和解决问题等等。

太阳天天东升西落,许多人都看到了,可是第一个提出地球是绕着太阳转的人,要多大的胆量和气魄啊!世界地图许多人都是认真看的,各大洲的形状也有不少地理学家研究过,可是具有创造性思维的人,却能从各大洲的形状联想到"大陆漂移说"或"板块构造"的理论。长期以来地质工作者的经验表明,找石油总是在海相沉积的岩层中去找,因此就产生了一种习惯思维的定势,这种思维定势就引导人们考虑找油时,不再关心陆相沉积中是否也有可能找到石油的问题了。但具有创造性思维的人,就能突破习惯性思维的束缚,不受海相沉积岩层中找石油的老框框限制,在具有成油、储油条件的陆相沉积中也找到了石油。这个例子很突出地说明创造性思维的价值所在。以上讲的主要是探索地理科学中的创造性思维,在地理教学的过程中,教师如何教,学生如何学,也有一个"创造性"的问题,例如,前几年不少中学为了提高升学率,对数、理、化、语文、外语加班加点,其他课则"让路"。可是上海有一所学校的校长,却开创了与众不同的独特路子,并按教育部规定的课程要求学生德、智、体全面发展,创造了一种生动活泼的、"读读、讲讲、议议"方式的教学新局面,地理教学质量也有了较快的提高。

2. 地理教学的改革要有创造性的突破

目前我们对地理教学的研究,基本上是传统性的研究,不论是教学思想、教学理论、教学内容和教学方法的研究都缺乏"开发性"或"创造性"的研究。创造性的特点就在于广泛地运用横向知识的联想,解决别人所未发现的问题。探索、创新、突破是创造性思维的重要素质。就拿教学思想来说,学生是主体,学生应该在老师的指导下独立思考,自学为主,在理论上大家都是接受的,可是目前中学地理教学中,教师讲,学生听,"满堂灌"的情况还很普遍。很多教师想了许多方法想改变、突破这长期以来形成的课堂秩序,但许多新鲜的试验大都被认为不正规而"难登大雅之堂"。从现代地理学的要求来看,在系统论思想的指导下,用数理方法研究地理,使地理教学的内容在定性研究的基础上,有一定量的分析,这是提高我国中学地理教学质量带有战略意义的工作。最近几年中学使用的地理教材,在现代化和定量分析方面已经有了相当的改进。今后我们应该在地理教学的实践中对这方面有更大的突破。另外,过去的中学地理教学中,普遍重视地图的教学,取得了很好的效果。但目前中学阶段的地图教学是不是可以有比初中更高一些的要求?讲地图知识是不是也可以不从各种投影的原理讲起,而直接从"智力突破"的角度,讲清楚各种地图投影总的道理和规律性。例如,"地球的表面是个球面,而地图是个平面,想使球面既不破裂又不褶皱地展开为平面是不可能的。若是地球仪在一定的部位(如极地或赤道等)沿一定的方向剖开,破裂或褶皱就产生了。为了使地图的图形保持完整,必须使开裂和褶皱部分均匀地拉伸或压缩,然后再通过一定的教学方法,形成各种投影的经纬网格,这些不同的投影是根据不同的用途设计的。形状或角度正确的称正形或等角地图;面积正确的称等积地图;形状或面积都不太正确的称任意地图。这样的教学,表面上似乎没有循序渐进,但这样的"突破"可以给学生自学和独立思考带来较多的余地,有利于学生智力的发展。知识积累的循序渐进和思维活动的"突破",我们都要重视,实际上"渐进"与"突破"也是辩证的统一。

3. 地理教学中创造性思维的特点

地理教学中创造性思维的特点,不能脱离地理学科的特点,地理教学中特别强调地图的作用,强调地理事物的空间分布、各地理要素的综合性和区域性。一切地理事物都分布在一定的空间,表现为一定的"点、线、面"的有机结合。

地理教学中掌握知识和发展智力是相辅相成的。企图离开知识来培养能力或把知识的掌握仅仅是看作为磨炼思维能力的手段,皆是不全面的。

在中学教育阶段,地理教材、教法和教具、挂图,甚至包括能够引起学生兴趣的电影、幻灯都是促进学生学习思考的外在因素,这些外因必须通过学生内因才能产生作用。心理学把智力发展的内因称为"动力"。

一般认为,社会向人们提出的要求所引起的新的需要与其已有的心理水平或结构之间的矛盾,是人们心理发展的动力。

智力发展的动力,一方面是新的需要,另一方面是原有的水平或结构。它主要表现为动机、目的、兴趣、爱好、愿望和信念等。

在掌握地理知识的过程中,不必重复前人创立这种知识时的全部过程,也不必经过那么多的曲折与迂回。它主要是由教师所设计的特殊的使其简单化了的那种认识过程。例如,对地球是一个"球体"的认识,不需要绕地球一周,只要看一张卫星照片就足以信服了。当然逻辑思维的锻炼和知识的深化很重要,小学生看了卫星照片大体知道地球是个球体,对初中生讲地球是不规则的球体,到了高中、大学就要进一步讲地球的平均半径,地球的扁率等等;再如对中学生讲,"恒星"所以叫"恒星"主要是离我们十分遥远,短期感觉不到位置的改变,但世界上的一切物质都是运动着的物质,所以实际上是"恒星不恒"。这样讲课,有助于锻炼学生思维的灵活性。还有地理教学中常常遇到一些比较抽象的问题,如纽约在北京的西方,还是东方?东经22.5°属于哪一个时区?"东方总是比西方先看到日出吗?"这一类的问题,如果时间允许,教师可启发学生讨论,对学生创造性思维的发展也是有好处的。

在讲工业、农业、运输地理及生产布局的基本原则或有关知识时,我们可以让学生讨论如何规划工业区与居民点,也可以让学生考虑沿海工业和内地工业的关系、各生产部门之间的关系等等,大学生和中学生当然应该有不同的要求。1977年上海高考地理试卷中,有一个中学生就黄浦江港口条件做了分析以后,提出修乍浦运河和另辟新港区的建议。上海建青中学的一堂智力实验教学的地理课上,同学对海河治理方案所提出的设想也有创造性思维的火花。上海六灶中学的一位同学提出"地球将来可能会有毁灭的时刻,但那也不要紧,人类一定有办法在这以前,找到比地球更理想的生活环境"。这些都表现出创造性思维的发展。

思维是一种对客观事物的概括的间接的反映过程,它反映出客观事物的一般特性和规律性的关系。由于地理学科的特点,地理教学中的思维具有综合性,另外,这种思维又往往是和分析地理事物的空间分布及地理要素间的关系联系在一起的。

例如,讲世界的气候类型按温度可以分为热带、温带、寒带,热带中由于降水不同又可以分为热带雨林、热带季风、热带草原、热带沙漠。如果长期以来教师讲气候都是只讲气温、降水和气候的关系,学生就很可能形成一种思维定势,实际上植被在反映气候类型上有更综合的特点,它不仅有气温、降水两项指标,还可以反映降水与气温的结合,所以教师在地理课中要提倡从多种角度去分析问题。例如,地理教学中分殊思维的运用。

按照心理学的观点,分殊思维即从所给的讯息中产生讯息,其着重点是在从同一的来源中产生各式各样为数众多的输出,并很可能会发生转移作用。问题的提出,旨在获取各种不同的答案,而不是只有一个正确的答案,以表现出多端性、伸缩性的特点。

(1) 多端性:是一种产生大量悬念的能力。例如,地理教学中教师提问:哪些地理现象可以说明秦岭、淮河是我国南北的重要分界线?这个问题学生可以有各种各样的答案。这样提问可以使思维的面更广阔,产生横向联想的机会更多,有利于创造性思维的发展。

(2) 伸缩性:是指一种改变思维方向、路线的能力。例如,李四光先生陆相成油理论,改变了传统找油的思维路线,获得了很大的成功。伸缩性还包括随时根据新的变化,及时修改原来的想法。

4. 地理教学研究的创造与继承

创造性思维很重要,但创造性从何而来?它不可能从天而降,也不能靠一时的灵感。它是在继承前人文化遗产基础上,经过自己艰苦劳动的创新。

创造性思维的出现,除了有广博的知识面外,往往还和一个人的个性、气质有关。勇于开拓、善于辩证思维的人,就善于创造。

按照布鲁诺"发现"一词的解释是:"发现不限于寻求人类尚未知晓的事物,确切地说,它包括用自己的头脑,亲自获得知识的一切方法。"这里就有创造性思维的成分。因此,我们对地理教学中的创造性的理解应该是有不同层次、不同要求的。专家们的发现固然是创造,同学们的细微发现也不妨称之为创造的一部分。济南召开的"地理教学手段的现代化"学术会议上的许多获奖展品都有新的创造。我们中学地理老师及第一线的地理教研工作者的创造就更多了。现在的问题是要通过研究使这些创造出来的经验系统化,提高到理论的高度,得出规律性的认识。

20世纪40年代以前,科学思维是以分析思维占优势,40年代后,综合思维逐步受到重视。促进综合思维研究的因素很多,其中边缘科学的综合研究、系统论、控制论起了很重要的作用。现在的科学思潮是分析思维与综合思维并重,这一指导思想对我们地理教学的研究,特别是对地理教学中智能开发的研究尤为重要。

当前我们地理教学研究中,有一个如何创造新局面,更好为社会主义祖国的四化服务的紧迫课题。创造从哪里开始?起飞必须有基地,也就是说,要创造必定先有继承。光继承不行,不继承也不行,在继承的基础上力争有所前进,有所创造。

地理教学法[①]

竺可桢

一、地理教学之目的

地理教学之主旨有二,而其目的,皆在于养成健全之国民。所谓教学地理之二主旨者为何?

首先,使学子能以世界眼光推论时事。在昔日专制时代,国家之盛衰兴亡,往往系于君主一人之政见与智识。是以项羽弃关中而都彭城,说者已知楚之必亡。在今日民权膨胀之时,军政工商之大政策,胥惟国民舆论之马首是瞻,则知己知彼,百战百胜。不特国内之实情固当洞悉,而环球列国之形势人情,亦为国民之所宜知也。

其次,陶冶学生,使能以科学眼光观察事物。向日地理教学,专重记忆,某国若干省,某省若干县。在今日文明各国,此等字典式之地理,已成陈迹,惟在我国,则尚有行之者耳。现时地理教学,注重于人地之关系,如温度之于物产,雨量之于人口,地形之于交通,在在皆有因果关系。在一定天然环境之下,则其对于人生之影响,不难逆料。学者举一反三,即可类推。而欲明人地间因果之关系,尤贵于学子之实地考察,使人人得以身尝目睹,而养成精确观察之习惯也。

二、地理学之定义与范围

地理学者,乃研究地面上各种事物之分配,及其对于人类影响之一种科学。在小学与初级中学,则尤宜注意于地面上各种事物对于人类之影响,即人生地理(human geography)是也。凡专论地球上事物之分配,而不及其对于人生之关系者,不得谓之人生地理。如蒙古西藏雨量稀少,潮汕宁波地临海滨,此为地面上事物之分配。因雨量稀少,而蒙古西藏之居民,乃成游牧之族。因潮汕宁波地临海滨,旁多岛屿,而海内外大商巨贾,遂多潮汕宁波人,此则事物之分配,影响及于人生者也。我国中小学地理教师,向多专述地面上事物之分配,而其对于人生之影响,毫未顾及。取其糟粕,遗其精粹,地理学遂成为省县、山川、物产名称之字典,因其干枯无味为学者所不喜也。

地理学之范围,至为广泛,举凡地球上之物质,如地形、气候、物产、人口、铁道航线之分布,莫不属于地理范围以内。故教授地理者,应慎择教材,限制地理之范围,组织各种地理要素,成为系统,以人类为前提,而使之贯成一气。论其位置,则地理学实介于自然科学与社会科学之间,故在中小学,地理处于特殊之地位,因其与各种均有关系,而为联络各科之枢纽也。

[①] 本文选自《地理教学》1984年第3期。

地理学之范围既广,故教授者易入迷津,徜徉于他科之范围而不自觉。教授地理者,宜常自询问,所教之教材是否属于地理范围以内。于此欲定一标准,殊非易事。然在小学与初级中学,要当以与人生有密切关系者为限。如丝为我国出品之大宗,丝业对于附近人口繁殖之影响,属于地理范围以内。至于桑叶之栽培,蚕蛹之长成,则应于教生物时说明之。又如三角口如杭州湾,为极普通之一种地形,但在中小学,只能指明三角口对于交通之便利、渔业之发达,至于三角口之成因,宜在大学或高级中学教之。

在中小学,地理虽无分类之必要,但所教授之材料,大抵可分为两大类,即生活(life)状况与环境(environment)是也。环境方面,指山脉、河流、温度雨量、天然物产而言,生活状况,则包含交通、工业、商务、政治及各种人为事业。二者不可偏废,单述环境与专叙人为之事迹,均不能称为良好之地理学。二者须融会贯通,明其因果,述其关系,斯为止矣。晚近我国坊间所出人文地理教科书,多汇集世界各国政治、经济、宗教、军事等之事实,不明各方人地间之关系,拉杂凑合,斯则大背近世地理教育之精神矣。

三、初级中学与小学地理教学法原理大要

近来欧美出版关于中小学地理教学法之书籍论文,汗牛充栋,不可枚举。但各书所举之教学方法,未必尽能一致。诚以地理之范围既广,而各国各地之情形又复不同,故断不能拘泥于一种方法。但有若干原理,无论中外,凡属教学地理,皆为通用者,如下列数点,即其例也。

其一,凡教学地理,必须自已知至未知,自儿童日常所惯十见闻之物,而推广至于未睹未闻,自个人所受于环境之影响,而推论及于社会全体。是故教学地理,开始必须自本土地理(home geography)着手。

其二,教授地理者,须洞悉儿童之能力,揣摩儿童之心理,而伸缩其所授之教材。地理范围既广,与历史、数学、博物各科关系极为密切,故教授地理者,应与他科教员,时通声息,以期互相印证。

其三,地理一科,向多注重记忆,中外如出一辙。但徒记州县、山川、物产之名称,不但无益于实用,且不足以引起儿童之兴趣,而运用其个人思想之能力。故近来地理教学,多注意于地理上环境对于人生之影响。

其四,凡各种科学,非实验不为功。地理既为研究地形气候对于人生影响之一种科学,则断不能专为恃教科书与地图。必须观察地形,实测气候,使儿童亲尝目睹,则较之专恃教科书与地图者,必能收事半功倍之效。故野外旅行与气象测候所之设立,实为中小学地理所不可少者也。

除上述数点而外,尚有若干问题,至今迄无定论,兹择其要者叙述之如下。

地理教学方法,因教材之去取,与入手之先后,而限种种之不同。凡自因以及果者,为归纳法(inductive method);自果以推因者为演绎法(deductive method);以村落为起点,而逐渐推广至县省全国者,曰综合法(synthetic method);自全球入手,而逐渐分析,至于各洲各国省县城邑者,曰分析法(analytical method)。四者何去何从,若能并存,则何者应先,何者应后,均有研究之价值。

教学地理之要旨,在能说明天然环境对于人类生活状况之影响。环境因也,生活果也,在如何天然环境之下,则得如何之生活状况。但教学地理,二者不能同时并重。儿童对于生

活状况，较之对于天然环境，易于领悟，故教学地理，生活状况，宜先于天然环境。迨儿童对于寒温热三带之生活，已知其大概，然后进而用归纳法，教以天然环境上种种要素。换言之，在小学时宜用演绎法，至初级中学时，则用归纳法。分析法与综合法，亦不能同时并用。教授儿童地理，当以本土地理为发轫点，取其切近，而易于了解。然后推而及于他省，他国，他洲。但至初级中学之末年，或在高级中学，儿童对于全世界山脉、河流、气候、物产、人民之分布，须有一概括的观念，然后更分析若干天然区域，或政治区域，而详细研究之。

在中小学教学地理，将以政治区域为单位乎，抑以天然区域（natural region）为单位乎？用天然区域之利有二，政治区域更易不常，如欧战以后，疆域大改旧观，则教材即以不同，天然区域则有永久性质。且天然物产，全视气候地形而定，气候地形相若之地，断不因两国疆界适经其地，而两方之天产遂分畛域。但天然区域亦有不便之处。因其疆域既为理想的，故不能如政治区域之确定。且大多数书籍杂志所载之统计，所用之名称，均以政治区域为单位，故二者实不可偏废。大抵新辟之大陆如南美洲，可应用天然区域，至于历史悠远如欧亚各洲，则以用政治区域为便。

四、高级中学之地理

我国新制高级中学，地理非为必修科，实为课程上之大缺点。高级中学之学生，少数预备升学，而大多数则毕业而后，即为社会服务。大学文理科既有地质系、地学系，则为升学计，高级中学自有习地理之必要。至为社会服务，无论在实业界、教育界，均须具有充分地理上之智识。其入军事、政治、外交界者，更不待言。往年东南大学入学考试，地理常识试验中有间岛在何处、片马在何省等简单问题，能为正确之答复者，十不得三四，则我国中学地理教学之应改良，岂容缓哉。

高级中学之教学地理，须用分析法，即自全球入手，使学生对于全球有一鸟瞰之观察。次及各洲各国，最后对于我国各省各区，及与我国关系较密之各国，如日本英俄，为详尽之研究。庶几高中毕业而后，不特对于世界时局有一明晰之背景，即列强所以谋我之主动力，与夫我国在世界应占之位置，亦可得一正确之了解也。

运用综合教学法改革中学地理教学[①]

周靖馨

一

先解释综合程序教学法的意义。

第一,编写的程序作业不是单一的,而是综合性的。

第二,上课的过程和方法不是单一的,而是综合性的,要求灵活运用七项教学活动。

我运用程序教学法的指导思想是:① 坚决贯彻党的教育方针和社会主义教学原则;② 继承我国有益的教育遗产,发扬我国各科教学法的优势;③ 适当参考国外教学法一些学派的新理论、新方法,为我所用,吸取其精华,剔除其糟粕;④ 借鉴教学控制论,掌握教学平衡,提高教学质量。

所谓教学控制论,就是用控制论的方法来研究教学信息的传递、教学过程,以及改进教学方法,调控教学平衡。教学控制论是研究可能的教学动态平衡系统与其了系统的联系和调控条件的理论。学校教育是一种社会现象,学生的心理状态、心理倾向,如:学生学习外语、数学,他愿意不愿意,高兴不高兴,爱好不爱好,他的兴趣注意等心理特征,在一定条件下是可以被老师控制的,也是应该被控制的。但不是孤立的,而是系统的。信息是物质系统可能存在的状态。信息论认为人们认识客观世界,第一步是获取外界的信息,然后第二步是大脑处理信息。

按照信息加工的观点应该如何认识备课、上课?以地理学科为例来谈,地理书是地理信息的贮存状态,像仓库贮存货物一样,把地理信息贮存在地理书中,真正的地理是客观地理环境本身。教师的职责是把贮存状态的信息改变成输出状态、学生们可接受的状态。输出状态和接受状态要达到平衡,中间的教学渠道要畅通。教学渠道看不见,摸不着,但实际存在着。渠道有时不通是由于内外干扰。教师的职责是排除干扰,保证渠道畅通,用及时反馈、积极强化的办法掌握教学平衡。怎样改变地理信息呢?我的办法是用小中步子编写地理综合程序作业。什么叫小中步子程序作业呢?举例说,课本上某一节课文有 1 500 字的内容,可以把它分析解剖为十步八步,一堂课分十步八步来完成。教师备课的主要要求就是设计教学方法,其中重要的一条是用小中步子编写程序作业。至于说有的教师备课时对地质力学、板块构造还不懂,那是进修问题,而不是备课问题。备课重要的一条就是设计教学方法,变课本信息的贮存状态为输出状态、可接受状态。这就逼使你非得研究教学法不可。那要花相当功夫。但这样效果很好,课堂气氛活跃,学生掌握知识质量很好。初中地理课每年级大约有 1 200 步就可以把它做完,这 1 200 步做完,学生学习的质量就有保证了。为了

---

① 本文选自《课程・教材・教法》1985 年第 2 期。

较好较快地使学生接受传输中的学科信息,必须在备课时(课前)编好综合程序作业。我们提倡有顺序地严格选择学科信息,在上课前按小中步子方法把课本上的信息编写成可以自学的综合程序作业,作业的分量和难度要适当,上课时教师布置要求学生在课堂上及时完成。所谓小中步子方法,就是小步子与中步子结合。根据过去三年多实验和推广综合程序教学法的有效做法,开始运用这种新方法上课时,作业的跨度可以小一点,以后再逐步加大。在指导学生自学教材和相互讨论时,可以分阶段进行。因为过去上课用的是老方法,在开始运用新方法时学生不习惯(例如刚从小学升入初中一年级的学生或从初中升入高中一年级的学生等),教师自己也不习惯,但只要有决心开创教学的新局面,用一个时期以后就逐渐习惯了,而且会得到可喜的效果。学生在小中步子作业的过程中,可以调节自己的学习活动,了解自己学习进步的情况,提高学习兴趣,得到自我鼓励,一反过去被动学习的局面。这是一点小小的革新,但有重要的教育价值。

那么,怎样编写好小中步子综合程序作业呢?

以下根据信息加工和综合程序教学法的指导思想,简要地说明信息的储存和提取,以及怎样编写地理课的综合程序作业。

学生接受和掌握学科信息的过程,就是信息在学生头脑中储存与提取的过程。当传输的信息被学生理解之后,要求储存,这就是"记"的过程;而需要这种信息的时候,就要来提取,这就是"忆"的过程。学生学习各门基础知识和技能先有"记",后有"忆"。那么,怎样组织学科信息(小中步子综合程序作业)的传输才能使学生记得牢,掌握好,达到长时记忆,同时又发展学生的智能? 这是值得研究的重要问题。

要记得牢,掌握好某种知识和技能,就要把某种学科信息好好组织起来,加工编码,储存在人脑记忆库中。因此,信息的记忆,实际上可以理解为信息编码和信息提取。如果学生不能从自己的头脑中提取信息,即不能忆起,这就是遗忘。根据现代认知心理学的研究,认为学生学习过的信息提取不出,是因为有了干扰。干扰有内干扰和外干扰两种,不论哪一种干扰都会阻碍信息的输入和提取(不是过去心理学所说的记忆痕迹消退),为此,一方面要排除各种干扰提取信息的因素,另一方面要有最佳的综合程序作业,以有利于信息的储存和提取。编写综合程序作业的基本条件主要有以下几条:

(1) 信息加工的准确性。根据学校教学大纲的要求,认真选择课本中的基础知识,要防止学科信息"失真"和"丢失"重要的信息,精选信息要严格准确。

(2) 信息加工的系统性和思想性。作业条理要清楚,循序渐进,要注意前后相互联系;要重视思想政治教育意义。

(3) 信息加工的启发性。作业要能促进学生积极思维,有思考意义,运用"导而勿牵"的教学法原理,启发学生自己探索学科知识。

(4) 信息加工的多样性。作业大忌单一化,例如一堂地理课的全部作业全是问题,这样未免单调了。作业应有观察、填充、问答、改错、计算、填图、绘图、操作、评论、综合分析、概括、求异多解等多种形式,这样有利于提高学生自学的质量,同时能引起学生的兴趣。

(5) 信息加工的针对性。结合学校内的实际情况,对知识水平不同的班级,可采用难易不同的编码内容。即使在同一个班级,针对学生学习的差异情况,可采用不一样的综合程序作业。例如对于求知欲强、成绩好的学生,可以布置一些附加作业,以满足这一部分学生的要求。

我国目前缺乏整套的学科综合程序作业,学科教师可以根据各科教学大纲的要求,以及课本的内容,集体编写或自编综合程序作业,实验和推广综合程序教学法,这是很有意义的教改工作。例如,把全日制十年制学校初中课本中国地理上册第一章第一节"地球和地球仪"中的前三段教材"从宇宙空间看地球""地球的模型——地球仪""地轴·两极和赤道",用小中步子方法编写综合程序作业,让学生通过自学课本和讨论作业,同时恰当地运用地球仪和各种必要的教具,按要求加以解答:

1. 从宇宙空间 36 000 公里的赤道上空拍摄的地球照片,说明地球的形状。
2. 观察课本第二页"地球的赤道半径和极半径"图,计算一下:从地心到北极和从地心到赤道相差多少公里?得出的这个数字,可以说明什么?
3. 为什么说地球的形状是不规则的椭球体?
4. 地球的模型——地球仪,是什么形状?为什么?
5. 观察地球仪旋转的情况,明确地球仪的轴。
6. 想一下,地球是不是真有一根地轴?
7. 观察地球仪旋转,在地球仪上定出两极。
8. 北极是怎样定出来的?
9. 南极是怎样定出来的?
10. 在地球仪上,同南、北两极距离相等的大圆圈共有几个?是两个,还是三个,还是只有一个?
11. 赤道是怎样定出来的?
12. 用一个篮球或乒乓球当作地球仪,在上面画出两极和赤道。

这是初一第一堂地理课,综合程序作业的跨度相当小,其中有观察、计算、判断、说明、想象、操作等各种不同类型的要求,根据近四年来许多中学地理教师运用的结果看,效果良好。

程序作业有一定的思考意义学生才感兴趣。总的说来,要运用教学控制论,掌握教学平衡,备课就要改变信息的贮存状态为输出状态。这样可以改变师生的授受关系,改善学生的学习条件。学生是学习的主人、主体,备课应考虑改善学生的学习条件。我看高等学校、中等学校在这一方面是有共同点的。在高等师范学校,也要千方百计改善学生的学习条件,备课的着眼点就是设计教学方法,改善学生的学习条件。明末清初,颜元在《存学篇》中说:"教之功有限,习之功无已。"现代教育家叶圣陶曾说:"教是为了不需要教。"这话是很辩证的,你不能老是把学生抱在手里,像婴儿一样喂他吃,你要相信他,逐步逐步地放手,让他独立思考。学生高中毕业了有的到外地上大学,有的在家待业,教师还能跟到家里去教,到外地去教?根本的问题是培养学生的自学能力。"教是为了不需要教"是很有道理的。我们赞成"教之功有限,学之功无已",有了这个认识,平时就要培养学生的自学能力,为"不需要教"创造条件。现在很多学生就是不会看书,急需我们去指导,但不是包办代替。

我们要进行爱国主义、共产主义思想教育,教书也要育人。我们的办法是用综合程序教学法。综合是什么意思呢?综合有大综合,也叫宏观综合,就是把我国的教学优势和国外教学法中可以为我所用的部分结合起来;也有小综合,微观综合,就是改变地理课本的贮存信息,编制程序作业,形式多样化,采用多种教学手段进行信息输出。综合程序教学法跟传统的谈话法有三点区别:第一,谈话法不要求指导学生自学,综合程序教学法很强调指导学生自学,让学生在自学中求进步,要求学生按程序作业去看书读图。第二,谈话法所谈内容可以是生产、生活各方面的内容,甚至国内外的头等政治事件都可以结合起来谈,而程序作业是紧扣教材,按教材体系一道道一步步地展开。当然,在串联讲解时也可以谈到多方面的内容。第三,谈话法的对象比较少,至多十五到二十个学生;而综合程序教学法要求全班每个人都完成作业,形式多样化,问题是精心设计的,富有思考意义,讲究发展学生智力,同时又贯彻政治思想教育,所以综合程序教学法跟谈话法不同。但谈话法中一些基本要求,在讨论综合程序作业中,可以适当借鉴。

二

再介绍综合程序教学法的方法。方法要符合教学规律。要掌握教学规律就要掌握成功的经验和失败的教训。长期以来,全国教育工作者积累了很丰富的经验,我吸取了这些经验,研究教学方法,提倡搞综合程序教学法。首先表现在编写教案上,然后根据教案去上课。

运用综合程序教学法上课,要灵活掌握七项教学活动,分述如下:

(1) 新课导言。在初中一年级新学年新课开始时,首先向学生说明要用一种新的教学方法上课,这种方法可能与小学里上课的方法不一样,要求学生有一点思想准备,以便配合教师上课。然后适当宣讲学习地理的意义和方法,内容不宜过多,时间不宜过长。

同时每一堂课都有教学目的、教学任务和教学过程,要用很短的时间使学生对这些有所了解。还要让学生留意应当用怎样的态度学习地理,关照他们要逐渐养成自学的好习惯。对于教材中哪些地方是重点、难点,哪些地方概念容易混淆,哪些教材不必死记,只需理解,哪些教材一定要熟记不忘,要指导学生注意。提醒学生看到小中步子作业时不要匆匆忙忙去做作业,要考虑完成作业的步骤。注意随时多加检查,发现错误随即纠正,逐步锻炼既能发现自己作业错误的根源,又能发现自己作业正确的道理。

新课导言要把学生的注意力吸引到学习地理上来,也要注意组织工作;有时用复习旧教材,联系实际等方法导入新课。

(2) 展示作业。把预先编写好的小中步子综合程序作业,抄录在小黑板上,或者用大字写在白报纸上,挂出来要使全班学生都能看清楚(也可以用幻灯把作业放映出来,或者事前把作业印发给学生),并且做一点必要的说明。作业如比较多,不宜一次展示许多作业,可以分两次或三次展示。

要使学生明确,综合程序作业就是他们学习地理的内容,不是测验题目。教师自己更要认识到一堂课的系列综合程序作业,虽然具有测验题的外貌,但是它们仅有相似性而已,作业的本质是一种教学方法的体现,教师可以根据这些作业内容,辅导学生完成学习地理的任务。由于测验或考试的目的是在反映学生学习的水平,而作业旨在使学生从自学中获得地理知识和技能,提高他们分析问题、解决问题的能力,发展他们的智力,进行思想政治教育,二者不可同日而语。无论是学生或是教师,如果认为每堂课的作业都有考试的性质,这样理解综合程序作业,是不符合综合程序教学法的指导思想的。

(3) 指导自学。根据可靠的调查,绝大多数学生在校是不阅读地理课本的,放学回家后也不阅读地理课本,只有在考试前几天看一下课本,这大半是当前地理课在学校教育中的地位造成的,当然还有其他一些原因。许多学生都不知道怎样利用地理课本,有的学生甚至对地理课本感到厌烦。我们要下决心解决这个问题,重要的办法是在课堂上重视指导学生自学地理课本。当然,事前在备课时就要结合作业要求,认真研究怎样指导。具体的指导方法,每一堂课都不相同,不同的班级也有一些不一样。就一般而言,课本上的地理术语、重点知识等,可以指明要求学生用红笔划下,如课本上解释等高线、带的意义;课本上的插图插画,可以有选择地要求学生用彩色笔再描绘一遍,这样做一下大有好处。

例如初一中国地理第六章东北三省在 87 页上,有一张东北三省山河分布示意图,可以让学生用红笔把代表大兴安岭、小兴安岭、长白山地等线条,顺着它们的走向再画一下。用蓝笔在代表黑龙江、乌苏里江、松花江、鸭绿江、图们江、辽河等线条上,顺流而下再描绘一遍。经过这样的指导学习活动,在学生的地理课本上顿时呈现出一幅色彩鲜明的东北三省山河分布示意图,给学生留下了深刻的印象。这样画一下和没有画不一样,不要小看这样具体而微地指导学习的小活动。插图和插画,并不是课本的装饰,而是地理教材不可分割的一部分,我们要指导学生从插图插画上获得牢固的地理知识,要把打开地理知识宝库的方法教给学生,重要的是"会学了",而不是"学会了"。

(4)讨论作业。自学地理课本以后,可以展开讨论作业,或者在学生自学的过程中,边自学边讨论。第一是学生们彼此讨论。教师要发动学生在座位前后左右相互讨论作业,不要怕秩序不好而不敢放手。在开始时要进行动员,规定一些办法,例如与本课作业无关的事不准讨论,不能随意抽题讨论,要顺序而下,彼此讲话的声音要轻一些。第二是师生间讨论,在学生认真自学并且通过思考的基础上,师生之间可以开展讨论作业,用民主的方法,循循善诱,不宜使学生消极地回答教师提问的作业,而要激发学生积极参加到教学过程中来,成为学习的真正主人。

这样讨论作业有三方面优点:① 由于中学生年龄较小,尤其是初一初二学生,上课注意力维持的周期可能不长,学生们大脑的兴奋灶通过讨论能够得到适当的调剂,提高学习效果;② 学生在准备讨论作业时必须积极思考,在讨论中,有机会学习分析、综合、评定知识等,既可深化地理基础知识和技能的内容,又有可能发展创造性的思维能力;③ 提高地理教学效果是教师工作的目标,在讨论中师生间不断增强反馈信息的联系,有利于改进地理教学工作。

学生是学习的主人,教师无法代替学生学习,但我们可以根据反馈信息的联系,在讨论作业中,努力提高反馈信息联系频率,以便达到强化,并提高地理教学质量。指导自学和讨论作业是综合程序教学法结构的中心要素,要注意掌握时间,提高组织能力和教学法工作水平。

(5)串联讲授。国外程序教学法绝大多数运用教学机器,一般排除教师的讲授。综合程序教学法与国外的程序教学法不一样,主张发扬我国地理教学的优势,运用建国以来地理教学法的主要成就,在课堂上进行必要的讲授,讲授中也可以穿插谈话,也可以用讲述法或朗读法等。所谓"串联讲授",第一指的是对小中步子综合程序作业内容做必要的"串联讲授";第二指的是学生在讨论作业中存在的地理知识问题和学习进展问题。学生解答不完整,或者自学没有抓住要领,读图指图不正确,或填图有错误,分析表格不仔细,以及学生作业中有好的经验等可以一起作为"串联讲授"的内容。但是这种讲授不同于注入式教学法的一讲到底,因为这是根据反馈信息联系的"串联讲授"。

例如学生通过自学和讨论后,教师掌握情况,发现他们对于某些地理术语理解仍不透彻,不全面;或者对于地理区域特征不能正确概括;或者对于一些地理基本原理不懂;或者看不到地理事物发展的规律等等,这些情况都要求教师做适当的"串联讲授"。

"串联讲授"不仅指本节课的串联,也包含着和前面上课的串联。有必要时,应联系旧教材,把新旧教材串联起来。讲授要注意语言的准确性、趣味性和启发性,并且发挥地理教学语言的艺术性,深入浅出,通俗易懂,注意讲授结束前要有小结。

(6)质疑、释疑。除掉上述教学活动外,还有其他一些教学工作可做,例如质疑释疑就能获得较好的教学效果。一般学生学习地理并不善于发现问题,为了培养学生的探索、发现、求异思维等能力,引导学生发现问题,可以用质疑的方法,同学之间、师生之间可以相互质疑。要做好这一工作,建议重视三点:

一是质疑的目的性要明确,不可随心所欲,要根据地理综合程序作业的内容和讨论作业题的发展情况而定;二是质疑要有利于学生进行正确的思维,疑难要设计得科学、严密,但也要兴趣盎然,避免呆板枯燥;三是质疑要结合学生地理知识水平及智力发展的实际,经过努力可以得到解决,不能太难太深。建议把疑问提在学生的知识和智力的"最近发展区"之内,使学生有所发现,从而受到鼓励。例如初一中国地理上册第二章地图在"地图上的方向"这段教材的教学中,第14页上说:"我们面对地图,一般把它的上方定为北,下方定为南,左方定为西,右方定为东……经线表示南北方向,纬线表示东西方向……"教师在教导和训练学生基本上能够运用课本上的方法确定地图上的方向以后,可以质疑:"一个人站在南极,他能指出来东和西的方向吗?为什么?他向前跨一步,是什么方向?"要求学生通过观察地球仪,思考以后师生共同释疑。

学生也可以向教师质疑,例如有一位地理教师在初二世界地理教学中,当讲到"主要气候类型在五带的分布"时,提到:"南北回归线附近的大陆内部和大陆西岸,降水稀少,为热带沙漠气候。"一位学生就向老师发问:"北回归线也经过我国云南、广西、广东和台湾四个省区,为什么我国没有热带沙漠气候?"这是学生向老师质疑。这个问题提得好,如果不动脑筋,不联系初一中国地理知识是根本提不出来的,尽管问题并不难解决,但是,这里显示着探索的精神,这种精神很可贵,因为在这样的地理课上,生动、活泼的学习气氛,代替了沉寂和被动。

质疑释疑是行之有效的教学活动。

(7)要求学习。在下课以前,基本上完成本课教学任务的情况下,建议向学生提出若干学习的具体要求,便于明确以后学习的任务,这种要求可以包括课后的读图、绘图、填图、复习,做一些课本上的作业,阅读课本中的重点内容,观察课本中的地理画片,分析表格,或预习下一堂课的内容等,有时也可介绍阅读一些报刊上地理短文或地理知识小品、趣闻、时事地图等。有些学校学习地理的条件较差,当然要根据校情,不能勉强布置要求。要求学习也是地理课的有机组成部分,不能忽视。因为有要求和无要求区别是很大的,能够严格一点更好,不要匆忙下课,不注意这一项教学活动,会降低教学质量。有人用足够的力量注意了这一点,提高了教学质量。由于中学生尤其是初中学生对如何学习地理科了解不多,自学也不知从何入手,教师如能及时向学生提出些具体要求,使他们把学习地理有限的一点精力用在刀口上,将能得到较多的进步。

以上七项教学活动组成为一个教学过程整体,也只是提供一些建议而已,请不要恪守成规,呆板执行,根据学校和班上的实际情况,这七项活动可以前后调动,也可以有所增删。"人无完人,法无全法",教学中最宝贵的是创造性工作获得最佳的效益。

在讲方法时,我们要强调必须综合性地传输各门学科的信息,不要用单一的办法。要充分利用图表、标本、模型、幻灯、电视等各种教具,眼睛、耳朵、两手、头脑都要综合利用起来。为什么指导自学效果好呢?科学实验表明,学生用眼睛获得的知识比用耳朵获得的知识多,用眼睛获得知识约占总量的65%,而用耳朵约占30%,其他感官占5%,运用多种方法记忆才深刻。

讲方法,还必须发扬我国各科教学法的优势,同时认真地扎扎实实地改善学生的学习条件。

三

最后谈谈运用综合程序教学法的效果。运用综合程序教学法不是三两堂课就能见效,不能性急。因为学生从小学里来,长期习惯于注入式方法,一开始不适应,需要训练。坚持那么一个学期,就可以看出效果来。根据各省、市、区许多学校的情况,认真坚持10个星期左右,可以显出初步成效。

(1) 运用综合程序教学法有利于提高学生的自学能力。通过训练,学生反映学会了自己看书,学生家长也反映学生看书读报的能力强了。各地参加综合程序教学法试验的,普遍反映学生的自学能力提高了。

(2) 有利于提高学习质量。1981年12月南京市举行地理竞赛,中华中学夏光浩、吴文娟老师所教的试点班的学生获得地理竞赛第一名。通过成绩统计,对比分析,发现试点班平均成绩比对比班提高9分左右,有的平均提高10多分。分数在科学对比实验的条件下,是能说明问题的,我们要辩证地看。

(3) 有利于活跃课堂教学的气氛,发展学生的智力,培养学生的能力。教师编写的综合程序作业有的课本上没有现成的答案,如初中世界地理上册第三章大洋洲的教学中,提出:"观察77页澳大利亚的热带动物图和99页非洲的热带动物图,同是热带动物,为什么彼此大不相同?"问题一提出课堂里像开了锅,大家议论很热烈,展开了愉快的双向活动,学习的情绪很高,像这样一些开发学生智力的问题,教学中多得很。

(4) 有利于提高教师的工作能力以及教学法的理论水平,其中也包括教育学、心理学的理论水平。在一些省、市试点班教师座谈会上,教师反映进行了一学期试验,比以往任何一学期进步都大,编程序作业,指导自学和讨论,对教师的要求都比过去高。串联讲解,不允许随便讲,要根据学生的讨论结果,当场讲评,需要有相当的教学水平。

关于地理教学三个面向的探讨[①]

陈尔寿

邓小平同志1983年国庆节为北京景山学校题词:"教育要面向现代化,面向世界,面向未来。"这是新的历史时期教育的战略方针和前进方向,各级各类学校和各科教学的改革都应该朝着"三个面向"的方向前进。作为中小学基础课程之一的地理课当然也必须按照"三个面向"的精神进行改。"三个面向"是相互联系、相互渗透、不可分割的,但三者的基础是面向现代化。我们要实现祖国社会主义建设工业现代化、农业现代化、科学技术现代化、国防现代化的宏伟目标,其中关键是科学技术现代化。而科学技术现代化的基础是教育,所以教育要首先解决面向现代化的问题。教育如何朝着"三个面向"的方向进行改革,可以研究讨论的问题很多,我这里仅就中小学地理教学如何按照"三个面向"的精神进行改革,提出一些很不成熟的想法和意见,请大家批评指正。

一、"三个面向"是地理教学改革的必然趋势

(一)传统地理学在向现代地理学发展

地理学是一门古老而又年轻的学科,远在有文字记载以前,人类为了了解其生息繁衍的居住环境,就注意考察周围的地理事物和现象,区别一个地方同另一个地方的差异,甚至去塑造现象以外的意向,并将这些现象去告诉别人。自从有了文字以后,地理资料就被陆续记载下来传诸后世。我国具有系统性地理观念的作品《禹贡》,大概是孔子所编写,时间在公元前500年左右[②]。在西方世界,认为地理学作为一门学科,发源于古希腊学者。荷马在公元前八世纪写的史诗《奥德赛》,就是当时已知世界的边远地区的地理记述[③]。

在学校中,地理单独设科教学始于17世纪中叶,为捷克大教育家夸美纽斯所主张[④]。从17世纪中叶至19世纪中叶,学校地理教育属于"百科知识"阶段,着重讲述全球性的地理知识,以地志形式出现的地理描述为主。19世纪中叶至20世纪60年代,西方以德国亚历山大·冯·洪堡为代表的地理学家,开创了近代地理科学的新时期,地理学逐渐形成以自然地理为基础、以区域地理为中心的教学体系。18世纪以来,西方地理学出现了研究人类与地理环境关系的各种理论,先是有孟德斯鸠、拉采尔等倡导的"地理环境决定论";19世纪后期有法国人文地理学家维达尔·白兰士及其学生白吕纳提出的"或然论"和"人地相关论";

[①] 本文选自《地理教学研究》1986年第3辑。
[②] 王成组.中国地理学史.北京:商务印书馆,1982
[③] [美]普斯顿·詹姆斯.地理学思想史.李旭旦译.北京:商务印书馆,1082
[④] 曹孚.外国教育史.北京:人民教育出版社,1979

20世纪20年代,美国地理学家巴罗斯提出了地理学就是"人类生态学"的理论。在苏联,一再有人致力于把自然地理学与经济地理学分裂开来,认为统治物质世界的规律和统治人类经济活动的规律是完全不同的,自然地理学与经济地理学无论在逻辑上还是在实践上都不能合成一门学科[①]。建国以后,我国地理学科的教学,深受苏联这一理论的影响和束缚。

20世纪50年代以来,由于控制论、系统论、信息论和新技术革命对地理学的影响,传统地理学逐步在面向现代化。现代地理学同传统地理学相比还很年轻,尚未形成完整体系。它在传统地理学的基础上不断革新,向前迈进。其主要趋向为:

其一,以"空间系统"的概念来研究作为人类生活空间的地球表面,也就是以"人类—环境生态系统"为地理学研究的重点。目的在于正确认识人类与地理环境的关系以及如何协调好这一关系,使环境能向着有利于人类生活和生存的方向发展,而不是相反。

其二,不论是系统地理学或区域地理学的研究,自然因素和人文因素不是分裂而是趋向综合,并且有些专题还开展了跨学科的综合研究,如环境问题、人口问题、城市问题等等。20世纪60年代,苏联地理学家阿努钦在其所著《地理学的理论问题》一书中,提出了恢复统一地理学的理论。他既抨击了"非人生"的自然地理学,也抨击了"非自然"的经济地理学,认为地理学是研究地理环境综合体的科学[②]。

其三,新的观察技术(包括空间卫星的应用)、新的分析资料的技术(包括电子计算机的应用)以及新的制图技术的应用,使地理研究出现了一个革命,获得了许多前所未有的新成果。例如,通过测地卫星的观察,每一个小时都能发现地球的细微变化。现在对测定地球形状的这一古老问题,做到先前所不能达到的正确程度,知道了地球在赤道以南有一些肿胀,略成橘形。气象卫星可以每天甚至每小时,使地面接收站获得地球云层的电视图像,从而不仅能知道大气环流的概况,还能知道逐日风暴式的天气,使天气预报进入新的境界。由于深海勘探技术的进步,科学工作者从洋底山脉中脊裂隙处涌出的岩浆及山脊两侧的岩层中取样,发现海底每年以几厘米的速度向两侧扩张,距大洋中脊愈远,海底沉积层的年代就愈老,从而为大陆漂移—海底扩张—板块构造学说提供了有力论证。由于资源卫星、遥感技术、空中摄影技术的应用,人们可以迅速测出大面积的地表,获得所需调查地区的森林、水文、矿藏、土地利用、居民点等的图像或数据。今天可供地理学家利用的每一项要素的信息就有成千上万,传统的分析方法已无法应付,但是电子计算机的数据库能储存这些信息,并可随时加以利用。

其四,研究方法的多样性。从地理学的发展来看,地理学有两个传统,一是数学传统,一是文学传统。现代地理学对数学概念、计量技术的应用,实用理论模型的探索,受到普遍重视,因为在许多情况下,数学提供一种显然更为精确的叙事方法,不仅在自然地理方面如此,在生产布局、人口、交通运输、城市规划等方面也是如此。但是,文字形式的论述可为概念公式提供激动人心的富有创新精神的探索,至于在历史地理、社会文化地理、旅游地理等方面,文字的非计量的论说,更可引导人们对环境的认识。例如,1984年我国中央电视台播出的电视片《话说长江》,文字叙述(以朗诵形式表达)同长江景观相结合,在普及长江地理知识和进行爱国主义教育方面,都收到了良好效果。实践证明地理学不能只按一种模式去进行研

---

① 普斯顿·詹姆斯.地理学思想史.李旭旦译.北京:商务印书馆,1982
② 地理学的理论问题.国外地理科学文献选译.南京师院地理系,1989(10)

究或教学。

其五,注意同实际应用相结合。地理学科之所以能够长期存在,并富有强大的生命力,就是因为它的教学内容同人类的生活和生产密切相关,并且地理学对地理环境综合性和区域性的研究,又不是其他学科所能代替的。随着社会生产力的发展及新技术的应用,人类同地球打交道的程度就更深更广了。地理学在实际应用中的价值也越来越受到重视。像国土整治、城市规划、农业区划、工业布局、资源调查、聚落和城镇布局、交通运输规划、新能源开发、海洋开发、国际问题的研究等等,都需要现代地理科学知识。所以现在各国地理学的研究和教学,都注意同本国社会经济等实际问题相联系,也注意同国际政治经济问题相联系。

(二)面向世界,是地理学得以不断发展的原因之一

人们为了好奇,或是通商贸易、对外扩张、宗教活动、科学研究、文化交流等原因,跋山涉水,远渡重洋,从事旅行、探险、远征等活动。这样,才逐步获得有关地球形状、水路分布、各国概况的知识,了解到世界各地自然地理和人文地理的共同性与差异性,促进了不同地区之间经济文化交流。我国古代张骞通西域,玄奘到印度取经,郑和下西洋,欧洲马可·波罗来中国旅行,哥伦布发现"新大陆",麦哲伦船队环球航行成功等都为人类的科学文化和经济的发展做出了贡献,也为地理学的发展开辟了广阔道路。

时至今日,人类在地球表面活动的范围远比过去广泛深刻得多,地球上的每一个角落,几乎都可以找到人类活动的烙印。由于现代交通工具和通讯技术的进步,人类的交往日益频繁,信息传达异常迅速。13世纪马可·波罗从意大利威尼斯经中亚至我国元朝的上都(今内蒙古自治区多伦县西北),途中花费了三年半的时间[①],主要交通工具是骆驼。1784年,美国第一艘商船"中国皇后"号开到中国黄埔港,途中航行了六个月零七天。[②] 现在从北京乘喷气式飞机到美国旧金山或英国伦敦都只需要十几个小时。用电话、电视联系,几分钟甚至几秒钟就可以通话或见到图像。有人说,现在地球变小了,用时间尺度来衡量,地球上不同国家(地区)的人,从来没有像现在这样容易接近过。目前世界各地的景观、政治经济文化的动态,每天都从报纸杂志、广播、电视中向我们传送。自从我国实行对外开放政策以来,国际交往日益增多,国外来华旅游的人也不断增加,我们在利用国际资源、开拓国际市场、开展对外经济贸易等方面,都需要面向世界,因此世界地理已成为我们日常生活和工作中不可缺少的知识。

20世纪50年代以来,由于新技术的发明和应用,社会生产力迅猛发展,资源、能源被大量消耗,环境污染严重,人口增长迅速,城市居民膨胀,生态系统失调。资源、人口、环境已成为世界性的问题,也是我国社会主义建设过程中需要很好解决的问题。我们要吸取世界工业化国家在这些问题方面的经验教训,以为借鉴。地球上的大气、海洋是人类共同赖以生存的环境。大气、海洋遭到污染,自然界物质和能量交换发生变化,人类赖以生存的环境就要恶化。要研究和解决这些问题,往往不是一个国家的能力所及,需要国际协作,我们应在这方面做出我们应有的贡献。

---

① 马可·波罗.辞海.上海:上海辞书出版社,1979:2506
② 里根总统在我国人民大会堂的讲演摘要.人民日报,1984-4-28

面向世界，可以扩大视野、开阔胸怀，懂得需要学习国外先进的科学技术、经营管理方法等为我所用。但要保持清醒头脑，坚定社会主义立场，培养具有分辨是非，抵制资本主义世界对我进行精神污染的能力。在研究国际关系问题时，要贯彻我国外交政策的和平共处五项原则，坚持反对霸权主义，维护世界和平的方针。由于世界地理的研究和教学，必然要涉及世界上一些地区和国家的政治经济情况和人民生活情况，因而也就可以有效地进行无产阶级国际主义教育。

（三）面向未来，就是面向人类共同关心的问题，面向祖国社会主义现代化建设的问题

地球往何处去？人类往何处去？这是现在人类普遍关心的问题。特别是从20世纪70年代两次"石油危机"的冲击以来，资源、人口、环境的发展趋向，世界新技术对人类社会的影响，引起了世界上许多学者的关注和讨论，其中很多问题是同地理分不开的。

现代地理学对地球表面各种事物和现象的研究，已不是停留在静态的描述和解释上，而是注意用动态的、演化的观点综合分析其发展趋向，对未来作出预测，并提出相应的对策，供决策者参考。

1980年，当时的美国总统卡特曾组织一批学者，编写出一份名为《2000年世界》的报告书。报告书对未来世界的人口增长、环境污染、生态失调、食物和必需品对多数人的供应等方面，描绘出一幅可怕的画面。1984年5月在纽约召开的美国科学促进会年会上，马里兰大学教授西蒙认为该报告的结论是错误的，根据对各种有关问题研究的结果来看，世界和美国的发展趋势，是处在不断改进之中，而不是恶化。

美国未来学学家托夫勒所写的《第三次浪潮》，奈斯比特所写的《大趋势》等书，都从世界新的技术革命所产生的和可能产生的影响，来预测未来社会。他们从新技术革命所引出的社会政治论点是同马克思主义相违背的，两书都掩盖了资本主义社会的社会本质，因而也就不可能正确地全面地描绘出未来社会的面貌。但是世界新技术革命对推动社会生产力的进一步发展及其对人类生活和未来社会可能发生的影响，却是需要我们认真研究的。

我们面向未来，就是从我国国情和我国实际出发，按照中国共产党第十二次全国代表大会的决定，到本世纪末实现工农业年总产值翻两番的战略目标。从1981年到1990年的前十年，主要是打好基础，从1991年到2000年的后10年，争取进入一个新的经济振兴时期。我们现在正面临着世界新技术革命的有利时机，我们要学习并引进有利于我国社会主义建设的新技术，以加速四个现代化的进程。与此同时，我们要正视我国资源、能源、人口、环境等方面存在的问题。我们相信，在我国优越的社会主义制度下，由于实行计划生育政策，采取保护环境、合理利用各种资源的措施，到本世纪末，人口的增长将继续得到合理控制，自然资源将得到合理利用，环境污染将得到治理，人类生态系统将趋向协调。我们对祖国和人类的未来充满信心和希望，我们要为最终实现共产主义而奋斗。

二、国外中学地理教学改革的情况

为了适应新技术革命和现代地理学发展的形势，世界上许多国家相继掀起了教育改革的浪潮，作为学校基础学科的地理课，在课程结构、教学内容、教学方法等方面也做了相应的改革。

(一)修订教学计划和教学大纲,提高地理教学质量

日本于1977年修订了中小学《学习指导要领》(相当于我国的教学大纲)。这次修订为了适应学生升学、就业等多方面的需要,在地理和地学方面继续强调教学现代化的同时,提出加强基础,着重观察、实验和思考,注意小学、初中、高中三个阶段的前后连贯,防止重复烦琐。此外,日本工业高速发展,资源缺乏,城市人口增加,随之而来的资源能源问题、环境问题、公害问题加剧,新修订的地理和地学部分的学习指导要领中,均突出增加了有关这方面的内容。

苏联十年制学校传统的教学中,地理课被安排在五至九年级。小学四年级在50年代曾单独开设地理课,后来取消,仅在该年级的自然课中有一部分地理入门知识。

1984年苏共中央和苏联部长会议《关于进一步完善青年的普通中等教育和改善普通学校工作条件的决议》中,决定苏联学校将实行向学制为十一年的普通中等学校的逐步过渡。新的教学计划将于1986—1987学年开始实行,至1990年过渡完毕。

决议中考虑到现代科学和技术的成就,共产主义的实际,必须重新审查教学大纲和教科书的内容,保证准确、清楚地阐述提示自然界和社会发展规律的自然科学和社会科学的基本概念和基本思想;必须清除学生过重负担,克服教学材料的过分复杂性、重复现象和形式主义;加强自然科学和人文科学同生活的联系,努力达到使教学能够更好地帮助青年人去了解周围的世界。

决议中指出,在学生的经济学与生态学教育中,要充分利用学习地理学的可能性。苏联教育科学院对十一年制学校的地理课程结构,曾提出建议,除保留传统的普通自然地理、各洲自然地理、苏联自然地理、外国经济地理、苏联经济地理外,新增加人与自然的相互作用、经济生态问题等方面的内容。从五年级至十年级均安排有地理课。

(二)进一步研究地理教学的目的和任务

现代地理教学目的不仅要使学生掌握一些地理基础知识,了解他们的生活环境,更重要的是让学生掌握地理学科所特有的思维方法,培养他们的地理思维能力,发展他们的智力。

地理教学能使学生了解事物的空间结构和分布状况,了解其乡土及遥远地区的环境,逐步认识到人类活动既有积极有利的一面,又有不利的一面。人类在进行生活和生产活动时,都要注意保持自然界脆弱的生态平衡,而且要努力促使它向良性方向发展。否则,一旦破坏,就难以恢复。这样能促使学生去思考事物的现存状态是否合理。

学习地理还能使学生了解世界上所有事物都是复杂的,任何现象都是各种因素相互作用的结果。所有空间结构和区域模式的特征和结构可能不尽相同,但都是自然或人文因素所形成的,对事物的因果联系过于简单化的解释,往往会导致错误的结论。

学习地理能使学生懂得时间与空间的相互联系。各种现象的空间结构和地理分布,都是随着时间的推移而不断演化的。每个地区、每个国家、每个问题,必须研究其过去、现在与环境间的关系,才能找到今后应如何发展的答案。

通过地理的学习,还可使学生了解国际间相互依赖的关系,以及各大陆、各地区和国家的具体的发展情况,并通过比较,了解它们之间存在的差异,寻求缩小这种不平衡和不公正现象的措施。

（三）对原来地理课程的体系和格式有所突破

有些国家和地区的地理教材，不是按照过去自然地理、人文（经济）地理概论、区域地理的固有格式编写，而是将自然地理、人文地理的内容加以综合，有的采用人类与环境系统的新体系，有的以专题形式，进行地理问题的研究。例如，联邦德国斯图加特 Ernst Klett 出版社出版有两种中学地理教材，供学校选用：一种是按传统区域地理的结构编写的；一种是以专题形式编写的。后者打破了传统地理教材的格式。例如，五、六年级的教科书为《我们发现世界》，七、八年级为《地球及其生存的规律》，九、十年级为《环境的组成》等。

此外，格雷夫斯（N. J. Graves）和怀特（J. T. White）编著的高中用的《英国地理》，打破传统区域地理按位置、地形、气候、水文、植被、居民、农业、工业、城市等固有格式的写法，用论题方式，以《都市区的类型与问题》为首篇，依次为《工业分布的变化》、《动力与原料》、《都市与工业区间的交通问题》、《为都市用的食物供应》、《城市的娱乐园》。这是从英国城市人口占全国总人数的 77%、生产以工业为主的特点来编写的，结合自然与人文两个方面，既深入浅出地阐明了英国地理的概念与事实，又传授了不少地理技术知识。[①]

（四）教学方法和教学手段的改革，现代教育理论强调在教学中要有师生双边活动，并以学生为主体

教师的主导作用，在于引起学生内在的学习动力，也就是要让学生学得有兴趣，学得生动，而不是一味灌输。因此，在教学方法方面，改革了过去单纯由教师传授知识、学生死记硬背的注入方式，而采用了发现法、程序教学法、实地考察法、游戏法等多种教学法，以发展学生的地理观察能力和地理思维能力。

在教学手段方面，除运用课本挂图、地图册、图片、图表、标本、模型等传统教学手段外，还利用幻灯片、电影、电视、录像等新的电化教育手段进行教学。

三、对改革我国地理教学的设想

（一）结合学制改革，调整教学计划中的地理课程结构和课时

解放初期，我国中小学地理课程与解放前大体相似。1953—1958年，采取苏联中小学地理课程结构的模式；1959—1965年，在片面强调削减课程门类和课时的指导思想下，地理课程门类和课时被大量削减；十年动乱期间，中小学地理课差不多全部停授；粉碎"四人帮"以后，教育战线拨乱反正，中小学地理教学逐步纳入正轨。现将建国以来各主要时期中小学地理课程设置情况，列表比较如下：

---

① 李旭旦.介绍几本最近出版的英国地理书籍.地理学报.1983,38(3)

十二年制中小学					
阶段	年级	1950—1952年	1953—1958年	1958—1962年	1963—1965年
小学	五	地理(2)	地理(2)	地理(2)	地理(2)
	六	地理(2)	地理(2)		
初中	一	中国地理(2)	自然地理(3)	中国地理(3)	中国地理(3)
	二	中国地理(2)	世界地理(2)	世界地理(2)	
	三	外国地理(2)	中国地理(2)		
高中	一	中国地理(2)	中国经济地理(2)		世界地理(3)
	二	中国地理(2)	外国经济地理(2)		
	三	外国地理(2)			
阶段	年级	1978—1981年		1982年至今	
小学	四			地理(2)	
	五				
初中	一	地球、地图、中国地理(3)		地球、地图、中国地理(3)	
	二	世界地理(2)		世界地理(2)	
	三				
高中	一			地理(人类与地理环境)	
	二				

  高中试行三年制的学校,地理安排在高二,每周两课时。高中试行文理分科的三年制教学计划中,高三还设有地理课,每周3课时,侧重人文地理,但目前尚无试行这一教学计划的学校。

  现行十年制中小学教学计划中的地理课程结构与课时,经过1978年的初步恢复和1982年的调整,逐步得到充实和提高。但同我国1958年以前的情况比仍有差距,同日本、苏联、欧洲各国相比,初中约少70课时左右的教学时间;高中少70至140课时的教学时间。

  我国现行十年制中小学教学计划重理轻文,理科中重视物理、化学,轻视生物和地球科学的倾向应该改变。1982年高中重新开设地理课,一学年,每周2课时。教材以"人类和地理环境"为线索,将地球科学、环境科学和部分人文地理的基础知识综合组成,以通论地理(也称系统地理)的格式编写,内容基本符合"三个面向"的要求,但课时少、内容多的矛盾比较突出。由于课时少,有些基本理论阐述不透;需要观察、实习、调查、讨论的活动,无法开展。

  中学地理课程的另一不足之处,是本国地理的课时自1959年以后削减过多,同加强爱国主义教育和面向祖国四化建设的要求不适应。我国国土面积比日本、欧洲各国大得多,自然环境复杂得多,人口更多,是一个多民族的统一的社会主义国家,历史文化悠久,资源丰富,地区差异显著,按理我国中学生学习本国地理的时间应该比日本、欧洲各国多,实际上却不到上述国家的一半,因为我国高中阶段不再开设中、外区域地理课程。

目前,我国正在进行学制改革和调整教学计划的研究工作。建议今后十二年制学校的地理课程和课时,可作如下安排:

阶段	小学	初中		高中	高中选修课	
年级	四(或五)年级	一	二	二	三(或二)	
每周课时	2(或3)	3	3	3	3	
地理课程	地理常识	地球、地图、世界地理	中国地理	地理(人类与地理环境)	人文地理与区域地理(文科)	地球科学(理科)

小学如仍采用五年制,地理课时可不增加,如改六年制可增加一课时;初二地理每周增加一课时,改学中国地理,以适当提高中国地理的教学质量;高二"人类与地理环境"每周增加一课时,以解决教学中现存的内容与课时之间矛盾。人文地理和区域地理、地学可作为选修课程,由学生根据自己的爱好,今后升学或就业的需要选修。

(二)更新教学内容,把现代地理科学的新成果,以儿童能够接受的形式反映到中小学的教学内容中

这几年,地理教学的内容已有所更新,如新理论(板块学说)、新观点(生态系统)、新的研究课题(资源、能源、人口、城市化、环境等),在地理教学均有不同程度的反映,但是还很不够,特别是我国实行对外开放,对内搞活经济的政策以来,我国社会主义现代化建设要利用两种资源——国内资源和国外资源,打开两个市场——国内市场和国际市场,现行地理教材对国内和国际商业地理、旅游地理的知识却很少。本国地理要在学好自然地理的基础上,联系国土整治、生产发展、城乡体制改革后的产业结构和布局的变化,更新教学内容。至于如何按小学、初中、高中不同年龄学生的特征,选择教学内容,还缺乏系统研究和教学实验。在地理教学中,如何使学生既能掌握一些地理基础知识,了解其生活环境,又能培养他们的地理思维能力,发展其智力,这是在更新教学内容的同时,需要一并考虑的问题。

(三)改进教学方法,传统的、习惯的教学方法是教师讲、学生听,单纯以灌注知识为主

这几年,对运用地图,形成学生的空间分布概念,阐明各地理要素相互联系、相互制约的辩证观念已有不少好的教学经验。但是如何进一步改进教学方法,采用新的教学手段,调动学生学习地理的积极性,培养其能力、发展其智力,改变死记硬背的现象,还需要在教学实践中不断创造经验。目前阻碍改进教学方法的最大障碍,是单纯追求升学率的思想,影响教学上的大胆改革和创新。这需要通过端正教学思想和改革高考分类、科目设置、命题等方面来解决。

(四)大力培训师资

经过十年动乱,中小学地理教师队伍遭到严重破坏。据北京、上海等大城市的统计,中

学地理教师受过高等学校地理专业训练的人数不过三分之一。有的省区的县还不到5%。这几年,经过各省(自治区、市)教育学院、高等学校地理系对在职地理教师进行培训或举办讲座,对提高教师业务水平起到一定作用,但还远远不能满足需要。因此,要继续采取在职教师轮调、扩大高校地理系科招生名额,以及通过电视大学、函授等办法,提高教师素质,稳定教师队伍。这是使地理教学贯彻"三个面向"的根本保证。

(五) 开展地理教育科研工作,提高教材质量

教材的改革必须建立在科学研究和实验的基础上。今后,可在教学大纲的统一要求下,允许多种形式的教材并存,由国家审查批准出版,各校自行选用。由于我国各地区经济、文化发展不平衡,城市同农村、沿海地区和内地教学条件不一样,教学要求可以有区别。学生学习地理的教材,除传统的课本、地图册以外,还应增加图片、幻灯片、电视、录像等声象教材。

(六) 开辟地理教学的课外渠道,扩大学生知识来源

在当前所谓"知识爆炸"的时代,各种地理信息日新月异,不是课堂教学和定期出版的教材所能跟得上的。地理课外考察和旅游,也不是课堂教学时间内所能解决的。因此,必须通过课外各种渠道来扩大学生的视野,增加学生的地理知识。例如,开展野外小组活动,组织观看有关地理知识的电影、电视,组织参观,组织假期的野外考察、夏令营、旅游活动等,都是扩大地理知识信息来源的有效途径。

面向现代化,面向世界,面向未来,是地理教学发展的必然趋势。地理教学只有贯彻"三个面向"的精神,进行改革,才能为提高全民族科学文化水平、培养全面发展的社会主义一代新人发挥作用。

布鲁姆分类法在中学地理教学中的初步应用[①]

夏有奇

B. S. 布鲁姆是美国著名的心理学家,他曾就教学过程中传授知识和培养能力的关系、培养能力的途径和方法等问题提出了一些十分有价值的看法,其中"教育目标的分类法或分级法"是他的重要研究成果之一。该法在美国颇有影响,美国教育协会评选委员会曾建议用它来分析并评价教师的课堂教学。分类法将帮助教师在传授知识、有意识地培养学生的能力方面,提出一条有效的途径。本文主要就分类法在地理教学中的一些应用做最初步的简介。

一、分类法的基本内容

教师选用什么样的教学内容,确定哪种教学方法,都和教师本人所期望达到的目标密切相关,布鲁姆将这些目标分为六个等级,每一个等级中又包含若干分类,简述如下。

1. 第一级目标,期望学生"识记"

主要指一些能够辨认和回忆的具体地理事物,其分布、概念原理以及具体解决的方法。显然这一级与知识有关,它侧重于记忆的行为,例如:

(1) 地名、农矿资源及其分布。如在黑板暗射图中填出我国的 30 个省、市、自治区。

(2) 基本概念、基本原理。如什么是人口密度?我国地形分布的基本特征是什么?

(3) 有关地理事物及其地图表示方法。如各种图例等。

2. 第二级目标,涉及"理解"

此处指那些能显示对信息或概念的理解行为。它比单纯的记忆略胜一筹,但仍然是较低级的领悟,它包括复述、解释和外推三个等级。

(1) 复述:即把概念或信息用自己的语言表述出来。例如,请你把这次地理实习中所观察的地理现象复述一遍。

(2) 解释:即以新的形式重新表达这一概念。

如:① 用图解法把地球的赤道、回归线、极圈和五带表示出来。

② 所谓北京时间指的是全国统一使用的北京所在时区的区时或(　　)经线的地方。

(3) 外推:即运用归纳或演绎的方法,根据已知事物推测未知现象或事物。

如分析锋面运行图时,可提出"锋面何时影响到 A 地?锋面通过 A 地时,其天气变化趋势如何"等问题。

3. 第三级目标,包括"应用"

即在记忆、理解的基础上,运用知识去初步解决问题的能力。

(1) 一些计算题,如:

[①] 本文选自《地理教学》1986 年第 5 期。

一架飞机于5月1日8时由北京(东八区)出发飞往纽约(西五区),用了18小时,问到达纽约时是何日何时。

(2) 一些填充图表的问题,如:

地球的风带受气压和地转偏向力的影响,在空白图上用箭头标出各个风带的风向,并写出它们的名称。

又如:填出我国两大平原有关内容的比较表。

	所处温度带	主要耕种土壤	主要粮食作物	主要经济作物
东北平原				
华北平原		钙质土		

(3) 一些选择题和改错题,如:

秦岭—淮河一线是(1 200 mm、800 mm、600 mm)年降水量线通过的地方。

高温期与多雨期一致,是我国天气特征上的优越性之一。(改错)

4. 第四级目标,与"分析"有关

即把整体分解为它的组成部分,找出这些组成部分之间的关系,并分析组成原理。

(1) 分析成分。例如:

四川盆地发展农业生产的有利条件是什么?

从大连到西安乘火车旅行,沿途要经过哪些铁路干线和枢纽站。

(2) 分析关系,如:

① 主次关系,即各部分在整体中的地位与作用。

如:简述长江在我国经济建设中的地位与作用(从航运、水力、灌溉等方面说明)。

② 相似关系,指各部分之间异同的比较。

如比较秦岭—淮河南北外流河的水文特征。

(3) 分析组成原理,如:

阅读我国年降水量分布图,说明我国降水在地区分布和季节分配方面各有什么规律。

5. 第五级目标,涉及"综合"

即把学生所学到的零星知识综合起来,加以组织或结合,以便得到新的见识或加深对问题的理解。例如:从气候、植被、流经地形区等分析回答为什么黄河的下游成为悬河。

从上海乘火车(经陇海线往西)去乌鲁木齐,沿途依次经过哪几个地形区、温度带、干湿地区、省区及先后要走哪几条铁路。

6. 第六级目标,涉及"评价"或"判断"

评价任何事物都具有标准,有比较。这一级期望学生能根据内部依据或外部标准对一些似是而非、模棱两可的问题做出判断或对某个问题谈一些自己的意见。例如:

(1) 澳大利亚大陆四面环海,但大部分地区气候干燥,其原因是:① 南回归线纵贯大陆中部,大部分地区在副热带高气压控制之下;② 东部山脉阻挡了湿润的海风深入内陆;③ 东北信风由大陆吹向海洋;④ 阳光照射强烈,空气受热膨胀,不易降水。

(2) 谈谈你对我国气候特征的认识与评价。

由上述教育目标的分类可以看出:前三个等级侧重于知识和较低级的领悟,后三个等级强调对智能的培养。但这并不意味着等级越高,难度就一定越大。这一点说明难题、怪题并不一定能有助于培养学生智能。

二、分类法的初步应用

第一,分类法对教学有指导作用。

在分类法讲授前后,我们曾对学员所教的中国地理40份典型教案做过如下统计:

结果表明,在讲授和提问的问题中,属于"识记""理解""应用"的题目所占百分数已由82%降至61%;而属于"分析""综合""评价"的题目所占百分数则由18%上升到39%(参见下表)。

		识记	理解	应用	分析	综合	评价
未讲分类法以前		26	24	32	9	8	1
讲完分类法后		19	16	26	18	14	7
总 计	以前	28			18		
	以后	61			39		

由此可见,分类法对有意识地在教学中培养学生的智能确有指导作用。

第二,分类法对复习考试的拟题工作也有指导作用。

例如:我们曾对学员前后两学期所出的复习题与试题(共2 034道)做过统计,结果发现:属于智能(分析、综合、评价)方面的题目已有12%上升到38%,而所占的比例则由45%升至58%。

运用分类法进行拟题工作的主要方法是:首先将所拟部分的教材内容按其属性进行分类,并草定出各类问题的数量;然后根据教材内容分类与目标分类的对比关系试行拟题,最后整理编排即为所得。参见下表:

教材内容分类	主要相当目标分类
地理名称	识记
地理分布	识记
地理数据图表	理解与应用
地理演变	应用
地理成因	分析
地理规律	综合
地理特征	综合与评价

同时,分类法也为分析评价教师的课堂教学和进行教材分析,提供了一个有用的工具。例如,我们曾对初中地理教材进行了初步统计,结果发现,初中地理1—4册属于智能方面(分析、综合、评价)的问题(主要指思考练习题)所占比重逐步上升,由7%上升到13%。

总之,学点分类知识可以克服教学过程中某些方面的盲目性,可以有针对性地在提高学生的能力方面下功夫。

地理教学法的科学研究[①]

曹 琦

一

任何一门独立的学科都有它特定的研究对象,地理教学法学科也不例外。

地理教学法是分科教学法之一,而分科教学法的研究对象是各科的教学。所以,地理教学法的研究对象,自然是地理教学了。这里所说的地理教学,包括地理教学的目的任务,地理教学的内容,地理教学的原则、方法和组织形式,以及地理学习方法等几个方面。很显然,这是对地理教学的全面论述,也是地理教学法科学研究的基本内容。

对于地理教学法的研究对象,也有另外几种不同的说法。其一,认为"地理教学法这种科学,其研究对象是地理教学过程"[②]。这种认识虽然可以把地理教学过程解释为地理课堂教学及其前后延展,但很难包括地理教学内容——地理教学变成地理学科,即地理教材论的重要内容,显然是不全面的。其二,认为地理教学法是研究地理教材教法的。这种认识虽然可以反映出作为地理教学法研究对象的两个重要侧面,但是忽视了地理学习方法的研究,这种片面观点也不符合地理教学的客观规律。因为教学总是很清楚地反映教和学的两个方面,"教"是教师的活动,"学"是在教师指导下的学生自觉活动,只顾教、忽视学的"一面观点"是不对的。

学科的研究任务,总是和研究对象紧密相连的。地理教学法的研究对象既然是地理教学,那么它的研究任务,和所有分科教学法的研究任务一样,在于揭示地理教学的规律。具体一点说,就是要解决地理这门学科"为什么教""教什么""怎样教"和"如何学"等一系列问题的,从中找出地理教学的客观规律,用以解决地理教学中的教与学的矛盾。这也是地理教学法科学研究的根本任务。

为什么教?主要是解决地理学科在学校教育中的地位,地理教育的价值、职能和任务;明了地理基础知识教育、地理能力培养和地理思想政治教育的构成和原理。教什么?主要是解决地理教材的内容和结构等问题,明了地理科学与地理学科的区别和联系,学校地理应该具备的基本内容,选择和配置地理教材的原则和方法等等。怎样教?主要是解决地理教学的原则、方法和组织形式等问题,明了地理教学原则的产生和贯彻,地理教学方法的基本类型及其方法论基础,各种地理教学方法的特点、价值和运用,地理课堂教学和地理课外活动的组织形式等等。如何学,主要是研究如何根据学生的学习心理,解决怎样学习地理的学习方法问题,它和"怎样教"是教学工作不可分割的两个侧面,通常把它称作"地理学习方法的指导"。上述几个方面,既是地理教学法的研究任务,也是地理教学法研究的主要课题,它

[①] 本文选自《地理教学研究》1991年第4辑。
[②] [苏]库拉佐夫.地理教学法.正风出版社,1953:4

们是相互联系、不可分割的整体,是缺一不可的。

综上所述,地理教学法的研究对象和任务以及各项研究任务之间的联系,大致可以归纳如图1所示。

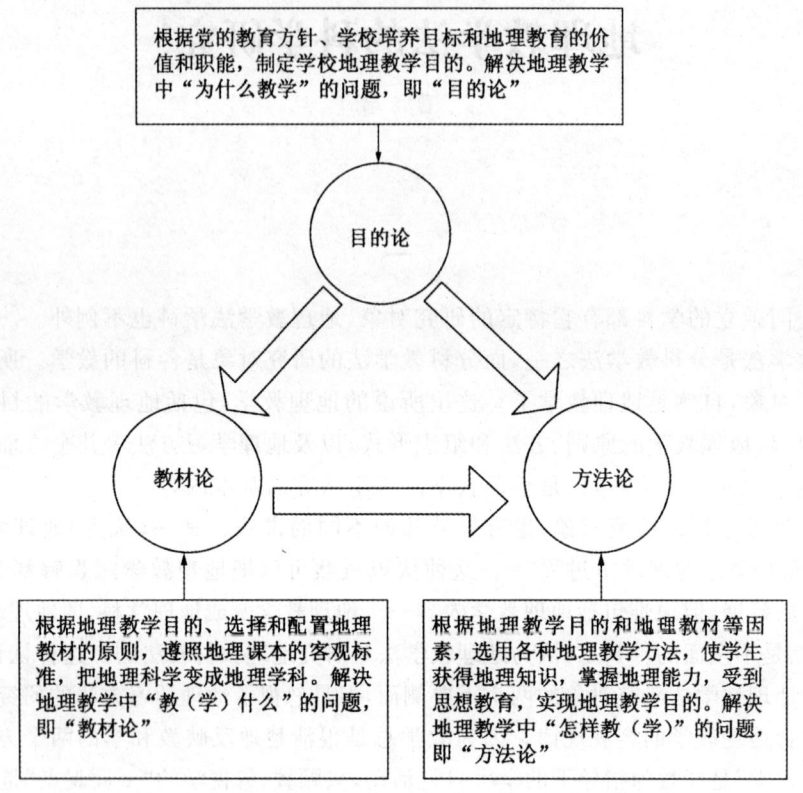

图1 地理教学法的对象、任务联系简表

二

地理教学法是介于地理学和教育学这两大学科之间的边缘学科或跨界学科。十分明显,地理教学法从它的对象、任务来看,既不是地理学,也不是教育学,而是研究地理教学、探索地理教学规律的教育科学。从教育科学的分支系统来看,它应属于应用教育科学范畴。有人认为"地理教学法……是地理科学的一种"[①],显然是不对的。这是因为,地理教学法的研究对象和任务,不同于地理学(自然地理学和人文地理学),所以不能得出它们的科学属性是同一的结论。如果说地理教学法是地理学的一种,这就必然削弱它的教育价值和作用,不能完成地理教学法的特殊任务。此外,还应指出地理教学法是研究和揭示地理这一具体学科的教学和教学规律的,而不是一般学科的教学和教学规律的,所以它也不是教育学或教育学的一部分。如果说它是教育学或教育学的一部分,这就必然使地理教学法脱离地理这一具体学科的轨道,揭示不出地理教学的特殊规律,解决不了地理教学中的特殊矛盾,也完不成地理教学法的研究任务。由此可见,地理教学法乃是研究如何应用地理科学的基础知识

---

① [苏]库拉佐夫.地理教学法.正风出版社,1953:3

和教育原理对青年一代进行教学和教育的教育科学。作为分科教学法之一的地理教学法,乃是教育科学这一类概念中的一种概念,不能和教育学混为一谈,这是显而易见的。

从上述地理教学法的学科属性加以分析,地理教学法学科具有以下几个主要特点:

首先,地理教学法学科,它是建立在地理学、教育学、心理学、教育心理学、逻辑学、辩证法、认识论、控制论和系统科学理论的基础之上的。因此,它是一门综合性很强的多基础学科,这是这个学科的突出特点。

其次,从地理教学法的学科属性来看,它是应用教育科学,具有显著的实践性,基本上是一门"工具课"。地理教学法学科虽然也有"论"的内容,但却不是理论教育科学。为此,从事地理教学法的科学研究,尤其在选择研究课题时,应该注意研究课题的实践价值,使所研究的课题对地理教学实践具有指导意义。特别是对那些创造性的实践活动——地理教学方法的改革实验、探索新的地理教学方式方法的研究,更应给予足够的重视。当然,也不能因此忽视地理教学方法的理论研究,这是自不待言的。

第三,地理教学法和其他教育科学一样,不仅是一门科学,也是一门艺术,具有明显的艺术性。"教育人是艺术中的艺术",这是大教育家夸美纽斯的一句名言。我们知道,教学艺术高超的教师讲课 能引人入胜,使学生百听不厌,无疑是一种艺术享受。从某种意义上来说,讲一堂好课比演出一场好戏难,说"教育人是艺术中的艺术",是不无道理的。由于地理教学法学科具有显著的艺术性这一特点,所以研究这门学科的时候,不必墨守成规,要敢于创新,提倡个人的大胆创造。教学有法,法无定法,但要得法,这就是至理名言。

三

地理教学法的科学研究方法,和其他学科的科学研究一样,也有一个研究程序和一些具体的研究方法(见图2)。

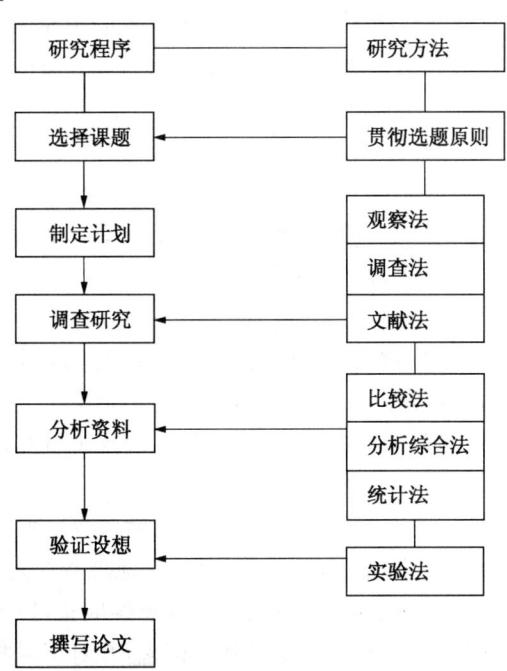

图2 地理教学法的科研程序和方法

1. 选择研究课题

选择研究题目一定要慎重从事,应该遵循下列几个选题原则:

(1) 课题的现实性。即所选择的科研课题要具有现实意义,必须贯彻党的教育方针,重视地理教育教学改革的要求,才能体现"科研为社会主义现代化建设服务"的根本方针。例如,在地理教学中如何贯彻"三个面向"的问题,地理教学与智能发展的问题,地理教学与爱国主义教育问题等等。

(2) 课题的可能性。即选择研究课题时,要全面考虑个人的能力和时间、工作条件、占有资料、人力配备等主客观条件,要从实际出发,根据这些主客观条件客观地作出判断:能否完成所选择的课题。例如,有的学校为了实验中小学改用"五、四、三"制,竟让一位地理教师承担了编写地理课本的全部任务。很显然,这样的课题是难以实现的。

(3) 课题的理论性。即对于那些现实性虽不强,但对地理教学法学科的理论建树有价值的问题,如地理教学原则问题、地理教学特点问题、地理教学方法分类问题等等,只要自己有能力承担,而且客观条件具备,也应该选定。因为这类问题,对发展地理教学法的学科理论,强化地理教学法的学科体系,是很有价值的。

(4) 课题的实践性。有些研究课题,能解决地理教学中的具体问题,具有实践价值,如地理幻灯片的设计和制作、地理略图的设计和速绘等等。这类问题虽然没有太大的理论价值,但它们是一些体现地理教学法学科特点的研究课题,也应予以足够的重视。

(5) 课题的新颖性。"选题新颖"是一篇优秀科研论文的重要因素,一般化的老问题是不易引起读者兴趣的。搞科学研究,最重要的是能在理论上或实践上,对那些新领域里的新课题进行深入探讨,有所发现。所以,对于前人没有或少有进行研究的新问题,才是最富有科学价值和学术价值的选题。

(6) 作者对研究课题的趣味性。趣味性和任务感是完成科研任务的重要动力。特别是前者常常是产生"科学预见",在理论上或实践上有所突破的力量源泉。对于那些毫无兴趣可言的研究题目,是不会有创见的。所以,作者对研究课题的趣味性,也是科研选题的重要原则。

2. 制定研究计划

科研题目选好后,就要根据课题的需要,制定出切实可行的研究计划。我们知道,"凡事预则立,不预则废"。进行地理教学法的科研工作,事先也要有个全盘计划,这样才能使研究工作有条不紊地顺利进行,才能使研究工作具有预见性。

3. 进行调查研究

根据研究课题制定好研究计划之后,就要按照计划进行调查研究了。调查研究的主要目的,一是了解情况,二是占有资料。了解情况,就是弄清前人对所研究的课题已经做了哪些工作,有什么研究成果,还存在哪些问题没有解决,以便找出研究课题的突破点,即在哪些方面能够做到高于前人一等,有点创见。

怎样进行调查研究?常用的有观察法、调查法和文献法等一些方法。

(1) 观察法。它是根据既定的目的,按一定计划,对地理教学进行观察的方法。通过观察,直接获得地理教学资料。运用观察法,事先要做好观察准备,以使观察工作有目的、有组织、按照预定的内容和程序进行。观察时,要做观察记录,并对记录材料进行编号,以便进行整理、分析和运用。

（2）调查法。一是发表格调查，即研究者事先根据研究题目，提出调查的问题，寄给有关人员，请他们按问题填好寄回的一种办法。二是访问调查，即研究者根据研究题目，到学校亲自访问有关人员，提出访问的问题，以获得所需材料的方法。

（3）文献法。它是就研究课题，通过查阅有关文献资料，以获得所需研究资料的一种方法。地理教学法学科的文献资料来源是多方面的，有地理教学法专著，报纸和期刊上有关地理教学的文章，各种不同时期的地理教学大纲，地理教科书和地理教学指导书，等等。阅读文献资料时，要将有用的材料摘录在卡片上，并应注明作者、出处和出版时间，以备查用。今后有条件时，也可利用电脑查阅文献资料。

4. 分析整理资料

通过调查研究，在已经占有资料的基础上，对所获得的资料还要进行细致的分析整理工作。以达到去粗取精、去伪存真，吸取其精华，扬弃其糟粕的目的，这样才能为我所用。分析整理资料，从中得出新的结论，是科研工作的关键一步。分析整理资料的方法很多，常用的有比较法、分析综合法和统计法。

（1）比较法。它是对采用不同内容和方法所取得的几个不同结果，进行比较对照，从中分辨出它们之间的好坏和真伪的一种方法。采用这种方法时，除了采用的内容和方法不同之外，其他条件都应相同。否则，就不能进行比较。因此，应用比较法时，对所选定的两个或两个以上的实验班级，条件应该尽量相同，并规定统一的测验标准。这样，通过运用不同的教学方法之后，才能比较确定所采用的教学方法是优是劣。

（2）分析综合法。它是通过分析整理资料，从中得出新的结论的一种方法。这种方法即对某种地理教学现象，从各个方面进行分析，加深对组成这一地理教学现象各个部分的认识，并找出各个部分之间的关系，然后再把剖析过的这一地理教学现象的各个部分的认识综合起来，从而获得整体概念，得出规律性的认识。

（3）统计法。即教育统计方法的简称，它是教育科学研究常用的方法。这种方法，就是把调查研究后所获得的地理教学方面的数字资料（如测验成绩等等），通过各种统计图表的形式反映出来，从而找出规律性认识的一种方法。这种方法是地理教学法科学研究中的定量分析，具有显著的直观性和强大的说服力，并能使所撰写的科学论文图文并茂，提高论文的质量。

5. 验证设想

进行科学研究后，所得出的初步结论只能称为设想。对它还要进行必要的验证，进而确定原来的想法是否正确，这一工作叫作验证设想。它是在科学上创立"假说"和在地理教学中创造新方法必不可少的研究过程。验证设想的方法是实验法。

实验法就是按照一定设想，通过专门组织的实验活动，以肯定或否定这一设想的一种方法。实验法所取得的结果，有强大的说服力，是广泛采用的科学研究方法。应用这种方法时，应该和观察法、比较法、分析综合法、统计法等研究方法结合起来，切忌主观性和任意性，只有如此，才有可能获得有价值的实验结果。

6. 撰写论文

论文是科学研究的学术性文章，而不是一般的心得体会或资料汇编。首先，写作之前，要有一个明确具体的论文提纲。它是论文的骨架，它要反映出论文的基本内容，层次结构和逻辑系统。

其次，论文的理论论述要正确，要合乎教学理论和地理科学方法论的基本原理。论文要突出主题，使人明白主张什么和反对什么。论文的结构要严谨，层次要清楚，要有严密的逻辑性、条理性和说理性。论文中虽可引用前人的研究成果，但更重要的是在前人的基础上，发挥自己的独立见解，要有创见，有突破。论文中要尽量使用自己或自己主持的在其他人员协助下所取得的实验数据作为佐证。论文还要图文并茂，讲究文风。

教学改革与教学质量[1]
——以区域自然地理为例

李春芬

教学质量涉及许多因素,其中教材或教科书是最基本的。对地理学来说,它首先取决于组织教学内容的观点。本文以区域自然地理这一课程为例作一剖析。正如 A. E. 阿克曼(Ackerman)在 60 年代早期所指出的那样,观点是地理学科发展必不可少的三要素之一[2],在地理教学中也是如此。无论你从事地理学哪一分支的教学或研究,地理观点都是至关重要的,这里首先讨论这一点。

一、地理观点

如上所述,从地理观点考察事物是地理学取得进步的三要素之一。只有这样,才能把地理学同其他相邻学科的研究领域区分开来。那么,什么是地理观点呢?可以这样说,地理观点就是指地理现象的分布格局及其空间关系。这一观点揭示了地理学和其相邻学科的主要差别。例如,土壤学和土壤地理学的研究对象基本上是相同的,但是地理学并不研究土壤本身,而是侧重于土壤分布及其与其他环境因素的空间关系,即空间上的成因联系。就这一点而言,需要进行纵向和横向分析。在许多情况下,对相关因素进行横向分析可以更好地揭示土类的空间分布格局及其成因上的联系。这样,就能使学生更好地理解土类的更替序列,如淋溶黑土、黑钙土、栗钙土和棕钙土的相互更替关系。另一个更典型的例子是地中海气候,在水平方向上,它介于北面的中纬度大陆西岸海洋气候和南面的低纬度沙漠气候之间。从水平关系来看,十分明显,地中海气候只是介于这两种气候类型之间的中间类型。学生可以很好地理解气候分布的规律性和它们在空间上的成因联系。

二、中心题材

区域自然地理学的中心题材是地理环境的结构,即地理环境的整体性和差异性。它们是物质空间结构的两个基本内容。这种认识的基础是,地表物质环境的特征是多样性的统一体。

在研究一个大陆或区域时,重点应放在组成要素中普遍存在的空间关系上。整体性体现于组成要素相互作用形成的总体特征。通过与其他大陆的比较,一个大陆的独特性得以显露。所以,组成要素的相互作用和随之而产生的总体特征实质上体现了区域综合。但是,

---

[1] 本文选自《地理科学》1982 年第 12 卷第 4 期。

[2] E. A. Ackerman, Where Is a Research Frontier? Annals of the Association of American Geographers,1963,53(4)

由于太阳辐射在地表分布的不平衡,地表组成物质在各部分的差异,不同的地形结构,相异的海陆位置,以及地表各部分不同的发展历史,大陆的地理环境按照不同地段的总体特征可划分成不同的区域,这样就呈现出差异性。这所划分出的每一个区域,由于其组成要素相互作用的结果,又显示出其自身独特的总体特征。因而,要注意到一个大陆或区域从其自身的角度来看是一个整体。另一方面,区域内部又存在着差异或差别。就整个地球表面的地理环境而言,各个大陆都有其不同于其他大陆的总体特征,这显示了高层次上的差异性。总之,整体性和差异性是地理环境空间结构的特征,两者之间存在着辩证关系。

同时,整体性和差异性与地理学两个基本的学科性质——综合性和区域性是一致的。地理学作为地学的一门学科,综合性必须建立在空间或地区基础上,否则它便不是地理学的综合性。另一方面,区域性不能脱离综合。因为没有综合,区域性就难以理解。综合性和区域性的结合为我们在现代地理学中强调空间关系提供了依据。

就提高教学质量而言,组成要素之间的相互作用和相互联系领域中大量的工作有待我们去做。我们在这方面所做的到目前为止仍十分肤浅。对这一点,直到最近才引起人们认真的关注[1]。

1989年,B. L. 特纳二世(Turner Ⅱ)发表了一篇题为《为复兴地理学提倡专门与综合相结合的研究途径》的文章[2]。该文作者主要是针对文化生态学的,其实这种思想也适用于地理学的其他分支,包括区域自然地理学。其研究成果将决定我们学科的地位和作用,当然也有利于地理教学,这意味着提高教学质量有很大的余地。不过,要取得任何显著的进步,都需要我们做出比过去更大的共同努力。

三、共性和个性

在类型区域中,每个类型都有不同于其他类型的自己的特点。例如,地中海气候特点不同于中纬度大陆西海岸海洋性气候,或低纬度沙漠气候。分布在不同大陆的同一类型的分布区都具有相似成因的一般气候特征,但每个分布区又显示出自己的个性。例如,北美洲的地中海气候在降水量上,夏季三个月的雨量大多不足全年降水量的2%～3%,部分地区只1%或更少。另一个例子是,在低纬度大陆西岸沙漠气候中,南美洲西海岸的沙漠,由于强盛的秘鲁寒流的影响,具有某些海洋性特征。更重要的是,在纬度上它延伸得最长,是世界上所有大陆西岸沙漠气候中最接近赤道的。这表明在大陆西岸荒漠的一般特征中,也显示了自己的个性,反映了它所在大陆的不同特点。

共性和个性之间的辩证关系可以使我们加深对区域特征的认识。毫无疑问,这方面的研究将促进教学质量的提高,需要我们为之做出持久的努力。

四、面向问题

70年代以来,复兴区域地理学的趋势日益高涨。为了响应这一提议,许多地理学家提

---

[1]　L. Guelke, Regional Geography, Professional Geographer, 1977, 29(1)

[2]　B. L. Turner Ⅱ, The Specialist-Synthesis Approach to the Revival of Geography: the Case of Cultural Ecology, Annals of the Association of American Geographers, 1989, 79(1)

出了面向问题的建议。一些人认为,区域地理学不是毫无实践价值的学院式研究①。为了使区域知识在解决有关实践问题中充分发挥作用,这是一个颇有见识的呼吁和富有生命力的动向。

区域地理学作为地理学科的一个长期存在的分支应该面向什么问题呢?关于这一点,意见是分歧的。但是多数地理学家认为,人地关系问题应该是核心内容。对于区域自然地理学,无论是在研究或教学中,我们都不应忽视人对地理环境的作用,因为现存的地理环境已打上人类活动的特殊烙印。环境、人口、自然资源和区域发展问题是当代世界十分重要的问题。在内涵上,这些问题为数众多,具有不同的层次,所以具有面向问题意识的区域地理学包括区域自然地理学,未来的前景是光明的。

作为对近今趋势的响应,笔者在70年代写了两篇分别题为《拉丁美洲国家为保卫本国海洋资源而斗争》②和《秘鲁200海里海洋权的地理分析》③的论文。前者发表在《人民日报》国际版,很快又被译成英文,刊登于《北京周报》④,并在中央台的《时事述评》中两次全文广播,这篇文章引起如此反响实出笔者意料。这一事实说明面向问题的区域地理学是有生命力的。后者是关于秘鲁200海里海洋权的一个专题研究,它试图把区域地理知识组织起来阐述秘鲁的正确主张和一贯立场。论文首先说明了秘鲁为发展国民经济的需要保卫海洋资源,尤其是鳀鱼资源的必要性。这不仅因为鳀鱼是鱼粉的基本原料,当时它在秘鲁出口贸易中仅次于矿产品居于第二位的大宗货物;而且,沿海岛屿栖息着数以千万计的以鳀鱼为食的大量海鸟。在沙漠气候下,鸟粪大量积累,最厚处曾达40余米,这是富含氮、磷、钾的一种极有价值的肥料,施用于诸如长绒棉、甘蔗等经济作物的生产。除此之外,秘鲁的造船业同鳀鱼捕捞有密切关系。十分明显,不同经济部门的空间联系表明,对于秘鲁国民经济的发展,保护海洋资源,尤其是鳀鱼资源是十分必要的。另一方面,文章分析了海洋权跨度200海里的宽度,由于缺乏有关鳀鱼分布宽度的资料,唯一可用来划出海洋权宽度界线的资料是200英里,据可靠资料报道,在岸外200英里处浮游动物繁殖强度一直不减⑤,这一数字相当于174海里。就此而论,这只能算作鳀鱼分布的最小宽度。据此推断,实际上鳀鱼分布宽度肯定超过这一数字。因此把海洋权宽度定为200海里是合理的。

这个问题是一个区域性也是国际性的问题,在70年代有关国际会议经常讨论和争执的问题。秘鲁是最早提出这一主张的发展中国家之一,它立足于其区域地理条件的基础上,具有科学根据。因此,阐述应从经济地理和自然地理两方面进行,如单从一方面进行阐述,就会不全面。这篇论文自发表后受到普遍好评,这一事例说明,在许多情况下,区域地理在说明问题时有必要把自然和经济或人文地理工作结合起来,藉以相互补充。它表明,地理学的这一分支在理解和阐释世界性的重要问题中可发挥它应有的作用。在地理教学中,如果对面向问题意识予以更多的注意,它可极大地调动和开拓学生对地理学的兴趣。

---

① L. Guelke Views and Opinions, Professional Geographer, 1977, 29(1)
② 李春芬.秘鲁200海里海洋权的地理分析.华东师大学报(自然科学版),1979(1)
③ 李春芬.拉丁美洲国家为保卫本国海洋资源而斗争.人民日报(国际版),1973-1-4
④ Lee Chunfen, Latin America Struggle to Safeguard Marine Resources, Peking Review, January 19, 1973(3)
⑤ H. U. Sverdrup, M. W. Johnson, R. H. Fleming, The Oceans, Their Physical, Chemistry and General Biology, New York, Prentice-Hall, 1942

五、选区讲授

区域地理教学中,一个普遍存在的困难是对单个区域的讲述,原因有二:其一是过分严格的条块影响了活生生的讲授和教学活动;其二是缺乏理论基础,以致区域内容尽是老生常谈的陈规旧套。因此,学生对这种教学感到厌倦。笔者也曾陷入过这一困境之中。为了摆脱这一困境,采用选区讲授的方法。选择区域的标准是什么?这并没有严格的规定,但是必须遵循和基本符合一个普遍原则:选择的区域必须是具有某一方面的地理意义。为此,50年代末笔者在承担为研究生开设的南美洲区域自然地理课程时,只选择了两个区域进行讲授:热带雨林——砖红壤的亚马孙低地平原和低纬度大陆两岸热带荒漠这两个区域。选择前者是突出它的典型性(同一的区域类型),选择后者是突出它的个性。其他选择的标准可以是面向某一重要区域性问题或区域特征的动态变化、理论示例等。很明显,在整个世界的热带雨林区域中,亚马孙低地平原不仅是面积大、形态密实,而且有关的区域特征发育最好,由于它是横跨赤道的低地平原,如赤道气候面积最广、雨林、砖红壤土壤群、赤道型水文特征以及新热带区动物区系等,发育充分。

选择低纬度大陆西岸热带荒漠区域是因为其具有显著的区域个性,面向问题和区域特征动态变化这两个标准也可以运用于这一区域。因此,如果选择的每一个区域都有一个主题,环绕这个主题,我们可以有针对性地组织区域知识和有关资料,进行生动活泼的讲授。这些讲授,不仅可以使学生获得必要的地理知识,而且可以初步培养他们分析和解决问题的能力。

六、比较方法

自古典时期以来,比较研究的方法广为应用,对地理学的进步做出了巨大贡献。A. 洪堡和 C. 李特尔运用比较方法探索有关存在于地理环境和现象中内在联系的知识。在区域自然地理学中,经常对比区际差异以突出有关区域的特征。例如,在分析北美洲西岸海洋性气候的局限性时,只有通过与西欧类似气候在程度和地区范围(包括纬向和经向)的比较,这个特点才会显示出来。另一个例证是北美大陆环境结构的空间格局,只有通过与其他大陆的比较,北美大陆的总体框架才能显现。这类例子很多。简言之,在教学中运用比较方法可以巩固学生已学的知识,扩大他们的地理视野,开拓和培养他们的兴趣,提高认识水平。运用得当,可以极大地提高我们的教学质量。

"系列化"和"循序渐进"。在培养硕士、博士研究生的工作中,也有一个在较高层次上打基础、开拓思路、提高见识的问题。本人为研究生开设了一门专业文献课,从选材到教学步骤都采用了"系列化"和"循序渐进"的方法。先选取了三篇区域地理的国外文献,它们在内容上互有联系,但有高低层次之分;对同一问题的见解,也是一篇比一篇深刻,这些文献在学术内容上构成循序渐进的一个系列。在教学方法上,也做了相应的安排,对不同的论文采用不同的方法,以求步步提高。为此,先就其中选出一篇论文逐句讲解,不限于字义、句意,兼及前因后果和来龙去脉的补充说明;讲完后再选几段原文,让研究生笔译;然后逐句修改译文,以求巩固和提高研究生阅读专业书刊的能力;接着又让研究生写一篇简短摘要,以便吃透原文。第二步,选取另一篇文献,不讲解全文,用两节课时间介绍论文内容,并让研究生在规定的两周时间内写出全文的主要内容。第三步,对第三篇论文既不讲解,也不介绍,而要求学生写一篇自学报告。第四步,师生共同座谈,对"系列化""循序渐进"的教学方式进行讨论总结。通过对这三篇文献的时代背景、学术见解的比较,总结出区域地理过去存在的问题以及今后面向的问题,特别是面向人地关系问题的发展方向。

七、结束语

有关地理教学的大量文章主要是针对中学的,涉及高等院校的不多。本文以区域自然地理这门课程为例,探讨高等院校地理教育的改革。我们应该彻底破除那种认为地理教学的主要作用是传播关于地名、物产的知识的陈旧观念。为了提高对地理学一般的认识,高等学校的地理教育也很重要。它也迫切需要进行改革,提高质量,从而促进科研水平提高和学科发展。

加拿大的地理教学[①]

陆 珏 莫军支

加拿大的教育既有英国的特色,又有法国特色,同时也深受美国影响。

加拿大的教育体制灵活,中小学都由各省自己负责。各省设立教育部,全面负责本省的教育事业。各省都实行10年左右的义务教育,年龄由6岁到15岁。中、小学一般为12年,1—6年级为小学,7—9年级为初中,10—12年级为高中;但有些省则不尽相同,如安大略省是1—8年级为小学,(1、2年级为学前教育)9—12或13年级为中学。中小学大部分是用英语授课,有的学校用法语教学(如魁北克省),有的学校则用英、法双语教学。

下面以安大略省为例简单介绍一下中、小学的地理教育情况。

一、课程设置

小学课程设置有语文、数学、地理、历史、音乐、美术和体育等。小学7、8年级以前,地理包含在社会科学中,和历史一起统称为社会科学课。这一阶段,地理课内容比较简单,只是作为一种自然常识来讲授。

小学7年级开始讲授自然地理,8年级讲授人文地理。从9年级开始进入中学阶段,9年级是加拿大地理,11年级是世界地理,内容和7、8年级联系紧密,在原来基础上进一步深化。在中学阶段,自然地理和人文地理是结合在一起的。

二、地理教材

由于全国无统一的教学计划,所以无统编地理教材,各省有自己的大纲,学校可以自行选择使用课本。

教材一般印刷精美,图文并茂,文字生动,读来亲切自然,有的还用简单的航空图片,以扩展学生的视野,激发他们的兴趣。

教材的印刷成本很高,所以学校一般采取租供的形式把课本借给学生使用,到学期结束时交还学校,损坏者视其程度赔少量折旧费,下一年级的学生可继续使用,这样大大提高了课本的利用率,又减少了学生不必要的经济负担。另外,学校还配有许多参考书,上课时发给学生,学生也可以借出来。这些参考书并不是必修内容,只是作为学生更好地理解课本知识,开阔眼界之用。

三、课堂教学

地理课的教学并无固定方法,教师讲授较少,一般15分钟左右,余下的时间学生自己看

[①] 本文选自《地理教学》1992年第6期。

书质疑或由教师提出问题供学生思考。

在教师讲课过程中,课堂气氛很活跃,学生并不是静听讲解,而是积极投入,争相发言。教师提问步步引导,自然明了。例如在"方位"这一节的教学中就充分体现了这个特点:

教师首先出示一张包括道路和建筑的市镇彩色图片,并提出问题:你平时怎样确定房屋和道路在哪儿呢?怎样确定我所上课的教室的位置呢?那么,地理工作者又是用什么方法来确定世界上不同的地方呢?通过一系列由浅入深的提问,教师不失时机地推出方向和经纬网的概念。教师对概念进行简单的解释后,就要求学生以所在学校为中心,回答出自己的家、某个大剧场、某个著名建筑物等各在学校的哪个方向,并找出它们的经纬度。经过反复练习,教师最后拿出百慕大三角区的精彩图片,提出两个问题:

(1) 请在地图上找出百慕大三角区的方位。

(2) 百慕大三角区的各种失事事件是什么自然条件造成的。

百慕大的神秘色彩深深吸引着学生的注意力,他们积极思考,热烈争论,急切地找出百慕大的地理位置,在复习所学知识的同时,培养了学生对科学勇敢探索的精神。

对于教材的其他组成部分,基本上也是用这种方法来授课。教师纯粹性的讲述较少,一般是举一个例子或拿出一张彩色图片,经启发让学生回答问题。问题的设置有时放在中间,有时放在开始或最后,视具体需要而定。所提问题,让学生描述性的居多,虽然很简单,但是有一定的综合性。

每一课结束后,学生要做一些课内练习或课外作业,这些作业由教师事先设计好并打印出来,讲完课后发给学生。作业题一般不限于教材内容,涉及知识面广,形式多样,富有趣味性;死记硬背的内容很少,启发思维,培养能力的题目多。

经过教师讲授启发,学生思考,作业复习,学生对知识和技能的掌握牢固,灵活,并能很快应用到现实生活中去。

加拿大的中学地理教学,都配有幻灯、电影、录像等电化设备和专业的计算机房。很多教学内容通过看电影、看录像来完成。学生出去参观和野外观测的机会很多,但一般回校后要交作业,如调查报告、观察日记,或用计算机把学校、参观点的位置、从学校到参观点的道路打出来等等,这些都提高了学生自己分析问题和解决问题的能力。

谈正确运用课堂教学语言[①]

余承惠

教师上课离不开语言表达。语言是教师向学生传授知识、培养能力、发展智力、进行思想品德教育的重要手段,所以,教师口头语言表达的优劣,直接影响着课堂教学的效果。

所谓课堂教学语言,是指教师进行课堂教学时所使用的语言,或称课堂教学用语。课堂教学语言,既不同于哲学、政治、法律和自然科学的用语,也有别于文学艺术用语;而且它既不是纯粹性的书面语言,也不是普通的日常口语。课堂教学用语是多种语言风格的融汇,是科学性、思想性和艺术性的有机统一,是书面语的加工,口头语的提炼。

本文就中学地理课堂教学正确掌握运用良好的课堂教学语言问题,谈谈粗浅的看法。

一、准确明晰,具有科学性

这是要求教师上课要用严谨的语言、精确的词汇,表达地理概念,阐明地理原理,进行分析综合、推理判断。地理课堂教学用语受地理教学内容和教学手段所制约,是语言形式和地理教学内容相统一的表现。地理知识要依靠语言表达,但语言本身并不等于地理知识,地理知识是科学知识,必须借助科学的语言来传达。科学的语言是观点正确、周到严密、含义准确、措词精当、不生歧义的准确语言。这样,才能揭示客观地理事物的本质规律、演变过程及其产生原因,给学生以清晰明确的认识。如果用语含混、模糊不清,或模棱两可,其结果只能使学生信疑不定,甚至引起判断上的错误。

二、简洁精练,具有逻辑性

这是要求教师讲课语言简洁明快,干净利落,既准确又精练,句句连贯,联系紧密,层次分明,具有内在的逻辑力量和高度的概括水平,这样才能启发学生的思维活动。教师的每一句话、每一个字都要紧扣教材的问题中心,起到应有的作用。为此,教师要对教材的书面语言进行加工、提炼、斟酌;要竭力将繁杂冗长的文字删去,用最精练的语言概括表达最丰富的内容。学生最忌讳教师反反复复、絮絮叨叨的讲解说教。

一般而言,精练和准确是辩证的统一,准确的要求之一就是表达形式的精练。如果能够做到准确,就会具有精练的特点。由于运用得不好,有时准确了,却同义反复,说个没完,并不精练;有时精练了,却用语过简,表达概括不全,不够周详严密,谈不上准确。应该加强自我训练,将二者统一起来,既准确又精练。

[①] 本文选自《中学地理教学参考》1997 年第 6 期。

三、生动活泼,具有形象性

这是要求教师上课,用语要鲜明活泼,在保持课堂庄重严肃、富有教育性的前提下,可以结合教学内容进行生动的叙述,形象的描绘,适时插入一些颇具情趣的短小故事,幽默逗人的比喻,发人深省的典故、成语,使讲授富有趣味性。

课堂教学语言运用之功,在于能把抽象的概念具体化,深奥的理论形象化,枯燥的知识趣味化。生动形象、富有趣味的讲授,能够强化对学生的条件刺激,引起学生的直接兴趣,使听课注意力集中,感受深刻,思维活跃,而且对学生动机的培养有着重要的意义。

应该指出,讲求课堂教学语言的生动形象,要做到生动有度,活泼有格。

四、通俗易懂,且有大众性

这是要求教师上课,要使用群众通用的大众语言。讲得通俗易懂,明白流畅,是课堂教学语言的基本要求。教师上课的目的,就是向学生传授地理知识。让学生掌握地理知识,讲话就要使他们听得懂,听得明白,为此就要求课堂教学语言通俗易懂。更何况中学生阅历少,是打基础时期,如果课堂教学语言过于艰深,学生必然听不懂,影响对地理知识的掌握。因此,讲授要针对学生的年龄特征,用语要有针对性,使学生听得明白,不能搞辞藻堆砌。

语言的通俗化、大众化,应符合语言的语法规范,不讲生造的名词术语,不说半通不通、文白混杂的话,也不说吞吞吐吐半截子话。要杜绝语病,减少口头禅。例如:每说一句话,就带一个"嗯""啊""这个""那个"等等,既影响语言的纯净,又影响教学效果。

五、抑扬顿挫,具有和谐性

这是要求教师不仅要掌握语言艺术,还要掌握说话技巧。讲课的声调要有变化,发音轻重、速度快慢、抑扬顿挫、语调起伏,都要十分讲究。一般地说,课堂教学语言应该声音洪亮,吐词清晰,咬字准确,发音规范,说话速度快慢适宜,语调自然。根据教学内容要求,表达上应注意下列两点:

(1)根据教材内容的主次、详略、难易程度,确定语调的变化。重点内容、主要知识、关键与难点,语调应缓慢、高亢、字正腔圆,一句一顿,必要时还须适当反复,以便给学生以较强的刺激,造成突出印象。而对于那些次要的、非重点知识,或学生一听就懂,不费解的地方,则可适当讲得快些,语调平淡,轻描淡写,一带而过。

(2)根据教材内容的思想感情要求,运用语调。这是地理学科教学必不可少的因素,因为地理学科本身就具有知识丰富、思想深刻、感情充沛、形象生动的特点。教师不仅要通过教材的知识内在联系,分析推理,让学生深刻理解教材,而且要从语言感情上打动学生,使其受到熏陶感染,产生共鸣,把"喻理"与"动情"融为一体。教师在课堂教学中,要尽量注意与克服下列语调:① 声音过度高昂,嗓门很大,形成持久的"高八度",使听者心烦意乱;② 声音过度低沉,嗓门小,就连后排学生侧耳听讲,也很费力,免不了思想溜号;③ 讲话速度过快,如同机枪连发,一句接着一句,间无空隙,使学生应接不暇,听不清楚,也无思考余地;④ 讲话速度过慢,一字一顿,半天才说完一句话,学生会等得急不可耐,浪费时间;⑤ 语调高低抑扬过度悬殊,起伏太大,造成课堂用语的矫揉造作,易使学生分心,效果不好。凡此种种都是不和谐的课堂语调,都会削弱课堂教学的表达效果。

此外,教师讲课还应增强语言的自控性。所谓语言的自控性,是指教师在课堂上对自己的讲授要有一种自我意识自我监听的能力,能够及时自觉控制语言信息的程序和表达范围。在地理课堂教学中我们常常看到有些年青教师上课语言失控。例如:情绪激动时,滔滔不绝,不能及时收住;讲解重点、难点,本已言简意明,还要旁征博引;讲解顺利时,自鸣得意,节外生枝;因某一问题触发时,随意发挥,离题万里,等等。一般地说,失控的语言,多是缺乏准备,思想紧张,思维紊乱所致,难以收到好的效果。遇到这种情况,应该用理智控制自己,保持头脑清静,使讲授尽快回到本题上来。要防止课堂教学中语言失控,根本的途径是认真备课,积极储备语言材料,安排好课堂语言表述。上课时要沉着镇静,一言一行都放在自觉运用的基础上,牢牢控制教学进度,按计划进行教学。要坚决反对事先不做准备,上课随意乱说那些无准备的话,似是而非的话,可有可无的话,有损自身形象和伤害学生自尊心的话。

上述几个问题,是课堂教学语言的基本特点和要求,教师应正确掌握与运用。这样,就能使语言表达起到集中学生注意力、有效地传授地理知识、启迪学生心智、陶冶学生情操、培养学生思想品德的重要作用。教师怎样才能提高自己课堂教学语言的修养水平和运用技巧呢?最根本的途径就是刻苦学习,积极磨炼,不断提高自身素质。对于简洁、精练、形象、具体、生动、富有表现力的语言,应该处处留心,时时吸收,不断积累,加工储存。

论地理学科培养综合能力的基本途径[①]

王树声

地理学科以其所具有的综合性、区域性、动态性、实用性和基础性等特点,不仅具有广博的知识内容,而且也包含广泛的联系思路,这为当前强调的学科知识间的交叉渗透与综合提供了有利条件。地理学科中自然地理与人文地理的综合、区域地理与系统地理的综合,正逐渐被人们所关注,并反映在新的课程与教材中。学科内的综合能力培养,也正在被广大地理教师所重视,并贯彻在课堂教学中。综合能力是在认识能力基础上综合运用有关知识(学科内或学科间)来分析解决问题(包括综合问题)的能力,以学科内的综合能力为主,然后才是学科间的综合能力。近两年高考保送生的综合能力测试,1999年全国高考地理试题,2000年将在部分省区试行的3+x综合科目考试,都向地理教师发出了信号,提出了要求。作为地理教育工作者,要正视自己学科的价值与功能,认真研究面临的挑战与任务。在"分科教学、综合考试"且又无考试说明与大纲的形势面前,重视学科内的综合能力培养与思维训练,是唯一解决的途径。要把原来向纵深发展的单项知识的思维通道,用纵横交错的知识网络替代,而编织这些网络的经纬线,往往就是知识联系的线索,教学过程也相应成为形成知识网络的过程。为此,提出以下几项途径以期引起探索兴趣。

一、整理地理知识的系统结构与联系

学习地理知识要能在繁杂广阔的知识内容中掌握知识系统,了解局部知识在全局中的地位和作用,这样在学习中方能胸有全局,高屋建瓴,掌握来龙去脉,分清主干旁枝;整理知识系统的过程就是对知识加深理解和加工的过程,它包含分析、综合、类比等一系列思维活动。在了解系统的同时还要从整体上把握知识的组成结构及各部分的内在联系,这同样需要通过比较、概括、分析、综合等,得出如主次从属关系、平行并列关系、前因后果关系、大小包含关系等。在教学过程中应教会学生总结有关知识系统与结构,列出包括结构式或关系式的系统联系框图,从而训练多种思维能力。

二、综合地理事物的空间分布与特征

地理事物或地理现象都有其空间分布的位置,无论是陆地、海洋或天空,平面上有不同的经度纬度,不同的海陆位置,河流的上中下游与左右岸,山地的阴坡阳坡与迎风坡背风坡,高原的边缘与内部等差异;垂直分布也有高度的差异等。地域差异而形成不同的区域特征,又形成空间结构与空间联系的条件。对许多地理事物的联系与综合,对具体情况具体分析的出发点,常常以事物的空间分布与特征为依托,这是地理知识结合的重要途径,也是培养

---

① 本文选自《地理教育》2000年第1期。

空间思维能力的基础条件。如点的分布规律（城市与聚落），线的延伸方向（变通线、河流），带的形成因素（温度带、自然带），面的区域特征（区域经济发展、世界政治格局），都离不开空间分布与特征。掌握空间分布，主要依靠地图，加强形象思维训练，重视地理事物之间的相对位置关系。综合区域特征，需要对同一空间范围内各自然要素与人文要素的叠加影响所形成的有别于其他区域的特征概括出来，以便比较区域差异，因地制宜地考虑人类的生产与生活活动。空间分布概念是进行空间思维与空间想象的基础，这也是具有地理学科特色的能力之一，在教学过程中应予以特别重视。

三、概括地理现象的时间变化与过程

地理现象的发生发展变化都有时间推移的过程，地壳的运动与变化，气团和锋面的形成与发展，城市与聚落的形成和发展等，要重视发展变化与过程，注意地理事物的运动与静止的辩证关系。而且运动变化与发展都是有规律可循的，在教学过程中要教会学生发现、认识和利用有关规律，如河流的形成与发展，上中下游河谷的不同特征，河流的侵蚀、搬运、沉积的各种作用；不能只讲结论而忽视过程，要从众多河流中得出共同特征及规律性的认识，从具体现象来解释发展变化过程或印证某些规律。许多地理事物的发生发展、成长演变、静态动态、过程结论等都可以联系综合，是培养综合能力的极好内容。如同一时间在不同空间发生的地理现象，可从地球在公转轨道上的某一位置，联系公转速度、北半球（或南半球）太阳高度及昼夜长短的变化，还可联系气团、气压带风带、某些气候类型在这个时间的特征、河流水文现象、植被生长情况、人类生产活动等。又如同一空间内地理事物在不同时间的变化，可以从某些气候类型的雨季和旱季、某一河流的丰水期与枯水期、同一地区自然景观在不同季节的变化。空间的拓展与时间的延伸以及它们的对应关系，都是可供培养综合能力的思路。

四、归纳地理事实形成的背景与条件

地理事实的形成与发展，特别是人文地理和区域地理的有关内容，不仅有地理背景和条件，同时也会有历史条件和政治条件作用于其中。通过具体事实，全面考虑形成因素，或从一个问题反映多个侧面的因果关系。例如从河西走廊到塔里木盆地的城市分布，既有绿洲分布的自然条件作基础，更因有古代丝绸之路贸易往来的经营发展的人文条件。许多古城从崛起到湮没或至今仍保存下来，都有其自然的、人文的、地理的、历史的多种原因，这也是多学科知识的联系途径之一。研究一个国家的经济建设与发展，了解综合国力与国情国策，不能离开其形成的背景与条件。仍以丝绸之路为例，我国古代对外贸易，由汉唐时陆路贸易为主到宋元时海路贸易为主，分析其原因就需要从多方面考虑其形成背景与条件既有北方战乱阻断了丝绸之路的原因，又有南方政治局面相对稳定的因素；既有造船技术提高和指南针应用于航海的条件，又有当时经济重心南移的历史背景，这里涉及多学科知识内容，也是培养综合概括和分析表达能力的设计思路。

五、总结地理事件发生的意义与影响

许多地理现象和事件的产生结果，具有什么意义和影响需要全面分析和评价，有些时政和热点问题，也常常是联系实际培养综合分析能力的生动材料。如1998年长江洪水灾害的

教学活动中,既不能单纯重复灾情事实,又不能仅停留在对抗洪救灾英雄事迹的叙述;在分析原因过程中要概括为"多种因素、互相关联、长期影响、突然爆发"的角度来认识;洪水带给我们的思考,要从"对环境问题的关注、对社会的责任感、对治理长江的建议"等几方面让学生考虑。地理知识中,如一些伟大工程的建设、交通的发展、人口的迁移、科技进步对经济发展的影响,都可总结其发生的意义与影响,甚至可联系历史进行综合或对比,如朝代的兴衰与更替,政治上的变法与革新,军事上的战争与和平、侵略与反抗,文化上的兴起与发展,经济上的繁荣与衰落,它们发生的意义与影响及在今天某些地区的反映或保留的遗迹。

六、分析地理事物的发展变化与规律

地理事物发展变化的演变规律有的是周期性的,如太阳直射点的季节位移、正午太阳高度与昼夜长短的变化、气压带风带的移动、晨昏线的移动及其与经线纬线关系的变化、太阳辐射和气温的日变化规律、气温降水的年变化规律等,它们大多与地球的运动有关。还有一种演变规律,其自然现象重复的时间间隔不十分固定,大体上呈旋回性,如太阳黑子的两个极大值出现时间在11年上下摆动。人文地理也有随时间发展变化的必然趋势,但因影响因素复杂,不易把握,在培养分析地理规律过程中注意根据图像总结概括演变规律,图像往往反映的是演变过程中某些"静态"状况或数据统计,根据这些可以进行分析;还要注意事物演变过程中的连续性,如大陆漂移过程,城市发展过程,地球在公转轨道上运行及在春分秋分冬至夏至四个典型日期固定位置以外的情况;此外还要根据地理事物之间的因果联系,确定它们在时间上的对应关系。如地球在公转轨道上的位置、地球公转速度、太阳直射点位置、正午太阳高度、气温、气压和风、降水、径流、洋流等之间的联系,分别在北半球的春、夏、秋、冬各季节的对应关系,从而可分析它们的演变规律。地理事物的分布规律根据空间范围及方向可分为:水平方向上的分布规律、垂直方向上的分布规律、宇宙空间中的分布规律。培养途径要充分利用地图进行分析归纳,通过图上大量分布的感性知识,经过分析、综合、比较最后抽象出地理事物与空间位置之间的本质联系,做出判断,再用精练准确的语言表达出来(如海水表面盐度的分布规律:从南北半球的副热带海区分别向两侧的高纬和低纬递减)以便掌握。

七、剖析地理原理的构成要素与概念

地理原理是地理理性知识的主要组成部分,掌握和运用自然地理与人文地理的主要原理是学习地理的核心任务,因为它能使人更广泛深入地认识地理事物,解释地理现象,获取更高层次的地理知识。学习地理原理不仅是知识增长的过程,也是思维训练的过程,同时还有助于建立科学的观点。在中学地理学习中,主要原理如地理环境的整体性原理,即地理环境的每一要素均按其自身规律存在与发展但没有一个是孤立存在的,它们相互影响、相互制约、相互作用形成统一的自然体系,它们中又包含若干项次要原理,如地球上生命物质存在的条件、地球自转和公转的地理意义、影响太阳辐射强度的因素、大气的热力作用、热力环流的形成、影响大气水平运动的因素等等。自然地理中的原理还有自然界物质循环的原理等。人文地理原理如人类活动与环境的关系、影响农业生产的因素、影响工业布局的因素、影响人口分布的因素等。此外地理原理有的还运用物理、化学、生物、历史、政治等学科的一些基本原理。在学习地理原理过程中要以地理事实为基础,进行分析归纳;同时要真正理解地理

原理所涉及的基础概念和逻辑关系,剖析其组成要素。如影响大气环流的因素就包括:太阳辐射对各纬度加热不均,造成高低纬度间热量差异;地转偏向力使风向逐渐偏离了水平气压梯度力的方向;太阳直射点的同年移动,引起气压带风带的移动;海陆差异,导致同纬度海陆之间气温和气压的差异,引起风向随季节变化等。

八、运用地理思维的联系线索与技巧

地理事物间存在着联系的思维线索(有时也称联系规律),其中有纵向联系,指沿一定思路使知识向纵向延伸发展,如按知识体系的先后顺序来联系(宇宙环境—地理环境—人类活动;地月系—太阳系—银河系、河外星系—总星系);按时间发展演化从古到今的联系(地球演化史);按地理事物发展的不同阶段或层次由浅入深、由初级到高级的联系;按地理事物运动变化逐步推进的前后联系;按地理事物存在的点线面的空间分布由近及远、由始至终、由起点到终点的纵向联系等。还有横向联系,指地理事物间的对比、相关、影响、制约等关系,反映地理事物的广延性,如地形、气候与河流水文之间的联系;气温降水与农业耕作制度、作物种类、耕地类型之间的联系。还有地理事物在空间分布上的相互关系,也可进行横向联系,此外事物之间的对比,无论相同、相似、相反、相异者皆属于横向联系。地理知识间还有多项联系,如同一地理事物从多角度进行解释,地理事物中一因多果的推导或多因一果的分析,也都是多向联系的方式。此外运用知识的逆向思维与假想性推测,或利用联想分想等思维技巧都可培养学生的地理思维能力。关键是教师要善于设计新颖的问题,给学生提供灵活运用知识进行思维的机会,同时要善于启发提出思维线索,这显然都对教师提出了高要求。

九、掌握地理观点的认识方法与实践

人类对环境的认识过程就是不断丰富自己的思想、方法和实践的过程,人类社会的发展,也是各种经验教训的积累和方针政策的修正过程,认识不断提高,观点逐渐明确,措施与经营方法逐渐符合实际,人类社会就会进步,经济生活也会得到发展,人地关系就会相对协调。迄今为止,人类所面临的问题依然是环境与发展,历史上对环境有破坏也有保护,今天也仍如此,但人类的认识提高了,更加自觉地找到可持续发展的道路,从思想观点到方法措施就会从保护环境珍惜资源出发,更有利于人类的发展。又如人类对自身的发展即人口增长与素质的提高,也有从不自觉到比较自觉的过程,不同国家又有不同的思想认识与措施。各国对自己国情国力的认识,以及基本国策的制订,也反映了这个问题。因此要掌握地域差异观点、因地制宜观点、综合国力与可持续发展观点、人地协调观点,树立科学的人口观、资源观、环境观、发展观;这既是培养综合能力的重要方面,也是综合科目的知识结合点。

十、熟悉地理图像的判读原理与功能

地理图像与图表是地理信息的重要载体,是树立空间概念的基础,也是培养形象思维的主要手段。无论是地图、原理示意图、综合景观图、系统联系框图、统计图表等都是培养综合能力不可缺少的教具。应该让学生了解这些图像的功能,掌握判读原理,并会分析图像中反映的问题。地图能力是地理学习中最具学科特点的能力,也是包含观察、记忆、想象、思维

（综合、分析、比较、判断等）的综合能力,掌握这项能力是可以终身受用的。

在地理学科中要重视综合能力的培养,是实施素质教育的需要,是课堂教学改革的方向,也是地理教育发展的必然趋势,绝不是仅仅为了适应高考改革的权宜之计。我们地理学科不能把命运寄托在高考的学科设置上,要正视高考改革有利于中学实施素质教育的良好导向。要从地理学科的价值与功能出发,准确把握学科的基础地位,在改革课程与教材的同时,积极投入教学内容与教学方法的改革,更新教育观念,为培养"积极而负责任的未来社会的公民"、为解决"具有很强的地理成分的世界面临的主要问题和困难",做出我们的努力。

打破思维定势,强化批判性思维[①]

杨丽静　刘树凤

一、弘扬批判性思维是教育创新的必然要求

贯彻教育创新的要求,必须强化批判性思维。批判性思维是个体对产生知识的过程、理论、方法、背景、标准等方面正确与否做出自我调节性判断的一种个性品质。简单地说,所谓批判性思维就是要突破框框,"离经叛道"。批判性思维是理性的思维、反思性的思维,发展批判性思维可使学生增强区分真理与谬误的能力,是培养学生良好思维品质的重要途径。因此,我们要弘扬大胆探索、勇于创新的精神,在地理教学中应鼓励学生在学习过程中大胆提出自己的看法,养成良好的批判性思维习惯。

强化批判性思维必须消除思维定势的不良影响。在长期的思维实践中,每个人都常常不自觉地形成自己所惯用的格式化的思考模式,即当面临问题的时候,人们常用一种固定了的思路和习惯去考虑问题,这就是思维定势;它阻碍了思维的开放性和灵活性,造成思维的僵化和呆板。这就使得学生不能灵活地运用知识,创造性思维的发展受到阻碍,尤其是在许多学校里,学生主观地认为经常犯错误会受到同学和老师的嘲笑,因此他们害怕犯错误。一旦害怕犯错误成为一种思维定势,就会制约批判性和创造性的思维。教育中存在的这种状况与教育创新和信息时代的挑战已经不相适应,提高学生的批判性思维能力已经迫在眉睫。因此,地理教育工作者必须认识到对学生加强批判性思维训练的重要性,并在教育实践中加以贯彻。

二、发展批判性思维在地理教学中具有重要作用

1. 批判性思维是培养学生创新能力的有效途径

创新是对前人或别人的观点的否定与超越。要实现这种否定与超越,就要善于从普遍认为是真理的事实中发现不合理的因素。实践证明,创新思维是以思维的批判性为前提和基础的,如果没有辩证、正确的批判性思维,就不会有独特的创造力的形成与发展。当今,地理教育创新作为构筑国家创新体系的组成部分,应当通过培养学生批判性思维的习惯,提高学生分析问题、解决问题的能力,营造有利于创新的好环境。

2. 批判性思维是提高学生辨别能力的基本前提

21世纪是一个信息爆炸的时代,因特网能快速地对一个问题提供无数的答案,缺乏辨别能力的学生,就会淹没在浩如烟海的知识中。与此同时,知识信息的良莠不齐、啰嗦重复等现象也十分严重,甚至有些知识是错误的,如果人们缺乏应有的批判性思维,就容易上当

---

① 本文选自《中学地理教学参考》2003年第3期。

受骗,给自己的生活和学习带来诸多不便,甚至遭受重大损失。毫无疑问,作为对学生能力发展有着重要影响的地理教育应当大力发展学生的批判性思维能力,帮助学生对政治地理、人文地理和可持续发展等方面知识进行判别和选择,提高认识世界和改造世界的能力。

3. 批判性思维是发挥学生主体精神的根本手段

批判性思维是一种反省思维,它鼓励学生的反省认识。建构主义理论的核心用一句话可以概括:以学生为中心,强调学生对知识的主动探索、主动发现和对所学知识意义的主动建构。批判性思维教学鼓励和强调学生的主体精神,是对建构主义理论的积极回应。地理教学中要积极发挥学生的反省思维,增强他们学习的主观能动性,正确认识地理事物之间的相互联系,提高认识世界和改造世界的本领。

三、在地理教学中培养学生的批判性思维的主要途径

1. 善于鼓励,努力创造宽松环境,培养学生对否定的自信和乐观

批判活动往往脱离常规而突破规范,或多或少显得有些怪异,最初还有可能不被人们所理解和接受。所以地理教师应该鼓励学生们发挥想象力,哪怕是脱离常规,显得有些荒唐的想法。比如在讲到板块构造学说的时候,要鼓励学生根据自己所学的知识,大胆想象提出自己的见解,尤其是对于没有定论的内容,更应该如此。

绝对的权威是不存在的,任何人都可能犯错误,所以在地理教育中必须鼓励学生不迷信,不盲从,不要囿于固有的评判模式,要敢于怀疑,善于肯定和否定,敢于发表自己的观点。这就要求我们在地理课堂中给学生一个宽松的环境,一个可以自由发挥的心理空间。比如在进行"产业活动和地域联系"的教学时,采取讨论式的教学方法就是很好的方式,不仅包括师生之间的相互讨论,还包括学生之间的共同讨论,不仅讨论问题产生的原因,而且讨论治理污染的多条途径,教师还可以指导学生联系本地实际,撰写一篇如何治理某一环境问题的小论文,并展示交流,以此创造宽松环境、倡导批判性思维。

2. 以人为本,尊重学生独立人格,培养学生的主体意识

思维能力不仅与学生批判性的学习活动和结果相联系,而且更重要的是指向学生作为主体的人格特质,也就是学生的批判精神。不人云亦云,坚持独立思考,有助于批判性思维的展开与发展。教育只有在培养学生的独立人格的基础上,才能唤醒和激发起学生的自主性,从而以积极的态度参与到自身的发展与建构中来,对批判性思维的挖掘和发挥才会成为可能。在班级中应大力营造一种重视创见的氛围,当批判者感受到别人能够宽容或尊重他的"异常行为"时,就会在心理上产生一种安全感,更进一步的富于创见的思维就会得到鼓励。我们强调在日常生活和地理学习中,要善于用批判的眼光来看待、分析所遇到的思维、观点、方法等。比如火山活动是大家熟悉的地质现象,一提到火山人们就往往想到火山喷发给人类带来的灾难和损失:火山灰以及与火山喷发相伴生的火山泥石流、地震、海啸等巨大的灾害。但是这种自然现象是否真的全是害处呢,可以引导学生读一些相关资料,让他们自己来找出火山活动还具有另一面作用:为人类提供沃土、矿产、建材、能源和其他资源,造福于人类。

3. 教学相长,积极启发学生思考,在实践中培养他们的批判性思维技能

经研究表明,老师通过精心组织、巧妙设问、增强课堂教学中的"刺激变量",加强师生之间的交流等,学生的批判性思维能力能产生质的飞跃。这就要求老师在教学方面多采用启

发引导的方法,多利用问题来刺激学生积极思考,教师提出问题,学生在原有知识基础上进行思考,通过师生间相互问答,解决问题,从而培养获取新知识的能力。比如在讲"大气环流"的时候,老师可以通过不断地提问从热力环流逐步到大气环流,引导学生思考,最后讲解,从而把问题真正讲清楚:大气运动分为水平和升降运动,大气为什么会产生这种运动?在同一水平面上这种运动会导致什么结果?高低气压的产生又会导致水平面上的大气如何运动,是不是直接从高气压到低气压?局部是这样,那整个全球是不是这样呢?这样会刺激学生不断地进行思考,从而思维能力得到不断的加强。

地理教学中还应鼓励学生之间的合作。合作学习对批判性思维的培养具有重要作用,因为每个人对事物的理解是不全面、不深刻的。比如可以组织学生调查家乡一片利用不合理的土地,共同建立起学习群体并成为其中的一员,合作和探讨这片土地利用不合理的原因,这样可以使学生相互了解彼此的观点,从而对不合理利用土地的原因和后果形成更加丰富的理解,从而据此做出自己的合理的土地规划。在讨论中,学生不断反思自己的思考过程,对各种观念加以组织,有利于学生批判思维和批判能力的发展。经过适当训练与培养后,学生能够在以后的学习和社会生活工作中,运用这些技能、方法,这才是我们对学生进行批判性思维的最终目的,这样才能真正地把批判性思维的训练落到实处。这就要求我们所使用的教学材料要来自现实的生活环境,来自现实生活真实问题的案例的教学应该成为批判性思维训练的主要方法,这样批判性思维的教学迁移将会获得最大的迁移量。

用新课程理念引领现代地理课堂教学[①]

沈茂德

《全日制普通高中地理课程标准(实验)》(以下简称高中地理新课标)的颁布孕育和标志着新一轮高中地理教学改革的开始。高中地理新课标反映了现代地理教育鲜明的时代感和使命感,它在设计思路、课程目标、内容标准、评价方式等方面体现出许多新的教育理念,并从各个层面指明了高中地理教育改革的方向与重要内容。新课程背景下的地理教学,教师必须学会并善于发掘地理课程在实现学生全面发展方面所具有的独特的、不可替代的作用。为此,教师应着力关注以下几个问题。

一、在新课程背景下,高中地理教师应关注的几个问题

1. 引导学生关注全球问题,拓展学生的世界视野

现代学生视野开阔,思维活跃,对新事物和新潮流非常敏感。当今资讯时代,人们获得的信息之多、获取速度之快,已成了这个时代的显著特点。作为教师,应该积极引导学生关注全球,放眼世界,激发他们的学习兴趣。当学生运用自己所理解的地理知识来理解和解释全球问题时,学生才能体会到所学地理是有用的地理。所以基于地理学科的学科价值和学生特点,我们应该因势利导,引导学生关注全球问题,拓展学生的世界视野。

《地理教育国际宪章》提出:地理教育要为今日和未来培养活跃而又负责任的公民。当今时代全球化进程加速、环境问题日益突出、人类文明进入选择性发展的新阶段。回首20世纪,当科学技术突飞猛进之时,一些严重威胁全人类生存和发展的全球性问题也日益引起了人们的关注。

当今世界的全球性问题主要包括:人口问题、资源问题、环境问题、贫困问题等,其中世界环境问题又可具体划分为以下十个方面:大气污染、水体污染、植被破坏、土壤退化、垃圾泛滥、资源短缺、酸雨肆虐、臭氧损耗、全球变暖、生物灭绝等,它们都是地理学涉及的重要领域。其中,环境问题已严重制约了全球经济的持续发展,威胁着人类的生存。而这些都是只有靠全人类的共同努力才能解决的迫切问题,每一个现代人都不可回避,必须加以认真思考,负起责任。

经济全球化是当今时代的重要特征,全球问题更关系到每个国家的发展,因此,只有具有国际视野的人才是时代所需要的人才。高中地理新课标要求以现代教育价值和目标为出发点来构建地理新课程,它的内容具有鲜明的时代性,培养学生的全球意识及可持续发展观念已成为高中地理新课程的核心内容之一。

[①] 本文选自《课程·教材·教法》2004年第4期。

2. 引导学生正确认识人地关系,增强学生的可持续发展观念

1980年3月5日,联合国向全世界发出呼吁:"必须研究自然的、社会的、生态的、经济的以及利用自然资源过程中的基本关系,确保全球持续发展。"

高中地理新课程的总体目标是树立科学的人口观、资源观、环境观和可持续发展观。

新课程的基本理念之一是"培养未来公民必备的地理素养"。今日的学生就是明天的决策者,地理教育对学生今后的决策思维、决策方向会产生很重要的影响。在环境问题日益突出的今天,人类的可持续发展,主要取决于人类是否具备可持续发展的观念和能力,因此现代地理教育的重要任务之一就是培养学生的可持续发展观念。

正确观念的树立来自于学生充分的体验和学习实践活动,所以,关心全球发展问题,关心我国的发展问题,关心区域发展问题是实施可持续发展观念教育的三大基础,认识区域差异、了解区域可持续发展面临的主要问题和解决途径更是高中地理新课程标准所规定的重要知识与技能目标。

地理学科以人地关系为核心。所以,教师作为教学过程的主导,必须要在教学的各个环节有意识地强化学生正确认识人口、资源、环境协调发展对整个人类生存发展的重要意义,从而使学生树立起正确的人地关系理念和可持续发展的观念。

3. 引导学生关注问题研究,发展学生的地理实践能力

地理学科兼跨自然和社会两大学科。所以,教师要充分利用这一特点来培养学生的探究能力,尤其要突出地理技能和能力的培养。高中地理新课程十分重视对学生身边的地理问题的探究,鼓励学生在地理学习情境中经历、体验和感悟,从而使学生的处理信息能力和地理实践能力得到提高。要使学生成为一个有地理信息素养的人,就要改革学生的学习方式,培养学生的自主学习能力和探究能力,这无疑已成为此次基础教育课程改革的核心内容。而自主学习能力就意味着学习者必须"能认识到何时需要信息,并具有检索、评价和有效使用必要信息的能力",而这种"查找、评估和使用信息的能力能够使学生进而发展为一名独立的终身学习者"。

在新课程背景下,我们要反思以下几个问题:教师的引导是否真正有效,它能引起学生的学习兴趣吗?在教师的鼓励和引导下学生能自己发现问题吗?我们的教育是否培养了学生的问题素养?学生是否能够在没有教师的任何帮助下不断发现地理问题,并以一种浓厚的兴趣去进行探究?当学生进行独立探究时,教师是否已在课堂上给予学生足够的实践和体验,使他具备了探究问题的意识与能力并能够独立进行研究?在学生获得研究的结果时,教师是否又给了学生与他人进行交流论证的勇气和意识,并在交流中获得新的知识和见解,学生是否具备反思与超越的意识与能力?一句话,学生的发展有没有真正成为一种主动的发展。

综上所述,引导学生关注全球问题,就是要引领学生获得一种学习的快乐并成长为有责任感的人;引导学生用自己所学的地理知识来解决人地关系问题,就是要帮助学生认识地理学科的价值;引导学生树立与人类发展息息相关的观念与环境道德,就是要发展学生的心灵,提升学生的智慧;引导学生具有问题研究的意识和能力,就是要建立学生终身学习的基石。因此,地理教育的价值与价值的有效实现就是新课程背景下地理教学的终极关注。

二、改革传统教学,用新课程理念引导现代地理课堂教学

新的课程改革对广大教师来说,既是机遇,又是挑战。为适应这种新形式,教师必须在新课程理念的指导下,积极、主动地改革自身的教学方式,以一个全面而客观的视角,看待这次课改实验,具体到地理课堂教学,应注意以下几个方面。

1. 使学生带着兴趣走进"课堂"

在传统的地理教学中,教师往往依据学科特点和学生应达到的知识和技能目标来处理教材,然后再把"嚼烂"的知识"喂"给学生。结果是学生被动地接受相关知识和技能训练,缺乏学习兴趣和真实的体验。很明显,在传统的地理教学中,学生的学习带有先天的被动性。

新课程的基本理念之一是满足不同学生不同的地理学习需要,即通过建立富有多样性、选择性的高中地理课程,满足学生探索自然奥秘、认识社会生活环境、掌握现代地理科学技术方法等不同的学习需要。高中地理新课标规定,新的高中地理新课程由必修模块和选修模块组成。必修课程以基础性和时代性为特征,具有结构的相对完整性和内容的新颖性。选修课程由七个模块组成,时代感强、涉及领域广,与地理学科前沿和人们的生产和生活关系密切,对学习的顺序也不做具体规定,目的是使学生可以依据自己的兴趣爱好及发展方向来选择想学的地理内容。这样的内容设置意在改变过于注重知识传授的倾向,促进学生形成积极主动的学习态度,使学生获得基础知识与基本技能的过程,同时成为学会学习和形成正确价值观的过程。另外,为激发学生兴趣,新课程的评价标准更注重开放性,即充分尊重学生的个别差异和个性特点,强调不能用一种标准去衡量和评价所有学生,同时要把过程性评价与终结性评价有机结合起来。

在新理念指导下的地理课堂教学,教师的作用与地位发生了"质"的变化。首先,教师应该成为学生学习的指导者和组织者,教师不仅要备知识、备教材,更要"备学生",即要把课程目标、学情、教学方式与教育技术、课程资源等统筹考虑,合理配置;其次,教师要成为学生学习的促进者、评价者,成为学生的学习伙伴乃至学习资源。教师要依据学生的需要激发学生的学习兴趣,要从学生的身心发展特点、思维特点、兴趣爱好等方面给予学生个性化的帮助。其中,激发学生探究地理问题的兴趣和信心,正是构建新的地理课堂教学的起点。这不仅是学生自主学习的基础,也是使学生形成正确的情感态度与价值观的前提。

2. 引领学生带着问题走向生活

学习"对生活有用的地理"和"对学生终身发展有用的地理",已经成为当代地理教育的重要理念。基于此,新课程注重将高中地理课程与学生的生活实际紧密结合,在过程与目标上要求学生尝试从学习和生活中发现地理问题,提出探究方案,与他人合作,开展调查研究,提出解决问题的对策。在情感态度与价值观方面,要求学生通过在生活中学习来帮助他们养成求真务实的科学态度。

我们已经意识到,传统的地理教学由于过多地强调了学科的逻辑体系而忽略了学生的真实体验。所以,新课程要求教师构建开放式的地理课堂,将教学内容与学生身边的地理知识、学生的身心特点及认知水平结合起来。

学生运用地理原理以及科学的地理思维方式来分析和解决生活中的地理问题,成为探究活动的重要环节。例如,学生可以通过对月相的观测来说明月相的变化情况并研究其变

化的原因,从而对月相这种地理现象进行解释。在课堂上教师要鼓励学生运用已有知识或经验来对地理现象进行解释,甚至提出新的见解。教师在这种学习中的作用则是帮助学生注意获取与加工信息的质量,帮助学生提高筛选、分析、处理信息的能力。

引导学生进入生活是对课堂教学元素的拓展,通过引导学生自主地解决身边的地理问题,使学生体验科学探究的过程并尝试成功的快乐,从而进一步激发地理学习兴趣,提高地理能力。

3. 构建问题研究、合作学习的课堂教学新模式

美国著名学者施瓦布指出,"学生的有效学习过程与科学家的研究过程在本质上是一致的,因此,学生应该像'小科学家'一样去发现问题、解决问题,并在探究的过程中去获得知识、发展技能和培养能力,同时受到价值观的教育,发展自己的个性,这就是探究性学习"。倡导自主学习、合作学习和探究学习是新课程的核心内容之一。地理学科所具有的自然科学特点使地理教学更易于开展探究式学习。地理探究性学习的特征是:当学生围绕某一地理问题开展探究活动时,学生首先要为解释和评价某个地理问题或地理现象去搜集证据,然后运用证据,通过高水平的思维活动来解释有关的地理问题,同时学生之间、师生之间也要交流对这个具体的地理问题的解释,正是通过相互之间评价和论证所提出的解释,才形成了高情感的学习过程。所以,生生研讨、师生研讨就成为新课程标准下的课堂教学的形式之一。

无论是探究还是研讨,都离不开教师与学生之间、学生与学生之间真实而有效的交流。这种积极的交流必须具有较强的针对性,要依据不同的学习任务展开,以使学生和教师都能进行深层次的交流,同时,交流方式应具有多样性。在新课程背景下,学生本身可以看作是一个个潜在的学习资源,所以学生与学生之间的交流、合作尤其重要。例如,不同的学生对同一地理现象的解释也许是不同的,这时教师就要尽可能地创造条件让学生之间充分地交流,以比较各自的观点,直至形成正确的认识。这种以教师引导、学生相互交流为主的研讨和探究式的课堂教学方式,不仅能够解决学生学习中存在的问题,同时还可以引发新的问题,形成更高层次的学习动机和研讨的动力,这种课堂学习将是充满生命活力的。

4. 构建基于信息技术的地理教学新课堂

现代多媒体及信息技术不仅为学生提供了更多的学习资源,而且在支持学生进行研讨—探究学习方面提供了重要的技术支持,恰当使用信息技术所达到的效果是传统课堂教学所无法比拟的。基于信息技术的教学方式不仅能够在课堂教学中拓展学生的视野,提高学生的思维深度,为学生开展高水平的认知活动提供有效的帮助。而且,信息技术对地理教学的最深刻影响就是,它提高了学生搜集、分析地理信息的意识和能力。因此,新课程强调信息技术在地理学习中的应用,并依据学校的条件来构建基于现代信息技术的地理新课堂。

在信息技术与地理新课程整合中,我们应在新课程的理念指导下运用现代教育技术,加强信息技术介入课堂教学的教学设计思想研究,要注意避免一些误区。首先,要防止那种新技术、旧理念、呈现过量信息的"电灌"课。现代课堂教学并不是提供越多的信息就越好,因为学生在一定的时间条件下接受的信息和思维的提高是有限的,过多的信息输入反而会影响学生基础知识与基本能力及思维能力的提高。其次,要依据所学课题的特点来选择信息技术的使用方式,并不是每一个教学内容都适合采用信息技术。第三,信息技术在课堂上的

应用应该考虑教育成本,尤其是考虑时间成本,能够用最简单的方法来解决教学中的问题就是最智慧的教育,不要过于追求在 45 分钟内面面俱到地使用信息技术。正确的原则应当是,信息技术的应用是为学习目标服务,是为学生进行多样化的学习活动提供技术支持的,学生在信息技术应用的背景下应该得到更好的发展,教师的教学方法与信息技术结合应十分和谐,应使学习目标在这种技术支撑下更高水平地达成等。只有这样,才能构建起基于现代信息技术的高质量的地理教学。

论网络地理教学的几个问题

胡良民　张广花

21世纪是人类全面进入信息化社会的世纪,信息化社会的重要特征就是网络化。今天,我们已经可以十分明确地感受到,网络正在改变着人们的工作、学习和生活方式。作为学校教育中的地理教学也不可避免地要受到网络的冲击,网络地理教学已向传统地理教学提出了挑战。[2] 目前,我国许多学校已对网络地理教学进行了有益的尝试与探索,其理论研究和实践探索均取得了可喜的成果,但在实施过程中仍有许多值得我们思考和探索的问题。

一、什么是网络地理教学

目前,人们对网络地理教学这一概念还存在不同的理解,大致可分为以下几种:

一是认为网络地理教学就是利用局域网络进行地理教学。这种观点在20世纪90年代初占主导地位,认为这是一种地理教学手段的革新,计算机仅仅是地理教学的一种辅助手段。

二是认为网络地理教学就是将互联网引入到传统地理课堂教学之中。此种观点虽已认识到互联网作为教育资源的优势,但仍然把网络地理教学作为地理教学手段革新的一种尝试,未脱离传统班级授课制这种教学组织的框框。

三是认为网络地理教学就是以互联网为依托的现代远程地理教育体系,利用网络的特性和资源来创造一种有意义的地理学习环境,地理教学活动就是引导学生在网络中猎取地理知识、培养地理能力。这是一种比较彻底,也是最革命的观点,它突破了传统地理教学组织形式,主张学生在地理学习中自主选择。[3]

网络地理教学作为一种新兴的地理教学组织形式,它是先进的网络技术与现代地理教育理念、地理教育思想不断融合的结果。其主要特点表现在:优质的地理教育资源与网络技术相结合,以学生的个别化学习为主要特征,突破学生固定的年龄和知识程度的限制,采用开放协作的随时随地教与学的方式,实现师生地理教育资源的共享,从而达到一定的地理教学目标。这种地理教学组织形式正以无可比拟的优势冲击着传统的地理教学方式。[4]

笔者认为,以上三种观点代表了一定时期人们对网络地理教学特点的认识深度,代表了网络地理教学发展的三个不同阶段。目前,我国大部分地区的地理教育还停留在第一阶段,第二、第三阶段刚刚起步。需要指出的是,网络地理教学的三个阶段是跳跃式发展的,即并

---

① 本文选自《课程・教材・教法》2005年第5期。
② 宋广文,苗红霞.网络时代教师角色的转换.教育研究,2001(8):42—43
③ 王松涛.论网络学习.教育研究,2000(3):69
④ 马晓强,都丽萍.教学组织形式的嬗变与网络教学.教育研究,2002(4):50—51

不一定要经过第一、第二阶段,才能达到第三阶段。在一些发达地区,可能会出现高起点、快速度达到第三阶段的状况,这就需要良好的经济基础、现代的地理观念和一定的心理准备。

二、与传统教学相比,网络地理教学的优势与不足

1. 网络地理教学的优势

网络地理教学不同于传统地理教学,它较之传统地理教学发生了革命性的变化。举例来说,在网络环境下,高中地理上册(必修)"大气环境保护"一课的教学模式可表述为"创设情景—提出课题—自主探索或网上协作—课题小结—网上测试—课题延伸"六个环节,这种全新的网络教学设计模式既发挥了教师的指导作用,又充分体现了学生的认知主体作用,其特点是真正实现了个别化教学,有利于研究性学习的开展。

笔者认为,网络地理教学的优势具体体现在以下几个方面:

第一,在地理教学内容方面,网络中的地理教育信息是无限丰富的,学生完全可以根据自己的兴趣爱好或需要选取地理知识和信息。

目前,网络上有关地理教育的栏目主要有学法指导、高考地理复习专题、中考地理复习专题以及从初一到高一的名校地理课堂同步复习指导,同时还有教学重点难点、例题分析、试题、疑难解答等内容,学生可通过网络教学充分利用网上的地理教学资源优势,各取所需,在网上自行解决学习中的疑问。这样做还有利于增强学生的成就感,提高学生学习地理的积极性。如在学习"大气环境保护"这节课时,可以先让学生通过网络访问"2.9 大气环境保护"网页进行程序式学习,使他们明确学习目标,了解重点难点,然后带着问题独立地通过网络课件左侧的导航条的帮助,随机进入教师制作的网站中寻找解决问题的方法,这就充分调动了学生探索、学习、分析解决地理问题的主动意识,最大限度地发掘出学生个人的地理学习潜力。

第二,在教学的时间和空间方面,网络地理教学突破了固定时间、固定地点的限制,为教师和学生选择在最佳时间和最佳地点进行教与学创造了良好条件,即真正实现了随时随地地教与学。[①]

第三,在教学过程和教学效果方面,网络地理教学有利于创设高效、和谐的课堂气氛,从而达到很好的教学效果。

网络地理教学充分利用了各种地理信息载体,如文字、声音、图像等,这些手段的应用,吸引了学生的注意力,充分调动了学生的感官,使学生的潜能在不知不觉的欢快气氛中得到发挥。如在学习"大气环境保护"这节课时,教师利用多媒体技术与网络技术,收集各种与大气环境保护有关的漫画素材,以此设计学习情境。通过情境激趣,激发学生了解大气环境问题的热情,教师适时通过网络提出本节课的中心问题"地球真的在变暖吗?你有何证据?你认为其主要原因是什么?"等等,引导学生积极参与,积极思维,使问题以最快的速度、最清晰的思路和最灵活简捷的方法得以解决。

第四,在师生关系方面,网络地理教学的实施既可以一对一(即个别指导、个别教学的形式),同时也可以一对多(即一位地理教师同时对许多学生授课),还可以多对一(即在线学习

---

① 王松涛.论网络学习.教育研究,2000(3):69

者可求助于多位地理教师指导)。

第五,在地理教学手段方面,网络地理教学主要采用音频、视频并用技术,有助于教师讲清抽象的地理原理。

在地理教学中需要掌握的基本概念和基本原理,一般都比较抽象,要想使学生从根本上理解和掌握这些基本原理和概念,就必须把这些抽象的原理与现实生活联系起来,使抽象的原理具体化。而网络地理教学恰恰具有这样的优势,即它可以运用简易的图片、图示和图表甚至动画,使难以直接观察的东西,清晰地呈现在学生的视觉感受范围之内,为理解基本原理创造了有利条件。比如在讲"太阳、月球与地球的关系"时,为了让学生直观地体会太阳、月球和地球的关系,认识和掌握月相的变化规律,可利用 Flash 制作月相变化的多媒体课件,学生通过观察演示课件就会对这个问题有更深刻的认识。

网络地理教学的这些特点正是网络地理教学的优势,它使得学生怎么去学、何时学、在哪里学的自主权得到加强,而且能给学生带来以前意想不到的巨大的地理学习资源。

2. 当前网络地理教学存在的几个问题

需要指出的是,网络地理教学也不是"无所不能"的,它仅仅是地理教学的辅助工具,不能代替教师的作用而独立完成地理教学活动。有研究表明,网络地理教学也会产生一些问题,如果不重视和解决这些问题,它将阻碍网络地理教学的进一步推进和普及。当前网络地理教学中主要有以下三种问题:

其一,在网络地理教学中,地理教学内容、教学手段、教学环境等方面的虚拟性,对于世界观、人生观、价值观尚未成熟的青少年学生具有一定的负面影响。它有可能模糊学生对客观世界与虚拟世界的区别,导致他们逃避真实生活,沉迷于虚拟世界。因此,要求学生具有网络地理教学所要求的身心特征与素质,是未来地理教育中对学生的基本要求。

其二,网络地理教学在促进学生情感发展方面尚显不足。网络地理教学中师生不能进行面对面的交流,师生的面部表情及语音、语调所带来的情感信息在传输过程中"丢失"了,所有这些情感信息的缺失都将对师生之间的情感交流产生一定的影响。[1]

其三,网络地理教学以个别化教学形式为主要特点,没有固定班级编组,没有固定课表和时间表,没有统一地点。分散的个体、分散的时间、分散的网络虚拟试题将对学习者的归属需要、价值判断以及相关道德感的培养提出挑战。[2] 与传统教学形式相比,以上这些是网络教学的缺陷所在。正因为网络教学的教授行为和学习行为在时间和空间上的分离性导致了教与学双方缺乏应有的情感交流,因此网络地理教学必须使学习媒介尽可能多地具备人际交流的特点,以使地理课程尽可能多地采用实时多媒体交互技术来实现。[3]

三、推进和普及网络地理教学是一个长期的过程

我国网络地理教学还处于刚刚起步的阶段,绝大多数学校还未把网络地理教学提上日程,仅有少数学校进行了网络地理教学的试点工作。再者,开展网络地理教学需要一定的条件,从建构真正意义上的网络地理教学的角度看,在我国,推进和普及网络地理教学是相当

---

[1] 梁建.网络教育的发展与思考.中国教育学刊,2001(1):14
[2] 石鸥,张豫.网络教学中的教师形象与职能转变.中国教育学刊,2001(5):15
[3] 马晓强,都丽萍.教学组织形式的嬗变与网络教学.教育研究,2002(4):51

艰难的。这主要基于以下几个方面的原因。

1. 思想观念转变问题

网络地理教学不仅对于学生来说是"学习的革命",对地理教师的思想观念来说同样也是一场"革命"。① 学生在整个网络地理教学环境中,处于一个自我管理学习的状态,从昔日的被动接受地理知识的客体转变为主动处理地理信息的主体,许多学生面对地理教学环境的这种巨大变化,感到不适应。同样,网络地理教学也使地理教师的社会地位、身份等诸方面都发生了全新的变化。在网络地理教学中,地理教师由地理知识学习中的指导者、文化知识传授者、课程教材执行者、教育教学管理者逐渐转变为未来生活的设计者、知识体系的建构者、课程教学的研究者、人际关系的艺术家,所有这些转变都需要一个渐进的过程。②

2. 电脑技能的不足

开展网络地理教学,要求师生必须具备基本的计算机操作和上网技术,但现实生活中许多地理教师和学生的技能还达不到网络地理教学的需要,这就限制了网络地理教学的发展。

3. 开展网络地理教学在管理上难度较大

互联网上的地理知识信息量的确如汪洋大海,这其中有科学的,也有非科学的,一些暴力的、色情的也不鲜见,"网络黑客"活动也日渐猖獗,网络犯罪更有日渐上升之势,这一切在开放的互联网的信息中是防不胜防的,网络地理教学的安全性也因此受到考验。因此,网络地理教学的管理仍是一个新的课题。

4. 地理教师素质和能力的提高需要一个长期过程

网络地理教学的出现将对地理教师提出新的挑战,许多传统教学中的"精华"部分在网络面前黯然失色。网络地理教学使地理教师的职能发生重大变化,它将不再以传播地理知识为主,而是表现在培养学生掌握处理地理信息工具的方法和分析地理问题、解决地理问题的能力上。这要求地理教师做到以下几点:一专多能,能够解答学生提出的问题;具有一双慧眼,对网上信息能够进行准确的选择和判断;具有突出的指导能力和较强的驾驭能力;具有崭新的地理教学技能——电脑操作、地理课件制作和地理科研能力,这将取代地理教师原有的基本功,成为重要的地理教学技能。③

5. 资金短缺

网络地理教学是一种基于现代高科技的地理教育技术,无论在技术上还是设备上都需要一笔数量可观的资金投入。尽管这种成本随着社会和科学技术的不断发展会越来越低,但教育发展滞后、经费紧缺是一个全球范围内的普遍问题,因此开展网络地理教学还只能局限于④资金较为宽裕的院校和一些商业化的地理教育机构中。

基于以上种种原因,可知,推进和普及网络地理教学负担是沉重的,道路是曲折漫长的。

四、网络地理教学的前景

在人类文明的进程中,文字的出现、印刷术的产生,不仅是文化发展中的两个重要里程

---

① 梁建.网络教育的发展与思考.中国教育学刊,2001(1):44
② 宋广文,苗红霞.网络时代教师角色的转换.教育研究,2001(8):43
③ 石鸥,张豫.网络教学中的教师形象与职能转变.中国教育学刊,2001(5):46
④ 宋广文,苗红霞.网络时代教师角色的转换.教育研究,2001(8):50

碑,而且引发了教育模式的两次质变。前者是书面语言加入到以往只能借助口头语言和动作语言进行的教育活动中,这不仅扩展了教育的内容和形式,而且大大提高了学生的抽象思维和自学能力;后者是印刷的书籍、课本成为文化的主要载体,由此推动了文化的传播和近、现代教育的普及。当代信息的发展和普及,使信息的传播过程发生了质的飞跃,毫无疑问,这将成为人类文化发展中的第三个里程碑。[①] 这种里程碑式的标志首先体现在对教育最基本的环节——教学模式的冲击上。网络地理教学对传统地理教学模式发出了挑战,网络地理教学在地理教育领域的不断深入、扩展,都显示了网络地理教学的巨大生命力和无限潜力。在网络地理教学中尽管有种种不尽如人意之处,却不妨碍我们用前瞻性的眼光,对网络地理教学进行乐观的展望。总之,网络地理教学代表着一种未来地理教育的方向,这种方向顺应了信息时代、知识经济社会的优势,为创新型地理教育观念的真正实施提供了条件,从而成为人们迈向未来地理教育的选择。

---

① 梁建.网络教育的发展与思考.中国教育学刊,2001(1):15

浅谈中学地理有效教学的几个要素[①]
——兼及对内地课程改革的若干反思

钟作慈　杨德军

关于有效教学的内涵、标准和策略,学者们近来形成了一定的共识:一是学生的进步和发展是有效教学的根本体现,二是有效教学必须合乎教学规律,三是有效教学要能满足特定的社会和个体的教育需求,四是有效教学是一种理念。在此基础上,有的学者进一步提出了对有效教学内涵的再界定,即有效教学是一种现代教学理念,以学生发展为主旨,强调以科学理论为指导,关注教学的有效性,提倡教学方式的多样化。同时,有效教学也是一种教学实践活动,必须以遵循教育教学规律为前提,以合乎教学目标为实质,以实现教与学的统一为关键。

这些认识与目前许多教师,甚至研究者在还没有搞清有效教学的内涵和意义之前,就急于提出有效教学的两维度标准、10～15个评价指标、5个评价等级、8个方面技巧,乃至分解为几环节、几步骤的"××有效教学法"相比显然清醒了许多,也更为科学。但是一种教学理念的提出,必然意在影响教学实践。因此,必须在理清有效教学的真正内涵的同时,结合学科教学的具体实践提出实现有效教学的可操作的办法。本文试结合中学地理教学的特点,对有效教学、中学地理有效教学,以及课程目标的实现、教学方式的选择、学习效果的测评提出一些看法,供参考。

一、对"有效教学"和"中学地理有效教学"内涵的理解

应当明确,有效教学源于20世纪上半叶西方的教学科学化运动,是"教学是艺术还是科学"之争的产物。其核心是以学生有无进步与发展作为衡量教学效益的唯一标准,期望以此理念指引教学,以提高教师的工作效益,强化过程评价和目标管理。

传统的对教学(teaching)内涵的界定是:教师的教和学生的学的共同活动。学生在教师有目的、有计划的指导下,积极、主动地掌握系统的文化科学知识和基本技能,发展能力,增强体质,并形成一定的思想品质。教学是根据特定目标培养人才的主要形式和手段。

比较有效教学与传统教学的内涵可以发现,二者并不矛盾,都主张教学必须促进学生的发展,以满足社会和个体发展的需要,都要求依据和达到一定的教学目标,都强调教与学的统一,都蕴含教学要遵循规律。只不过有效教学更侧重从学生的角度看待教学,而传统教学更侧重从教师的角度看待教学。那么为什么会出现有效教学的主张呢?因为在教学实际中还有不少教师习惯于简单灌输甚至"填鸭式"教学方法,不注意或者不会运用帮助学生发展心理技能的方法来进行学习,也就是说只注意如何使学生接受教学内容,而没有考虑学生的

[①] 本文选自《地理教育》2006年第4期。

个人需求和自主权。

问题在于,我们绝不能把简单灌输、"填鸭式"教学等现象的存在归结为"是把教学定义为传授知识、讲学或讲课所致",因为传统的教学定义并非如此。这些现象的产生和长期存在,恰恰是对教学的真正内涵理解不到位,在教学实际中没有真正体现教学真正内涵的结果。因此,在研究和推进有效教学的时候千万不要将其与传统教学对立起来,以有效教学全盘否定传统教学,在有效教学的旗号下又再鼓吹"教学就是师生之间的交流",从而把教学变成无目的、无计划、无规定内容的简单活动,甚至只以学生在教学过程中的表面活跃程度作为判断教学活动优差的唯一指标。这些从课程改革起始就屡见不鲜,至今仍在延续的现象恰恰是对传统教学和有效教学的双重背离,最终只会使得教学变成毫无意义的学生自由行动,反而会阻碍学生的发展。

在教学改革深入发展的今天,中小学教学仍然是教师和学生在规定时间和地点,为实现全体学生必须达到的目标和必须完成的学习任务,依据课程标准(教学大纲),使用合乎标准的教材,结合师生实际情况,运用现有的教学设施和恰当的教学方式,并对学习过程和结果及时进行评价而开展的共同活动。对传统教学和有效教学的内涵加以综合可知,学科教学的有效性就在于按照国家教育方针和课程计划的要求,依据课程标准(或教学大纲),结合学科特点和师生、设施的实际,在规定的时间(学段、课时)内,通过最佳的方式,使全体学生都达到课程目标所要求的基本标准,同时又体现个体差异的不同发展。相应地,中学地理有效教学应当是按照国家教育方针和课程计划的要求,在规定的时间和地点,依据中学地理课程标准(或教学大纲),结合中学地理学科的学科特点和师生的实际,运用必要的中学地理教学设施和最佳的教学方式,使全体学生都达到课程标准所要求的基本标准,同时又有体现个体差异的不同发展的师生共同活动。而要实现中学地理有效教学就必须从"课"的基本要素出发对教学活动进行精心设计和实施,即充分了解和把握中学地理课程的设置、教学总目标、课程标准、教材、教学设施、师生状况、教学过程与教学方式、评价标准和方式等教学要素的意义、作用、性质和实施条件,并在教学实际中有效地加以综合。

随着基础教育课程改革的不断深入,更多的人热衷于研究国外特别是欧美发达国家的教育发展状况,得到一些好的启示,但也有不少偏差,主要是不看条件、不考虑历史发展和文化的差异、不顾基本国情的不同,盲目对比、盲目引进。如发达国家与中国教育制度存在差异的根本原因,是社会保障机制和教育投入的巨大差别,这在相当时期内是不可比并且难以趋同的;又如发达国家和中国内地的中学地理课程设置完全不同,内地的中学地理课时远远少于发达国家。离开这一前提空谈中学地理教学内容的不同和内容组织体系与表现方式的不同,是毫无意义的。在基础教育课程改革中缺少的恰恰是实事求是、充分从现实条件出发的辩证唯物主义态度,长此下去,势必严重阻碍改革的深入发展,使其难以取得实效。

二、坚持依据课程标准实施教学,确保课程目标的实现

内地基础教育课程改革所带来的一个重要变化是以学科课程标准替代了沿用多年的学科教学大纲。这次内地课程改革从教学大纲到课程标准的变化,不只是一个名称的变化,而是有着实际的意义。如与原教学大纲相比,《全日制义务教育地理课程标准(实验稿)》有着许多新的含义和要求。

1. 课程性质的变化

改变了以往以罗列地理资料(地名、物产、数据等)和记忆地理资料为重要目的的地方志式的课程,而定位为培养地理实践能力和探究意识,激发学习地理的兴趣和爱国主义情感,确立正确的人口观、资源观、环境观以及可持续发展观念的课程。明确了认识地理环境、形成地理技能和确立可持续发展观念是中学地理课程的三个落脚点。

2. 课程目标的变化

与其他学科一样,改变了以往以基础知识的学习、基本技能(实际上基本限于认知能力)的培养、思想道德教育的渗透作为学科教学总目标的三个组成要素的做法,而以知识与技能、过程与方法、情感态度与价值观作为课程目标(学科教学总目标)的三个组成要素。知识与技能是学生通过学习初中地理课程应当逐步掌握的地理基础知识和地理基本技能;过程与方法是学生学习初中地理课程应当经历的认知与实践过程和应当逐步掌握的科学方法;情感态度与价值观是学生通过学习初中地理课程应当逐步养成的,能够对个人行为和社会现象的正误、是非、善恶加以准确判断和采取正当行为起良好作用的健康情感、积极态度和正确价值观。

3. 教学内容表述方式的变化

改变了以往在教学大纲中详细列出知识点(具体到每个地名)以及学生掌握每一知识点所应达到的认知目标层次(识记、理解、运用)的表述方式,而以内容标准说明学生学习初中地理课程以后所应当发生的基本的行为变化和相应的教学活动方式与内容,具体的知识和技能内容则隐含在行为变化标准之中,不再罗列知识点。

4. 实施建议的变化

课程标准对于多种教学方式的选择、地理信息资源的利用、创新精神和实践能力的培养、学习能力和过程的评价、学习方法和活动水平的评价、情感态度价值观的评价等有了新的或更充分的阐述。

要想提高中学地理教学的有效性,教师必须首先正确理解课程标准,并在教学实际中认真贯彻课程标准。遗憾的是,由于课程标准意识的淡漠,如同以往不重视教学大纲甚至不知道教学大纲的情形一样,许多教师在课程改革实验中仍然不重视甚至不知道学科课程标准。许多课堂教学实例反映出教师不是以课程目标的达成作为教学的出发点和落脚点,而是随意而为;又如将学生的行为变化过程简单化,对于需要多次设置为课堂教学具体目标的内容标准仅局限在某一节课的教学目标之中,而没有循环和提高的过程,实际上使得学生的行为变化成为不可能或不巩固;还有选择教学方式缺乏对教学内容和学生与设备情况的深入分析,为探究而探究、为使用信息技术而使用信息技术,甚至以一节课有多少时间用于讨论和有多少时间用于演示课件作为衡量一节课优差的主要标准。凡此种种,都说明不少教师误以为学科教学只是无目的、无任务、无基本要求的"活动",以致教学十分随意。长此以往,何谈有效教学呢?

当然,新课程标准也存在某些不足,同样影响着中学地理有效教学的实施。

三、结合教学实际恰当选用教学方式,实现教学方式的多样化

中学地理有多种教学方式,诸如启发讲授式、探究式、体验式、讨论式、研究性学习等。这些方式又都可以与信息技术有效结合,与小组学习、合作学习有机结合。

1. 讲授式

也称讲解—接受式、"先行组织者"。其基本程序是：

第一阶段，讲解先行组织者，即阐明教学目标。用学生已知的概念、术语、原理，以恰当的阐述和类比强化学生的认知结构和提高学生记忆新信息的能力，给出实例，给出背景，促进学生运用相关知识和经验的意识。

第二阶段，给出学习任务和学习材料。教师提出相关的学习材料，并明确学习内容的逻辑顺序，把学习内容和"先行组织者"联系起来。

第三阶段，强化认知系统。运用整体综合的原则，把新旧知识联系起来，扩大认知结构，促进学生主动学习，确立学习新内容的批判态度，澄清疑问。

科学的讲授是把讲解的重点放在"先行组织者"，也就是概念、术语、原理，以及与原有知识的联系方面，而不是简单重复教材内容。为理解概念、术语、原理，为建立新旧知识的联系，教师必须补充讲授那些在教材中没有写出的内容，必须深入浅出、联系实际，必须时时引发学生的兴趣和启动学生的思维。因此，科学的讲授是与"满堂灌""照本宣科"完全不同的。讲授式适于基础知识和基本技能的学习，尤其是对学生掌握较难理解的知识教学效率较高。

2. 探究式

也称"引导发现""问题解决""科学探究"等。其基本程序是：

第一阶段，使学生明确需要调查、探究的问题范围以及所要使用的方法；

第二阶段，引导学生找出调查、探究中的困难，并把困难转化为问题；

第三阶段，组织学生对问题进行思考，尝试提出解决问题的思路和方案；

第四阶段，组织学生收集资料，分析和整理资料，得出结论，并在调查、探究的基础上得出一致的结论，还要加以验证。

探究式教学方式仍然有明确的教学目标，但主要不是靠教师的讲授来使学生理解知识和掌握技能，而是由教师引导学生在教师设计和提供的情境中，围绕着预期要解决的问题，提出个人的疑问和见解，最终得出共同的结论。在学生的探究过程中，也需要教师进行必要的讲解。由于这一方式能够较为综合地达成多方面的教学目标，所以应当比以往更多地在中学地理教学中加以运用。但是探究需要耗费较多的时间，需要学生有一定的基础。因此，对于较难理解的知识和较难掌握的技能，其教学效率不如讲授式。

3. 讨论式

也称"法理学的探究"。其基本程序是：

第一阶段，给学生提供资料和事实；

第二阶段，引导学生确定资料和事实中涉及的观点、价值取向、政策等；

第三阶段，引导学生就资料和事实表明看法，阐述立场及理由；

第四阶段，引导学生从对立的角度彼此质疑；

第五阶段，引导学生进一步明确看法，稳固立场；

第六阶段，引导学生检验各自的立场，确认立场背后的事实与假设是否正确，以及保持这一立场的预期结果。

真正的讨论式并非在教师的讲授过程中，只用几分钟时间，让前后左右几个学生一起考虑并回答一些较为简单的问题；真正的讨论式教学需要有充分的预备知识，要有真正的观点的交锋和活跃的思考。这一方式利于思维能力、表达能力、合作能力的培养,以及情感、态度和价值观的形成,但所用时间较多,学习知识的效率也不如讲授式和探究式。

4. 体验式

也称"角色扮演"。其基本程序是:

第一阶段,分组准备,明确问题,确定角色扮演者,进入情境;

第二阶段,分析角色,确定表演程序,布置场景;

第三阶段,组织观众,明确观众的观察内容;

第四阶段,表演,并对表演进行讨论和评价;

第五阶段,调换表演者,根据新的理解重新表演,并对新的表演进行讨论和评价;

第六阶段,总结。

这一方式不是让学生随意表达观点,而是以特定身份表现观点、情感、态度和行为方式,对于多种能力的培养和情感、态度、价值观的形成很有效果。由于在体验式教学中学生的体验程度较深,适于围绕一些综合性、观点鲜明的主题展开,但所用时间较多,学生也要有一定的基础,所以不宜大量运用。

5. 研究性学习

它是结合我国中小学教学实际,在新课程中开设的一门新课程。按照教育部《研究性学习指南》的精神,其基本程序是:

第一阶段,在教师指导下,由学生自己选择并确定研究的课题;

第二阶段,在教师的指导下,学生分组确定研究方案和进行分工;

第三阶段,学生自主开展研究;

第四阶段,学生围绕问题展开讨论,教师解疑;

第五阶段,学生提出自己的研究成果并交流研究方法和体会。

这是一种最为开放的教学方式,应当在课堂之外,围绕一个课题作较长时间的学习,适于学生按照类似科学研究的方式进行学习和实践,得出自己的结论。这种方式不看重学生得出什么样的结论,也不看重学生掌握了多少新知识,而看重学生的体验和创新,评价的重点是学生在学习过程中的表现而不是学习的结果。因此,这种方式利于能力的培养,尤其利于情感、态度、价值观的形成。对于研究性学习,新课程已有规定的课时和要求,既不能由教师包办代替,更不可能在课堂内用大量时间进行。

信息技术的应用、小组学习与合作学习的运用,又都是与上述教学方式结合在一起的,而不是一种单独的教学方式。同样是学生分组学习,小组学习是各组学习任务相同,最后将各组的学习结果进行比较和综合。合作学习则是各组的学习任务不同,最后将不同的学习结果综合在一起。不论是小组学习还是合作学习,都必须由教师引导学生进行合理的组合与分工,不可以完全由学生自己组合,以致出现"强强联合""弱弱联合",甚至弱势学生无人组合的情况。

从以上分析和比较可以看出,任何一种教学方式都有其优点和局限性,必须根据其适应性,结合学科特点加以选择。不加选择地盲目使用,或者简单地只运用某一种方式,都不可能完成教学任务,达成教学目标。还应当指出,启发式是中小学教学的一条基本原则,而不是一种具体的教学方式。不能够把启发式原则与讲授式、探究式等教学方式并谈。

课程改革和有效教学都不是要以某种新的教学方式取代传统的教学方式,而是要根据各种教学方式的适应性,恰当地选择和运用各种教学方式,实现教学方式的多样化。

应当明确指出,没有哪一种教学方式是"最好的"。企图在教学中只运用某一种方式的认识和做法是绝对错误的。接受性学习和探究性学习各有特点,不能相互替代。接受性学习以掌握科学知识为主要任务,探究性学习以增进学生的创造才能为主要任务,即使组织学生探究,也必须考虑教学时间的规定。如果把所有的课堂教学时间都用于探究,势必难以在课程计划规定的课时内完成课程目标所规定的教学任务。而启发讲授教学方式仍然是一种有效的教学方式,绝不可以误认为在中学地理教学中教师必须少讲,甚至不讲了。那样做,才可能恰恰使得教学更无效。

(节选)

美国世界地理教学情感成果达成度探究①

华迎英

当今世界,经济全球化的趋势已相当明显,且已要求教育培养出相适应的"世界公民"。我国的地理课程目标也把情意领域的目标提升到一个新的高度,强调情感、态度、价值观三个要素,而且"情感、态度与价值观"目标的第三条"了解全球的环境与发展问题,理解国际合作的价值,初步形成正确的全球意识",表明地理课程从全球的资源、人口、环境、经济、社会与发展方面,对学生进行"国际合作"和"全球意识"教育的重要性。但是,从具体的情感成果方面来说,地理课程目标中还缺乏多元文化教育中的情感目标,并少见关注诸如学生对其他国家的人的看法之类的情感成果的研究。

在美国地理教育中,虽然美国国家课程委员会和国家多元文化教育协会确定了一系列情感教育目标,但是那些以学生的态度和由此表现出来的行为为形式的情感目标,也极少出现在美国世界地理课程标准或与世界地理课程相配套的一般性的教材中。为了填补这方面的空白,探究学生通过学习世界区域地理课程后,对世界其他地区人们的看法的改变,美国韦伯大学的 Dr. Forsyth 教授及其助教在犹他州进行了一项世界区域地理情感成果达成度的研究。Dr. Forsyth 教授通过分析九年级学生在世界地理课程学习前后对世界其他地区人们的性格特征的描述,来研究世界区域地理课程的学习是否会改变学生对世界其他地区的人的看法,比在课程学习之前更加积极地看待世界其他地区的人。本文通过对该研究的分析评介,以期对我国世界区域地理教学有所启示。

一、独具特色的研究方法

为了探究学生通过学习世界区域地理课程后对世界其他地区的人的看法的改变,该项研究结合实验研究法和调查研究法,开展了有计划的教育实践,运用问卷法,到一定时间后,进行归类、总结、分析、概括,对实践的效果进行分析,得出假设是否科学的结论,并对这种教育现象提出具体的建议。

研究资料的收集时间是从 2003 年 8 月到 2004 年 5 月的一学年间,研究对象是来自美国犹他州北部的四所中学的 219 名九年级的学生(男生 54%,女生 46%),这些学生具有相类似的生活、教育和宗教背景,从而有利于减少研究结果的不确定性。学生在这一学年间的主要学习内容是非洲、欧洲、日本、墨西哥和中东这五个在世界事务中意义重大的地区或国家,由志愿参与这项研究的四名教师来进行具体的教学实践,这些教师来自犹他州联盟,都是经验丰富的社会科学或地理学老师,具有 10 年或 10 年以上的教学经验。

调查研究主要采用了"课前问卷调查""课后问卷调查"的方法。调查问卷的具体名称为

---

① 本文选自《地理教学》2007 年第 7 期。

"你的看法以及这些看法在世界地理课中的变化"。问卷按不同的调查内容分为两份,一份的主题是"人",要求学生"写出至少三个形容词来形容非洲、欧洲、日本、墨西哥和中东这五个地区和国家的人";另外一份的主题是"地方",要求"当你想到非洲、欧洲、日本、墨西哥和中东这五个国家和地区时,写出至少三样东西来说明你对这些国家和地区的印象"。

教师在世界区域地理课开始前对学生进行一次公开的调查,随机选择班级一半学生完成主题为"人"的调查问卷,而其余一半学生完成主题为"地方"的调查问卷,并在问卷上填上性别和年级,学生的回答就代表了学生对这五个国家和地区的人的积极或消极的看法。

问卷调查结束后,教师再进行具体的世界区域地理教学。教师在上这些课时都使用标准教材,并且不论是使用的教材还是教师的教学大纲,都没有把这种情感成果确定为教学目标。由于调查问题的设计者怕教师会在教学过程中特别针对学生看法问题,把改变学生看法作为课堂具体的教学目标,教师在教学过程中不能使用主题为"人"的调查数据,但他们可以使用主题为"地方"的调查数据作为参考资料。

在学期结束前两周,教师要再进行一次调查,让那些在学期开始时接受主题为"地方"的问卷调查的学生完成主题为"人"的问卷调查,而那些接受主题为"人"的问卷调查的学生来完成主题为"地方"的问卷调查。也就是说,每个学生只完成了一次主题为"人"的问卷调查和一次主题为"地方"的问卷调查,他们在地理课程始末接受的调查问卷是不同的。

按照一般的研究方法,通常会在研究开始时要求每个学生都完成主题"人"和主题"地方"的两份问卷,并在研究结束时要求学生再完成相同的两份问卷,这样操作的话,学生第二次的回答难免会受第一次的影响。而该研究考虑到这些学生具有非常相似的生活和教育背景,一半学生的看法基本上可以代表全体学生的看法,从而采取了交叉轮换的调查方法,使学生在很大程度上避免受自身的影响,提高了研究价值的有效性,值得借鉴。

二、极具价值的研究结果

为了从总体上反映学生对这五个国家或地区的人的具体看法,研究人员将从上述主题"人"的问卷中得到的数据进行整理。先排除所有是形容词的回答,将所有形容词性的回答分为积极的和消极的,并删去所有很难区分到底是积极还是消极的形容词。然后将意义相近的形容词合并成组,例如,在积极的看法方面,"令人愉快的"这个形容词组包括:有爱心的、体贴的、友好的、乐于助人的、和蔼的、爱好和平的、宽容的、善解人意的、受欢迎的这些形容词;在消极的看法方面,"不干净的"这个形容词组包括:脏的、邋遢的、发臭的、不干净的、不卫生的这些形容词。最后共分为17组积极的和16组消极的形容词组,其中"其他"这个形容词组包含了不属于这些组的形容词。(见表1)

由于一些形容词组所表现出的是不为人所控制的环境因素所导致的人的特性,研究者删去了一些形容词组,这些被删去的组包括积极方面的:富有的、信教的、科技先进的、遵守纪律的、有教养的、顾家的、坚定的、其他;消极方面的:贫穷的、不健康的、饥饿的、拥挤的、科技落后的、受控制的、犯法的、其他。删除掉上述形容词组后,共剩余9组积极的和8组消极的形容词组,这些学生所描述的看法能更好地体现人的内在特性。

表 1　形容词组

所有的形容词组		
	体现人内在特性的形容词组	体现不为人所控制的因素所导致的人的特性的形容词组
积极的	1. 机智的 2. 令人愉快的 3. 勤奋的 4. 有礼貌的 5. 富有创造力的 6. 快乐的 7. 幽默的 8. 沉着冷静的 9. 整洁的	10. 富有的 11. 信教的 12. 科技发达的 13. 遵守纪律的 14. 有教养的 15. 顾家的 16. 坚定的 17. 其他
消极的	1. 暴力的 2. 自私的 3. 不干净的 4. 粗鲁的 5. 古怪的 6. 不聪明的 7. 势力的 8. 不快乐的	9. 贫穷的 10. 不健康的 11. 饥饿的 12. 拥挤的 13. 科技落后的 14. 受控制的 15. 犯法的 16. 其他

为了研究学生在课程前后对其他国家的人的看法的改变程度,研究人员将学生"积极的"和"消极的"看法按照地区/国家、课前/课后进行分析,如果按照表1中"所有的形容词组"所反映的"积极的"和"消极的"看法进行分类整理,就得出表2"未经删减的看法的变化";如果按照表1中"体现人内在特性的形容词组"所反映的"积极的"和"消极的"看法进行整理,就得出表3"经过删减的、体现人内在特性的看法的变化"。

表 2　未经删减的看法的变化

地区/国家	课前看法	课后看法
墨西哥	消极的占 65.3%	消极的占 57.9%
非洲	消极的占 65.2%	消极的占 67.3%
日本	积极的占 83.1%	积极的占 88.7%
欧洲	积极的占 71.9%	积极的占 85.6%
中东	消极的占 79.1%	消极的占 58.2%

表 3　经过删减的、体现人内在特性的看法的变化

地区/国家	课前看法	课后看法
墨西哥	积极的占 60.23%	积极的占 67.1%
非洲	积极的占 65.5%	积极的占 74.1%
日本	积极的占 87.0%	积极的占 92.7%
欧洲	积极的占 67.0%	积极的占 82.6%
中东	消极的占 83.5%	消极的占 67.2%

针对研究的问题,运用统计数据进行分析,研究者发现虽然在课前并没有将改变学生对其他国家或地区的人的看法列为教学目标,但是美国犹他州九年级的学生在上完世界区域地理课后,对这五个地区和国家的人的看法发生了明显的变化。

(1) 按照各个国家和地区分析。统计数据表明,学生对发达国家或地区的人的看法明显好于发展中国家和地区的人,无论在课前还是课后,学生对日本和欧洲这些发达国家和地区的人的看法都非常积极,且"积极的"百分比非常高。比较而言,在未经删减的看法的分析中,对墨西哥和非洲这些发展中国家或地区的人的看法是消极的,而在经过删减的、体现人内在特性的看法的分析中,虽然对墨西哥和非洲的人的看法都转变为积极的,但是"积极的"百分比还是远远不及日本和欧洲。

运用未经删减的看法对国家或地区进行分析可以发现,学生在课前对墨西哥、非洲和中东这些较落后的地区的人都持压倒性的消极看法,在课后情况虽有所好转,但总的来说仍比较消极。在这三个地区和国家中,学生对墨西哥人、中东人的看法在课后有所改观,消极看法的比例分别从65.3%下降到57.9%,从79.1%下降到58.2%,其中中东地区的下降幅度达到20.9%,变化非常明显;但是对非洲人的消极看法却不降反升,从65.2%上升到67.3%。而对日本和欧洲这两个发达地区来说,学生在课前对日本人和欧洲人都持压倒性的积极看法,而且在课后还有明显的上升,分别从83.1%上升到88.7%,从71.9%上升到85.6%,变化较为明显。

运用经过删减的、体现人内在特性的看法对国家或地区进行分析可以发现,删除掉"富有的、贫穷的、信教的"等等一些由于环境因素影响而导致的特性,只研究人的"本质特征"的话,与运用未经删减的看法分析得到的结果具有显著的差异。可以看出学生在课前对墨西哥人、非洲人、日本人和欧洲人都持积极的看法,且在课后都有所上升,其中欧洲人方面,上升幅度最为明显,升幅达15.6%。而学生对中东人的看法则比较特别,在课前,学生最消极看待中东人,而在课后看法虽然有所改善,且改善幅度非常大,达到16.3%,但消极看法的比例还是超过积极看法的比例,是五个国家或地区中唯一一个学生在课后仍消极看待的国家。这一方面说明经过具有针对性的世界区域地理课程的学习,可以减少学生的偏见,另一方面也说明了一旦社会的影响力达到一定程度,就会超过地理课程对学生带来的教育作用。

(2) 按照总体数据分析。从总的统计数据上来说,积极的特性从课前的48.6%增加到课后的59.4%,而消极的特性从51.4%降到40.6%。并且,一旦忽略那些由于环境因素影响而导致的人的特性(如贫穷的、富有的、不健康的等),而只分析人的"本质特征",学生所持的看法上的变化就更积极、更明显。因此,该研究可以证明世界区域地理课可以改变九年级学生对一定地区或国家的人的看法。这对地理教育而言是个很好的消息,说明即使课前没有制定相关的教学目标,在学习了世界区域及其人民之后,也能产生积极的情感成果。

三、启示

Dr. Forsyth教授通过美国九年级学生在世界地理课程学习前后对世界其他地区的人的性格特征的具体描述,来研究分析学生对其他国家的人的看法的改变程度,探讨世界区域地理教学情感目标是否得到了实现,并最终阐明地理教育在情感教育上的独特作用,立意新颖,意义深远。

这一研究成果也给了我们很多启示。改革开放以来,在经济政治全球化的大环境中,我国与世界各地的联系越来越紧密,但我们的学生对世界上其他国家的民族和人民的了解,仍然存在一些偏见和误区。正如《国际先驱导报》2007年第一期刊出的"中国人误读的世界"中所提到的国人对世界的误读之一——"伊朗人恨死美国"。中国人通常认为"伊朗总是充斥着暴力性质的'反美'、焚烧美国国旗的游行示威等等",而通过对伊朗普通民众的了解,却发现"其实这种报道往往脱离伊朗普通民众的生活,并不能客观地反映伊朗社会的真实面貌","很多伊朗人都不喜欢这种游行",而且"年轻人热衷考托福,克林顿传记很畅销"。无疑,国人包括我们的学生对世界的误读何止是对伊朗人。

世界地理课程既然能在一定程度上改变学生对世界其他地区的人的看法,我们就有必要借鉴这一研究成果,通过努力探索来改进教学内容和方法,在教学过程中要注重对各地特定的社会、经济、政治背景的联系和分析,追根溯源分析其内涵实质,帮助学生获得具有针对性的世界区域地理知识,了解和重视世界上其他国家和地区,从而超越种族和文化的界限,减少对其他地区的人的先入为主的观念,培养正确、积极的情感和态度,并从行动上改善对其他人的行为,最终实现现代地理教育所追求的政治、经济、科技、文化及道德等方面的多元价值。

美国基于《标准》的地理教学设计案例评析[①]
——以"美国人口密度透视"为例

张胜前　李家清

一、背景介绍

20世纪90年代,世界各国围绕着提高基础教育质量进行了改革。美国采取了制定新课程标准的措施,这是美国课程改革史上第一次全面地制定全国性的课程标准,以期达到统一提高基础教育质量的目的。正如美国具有影响力的州际教育委员会所概括的:"在过去15年中进行的所有教育改革中,没有任何比为学生制定具有挑战性的学术标准更为强有力和更具持久性。"[②]在这种背景下,美国《国家地理课程标准》(以下简称《标准》)于1994出台了。该《标准》从"从空间观察世界""地方和区域""自然系统""人文系统""社会与环境""地理的应用"六个要素出发,提出了一套明确、详细的指导美国中小学地理教育实施的18项标准。[③]

在美国,《标准》是指导性的,各州地理课程标准是指令性的。为了提高各州的地理教育质量,地理教育界做了很多工作。比如,依据《标准》对各州地理课程标准质量进行评价;加强了基于标准的地理教师培训;为了提高地理教师的整体素质,地理教育全国实施计划里提出了"不使一个地理教师掉队"方案。[④] 此外,为了更好地落实基于《标准》的教学,美国国家地理协会在2004年制作了一个地理教学设计案例网。[⑤]该网站以《标准》的18个标准为顺序分别为K—2,3—5,6—8,9—12四个阶段的学生设计了操作性很强的地理教学设计范例。笔者在翻译和研读了近50个地理教学设计案例之后,认为整个美国地理教学设计流程(见下图)对于贯彻落实课程标准具有保障作用。这种基于《标准》的地理教学设计对于我国当前的地理课程改革具有一定的启示和借鉴作用。

二、案例分析

本文是以伊利诺伊州FredWalk老师设计的"美国人口密度透视"[⑥]为例来分析该设计

---

① 本文选自《课程·教材·教法》2008年第10期。
② Education Commission of the States. The Progress of Education Reform. 1999-2001: Standards. Vol. 1. No. 5 January-February 2000
③ Geography for Life: Natural Geography Standards, 1994
④ No Geographer Left Behind. An Educator's Guide to Geography Education and the No Child Left Behind Act of 2001. Prepared for GENIP By Ryan Daley. May 2003
⑤ http://www.nationalgeographic.com/xpeditions/lessons/matrix.html
⑥ http://www.nationalgeographic.com/xpeditions/lessons01/g912/density.html

是如何落实《标准》的。该设计以《标准》中六个要素之一的"从空间观察世界"中的标准1——"如何运用地图及其他地理表现方法、工具与技术从空间的视角获取、加工和汇报信息"为指导,为9—12阶段的学生(相当于我国高中阶段)设计的。通过这个案例,可以发现美国地理教学设计在落实《标准》方面特色鲜明。

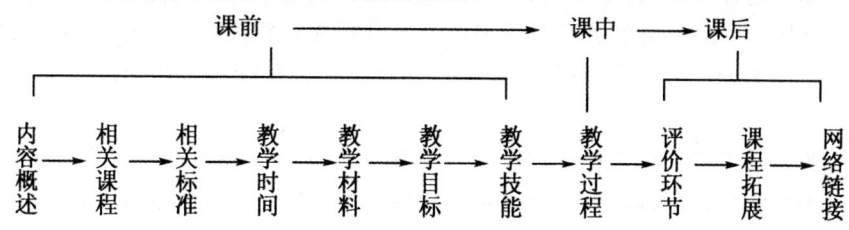

美国地理教学设计流程图

(一)注重教学内容的价值

美国地理教学设计在制定教学目标之前要求教师进行与课题相关的研究,包括内容概述、相关课程、相关标准、教学时间规划和教学材料设计等。例如"美国人口密度透视"的设计如下。

内容概述:人口密度是描述一定面积的区域上人口数量的术语,通过以人口数量除以区域面积获得。这一课主要关注不同尺度上美国人口密度的空间分布。地理学家运用不同尺度(地方、州/省、国家以及全球)的分析实现"从空间观察世界"。他们运用地图作为工具来区分类型和理解事物分布的原因。这节课学生将制作不同尺度上的美国人口密度图,这将使他们能够按类别组织空间信息、分析信息、得出结论。

相关课程:地理、美国历史、经济学、数学。

相关标准:标准1——"如何运用地图及其他地理表现方法、工具与技术从空间的视角获取、加工和汇报信息"。

教学时间:1～3小时。

教学材料:美国轮廓图(每位学生两张);人口数据表(学生也可上网查询)。

在美国,地理教师选择什么教学内容不是取决于教材,而是以各州颁布的地理课程标准为依据。地理教师可以在地理课程标准的指导下结合学生的发展和社会问题灵活地选择教学内容。从上面的案例可以发现,内容概述实际上是对课程标准的文本解读,这种解读有利于培养教师明确本课题要"教什么"以及"教这些内容有什么价值"的课程意识,而不仅仅停留在"怎么教"的层面。相关课程将地理与学生已经学习的或将要学习的美国历史、经济学和数学学科联系起来。这不仅有利于培养学生综合分析问题的能力,也有利于培养学生的兴趣爱好,从而更好地体现地理的学科价值。时间规划具有一定的弹性,这有利于更好地保障该教学内容在知识、技能等方面的落实。对于教学材料,教师不仅可以通过美国轮廓图培养学生制作人口密度图的技能,而且可以通过相关网站搜集美国各州人口数据的途径,培养学生搜集地理信息的能力。

(二)突出教学目标的厘定

通过美国地理教学设计的流程可以看出,地理教学目标处于流程的第六个环节,前面五个环节都是为地理教学目标的厘定服务的。教师在厘定地理教学目标时要考虑所教的内容、该内容与其他学科的联系、该内容符合《标准》的哪些标准、实现这些目标需要多少时间以及哪些材料等,然后根据这些因素制定地理教学目标。例如,"美国人口密度透视"教学设计的教学目标是这样制定的,学生将:① 找出并且提取人口数据;② 制作两种不同尺度的美国人口密度图;③ 通过观察类型和得出结论来分析人口密度图;④ 确定不同尺度的分析是怎样产生不同类型的人口密度图并影响其数据解释的,并理解人口密度图作为市场营销的一种工具。

从上面的例子可以发现美国地理教学目标具有以下两个明显的特点。第一,可操作性强。美国地理教学目标的制定基本上采用了 ABCD 法,即明确教学对象(A—audience);说明通过学习后,学习者应能做什么(B—behavior);说明上述行为在什么条件下产生,即条件(C—condition);规定上述行为的程度(D—degree)。例如"美国人口密度透视"目标设计前用的是"学生将",这表明美国地理教学目标的行为主体都是学生而不是教师;明确了行为主体之后,对学习者具体做什么用了很明确的行为动词,比如"找出"并"提取""制作""分析""确定";同时对一些具体行为在什么条件下产生作了很明确的设计。第二,整合性强。目标的设计就像设计师所制作的图纸一样,起着很强的统帅作用。该教师在设计教学目标时考虑了很多因素,比如教学媒体、教学方法、教学评价、教学过程等。比如,分目标 1 中提到"找出并且提取人口数据",教师在设计时提供了很多相关网站,比如美国人口局网址等;在分目标 2"制作两种不同标准尺度的美国人口密度图"中,教师提供了两张美国轮廓图;此外通过教学目标中"找出"并"提取""制作""分析""确定"几个行为动词,可以初步预测出该设计基本的教学过程:通过网络找出并提取相关人口数据资料→根据人口数据资料制作人口密度图→对人口密度图进行分析→确定人口密度的基本规律。

(三)优化地理知识的建构

"美国人口密度透视"教学设计的主要目的是,通过制作人口密度图,学生能理解有关人口密度的基本规律,并能用人口密度图科学地解释日常生活中的一些社会现象。因此教师在引导学生理解人口密度的概念及基本公式后,就让学生根据提供的人口数据表或通过美国人口局网站上的资料计算出最新的各州人口密度,然后让学生根据两种不同的尺度制定人口密度图,从而发现人口密度的一些基本规律。美国地理教学设计的教学环节一般包括三部分,即开始、展开和结尾。在开始部分一般是创设情境、提出问题;展开部分一般是学生在教师的引导下通过小组活动的形式进行探究;结尾部分一般是通过小组之间的交流找出规律。美国人口密度知识的建构过程(见下表)基本上与教学目标中"找出"并"提取""制作""分析""确定"几个行为动词保持一致。由此可见,教学过程是通过创设具体的情境落实教学目标的过程。从地理知识的建构过程,我们可以发现美国地理教学目标具有很强的统帅作用。

"美国人口密度透视"教学过程基本环节

设计环节	美国的人口密度透视
创设情境	告知学生为一家零售公司工作,该公司计划新开一些位于人口最集中州的店面
提出问题	鼓励学生为准确标出人口最集中的州出谋划策
合作探究	教师将学生分成小组,然后发给每个学生两张美国轮廓图以制作两种不同尺度人口密度图。一种是让学生在一张美国轮廓图上,用不同颜色分别显示出比美国平均人口密度(70人/平方英里)大的州和比美国平均人口密度小的州;另一种是让学生在另一张美国轮廓图上按照少于70、70到140之间、140到280之间、280到560和多于560五个不同的、更具体的尺度制作人口密度图(说明:探究过程中教师给学生提供了美国人口局的网址)
得出结论	学生集体讨论教师提出的如下几个问题以得出结论:1.第二种人口密度图是如何更加详细地描述人口密度的?2.你可以从第二种人口密度图中得出哪些在第一种人口密度图中所得不到的结论?3.根据人口密度图上所显示的空间分布,你能得出什么结论?4.如果你要开新店,你将选择哪种人口密度图?

(四) 强化地理技能的培养

美国《国家地理标准》将地理技能划分为五项核心技能,即提出地理问题的技能、获取地理信息的技能、整合地理信息的技能、分析地理信息的技能、回答地理问题的技能。[①]"美国人口密度透视"教学设计中地理技能主要侧重于获得地理信息、组织地理信息、分析地理信息三个层面。比如,在为学生创设了情境之后,根据所提供的美国人口局的网址搜集最新的美国各州人口数据资料,学生能获得地理信息技能;在获得各州最新人口数据资料之后,学生根据人口密度公式算出各州人口密度,并在美国轮廓图上绘制出两种不同尺度的人口密度图,从而获得通过数学和绘图的方法组织地理信息的能力;通过比较两种不同尺度的人口密度图,学生获得分析地理信息的能力。从上面的分析可以看出地理技能的培养有利于学生更好地理解地理知识,尤其是一些概念性的、原则性的和规律性的程序性知识。同时这些地理技能与教学目标当中"找出"并"提取""制作""分析"等行为动词具有很大的相关性,这也进一步说明了美国地理教学目标具有很强的统帅作用。

(五) 强调评价的标准参照

美国地理教师在教学设计前明确学生在结束时能做什么,知道最终判断表现的指标是什么。基于标准的教学中,评价是与目标紧密联系的。因此在目标的制定中包含着评价的要素。这意味着,在基于标准的教学中,教学评价是以标准为参照的,而不是随意的。比如,"美国人口密度透视"的评价环节是这样设计的:评价学生能否像今天课堂上教的那样搜集恰当的数据并制作一张"五个类别"的人口密度图,将学生分成组并分派给他们不同类型的零售公司(如:青年服装、老年服装、男式服装、女式服装等),要求学生在轮廓图上显示他们所分派的公司的特殊市场集合的密度,制作了一张人口密度图以后,学生可以写一篇小论文或做一个口头报告,有说服力地建议他们的公司将开在哪个州。这个报告或论文应介绍他们决策所需要的地图种类以及使用这张地图的原因。

[①] 杨代虎.美国国家地理课程标准述评.比较教育研究,2005(8):73

通过比较"评价环节"以及教学目标,可以发现二者具有很大的一致性。此外,该评价采用的是表现性评价,这种评价有利于学生结合自身特点选择适合自己的方式,同时这种评价有利于加深学生对地理学科核心知识的理解并培养学生的基本技能,从而有利于学生运用所学的地理知识解决日常生活和社会中出现的一些问题。

(六)重视知识的迁移应用

通过这篇案例,可以发现该教师很注重所学知识、技能的迁移应用,同时为了增强迁移应用的可操作性,美国教师经常会提供一些课程资源尤其是现代化的网络资源。比如"美国人口密度透视"在评价环节后面设置了"课程拓展"和"网络链接"。

课程拓展:鼓励学生使用相同的技术(将地理数据运用于地图)作为报告的一部分,向其他班级报告。学生可以从其他国家或地区获得数据。例如从年龄结构上探究,通过算出某一区域或洲若干国家的18岁以下人口的百分率,分析年轻型人口年龄结构对一个国家有什么意义,老年型人口年龄结构又会怎样。

网络链接:

国家地理地图网址: http://plasma.nationalgeographic.com/mapmachine/;

人口咨询局网站: http://www.prb.org/;

美国人口局网址: http://www.census.gov/.

"课程拓展"中所提出的情境和教学过程中以及"评价环节"中的情境是不一样的。前者建议学生分析其他国家和洲的人口结构问题,而不是局限于美国的人口密度问题,但是二者所用的地理技能是一样的,即都注重获取地理信息、组织地理信息、分析地理信息和回答地理问题的技能的培养和应用。这种拓展不仅有利于知识技能的迁移应用,而且方便对地理感兴趣的学生做进一步的研究。为了便于这类学生获得相关的地理信息,该教师提供了一些相关链接的网站,通过这些网站学生可以找出各个国家关于人口方面的资料。

由上可知,无论是教学内容的确定,教学目标的厘定,地理知识的建构,地理技能的培养,还是教学评价的落实以及知识的迁移应用都是遵循《标准》的。这种基于标准的地理教学设计使教师能根据一定的主题建构开放性的地理课程,从横向角度来整合学科内和学科之间不同要素内容。比如"美国人口密度透视"这一教学内容将地理、美国历史、经济学和数学等学科有机地整合在一起;另一方面,标准的层递性可使教师从纵向角度构架地理课程,使得地理教学呈螺旋上升式不断深入,将学科逻辑与学生心理发展逻辑很好地结合起来。

三、启示与借鉴

本世纪初,随着《基础教育课程改革纲要(试行)》和《普通高中地理课程标准(实验)》的颁布,我国也同样掀起了一场"基于标准"的地理课程改革。基于标准的课程改革涉及很多层面,比如:关于课程标准的研究、基于标准的教师专业发展、基于标准的教材开发与评估、基于标准的课程与教学、基于标准的评价、基于标准的教育管理等。通过对美国基于标准的地理教学设计的分析,结合我国当前地理课程改革,笔者认为实现基于标准的地理教学设计要提高以下三种意识。

（一）标准意识

标准意识指的是对地理课程标准的敏感性与自觉程度。如法制社会要求全民确立法制意识一样，地理课程标准是教育部颁布的教育法规文件，也同样要求全体教师树立标准意识。课程标准意识没有或者淡薄会危害教育绩效，影响学生的成长、发展。因此，作为一名高中地理教师要深刻理解"培养现代公民必备的地理素养、满足学生不同的地理学习需要、重视对地理问题的探究、强调信息技术在地理学习中的应用和注重学习过程评价和学习结果评价的结合"等基本理念；[①]要熟记高中地理课程在知识与技能、过程与方法和情感态度与价值观三个维度的课程目标；要熟悉各门地理必修课程和选修课程的具体内容标准。更重要的是在具体的地理教学设计过程中要以标准为指导。比如地理教学内容的选择和开发、地理教学目标的确定、地理教学方法和手段的运用、地理学习机会的安排、地理评估的设计与实施，所有这些都应当在地理课程标准的指引下进行，体现新颁布的普通高中地理课程标准的基本理念、课程目标以及内容标准等。

（二）主体意识

课程意识强调地理教师时刻要把自己和学生看作是地理课程的主体，把自己和学生置于课程之中。"主体意识一方面要求教师在课程实施过程中时刻把学生放在首位，一切从学生需要出发，从学生实际出发，从学生发展出发。根据学生主体发展的要求，选择教学内容，处理课程内容，变革学习方式。另一方面，要求教师发挥专业自主权，将自己有益的人生体验和感悟、独特的有价值的经验有机地融入课程内容之中，并且不断地创造课程实施的新经验，探索有效的教育教学策略。"[②]加涅在《教学设计原理》提出教学设计必须基于人们如何学习知识。美国地理教学设计充分体现了学生在知识学习中的自主建构和理解、能动的选择和创造，并最终生成自己独特的体验过程。在这种知识的自我建构过程中，学生多方面的地理技能得到了提高，其主体性也得到了充分发挥，而学生这种主体性的发挥和地理教师对课程标准解读以及课程资源开发的主体意识密不可分。

（三）资源意识

地理教材仅仅是地理课程的一种重要载体，但不是课程的全部。因此，要树立"用"教材而不是"教"教材的地理课程资源观；要认识到地理教材仅仅是课程实施的一种文本性资源，而且地理教材是可以超越、可以选择、可以变更的；要把地理教师、学生、家长等人力资源作为地理课程资源的组成部分；要注重野外实习基地、地理教育基地、广袤的自然和丰富的人文环境等校外课程资源的开发和利用；要打破课程资源以文字为主的呈现形式，图像、声音、网络为载体的现代化资源都应纳入课程资源当中。

---

① 地理课程标准研制组.普遍高中地理课程标准（实验）解读.南京：江苏教育出版社，2003：296—297
② 郭元祥.教师的课程意识及其生成.教育研究.2003(6)：35

地理新课程与双动两案教学模式研究[①]

徐宝芳　白瑞敏　张素芬　陈瑞军

2004年国家开始高中新课程改革,此次新课程改革的具体目标包括:课程目标由传授知识为主向"知识与技能,过程与方法,情感、态度与价值观"三维目标转变;课程结构由学科本位向"学习领域、科目、模块"三个层次构成的课程体系转变;课程内容由"繁、难、偏、旧和过于注重书本知识的现状"向"加强课程内容与学生生活以及现代社会、科技发展的联系,关注学生的学习兴趣和经验,精选终身学习必备的基础知识和技能"的方向转变;课程实施方式由"过于强调接受式学习、死记硬背、机械训练的现状"向"倡导学生主动参与、乐于探究、勤于动手,培养学生搜集和处理信息的能力、获取新知识的能力、分析和解决问题的能力,以及交流与合作的能力"的方向转变;课程评价方式由"过分强调甄别与选拔的功能"向"发挥评价促进学生发展、教师提高和改进教学实践的功能"的方向转变;课程管理由"国家管理"向"国家、地方、学校三级课程管理,增强课程对地方、学校及学生的适应性"的方向转变。

课程改革是一个系统工程,其根本目的在于提高教学质量。那么如何才能提高教学质量呢?笔者认为影响教学质量的因素是多方面的,其中关键因素是课程实施方式和课程评价方式。因此,当课程标准和教材研制完成后,新课程改革的主要任务就是研究新课程如何有效实施和如何科学评价。本文就是针对地理新课程实施方式的研究,笔者主张的双动两案教学模式就是探讨地理新课程有效实施方式的一种学与教的教学模式。

所谓地理教学模式,是指在一定的教学思想指导下建立起来的,比较稳定的地理教学结构、教学程序以及实施地理教学方法的教学策略体系。据此,我们对地理双动两案教学模式作如下界定:它是指在建构主义学习理论、元认知理论、地理学习理论和地理教学理论等理论的指导下建立起来的,以学生的地理学习方案(以下简称学案)与教师的地理教学设计方案(以下简称教案)为媒介,以学生学习活动、教师教学活动为手段,以提高学生地理学习能力、培养学生地理素养、提高地理教师教学能力为目标的,完整的地理学习过程和教学过程有机结合的教学策略体系。"双动两案"形式上是地理教学过程的抽象概括,实质上隐含了学会地理学习与学会地理教学的学与教的理念。

一、双动两案教学模式的"双动"

双动两案教学模式中的"双动",即指强调学习活动过程与教学活动过程的合理安排。其实学习活动过程与教学活动过程二者是一个事物的两个方面,二者往往是联系在一起的。在传统教学中,往往是教学过程代替学习过程,即教师讲、学生听的过程,人们称之为"讲解接受式"教学模式。笔者这里强调要科学地设计学习过程与教学过程。科学的学习过程与

[①] 本文选自《内蒙古师范大学学报(教育科学版)》2009年第4期。

教学过程,即遵循认识规律的过程,就是科学过程,科学地提出问题、分析问题和解决问题的过程,就是科学的认知过程。因此,这里的学习过程和教学过程即指通过学案的设计与实施(包括设计作业题,分析探讨作业题,解决作业题)来实现学习与教学目标的过程。具体表现为:教师集体设计学案作业题,学生课前按学案的作业题要求预习,课上首先开展自学反馈,接着依据学法指导的作业题开展学习、指导学生尝试解疑、训练学生学习方法,然后指导学生完成学案中的课堂练习题,最后指导学生开展课堂小结,形成本节课的知识结构。上述环节中要贯穿老师的精讲点拨。

探究式学习要与接受式学习有机结合。我们不能抱着非此即彼的思维模式,即一提倡探究式学习就抛弃接受式学习。其实,这两种方法各有优缺点,应该结合使用,发挥各自的长处;应该辩证地认识探究式学习与接受式学习的关系,探究式学习和接受式学习都是重要的学习方式。新课程改革突出强调探究式学习,重视对知识的探究和对学生学习兴趣的培养等,无疑是重要的。但如果我们只要探究式学习,不要接受式学习,忽视教师对知识的精讲,忽视教师对学生的指导、引导和辅导作用,其结果就会在培养了学生的学习主动性和创造性的同时,降低了学生的学习效率,也不利于学生对知识的学习掌握和知识结构的形成。因此,我们在重视探究式学习时,也不应忽视接受式学习,双动两案教学模式主张探究式学习与接受式学习相结合。

笔者认为,先有学生课前预习和课堂上的主动尝试解疑等学习活动,然后才有教师在课堂上的精讲点拨,进行有针对性的讲解、指导、辅导和疏导等教学活动。同时,应辩证地认识教师和学生在教学中的地位。新课程改革注重学生的主体性和个性,这本是正确的,但如果我们因此而否定了教师的地位和作用,则从根本上违反了教学的规律和辩证法。学生的主体性和个性是离不开教师的培养和塑造的,教师在教育和教学中的主导性地位是不能动摇的。因此,我们在强调学生的学习活动过程时,不能忽视教师的教学活动过程,主张"双动"。

二、双动两案教学模式的"两案"

双动两案教学模式的实施手段是"两案",即学案与教案。

学案是教师精心设计与指导下,学生进行自主学习和自主探究的学习方案。地理学案侧重指导学生地理学习的方法,如引导学生如何阅读地理教材,如何解决地理问题,如何总结地理知识等等,也就是说地理学案注重引导和培养学生自主学习地理的能力,即引导学生在预习、听课和复习过程中,学会确立地理学习目标和培养预习、专题学习和总结的方法。因此,学案是教师用来帮助学生掌握学习内容、沟通学与教的桥梁,也是培养学生自主学习和建构知识体系的一种重要媒介与抓手,它是教师站在学生的知识水平、生活经验的角度对教学内容思考的文字表现,具有"导读、导听、导思、导做"等作用。

学案是学生的学习方案,它要回答"学什么、为什么学和如何学"三个问题,即学习内容、学习目标和学习方法。学案由课前预习、学法指导、课堂练习和学习小结四部分组成,其中前三个部分均以作业题的形式出现。因此,学案设计的主要任务是作业题的设计与编制,通过作业题将学习内容、学习目标和学习方法融为一体。可见,如何编制作业题就成了学案设计的关键问题了。作业题的设计有两个方面的问题,一是质量问题,表现为设计哪些作业题,才能涵盖本节课的主要内容,保证学习内容的深度与广度;二是数量问题,出多少作业题才能既达到本节课的学习目标要求,又不增加学生的负担。笔者认为作业题的设计要遵循如下原则。① 学科信息的准确性：精选学科信息，强调科学性。② 学科信息的思想性：强调学科信息的情感、态度与价值观方面的内容。③ 学科信息的启发性：强调学科信息的思考性、探究性和方法性。④ 学科信息的逻辑性：强调系列作业严密的逻辑顺序性。⑤ 学科信息的多样性：作业形式要多样化，激发兴趣。⑥ 学科信息的针对性：不同学校、不同学生的作业差异性。

教案是教师的教学方案，它要回答"教什么、为什么教和如何教"三个问题，即教学内容、教学目标和教学方法。教案包括：教学目标、学生分析、教学重点、难点、教学方法、教学过程和教学反思等组成部分，其中"教学目标、学生分析、教学重点、难点"是要明确本节课的教学目标和教学内容，"教学方法和教学过程"是要明确本节课的教学策略和教学步骤。可见，教学目标是一节课的核心，它要通过教学内容的学习实现，而方法和过程不但是一节课的目标之一，而且是实现目标的手段与途径。教学过程的安排，笔者提倡灵活运用如下教学步骤：课前预习（学生初步独立思考与学习）、自学反馈（通过教师的点拨，学生进一步理清思路）、尝试解疑（学生再一次探讨、解决疑难问题）精讲点拨（教师精讲、对学生进行指导、辅导和疏导）、归纳训练（学生进行课堂练习，进行学习小结、形成知识结构），通过以上步骤实现多角度、多侧面地触及学习目标，多次强化使各种教学活动起到互补作用和递进作用，从而实现知识得到学习与巩固、技能得到提高、方法得到锤炼、情感得到培养的目标。

总之，我们要通过学案将学习方法与学习过程落实到学生的日常学习行动中，通过教案将教学方法与教学过程落实到教师的日常教学行动中。可见，我们设计了学生学会学习及教师学会教学的抓手，即"两案"。

三、双动两案教学模式的主要功能

通过双动两案教学模式的实施，可以发挥如下主要功能：首先，通过学生参与教学过程，实施"先学习，后教学"策略，激发学生学习地理的主动性和积极性，训练学生学习地理的一系列专题方法，培养学生自主学习的意识和能力，从而提高学习地理的效率与效果；其次，通过该模式的构建与实施，使教师掌握一套针对地理的有效教学策略体系，掌握地理认知方法、媒体使用方法和组织方法，掌握科学合理的编写与实施学案和教案的方法与策略，从而提高地理教学能力；第三，通过该模式的实施，不断积累学案和教案，为以后学生开展自主探究、研究性学习提供必要条件，为教师改变传统教学方式，积累教学资源提供有效保证。总之，实施该教学模式，可以促进教师和学生的共同发展，促进地理学习效率与教学效率的提高，最终实现提高地理教学质量的目的。

双动两案教学模式之所以能够发挥上述功能，主要是因为在充分调动学生学习主动性和教师教学积极性的基础上，解决了学生学习方法与教师教学方法的问题，提高了学与教的效率，实现了有效学习与教学。学习方法因学科、学习内容、学生的不同而不同，表现出多样性；同样教学方法也是多种多样的。教学论研究表明，教学既是科学，又是艺术。教学是科学，表明教学一定是有规律的；教学是艺术，表明教学需要创新、需要设计。因此，我们要遵循各个学科的教学规律，设计适合学科的学习方法与教学方法，比如地理学科的有效学习方法与教学方法为：地理直观方法，地理逻辑方法和地理专题方法等。实践证明，各个学科均有科学有效的学习与教学方法。虽然学习方法是针对学生而言的，教学方法是针对教师而言的，其实二者往往是合二为一的，一种方法可以说既是学习方法又是教学方法，比如地理综合分析法既是一种地理学习方法,又是一种地理教学方法。

总之,双动两案教学模式与目前的教学模式比较有如下几个方面的改变。首先,教学目标改变:由单一注重学生的发展,向注重学生与教师双发展转变;由过分注重知识目标向"知识与技能,过程与方法,情感、态度与价值观"三维目标发展。其次,学习方式改变:由"机械学习"向探究和接受结合式学习发展。第三,教学方式改变:由只注重教学方法向注重学与教的方法发展;更加关注学生的学习过程与结果;强调教学的针对性与有效性。第四,教学过程改变:由"先教后学"向"先学后教"发展;由单一的教学过程向学习过程与教学过程结合发展。第五,教学抓手改变:由单一的教案向学案与教案并举发展。第六,教学反馈改变:由延时反馈向及时反馈、多向反馈、多次强化发展。第七,教学评价改变:由单一的考试成绩评价向学案与考试成绩相结合评价转变。第八,教学小结改变:由重复课程内容式小结向注重知识结构式小结转变。第九,教学备课改变:由教师个人备课向教师集体教学设计转变,由备一节课内容向同时考虑教材整体内容教学设计转变。第十,教学效果改变:由低效率、低效益、低效果向高效率、高效益和高效果转变。

四、双动两案教学模式的研究情况

传统教学是一种以教案为指导的教学,我们称之为教案教学模式。在新课程改革下,有人认为写教案这种传统的备课方式已不能满足"以学论教"评价模式对课堂教学的要求。除了写教案,教师可能更需要走进学生中间,了解他们对即将讲解内容的兴趣、知识储备和他们所关心的话题,于是有人提出了变教案为学案,引导学生根据自己的实际情况和教学要求制定出学习方案的教改观念。随后,有的学校提出了一种新的教学模式即学案导学式教学模式。

通过调查分析,我们发现,虽然前人对教案模式与学案模式开展了一些研究与实践工作,也取得了一些成果,但是还存在许多有待研究的问题:第一,多数人主张教案教学,对学案教学的研究与运用不够;第二,一些人提出学案教学模式,又忽视了教师的作用,主张用学案代替教案;第三,有的学者主张学案与教案合二为一,混为一谈。笔者在开展了研究的基础上,主张学与教并举,提出了实施双动两案教学模式。

双动两案教学模式研究始于2003年,当时笔者指导的一名地理教育硕士生刘彩凤主要研究中学地理教学模式,她撰写的学位论文为《初中地理"双线两本"教学模式的构建》,该论文发表在《内蒙古师范大学学报(教育科学版)》2005年第12期上。其中,"双线"指教师教学活动线和学生学习活动线,即本文的"双动";"两本"指地理学习进步册和地理教学设计书,即本文的"两案"。随后几年来,我们开展了这方面的研究课题有:① 高中地理双动两案教学模式构建与实验研究;② 高中地理双动两案教学模式应用研究;③ 呼和浩特市第七中学高中地理双动两案教学模式实验研究;④ 乌海市第一中学地理双动两案教学模式下的学习方法研究;⑤ 双动两案教学模式下《地理1》作业设计研究。结合课题研究,我们在呼和浩特市第一中学、呼和浩特市第七中学、包头第三十三中学和乌海市第一中等学校进行了双动两案教学模式实验研究,目前已取得了一些阶段性成果,实验学校教学质量和教师教学水平明显提高。

同时,我们在地理课程与教学论硕士和地理教育硕士培养方面,确定的研究方向之一就是地理"双动两案"教学模式研究,在这个方向上,我们培养的研究生有6名;此外,建设了课程资源,编辑了《高中地理学案集》和《高中地理教案集》;发表了系列论文:① 刘彩凤的《初中地理"双线两本"教学模式的构建》,内蒙古师范大学2004届地理教育硕士学位论文;② 徐宝芳、裴亚男、陈萍、王香东、孙俊梅的《高中地理"双动两案"教学模式的构建》,发表在《地理教育》2007年第2期上;③ 裴亚男的《学案教学模式研究综述》,发表在《内蒙古师范大学学报(教育科学版)》2007年第4期上;④ 杨立宇、徐宝芳、裴亚男、白瑞敏、关海霞的《高中地理学案设计与实施研究》,发表在《内蒙古师范大学学报(教育科学版)》2007年第8期上;⑤ 徐宝芳、白瑞敏、侯嵘、裴亚男、关海霞、武兆妍的《高中地理教案设计与实施研究》,发表在《内蒙古师范大学学报(教育科学版)》2008年第2期上;⑥ 裴亚男的《高中地理双动两案教学模式构建研究》,为内蒙古师范大学2008届地理课程与教学论硕士学位论文;⑦ 白瑞敏、徐宝芳的《地理比较法在高中地理教学中的应用研究》,发表在《内蒙古师范大学学报(教育科学版)》2008年第8期上;⑧ 庞艳辉、徐宝芳的《中学地理教学中地理思想与方法研究综述》,发表在《内蒙古师范大学学报(教育科学版)》2008年第8期上。

为了宣传推广双动两案教学模式,2006年以来,笔者在深圳市龙岗区坪山高级中学、包头第三十三中、包钢一中、呼和浩特市和林民族中学、乌海一中、兴安盟、锡林浩特市和包头昆区等地的学校,2007年上海华东师大召开的中国地理教学研究会学术年会,内蒙古师范大学2005、2006、2007级地理教育硕士研究生班和内蒙古师范大学2004、2005级地理科学专业本科班进行了"'双动两案'教学模式"、"中学地理'双动两案'教学模式研究"、"新课程教学改革与'双动两案'教学模式"、"教师素质提高与'双动两案'教学模式"和"'双动两案'教学模式与提高教学质量"等14场专题讲座,受到了好评,产生了良好的社会反响。

五、进一步开展双动两案教学模式研究的思考

双动两案教学模式需要不断地深入研究,如该教学模式实施策略和评价等问题都需要我们今后继续努力探索。为此,笔者提出如下建议:

第一,要加强双动两案教学模式理论研究。要从定量与定性相结合的角度,深入探讨学案与教案的关系,进一步研究地理学习规律和地理教学规律,并且进行课程资源建设、作业设计、教学原理和运行机制等研究。在大量专题研究基础上综合创新,不断发展完善双动两案教学模式基本理论体系,并在系统总结多年来双动两案教学模式研究成果的基础上,编写出版学术著作。

第二,要加强双动两案教学模式实践研究。任何理论的发展程度都取决于满足社会的需要程度。双动两案教学模式只有努力适应和满足中学地理教学工作的需要,为中学生地理素养的培养和地理教师教学能力的提高提供良好的技术与方法,才能在社会上发挥作用,使自身得到长足发展。因此,要加强双动两案教学模式的实践研究,逐步扩大实验学校范围,为中学实际教学工作提供切实可行的理论依据和技术手段。

第三,要结合新课程改革有关问题进行双动两案教学模式研究。我国新一轮基础教育课程改革正在进行,新课程改革有许多问题有待研究,如课堂教师教学行为、学生学习能力培养、有效教学等问题,这些问题为双动两案教学模式研究提出了需要解决的课题,应抓住机遇,加强双动两案教学模式的研究,为新课程改革的顺利实施提供理论与技术支持。

第四,要采取理论和实践相结合的方法进行研究。要走出书斋、走入中学、走入课堂、走进学生,取得第一手资料,根据这些资料进行分析研究,才能得出科学的结论。例如,要探讨

地理学习策略问题,就要深入实际做扎实的调查研究,可以沿着两条道路进行:一条道路是将各种类型地理知识学习逐类研究;另一条道路是对各种地理学习方法进行逐个研究,在这两类研究基础上才能逐渐创建地理学习策略。

第五,要发展双动两案教学模式研究队伍。目前双动两案教学模式研究还刚刚起步,有大量课题需要我们去探索研究,为此,要发展自己的研究队伍,改变人少事多的局面,要采取多种方法、多种渠道把大学教师、中学教师和研究生结合在一起,形成双动两案教学模式研究队伍。

第六,要加强双动两案教学模式宣传推广工作。几年来的双动两案教学模式研究实践,使我们越来越深刻地认识到,实施双动两案教学模式对于培养学生的地理学习方法,激发学生的学习主动性和创新意识,培养学生的地理素养,提高地理教师教学能力具有重要作用,双动两案教学模式应该在中学地理教学中占有一席之地,应该发挥双动两案教学模式的优势。目前,双动两案教学模式在中学地理教学中的应用还很少,因此,我们建议在中学地理教学中积极开展双动两案教学模式研究和应用工作。

科学发展史表明,一个新的理论与技术得到发展并获得普遍承认,一般都要经历不同程度的艰难曲折,那种一蹴而就的想法是不现实的。理论建设要进行长期的基础和应用相结合的研究,相信双动两案教学模式这株幼苗会在有志之士的呵护下茁壮成长。

参考文献:

[1] 徐宝芳,裴亚男,陈萍,王香东,孙俊梅.高中地理"双动两案"教学模式的构建.地理教育,2007(2)

[2] 裴亚男.学案教学模式研究综述.内蒙古师范大学学报:教育科学版,2007(4)

[3] 杨立宇,徐宝芳,裴亚男,白瑞敏,关海霞.高中地理学案设计与实施研究.内蒙古师范大学学报:教育科学版,2007(8)

[4] 徐宝芳,白瑞敏,侯嵘,裴亚男,关海霞,武兆妍.高中地理教案设计与实施研究.内蒙古师范大学学报:教育科学版,2008(2)

[5] 裴亚男.高中地理双动两案教学模式构建研究.内蒙古师范大学硕士学位论文,2008

[6] 刘彩凤.初中地理"双线两本"教学模式的构建.内蒙古师范大学硕士学位论文,2004

地理教师专业发展研究

- 地理教师的十大教学能力及其要求（袁孝亭）
- 21世纪地理教师的素质结构（关伟）
- 学校中教师的专业成长与发展（熊焰）
- 中学地理教师教育专业化培养的理论与实践（林宪生）
- 面向信息化的地理教师专业发展（蔡晓 胡良民 单良）
- 推进教师教育创新 提升教师专业水平（俞立中）

开展地理进修　发展地理教师智力[1]

李秀琴

教师进修学院担负着贯彻党的教育方针，提高中学教师文化水平和教学能力，加强师资队伍建设的重任。近几年来，中学地理教材内容加深，课时增多，教师队伍亦随之壮大。但多数教师没有受过地理专业训练，教学水平不高，有些教师教学上还有一定的困难。我们认识到开发地理教师智力是提高地理教学质量的关键，为此，针对南京中学地理教学迫切需要解决的问题，根据不同时期的要求，开展了各项地理进修活动。

一、举办地理教材系统辅导讲座

针对中学青年地理教师未学过地理专业，又是初教地理课程的特点，为了帮助他们掌握教材的精神实质，充实和提高教学水平，举办《中国地理》和《世界地理》上、下册逐章逐节的系统辅导讲座活动。通过辅导讲座，青年教师初步熟悉了整体教材，较能掌握课程的科学系统性，基本上能胜任教学任务。

二、开展地理教材教法研究班

在地理教材系统辅导讲座的基础上，即在青年地理教师初步熟悉教材精神实质的情况下，开设中国地理上下册教材教法研究班，每周一个半天，用一年时间对《中国地理》逐章从教学目的要求、教材分析、难点突破、讲授提纲、教法运用、教学建议、参考资料介绍等方面做了讲解。

我们认为，钻研教材、研究教法，是地理课最基础最重要的一环。只有重视备课工作，才能保证课堂教学质量，使青年教师既能领会地理学科特性，又能体会地理教学特性，这样才能顺利地完成教学任务。

三、举办地理专题讲座

为使广大教师对部门地理学有比较深入的了解，继续充实专业基本知识和基础理论，不断提高他们分析问题和解决问题的能力，我们分别开设了天文学基本知识、气象学、地质学基础、人地关系、地图学、中国农业地理、中国工业地理及中国交通地理专题讲座。

通过上述讲座，使没有机会进入高等院校系统学习专业知识的在职教师，能较系统地学习专业基本知识和基本原理，有利于进一步发展他们的智力和师资队伍建设，有利于开创教育工作的新局面。

为了加深地理教师对讲座内容的理解，我们组织了一些参观活动。如参观南京天文仪

---

[1] 本文选自《中学地理教学参考》1983 年第 6 期。

表厂、南京大学天文系天文台、南京气象台、南京地震台、南京矿物陈列馆、南京十月公社十月大队的全面经营、南京化纤厂、南京岳庙铁路自动化编组站、南京金陵船厂及马鞍山市钢铁厂、焦化厂、轮箍厂等单位。充分运用地理观察与参观活动是地理教学特点之一，因为，观察是理解事物的基础，通过观察，才能对客观世界自然规律以及社会生产动态获得真正的认识。

四、组织地理学术报告会

为了满足老、中、青地理教师，特别是各中学的骨干教师不断更新地理知识的需要，我们常请专家、学者来院举行学术报告，介绍板块构造学说、地质力学、遥感、生态平衡、环境保护、东京国际地理学会概况、出国访问见闻等内容，介绍国内外地理学的新成就、新动态。地理学术报告有助于教师知识更新。中学地理课合中外地理于一炉，要上好地理课，就要有丰富的地理知识。因此，必须博览众采，以备"必时之需"参考应用。

五、配合形势举办短训班

唐山地震后，为了配合国家地震局南京地震大队开展群策群防工作，举办了由中学地理教师参加的地震短训班。结合讲座内容组织参考南京地震台、南大地质系地震台、十月中学地震测报小组。短训班结束后，不少中学地理教师组织了地震观测小组，既充实了学生课外活动的内容，又推动了地震的群策群防工作。

为了各中学开展课外气象观测小组活动，开办了中学教师气象哨短训班。学习有关气象观测必备的气象基本知识及气象哨观测场的布局与仪器的使用，参观江苏省气象台、六合县气象站、玄武湖公社蔬菜大队气象哨三级气象观测场。

我们认识到地理课外活动与课堂教学二者的辩证关系。课外活动开展得好，就能使地理教学工作建立在高度直观的基础上。加强地理教学的直观性，对提高地理教学质量有巨大的现实作用。要使学生真正认识地理环境，必须使学生有机会接触、观察地理环境。开展地理课外活动，可以在一定范围和一定限度内让学生接触、观察地理环境，这是教学中最生动的直观，教学效果也是只靠口授笔写所无法达到的。

六、开展地理师专班

自高中增开地理课程以后，地理教师不足，靠讲座来培训地理教师已不能满足形势发展的需要。为此，我院在1982年冬和1983年冬各招收了一个地理师专班。学员由中学领导推荐，我院考试，择优录取，离职二年学习地理专业。我们的目标是：使他们掌握自然地理、中国地理和世界地理的基本知识和基础理论以及地理教学法的基本原理，能正确阅读、分析地图及绘制简图；具有野外实习观察和对某些地理事物、现象进行分析、判断的技能，达到二年制高等师范专科地理专业毕业程度，胜任中学地理教学工作，为党的教育事业服务。

我们感到办师专班来解决地理师资不足是一个捷径。因为它历时短，学习地理专业知识较地理专题讲座更为系统，实验、野外实习也较为充实，这样能更好地发展他们的智力，能培养较合格的地理师资充实中学地理教学第一线。

提高中学地理教师的检索能力

游龙奇

地理教育是中学教育的重要组成部分。地理教师教学能力的高低直接影响教学效果的好坏,教学质量的优劣,国家人才的培养。检索能力是教学能力的重要方面。所谓检索能力是指教师在课堂教学中能否迅速而科学准确地选择和提取知识信息进行口头表达的能力。检索能力强者上课侃侃而谈,条理清晰;差者吞吞吐吐,词不达意。显然,教师检索能力的高低,是衡量教师素质的主要方面。那么,地理教师该如何培养和提高检索知识的能力呢?这与地理学科的内容特点密切相关。笔者根据自身的教学实践,谈一些粗浅的看法,旨在抛砖引玉。

我认为培养和提高地理教师的检索能力,应着眼于知识储备、语言艺术、心境调节和身体锻炼。

一、知识储备

知识是教师进行传道授业解惑的基础,是衡量教师才华和能力的最重要因素,直接影响到检索能力的高低。地理教师应从知识的广度、深度、科学性、系统性、实践性和趣味性等方面进行积累,建立知识库。这样在备课、讲课过程中就可以迅速而准确地在知识库中检索知识,显得轻松自如,才思敏捷,笔下生花,口若悬河。

地理学是研究地球表层空间人地关系的科学,包括自然、人文两大类。中学地理课,从浩瀚的宇宙空间到地球矿物的微粒结构,从自然要素的变化到现代文明的进步,从海陆变迁到生物进化,从大洲大洋到乡村建设,真可谓人地结合文理相通,内容不可谓不丰。地理学科是跨学科的综合性学科,既有自然科学内容,又有社会科学内容。为此,地理教师必须知识广博,平时加强学习,广见多闻,不能仅局限于本学科,还要学习与地理相关的文、史、哲、理、化、生等知识,做到兼收并蓄,广积资料,建立卡片,分类装订,以免遗忘,又便于查找,快速有效地提取信息。

苏联教育家霍姆林斯基说过:"教师所知道的东西,就应比他在课堂上讲的东西多10倍、多20倍,以便能应付自如地掌握教材,到了课堂上,能从大量的事实中选取最重要的来讲。"

知识广而不深就只能泛泛而谈,知其然而不知其所以然,对一些重要的原理、规律就不能讲清讲透,教学中也很难把握重点、突破难点。如果不具备较高的理论深度,就难以教会学生弄懂地表的物质循环、能量转换、生态平衡、板块构造等理论,难以透彻地阐述人类面临的资源、能源、粮食、人口、环境等问题。为此,地理教师一定要加强该专业的理论修养,在教

---

① 本文选自《中学地理教学参考》1995年Z2期。

学中才能高瞻远瞩地剖析地理事物时空分布和演变的本质原因，找出规律，举一反三，触类旁通。

知识的广度是深度的基础，深度是对广度的深化和提高。

地理教材中的每一种地理规律，每一类地理概念，每一个地理数据，无一不凝聚着科学家们的精力和心血。为此，地理教师授课必须注意知识的科学性，不要犯知识性错误，以免误人子弟。

地理教师掌握知识不仅要广博深刻，科学准确，还要搞清知识间内在的逻辑联系，只有系统化、结构化的知识才是能力。这就要求教师理解和把握整个中学地理教材的全部知识结构，准确认识系统地理与区域地理，自然地理与人文地理，概述与分区，课题之间、文图之间的内在联系，区别主次，明确重点。我们可以把收集到的各种可能有用于教学的资料及时地归入教材的各章各节各课题，从而形成系统化的结构化的知识体系和网络，这样就可以牵一发而动全身。在备课时，便能很快地从知识库中检索所需知识或资料，组织好讲课提纲。讲课时便能纲举目张，迅速地提取这些已经熟悉的知识、材料，有条不紊地进行讲授，可谓左右逢源，头头是道。"问渠哪得清如许？为有源头活水来！"

地理学科实践性强，教学中应克服封闭式教学，加强理论联系实际。"纸上得来终觉浅，绝知此事要躬行。"地理教师要读万卷书，行万里路，身体力行，积累丰富的感性材料，课堂上将亲眼所见讲给学生，这样不但能激发学生的兴趣，易于理解知识，教师本人也很轻松，津津乐道。地理教师还应经常组织、指导学生参加地理实践活动，进行野外观察，举办课外兴趣活动，认识和评价乡土地理等，地理教师平时可多积累有关地理的趣味知识，在教学中适时加点这些"味精"，就会把课讲得深入浅出，生动有趣。学生思维也就有张有弛，始终兴趣盎然。

二、语言艺术

这是指教师在课堂上如何有效地进行口语表达，提高检索能力。有的教师学富五车，才高八斗，但课讲得不好，茶壶装饺子——有货倒不出来。怎么办呢？首先备好课，尽可能详尽，烂熟于心，成竹于胸。讲课时只记提纲，边讲边补上具体事实材料，逐个击破。其次要加强练习，反复试讲，做到口齿清楚，语速适中流畅，语气抑扬顿挫，语音洪亮圆润。再次，要讲究表达方法。讲述地理现象可用描述法，使之形象；讲解地理成因不妨设置悬念，以利启发；总结地理规律最好编成口诀，便于记忆；讲重点或学生笔记时可提高音量，减慢语速，适当重复；见学生疲倦或开小差时可暂时变换声调，几句幽默，几句俏皮，提醒注意；突出思想教育要声情并茂。

三、心境调节

心境是一种轻微而持久的情绪状态，能在较长时间影响人的行为，并具有感染性。良好的心境表现出安逸宁静、心平气和、精神愉快、充满朝气。教师心境良好，一方面可以提高心智活动水平，表现为解说力强，分析透彻，口齿伶俐；另一方面，用这种情绪感染学生，能使学生的理解力、记忆力、思维灵活性大为提高。这样，教学效果好，反过来教师心境也好，形成良性循环。

不良的心境表现为忧愁焦虑，心烦意乱，愤愤不平或精神萎靡，这时的工作、学习时常受挫。心境是随着人们对事物认识或态度变化而改变的,可以调节。调节的捷径是听音乐,教师上课应尽可能保持良好心境,提高检索能力。

四、身体锻炼

教师身体健康,容光焕发,精神抖擞,有利于在课堂上保持良好的心境,思想活跃,检索知识迅速准确,也使声音洪亮,富有感染力。反之身体较差,动辄气喘,血压升高,心跳加速,过于激动,怎能语言流畅?何况,地理教师还应经常投身于实践活动,身体较差,显然难以适应。身体锻炼对地理教师意义重大。

地理教师具备了丰富深刻的知识容量、雄辩陈词的表达能力、平和良好的心境、健康发达的体魄,何愁知识的检索能力不高,讲课不精彩呢?

地理教师的十大教学能力及其要求[①]

袁孝亭

地理教师的教学能力是影响地理教学质量的主导因素之一。教育心理学的研究表明，教师的教学能力与教学效果有较高的正相关，特别是当教师的智力水平和知识水平达到某一关键值后，教学能力对教学效果的影响更趋重要和明显。从地理教学的实践看，地理教师应具备如下十个方面的能力。

一、良好的语言表达能力

语言是传授知识、进行教育的主要手段。语言表达能力的高低，是能否顺利完成地理教学任务的关键条件之一。

教学语言由语音、语调、语速、音量、词汇等要素构成。良好的语言表达能力首先表现为操纵和运用上述要素的协调性、娴熟性和技巧上。要具备良好的语言表达能力，应在运用上述教学语言要素时，符合相应的标准与要求。语音方面，要求教师发音准确、规范，吐字清晰，运用普通话；语调方面，要求有抑扬顿挫、不平淡、不低沉，能够根据教学需要合理控制语调高低及语气的变化，具有较强的节奏感与韵律美；语速上，要求快慢适中，能根据教学内容、教学时间及学生的接受能力，合理调控语言快与慢的转化，使学生感到快慢适度，易于接受；音量方面，要求教师能够根据实际教学需要，将音高、音强、音长控制在最适宜的程度，使每个学生都能清楚地听到教师所讲的每句话、每个音节，并且耳感舒适；词汇方面的要求包括：① 用词准确、科学。即传授的知识信息正确无误，没有科学性错误，不模棱两可，似是而非。② 用词规范，准确使用地理术语。即用词遵守语法规则，符合逻辑，能够正确运用地理名词术语授课，能够处理好通俗语言与地理专业语言的关系，有较强的地理学科色彩。③ 用词生动、形象。即教师在不影响知识科学性的前提下，运用丰富优美的词汇及各种语言修辞技巧表述教学内容，使学生感到形象贴切，深入浅出，生动易懂。

教学语言有不同的表达方式，如导语、提示语、承转语、分析语等；教学语言还有不同的说明类型，如叙述性说明、描绘性说明、论证性说明、解释性说明等。灵活运用不同的语言表达形式，根据教学需要选用恰当的语言说明类型，是教师语言表达能力的又一重要方面。其总的要求是：组织严密、条理清楚、节奏明快、清晰流畅、准确精练、生动形象，富于逻辑性、启发性和艺术性，具有感染力和美感。各种语言表达形式和说明类型还应符合一定的要求，限于篇幅，不一一赘述。

---

① 本文选自《中学地理教学参考》1997 年第 5 期。

二、灵活运用教育学和心理学理论于地理教学实践的能力

地理教学不能离开教育学、心理学等理论的指导。随着教育学、心理学研究的不断深入,发现其中许多理论并没有被广泛应用于地理教学实践,有些地理教师的教学仍停留在经验探索阶段。因此,地理教师必须有意识地提高自身应用教育学、心理学理论的能力。在提高的过程中,要注意如下要求:① 较为系统地学习和掌握教育学、心理学理论知识,做到教学过程中的及时提取和及时应用;② 善于按地理学科的逻辑对教育学、心理学的定律、原理等进行有意义的改造,并在应用过程中表现出应有的灵活性与创造性;③ 善于捕捉最新的理论信息,应用新的理论解决地理教学中的实际问题;④ 善于将自己的教学体验和经验用理论进行加工,使之能上升为理论。

三、分析和组织地理教材的能力

地理教材的分析与组织包括深刻的教材阐释与有效的教学策略两个方面,是一种研究性的教学行为。要求地理教师能够依据中学地理教学大纲,分析地理教材的整体结构、编者意图;能够准确区分地理教学课题的知识构成与层次,深刻分析地理教材的知识结构、智力价值与思想教育价值,把握教材中的重点、难点;能够根据学生的知识水平、教材内容特点,灵活地处理教材,注意弥合学习内容与学生认知水平之间的差距;能对教材作必要的补充、修正。

四、优选和运用地理教学方法的能力

地理教师在对教材、学生、教师自身条件、教学设备等要素进行分析的基础上,应选择适宜这些要素本身特点的教学方法,在教学设计与教学过程中,应根据所选择的地理教学方法(或方法的优化组合)的结构、适应范围、运用步骤与要求进行地理教学。要求地理教师熟悉各种地理教学方法的功能、适应范围、实施步骤、运用要求;能够根据地理教学课题的特点,学生已有的地理知识与技能水平,教学设备状况等,选择与之相适应的教学方法,设计所选择方法的运用程序;在地理教学过程中,能根据实际情况,灵活运用地理教学方法完成地理教学任务。

五、设计和调控地理教学过程的能力

设计地理教学过程的能力,是指地理教师为实现地理教学目标,顺利地制订地理教学方案与进行决策的活动方式。调控地理教学过程的能力,是指地理教师根据地理教学方案及教学实际,运用各种教学方法、方式与课堂管理方式,使教学过程富于节奏、秩序与效率的能力。具体要求是:① 能够准确、科学地制定地理课堂教学目标,掌握导入、提问、板书、作业等的设计方法与技巧;② 能够根据地理教学目标设计地理教学的顺序与课堂教学结构;③ 能够创设积极的地理课堂气氛,会控制地理教学过程的节奏,采用恰当的课堂管理手段,使地理教学富于效率与秩序。

六、运用地图进行教学的能力

要求地理教师能够根据教学内容与学生的特点正确选择各种地理教学挂图,掌握规范

的指图技巧,熟悉各种类型地图的识读方法;能够用地图灵活地讲解和提出地理问题,引导学生运用地图获得地理知识,形成读图能力;掌握编绘常见的地理教学挂图的方法。

七、速绘、设计和运用地理略图、板画及各种常见地理图表的能力

要求地理教师能够快速、准确地默绘各种地理略图,运用简易的绘画技巧绘制常见地理事物和现象的板画;掌握地理统计图表与联系图表的设计与绘制方法,能够根据教学内容特点、学生已有地理知识水平与认识水平设计地理略图、板画与图表,并运用它们准确、形象地阐述和分析地理教学课题。

八、选择、运用和制作地理直观教具的能力

由于地理知识具有较大的时空跨度,许多地理事物和现象难以直接感知。因此,地理教学离不开地理直观教具的辅助,要求地理教师必须熟悉地理模型、标本、图片、幻灯、录像等直观教具的教学功能、适应范围和运用方法,能够根据教学内容特点、教学目的要求、学生的年龄和智力发展水平,恰当选择地理直观教具,设计地理教学过程,能够制作常见地理模型、标本,会制作地理幻灯片,掌握初步的计算机辅助教学的知识并能进行常规操作。

九、指导学生进行地理实践活动的能力

除进行地理课堂教学外,地理教师还担负组织和指导学生进行地理实践活动的重要任务。如带领学生进行野外考察、地理调查、参观,进行气象观测、天象观测、水文观测、环境监测等,要求地理教师能够制订实践活动计划,确定实践活动的场所、活动的内容和活动的具体方式;能够正确指导和组织学生的实践活动,培养学生参与动手实践的能力。

十、进行地理教学研究的能力

地理教师在从事地理教学工作的同时,进行相应的教学研究,发表研究成果,是提高自身素质的有效途径之一。因为,教学科研能使教师自觉提高自己的教学理论水平,使教师能从较高层次上认识和把握教学工作;能够促进教师教学能力的提高,改变陈旧的教学观念,形成科学的教学观念,在教学方法上也能更加科学与先进。为此,地理教师应当懂得教学研究课题的选题原则与方法,了解和运用常用的教学科研方法,掌握地理教学研究文章的写作形式与方法。

21世纪地理教师的素质结构[①]

关 伟

素质教育是人类社会发展到今天对学校教育所提出的一种更高的要求,尽管目前人们在理论上和实践上对它还没有一致的认识,但可以肯定的是,素质教育的推行必然是21世纪中国教育发展的基本趋势。基于这种认识,又考虑到21世纪人类社会的发展变化,特别是一些新的教育理念的兴起,本文就21世纪地理教师的素质结构问题发表看法。从选题的思路上看,素质教育是本文的出发点,而有关21世纪社会发展与教育相关的话题,则是本文的论证依据。

一、素质、素质教育与地理教师的素质结构

"素质"在概念上有狭义和广义之分。狭义的素质概念,是生理学、心理学中的概念,是指"个人先天具有的解剖生理特点,包括神经系统、感觉器官和运动器官的特点,其中脑的特点尤为重要。它们通过遗传获得,故又称遗传素质,亦称禀赋"(顾晴远《教育大辞典》第一卷27页,上海教育出版社1990年版)。广义的素质概念,是指包括思想品德、心理和生理等方面的整个人的客观现实性和未来发展的潜能,是指在先天因素和后天因素共同作用下所形成的人的身心发展的总水平。从词性上分析,狭义的素质概念是中性词,而广义的素质概念,则带有明显的褒义色彩;从属性上分析,狭义的素质概念主要基于人的自然属性,广义的素质概念则是从人的自然属性、社会属性两个方面入手的广义的素质概念,一方面承认个人先天的禀赋为人的发展不可缺少的生物前提,同时强调它是在学习和社会实践中逐步发育成熟的。我们通常所说的"素质教育"中的"素质"一词是指它的广义的概念,本文所说的地理教师的素质结构中的"素质"一词,也是指它的广义的概念。

"素质教育"作为一个概念,是在20世纪80年代后期提出的,距今只不过十多年的时间。但是,"素质教育"一经提出就成为我国教育界谈论最为热烈的话题,一时间有关素质教育的书籍、文章和讲话、报告等可谓铺天盖地,以至于使人们以为我国素质教育的春天已经到来。其实不然。

首先,"素质教育"是中国教育工作者率先提出的,它的词面虽出现于20世纪80年代后期,但是,纵观中外教育思想史,却不难发现关于素质教育的思想灿若星河。例如,孔子的"质胜文则野,文胜质则史;文质彬彬,然后君子",孟子的"得天下英才而教育之,三乐也",夸美纽斯的"教育在于发展健全的个人",裴斯泰洛齐的"教育是依照自然法则,发展儿童道德、智慧和身体各方面的能力"……这些著名的论述,揭示了一个共同的命题——教育在本质上就应该是素质教育,或者说,素质教育本来就是教育的固有属性。

[①] 本文选自《地理教育》2000年第2期。

其次,"素质教育"在当代被明确提出且又被如此重视,并不是偶然的。这是因为,我们的教育发展到今天,虽已取得一定的成就,但却存在许多明显的缺陷。这些缺陷已使我们的教育难以继续发挥出最佳的功能,难以与整个社会的发展相适应。人们越来越认识到,在当今和未来社会复杂、多变的竞争中,起决定性作用的是人的素质的竞争。站在世纪的交汇点上,面对文化贫困的中国人力资源,提高其素质的确是当务之急。

第三,"素质教育"一经提出就受到教育界的普遍关注、重视和欢迎,但十多年过去了,人们对"素质教育"在概念上,乃至认识上仍然没有统一,甚至是模糊的。什么是"素质教育"？教育理论家没有给出一个明确而又得到共识的答案。虽然(素质)教育可以在理论尚未成熟之际,寻求超越理论的实践起点,但素质教育的实施是政府行为、学校行为、教师行为,还是学生行为呢？也无法找到一个明确的答案。显然,推行素质教育单靠批判所谓的"应试教育"是不行的(现在流行将"素质教育"与"应试教育"对比或批判等等,其实这在概念上、逻辑上和事实上都是不妥的,笔者有另文评论,此不赘)。因此,我们必须将推行素质教育的紧迫性,同其理论研究的成熟性、实践操作的可行性等,放在一起进行通盘考虑,才能避免矫枉过正、欲速不达的情况出现,以最终实现真正意义上的素质教育。

现阶段素质教育作为一种理论还不能算完全成熟,素质教育的实践也处于举步维艰的状况,但这些都不等于说素质教育就无法或不能推行了。恰恰相反,素质教育作为一种理念或思想,现在已经旗帜鲜明,《中国教育改革和发展纲要》已明确提出了教育要提高全民族的素质。因此,无论遇到多大困难,素质教育都将成为 21 世纪教育的主导模式。对此,我们必须予以充分的重视。

素质教育是我国一次重大的教育革命,是传统教育观念的历史转变。它的推广实施将涉及方方面面,除去必要的理论准备不论,仅在实践领域就需要建设适应素质教育需求的课程体系；制订、编写适应素质教育需要的教学大纲和教材；探索适应素质教育的教学方法；确定与素质教育相适应的教育教学质量评估标准；建设适应素质教育发展需要的教育法规、政策和规章制度等。摆在我们面前的形势和我们必须具有的认识是：① 素质教育是 21 世纪地理教育的必然选择。② 地理素质教育的真正实施,在很大程度上是依靠地理教师去完成的。这是因为,从一般规律分析,任何教育思想或方案的贯彻执行,起初都是政府行为,然后是学校行为,而最后则主要是教师行为。现代教育教学理论特别强调学生的主体地位和学生的自主性学习,但却从来没有否定教师在教育活动中的主导作用。③ 既然教师在实施地理素质教育中扮演重要角色,那么,地理教师就需要在观念上、知识上、能力上,特别是素质上有所调整和提高,以使自己的素质结构等适应素质教育发展的要求。我们很难想象,一个自身素质不高的地理教师,能在地理素质教育中实现提高学生综合素质的教育目标。

二、适应 21 世纪地理素质教育的教师素质及其结构

教师的素质及其结构直接关系到素质教育的目标实现,虽然我们以往也一直强调教师的素质(结构),有关它的论述也时常见诸《地理教育学》或《地理教学法》等书籍或教材之中。但是,我们却经常自觉或不自觉地混淆地理教师的知识结构、能力结构和素质结构的关系,并且表现出对前者的特别偏爱。

(一)地理教师的素质结构,既不等于地理教师的知识结构,也不等于他们的能力结构

知识是人对事物属性与联系的认识,它只有通过后天的学习或实践才能获得。知识是教师从事地理教育工作的基础条件,也是形成教师能力、教师素质的前提条件和基础。能力是人顺利完成某种活动所需的个性心理特征,就地理教师而言,能力主要是指从事地理教育活动的专业(特殊)能力。它虽然在含义上比知识更接近于素质,但能力的具有或体现却带有明显的现实性,这同素质是人的未来发展的潜在可能性有着本质上的差别。因此,地理教师的素质结构,既不等于地理教师的知识结构,也不等于他们的能力结构。地理教师所掌握的各种知识,需要经过内化才能成为素质,而地理教师的各种能力,也只是他们素质的一种表现。

(二)确立21世纪地理教师素质结构的主要依据

教师素质结构是一个动态的概念,它必须符合时代发展的需求;同时,教师的素质结构除了必须适应素质教育发展的要求之外,还要考虑到一些其他的、新的教育理念或模式。

首先,21世纪的时代特征。当人类社会尚未迈入21世纪门阑之际,21世纪的曙光就已显现出来。卫星技术、计算机技术和通信技术的发展与结合,将人类社会推进到一个信息化社会的时代、数字化社会的时代、知识经济的时代。在这样的一个时代里,知识或信息的传递与接受异常迅捷与便利,知识的增长速度以几何级数计算,人类的交往会比以往任何时候都要广泛和直接……与教育更为密切的是,在人们生活质量普遍提高的基础上,对教育的投入和重视程度也将直线上升,对教育的质量也将提出更高的要求;社会的变革速度加快,教师职业也将逐步面临聘任上岗,或下岗、分流、待岗等艰难抉择,教师的身体素质、心理素质,将同其专业素质一样具有它的现实重要性。

其次,新的教育理念的兴起及其发展。素质教育是21世纪的重要教育理念,除此之外,社会发展和时代进步也迫使教育自身做出更多的改革选择,以建构主动适应时代的新的教育理念和模式,如一体化教育、终身教育、全民教育、社区教育、学习化社会和通才教育等。这些教育理念或教育模式的实施,是地理教育在21世纪获得更大发展的重要契机,其原因一方面是地理教育的传统基础的适宜性,如强调学校、家庭、社会的一体化教育一直是地理教育关注的教育形式;另一方面则是由于地理教育内容的跨学科性,如通才教育的核心概念就是对学生进行文理渗透、学科渗透和课程渗透。因此,21世纪地理教师的任务将更加繁重,对地理教师素质的要求也会更加严格。

(三)21世纪地理教师素质结构的重组

1. 优秀的思想道德素质

教师是太阳底下最光辉的职业(夸美纽斯语)。教师向学生传递着人类文明,使年轻一代社会化,教师的教育教学使人类的未来有了依托,有了希望。从事如此神圣职业的教师本身必须具有优秀的思想道德素质,这不仅制约着教师其他素质的存在和发展,而且还直接影响学生整体素质的提高,从而影响着未来社会的发展方向。

2. 综合化的知识素质

知识素质是教师工作最起码的基础素质。21世纪的时代特征、学生特点和教育理念，要求教师的知识素质趋向综合化。就地理教师而言，综合化的知识素质既要有精深的地理专业知识、教育教学专业知识，又要打破专业壁垒，吸收各学科之精华，形成纵横交织的"T"型知识结构。

3. 复合型的能力素质

21世纪的地理教育将获得更好的发展，而一流的地理教育需要一流的地理教师，尤其需要地理教师具有全面的、复合型的能力素质。其中，表达能力、科研能力是我们以往一直倡导的，但创造性的教育能力、社会交往能力却应引起我们充分的重视。这是因为，21世纪的地理教师应该是拥有现代化教育技术驾驭能力，善于协调各种复杂关系的、新型的具有社会活动家风采的地理教师。

4. 健康的身体素质

身心素质包括两层含义：一是身体素质，二是心理素质。包括笔者在内的一些地理教育界人士，此前在研究有关地理教师问题时，似乎都将地理教师的身心素质视为一个"定量"而遗漏或一笔带过。岂不知，随着市场经济的发展，竞争机制必然引入教育领域，这样，除去社会、家庭等各种问题不论，仅教师应聘、再分配等一系列问题，就会使一些地理教师不可避免地处于紧张、焦虑、压抑或疲劳之中。因此，21世纪的地理教师必须具有健康的体魄和良好的心理素质，才能不断调整自己，才能随时适应社会的发展变化，才能在提高地理教育质量的同时提高自己的生活质量。

新课程呼唤地理教师专业化[①]

尹爱良

随着世界经济竞争和科技竞争的加剧,各国把教育摆到社会发展的战略位置,教育改革势在必行。而教育改革的核心内容就是课程改革。人们越来越认识到,课程改革的成败在于教师,只有教师专业化水平的不断提高才能造就高质量的教育水平。什么是教师专业化? 教师专业化的最基本含义就是要把教学视为专业,把教师视为专业人员。当然,实际上它包含着十分丰富的含义。本文从地理教师专业化方面略加探讨。

一、地理教师专业化的基本要求

1. 需要地理学科专业素养

地理学是研究地理环境以及人类活动与地理环境相互关系的科学,是一门兼有自然科学性质和社会科学性质的综合性科学。作为地理教师,首先要精通地理学科的基础性和发展性知识,熟悉地理学科基本结构和各部分知识之间的内在联系,了解和掌握地理学科的最新发展动向、最新研究成果和最新知识体系。特别是世界经济、政治和社会的迅猛发展,给地理教育提出许多新问题、新任务。一方面,"地理为生活"、"世界理解"、"环境意识"、"可持续发展"等新的地理教育理念应运而生;另一方面,全球定位系统、对地观测系统、地理信息系统技术得到广泛应用,数字地球概念得以建立。所有这些,对于目前地理课程改革产生了深远的影响,提升了地理课程的价值和功能,也导致了地理课程的巨大变化。教师不仅要知其地,更要知其理,只有把教的内容放到更为深广的地理学术背景和时代背景上,才能全面理解所教地理内容的价值和意义,才能取其左右而逢源。面对地理新课程,教师面临许多新挑战,既要学习新的课程理念,正确认识地理基础教育在素质教育中的重要作用,更新地理知识概念,提高本学科知识理论水平,又要转变思想,更新思维方式,充分注意地理基础教育改革要适应并有利于学生心理的发展;既要加强地理技能和能力训练,又要保持和发展正确的学科情感、态度和价值观。

2. 需要教育专业素养

新一轮课程改革以素质教育为宗旨,以培养学生创新精神和实践能力为重点,以学生的全面发展和终身发展为出发点和归宿。它是一个庞大而复杂的系统工程,涉及许多新的教育理论,要求教师在学生观、师生观、发展观、教学观、知识观、课程观、质量观、人才观等方面树立全新的观念。例如,学生的发展,既是教育的终极目标,也是教育的社会功能得以实现的必要条件。学生的发展首先应该是多方面的尽可能充分的发展,因为新课程改革需要培养的是"全人"或"一个完整的人",即全面、和谐、均衡发展的人。为了某种单一的目标,而忽

---

① 本文选自《地理教育》2003年第3期。

视甚至抑制学生其他方面的发展,显然是一种急功近利的短视行为。其次,学生的发展不仅指学生现在的、当前的发展,更是指未来的、终身的发展,学生能否学会生存、学会生活、学会学习、学会做人、学会创造,是衡量教师工作好坏的根本标志。再如,尊重学生的经验、发展学生的个性是目前世界教育改革的方向之一,能够为学生个性发展提供充分机会和良好氛围,是优秀教师和一般教师的区别所在。教师能否自觉地使教育活动顺应社会发展和教育自身发展的需要,与能否适应新的课程改革、能否理解教育的本质、是否具备现代教育观念、是否掌握教育艺术等有很大关系。拥有较多地理知识的人不等于就是合格的地理教师,因为合格的地理教师不仅需要研究学生(如心理顺序)、研究社会(如社会对教育的需求)、研究学科(如地理学科的逻辑顺序),而且需要将这三者完美地统一于自己的教育实践之中。

3. 需要较强的科研能力

新地理课程的实施是地理教育史上的一场伟大革命。新课程需要有新理念和新方法,新课程的实施会遇到新问题和新挑战,这些都是过去的经验和理论难以解答的。传统的唯传授型教师只有实现向科研型教师的转化,才能适应新的课程。从某种意义上说,"辛苦型"教师常常是"重负型"学生形成的主要原因之一,因为教师每天只忙于备课、上课、改作业、补课,不善于向科研要质量和效益,必然是观念陈旧,方法落后,违背规律,题海战术,从而使学生缺乏学习动机和兴趣,缺乏良好的学习方式,缺乏地理学习的技能和能力,缺乏健康的情感、生活态度和正确的价值观。因此,每一位教师都要在大练基本功的基础上,综合地、灵活地运用已有的地理专业素养和教育专业素养,以研究者的身份,用崭新的教育观念、高度的责任感、强烈的创新意识和独立的批判精神,对新地理课程改革的方方面面真情投入、积极探索、主动发现、认真分析、深刻反思和科学论证,并将科研成果创造性地运用于自己的教育教学实践中。只有始终站在教育科研前沿阵地的教师,才能由"教书匠"转变为"教育家",才有科学理论和教学模式的突破,才有教学原则的科学化、教学过程的优质化、教学方法方式的高效化、教学管理的规范化,才有新课程改革的胜利。

二、加速地理教师专业化的基本途径

1. 加大投入,强化管理

地理新课程改革任重而道远,其成败的关键在于是否拥有高素质的地理专业化教师。由于众所周知的原因,地理教师这一专业职业在我国发育很不成熟,在连数量都不能满足需求时,其整体素质不高可想而知了。因此,国家采取得力措施,加大教育投入是实现地理教师专业化的根本保证。改革地理师范教育,根据地理课程改革的目标与内容,相应调整培养目标、课程结构、培养模式和规格、方法,确保新培养出来的地理教师能承担实施新课程的任务,特别是应在培养"一专多能"的跨学科、复合型地理专业教师上投入更多的力量。建立和完善与职前教育相衔接的继续教育和终身教育体系,为教师的专业发展提供各种条件,确保每一位在职教师都接受适当的、有效的培训,确保地理教师有不断学习和进修的机会,使地理教师具备新课程所需要的观念、知识、技能和能力。以对学生全面发展和终身发展高度负责的要求出发,加强对地理教师专业化的管理,严格执行地理教师资格证书制度和聘用制度,坚持清退非地理专业教师以及缓聘或解聘不合格的地理专业教师。作为地理教师应该深知,只有专业化才会得到应有的社会地位,才能受到社会应有的尊重,因此必须勇敢地面对挑战,学会学习,学会反思,学会创造,促进自己不断向专业化方向发展。

2. 改革评价制度

从教育行政主管部门看,必须建立以促进学生、教师和学校共同发展为根本目的,体现素质教育思想,符合新课程培养目标要求的学校评价体系,例如打破长期以来以升学率作为评价学校办学水平高低的唯一标准的做法,把各学科教师的专业化作为评价的硬指标之一,等等。从学校来看,领导要更新观念,建立促进教师不断专业化的评价体系,不再以中考、高考成绩作为评价的唯一指标,而是根据新课程对教师内在素质和专业水平发展的要求,提出符合素质教育方向的多元化的评价体系,使地理教师的创造性工作得到应有的肯定。从考试来看,虽然理论上讲考试改革不等于评价改革,它跟地理教师的专业化并没有特殊的关系,但是由于我国基础教育的具体国情,启用考试杠杆的作用,仍然是具有中国特色的特殊手段。例如,每次取消地理高考,都导致了地理教学质量的严重倒退;而初中中考地理为非考试科目,使得全国大部分初中地理课形同虚设。然而初中教育为义务教育,在学生发展中起着更为基础的作用,作为基础教育课程体系之一的地理教育对学生的全面发展和终身发展有着其他学科无法替代的作用。因此改革考试科目设置,将会对各校加速地理教师的专业化起到立竿见影的导向作用,建议研究以下方案的可行性,在初中实施综合考试的办法,即中考科目设置为语文,数学,英语,政治、历史、地理的综合,物理、化学、生物的综合共五门;或者加强课程的综合化,推广使用科学、历史与社会,中考科目为五门;在高中,充分考虑学生个性的发展,给予他们选择的权利,取消大综合考试,恢复会考制(只考学生不参加高考的科目,并且拼盘为一门),比较、研究、选择合适的高考科目组合方案。改变目前这种本末倒置的考试方案,实行初、高中相衔接的考试方案,有利于课程改革的顺利实施和素质教育的实现。

地理教师专业化既是一种资格的认定,又是一种动态的发展过程,也是一个终身学习、不断更新的自觉追求和奋斗的过程。正如顾明远教授所言,只有专业化的教师才有社会地位,才能受到社会的尊重。愿新的地理课程改革,推动我国地理教师专业化发展,为新的地理课程改革做出应有的贡献。

学校中教师的专业成长与发展[①]

熊 焰

学校的成功来自于教师的能力和他们的精神,这种能力与精神并非全部来自职前培养,学校的现实环境才是培植、巩固和不断发展它们的重要场所。重新发现教师,重视教师的发展是当代教育的一个重要特征。教师专业化发展是我国教师教育改革的一个重要取向,已成为教师教育实践的主流话语。

一、教师是专业成长与发展的主体

(一)教师的"自主性"与"个体性"

随着基础教育课程改革的不断深入,教师职能正发生着深刻的变化,研究教师教育教学实践已成为中小学日常教育工作中不可缺少的方面。教师个体的研究态度与能力是其创造力的集中显现,也是一个人主体性的能动体现,更是个体发展的重要基础。学校中并不只有学生才是学习者,教师也应把自己看作是学习者。学校中教师的学习关注的不应仅是知识学习,还有倾听、阅读、反思和询问他人等行为学习。通常教师的学习被狭隘地理解为举办在职研讨班或周末培训,而类似的培训时常停留在字面上,教师的教育思想往往是在被动条件下接受与形成的,其主体精神没能在观念上得到有效的发展和提升。知识社会发展的突出特征是通过主体间的理解和主体的创造活动去实现社会的进步。从每个学生的成长出发,教师的工作总是在实现着文化的融合、精神的建构,充满着研究与创造。教师的创造性工作,从某种意义上说,就是教师的研究。这种研究是教师教育实践中的一种态度、方式,体现着教育的根本意义。教师成为教育研究的主体表明教师的研究意识、主体意识是教师专业化发展的重要支撑。教师专业发展是一个连续的过程,它更多的是个人的责任,而不仅仅是学校教师发展计划的一般程序,教师不应是专业发展的"被动的接受器";教师的专业发展是学校教师个人自愿、自觉的行动,它需要教师积极主动地参与,并尝试使用不同的方法,教师是自身发展的积极建构者。

教师的自我更新是专业发展的内在机制,"自觉""自主"成为教师专业发展的关键词。它具体表现为专业发展的自主意识与能力,即教师能自觉地对自己的专业发展负责,自觉地对过去、现在的状态进行反思,对未来的发展水平、发展方向与程度做出规划,并能自主自为地遵循自己专业发展的目标、计划、途径,并付诸实施,成为自身专业发展的主人。只有充分激发起教师专业发展的自觉性,才能使教师的成长由自发转向自觉,由个别转向群体。可以说没有一个优秀的教师是师范院校可以直接造就出来的,优秀教师都是在工作过程中成长

[①] 本文选自《课程·教材·教法》2004年第4期。

起来的。

中小学有相当部分的教师一方面对先进的教育理论(或叫"学术理论")"如饥似渴";另一方面又抱怨所学的教育理论对自己的教育实践指导"乏力",于是发出了"听起来明明白白,做起来糊里糊涂"的感慨。这种情况是由于储存于教师头脑中,为个人所享用的关于学校教育、教育目的、教与学、学生、学科、自己的角色与责任的"教师个人理论"(亦称"教师个人关于教育的实践理论")"阻挡"了教育理论向教育实践的转化。而对教育实践工作者来说,真正直接对教育实践起作用的正是"个人理论",它既是接收外界信息的"过滤器",又是决定教师行为的核心因素,尽管它在教师的教育实践中起着不可或缺的作用,但其局限性亦是显而易见的。所谓"个人理论"是教师在日常生活实践、教育教学实践与学习中通过思考、感悟或直觉逐步形成的,具有笼统、模糊、尚未充分细化、与具体的情境相联系的(有的甚至是缺乏逻辑和严密性的)特征。作为教师个体往往很少清晰地意识到"个人理论"的存在,更难对其进行深入反思和批判。要促进教师的专业成长与发展,就必须实现"学术理论—个人理论—教育教学实践"的顺畅运转,构建科学的、合理的教师"个人理论",其有效的途径则是教师个体不断"提升自我认识",加强"反思",与"同行合作"开展行动研究。

(二) 教师专业发展的"实践性"与"发展性"

教师职业发展是一个动态的学习过程,它能使教师更好地理解和掌握学科内容,对教育理论有一个高度的认识,从而促使其对常规进行批判性的接受。教师发展与实践教师的发展,无论是其职前培养时期,还是在职培训时期,都应当在教育实践中进行,与学校日常生活联系在一起,与身边的教学和生动活泼的学生的变化联系在一起。与教育实践的密切联系是教师发展的基本手段,而教育教学实践的变化,教学质量的提高,学生的健康成长则是教师专业化发展的目的。

实践是教师发展的基础和生命。同时,创新是发展的应有之义。但发展所含创新之义是在超越实践中拥有的。我们说教师在实践中发展就是指教师在自身实践中经过不断的反思和建构推动实践前进。教师专业知识与能力结构体系的不断充实和进一步完善是在教学实践中逐步实现的。教师专业发展是在学校真实的教学情境这个现实土壤中成长的,对课堂教学的成功至关重要。在教学情景中,由于有个人化的教育观念和自身的实践经验,教师的日常教育教学行为有其独特性。教师专业发展带有的这种"个性"特点,就要求充分尊重、重视教师已有的实践经验和现实的专业实践活动。教师专业化发展实际上就是要把教育问题的学术研究回置于鲜活的现实之中,使理论研究返回思想的故里。教师在实践中对教育意义的主动探求,将提升中小学教师的教育责任感和理论思维能力,使教师对教育、学校乃至自身的存在与发展有更深入的理解,而这种不断加深的理解就是教师工作创新与教师获得发展的首要条件。

二、教研组与教师的专业成长与发展

(一) 教研组的改进

教师的研究是一个真正的学习过程,而学习永远是一个社会过程。教师的专业发展过程是动态的,其中极为重要的一个条件是与同事进行共同合作;作为专业人员的教师要想办法克服课堂上与学校中存在的"隔离"状态。教研组是学校的基层组织,在教师专业成长与发展中起着关键作用。教师的专业成长与发展需要借助于跨学科的、共同关心问题的协作,需要不同层次教师间的交流与合作。长期以来我国中小学教研组都是以学科教学为唯一任务,这与现实所要求的教研活动发生了矛盾,造成不少实践困难。如具体的教学实践很难与教育理论联系起来;教师在实践过程中的自我目的性不明确,主体性难以发挥;教师的优秀经验难以总结,科研能力难以提高;难以实现跨学科的交流。随着教师资源的进一步开发,教研组需要具备教研、科研、培训等职能。发挥传统教研活动的优势,改进传统教研组的局限性,才能更有利于教师的专业成长与发展。

从教研组对教师的培养来看,传统的方法大多是采取"以老带新"的形式,这种传统指导形式,指导者既可以是老教师个体,也可以是教研组、备课组、教学协作指导小组等教师群体。其指导方式还有组织同一学科或同一教研组的教师进行交流、互相切磋教育经验,共同研讨课程标准教学大纲、教材、教学计划以及教学方法,以达到共同提高、共同进步的目的;或是组织教师听优质课、示范课、观摩课等学习教学技能、教学方法,以及教师之间互相听课,然后再进行交流、研讨等来提高教学效果。这些培训对提高教师教学的方式方法,曾经起过良好的作用,取得一定的效果,其中有些方法,迄今仍有现实价值。不过,在关注教师专业持续发展的现实情况下,教师既要是教育者、受教育者,又要成为研究者。教师的研究要立足于学校(教研组),其主要方式是采用"教育行动研究"。教师经过反思、研究自己的日常教育教学工作,探究和解决所遇到的问题。教研组以"课题研究"促进教师专业发展,要求加强学科知识与教育理论知识的综合运用,以"改进实践,合作参与,公开讨论",促进教师专业发展目标的实现,正所谓"教学即研究,问题即课题,成长即成果"。

(二)开展校本教学研究

教研组可以以课题研究的形式开展校本教研。所谓的校本教学研究就是教师为了改进自己的教学,在教学实践中发现"问题",并在自己的教学过程中以"追究"或汲取同伴的经验解决问题;其目的不在于让教师去验证某个教学理论或假设,而是让教师去改进与解决自己教学实际中的问题,提升教学的有效性,它强调的是在真实的教学情景中改进实践,改进教学实践的过程,就是行动研究的过程。校本教学研究是在"教学问题—教学设计—教学行动—教学反思"的过程中展开自己的教学工作。日常教学的"问题"并非都能构成研究的"课题",只有当教师持续地关注某个有意义的教学问题,并"有心设计"了问题解决的思路之后,教师日常教学的"问题"才能转化为研究"课题",这也意味着教师的"问题意识"上升成为"课题意识"。校本教学研究设计是教师在发现某个值得追究的教学问题后,在随后的相关联的课堂教学的设计即备课中思考解决问题的基本思路与方法。教师在提出或解决问题时,个人经验是有限的,往往需要与其他教师合作,当教师在集体备课、说课中借鉴同伴经验或智慧以解决教学的基本思路与方法问题时,这种教研组的备课或教学设计活动就是校本教学研究所倡导的以"研究"的意识来强化教学设计活动。在问题解决之后,需要将问题提出和解决的整个过程进行"叙述"。无论是"笔述(写作)"或"口述(说课)",都要叙述出来,以便于公开讨论。教研组则是教师"叙事"并为自己的教育行为做合理性辩护的主要场所之一。

为了有效地促进教师的专业成长与发展,建立学习型(或称为研究型)的教研组是非常必要的,应在保留原有教研组格局的基础上对教研组进行适当的改造,如由教研组长负责建立教研组的课题,合并有相近研究方向的个人小课题,形成合作课题或子课题群,开展有目的、有计划的课题研究;针对不同的教师群体,根据教学能力、兴趣、爱好等建立学习、研究小组,对共同关心的理论与热点问题组织学习、讨论;促使教研组向研究型、学习型转化。同时,教研组的教研活动还需要有一定的规范和制度,要做到经常开展不同层次、不同内容的各种学习讨论与课题研究;随时进行信息交换;建立一定的考核制度,以起到引导监督的作用。教学与研究是"共生互补"的,即在教学中研究,在研究中教学,形成教研相长的良性循环。注意将科研成果迅速地转化为教育效益,用科研指导教育教学实践,有了研究的参与,教学的品质、水平与境界会不断提升。这是一个连续不断的、面向未来的过程,也是保证学校与教师可持续发展的重要途径。

三、学校与教师专业成长与发展

(一) 构建学习型学校

建设学习型学校需要在管理与学校文化建设上给学校提供足够的发展与变动空间,从过去过于精密的控制走向不确定性,而从不确定性走向创造性则需要学校具有一个知识生产与分享的系统。即学校的发展不再局限在对现有结构与功能的维持上,学校应学会追求个性化与动态化发展,学校发展关注的不再是简单的输入与输出,而是一种综合的、自我组织的系统。对学校中的个体学习而言都是持续不断的个体学习;对学校中的每个学习小组而言都被视为集体的、合作的社会的学习;对学校而言其本身被看作是一种学习系统,具备自成体系的能够推动学校创新、设计发展"愿景"、诊断教学效能以及解决问题的策略。这就要求教师成为一个不断学习的学习者;教师间相互学习,形成双赢的教学共同体;学校领导者不断学习,并关注教师的专业成长。

在学校内部发展方面,学习型学校要能够合理制定、实施、调整学校发展规划,并能设计有关教学组织的方案。根据自身发展的状况与本校教师的专业发展需要制定校本培训计划。从根本上看,校本培训计划乃是学校全体教师的专业发展计划。各个学校有自己的教育理念、资源与方式,要突出自己的个性特点,应在满足共同需求的基础上,重视教师个性特点的张扬,促进不同教师自身教学风格与特色的形成。每位教师都是作为一个独特的生命个体参与活动的始终,应当使他们在这个过程中闪烁创造的火花和人性的光辉,显现出独特的风貌。同时,学校领导不但要善于选择与使用教师,而且要善于和教师对话、沟通。在与校外合作方面,学校要善于和校外合作伙伴进行合作、交流,尤其注意与所在社区形成学习网络。

(二) 形成以校为本的"校本评价"

教师发展与教师评价的发展是在制度文化中进行的,这是教师教育改革的一个重要取向。像任何事物一样,教师的专业化发展也显现出阶段性。教师发展的中心是专业成长,这种发展的阶段与成长的水平,都需要由制度来保障。"以校为本"的评价就是一种重要的制度。中小学教师评价的目的是分等与激励,这两方面都应以促进教师教育质量提高为宗旨。建立标准是实施教师发展评价的基础,而建立有权威的实施评价的主体是教师发展得以顺利进行的保障。

教师应成为校本评价的主体。教师专业发展的核心是教师在教育教学中的"自主",即教师能为自己的行为做"合理的辩护",因为教师的专业发展是依靠实践性知识的不断丰富、实践智慧的不断提升来实现的。实践智慧是隐含于教学实践过程中,与个体的思想、行为保持着一种"共生"的关系,但同时具有"情境性的""个体化的"特点,只能在具体的教育教学实践中发展与完善,而不能以形式化或通过别人的"讲授"直接获得,因而学校应转变对教师"成果"的理解。这种理解一方面应是对教师个人的实践性知识给予认可,另一方面要对以校为本所产生的"教研成果"进行多元化理解,校本教学研究不应只是关注研究的成果,而是要重视整个研究的过程。因此,评价的形式也应由终结性的量化评价转向过程性评价。改变人们对教师角色和教师形象的传统理解,将反思与研究作为评价教师专业化水平的重要标准之一。让教师"叙述"自己在研究过程中所发生的一系列教育事件,诸如问题的提出,如何想办法去解决的,在解决过程中所遇到的障碍,审视问题是否真的解决了,有没有采取新策略,或又碰到了什么新的问题等等。教师正是通过"口头"或"笔头"叙述的过程,由"经验性教学"转化为"反思性教学"。教师所叙述的内容构成了研究报告即成为类似于"记叙文"的或"散文式"的或"手记式"的口语化的心得体会。教师在叙述自己的教育教学的过程中,实际上是研究、反思,由此进入"研究性教学"的状态。教师逐渐形成反思意识,养成反思习惯,经常"打量"自己的教学,发现问题,从小问题中提升出有教育意义的"大问题",并提出相关的研究主题,在真实的教学情境中改进实践。强调教师的成果,必须"真实"地反映学校实际问题,问题的思考与改进,对问题的"追究"。可以说评价的主要目的就是让教师有成就感,促进教师乐于不断地改造生活,而不是简单地重复教学工作。动态的人性化的评价才能促进教师参与研究,使教师在追求"新生活"中去自主发展,去积极探索,有一个专业化的"状态";使教育、教学研究成为学校的一种生活、一种习惯、一种文化,从而有效地开展教育教学,促进教师与学生的不断成长发展,进而不断推动学校的变革。

参考文献:

[1] [美] Lynda Fielstein, Patricia Phelps. 教师新概念——教师教育理论与实践. 王建平等译. 北京: 中国轻工业出版社, 2002

[2] 郝芳, 李德林. 教师个人理论: 沟通与阻塞. 中国教师, 2003(3): 20—21

[3] 徐斌艳. 迈向学习型社会的教育行动研究: 建构学习型学校. 全球教育展望, 2003(10): 25—28

[4] [美] Donald R. Cruickshank. 教学行为指导. 时绮等译. 北京: 中国轻工业出版社, 2003

信息时代中学地理教师素质的构建[①]

吉小玉

以多媒体计算机和网络通信技术为主要标志的信息技术,作为现代科技革命的基础和核心,已经渗透到社会生活的各个领域,其对教育的影响更是广泛而深刻的,必将引起教育思想、教育模式、教学内容、教学方法和手段的革新:学习时空开放化,学习方式多元化,课堂教学手段、方法现代化,教材媒体由静态转为动态,教育内容、教育科研、学校管理现代化,终身教育和继续教育观念逐步形成。

信息时代的特征、教育变革的要求、基础教育课程改革的内涵,决定了中学地理教师在原有的专业素质基础上必须有所提高、有所突破、有所创新,才能重新胜任新时代中学地理教师的角色。中学地理教师要具备的新素质体系,至少应该包括以下几点。

一、先进科学的教育理念、和谐发展的地理观是关键

基础教育改革的思路中,"教育体制改革是关键、教学改革是核心、教育观念的转变是先导"。教育观念的转变是一切教育改革活动的先决条件。中学教师如果认识不到信息时代的来临,及其将带给教育的巨大变化,不能及时更新理念和尽快提高素质,将无法适应21世纪信息时代教育的变革。专家把现代教育观归纳为:素质教育观、终身教育观、双主体教育观、创新教育观、情商教育观、四大支柱教育观等六个方面,作为一名中学地理教师只有不断学习,很好地了解、理解、领悟、掌握现代科学的教育观,并结合地理学科树立新的地理学理念,用它们指导教育教学工作,才能胜任自己的角色和岗位。

二、创新能力是信息时代对中学教师素质的迫切需要

开展创新教育已成为目前各国教育的主旋律。在创新教育中,教师对学生的影响是深刻的、长期的、潜移默化的,只有具有创新能力的教师才有可能培养出创造性的人才。教师工作从某种意义上讲,可以说是最具创造性的,它是帮助无一雷同的学生健康和谐地发展,并构建起属于他们个人的、独特的认知结构,是最为复杂的创造活动之一。知识仅是教师使用的媒介,教育工作的创造性就在于创造完整的人,只有如此理解教师的创造活动,才能实施创新教育。

三、教科研素质是信息时代中学教师的必备素质之一

教科研素质是现代教师素质的重要组成部分,教师的工作带有较强的研究性,如对教材、教法、学生、学法等的处理都需要教师自己的潜心研究。基础教育目前正处在巨大的变革时期,新课程标准的出台、新的会考和高考政策的出台,对中学地理教学产生了巨大影响,

---

[①] 本文选自《中学地理教学参考》2004年第12期。

教师必须深入研究,才能上好每一节地理课。时代的发展要求中学地理教师必须成为研究型的教师,只满足于做教书匠的教师必将被淘汰。

四、掌握、利用和开发信息技术的能力,成为衡量现代教师素质高低的重要标准之一

目前,以多媒体计算机和网络为核心的信息技术已极大地参与了教育教学活动,并给教育带来了勃勃生机。专家指出:将来使用信息技术和网络的能力将成为衡量专业技术能力的一项新的重要指标。这将使创造力大大提高,同时要充分发挥网络的资源优势,本身就需要创造性地使用它。归纳起来,信息素养可以分为八方面的能力:运用信息工具的能力、获取信息的能力、处理信息的能力、生成信息的能力、创造信息的能力、发挥信息效益的能力、信息协作的能力、信息免疫的能力。

五、现代教师要有地理学科与信息技术的整合能力

将地理学科与信息技术融合为一个统一体,它不仅是信息技术在教学过程中的运用,也不仅是媒体和技术层面上的操作问题,而是涉及教学过程诸多要素的系统科学的方法论。具体地讲,就是将信息技术既作为内容、方法和手段,又作为意识和观念,使之融于地理教学之中的理论和实践,以促进师生信息意识的建立,促进学科内容结构的变革,促进学生的学习方式、教师教学方式、传统教学模式的变革。整合的主要内容可以包括:① 更新教育观念,树立以人为本的思想,促进学生全面发展;② 建设新课程;③ 改革教学方式;④ 创设学习环境;⑤ 丰富学习资源。

六、教师要具备开放性的知识结构及"转识成智"的能力

教师必须保持知识结构的开放性,同时还必须学习和提高自己"转识成智"的能力。在新的知识观中,知识被认为是"不定型物",是可根据认识主体、使用主体,出于不同的工作目标加以不同解释的。因此,教学过程是一个帮助学生建构知识的意义,组织新的知识网络的过程。教师必须教会学生从知识学习中发现学习方法。同时,现代教学要使被传输的知识与其价值相结合。教师要认识、理解、挖掘和揭示该知识背后的道德含义、美学价值,激发学生的求知欲、道德感和美感。总之,转识成智的能力也是现代教育发展对中学教师的期望和要求。

七、现代教师素质需要认知与情感相互协调发展的人格

现代人以调和性、和谐性为特征维持人的持续发展。因此,在当代教育思维与实践中,无论是教学过程、德育过程及这些过程的评价体系中,都无一例外地要求凸显人的情感发展。在中学地理教学中,教师可以挖掘利用的德育素材非常多,这也正是地理学科的特点和优势之一。教师完全可以主动地开发、利用和渗透于每一节教材中的德育素材,充分利用好地理学科这一优势,创造、构筑一个安全、宽松、信任、尊重、欣赏、和谐和鼓励成长的师生交流环境,使之成为促进学生发展、创造学生完美人格的基石。

信息时代对中学地理教师的素质提出了新的要求,这是时代发展的需要,是基础教育改革的需要。它将使我国中学教师队伍发生一次历史性的变化,这场变革给教师带来了严峻的挑战和不可多得的机遇。

中学地理教师教育专业化培养的理论与实践①

林宪生　单良

一、教师教育专业化对地理教师教育的挑战

"教师专业化是现代教育发展的自然结果,是现代教育与传统教育的重要区别。"传统教育主要是经验性的教育,对教师的专业发展没有具体要求,现代教育是一种具有科学性、民主性、发展性的教育,对教师的数量和质量都提出了明确要求。自师范教育产生以来,人们对如何培养教师有着不同的看法和理念,不同的理念反映出不同的教师专业发展观。我国教师教育发展已有近百年历史。今天,强调教师是一种专门的职业,把教师专业化作为教师教育发展的方向,适应我国基础教育改革的要求,代表着我国教育改革的趋势。我们必须转变师范教育的传统观念,树立教师教育新理念。

什么样的人可以进入教师这个行业?如何让有可能成为好教师的人进入教师队伍?有学历,不一定就是好教师,这是因为教师行业有自己的特殊性。教师专业化"是一个人从'普通人'变成'教育者'的专业发展过程"。专业形成的基础是知识,它包括本体性知识和条件性知识,也就是学科专业知识和从事教育教学、与学生打交道的教育专业知识。从我国目前的教师资质来看,学历层次高了,满足了教师学科知识专业化的要求,但是教师教育专业知识却十分欠缺。许多教师认为新课程改革对自己提出的最大挑战,不是教学内容,而是教学形式和对待学生的方式。实现新课程改革目标,关键在于教师教育专业化的进程。也就是说,只有具备了学科专业知识和教育专业知识的人,才有可能入职成为合格的教师。

学科教育承担着教师教育专业化培养的主要任务。学生入职后,教育专业水平直接影响着教学质量,影响着教师专业化的进程。学科教育如何让学生入职后具有"三性"(教学工作的有效性、教学工作的创新性和教学工作的不可替代性)?如何促进"3E"的转化(由"经验"型教师向"专长"型教师转化,再由"专长"型教师向"专家"型教师转化)?直面教师教育专业化挑战,地理教师教育应做何种回答?

二、地理教师教育专业化构成

1. 教师教育专业化程度剖析

当前,我国教师教育正面临着一场深刻的革命。师范院校向综合化发展已成趋势,其他高校参与教师教育的格局正在形成。师范院校的内涵已经发生了变化,教师教育已不是主体,只是一个特色,重视程度有所转移,加之教师教育专业化培养是教育学、心理学、学科教学论三门课程和几周实习的模式,滞后的教育理念、不合理的课程设置、陈旧的内容、呆板的

---

① 本文选自《地理教育》2007年第3期。

教学方法、脱离实际的教学过程等弊端,使得培养出来的中学教师,结构体系不完整,教育专业能力缺失。

2. 地理教师特有的教育专业结构体系

用"三门课程 + 教育实习"以区别与综合性大学不同的师范教育模式,已经无法适应当代的师资培养需要。接受新的教育教学思想和理念,掌握新的教育教学手段和方法,探究新的教育教学问题,教师要有系统的教育专业化知识。作为合格的地理教师除具备普通教育教学知识和能力外,还要具备地理学科特有的教育教学知识和能力,包括地理课堂教学、地理实践教学、地理板图板画设计、地理多媒体课件制作、地理教育研究等。

三、地理教师教育专业化的培养

1. 课程设置改革

课程是教学思想、教学理念的具体体现,是教学内容的载体。地理教师教育专业培养要有相应的课程来保障,因此,我们调整了地理科学专业的教学计划,对地理教师教育类课程进行了改革,增加门类和课时。把地理教师教育课程由原来的 2 门增加到 8 门,分为理论性课程和实践性课程两类。地理教师教育理论类课程有:地理学科教学论、地理实践教学方法、地理教育研究方法;地理教师教育实践类课程有:地理新课程研究、中学地理科技活动、地理板图板画设计、地理多媒体课件制作、地理教育实习。在两类 8 门课程中,分为必修、必选和任选三种课程学习方式。

2. 教材建设

(1) 以"地理教学论"课程为引领的课堂教学专业技能培养课程群教材建设。课堂教学是教师教育专业的主体,它不仅表明教师本人的教育专业水平,重要的是关系到培养对象的质量。从对辽宁省中学教师教学能力具备程度的调查可知,被调查教师具备编制教案和设计板书能力、布置问题和批改作业能力、对学生学习成绩考评能力及掌握大纲应用参考书备课能力的比例还是比较高的,但是具备口、体语的表达能力和灵活运用教具辅助教学的能力以及制作多媒体课件能力较低。根据这一现状,为提高课堂教学能力,加强教师教育专业主体功能,使学生毕业后很快适应中学地理教学,我们设置了以"地理教学论"为核心的课堂教学专业培养课程群,包括地理板图、板画设计和地理多媒体课件制作课程;构建了以"地理教学论"课程为理论引领的课堂教学专业技能培养课程群的教材体系。这个体系是以当代教学思想为指导,以地理课堂教学理论为依据,以传统教学手段和现代教学技术相结合为支撑的培养架构。

(2) 培养课外教学专业技能的"地理实践教学方法"课程教材体系建设。地理学科的特点决定地理教学形式除课堂教学外,还有课外教学。地理课外教学是指"为完成地理教学大纲规定的教学任务和内容而借助现实情境在课堂之外进行的地理学科教学活动"。这个概念诠释的地理课外教学具有三方面含义:一是完成大纲规定的任务和内容;二是在课堂之外的实地进行;三是一种教学活动。这个界定从教学场所看,强调的是实地,以区别于课堂;从完成的教学任务看强调的是大纲规定,以区别于课外活动。地理课外教学与课堂教学的区别在于课外教学是在地理环境中学习地理文化知识的活动,是地理教学的一种重要形式。因此,地理教师的课外教学专业技能培养是十分重要的。为此,我们开设了"地理实践教学方法"课程,并构建了以"地理实践教学方法"课程为主的课外教学专业技能培养教材体系。

其体系由地质知识课外教学、气象气候知识课外教学、地貌知识课外教学、植物知识课外教学、水环境知识和人文知识课外教学等组成。

（3）培养教育研究专业技能的"地理教育研究方法"课程教材体系建设。新课程改革要求地理教师在教育教学实践中，必须经常回顾与反思教学过程中的各方面做法，不断总结经验，将教育教学的感性认识上升到理论高度，并探索其规律和特征，以便更好地指导教学活动。但在调查中，中学教师的教育教学研究能力普遍很低，严重地影响了新课程改革的进行。为此，在2002年，借修订教学计划之机，"地理教育研究方法"课程被正式列入地理科学专业的教学计划，并构建了以"地理教育研究方法"课程为指导的教育研究专业技能培养教材体系。包括地理教育研究与科学方法论、地理课题选择与研究设计、地理研究数据收集方法和地理研究结果的分析、呈献与评价等。

3. 构建"五位一体"的培养体系

由地理学科教学论、地理实践教学方法、地理教育研究方法、地理板图板画设计和地理多媒体课件制作等组成了地理教师教育专业化培养课程体系。在这个体系中，"地理教学论"课程承担地理教师教育专业的理论培养，主要让学生了解和掌握现代教学理论、地理教学价值取向、地理教学目的、地理教学内容、地理教学过程、地理课堂教学、地理活动教学等理论知识。

"地理实践教学方法"课程承担地理教师教育专业的课外教学方法培养。通过38个实习专题让学生掌握地质、地貌、气象与气候、土壤、植物和人文等野外教学方法。

"地理教育研究方法"课程通过对地理教学目的原则与任务、地理教学模式、地理教学管理等理论问题研究，地理课程标准教材、地理教学方法、地理教学艺术等应用问题研究，让学生了解和掌握研究的过程与方法。

"地理板图板画训练"承担地理教师专业教育的板书、板图、板画等传统能力培养，使学生掌握板书、板图和板画的设计要领及其应用。

"地理教学多媒体课件制作"承担地理教师专业教育的现代化教学手段运用的培养，主要教会学生如何设计、制作出符合中学教学要求的地理课件。

加强继续教育是提高地理教师素质之必须[①]

杨 新 冯 辉

新一轮课程改革及素质教育要求广大教师必须大力提高自身素质。终身教育的出现、学习化社会的构建、知识经济的发展,迫切要求教师整体素质的全面提高。继续教育作为教师再培养、再提高的一种有效途径,是"弥合昨天与明天世界之间的桥梁"。

地理教师的素质需要职前、职后的培养与教育,并在实践中通过自我教育逐步形成。借鉴国内外教师素质培养的成功经验,教育部门应以教师继续教育培训为基点,加强与职前培养的沟通,谋求适应时代发展的教师教育。因此,树立正确的继续教育观点,加大地理教师继续教育的动力,突破原有单一的培训模式,完善地理教师的继续教育培训机制,是全面提高地理教师素质的重要途径。

一、树立正确的继续教育观念

1. 继续教育不是单纯的学历补偿教育,应是提高在职教师综合素质的教育

我国中小学教师量大面广,教师学历达标率偏低,尤其在广大农村地区。1993年颁布的《中华人民共和国教师法》规定,我国中小学教师的合格学历为:初中——大专毕业或以上学历;高中——本科或以上学历。这便使得过去很长一段时间内,继续教育的重心放在学历补偿教育上,以致目前许多人认为开展继续教育就是进行学历补偿教育,没有搞清继续教育的目的是提高在职教师的综合素质。因此,地理教师继续教育工作的开展一定要防止步入功利化的误区,切实把工作重心定位于提高地理教师素质、优化地理教师知识结构、促进教师素质的提高上。

2. 继续教育不是一次性的在职培训,应是持续不断的终身教育

社会需求的不断提高,知识的迅速更新,信息的层出不穷,都要求地理教师树立终身教育的理念,不断进修培训,做一个终身学习者,活到老,学到老。

3. 继续教育不是重在接受培训,应是重在个人自觉学习

目前情况下,地理教师继续教育工作的大部分都是依靠各级教育机构和学校来组织的,以致有些教师误以为只要是参加了统一组织的进修活动就算是进行了继续教育,殊不知,继续教育特别重视个人有目的、有计划的自学活动。"自学,尤其是在有帮助下的自学,在任何教育体系中都具有无可替代的价值。"我们应当认识到,没有地理教师个人自学作为重要组成部分的继续教育,是难以有效提高地理教师素质的。

[①] 本文选自《中学地理教学参考》2007年第7期。

二、加大中学地理教师继续教育的动力

1. 加强立法工作,确保经费投入

1998年12月,教育部在《面向21世纪教育振兴行动计划》中提出"跨世纪园丁工程"。该工程规定三年内,以不同方式对现有中小学校长和专任教师进行全员培训和继续教育。这使得开展中小学教师继续教育有法可依,有章可循,从而实现依法施教、依法促教、依法治教。对此,不仅国家制定了相应的法规,而且各省市也根据各地的实际情况制定了配套的法规,从而使继续教育走向法制化轨道。在进一步制定和完善继续教育法规的同时,中央和地方各级政府应投入足够的培训费用来保证继续教育的开展。

2. 创设继续教育的良好氛围

取消教师终身制,实行教师聘任制。对中小学教师的任用一定要慎重,严把质量关,执行公平、公正的原则,对优秀教师应优先考虑并给予优惠条件。对于那些无真才实学、思想素质不高、业务能力差的不合格教师可以解聘。

(1)引入激励机制。为了调动地理教师继续学习的积极性,一方面,要把地理教师的进修与进修后的加薪、晋级与岗位流动联系起来,从而使教师的进修与自己的切身利益息息相关;更重要的是,要使地理教师意识到,继续教育是地理教育改革不断向纵深发展的必然要求,是促进中小学生全面发展的客观要求,也是教师个人人格不断完善的内在需求。换句话说,为了教育事业的发展,为了学生的发展,为了地理教师个人的发展,地理教师应接受继续教育。

(2)实行带薪进修制度。带薪进修是地理教师的一项权利,各级各类教育行政部门和各中小学校应予以切实保障。进修期间,工资照发,还要对其进行一定的物质鼓励与精神支持。

3. 加大中学地理教师继续教育的内在动力

(1)自我实现和发展的需要。当今社会,人的主体意识不断增强,人们在意识到自己的社会责任的同时,也日益重视个人的全面发展。"自我实现"已成为人们追求的最重要的价值目标之一。促进地理教师业务水平与综合素养的提高,进而达到"自我实现",继续教育帮助地理教师达到这一目标责无旁贷。国外经验表明,只有弘扬教师创新精神,树立终身学习的理念,唤起自我发展意识,地理教师继续教育才能事半功倍,发挥重要作用。

(2)地理教师的成长需要继续教育。华东师范大学著名学者叶澜认为,教师的继续教育应根据教师的专业发展成熟需要划分阶段,使处在不同发展阶段的教师都能在继续教育中获得提高。一般来说,有四个阶段:① 新教师上岗培训:主要任务是使新教师以实践为中心的在职学习的转折时期,必须重视理论与实践的联系;② 教师的在职教育:突出知识的更新与对自己实践经验的反思,旨在形成教师角色自我意识;③ 专题研究阶段:研究进入到教师继续教育中,旨在通过研究来学习与提高、学会研究,使教师成为研究者,其特点是以教师继续教育经验和教育实践问题为主,与教育第一线密切联系;④ 专家型教师:旨在学会创造,以个体教育风格及其创造为主。就教师群体而言,这四种不同阶段水平的教师是同时存在的,但不是每个教师都能达到第三、四种发展水平。因此,地理教师的继续教育既服务于个体发展的不同水平,又能满足处在不同发展阶段的地理教师继续学习和发展的需要,它是一部分新手成长为专家的必要途径,能形成教育实践与教育研究之间的内在联系。

(3) 继续教育为创新型教师能力结构的优化提供可能。21 世纪是一个教育创新的世纪,创新人才的培养将成为时代的主题。教育创新需要创新型教师。所谓创新型教师,是指那些具有教育创新能力,以培养学生的创新意识、创新精神和创新能力为己任的教师。我们知道,创新是一个永恒的不断发展的过程,因此,创新型地理教师必须不断接受学习和进行知识更新,保持创新的活力与潜能,以实现能力结构的优化。创新型地理教师所需要的能力是动态的、不断变化与整合的。在当前条件下,应包括如下几种主要能力的有机结合:教育科研能力、地理教师的心育能力、研究性学习的指导能力、对话能力。继续教育为创新型地理教师能力结构的优化提供了可能。

4. 继续教育是教师终身学习与学习化社会构建的需要

学习化社会是这样一个社会:所有公民可以获得高质量的普通教育和职业训练,在工作的同时,其一生中应当继续接受教育和培训。学习化社会将是一个以终身教育体系为基础,以学习者为中心,人人均能终身学习的理想社会。它将保障每个学习者的基本学习权,公平提供教育机会,从而促进社会和个人全面、和谐地发展。终身学习日渐盛行,学习化社会渐趋逼近。随着 20 世纪中期以来科技的加速发展、人口的增长、知识的"爆炸",终身教育越来越成为影响各国教育发展的思潮和指导教育改革的基本原则。

从终身教育到终身学习,学习化社会实际上反映了教育的责任主体已经从单一的政府行为,转为政府、社会各界和社会每一个体的共同责任。地理教师作为联系"过去""现在"与"未来"的关键人物,更需要终身学习。

首先,继续教育是地理教师理应享有的权利。学习是一项基本人权。联合国教科文组织早在巴黎会议(1980 年)上,就正式承认教师享有接受在职培训的权利,并提出工资照发的制度。这标志着教师继续教育的工作已从自发状态进入计划性和科学性的新阶段。各国均在积极努力形成教师继续教育的激励机制,都把继续教育作为教师依法享有的权利,摈弃了职前一次终结性教育的观念,重视教师的继续教育,并通过立法的形式建立继续教育制度,保障教师继续教育的权利。

其次,继续教育是地理教师职业生涯的构成要素。在信息社会的当代,地理教师如果不能积极接受继续教育,满足职业生活发展的需要,则势必有遭淘汰的风险。地理教师在职业生涯中的继续教育,旨在促进地理教师能够满足时代需要和教育改革的内在要求,使自己能够在学习化社会中,顺应教育的发展趋势,同时,更能使自己有效地规划职业生涯,促进专业成长,继而实现自己的教育理想。

再次,继续教育是地理教师融入学校学习型组织,寻求自我实现的需要。学习型组织是那些有意识地极力组织学习,使自己的学习能力不断增强的组织。在现代教育中,构建学习型组织是构建学习化社会的基础,提高学校效能的重要前提,更是地理教师通过不断地学习,更新知识技能,适应现代社会从而达到真正自我实现的终极目的的理想平台。继续教育就是这样一个最好的平台。

面向信息化的地理教师专业发展[①]

蔡 晓 胡良民

一、地理教师专业发展的背景及内涵

1. 地理教师专业发展的背景

教师专业发展的背景早在20世纪60年代,国际劳工组织与联合国教科文组织就在《关于教师的地位和工作建议》中指出:"应把教育工作视为专门的职业,这种职业要求教师经过严格的、持续的学习,获得并保持专门的知识和特别的技术。"由此引起各国对教师素质的极大关注。1996年,联合国教科文组织召开的第45届国际教育大会再次指出"在提高教师地位的整体政策中,专业化是最有前途的中长期策略"。于是,各国对教师专业化的研究掀起了一股热潮。20世纪90年代以后,人们越来越深刻地认识到,促进教师的专业发展能够有效地提高教师的社会地位,推动教育的发展。从此,教师专业化的方向与重心开始由教师职业的专业化转向教师的专业发展。地理教师专业发展就是在教师专业发展背景下应运而生并得以发展的。

2. 地理教师专业发展的内涵

在弄清楚地理教师专业发展的内涵之前,要对教师专业发展有个透彻的理解。教师专业发展是教师接受教育和不断接受再教育的过程,是教师教育的新命题。教师专业发展是教师作为主体的主动发展过程。成为教师是人生的一次旅途,而不是目的地,在这个旅途中,教师需要终身学习。这一学习的过程,就是教师专业发展的过程。从国内外现有的研究来看,研究者对"教师专业发展"的界定是多种多样的。本文比较倾向于叶澜和佩里(Perry)的观点,叶澜认为:"教师专业发展就是教师的专业成长或教师内在专业结构不断更新、演进和丰富的过程";佩里认为:"就其中性意义上来说,教师专业发展意味着教师个人在专业生活中的成长,包括信心的增强、技能的提高,对所任教学科知识的不断更新、拓宽和深化以及对自己在课堂上为何这样做的原因意识的强化。就其最积极意义来说,教师专业发展包含着更多的内容,它意味着教师已经成长为一个超出技能的范围而又艺术化的表现,成为一个把工作提升为专业的人,把专业智能转化为权威的人。"

综合以上分析,对"地理教师专业发展"的内涵可以做出如下界定:地理教师以自我发展需要为动力,在教师教育机制中通过不断学习、反思,使自己的专业智能素质和信念系统不断发展、完善的动态过程。

[①] 本文选自《地理教育》2008年第3期。

二、面向信息化地理教师专业发展的现状与阻碍

1. 面向信息化地理教师专业发展的现状

首先,由于高考指挥棒的作用,导致地理教学在学校中走向低谷,地理教师的专业发展并没有得到足够的重视,更不要说面向信息化了。对有些学校而言,信息技术条件和技术辅助已经不再成为问题了,但是还需要更有力的行政支持和配套政策支持,同时也需要来自区域的行政支持和实践者共同体的支持。

其次,就信息化地理教师专业培训的内容和方式而言,以技术操作为主的培训内容已经不再有实际的意义,因此需要及时更新教师发展项目的内容和方式,将重点转移到以信息化的教学设计和实施为主的方面来。

2. 面向信息化地理教师专业发展的阻碍

(1) 缺乏足够的技术条件。学校的信息基础建设发展很快,多数的地理教师能够拥有技术工具,但是技术资源的配置实际上还很少被考虑到。虽然有的技术方面的投资已经很大,但还是有很多学校缺乏支持技术应用的基本设备,特别是一些经济欠发达的地区。地理教师应用技术设施所需要的支持包括:了解创造性的地理信息技术应用方式、灵活的即时培训、持续的地理信息技术支持和地理学专家的指导。

(2) 缺乏合理的专业发展内容。目前地理教师获得面向信息化专业发展的机会非常缺乏,在教学中所需要的技术支持也很少,很多地理教师必须依靠自己去摸索如何将技术更好地应用到课堂教学中。一般说来,学校在技术投资方面,教师培训留出一定份额的很少。即使有培训也只注重技术细节,如怎么使用机器,Photoshop、Athorware 软件怎么使用,但对技术和课堂教学的整合方面很少关心。另外,地理教师具有不同的技术经验和知识,理想的情况当然是为具有不同经验的教师提供相应程度的培训。

(3) 缺乏充裕的时间。地理教师在整合技术应用时,最大的问题之一可能是时间问题。地理教师忙于备课、上课、批改作业、应付考试,很少有时间再学习新的东西;而且由于高考指挥棒的作用,地理被视为"副科",很多地理教师除了教学以外常常需要充当其他的角色,如班主任。学校和学区还有各自关注的教学目标,双语教学目标、教育信息化目标等都要占用地理教师的时间。因而很少再有专门的时间安排给地理教师作为专门的专业发展时间。

三、面向信息化地理教师专业发展要求

针对当前信息化地理教师专业发展的现状和阻碍,为了让地理教师更好地动态发展,在当今信息技术环境下,就要帮助地理教师提升专业化水平,即提升地理教师专业能力。因为面向信息化教师专业发展是教育现代化进程中的一个重要环节,是教育现代化的保障,在信息化的今天,地理教师就应具备以下四种能力。

1. 运用信息技术工具的能力

信息技术就是人类开发和利用信息资源的所有手段的总和,它改变着人们对空间、时间和知识的理解。现代信息技术的核心是电子计算机和现代的通信技术。对于地理教育而言,信息技术包括多媒体、地理信息系统和网络等。教师只有真正理解了技术以后,才能运用技术而且能够使技术有效地支持学习。如计算机技术使二维的平面图形立体化,成为三维的实体动感形态,地理科学所涉及的人文景观、山川大河和人类开发、利用资源的情景通

过计算机多媒体技术的展现,产生了前所未有的直观性,为地理教学提供了丰富多彩、活灵活现的声音、图像信息载体,将一些原本抽象、难以用语言表达的地理事物和现象、地理概念和规律,清晰、生动地演示和展现了出来。另外,在地理教学中,利用地理信息系统(GIS)软件对地图的操作、简单查询和分析,可以辅助讲授特定的教学内容。如通过地图图层的操作能直观地显示地理信息,描述地理要素的空间分布状态、要素间的因果关系等,达到辅助地理教学的目的。

2. 设计信息化教学的能力

学生的地理学习活动是极其复杂的高级心理活动,这就决定了地理课堂教学活动的复杂性。现代信息化地理课堂的教学设计就是以优化教学效果为目的,充分利用现代信息技术和信息资源,科学地安排教学过程的各个环节和要素,并通过一套具体的操作程序来协调、配置,使各个要素有机结合,协同完成教学系统的功能。与传统的地理教学设计相比,信息化的教学设计是确立现代地理课堂教学观的必然要求,它是在满足信息社会对地理教学效率、效果等要求中应运而生的,是以现代课堂教学观念为指导思想的。注重创设学习情景,鼓励和启发学生自己去探求知识和解决问题,并逐步建立与发展自己的认知结构和策略,培养信息处理的能力、创造性思维的能力和解决问题的能力。它有助于使地理课堂教学工作科学化,它更具有理论性、系统性和可操作性;它是发展现代教育技术的需要。随着现代教育技术的发展,许多现代化的教学设备已经进入了学校,教师所面临的问题是在地理教学实践中的教学设计环节相对薄弱,使得现代教学媒体的应用受到限制。大量事实表明,现代教育技术只有与地理课堂教学设计相结合,才能在地理课堂教学中发挥其应有的作用。因此,进行系统的教学设计,从而更好地进行教学实施,促进教学过程最优化,是教师需要掌握的重要技能。

3. 运用信息技术进行反思的能力

在新的课程改革中,很多地理教师也在自觉或不自觉地进行教学反思,但是教学反思能否顺利进行,教学反思是否有效,取决于一定的基础和条件。如地理知识基础、地理教学环境的支持等。

地理教师运用技术进行反思开辟了提高教学质量的新途径。在这种条件下地理教师注重将地理理论尤其是技术性研究成果应用于地理教学实践,突出了教学的情景性、过程性、评价性和反馈校正性,这对教育和教学改革来说无疑提供了另一种思路。另外反思也拓展了教师专业化知识的新领域。

4. 面向信息化终身学习的能力

在新世纪,终身学习不再是一个口号。地理教师也要终身学习。在进行地理教育过程中,需要理论支撑,就要学习;需要借鉴他人的研究方法和研究成果,就要学习;碰到各种需要解决的问题,就要学习。为了更好地利用计算机辅助地理教学就更需要学习,需要教师具有丰富的地理教学经验和软件开发的能力,要求教师能使用至少一种程序设计语言,如Foxpro、Visualbasic等,而且能运用它们制作出声形并茂、具有强大交互功能的地理教学课件。由此可见,由于知识增加速度和更新速度的加快,对教师素质的要求也在不断变化,教师尤其是地理教师就必须树立自我成长、发展与学习的理念,认识到发展和学习应该是自主而不是依靠外部的,是可持续和长期的,是全方位的,只有这样,才能获取本专业最前沿的知识理念,不断更新知识结构,获得持续不断的专业发展。

香港教师专业发展策略：
从不足模式走向互动模式[①]

林智中　张　爽

在全球性的教育改革浪潮中，教师的专业能力被视为影响教育改革的关键因素。香港在2000年开始的教育改革中采用了全方位、多途径、多面向的教师专业发展策略，投入了大量的资源来进行教师专业发展的工作，有制定教师专业发展的指标、推行基准试等"硬措施"，还有投入大量的资金来支持教师专业发展的"软措施"，如"种子计划""大学与学校的伙伴协作"等，其目的都是为了增强教师的变革能力（change capacity），从而推动教育改革的真正实施。从目前的检讨报告来看，教师和学校对于教育变革有很高的接受度。[②] 本文对香港的教师专业发展策略进行评析，指出教师专业发展策略发生范式的转移，从不足模式（deficit model）转向互动模式（interconnected model），将教师发展视为生态转变，着重从多个网络、途径来增加教师学习机会，是香港教师专业发展策略的重要特征。

一、香港的教育改革需要什么样的教师

香港教育统筹委员会于2001年颁布《学会学习：终身学习 全人发展》，提出了香港在21世纪的教育改革蓝图。培养全人发展的学生、设计学校为本的课程、通识教育、新高中学制改革等诸多的教改措施要求教师要学习新的知识，适应新的角色要求，并建立与之相应的价值信念。要落实这些教改措施，需要有专业的教师团队。

什么样的教师才是一位专业的教师？对此世界各地的专家学者进行了大量的研究，发现一位专业教师的养成，不仅需要其有专业的知识，还要有实务的知识，及应有的价值与信念。[③] 为此香港师训与师资咨询委员会（以下简称师训会）提出"教师专业能力理念架构"（如下表所示），说明教师于担任不同工作范畴时，在各个专业发展阶段里所需的能力、技巧、知识和态度。这一架构认为教师要具有六个基本价值观及承担四个范畴的职责。

---

① 本文选自《教师教育研究》2008年第3期。
② 香港教育统筹委员会.教育改革进展报告（四）.香港：香港教育统筹委员会，2006
③ Hoyle, E. & John, P. D. Professional Knowledge and Professional Practice. London: casell 1995

"教师专业能力理念架构"总览

教与学范畴	学生发展范畴	学校发展范畴	专业群体关系及服务范畴
☆学科内容知识 —掌握学科内容知识 —更新学科内容知识及探求新的学科知识 —分享有关科目的教学方法 ☆课程及教学内容知识 —掌握及应用教学内容知识 —设计、落实及改进课程 —更新及分享教学内容知识 ☆教学策略、技巧、媒体、语言 ☆教学策略及技巧的知识与应用 —善用教学语文能力 —善用不同教学法及多媒体教学激励学习动机 —研究及发扬教学策略及技巧 ☆评核及评估 —掌握评核学生方法及程序 —使用学生评核结果 ☆评估及检讨教学及学习计划	☆学生在校时的不同需求 —理解学生的不同需求 —识别学生的不同需要及提供支援 —与同侪协作,识别学生的不同需要及提供支援 ☆与学生建立互信关系 —明白与学生建立融洽关系的重要性 —培养互信和融洽的师生关系 ☆学生关顾 —为学生提供关顾服务 —与同侪协作,提供关顾服务 ☆学生多元的学习经历 —参与及执行多元的学习计划 —策划及组织多元的学习计划 —关注学生的全人发展	☆学校愿景、使命、文化及校风 —配合学校的愿景、使命、文化及校风 —实践学校的信念、愿景及使命 —营造关怀和愉悦的校园气氛 —检视学校愿景和使命,推广学校文化和形象 ☆校政、程序及措施 —了解学校目标及政策 —执行学校政策、程序及措施 —制订学校政策,检讨有关程序及措施,推动学校持续发展 ☆家庭与学校协作 —了解学生家庭背景 —与家长保持沟通 —投入与家长有关的活动,与家长建立互信,促进学校发展 ☆回应社会变革 —了解社会转变对学校的影响 —回应社会转变及其相关的社会价值观	☆校内协作关系 —与个别同工协作 —与不同组别协作 —在建制内与不同组别协作 ☆教师专业发展 —与他人分享知识及成功经验 —为教师专业发展做出贡献 ☆教师政策的参与 —了解教育政策 —回应教育政策 —对教育政策做出贡献 ☆与教育有关的社区服务及志愿工作 —与社会大众保持互动关系 —参与有关教育的社区服务及志愿工作
六个基本价值观			
☆坚信学生人人能学 ☆恪尽本职,献身教育	☆弘扬师德,关爱学生 ☆团队协作,乐于分享	☆尊重差异,多元取向 ☆持续学习,追求卓越	
前设:教师成长及发展			

(资料来源:香港师训与师资咨询委员会,2003)

二、香港教师专业发展的策略

可以看出,师训会提出的"教师专业能力理念架构"是一个理想的蓝图,怎样使教师获得这些能力呢?政府在推行改革时,提出了多途径、全方位、多面向的教师持续专业发展计划。综合来看,这些专业发展的策略主要体现在三个方面。

(一)标准为本(standard-based)的教师个人专业发展

对于教师个人的专业发展,政府提出了一些规限性的要求,这些要求主要有:

(1) 150 小时持续发展。所有教师,不论其级别和职务,均应在每个三年周期内,参与不少于150小时的持续专业发展活动。①

（2）基准试（benchmark）。政府推出语文能力的基准试，要求所有在本港公营学校或提供全面课程的私立日间中、小学任教的常额英文/普通话科的教师都要参加这一语文能力的基准试，作为标示教师语文能力的一个客观标准。②

（3）学科知识研究生课程（中文/英文科）（postgraduate programme in subject knowledge，简称PGSK）。所有任教中文科或英文科的教师，如果在念本科时，并非主修中文或英文，便需要修读这个课程，以补足语文知识。中文科教师的修读时数300小时，英文科则为240小时。③

（4）教师IT能力的培训。资讯科技是香港教育改革的四个关键项目之一。政府一直致力于对全体教师进行信息科技的培训，促使教师在教学上运用信息科技，提高教与学的效能。所有教师必须达致基本资讯科技水平。④

这些都是政府在政策层面对教师个人的专业发展提出的一些规限性的要求。除了这些要求以外，还有基于校本的专业发展策略及伙伴协作等校本支援计划来对教师个人的专业发展进行支持。

（二）学校为本（school-based）的教师专业发展

校本教师发展计划：改革提出将学校视为教师探究和专业发展的场所，目前学校每年选定三天为"校本教师专业发展日"，主要是针对学校及教师的发展需要而选定相关的主题。通过这个安排，所有教师都能参与不同类别的专业发展活动，包括由嘉宾讲者主持的工作坊和讲座，同事之间分享学习成果，以及学校探访等。其时数也确认为教师持续专业发展的进修时数。⑤

（三）伙伴协作（partnerships），促进校本支援

除了教师自身及学校为本的专业发展外，还为学校提供不同模式的协作及支援服务，旨在学校社群中培养学习、协作和改进的文化。这些途径包括政府与大学对学校的支援及伙伴协作，如"种子计划""学校与大学的伙伴计划"等。

1. 种子计划

"种子计划"为课程发展处2001年至2005年推行课程改革中的重点项目，这是一个协作，也是研究及发展计划，目的是为学校提供有用的经验做参考，为学校培育一批负责课程

---

① 香港师训与师资咨询委员会.学习的专业 专业的学习："教师专业能力理念架构"及教师持续专业发展.香港：香港师训与师资咨询委员会，2003

② 香港教育署.教育署通函501/2000号.见 http://www.emb.gov.hk/FileManager/TC/Content_1376/cm501_chin.pdf.2000

③ 香港教育统筹局.教育统筹局通函54/2004号.见 http://www.emb.gov.hk/FileManager/TC/Content_697/embcm04054c.pdf.2004

④ 教育统筹局.与时并进善用资讯科技学习：五年策略报告.香港：香港政府，1998

⑤ 香港师训与师资咨询委员会.学习的专业 专业的学习："教师专业能力理念架构"及教师持续专业发展.香港：香港师训与师资咨询委员会，2003

改革的领导人员,发展校本课程,增强改革原动力。① 来自大学教育学院的顾问、课程发展处的课程发展主任和(作为)"种子"的老师,一起设计课程。这一计划具有以下特点:

(1) 多管道投入。种子教师既有工作坊一类的培训课程,也有与同侪、课程发展主任及顾问专家的交流。

(2) 教师为主动。在一年的时间里,教师要设计课程及教材,在这过程中,从选题、构思课程结构、教学设计等,都是以教师为主动,他们主导过程,课程发展主任和顾问专家只是从旁提供专业意见。

(3) 教师有较大的空间。种子教师并不完全脱产,每星期要回校一至两天,但是他们大部分时间还是在教统局上班,他们有较多的精力和时间,去发掘材料、思考问题、总结和反思经验,这种特色体现了"植根学校,向外拓展"的方向。而参与试教的教师虽然未享受脱产的优点,要留在学校内工作,但是他们还是通过培训,以及透过与种子教师的定期交流,与课程发展处官员及专家的交流,来共同设计课程,提升教与学的效能。

2. 学校与大学伙伴协作计划

对学校而言,"学校与大学伙伴协作计划"能协助学校引进新的教学计划和重新建构学校组织,藉以提高教学质素和行政效率。计划亦能辨别需要改进的范围,包括学校目标、政策、课程、教学方法和学习环境等。教师和学生透过参与计划能拓阔视野,共同缔造良好的课室和教学经验,透过学校与大学协作,教师逐渐变为一个终身的学习者,专业发展的机会亦得以提高。② 以香港中文大学教育学院的伙伴协作计划为例,针对目前教育发展的需要,开展了多项计划,如:加强中国语文科的联校小作家培训计划,联校多读多写深造计划,还有的从全观的(holistic)角度协助学校改善其教育素质,如"跃进学校"计划,旨在通过大学与学校平等、互惠的有效协作,提高学生的学习成就和促进教师的实践。

标准为本的教师个人专业发展、校本教师专业发展及伙伴协作、促进校本支援是香港教育改革中所采用的三种主要的教师专业发展策略。这三个策略既要求教师需要达到某些标准,也对教师的个人发展有相应的支持。三者并不是分立的,因人、因校、因时制宜,共同支持来促进教师的专业发展。③ 师训会于 2006 年 4 月发表了《教师持续专业发展的中期报告》。报告显示,教师持续专业发展日趋蓬勃。教师及学校均积极参与各类型的专业发展活动,帮助提升学生在学校的学习效果。④ 在 2005—2006 学年进行的问卷调查显示,925 名参与调查的小学教师当中,约有 84%对校本支援活动表示满意,⑤显示教师专业发展策略取得了一些成效。

三、香港教师专业发展策略评析:从不足模式走向互动模式

Guskey 指出,长期以来,人们将教师的专业发展建立在培训的范式(training paradigm)

---

① 香港课程发展议会.学会学习:终身学习全人发展.香港:香港课程发展议会,2001
② 李子建.课程、教学学校改革:新世纪的教育发展.香港:香港中文大学出版社,2002
③ 香港师训与师资咨询委员会.学习的专业 专业的学习:"教师专业能力理念架构"及教师持续专业发展.香港:香港师训与师资咨询委员会,2003
④ 香港师训与师资咨询委员会.教师持续专业发展中期报告.香港:香港师训与师资咨询委员会,2006
⑤ 香港教育统筹委员会.教育改革进展报告(四).香港:香港教育统筹委员会,2006

上。① 当教育改革提出教师要学习一套新的知识与价值时,教师们参加新的课程研习或进修活动,目的是掌握一些既定的知识技能。这种范式背后的假设是,教师的知识与技能是不足的,因此政策制定者所提供的教师专业发展课程也是建立在这种不足—培训—掌握模式基础上的(deficit-training-mastery model)。

卢乃桂等关于香港和内地教师专业发展的研究清楚表明,香港自90年代以来的教育改革一直是建基于"不足模式"之上的,在改革初期就预设了教师在知识、技能和素质上的不足,并用行政指令和官僚体系制约着教师专业发展以及教师教育的方向。② 不少学者对此种"不足模式"提出了诸多批评,并通过实证研究指出这样的培训课程往往是失败的。

近年来,人们对于教师专业发展的概念发生了变化,不再将专业发展视为一种培训,及教师是一个被动的需要被改变的对象,而是将专业发展等同于教师的学习,教师是一个主动的学习者和反思的行动者,学校是一个学习型组织。③ 由此人们对教师专业发展的过程模式也发生了变化,如 Clarke & Hollingsworth 所提出的教师专业发展互动模式(interconnected model of professional growth)(如图1所示)。④

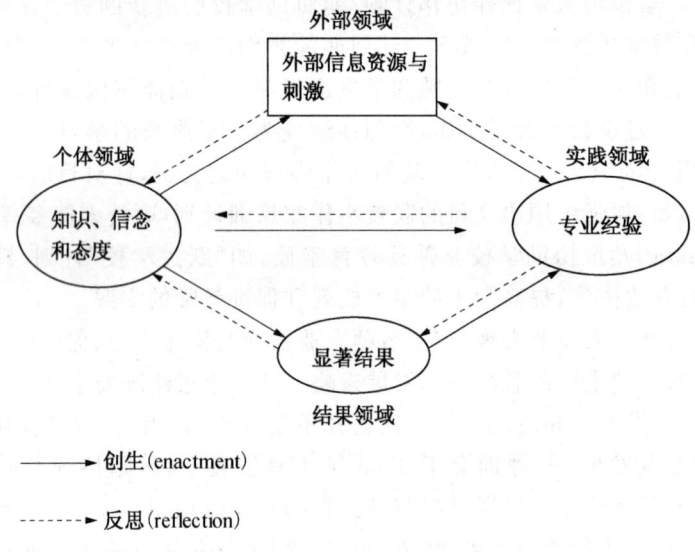

图1 教师专业发展的互动模式

(资料来源:Clarke & Hollingsworth, 2002)

---

① Guskey, T. R.. Staff Development and the Process of Teacher Change . Educational Researcher,1986,15(5):5—12

② 卢乃桂,黎万红,许庆豫.教育改革及香港和中国大陆的教师专业发展.教育研究集刊,2000(45):85—112

③ Clark, D. J., & Hollingsworh, H.. Seeing is Understanding:Examining the Merits of Video and Narrative Cases. Journal of Staff Development,2002,21(4):40—43

④ Clark, D. J., & Hollingsworh, H.. Seeing is Understanding:Examining the Merits of Video and Narrative Cases. Journal of Staff Development,2002,21(4):40—43

这一模式指出了教师专业发展主要的变化领域和调节的机制,认识到其独特性与个人化的本质。教师的变化是在四个领域通过教师自身的"反思"与"创生"过程来加以调节的,包括:个人领域(教师的知识、信念和态度),实践领域/专业实践(experimentation),结果领域(显著的成果)和外部领域(信息的来源、刺激与支持),教师的反思与创生则将各个领域联系起来。这一模式表明了教师专业发展的复杂性,它不是一个线性的过程,是一个不可避免的持续的学习过程。互动模式促使政策制定者在制定在职培训课程时认识到教师专业发展的复杂性,包括可能的成长网络,鼓励各种途径的专业发展,特别是考虑到教师实践领域与反思的重要。

一直以来,香港的教师都被视为课程的执行者,而非创造者。而新一轮的教育改革,强调的是学校为本的课程改革,学校要承担如何调适、设计和发展合宜的课程,让学生获得最好的学习机会。在这一要求下,教师的素质便要大大地提升和改变。他们不可以再只是默默地照本宣科,而是要当积极的创造者,能因应学生的需要、社会的诉求,发挥专业的知识和态度,来为校内学生营造良好的学习机会。林智中考察了种子计划对教师专业成长的效能,他从一个小学常识科与英文科进行统整课程设计的个案指出,教师进行课程设计的过程以一个三角的协作模式进行,包括来自大学教育学院的顾问、课程发展处的课程发展主任和(作为)"种子"的老师,在这个"三角"关系中,每一组别都相互影响。[①]

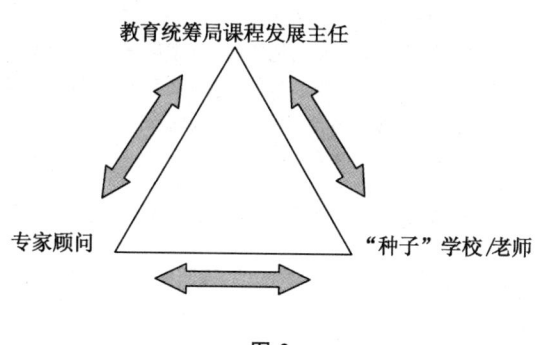

图 2

可以看出,种子计划中教师专业发展的范式由专家传递知识与技能转变为注重让教师自己研究教与学,既有传统的工作坊的方式,更有教师从做中学。种子教师之间,种子教师与试教教师及来自大学与政府的官员、专家之间彼此交流、协作,建立起多种网络路径来支持教师的专业发展。这种协作不仅在学校内部,也延伸到学校间,打破了教师之间的封闭与保守,将个体教师的成长与教师专业社群的成长结合起来,通过教师的实践与反思,致力于课堂及学校的改进。因此,研究显示如果教师能获得适当的支持,通过做中学,通过与同侪分享,应能深入地掌握课程设计和发展技巧,更会改变他们对课程的信念。

"学校与大学的伙伴协作"也致力开拓多种网络来促进教师实践,从而促进教师持续的专业发展。两者的合作模式(如图3所示)是建立在平等、互惠的原则上,由大学提供适切的支援系统,并与教师一起学习新的课程,共同研究改革的实践方法。而学校的实务问题也是提供学术研究的来源。[②] 教师不用再单打独斗地面对改革的沉重压力,在大学

---

① 林智中.香港"种子计划"与教师成长.全球教育展望,2005(7):67—71
② 李子建.课程、教学学校改革:新世纪的教育发展.香港:香港中文大学出版社,2002

专家的协助下,教师个人和群体是在学校实践的情境下进行学习和发展,其专业的学习与发展与其常态的教育教学工作融为一体。教师经过亲身的参与,明白改革的意义和进行的方法,便自然把新的教学策略带进课室。教师在课堂内获得成功的经验,便会乐于与其他教师分享其改革的成果。这些教师会自然地成为改革的师傅(mentor)去传授改革的方法给其他教师,合作改革的网络(collegial network)会逐渐扩大,更有效地支援教师进行课程改革。①

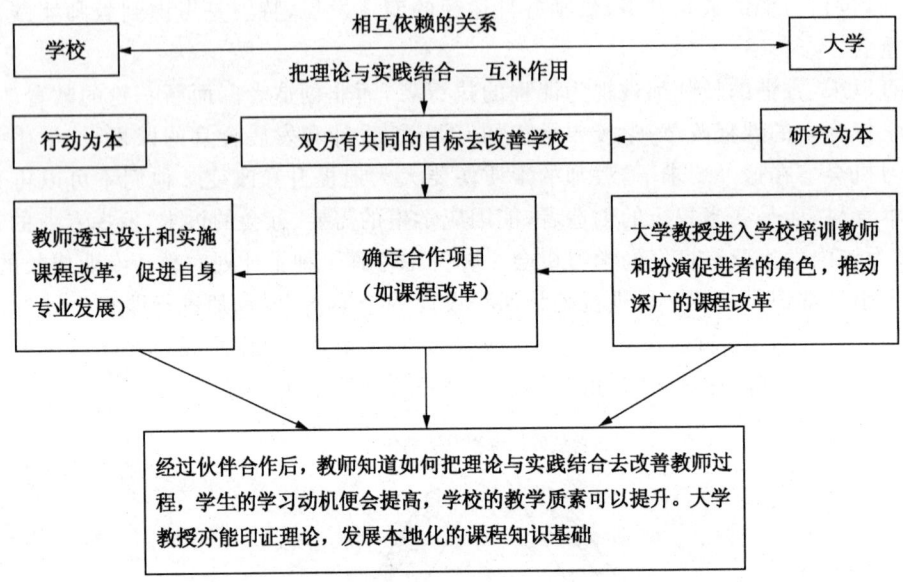

图3 学校与大学合作理论架构(资料来源:邓薇先、李子建,2002)

可见,香港目前的教师专业发展策略正在由"不足模式"向"互动模式"转移,考虑到教师实践的作用,致力于强调教师的自我发展,加强合作式的研究,协助教师反思等。认识到教师专业发展中每一个教师学习与实践的独特性,通过多种路径与方式,建立各种各样的成长网络提供教师最适合他们的学习机会。

如 Day & Sachs 指出,教师专业发展具有复杂性,实施策略也多样化。②在 2000 年的教育改革中,香港的教师专业发展策略发生了范式的转变,从不足模式转向互动模式来促进教师终身学习,这是一个进步。但是正如互动模式所显示的,影响教师专业发展的因素十分复杂,包括教师个人的知识、专业经历、情感等,也包括学校和环境因素的影响,教师专业发展并不是在真空中进行的。在香港,政府问责制的宏观政策环境已经深深地影响了教师的专

---

① 邓薇先,李子建.透过大学与学校伙伴建立的课程改革:全语文写作的个案研究.李子建.课程、教学与学校改革:新世纪的教育发展.香港:香港中文大学出版社,2002:287—310

② Day, C., Sachs, J. Professionalism, Performativity and Empowerment: Discourses in the Politics, Policies and Purposes of Continuing Professional Development. In Day, C. & Sachs, J. (Eds.) International Handbook on the Continuing Professional Development of Teachers. Maidenhead: Open University Press. 2004:3—32

业身份。[①] 香港课改中教师压力的问题非常突出,这些都说明教师专业发展的复杂性。那么在充斥着校本评核、自评外评、市场、管理主义的影响下,如何让教师们多一点时间和空间去成长是我们需要进一步考虑的问题。香港的教师工作委员会就教师压力问题展开了调查,其中有两项有关"教师持续专业发展"的建议:

(1) 教统局应探讨各种可供选择的途径,如提供有薪进修假期,让教师有足够的时间和空间,从专业发展活动中获得最大效益。

(2) 教师可视乎本身的实际工作量和时间,自行决定专业发展活动的优次,以切合个人和学校的发展需要。

这两项建议对于拓阔空间,促进教师持续专业发展提供了可行的解决办法。

---

① Ho, Y. F. Teachers' Lives and Struggles in a Context of Education Reforms. Unpublished Doctoral Dissertation. The Chinese University of Hong Kong. 2005

做富有激情和人格魅力的研究型地理教师[①]

李志伟

一、做富有激情的教师

"平庸的教师传达知识,好的教师解释知识,优秀的教师演示知识,伟大的教师激励学生学习知识。"新课程下的课堂是激励学生主动学习的课堂,教学的本质是教师与学生、学生与学生分享对学习的激情,分享种种新发现的过程。

1. 对学生而言,需要活力四射的教师

现代教师的职业特点要求教师必须富有活力,充满激情。因为教师面对的是一个个活力四射、生机勃勃的青少年学生,呆板、僵滞的面孔很难使教师融入到学生群体中,很难成为学生学习的合作者、引导者和参与者。相反,风趣幽默、积极向上、富有激情的教师是深受学生欢迎的。也只有这样,教师才能与学生真正分享课堂的乐趣,成为学习共同体的一员。

2. 对教学而言,需要充满激情的课堂

新课程要求建立师生互动的教学关系,构建新型教学方式。新型教学方式是以学生的主动学习为核心。单纯从生理行为角度而言,学习是一项比较辛苦的劳动。传统教学是以被动学习为主,而要使学生变成"我要学""我会学"的主动学习,教师的引导作用至关重要,死气沉沉的课堂是不可能诱发学生主动学习的。实践表明,充满激情的课堂,能有效促进师生思想交流和情感共鸣,能让教师自然融入到学生中间,成为学习的合作者和参与者。

教学对于学科而言是一门科学,对于师生互动的课堂而言是一门行为艺术,成功的课堂教学应是科学与艺术的有机结合。激情课堂的创设,与教学内容有关,更与教师教学艺术的展现有关。有人将课堂比作舞台,教师是主持,学生是主演,主持人成功的组织调控能使师生双方共同上演一出精彩的好戏。这出好戏,并不是像电视娱乐节目那样纯粹为了娱乐搞笑的表演,而应是激发学生主动积极参与课堂学习活动的表演。成功的组织调控表现在教学方式和手段的多样化、教学语言的抑扬顿挫、教师的随机应变、师生的积极互动等方面。

二、做具有人格魅力的教师

作为普通地理教师,在短短的一学年中,面对几百名学生,几乎不可能叫出所有学生的姓名。但作为学生,他能认识和记住他的每一位老师。老师的一言一行,可以说是在众多目光的注视之下,同时也会感染周边许许多多的学生。一个有着高尚人格魅力的教师,他对学生的感染力是正面和积极的。

[①] 本文选自《地理教育》2008年第4期。

1. 扎实的教学基本功和高水平的专业素养

标准的普通话、美观工整的板书、娴熟的信息技术,这是所有教师都应具备的教学基本功。教师对地理学科的基础性知识、技能有广泛而深刻的理解,熟悉本学科所提供的认识世界的独特视角,能引导学生自由快乐地遨游在知识的海洋中,是获得学生认同的重要条件。

扎实的教学基本功和高水平的专业素养是吸引学生积极投身到课堂学习活动中的"磁石",是树立教师职业形象的基石,也是教师"征服"学生的专业"武器",更是教师与学生进行情感沟通和心智交流的桥梁。

2. 爱岗敬业的素质和执着精神

不管是经验丰富的老教师还是刚走上讲台的新生一代,都需要用敬业精神去感染和感召学生。无论这门课教过多少遍,对学生来说,都是新知识,都需要教师用心去教,用最恰当的技巧与学生交流,用最有效的方法引导学生主动学习。因此,教师应从教学实践反思中逐渐形成爱岗、奉献、尽责、用心的敬业精神。

爱岗敬业、以教书育人为己任的教师永远是学生敬仰的对象。长期耳濡目染、潜移默化、言传身教,即使调皮捣蛋的学生,面对这样的教师,也会油然生出一分敬意。

3. 热爱并关注学生成长

对于一个深深关爱你的人,你不可能对他有反感。融洽的师生关系,更多地取决于教师的言行,因为师生关系的建立,作为教育者的教师是主动的一方。尽管在同一所学校,即便是同一个班级,学生的发展水平和个性特征也是不尽相同的,有成绩优异者也有相对落后者,有活泼开朗的也有沉稳内向的,教师始终应尽最大努力帮助每一个学生找到学习的乐趣,赞许学生取得的进步,也要宽容地对待每一个可能达不到你的标准或希望的学生。教师对学生的关心将极大地影响学生的学习态度和人生态度,坚持"以学生发展为本",视学生为自己生命的教师,永远是受学生欢迎的。

4. 乐观向上的精神力量

教师的一言一行都与其内在的人格力量有关。教师的亲和力、感染力、推动力等,都离不开精神力量的支撑。热情慷慨、合群真诚、善解人意、关心他人的教师,会给人乐观、朝气、向上、合作、坚忍、负责、乐于助人的印象。教师追求卓越、公正守信、悲天悯人的人文精神,理性客观、孜孜不倦、坚持真理的科学精神,敬岗爱生、和蔼可亲、善良公正的行为表现,对学生做出接纳、尊重、肯定、宽容和寄予厚望等反应,以及把积极的教学信念、态度、责任感和合作精神融为一体的整合力和持久力,都是教师人格魅力的闪光之处,是感动学生、感召学生、感化学生的无形"磁场",是"润物细无声"的绵绵春雨。

小赢靠技巧,中胜靠眼光,大成靠魅力。教师的人格魅力是赢得学生信赖和尊重的重要原因,高尚的人格魅力有利于民主平等的新型师生关系的建立,有利于激励学生主动学习和师生的交往互动,有利于新课程的顺利推进。

三、做研究型地理教师

首先,在新课程中,教师不再是一个被动的执行者,而是一个主动的开发者、研究者和创造者。新课程的开放性、创造性、延展性要求教师成为一个不倦的学习者和一个研究型教师,要由过去的经验型"教书匠"转变为现在的研究型"课程开发者和研制者"。而且,教师的专业成长、个人价值的实现要求其对课程做更多的研究,在课程研究中提升综合素养,在课程实施中实现自身专业化的发展。

其次,课程改革为研究型教师的成长提供了广阔空间。过去,课程统一内容、统一教材、统一标准、统一考试,教师过分信赖教科书,影响了创造力的发挥。而在新课程背景下,教师可以支配的因素大大增加,课程内容的综合性、弹性加大,教材开发的空间加大。新课程课堂教学的主要依据是"课标",而非教材,即"一标多本"。课标是学生学习高中地理课程必须达到的基本要求,内容简要明了,以简略的行为目标进行表述。教师上课以课标为基本教学目标,既可使用人教版教材,也可参考其他版本教材,甚至还可以自编教学资料,采用自己认为最合适的教学方式和方法,决定课程资源的开发利用和教学组织形式。因此,课改为教师研究课程教学提供了广阔空间,为教师的专业成长架设了平台。

再次,地理学科特点为研究型教师的成长创造了条件。一方面提供了时间保证。一般一个地理教师周课时12节左右,周教案2~4个,相对语文、数学、英语等学科而言,地理教师有更充裕的时间研究课程教学。另一方面,地理课程具有极强的时代性,与人类的生存环境、社会生产生活息息相关,因此,在我们身边、在社会生产生活中有着非常丰富的课程资源。只要留心生活、细心观察,就能从校园、社区、工厂农村,从报纸杂志、广播电视、互联网中挖掘出许多有价值的课程资源。

另外,地理科在学校中属小科目(虽然必修学分与理化生史相同),一般不受重视,地理教师在评职称、福利分房、年度考核等方面往往处于弱势。但如果能在课程研究、课程实施中有所建树,会对地理教师地位的提高起到积极作用。

"新课程改革不仅要改变学生的学习生涯,而且也将改变教师的教育教学生涯。"做一名富有激情、具有人格魅力的研究型地理教师,将有助于大家在新课程改革中体验成功和实现专业化发展。

地理新课程对师资培养的需求研究[①]

南月省　连进元　任国荣　田秀梅

我国高等师范教育已有百余年的历史,尤其是建国以来,所确立的定向师范教育体系,源源不断地培养了一批批的教师,在支撑我国的基础教育、为教育事业的发展方面发挥了巨大作用。当前我国基础教育的新课程改革正全面、深入地推进。课程改革成功的关键因素在教师,因为教师是新课程的一线实践者。因此了解新课改对师资培养的需要与要求,尽快培养既能适应又能促进新课程改革顺利实施直至成功的师资,是师范院校要认真面对的问题和应尽的职责。

一、培养合格的地理师资是高师地理专业的职责

师范院校是未来中学教师成长的摇篮。培养合格的中学地理师资是高师地理专业的天职。合格的地理师资,要具备高尚的师德情操,掌握现代的地理教育、地理教材、地理教学方法、地理教学评价及学生学习心理等理论,还要掌握现代信息技术,具备从事中学地理教学的实践技能和中学地理教学的研究能力等;合格的地理师资,要能满足基础教育发展对教师素质的要求,既能适应中学地理教育,又能促进地理教育改革;在构建创新型国家的今天,高师地理专业培养的合格师资还要具有创新素质,即具有创新意识、创新能力和创新精神。因此,高师地理专业应以培养合格的地理师资为使命,从教育理念、培养规格到课程体系、教材结构以及教学方法、考评制度等方面进行整体反思和改革。

二、地理新课程需要提升师资专业素质

1. 加强师范生的职业道德教育

我国古代就有教师道德规范,如"身为正仪"、"诲人不倦""学而不厌"、"不隐其学"、"以严率众"和"安贫乐道"等为今天的教师职业道德规范建设提供了有益启示。自古以来,人们眼中的教师形象都是清贫、勤恳、兢兢业业、德才兼备、为人师表,而现代社会中人们对教师更赋予新的要求与希望——爱岗敬业,严守职业道德;举止得体,创造和谐的人际关系和工作环境;实事求是,善于解决各种实际问题;勇于探索,开拓创新;保持健康体魄,精力充沛等,这些要求和希望都是师范院校对师范生进行职业道德教育的内容。

现在的大学生多是独生子女,孤僻、任性、个性强,如果没有完善的教育、科学的引导和实践的磨炼,必然导致工作中独来独往、自以为是、人际关系紧张,再加上一定程度的自私,出现"不好使"的现象是不足为怪的。因此要通过各种方式和课程加强师范生的职业道德教育,提高师范生的职业素质,使未来的教师既能继承传统的中华民族美德,又能根据新时代

---

① 本文选自《地理教育》2009年第4期。

的需要,在学校就树立规范的职业道德基础,树立稳固的专业思想和敬业精神,真正做到"学高为师,德高为范"。认识到教师职业需要的是奉献精神、任劳任怨精神、高度责任感、自信心、丰富的知识和教书育人的实际能力等,这些都不是一时一事的,需要全身心的投入,需要抱有陶行知先生所说"捧着一颗心来,不带半根草去"的敬业态度,必须热爱教育事业,有从事教育工作的兴趣和能力,有关心爱护学生的热情,并掌握激励学生积极向上的恰当方法。如果只是把教师职业当作"混碗饭吃"的手段,就是对社会、对国家、对学生甚至对自己的不负责任。当教师不可能升官发财,也不可能指望名满天下,从教人员必须有"平平淡淡最为真"的心态和"俯首甘为孺子牛"的踏踏实实的人梯作风,爱岗敬业,以平常心态对待名和利。

2. 加强师范生的职业技能训练

"传道、授业、解惑"是我国自古广为流传和认同的对教师职责的精要描述,在今天我们用新的观点来解释教师所传之道、所授之业及所解之惑仍然是适用的。作为教师就要掌握恰当的"传道、授业"的方法途径,熟练引导"解惑"的思路技巧,所以要加强师范生的职业技能训练,要求其在学校不仅要学好基本教育理论知识,还要加大教育实践训练力度。地理专业的师范生在学好地理专业知识、地理教育理论的基础上,要进行地理教学三板技能、教学设计、说课、课堂教学设计、教学课件制作等一系列的职业技能实践训练,还要到中学一线进行教育实习,全面接受教学实践锻炼。河北师范大学近几年将师范生8周的教育实习改为半年的顶岗实习,学生到校如到家,全面承担地理教学任务、班主任工作,同时还进行教育调查等全面锻炼,使师范生的职业技能全面提高,综合素质大大增强。顶岗实习回来后到中学应聘,基本素质展示完美,很受中学欢迎。2005级师范生今年3—7月进行顶岗实习,有的就被中学提前录用了。某大学附属中学向全社会招聘一名地理教师,报名投简历者十几名,有部属师范院校的硕士生,有省立师范大学的本科生,还有教学一线有经验的教师,经过说课、讲课、笔试和答辩四项考核,河北师范大学的一位应届毕业生稳拿了四个第一而被录用,足以说明加强职业技能训练是学生就业的本钱。

3. 加强师范生的新课程培训

我国基础教育新课程改革正全面、深入推进,这次课改是整体改革,从教者不经培训不得上岗。师范生毕业后到中学任教,逐渐面对的都是新课程、新课改、新理念、新教材、新方法、新评价等,要使师范生一到中学就能进入教师角色,适应新课改、胜任新课程,就需要师范院校进行新课改的一系列培训,使师范生了解新课改的背景和进程,理解新课改的基本理念,熟悉地理新教材,掌握新课改倡导的新教法、新学法和激励性评价的方法等,全面提高对新课改的适应能力和新课程的胜任能力。

三、地理新课程需要改革师范专业课程

"满足学生不同的学习需要"是高中新课改的基本理念之一,这突出体现了新课程的适应性、开放性和选择性。地理学科设了三个必修模块(必修1、必修2、必修3)与七个选修模块(宇宙与地球、海洋地理、旅游地理、城乡规划、自然灾害与防治、环境保护和地理信息技术应用),选修模块涉及的知识几乎囊括了高师地理专业现设的主要专业课程知识,中学现任教师胜任起来有难度。针对新课改需要加强以下两点。

1. 开设相应选修课,加强技能训练

高师地理专业为新课改培养需要的地理师资责无旁贷。新课改对师资的需要,就是师范院校培养师资的标准,要了解新课改的需要,针对新课改为师范生开设相应的选修课程,加强技能训练。如针对高中新课程七个选修模块开设相应选修课程,进行技能训练,使师范生在学校里就具备了新课改所需要的知识、能力和素质,到中学后不仅能适应新课改,而且能成为新课改顺利实施的促进者。

2. 开展相应课题研究和教改探索

新一轮的课程改革是整体改革,诸多亮点让人耳目一新,如课程的三级管理机制、过程与结果并重的评价机制等。课程的三级管理机制,给广大教育者提出了开发地方课程、校本课程的任务和要求。在调查中发现,各中学对于地方课程和校本课程的开发,存有诸多困难和困惑,其中最大的难点是师资的开发能力和精力。高师院校要针对中学的这些难点,组织师范生在学校开展相关的专题研究,如"地方课程的开发""校本课程的开发""教育评价改革""研究性学习""探究式教学""自主学习""合作学习"等,使师范生在学校就掌握这些专题的理论基础和研究方法,到中学后能很快成为新课改的促进者。

四、地理新课程需要创新型师资

师范院校培养的师资要成为新课改的适应者、促进者,这是毫无疑问的。知识经济、信息时代,是改革创新的时代,是竞争和挑战更加激烈的时代。改革则存,创新则发展,因为创新是一个民族的灵魂,教育创新是教育发展的灵魂。随着教育改革的不断深入发展,创新教育已成为教育领域的主流,也是为我国培养拔尖创新型人才的必要基础。实施创新教育,培养创新型人才,需要大量的创新型教师。加快创新型师资的培养,不仅是教育创新的呼唤,也是教育改革深入发展的历史必然。创新型师资必须具备创新型的能力结构,即具有创新思维和创新能力,善于突破原有的、凝固的思维模式,擅长进行知识的更新、重组,善于发现新旧知识的新联系及事物之间的新联系;善于审视现在、洞察未来,敏锐地预见社会发展对人才的需求、教育变革对师资素质的要求等。高师院校应努力培养具有创新素质的师资队伍,把培养师范生的创新素质作为高师院校素质教育的核心。

在培养师范生的创新素质中,要改革课堂教学行为,激发师范生的创新意识。在教学中科学定位师生关系,发挥学生主体作用,构建和谐、民主的课堂教学氛围;引导学生形成不迷信书本、不迷信权威,大胆质疑的学风;积极转换角度展开想象,加强探究式教学,善于突破思维定势,发展发散性思维、逆向思维等形成思维创新;同时广泛开展社会实践活动,实施研究性学习,培养学生的创新能力,让学生在研究实践中体验成功,培养和形成学生的意志创新精神。

职初教师与专家型教师课堂提问的差异性研究[①]
——以高中地理"绪论"为课例

朱雪梅　唐长林

[问题缘起]

教学提问是一种古老且常用的教学方法,很早就受到人们的重视。两千多年前,孔子就常用富有启发性的提问法来进行教学,他认为教学应"循循善诱",运用"叩其两端"的追问方法,引导学生从事物的正反两个方面去探求知识。后来,《学记》中阐述:"善问者如攻坚木,先其易者,后其节目","善待问者如撞钟,叩之以小者则小鸣,叩之以大者则大鸣",这是要求教师既要善于向学生提出问题,又要善于回答和处理学生提出的问题。

教学提问之所以重要,并不仅仅是因为它古老,更重要的是它在教学中的独特地位和功能。从某种角度来说,课堂教学就是教师提问和学生回答构成的一种循环,也是刺激学生思维和学习的一种基本方式,如果运用得当,提问不失为发展学生智力、提高学生能力,尤其是培养学生创造性思维能力和批判性思维能力的最佳策略。

几乎所有的教师都在运用提问,但并非所有教师的提问都是科学的和有效的。国内有关学者曾专门对提问的有效性问题进行研究。他们认为,有效提问至少应当具备三个指标:① 问题应当切题;② 问题的表述应当简洁明了;③ 问题应当有思考价值。据此所做的调查显示,一般教师每节课的有效提问只有56%,也就是说,一堂课上,还有44%的提问是无效的或者是低效的。

笔者通过大量的课堂观察发现,教师课堂提问的量和质与教师的经验有较密切的关系。总体印象是,年轻教师的课堂提问注重事实正确与否的回答,喜欢提问成绩好的学生,对学生回答的评价比较简单;而教学经验丰富的专家型教师,其课堂提问注重问题的探究性,能够面向不同层次学生设计相应难度的问题,重视前后问题的逻辑关系,线索比较清晰,习惯于对学生的回答给予相应评定。

为进一步探讨课堂提问的有效性问题,我们决定以高中地理的开篇第一课——绪论为研究课例,对职初教师与专家型教师的课堂提问特征进行比较,分析存在的差异,以期得到有效课堂提问的启示。这里职初教师是指工作时间较短的初级职称教师,唐长林老师承担了本课例的教学任务,课题名称定为"走近'地理'";专家型教师指在一定区域内具有较强影响力的高级职称教师,并具备骨干教师称号,朱雪梅老师承担了教学任务,课题名称则为"印象'地理'"。

经过集体商讨,确定了教学目标后,我们采取"同课异构"的设计思路,分别到不同班级进行授课,研究小组的其他成员进行了认真的观察与记录。下面是两节课的教学过程简录。

---

① 本文选自《中学地理教学参考》2009年第8期。

[唐长林老师的教学过程]

导课：（教师先做了自我介绍）从今天开始，我将和大家一起进行高中阶段地理课的学习与研究。

师问：你们觉得学习地理有用吗？

（全班36位学生中大约有10位回答"有用"，其他人没有表态。）

师评：很高兴，有这么多同学已经对地理学科产生兴趣了，其实只要我们了解了地理，我想会有更多的人甚至全班的同学都会喜欢上地理学科，喜欢上地理课。（有些学生暗中偷笑）

师问：地理是一门非常有用的学科，我们的日常生活、学习工作等方面，都与地理有着千丝万缕的联系。不信看看下面的问题。（PPT展示问题与相关图片）

1. 现在是什么季节？你是如何判断季节的？

2. 给你一张上海东方绿舟国防训练基地（学生入学军训的地方）的平面地图，你还能找到我们最后一次汇操表演的地点吗？

3. 2008年第12号台风"鹦鹉"从8月18日发育形成到23日上午减弱为热带低气压，17时停止编号。我国气象部门一直在监测它的动向，你能说一说我们是用什么技术完成监测的吗？你能说出登陆前后广东省中山市的天气变化吗？

（学生思考讨论，3位同学回答问题，答案略）

师评：其实，我们这里列举的只是生活中地理现象极其微小的一部分，更多精彩的地理故事，将会在以后的地理课堂中陆续学习、了解。总之，用我国著名地理学家李吉钧先生的话说："小到个人生活，大到社会发展和国家安全，都与地理科学密切相关，因为人类离不开他们赖以生存和发展的地理环境。"

师问：今天，我想和大家聊三个问题：什么是地理（what）？为什么要学地理（why）？怎样学会地理（how）？现在，首先想想"什么是地理"？

（7位同学回答了自己的看法，答案五花八门）

师讲：大家说的都对，这些都属于地理学科研究的范畴。地理是研究地球的一门科学，是研究人类赖以生存的地理环境以及人类与环境相互关系的科学。一方面，地理主要研究地理环境；另一方面，地理又研究人类与环境的相互关系。

师问：大家知道什么是地理环境吗？能列举一下我们周围的地理环境吗？

生答：空气、花草、土地、操场、街道、公园等；河流、山川、海洋、草原等。（两位学生参与回答）

师评：两位同学说的都是地理环境的组成要素。地理环境包括自然地理环境与人文地理环境。如操场、街道和公园属于人文地理环境，"必修2"教材将从人口、城市、产业活动和人类地域活动联系等内容详细讲解；自然地理环境就是河流、山川、海洋、空气、花草等，这些是"必修1"教材重点讲述的内容。（解释不太准确）

师问：我们再来讨论下面几个问题。（PPT展示问题与相关图片）

1. 你知道伏旱天气吗？它是怎样形成的？

2. 你知道地震吗？汶川为什么会发生这么大的地震？

3. 澳大利亚悉尼的人怎么会捡到智利人的漂流瓶呢？

4. 同为冬季，伦敦和上海的景观一样吗？为什么？

（学生讨论，有2位同学分别回答了两个问题，答案略）

师讲：我们需要补充的地理知识还有很多，关于"伏旱、地震、海上漂流和景观差异"等等问题，本学期将会一一遇到。其实，地理还研究人类与环境的相互关系，即人地关系。"必修3"教材将会以一些特定区域的具体案例来说明如何正确处理人地关系。

师问：请大家思考第二个问题，"为什么要学地理？"

生答：了解更多世界各地的地理知识，丰富自己的知识面。

师讲：总体来看，学习地理可以解决以下需要：（PPT展示以下结论的纲要）

1. 有利于公民自身素养的提升。如理解"梅雨、伏旱"的成因。
2. 生活的需要。如外出旅游时需要运用地理知识准备用品。
3. 爱国的需要。对国情的了解能够激发爱国热情，运用地理知识能够更好地建设祖国。
4. 发展的需要。如社会的发展需要运用全球定位、遥感等地理技术。
5. 高考的直接要求。高中地理学习是国家的基本课程，在高考的水平测试中，必修须达C、选修须达B，这是报考高等院校的必备条件。（编者注：此要求来自江苏省高考方案）

师问：最后再想一想"怎样学好地理呢"？你在初中地理学习过程中积累了哪些经验？

生答：学习地理要多看地图，学习地理要多背诵，学习地理要多看课外书……（多位学生参与回答）

师讲：地理学习与其他学科的学习一样，有一些共性要求；同时，也有一些独特的方法。（PPT展示以下纲要）

1. 激发兴趣、树立信心是学好地理的前提；
2. 科学的理解多于死板的记忆，是最有用的学习方法；
3. 多识图、多读图，隐含的知识一目了然；
4. 平时做有心人，注重生活积累。

师讲：为学好地理，老师还要提出以下几点要求：（PPT展示以下纲要）

课前预习；独立完成作业；平时多沟通、交流，不懂就问。

[朱雪梅老师的教学过程]

课前情境：播放自己拍摄制作的《漫步世界之窗》短片，优美的画面伴着悠扬的小提琴乐曲，营造了轻松活泼的氛围。观看时，教师祝贺花季的少男少女成为扬州树人学校的高中生，听学生介绍班级基本情况。

导课：I have a dream！（我有一个梦想）希望我的学生能够成为未来的徐霞客、李四光、竺可桢、李吉均、陆大道、秦大河、魏格纳……也许咱们班中也能出一个地理学家呢。（学生很受鼓舞）

师问：今天是什么天气？刚才在到学校的路上下起了小雨，为什么会下这场雨？与地理知识有关吗？

生答：今天是阴转小雨天气，下雨的成因不太清楚，但肯定需要用地理知识解释。

师评：现在咱们不着急解释成因，通过本学期的地理学习，你一定能解释"下雨"，地理学科中应称为"降雨"的原因。

师讲：在高中地理学习之初，我们需要大致了解这门学科，形成初步的印象。所以，本节课的学习就是为了正确认识高中地理，并了解学好地理的基本方法。老师将从认识论与方法论两个视角与大家谈谈"地理"。(PPT 展示课题名称:印象"地理")

一、正确认识高中地理

师问:要全面了解高中地理学科,需要讨论三个问题:地理在哪里？地理学是什么？地理学科重要吗？(PPT 展示这三个问题)

(教师静默了约 15 秒,扫视全体学生。学生交头接耳地议论,教师不要求回答)

师问:孙老师去年冬季曾从上海飞行到伦敦。仔细观察上海与伦敦冬季的照片,看看有哪些差别？为什么？(PPT 展示孙老师在上海与伦敦两地冬季草坪上休息的照片)(教师要求一组学生补充回答)

生答 1:伦敦的草坪是碧绿的,上海的草坪是枯黄的。

生答 2:孙老师在上海穿的衣服厚,在伦敦穿的衣服薄。

生答 3:主要原因是伦敦的冬季温和湿润,上海的冬季与扬州差不多,寒冷干燥。

师评:大家所谈到的差异,都属于地理学研究的基础知识。这是老师发现的生活中的地理知识。

师问:你在生活中遇到过哪些问题需要用地理知识进行解释？

(开放性的问题,学生列举了很多实例,师生交互活动略)

师问:大家以上的交流已经说明了一个事实,即地理知识无所不在。归纳一下,"地理"应该在哪里？

生答:地理知识存在于生产、生活中,与人类密切相关。

师评:与老师的观点完全相同,一句话概括:"地理"就在我们的身边！(PPT 展示结论)

师问:以上是对地理学的初步了解。那么,地理学的概念究竟是什么？它的内涵又是什么？

(教师不要求学生起身回答,指导学生在课本上将地理学的概念用下划线表示出来,PPT 展示答案:地理学是研究地理环境以及人类活动与地理环境相互关系的科学。)

师问:读地理学的概念,你认为其中的关键词是什么？

生答:"地理环境"与"相互关系"。

师评:我非常同意,说明你初步理解了这个概念。

师问:那么,什么是"地理环境"？

(学生很快在课本上画出答案。教师不要求回答。PPT 展示大气圈、水圈、岩石圈和生物圈分布示意图。)

师讲:地理学是一门既古老又年轻的学科。高中地理三个必修模块大致分别学习自然地理、人文地理与区域地理,所有的内容都围绕一条主线,即"人类与地理环境的关系"。

师讲:其实,同学们现在很难深入理解地理环境的内涵,本节课不作要求。但是,我们可以通过一些地理现象说明各个圈层与人类的关系,从而形成感性的认识。

师问:观看雪灾照片,你能说说大气圈与人类的故事吗？(PPT 展示 2008 年初春我国南方雪灾的照片)

(教师让一纵排的学生回答各自看法,学生思维活跃。回答略。教师不要求准确结论)

师问:观看照片,悉尼人为什么能捡到阿根廷人的漂流瓶？你能说说水圈与人类的故事吗？(PPT 展示在海洋上的漂流瓶照片)

（教师让一横排的学生回答各自看法。回答略。教师不要求准确结论）

师问：观看汶川地震的照片，说说岩石圈与人类有什么故事？（PPT展示汶川地震中被震毁的楼房、被毁坏的公路照片）

（教师让西北—东南向的一组学生回答见解。回答略。教师不要求准确结论）

师问：观看雨林被破坏的照片，说说生物圈与人类有什么故事？（PPT展示被砍伐的巴西雨林照片）

（教师让东北—西南向的一组学生回答见解。回答略。教师不要求准确结论）

师评：大家所说的许多"故事"正是高中地理的学习内容。以上交流也说明同学们的知识面很宽。同时，大家应该认识到环境是人类生存的基础，人类与地理环境是相互作用的，我们应与地理环境和谐共处。师问：至此，大家对地理学的研究内容已经有了进一步的了解。你们说地理学科重要吗？

生齐答：非常重要。（师生齐笑）

师讲：地理学是一门重要的学科。从公民的素养构成看，《地理教育国际宪章》指出："地理在各个不同级别的教育中都可以成为有活力、有作用和有兴趣的科目，并有助于终身欣赏和认识这个世界。"从学业要求看，高中地理需要至少修完6个学分，我们鼓励大家在修完必修模块后，继续选学地理选修模块。这些学习内容将是江苏省学业水平测试的六门科目之一，属于高考的重要组成部分，需要引起足够的重视。

二、学好地理的基本方法

师问：同学们已经意识到地理学科的重要性，那么怎样才能学好地理？从地理学习的方法看，请大家思考三个问题：你有正确的态度吗？什么是地理思维？老师的要求是什么？（PPT展示三个提问）

（教师静默了约15秒，扫视全体学生。学生交头接耳地议论，教师不要求回答）

师问："谁是开启成功的钥匙？"想一想学好地理最需要的品质是什么？请每个同学只选择一项。（PPT展示的选择项包括兴趣、理想、勤奋、奉献、善思、激情、努力、自信、好问、合作、探究及责任等）

（多个学生报出答案，但众说纷纭，以兴趣、勤奋、努力、理想等为高频词）

师评：我觉得你们说得都对，每一项都很重要。不过老师认为目前最重要的是"兴趣"，孔子说"知之者不如好之者，好之者不如乐之者"嘛。

师问：现在，我手中的两块"石头"，一块是大理岩，一块是石灰岩，瞅瞅这两块"石头"，你能提出一个问题吗？

生问：大理岩是白色的，石灰岩是灰色的，它们之间有什么关系呢？

师答：问得好，别看两者外观差异大，其实它们的化学成分相似，大理岩是由石灰岩变质形成的。

生问：石灰岩是怎么发生变质，形成漂亮的大理岩的？

师答：这个问题层次较深，今天不告诉你答案，等学习"地壳的物质组成"时，老师相信你一定能解释清楚。（留下了悬念，激发了学生的求知欲）

师讲：刚才分析两块"石头"之间的故事，就是想告诉同学们，地理是一门科学，学习地理要像科学家一样思考！科学家的研究就是不断发现问题、提出问题和解决问题的过程，老师认为,大家要善于从生活中找到地理问题。另外,地理学科也有自身特有的思维习惯,老师总结为地理思维的"5W"原则。(PPT展示:What——地理事象、When——发生时间、Where——地域分布、Why——形成原因、How——解决措施。学生热议其含义)

师问:如果学习汶川地震灾害,按照"5W"原则,你能说说应该从哪些方面进行思考与分析?(学生兴趣盎然地讨论)

生答:我认为"What"指汶川地震灾害事件;"When"指发生时间是2008年5月12日14时28分;"Where"指地震发生的范围,震中在四川省汶川县映秀镇,还应该说明具体经纬度,可我记不清了;"Why"指本次地震的成因,应该是印度洋板块与亚欧板块挤压,导致青藏高原向东俯冲,积累的能量在龙门山断裂带突然释放而形成;"How"指地震发生后,我们应该采取的灾后救助与重建措施。

(同学们给予了热烈的掌声)

师评:掌声说明了你的回答有多么精彩,你已经会运用地理思维的基本方法了。(回答者非常自豪)

师讲:学好地理还需要有良好的学习习惯,为此,老师提出五点要求:一是带齐学习资料;二是养成"左图右书"的习惯;三是结合生活现象多思考、多提问;四是学会用地理语言说话;五是走好课前、课堂、课后三步骤。最后,希望大家拿出实际行动,为自己的发展、为国家的建设学好地理。(PPT展示学习地理的五个要求)

[研究结论]

听课教师对这两节课都给予了较好的评价。两节课都激发了学生对地理的学习兴趣,使学生对高中地理学科有了正确的认识,了解了地理学习的基本方法。但是,在教学目标实现的过程中,两节课的提问设计与应答处理存在一些差异,从表象上看就是课堂上师生互动的差异。很显然,尽管唐老师已经不是一位职初型教师,六年的教龄使其积累了较丰富的教学提问经验;但相对而言,朱老师的课堂提问更有严密的逻辑性,更突出学生的主体地位,对学生有更多的激励作用。具体从以下几个方面进行分析。

1. 提问频数的差异

从提问频率看,唐老师在教学过程中大致提出了17个问题;朱老师则提出了24个问题,学生提出了2个问题。浅表的数据似乎显示专家型教师提问更频繁,提出的问题更多。但实质并非如此,因为唐老师提出的问题均需要学生给予回答,而朱老师设计的问题中有9个并不需要学生给予回答,而是将这些问题用来组织教学或调节情绪,以引导学生正确的思维方向。

朱老师认为课堂提问的频数要合理,以平均2~3分钟提出一个问题为宜,过多过少都会影响到教学的效果。若提问过多,容易出现"满堂问"现象,使教学内容分散,教学过程被割裂;而且答问时间会比较短,即使教师所提问的问题是高水平的,因为时间有限,学生也难以给出高质量的答案。若提问过少,则给学生的思维刺激偏少,思维强度过小,学生易出现开小差现象。

2. 提问对象的差异

两节课中,提问涉及的对象数量有较大差异。除集体回答的简单问题外,唐老师的课堂中共有24人次起立回答、交流答案。朱老师的课堂中共有40人次单独回答、交流答案,其中,关于"想一想学好地理最需要的品质是什么?"这一问题的回答,教师不要求起立,只是简短、迅速地报出选择答案,共有10人次;除此以外,实际上有30人次对课堂问题进行了分析。显然,朱老师的课堂给予了更多学生表达见解的机会,教师自己讲解较少;而唐老师的讲解偏多,学生的回答相对较少。

课堂提问应面向全体学生,对此,两位教师均给予了关注,提问对象均涉及了教室中的每个角落,后排的学生没有被"边缘化"。但是,选择提问对象时,两位老师依然有一些差别。唐老师习惯于提问积极思考、有回答欲望的学生。朱老师则倾向于将难题交给这些学生,而将一些简单的问题更多地分配给比较内向、不够主动交流的学生,以激发他们的参与热情;对于一些开放性、有多种答案的问题,朱老师则以小组为提问对象,且小组的构成也比较灵活,以增加学生的合作意识。

另外,朱老师还鼓励学生提问。在教师引导下,有2位学生提出了自己的问题,于是提问者与提问对象的角色发生了转换,学生成为提问者,教师变成了提问对象。这对学生提出问题能力与探究学习能力的培养大有裨益。

由此可见,专家型教师的课堂提问侧重于调动更多学生参与交流与讨论,叫答学生的方式更加灵活,学生的主体地位更加突出。

3. 提问内容的差异

本课例作为整个高中地理课程的第一学时,课程标准与教材并没有明确的要求,因此,给教师灵活处理教学内容留下了充足的空间。教学内容主要是由提问内容引申而出的,从共同性看,两位老师的提问内容丰富多彩,而且富有探究性。

从差异性看,朱老师的提问内容更有系统性,喜欢层层设问与追问,问题与问题之间常具有逻辑联系,一组问题呈现明显的"问题链"。如第一部分"认识论"的教学内容围绕着"地理在哪里？地理学是什么？地理学科重要吗？"这个"问题链"进行串联,并分别追问出更多的问题,如针对"地理学是什么？"的问题,设计了关于地理学的概念、地理环境的含义等系列问题,这些问题属于分支问题,同时又具有明显的递进关系。另外,朱老师对直接在课本中能找到答案的问题并不太重视,不要求学生起立回答,而是通过进一步的追问要求学生理解其含义。再有,朱老师提出的高思维水平的问题更多一些,倾向于提问开放的、有创造性的问题。如关于"四大圈层与人类的故事"的提问,开放程度很高,能够激发学生的创新思维。

关于提问内容,研讨中我们形成了两点共识。首先,高质量的提问内容要有一定的逻辑性,众多的问题应当是递进的、有层次的、前后衔接、相互呼应和逐步深化的;相反,应尽量减少机械记忆性的问题。其次,高质量的提问内容还应具有探究性与开放性,要鼓励学生做出多种可能的解释,诸如"可能发生哪些现象？""你能举例说明吗？""你认为其原因是什么？""你认为该如何解决？"等等这些追问,远比那些只需用"是"或"否"来回答的封闭性问题更能促进学生思维能力的提升。当然,封闭性的问题比较浅显,答案唯一性强,易引发集体应和,因此可能使课堂气氛更加热烈,但这绝不是有效提问的目的。

4. 提问形式的差异

从课堂提问的形式来看,有多种方式。提问的目的不同,方式也不同。两节课相比较,唐老师的提问方式比较单一,几乎都是简答式的问题。朱老师的提问形式相对要多一些,除了进行简答与分析外,还运用了填充式提问、选择式提问与合作式提问。如"读地理学的概念,你认为其中的关键词是什么？"这个问题,实质上是要求学生填充要点,属于填充式提问;而"谁是开启成功的钥匙？想一想学好地理最需要的品质是什么？"这一问题,教师已经预设了大量的选项供学生选择,因此属于选择式提问;再如,"观看雪灾照片,你能说说大气圈与人类的故事?"这个问题由纵排的一组学生补充回答,就属于合作式提问。

5. 候答时间的差异

候答时间指两个环节:一是教师提问后与学生回答前之间的暂停;二是学生回答后与教师反馈前之间的暂停。一般来说,留出足够的候答时间,主动回答者会增多,回答的正确率也会提高,学生更能够理解学习内容,但是这样的暂停最容易被新教师所忽视。

两位教师对候答时间的处理有明显的区别。唐老师习惯于问题提出后,立即让学生回答,较难的问题会组织学生讨论;对学生的答案,一般没有留出让学生们思考的时间。朱老师往往根据问题的难度,提问后一般给学生留有3~8秒的思考时间,常用"请大家想一想""大家思考一会儿"等用语等待学生回答;对统领性的、指明学习目标的问题,即"地理在哪里?地理学是什么?地理学科重要吗?""你有正确的态度吗?什么是地理思维?老师的要求是什么?"这两组问题,用静默的方式让学生梳理思维方向,这看似浪费了时间,实际上有助于学生的思维聚合。另外,朱老师对学生的回答往往也留有一定的等候时间,给予学生补充或修改答案的机会。

6. 理答评价的差异

所谓理答,是指教师对学生回答的应答和反馈。教师的理答特点特别能反映其教学理念与风格,也直接关系到学生回答问题时的积极性,影响到学生的学习效率。本课例的两位执教者都能以欣赏的眼光看待学生的回答,对学生鼓励较多,对错误的回答能及时澄清。但如果做进一步分析,发现两位教师对学生回答的处理依然有较大的区别。

首先,唐老师用于理答的时间明显少于朱老师,以至于教师有更多的讲解时间;朱老师在理答过程中相对更有耐心,常用"你还有新的想法吗""其他同学有补充吗?"等用语启发学生做进一步探讨。

其次,唐老师对学生评价的内容相对简单,对学生的正确回答多用"很好""不错"等简短的反馈,对错误的问答常急于给出自己预设的答案,对某些回答并没有及时评价。而朱老师对学生回答往往给予恰如其分的评价。如对结构良好的答案会表达赞赏,常用语是"我非常同意你的观点""你的看法很有新意""你是善于思考的""你的回答有一定的深度"等;再如前文中的"掌声说明了你的回答有多么精彩,你已经会运用地理思维的基本方法了"这句定性的评价语,会使学生获得成功的喜悦,激发起深入学习的欲望;当学生充满自信的回答并不准确时,朱老师会进行适度表扬,然后指出问题,对生成性的错误问题进行追问,并给其自我纠正的机会;当学生的回答不够自信时,朱老师会加以肯定,鼓励学生大胆表达;如果学生的回答明显错误,朱老师会说"你的看法有个性,但我似乎不太理解,我想再听听其他同学的看法",这样就保护了学生的自尊心。

再次,对学生课堂回答的反馈,朱老师更注重非言语行为即体态语言的帮助,注意认真倾听学生的回答,喜欢用饱含期待的眼神等待学生的答案,常用点头微笑表示赞许,摇头表示否定等等,这些体态语言的运用可以显著提高课堂提问的有效性。

需要指出的是,本研究只是个案,只是举例说明差异存在的客观事实,这种差异是否具有代表性,是否具有推广的意义,还有待进一步论证。另外,对两节课中提问的生成性、学生回答的兴趣等问题,还需要做进一步研究。

推进教师教育创新　提升教师专业水平[①]

俞立中

21世纪初是我国经济与社会发展的重要战略机遇期,深入学习实践科学发展观,对于全面实施科教兴国战略与人才强国战略有着重大而深远的意义。教育要发展,关键在教师。树立和落实科学发展观,推进教师教育改革与创新,促进教师专业水平的提升是当前我国教育发展的重要内容,也是全面提升教育质量与促进教育均衡发展的重要途径。华东师范大学始终坚持把教师教育摆在优先发展的战略地位,把培养能够肩负国家与民族未来发展使命的优秀教师看作是学校的根本使命,积极发挥教育学科与文理基础学科的综合优势,把握教师教育理论创新与基础教育改革实践的最新趋势,推进教师教育改革和实践创新。为进一步发挥对全国教师教育改革发展的引领、示范作用,2006年,学校成立教师教育改革推进委员会和教师教育课程建设委员会,把教师教育改革创新率先落实在教师教育课程建设和师范生培养模式的完善上,探索一条集理论与实践创新、内容与机制创新于一体的教师教育改革的新路子。

一、理念引导教师教育改革

上世纪90年代以来,基于终身教育理念的教师专业发展理论方兴未艾,在反思与探究中小学教学实践中促进教师的专业发展成为世界教师教育改革的主流。教师教育课程是促进中小学教师专业发展最为重要的资源和纽带,对于教师教育改革创新有着基础性与先导性的意义。

必须承认,在很长一段时间里,教师教育在课程设置上是简单的学科专业课程加教师教育课程的混合结构;教育学和心理学的教学重学科知识本位,偏理论,轻应用,脱离基础教育一线的实际需要,以教育学、心理学、教材教法和教育实习等必修课程为主的教师教育课程对教师专业发展的支撑不够;教师培养在教育教学上仍然延续以教师为中心的传统和以教师所教授的学科知识为中心的倾向,不能很好地结合中小学真实教学环境。师范教育不同程度地脱离教学实际、脱离学生需要、脱离教育科学发展的前沿,真正面向基础教育第一线的教师教育课程体系未能真正建立。进入21世纪后,这一培养模式已愈发不能适应教师专业发展的要求,教师教育课程与教学内容已愈发不能适应全面实施素质教育和基础教育新课程改革的要求。

为推进教师教育课程改革与建设,学校成立了由教师教育研究与学科教学领域的专家学者组成的教师教育课程建设委员会。在深入总结教师专业发展理论研究与教师教育改革实践的基础上,提出了教师教育课程建设的核心理念:① 教师专业发展是一个呈螺旋式上

[①] 本文选自《中国高等教育》2009年第9期。

升的循序渐进的发展过程,大学应系统考虑与规划足以支撑教师专业发展的课程;② 教师专业发展是一个立足于中小学教学实践的知识与能力的建构过程,大学应为处于教师专业发展初期的师范生提供更多中小学教学实践的知识;③ 大学应尊重处于专业发展初期的师范生对教师教育课程的自主选择和自我建构,并在教师教育课程建设中提供系统的支撑。

基于教师教育课程建设的核心理念,教师教育课程建设委员会在课程规划与建设思路上明确提出了三点意见:一是要把国家对教育改革的要求转变为学校教师教育的培养目标,进一步明确自身发展的方向与路径,努力实现传统师范教育向现代教师教育的转变;二是要把自然科学、人文社会科学与教育科学的研究成果转变为教师教育的课程和教学内容,在理念、模式、方法、途径、手段等方面实现创新;三是把教师教育理论认识转变为教师专业发展的实践,把教师专业发展的具体要求转化为教师教育改革的具体实践。

二、整体规划建设教师教育课程体系

构建教师教育课程体系。基于教师教育课程建设理念与思路,通过系统研究教师专业发展阶段特征、教师教育课程建设国际经验,学校明确将教育理论视野的拓宽、教学实践技能的强化整合在为教师专业发展提供支持这一核心目标上。面向未来教师的培养,以整合学术取向、专业取向与实践取向为依托,构建由通识教育、专业教育和教师教育三大板块组成的课程体系。教师教育课程建设委员会曾先后多次召开课程建设方案的专家论证会,重点拟定教师教育课程的建设草案,不断规范和完善课程结构、课程名称和每门课程的建设目标,确定了由教育与心理基础类课程、教育研究与拓展类课程、教育实践与技能类课程和学科教育类课程等四个模块组成的教师教育课程建设方案,大幅度地增加了面向师范生自主选修的教育研究与拓展类课程,增加了与教育实习形成衔接的教育见习、教育研习,拓展了教材教法课程的建设与选修范围。

集聚优质教育资源,打造教师教育课程模块。在课程建设过程中,学校充分依靠教育学科群雄厚的师资力量,包括教育科学学院、教育管理学院、学前教育与特殊教育学院、心理与认知学院和各院系学科教学论的教学与研究队伍,把每门课程的建设目标与要求都落到实处。为了充分体现课程自身的特点,采取了灵活的建设机制与办法:

一是对教育学、心理学两门传统课程进行重点改造,将两门课分别更名为教育学基础、心理学基础,由教育学系和心理学系的主任牵头,按照团队协作、分工负责的原则,改变传统上以教育学科逻辑为主的教学内容和灌输式的教学方法,注重将教育学、心理学的基本理论渗透在对教育教学实践具体问题的剖析之中,注重培养学生分析教育基本问题的视野和能力。

二是对教育实践与技能类课程进行充实和完善。技能类课程包括"教师口语"和"信息化教学设计与实践",其中"信息化教学设计与实践"以微格教学训练为主线,以学生信息化教案设计为载体,进行学科教学设计的课堂实施和课后反思实践。实践类课程在传统的"教育实习"课程基础上,整合校内外实践教学资源和条件,重点构建"见习、研习和实习一体化"的实践教学体系,把互为衔接的专题见习、课题研习和教育实习,循序渐进地贯穿在师范生四年的专业学习中,为师范生营造一个优质的开展中小学教育教学实践的校内外教学环境。教育实践与技能类课程建设强调师范生基本教学技能的训练,通过亲身感受、体验和直接从事教育教学实践活动,阶段性地提升师范生的专业素养。

三是对新增的教育研究与拓展类课程和学科教育类课程,采取立项建设、公开答辩、选课认定的办法。其中,教育研究与拓展类课程面向全校教师进行招标建设,每年5月发布课程建设指导计划,强调课程建设的短课时、小班化、团队化,要求课程教学内容与方法要做到:理论少而精,反映教育研究的最新成果与进展;注重引导性,紧密结合中小学的教育教学实践;注重案例教学,有具体的教学指导,配有辅读材料思路。教师教育课程建设委员会的专家审阅每门课程的申请材料,召开课程建设立项答辩会,要求每门课程的申请人就建设目标、教学内容、教学方法等进行陈述和答辩,通过投票决定是否可以进入选课阶段。一旦确定进入学校选课系统,全体师范生都可以自主选修这些课程。为促进学生在教育理论与实践知识方面的均衡发展,教育研究与拓展类课程同样采取模块化的策略,分为教育历史与理论、课程与教学、教师发展、学生发展和德育与管理五个模块,每个模块的课程数量保持大致的均衡,而且要求学生至少在四个模块中选修课程。最后,该门课程是否立项建设也由选课人数来决定。

教师教育课程建设委员会还对课程建设提出了具体要求:一是要注重理论与实践的紧密结合,把教育学、心理学、学科教育的基础理论与最新进展和中小学教育教学改革的具体实践融入到课程教学内容之中,注重课程教学与中小学课堂教学的衔接;二是要改变以讲授为主的教学方法,灵活运用小组讨论、案例教学等方法,注重提升学生的自主学习能力和运用各种教学方法的能力;三是要有意识地在课程教学过程中培养学生的专业信念和实践能力,引导师范生不断完善自我,培养优秀教师应该具备的素质和能力。

三、加快教师教育改革的实践

教师教育课程建设方案已在2006级、2007级、2008级师范生的培养实践中实施,通过三年的建设,完成了基础教育学、基础心理学两门传统课程的改造;先后分四批立项建设了68门教育研究与拓展类课程,首批建设了31门学科教育类课程;初步构建了教育见习、研习和实习一体化的实践教学体系。

为有效开展师范生的教育见习、研习和实习等实践教学活动,学校从上海知名中小学的特级校长、特级教师中遴选了8位具有现代教育理念和丰富实践经验的一线教师,聘为学校首批基础教育特聘教授;从实习基地学校的优秀指导教师中选聘了99位首批兼职导师,负责安排和直接指导师范生的教育见习、研习和实习。同时,学校设立了面向校内外实习指导教师的"基础教育与教育实习研究项目",实习学生也积极参与到这些项目的研究与实践过程中,取得了一批优秀成果。在教师教育课程建设的基础上,开展了教育研究与拓展类课程的教材编写,并组织专家编辑出版了《明天的教师——师范生必读》,为师范生熟悉教师职业、了解中小学校和开展教育见习、研习和实习提供指导和帮助。同时,学校为师范生积极拓展国际交流渠道,学校已经出台了有关制度,选拔优秀师范生进行不少于一个学期的海外交流。

以三年来教师教育课程选课情况和学生评教结果看,学生选修这些课程的积极性非常高,而且很多师范生都对课程教学的质量表示满意,评教成绩达到优良标准的任课教师占到了70%以上。教师教育课程改革方案也得到了教育主管部门、专家学者、兄弟院校、各类媒体的高度关注和积极响应。

改革的实践使我们深切感到,教师教育改革一定要主动服务国家战略发展的需要,高水平师范大学必须站在国家战略的高度思考自身作为,以引领中国教师教育的改革;教师教育改革要符合未来教师成长的客观规律,面向基础教育的现实和未来,形成聚全校之力推进改革的态势,集综合学科的研究优势改革传统教师教育模式中的弊端;教师教育改革应该面向世界,以国际视野审视思考学校的教师教育改革,在互动和对话中不断总结和梳理改革经验,并影响世界的教师教育发展。

文献索引(1979—2009)

地理教育思想研究

[1] 高木秀树.日本的中等地理教育.中学地理教学参考,1981(6)
[2] 李春芬.地理学的传统与近今发展.地理学报,1982(1)
[3] 隋万春.在中学地理课中进行爱国主义教育的尝试.课程·教材·教法,1982(3)
[4] 黄德芬.当代地理教育的改革及其趋势.课程·教材·教法,1984(1)
[5] 陈尔寿.中小学地理教育演变及改革趋向.地理教学,1984(2)
[6] 陈尔寿.竺可桢同志与中小学地理教育.地理教育,1984(3)
[7] 聂树人.对美国地理教育的一些初步印象.中学地理教学参考,1985(1)
[8] 陈尔寿.2000年我国地理教育发展的设想.地理教学.1985(6)
[9] 黄德芬.试探地理学科的知识结构.中学地理教学,1985(6)
[10] 钱学森.现代地理科学系统建设问题.地理环境研究,1989(2)
[11] 陈尔寿.十年来我国中学地理教育的改革.地理教学,1989(3)
[12] 方贤中.试谈地理教育与教学的新观念.中学地理教学参考,1989(3)
[13] 叶澜.试论当代中国教育价值取向之偏差.教育研究,1989(8)
[14] 孔祥发.苏联地理教育简介.地理教育,1990(3)
[15] 地理教学研究会秘书处.励精图治深化地理教育改革.中学地理教学参考,1990(4)
[16] 葛文城.高中地理思想教育目标及实施.中学地理教学参考,1990(4)
[17] 毛政旦,杨新.地理学与国情教育.中学地理教学参考,1991(3)
[18] 刘淑梅.中学地理课国情教育的基本观点和内容.中学地理教学参考,1992(Z1)
[19] 袁书琪,郑耀星.评英国的中学地理教育.中学地理教学参考,1992(Z1)
[20] 陆珏,茅益迪.英国的地理教育.地理教学,1993(1)
[21] 李承林.做振兴地理教育的开路先锋.中学地理教学参考,1993(Z1)
[22] 张贞煌.以现代教育科学理论为指导 深化地理教育改革.中学地理教学参考,1993(3)
[23] 毕超.英国中小学地理教育.中学地理教学参考,1994(3)
[24] 林培英.目前我国中学地理教育面临的困境和机遇.中学地理教学参考,1994(9)
[25] 张兰生.基础地理教育的改革.中学地理教学参考,1994(9)
[26] 陈尔寿.在曲折道路上前进的学校地理教育.中学地理教学参考,1994(11)
[27] 吴履平.中国地理教育的回顾与前瞻.课程·教材·教法,1994(11)
[28] 褚亚平.为了21世纪的地理教育努力探索地理教育学.中学地理教学参考,1994(12)

[29] 黄京鸿.怎样认识地理教育的发展前景.中学地理教学参考,1995(7—8)
[30] 吴履平.21世纪地理教育的展望.中学地理教学参考,1995(7—8)
[31] 张同铸.加强学校地理教育 迎接21世纪.中学地理教学参考,1995(9)
[32] 牛文元.面向21世纪的地理学.中学地理教学参考,1995(10)
[33] 胡兆量.人地关系发展规律.四川师大学报(自然科学版),1996(1)
[34] 赵传唏.论学校地理教育的功能.中学地理教学参考,1996(1—2)
[35] 黄永昌.21世纪的地理教育.地理教育,1996(5)
[36] 徐庆华.论地理教育的学科地位.地理教育,1996(6)
[37] 黄宇.浅议中学地理教育改革.课程·教材·教法,1996(9)
[38] 张楚廷.教育思想改革的重要进展.清华大学教育研究,1997(3)
[39] 褚亚平.近年国际学校地理教育动态引起的思考.地理教学,1997(4)
[40] 贾国江.可持续发展与21世纪地理教育.地理教育,1997(4)
[41] 柯森.教育科学研究:90年代至21世纪初期的主要趋向.现代教育论丛,1997(4)
[42] 王冀生.坚持人文精神与科学素养的统一.有色金属高教研究,1997(4)
[43] 吴兆钧,李奇志.印度的中小学地理教育.中学地理教学参考,1997(4)
[44] 杨柯.地理教育的功能及在基础教育中的地位.课程·教材·教法,1997(5)
[45] 邓志伟.论素质教育的基本理论.教育理论与实践,1997(6)
[46] 邢永富.关于教育实施可持续发展战略的理论思考.江西教育科研,1997(6)
[47] 刘继忠.我国中学地理教育百年反思.中学地理教学参考,1997(9)
[48] 丁书亚.对地理学科教育价值的再思考.中学地理教学参考,1997(10)
[49] 林培英.从可持续发展教育谈地理教育方式方法的改革.课程·教材·教法,1997(11)
[50] 吴传钧.谈中学地理教育的改革问题.地理教育,1998(1)
[51] 黄余珩.冲出升学教育"围城"实施地理"素质教育".中学地理教学参考,1998(1—2)
[52] 袁书琪.学校地理教育的素质教育透视.地理教育,1998(3)
[53] 顾谊群.地理教育功能再认识.地理教学,1998(4)
[54] 李萍,钟明华.教育的迷茫在哪里:教育理念的反省.教育发展研究,1998(5)
[55] 王在勇,张士娥,党华锋.加强地理观念教育 数理地理学科新形象.中学地理教学参考,1998(9)
[56] 李福根.可持续发展战略需要中学地理教育.中学地理教学参考,1998(11)
[57] 吴传钧.发展具有中华特色的地理科学.中学地理教学参考,1998(11)
[58] 张蓓.对21世纪地理教育价值的认识.中学地理教学参考,1998(11)
[59] 谢瑞俊.教育观念现代化是教育现代化的先导.教育现代化,1999(1)
[60] 王冀生.现代大学的教育理念.中国高教研究,1999(2)
[61] 张兰生.面向21世纪的基础教育改革.中学地理教学参考,1999(3)
[62] 胡龙成.浅谈知识经济对地理教育的影响.中学地理教学参考,1999(4)
[63] 袁孝亭.农村中学实施地理素质教育的侧重点与途径.中学地理教学参考,1999(5)

［64］乌日罕.行为地理学及其对我国地理教育发展的意义.中学地理教学参考,1999(5)

［65］杨德军.用教育来推动人类的可持续发展事业.中学地理教学参考,1999(7—8)

［66］袁孝亭,娄晓黎.对我国中学地理教育存在的几个主要问题的认识.中学地理教学参考,1999(10)

［67］郎根栋.试论地理创新教育.中学地理教学参考,1999(12)

［68］陈玉馄等.我国教育评价发展的世纪回顾与未来展望.华东师范大学学报(教育科学版),2000(1)

［69］袁孝亭.20世纪90年代国际地理教育改革实践.地理教学,2000(1)

［70］宫作民.我国地理教育改革的沉思与展望.中学地理教学参考,2000(3)

［71］黄京鸿.广采现代学习理论精华,促进地理学与教的变革.地理教育,2000(3)

［72］刘尧.关于教育评价相关概念辨析.中国高等教育评价,2000(3)

［73］徐兆海.地理教学要注重科学教育和人文教育的整合.地理教育,2000(3)

［74］蔡克勇.以学生全面发展为本.高等教育研究,2000(5)

［75］阎海云.我国设置综合社会科的回顾与思考.地理教学,2000(7)

［76］吴钢.我国教育评价发展的回顾与展望.教育研究,2000(8)

［77］桑新民.探索信息时代人类文化与教育发展的新规律.人民教育,2001(1)

［78］吴传钧.地理学是一门伟大的学问.地理教育,2001(1)

［79］王正福,陈新文.论人的主体性及主体性教育的实施.襄樊学院学报,2001(1)

［80］杜晓初.国外地理教育发展比较分析.高等函授学报,2001(3)

［81］韩英英.环境行为能力培养是地理教育的重要目标之一.中学地理教学参考,2001(4)

［82］查有梁.论新世纪的新教育.教育研究,2001(4)

［83］周满生.国际教育发展的若干特点与趋势.教育科学研究,2001(5)

［84］李广全,刘继生.思维方式与人地关系理论.人文地理,2001(6)

［85］刘尧.论教育评价的科学性与科学化问题.教育研究,2001(6)

［86］张阅农,杨永厚.关于实施创新教育的思考.陕西教育,2002(2)

［87］何谋军.透析人地关系思想的演进与生态环境.贵州师范大学学报(社会科学版),2002(3)

［88］邓祖杰.试论地理教育哲学.中学地理教学参考,2002(4)

［89］刘冬花,田焕玉.美国地理教育复兴运动与GENIP.中学地理教学参考,2002(5)

［90］史利荣.在地理教学中加强环境与可持续发展的教育.环境教育,2002(5)

［91］李召存.关于教育观念的理论思考.教育理论与实践,2002(6)

［92］陆大道.立足中学基础教育 开拓更大发展空间.中学地理教学参考,2002(7—8)

［93］雷鸣.从国际基础教育发展方向看我国的地理教育.中学地理教学参考,2002(7—8)

［94］贾明灯.中学地理学科进行科学史教育的思考.地理教学,2002(8)

［95］袁孝亭.20世纪国际地理教育发展的简要回顾.地理教学,2002(8)

［96］苏金兴.中学地理教育中的环境教育.福建地理,2003(1)

[97] 袁孝亭,王向东.论地理学科的空间观教育.地理教学,2003(1)

[98] 史培军,王民.基础地理教育改革步伐加快,新旧体系共舞.中学地理教学参考,2003(1—2)

[99] 王传兵.中学地理与国际理解教育.地理教育,2003(2)

[100] 李吉钧.地理学呼唤新理论.中学地理教学参考,2003(4)

[101] 车丽娜.教育:走向个体解放的新力量.当代教育科学,2003(9)

[102] 白文新.地理教育理论及其研究方法探析.中学地理教学参考,2003(12)

[103] 范小华.提高地理学科地位 建立地理教育新形象.中学地理教学参考,2004(1—2)

[104] 王民,王英.从美国《地理学杂志》看国际地理教育历程和趋势(一).地理教育,2004(1)

[105] 赵建军.当前地理教育存在的问题及改革对策.青岛大学师范学院学报,2004(1)

[106] 王民,王英.从美国《地理学杂志》看国际地理教育历程和趋势(二).地理教育,2004(2)

[107] 袁维新.新课程理念下的学科教学论的反思与重建.教师教育研究,2004(4)

[108] 李明春.夸美纽斯的教育思想对地理课程改革的启迪.地理教育,2004(5)

[109] 《地理教学》编辑部.褚绍唐的地理教育实践与思想.地理教学,2004(7)

[110] 孙中伟.ICTs作用下的地理学发展新趋向.中学地理教学参考,2004(9)

[111] 白文新.地理教育目标之首——技能与方法教育.中学地理教学参考,2004(11)

[112] 刘学梅,李家清,闻民勇.我国地理教育比较研究的回顾与前瞻.中学地理教学参考,2005(1—2)

[113] 黄小黎.香港地理教育现状及特点.中学地理教学参考,2005(7—8)

[114] 蒋笃运.关爱一切学生 实现教育公平.中学地理教学参考,2005(10)

[115] 白文新.地理教育要为学生走向社会奠定坚实基础.中学地理教学参考,2005(11)

[116] 宋长青,冷疏影.21世纪中国地理学综合研究的主要领域.中学地理教学参考,2005(12)

[117] 蔡昭阳.浅谈中学地理教育中如何实施素质教育.中国科学教育,2006(2)

[118] 刘兰.浅论地学史的教育价值.地理教学,2006(4)

[119] 郭正权.现代中学地理教学改革时期的地理教育观.中学地理教学参考,2006(7)

[120] 李子建.香港地理教育:议题与挑战.地理教学,2006(11)

[121] 覃丽灵.刍议日本的地理教育.中学地理教学参考,2006(11)

[122] 王周杨.英国地理课程中的多元文化教育.地理教学,2006(12)

[123] 张亚南.地理教育的价值.地理教育,2007(1)

[124] 刘必波,蔡婷婷.爱弥儿教育思想对现代地理教学的启示.地理教育,2008(3)

[125] 李云吾.儒家思想:现代课堂管理的新解读.地理教育,2008(3)

[126] 张言顺."地理头脑"的内涵及其对地理教育改革的启示.中学地理教学参考,2008(12)

[127] 李亮奇,吴晓.论新课改以来地理教育的发展.地理教育,2009(1)

[128] 王民,蔚东英.卢塞恩可持续发展地理教育宣言.地理教育,2009(3)

[129] 白絮飞,夏志芳.中俄地理基础教育改革比较研究.中学地理教学参考,2009(5)

[130] 段玉山.地理教育近30年改革与发展回顾——纪念中国教育学会地理教学研究会成立28周年.地理教育,2009(5)

[131] 蒋林君,赵媛.多元文化教育视野下的地理教育初探.地理教学,2009(7)

[132] 陈丹.弗莱雷"解放教育"思想对地理教学的启示.中学地理教学参考,2009(11)

地理课程研究

[133] 陈尔寿.日本中小学的地学和地理课程.课程·教材·教法,1981(2)

[134] 李旭旦.如何开展人文地理学的新方向.中学地理教学参考,1983(5)

[135] 程伊权.因地制宜开展乡土地理考察活动.中学地理教学参考,1987(3)

[136] 杜耀俊.学习新编教学大纲之管见.中学地理教学参考,1987(4)

[137] 张恒渤.开辟第二课堂问题初探.中学地理教学参考,1987(4)

[138] 严志梁.民主德国十年制学校地理教学大纲简介.课程·教材·教法,1988(1)

[139] 黄德芬.香港中学地理课程的发展与教学概况_香港地理教育考察观感.课程·教材·教法,1988(3)

[140] 张雁.学习现行中学地理教学大纲的几点体会.中学地理教学参考,1988(5)

[141] 褚亚平,杨颖.以县为基本乡土单元研究乡土地理.中学地理教学参考,1988(6)

[142] 陈尔寿.高中地理教学大纲的知识结构和环境意识教育.中学地理教学参考,1989(1)

[143] 郑亚非.学校地理课程模式的探讨.地理教学,1989(1)

[144] 张罗生,曲忠厚.学习《九年制义务教育全日制初级中学地理教学大纲》的体会.中学地理教学参考,1989(2)

[145] 陈尔寿,吴履平.稳定和充实高中地理课程.课程·教材·教法,1989(11)

[146] 陈尔寿.地理课程发展与社会进步.课程·教材·教法,1990(11)

[147] 褚亚平.香港初中"地理科课程纲要"的特点.中学地理教学参考,1990(1)

[148] 孙大文.地理课程改革的几点思考.地理教学,1991(2)

[149] 乐理.地理课程的集中与分散.地理教育,1993(1)

[150] 褚亚平.高中地理之我见.中学地理教学参考,1994(9)

[151] 施良方.论课程的基础.课程·教材·教法,1995(1)

[152] 袁书琪.面向二十一世纪高中地理教学大纲的继承与突破.地理教育,1996(4)

[153] 德博拉夫著,钟启泉译.学科课程改革的问题.外国教育资料,1996(5)

[154] 王民,董进.中学地理课程设置顺序比较研究.课程·教材·教法,1996(10)

[155] 毕超.美国《国家地理标准》对技能培养的设计.地理教学,1998(2)

[156] 陆军,丁尧清.美国国家地理标准的提出及实施.地理教学,1998(6)

[157] 李玉辉,温忠麟.英国学校地理课的复兴及其启示.课程·教材·教法,1998(7)

[158] 王冬凌.二战后美国课程改革及其启示.大连教育学院学报,1999(1)

[159] 李雁冰.质性课程评定的典范:档案袋评定.外国教育资料,2000(6)

[160] 袁书琪.新型高中地理必修课程—高中地理研究性课题.地理教育,2000(6)

[161] 霍力岩.多元智力理论及其对我们的启示.教育研究,2000(9)

[162] 邬翊光.简谈中学地理课程改革.课程·教材·教法,2000(10)

[163] 袁书琪.高中地理课程的改革与启示.地理教学,2000(11)

[164] 杜晓初.中学地理课程与教材发展研究二十年.中学地理教学参考,2001(1)

[165] 和学新.促进学生主动发展:课程目标的转型.教育发展研究,2001(1)

[166] 胡静.美国地理技能培养及对我们的启示.地理教育,2001(2)

[167] 陈胜庆.乡土教育与地理课程开发.地理教学,2001(4)

[168] 方明生,沈晓敏.日本基础教育课程改革的动向及若干分析.全球教育展望,2001(4)

[169] 李其龙,徐斌艳.德国中小学课程改革动向与趋势.全球教育展望,2001(4)

[170] 赵中建.美国基础教育课程改革的动向与启示.全球教育展望,2001(4)

[171] 钟启泉,杨明全.主要发达国家基础教育课程改革的动向及启示.全球教育展望,2001(4)

[172] 王琼,黄晓梅.学好、用好新高中地理教学大纲.中学地理教学参考,2001(7—8)

[173] 崔允漷.国家课程标准与框架的解读.全球教育展望,2001(8)

[174] 郭雯霞.当前日本基础教育课程改革述评.比较教育研究,2001(8)

[175] 李臣屯.课程实施:意义与本质.课程·教材·教法,2001(9)

[176] 朱益明.论校本培训的基本理念.教育发展研究,2001(11)

[177] 杜晓初.中学地理课程与教材发展研究二十年.中学地理教学参考,2001(12)

[178] 赵景木等.我国课程改革研究20年:回顾与前瞻.课程·教材·教法,2002(1)

[179] 徐继存,段兆兵,陈琼.论课程资源及其开发与利用.学科教育,2002(2)

[180] 林培英.课程标准、教材与教学关系的再认识.地理教育,2002(2)

[181] 贾燕仁.学习地理课程标准随笔.中学地理教学参考,2002(2)

[182] 王民.我国新颁初中、高中地理教学大纲内容的结构分析.中学地理教学参考,2002(3)

[183] 贺小飞.英国学校地理课程中的信息技术探讨.地理教育,2002(4)

[184] 龙德禄.地理课程标准与现行地理教学大纲的比较.地理教育,2002(4)

[185] 杨骞,胡良民.国外新世纪基础教育课程改革的共同特点.辽宁师范大学学报,2002(4)

[186] 陈尔寿.对高中地理新大纲(试验修订本)自然地理部分"四个环境"知识结构的商榷.中学地理教学参考,2002(5)

[187] 刘钦普.美国《国家课程标准》对培养中学生地理技能的要求概览.地理教育,2002(5)

[188] 刘钦普.美国国家地理课程标准对培养中学生地理技能的要求概览.地理教育,2002(5)

[189] 陈鹏飞.聚焦中学地理课程改革.中学地理教学参考,2002(6)

[190] 杨宝山,孙福万.21世纪课程目标:向后现代教育过渡.课程·教材·教法,2002(6)

[191] 石欧等.在过程中体验——从新课程改革关注情感体验价值谈起.课程·教材·

教法,2002(8)

[192] 仇奔波.总结经验、更新观念、把握机遇、再创辉煌——谈当前地理课程资源开发中的几个误区.中学地理教学参考,2002(9)

[193] 林智中,张锐明.香港初中地理课程设计的前瞻性.地理教学,2002(9)

[194] 丁帮平,顾明远.学科课程与"活动课程":分离还是融合.教育研究,2002(10)

[195] 袁书琪,郑耀星,刘恭祥.地理课程改革与建设的探讨.课程·教材·教法,2002(12)

[196] 刘硕.关于基础教育课程改革的几点思考.北京师范大学学报(社会科学版),2003(1)

[197] 李旭铸.多智能理论对新课程学生评价的启示.西北成人教育学报,2003(1)

[198] 曲忠厚,田孝东.举纲张目把握地理课程改革的时代特征.中学地理教学参考.2003(1—2)

[199] 王向东.地理课程资源的有效性初探.现代中小学教育,2003(2)

[200] 郭晓莹.重视课程资源的开发和利用.宁德师专学报,2003(4)

[201] 曾昭鹏、陈澄.论地理课程的综合化.中学地理参考,2003(4)

[202] 胡芳.知识观转型与课程改革.课程·教材·教法,2003(5)

[203] 袁孝亭.新一轮高中地理课程改革的价值取向.地理教育,2003(5)

[204] 何军华.课程资源开发利用中存在的问题及对策.当代教育科学,2003(6)

[205] 何军华.课程资源开发利用中存在的问题及对策.当代教育科学,2003(6)

[206] 王永红.二战以来美国社会科的改革与发展.课程·教材·教法,2003(6)

[207] 袁孝亭,王向东."学习对生活有用的地理"与课程编制.地理教学,2003(7)

[208] 张红.多元智能理论观照下的新课程评价观的转变.教育探索,2003(7)

[209] 李景霞.对课程资源开发与利用的几点探索.教育探索,2003(8)

[210] 何勇.把握新课标转变学习观.中学地理教学参考,2003(9)

[211] 吴刚平.高中课程资源的生长点和突破口.全球教育展望,2003(9)

[212] 杜小丽,孙根年.关于高中地理选修课程设置的探讨.中学地理教学参考,2003(11)

[213] 袁孝亭等.试论地理过程.中学历史地理教与学.北京:人大复印资料,2004(1)

[214] 李家清,张丽芳,陈芳.走进新课程:论"培养现代公民必备的地理素养".中学地理教学参考,2004(1—2)

[215] 谢利民,杨喜凤.透析影响课程实施的因素.课程·教材·教法,2004(2)

[216] 杜小丽.义务教育课程目标组成与内涵.中学地理参考,2004(3)

[217] 冯开禹.地理新课程的基本理念和特点.安顺师范高等专科学校学报,2004(4)

[218] 林智中,杨光.地理在香港课程中地位:反思与行动.地理教育,2004(4)

[219] 李春明.夸美纽斯的教育思想对地理课程改革的启迪.地理教育,2004(5)

[220] 严重威.我是怎样开发和利用课程资源的.基础教育课程,2004(8)

[221] 陈澄.高中地理新课程的基本理念.地理教学,2004(9)

[222] 刘然,余慧娟,赖配根.普通高中课程改革的整体走向.人民教育,2004(11)

[223] 周红杰.国外地理课程标准的特点及启示.中学地理教学参考,2004(11)

[224] 葛文城.普通高中地理课程标准(实验)选修模块"宇宙与地球"解读.中学地理教学参考,2004(12)

[225] 金建辉.高中地理课标中"活动建议"浅析.中学地理教学参考,2004(12)

[226] 李春红.对普通高中地理课程标准(实验)中"地理过程"的认识.中学地理教学参考,2005(3)

[227] 杨娅娜,李晴.地理课程资源:内涵与特征、类型与功能.重庆师范大学学报,2005(3)

[228] 袁书琪.普通高中地理课程标准(实验)选修模块"旅游地理"解读.中学地理教学参考,2005(3)

[229] 丁朝蓬,郭瑞芳.20世纪课程评价理论的发展述评.课程·教材·教法,2005(4)

[230] 朱翔.普通高中地理课程标准(实验)选修模块"城乡规划"的结构分析.中学地理教学参考,2005(4)

[231] 常学勤,季禾.地理课程新理念与地理课程资源的开发.中小学教材教学,2005(5)

[232] 王用钊.普通高中地理课程标准(实验)选修模块"自然灾害与防治"内容解析.中学地理教学参考,2005(5)

[233] 吕达,刘捷.课程发展、教师专业发展与学校更新.教育研究,2005(6)

[234] 仇奔波.普通高中地理课程标准(实验)选修模块"海洋地理"内容解析.中学地理教学参考,2005(21)

[235] 段玉山.普通高中地理课程标准(实验)选修模块"地理信息技术应用"内容解析.中学地理教学参考,2005(22)

[236] 葛文城.高中地理新课程评价的探索.中学地理教学参考,2006(1—2)

[237] 郭钊.教给学生有用的地理知识——与仇奔波教授谈地理新课程.中学地理教学参考,2006(3)

[238] 夏志芳.地理新课程:从地域文化中汲取营养.全球教育展望,2006(4)

[239] 谢旭.试论新课程实施成败的关键.教育情报参考,2006(5)

[240] 刘兰,陈澄,姚荔.新中国成立后我国中学地理课程标准(教学大纲)中德育目标的变迁.课程·教材·教法,2006(7)

[241] 林培英.我国大陆地理课程发展中课程目标变化的讨论.地理教育,2007(1)

[242] 郎宇.地理学科情感、态度与价值观目标的演变与内容构成.中学地理教学参考,2007(1—2)

[243] 仲小敏.对我国中学地理课程价值研究的评析.中学地理教学参考,2007(3)

[244] 张蕾.杜威"经验课程"论对新课程改革的启示.商业文化,2007(9)

[245] 黄逸恒.澳门地理课程与教师专业发展.地理教育,2008(1)

[246] 潘洪建,李志厚,周福盛.高中选修实施现状与对策的研究.课程·教材·教法,2008(3)

[247] 张裕良,任闻斌.选修课制度实施过程中凸显的几个问题——以浙江省普通高中选修课开设为例.课程·教材·教法,2008(4)

[248] 于蓉.高中地理新课程中选修模块与必修模块的衔接教学.中学地理教学参考,

2008(5)

[249] 王传兵,赵守拙.当前高中地理选修课程实施现状分析及改进策略.课程·教材·教法,2009(1)

[250] 袁孝亭.准确理解地理过程与方法目标中的"过程"与"方法".地理教育,2009(1)

[251] 李家清,李文田.中学地理课程改革30年回顾与启示.中学地理教学参考,2009(1—2)

[252] 任京民.三维目标几个有争议的问题探讨.中小学教育,2009(5)

[253] 霍志达.澳门中学地理课程的历史发展.中学地理教学参考,2009(9)

[254] 林培英.伴随高考走到今天的高中地理课程.地理教学,2009(9)

地理教材研究

[255] 杨章宏.《能源和能源的利用》教材分析.中学地理教学参考,1983(2)

[256] 巴克良.谈谈高中地理教材中能源分类的体会.中学地理教学参考,1983(3)

[257] 陈尔寿.高中地理课本下册修订说明.中学地理教学参考,1984(1)

[258] 嵇训炫.对高中地理教材的几点认识.课程·教材·教法,1984(1)

[259] 丁旻,巴克良,刘淑梅.关于中学地理教材的两点讨论.课程·教材·教法,1984(2)

[260] 褚亚平,林培英,郑亚非.析现代学校地理教材构成的三系统.课程·教材·教法,1984(5)

[261] 孙普.高、初中地理教材结合初探.中学地理教学参考,1984(5)

[262] 徐岩.一本英国地理课本的新体系和新结构.课程·教材·教法,1984(6)

[263] 陈尔寿.中小学地理课程设置与教材结构学术讨论会.课程·教材·教法,1985(3)

[264] 戚松根.联系形势对初、高中地理(上册)教材补充和修改的建议.中学地理教学参考,1985(4)

[265] 郝立天.中学地理课程设置和教材结构设想.中学地理教学,1986(1)

[266] 褚亚平.中小学地理课程设置与教材结构问题.中学地理教学,1986(2)

[267] 袁书琪.美国地理教材中的专题知识.中学地理教学,1986(4)

[268] 张诗祖,黄祥康.对现行中学《世界地理》课本与试用本的对比评价.中学地理教学参考,1986(4).

[269] 吴忠魁.国外地理教材的几点比较.课程·教材·教法,1987(5)

[270] 王锡铸,张振华.加强对教材中选授内容的自学指导.中学地理教学参考,1988(5)

[271] 褚亚平.开拓乡土地理教育的新思路.地理教育,1988(6)

[272] 曹克环,李玉龙.浅谈中学地理教材下册各书的修改.中学地理教学参考,1989(1)

[273] 关伟.我国中学地理教材图像浅析.大连:辽宁师范大学学报(自然科学版),1990(4)

[274] 人教社.九年制义务教育初中地理教材编写指导思想.中学地理教学参考,1990

(4)

[275] 李家伟.试论地理教材三系统的优化组合.地理教学,1990(5)

[276] 刘淑梅.地图一章教材结构的变革.中学地理教学参考,1990(5)

[277] 王民.中国九年制义务教育"五四"制地理教材简介.中学地理教学参考,1990(5)

[278] 伍进灯.中学地理教材中的一些模糊概念.中学地理教学参考,1991(1—2)

[279] 徐岩.新编义务教育初中地理教材中的人文地理内容.中学地理教学参考,1991(1—2)

[280] 褚亚平.再议乡土地理的研究、教材编写与教学.地理教育,1991(1)

[281] 刁传芳.中学地理教材及其使用.中学地理教学参考,1991(3)

[282] 关伟.学校地理教材图像研究.中学地理教学参考,1991(3)

[283] 陈国新.编写高中地理选修课教材刍议.中学地理教学参考,1991(5)

[284] 孙家镇.中学地理教材中的遥感图像.中学地理教学参考,1991(5)

[285] 卫杰文,陈海珊.德国中学地理课程:教材和教学.课程·教材·教法,1991(6)

[286] 关伟.对我国中学地理教材目前所处阶段问题探讨.地理教育,1992(1—2)

[287] 蒋松珍.五四制新教材地理课堂教学改革初探.地理教育,1993(6)

[288] 刘淑梅.改革·探索——谈人教版义务教育地理课本.课程·教材·教法,1993(11)

[289] 李家清.高中地理新教材编写的构想.地理教学,1994(4)

[290] 褚绍唐.构建九年义务制地理教材的新体系.地理教学,1995(1)

[291] 申秀英.论我国初中地理教材(人教版)的课程模式.地理教学,1995(3)

[292] 莫军支.地理教材知识体系的动态性研究.地理教学,1995(6)

[293] 李传永,周申立.试论乡土地理教材的编写.地理教育,1996(5)

[294] 牟惠康.地理教材"四环节"编裁方式初探.地理教育,1997(1)

[295] 王家骏.英国中学地理教材的特色.无锡教育学院学报,1997(2)

[296] 王仕莲.试论新编初中地理教材图像系统.楚雄师专学报(自然科学版),1997(3)

[297] 方小惠.高中地理教材处理的基本做法.地理教学,1997(4)

[298] 高俊昌.中学地理教材发展的新趋势.中学地理教学参考,1998(7—8)

[299] 吴履平,韦志榕.面向21世纪的高中地理课程与教材.中学地理教学参考,1999(1—2)

[300] 王丽.对新编高中地理(必修)教材试教后的认识.中学地理教学参考,1999(4)

[301] 高俊昌.论新教材的教学.地理教育,2000(5)

[302] 康长运.中小学教材结构与编写的基本问题.国家基础教育课程改革项目研究进展(教材研究专辑),2000(10)

[303] 康长运.中小学教材的呈现方式.国家基础教育课程改革项目研究进展(教材研究专辑),2000(10)

[304] 石鸥.新加坡课程结构和教材初析.国家基础教育课程改革项目研究进展(教材研究专辑),2000(10)

[305] 徐国民.对于高中地理新教材中有关插图的商榷.中学地理教学参考,2000(10)

[306] 佐斌.学生的心理特点与教材编写.国家基础教育课程改革项目研究进展(教材

研究专辑),2000(10)

[307] 博涛.浅析地理教材中地图的设计思想.课程·教材·教法,2000(12)

[308] 段连中,许秋霞.高中地理新教材弹性材料的教法设计.地理教育,2001(1)

[309] 胡继华.关于高中地理新教材及地图册中有关问题的商榷意见.中学地理教学参考,2001(1—2)

[310] 陆利江.教好地理新教材的两点建议.地理教育,2001(2)

[311] 陈昌文,黄就顺.深化中学地理课程教材改革的思考.地理教学,2001(3)

[312] 陈志刚.地理新教材"活动"内容的教学及实施.中学地理教学参考,2001(3)

[313] 陈庭.高中地理新教材与学生人文素质培养.中学地理教学参考,2001(4)

[314] 陆胜利.如何处理高中地理新教材"自学园地".中学地理参考,2001(7—8)

[315] 纳爱琼.中学地理教材中的漫画分析.云南教育,2001(8)

[316] 李桦.高中地理新教材"阅读材料"的教学与处理.中学地理教学参考,2001(9)

[317] 罗育鳖.浅谈新版高中地理教材中的创新意识.中学地理教学参考,2001(9)

[318] 张勇,童新荣.高中地理新教材案例分析教学方法之管见.中学地理教学参考,2001(9)

[319] 李小宝.新教材新思想.地理教育,2002(1)

[320] 任素琴.用好教材中的"案例"进行教学.地理教育,2002(1)

[321] 高凌飚.关于教材评价体系的建议.全球教育展望,2002(4)

[322] 李卓民,王洪洲.关于新教材中二幅图片的说明.中学地理教学参考,2002(4)

[323] 宫作民,马建宁.新加坡中学地理教材探析.中学地理教学参考,2002(6)

[324] 宋世云.日本中学地理教科书的编撰思想.地理教育,2002(6)

[325] 韦志榕.新地理教材(人教版)地理理论与实践探索.地理教育,2002(6)

[326] 李家清.香港"新地理"高中教材评介.地理教学,2002(11)

[327] 李家清.台湾高中地理教材评介.地理教学,2003(3)

[328] 杨爱玲.实验地理教材(人教版)中探究性活动的类型和功能分析.中学地理教学参考,2003(4)

[329] 谢华均,宋乃庆.新教材编写的教育理念探析.课程·教材·教法,2003(5)

[330] 彭晓凤.大陆(人教版)与香港(文达版)高中地理教材比较——以"人文地理"部分为例.中学地理教学参考,2003(6)

[331] 方红峰.论教材选用视野中的教科书评价.课程·教材·教法,2003(7)

[332] 张兰兰.新版高中地理教材(新)在何处.云南教育,2003(11)

[333] 王肇和.香港初中地理教科书特色分析.地理教学,2003(12)

[334] 褚绍唐.区域地理内容结构的几种模式.地理教学,2004(1)

[335] 王肇和.发现式地理教材编写探讨.江苏科技学院学报(自然科学版),2004(3)

[336] 虞志奇,陈佳敏.高中地理新教材试教体会.地理教育,2004(3)

[337] 郭晓明,将红斌.论知识在教材中的存在方式.课程·教材·教法,2004(4)

[338] 姜建春.鲁教版(必修)高中地理新教材特色分析.地理教育,2004(5)

[339] 宋志军.从中德教科书合作研究中看中学地理教材编写的差异.地理教育,2004(5)

[340] 张艳红,吴海涛."范例":中学教材区域地理部分的新变化.地理教学,2004(5)

[341] 樊杰,韦志榕.普通高中课程标准地理实验教材(人教版)介绍.中学地理教学参考,2004(9)

[342] 李晖.湘教版高中地理〈地理Ⅰ〉教材分析.中学地理教学参考,2004(9)

[343] 孙伟.新课程理念指导下的教材转型.黑龙江高教研究,2004(9)

[344] 杨爱玲.普通高中课程标准实验教科书地理(必修·人教版)编写思路.中学地理教学参考,2004(10)

[345] 杨爱玲.普通高中实验地理教科书(人教版)中的"问题研究"设计.中学地理教学参考,2004(11)

[346] 高俊昌.〈普通高中地理课程标准(实验)〉对教材编写的新要求.中小学教材教学,2004(23)

[347] 刘新民.提升地理素养彰显个性发展——论湘教版高中地理课标教材主要特色.地理教育,2005(1)

[348] 王民.突出特色落实理念方便教学——北京师范大学、中国地图出版社的高中地理教材介绍.地理教育,2005(1)

[349] 邹少华.高中地理教材中的区位理念.地理教育,2005(1)

[350] 课程教材研究所,地理课程教材研究开发中心.普通高中课程标准实验教科书地理(人教版)编写说明.地理教育,2005(2)

[351] 刘继和."教材"概念的解析及其重建.全球教育展望,2005(2)

[352] 郑健等.浅析中图版高中〈地理〉必修第1册.地理教育,2005(2)

[353] 段玉山,李曼.日本新编中学地理教材特点浅析.外国中小学教育,2005(3)

[354] 李海燕,李益民.湘教版新教材高中必修〈地理〉使用情况评述.地理教育,2005(3)

[355] 王树婷,李家清.新课程理念下的教材功能解读——兼论地理新教材的编写设计.地理教育,2005(4)

[356] 张恰.基于新课程的教材本质特性探析.东北师大学报(哲学社会科学报),2005(4)

[357] 黄晓玲.试论陶行知的教材思想及现实启示.中国教育学刊,2005(5)

[358] 夏志芳.关于高中教材改革的几个问题.中学地理教学参考,2005(5)

[359] 周顺彬,王万里.新课程理念下的地理教材观.中学地理教学参考,2005(6)

[360] 朱翔.湖南教育出版社新版高中地理教材介绍.地理教学,2005(7)

[361] 俞红珍.教材选用取向与不同的教材观.教育理论与实践,2005(8)

[362] 李家清等.论高中地理新教材活动性课文的设计与开发.地理教育,2005(9)

[363] 梁红梅,苏筠.谈高中地理教材的编写策略——以选修教材《自然灾害与防治》为例.课程·教材·教法,2005(10)

[364] 王民,袁晶.20世纪英国地理教科书发展的相关因素分析.课程·教材·教法,2005(11)

[365] 韦志榕.地理教材中的学科逻辑与学习逻辑.中学地理教学参考,2006(1—2)

[366] 张铁牛,严明堂.高中地理实验教材使用中值得探讨的几个问题.地理教育,2006

(2)

[367] 王民,袁晶.二十世纪英国地理教科书的案例分析.地理教育,2006(3)

[368] 朱兰萍.高中地理新教材"活动"内容的教学探索.文教资料,2006(3)

[369] 林月影.高考复习中地理选修(2)的知识系统构建与有效学习.福建教育学院学报,2006(6)

[370] 吴振艳.高中新教材中辅助材料的教学功能.地理教学,2006(6)

[371] 罗丹洁.理论联系实际,发挥学生的学习主体作用——高中地理选修(第一册)实践活动体会.长沙铁道学院学报(社会科学版),2007(1)

[372] 李家清.学习理论与高中地理新教材编写研究.地理教学,2007(1)

[373] 陈红.美国《世界地理》教材的结构特色.地理教育,2007(3)

[374] 张胜前,李家清.国外中学地理教材的特色探析.地理教育,2007(3)

[375] 程建新.关于"海洋地理"模块的思考——浅析海洋地理编入高中选修教材的作用.成功教育,2007(11)

[376] 韦志榕.三十年地理教科书(人教社)回顾.地理教育,2008(5)

[377] 李文田,李家清.中学地理教材改革发展30年:回顾与思考.中学地理教学参考,2009(3)

[378] 段玉山,陈澄.初中地理教材体系结构设计的新尝试.课程·教材·教法,2009(12)

地理教学研究

[379] 蔡乃焕.地理教学中如何调动学生学习的积极性.中学地理教学参考,1981(3)

[380] 吕佩兰.论地理教学中培养能力问题.中学地理教学参考,1981(6)

[381] 罗明基.国外若干教学原则述评.课程.教材.教法,1982(1)

[382] 邓锡武.怎样选择教法.中学地理教学参考,1982(3)

[383] 巫桂朝.地理教学中怎样培养学生的综合分析能力.中学地理教学参考,1982(4)

[384] 姚尚德.浅谈"读思问讲练"的课堂结构.中学地理教学参考,1983(1)

[385] 钟作慈.中学地理教学要狠抓双基培养能力.中学地理教学参考,1984(1)

[386] 杨起超.从近年高考试题主要特点谈中学地理教学的基本方向.中学地理教学参考,1984(2)

[387] 陈尔寿.三十五年来的地理教学.课程·教材·教法,1984(5)

[388] 关景龙.纵向分析与横向对比.中学地理教学参考,1984(6)

[389] 周靖馨.中学地理综合程序教学法基础(上).地理教育,1985(1)

[390] 周靖馨.中学地理综合程序教学法基础(下).地理教育,1985(2)

[391] 王肇和.地理知识的价值及其意义.地理教学,1985(3)

[392] 张德义.浅谈地理教学改革.中学地理教学参考,1985(3)

[393] 杨关坻.考试方法改革再探.中学地理教学参考,1985(5)

[394] 陈尔寿.学校地理教学改革中的几个问题.中学地理教学参考,1986(1)

[395] 周靖馨.地理课的发现教学法.中学地理教学参考,1986(2)

[396] 周应华.高中地理课堂教学改革初探.中学地理教学参考,1986(5)

[397] 李南,吕培兰.地理课需要建立课内外相结合的教学体系.中学地理教学参考,1986(6)

[398] 赵连骥.现代投影开发教学与彻底改革地理教学之我见.中学地理教学参考,1987(3)

[399] 卢义顺.浅谈地图教学中空间思维能力的培养.中学地理教学参考,1987(4)

[400] 秘际韩.转变地理教学思想改革中学地理教学.教学与管理,1987(4)

[401] 黄德芬.谈谈国外有关地理技能的论述与教学.中学地理教学参考,1987(5)

[402] 陆旦中,沈明广."批判性思维"教学法在地理教学中的运用.中学地理教学参考,1987(5)

[403] 初中地理教学改革实验.课程·教材·教法,1987(7)

[404] 王树声.谈地理教学中的思维训练.中学地理教学参考,1988(2)

[405] 黄德馨.中学地理教学四十年.中学地理教学参考,1988(3)

[406] 袁孝亭.谈地理问题及其情境创设.中学地理教学参考,1988(4)

[407] 周靖馨.综合程序教学法教学原理笔谈(上).中学地理教学参考,1988(4)

[408] 周靖馨.综合程序教学法教学原理笔谈(下).中学地理教学参考,1988(5)

[409] 王希穆.借鉴认知领域教育目标分类的思想,改革中学地理课堂教学.课程·教材·教法,1988(5)

[410] 曹琦.谈地理教学中的教与导.中学地理教学参考,1988(6)

[411] 吴盘生.小组教学的研究.外国教育资料,1989(1)

[412] 刁传芳.探索地理教学规律的特点.中学地理教学参考,1989(2)

[413] 王升阶.地理教学原则及其建立的依据.地域研究与开发,1989(2)

[414] 吴道修.地理"四四开放教育法".中学地理教学参考,1989(4)

[415] 陈国新.在地理教学中培养学生多维型思维个性的发展.中学地理教学参考,1989(5)

[416] 杨西仁.布卢姆分类法在"地壳运动"一节中的应用.地理教学,1989(6)

[417] 余峰等.中学地理教学现状及其改革途径的探讨.中学地理教学参考,1990(4)

[418] 王庆启.科学史在高中地理教学中价值.地理教育,1990(5)

[419] 周靖馨.综合程序教学法课堂教学结构与功能.地理教育,1990(5)

[420] 袁书琪.地理关键概念和地理学习心理阶段的启示.地理教育,1991(2)

[421] 曹琦.十年来中学地理教学方法改革的回顾与展望.地理教育,1991(3)

[422] 张贞煌.谈地理课堂教学艺术.中学地理教学参考,1991(5)

[423] 王树声.增强教改意识,不断探索创新.中学地理教学参考,1992(3)

[424] 姚梅林.学习迁移研究的新进展.北京师范大学学报(社会科学版),1994(5)

[425] 曹建军."动乐爱"教学法在地理教学中的运用.中学地理教学参考,1994(11)

[426] 北京市地理教学研究会教改专题组.对高中地理教学内容的探讨和建议.地理教学,1995(1)

[427] 吴兆钧,李崇文.新加坡的地理教学.地理教学,1995(2)

[428] 丁淑荣.学会"批判性"思维.思维与智慧,1995(3)

[429] 闫勋才.创设问题教学情境的艺术.吉林教育科学.普教研究,1995(6)

[430] 刘荣清.多媒体电化教学.中学地理教学参考,1995(11)

[431] 任洁.影响学习迁移的几个因素的实验研究.应用心理学,1996(1)

[432] 陈向明.定性研究方法评价.教育研究与实验,1996(3)

[433] 张建伟,陈琦.从认知主义到建构主义.北京师范大学学报,1996(4)

[434] 陈丽娟.浅谈地理板图与板书的组合运用.上海:地理教育,1996(5)

[435] 韩家勋.八国考试政策的变化.外国教育研究,1996(5)

[436] 余文森.当代世界教学评价特点.外国中小学教育,1996(6)

[437] 张亚南.论地理考试与教学.中学地理教学参考,1996(6)

[438] 冯锐.论人本主义理论对现代教学技术的影响.中国电化教育,1996(10)

[439] 王家瑾.从教与学的互动看优化教学的设计与实践.教育研究,1997(1)

[440] 王斌华.关于有效教学与低效教学的研究(上、下).外国教育资料,1997(1—2)

[441] 张铁牛.教学技能的理论探讨.教育科学,1997(2)

[442] 李吉林.情境教学的操作体系.课程·教材·教法,1997(3)

[443] 何克抗.建构主义——革新传统教学的理论基础.电化教育研究,1997(3)

[444] 何克抗.建构主义教学模式、教学方法与教学设计.北京师范大学学报(社会科学版),1997(5)

[445] 姚梅林,冯忠良.同化性迁移的认知过程的研究.心理教育与发展,1997(3)

[446] 李保强.论考试改革的使命.中国教育学刊,1997(5)

[447] 林培英.计算机网络技术与地理教学.中学地理教学参考,1997(5)

[448] 何先友.关于学习迁移问题的两点思考.华南师范大学学报(社会科学版),1997(6)

[449] 莫雷.论学习迁移研究.华南师范大学学报(社会科学版),1997(6)

[450] 王新如.迁移理论及其在教学中的应用.课程·教材·教法,1997(9)

[451] 叶澜.让课堂焕发出生命活力——论中小学教学改革的深化.教育研究,1997(9)

[452] 宾秀玲.计算机辅助地理教学的优效性.中学地理教学参考,1997(12)

[453] 林培英.学校环境教育给地理课堂教学的启示.地理教育,1998(1)

[454] 何克抗.教学设计理论与方法研究评论.电化教育研究,1998(2)

[455] 全斌.改变教学观念创设有效方法提高课堂教学效果.中学地理教学参考,1998(4)

[456] 田慧生.关于活动教学几个理论问题的认识.教育研究,1998(4)

[457] 何云峰.论批判性思维和创造性思维及其相互关系.中共浙江省委党校学报,1998(5)

[458] 刘斌.认知结构及其教学建构.中国教育学刊,1998(5)

[459] 赵统选.打破思维定势,发展思维能力.中学化学教学参考,1998(7)

[460] 刘定一.高中生跨学科研究活动辅导.上海教育科研,1998(9)

[461] 黄忠敬.活动教学刍议.河池师专学报(社会科学版),1998(10)

[462] 诸灵康.学生学习能力差异是一种教育资源.教学与管理,1998(12)

[463] 毛新勇.建构主义学习环境的设计.外国教育资料,1999(1)

[464] 张庆林,王永明.类比迁移发生机制的研究.心理科学,1999(2)

[465] 刘川等.发展性评价的实践与思考.教育研究,1999(3)
[466] 刘瑞光.动机与学习.华东师范大学学报(哲社版),1999(3)
[467] 庞维国.自主学习理论的新发展.华东师范大学学报(教育科学版),1999(3)
[468] 杨莉娟.活动教学的内涵、立论基础及其价值.东北师大学报,1999(3)
[469] 文可义.活动教学——目标教学的新进展.广西教育学院学报,1999(4)
[470] 文可义.活动教学思想的形成和发展.学科教育,1999(5)
[471] 方蔚绮.地理课堂教学小结的类型.福建地理,1999(6)
[472] 李岩梅.试析中小学计算机辅助教学的现状及发展.中学地理教学参考,1999(6)
[473] 单良,谭晓红.论地理教学的基本价值.地理教育,1999(6)
[474] 张春靖.计算机多媒体技术在地理教学中应用的误区.中学地理教学参考,1999(7—8)
[475] 刘才.浅谈地理教学中学生兴趣的培养.中学地理教学参考,1999(7—8)
[476] 李臣之.活动课程的再认识:问题、实质与目标.课程·教材·教法,1999(11)
[477] 魏方才.创新性思维训练的方法和途径.杭州教育学院学报,1999(11)
[478] 王坦.合作教学的基本类型与理念析要.山东教育科研,1999(12)
[479] 吴廷熙.资源建设之思考.教学与管理,1999(12)
[480] 窦静芝.初中地理图像程序教学的原则和教学模式.中学地理教学参考,1999(22)
[481] 胡兴宏.关于学校实施研究性学习的构想.上海教育科研,2000(1)
[482] 刘儒德.论批判性思维的意义和内涵.高等师范教育研究,2000(1)
[483] 李斐.现代认知结构论的学习观——关于布鲁纳与奥苏泊尔学习理论的比较.琼州大学学报,2000(1)
[484] 林松.创设宽松环境是素质教育成功的保障.鲁行经院学报,2000(2)
[485] 周靖馨.构建地理课堂教学新模式实施素质教育.地理教育,2000(2)
[486] 曲景惠.谈中学地理教学原则.辽宁师专学报(自然科学版),2000(3)
[487] 向海英.罗杰斯人本主义学习论及对当前我国教育改革的启示.山东教育科研,2000(1—2)
[488] 洪欣.着眼于学生学习方式的改变.上海教育情报,2000(2—3)
[489] 陈国新.论地理创新能力的培养.地理教育,2000(3)
[490] 梁燕玲.基础教育阶段学生学业考评的新思路.人民教育,2000(3)
[491] 张述梅.科学怀疑方法与创新性思维.鲁行经院学报,2000(3)
[492] 陈澄.地理表象,概念,原理及其层级关系.地理教学,2000(4)
[493] 卞力.怎样提高地理课堂教学的效果.安徽教育,2000(4)
[494] 郭正权.体现素质教育要求的优质地理课的几个特点.中学地理教学参考,2000(4)
[495] 毛景焕,李蓓春.认知结构理论的教学设计原理初探.外国教育研究,2000(4)
[496] 庞维国.90年代以来国外自主学习研究的若干进展.心理学动态,2000(4)
[497] 袁书琪.当前地理教学改革中应注意的几个问题.中学地理教学参考,2000(4)
[498] 韩清林.自主学习与教改实验的若干基本问题.教育研究,2000(5)

[499] 李晶.活动教学思想与地理教学——高中地理新教材整体改革实验之一.地理教育,2000(5)

[500] 王英,王民.从1999—2000年美国地理杂志文章看美国地理教学方法的侧重.地理教育,2000(5)

[501] 钟作慈.正确认识高考改革对中学地理教学改革的积极作用.中学地理教学参考,2000(5)

[502] 庞维国,刘树农.现代心理学的自主学习观.山东教育科研,2000(7)

[503] 刘静波.高中地理图像记忆研究.中学地理教学参考,2000(7—8)

[504] 丁兴富.教学媒体的本质、分类和特征.中国远程教育,2000(10)

[505] 李宝敏,王吉庆.网络学习模式的建构与思考.课程·教材·教法,2000(10)

[506] 张璐.略论有效教学的标准.教育理论与实践,2000(11)

[507] 聂明辉.培养学生独立思考问题能力的几点尝试.抚州师专学报,2000(12)

[508] 李成真.谈创新性思维的培.山东教育,2000(24)

[509] 林培英.论地理教学信息的形成与数量.地理教学,2001(1)

[510] 王世堪.活动教学思想和活动课的研究与试验.广西教育学院学报,2001(1)

[511] 高培英.课程改革与案例教学.中学地理教学参考,2001(1—2)

[512] 胡学涛.浅谈农村初中地理教学的现状及改革.广西教育,2001(2)

[513] 胡静.美国地理技、能培养及对我们的启示.地理教育,2001(2)

[514] 李定仁,刘旭东.教学评价的世纪反思.教育研究,2001(2)

[515] 李菩芳.高师学生课堂教学技能训练探讨.宜宾学院学报,2001(2)

[516] 孙建新.试谈开放式地理教学.苏州教育学院学报,2001(2)

[517] 董寅聪.地理课堂教学"问题情境"的创设.地理教学,2001(3)

[518] 李婉靖.活动教学特性的认识.江西教育科研,2001(3)

[519] 王能智.实施综合能力培养的策略探讨.中学地理教学参考,2001(3)

[520] 杨莉娟.活动教学过程的新特点.教育评论,2001(3)

[521] 郑济洪.培养地理创新思维的实践与思考.中学地理教学参考,2001(3)

[522] 钟作慈.中学地理教学的若干基本理念和课堂教学改革探讨.地理教育,2001(3)

[523] 钟作慈等.中学地理教学改革的若干基本问题.教育科学研究,2001(3)

[524] 陈忠.范例教学法.教育研究,2001(4)

[525] 亢晓梅.师生课堂互动行为类型理论比较研究.比较教育研究,2001(4)

[526] 马晶.如何培养学生的创新精神.现代中小学教育,2001(4)

[527] 马倩.第一单元"宇宙环境"教学案例.地理教育,2001(4)

[528] 彭伟强.如何培养学生的批判性思维能力.河南教育,2001(4)

[529] 任朝花.实现高、初中地理教学衔接之我见.太原师范专科学校学报,2001(4)

[530] 沈诒成.谈教育资源利用率及其提高途径.教育与现代化,2001(4)

[531] 朱慧.重视"活动"教学,促进学生主体性发展.地理教育,2001(4)

[532] 李文耀.地理教学理念初探.中学地理教学参考,2001(5)

[533] 林彬.奥苏泊尔的学习理论及其对创新教育的启示.龙岩师专学报,2001(5)

[534] 王元康.地理教学要实现课堂教学高效化.中学地理教学参考,2001(5)

[535] 夏相武.构筑宽松环境培养创新能力.中小学教学研究,2001(5)

[536] 张希希.对活动教学理论若干问题的探讨.西南师范大学学报(人文社会科学版),2001(5)

[537] 宗秋荣.基于现代信息技术的教育改革与创新.教育研究,2001(5)

[538] 李新花,梁伯连.研究性学习的实践与思考.天津教育,2001(6)

[539] 王真东.关于学生问题意识培养的思考.中国教育学刊,2001(6)

[540] 崔允漷.有效教学:理念与策略.人民教育,2001(6—7)

[541] 蔡依萍.地理信息系统在地理教学中的技术走向.中学地理教学参考,2001(7)

[542] 林红梅.创造性思维在地理教学中的尝试.中学地理教学参考,2001(7—8)

[543] 张宏亮.培养学生地理创新思维的要素.中学地理教学参考,2001(7—8)

[544] 朱作敏.研究性学习是实施素质教育的重要课程.天津教育,2001(7—8)

[545] 高文.情境学习与情境认知.教育发展研究,2001(8)

[546] 罗清旭.批判性思维的结构、培养模式及存在的问题.广西民族学院学报(自然科学版),2001(8)

[547] 李晴.试论地理案例教学.中学地理教学参考,2001(9)

[548] 罗育鳌.浅谈新版高中地理教材中的创新意识.中学地理教学参考,2001(9)

[549] 王宇彤.如何培养能独立思考的人.黑龙江教育,2001(9)

[550] 李衡.善于捕捉课堂信息促进教学动态生成.福建教育,2001(11)

[551] 林阳.网络环境中学习者的新特征.中国远程教育,2001(11)

[552] 闫久贵.学生:一笔生动的教学资源.教育实践与研究,2001(11)

[553] 徐兰.培养学生独立思考能力的尝试.新疆教育学院学报,2001(12)

[554] 徐学福编译.美国"探究教学"研究30年.教师博览,2001(12)

[555] 张慧琪.学生——可开发利用的宝贵教育资源.云南教育,2001(20)

[556] 崔准.素质教育与研究性地理学习.中学地理教学参考,2002(1)

[557] 魏建钢.论地理教学实施创新教育的原则和策略.黑龙江农垦师专学报,2002(1)

[558] 顾怜沉,王洁,高民,周卫.教学任务的变革.课程研究,2002(1)

[559] 杨莉娟.活动教学关于教育基本问题的几个观点.首都师范大学学报,2002(1)

[560] 余文森.简论学生学习方式的转变.课程教材教法,2002(1)

[561] 赵卿敏.论创新性思维的本质特征.教育评论,2002(1)

[562] 钟启泉."批判性思维"及其教学.全球教育展望,2002(1)

[563] 高培英.课程改革与案例教学.中学地理教学参考,2002(1—2)

[564] 范树成.现代教学原则的特征.外国教育研究,2002(2)

[565] 胡淑珍,胡清薇.教学技能观的辨析与思考.课程·教材·教法,2002(2)

[566] 黄京鸿.图式理论与地理教学.重庆:西南师范大学学报(自然科学版),2002(2)

[567] 李红,郭玉华.论素质教育中的中小学地理衔接教学.济南教育学院学报,2002(2)

[568] 杨运光.思维定势小议.发明与革新,2002(2)

[569] 陈雅君.也谈地理教学中的案例教学.地理教育,2002(3)

[570] 牟芬.中学地理教学实施环境教育的途径.高等函授学报(自然科学版),2002(3)

[571] 全强发.地理课程中活动教学的若干思考.地理教育,2002(3)
[572] 陈霞.在教学中运用真实性评价的理论与方法.全球教育展望,2002(4)
[573] 张敬山.营造地理学习的超大课堂.中学地理教学参考,2002(4)
[574] 林培英.论地理教学资源.课程·教材·教法,2002(5)
[575] 王建平.批判思维教学方法在美国学校健康教育中的作用分析——兼评保罗的批判思维观.外国教育研究,2002(5)
[576] 王永民.突出高中地理新材料中的"案例"和"活动"教学.中学地理教学参考,2002(5)
[577] 叶澜.重建课堂教学价值观.教育研究,2002(5)
[578] 钟作慈."探究式学习"与"研究性学习"辨析.北京教研,2002(5)
[579] 刘晓红,温宁花.创新来自独立思考.江西教育学院学报(自然科学),2002(6)
[580] 祁国新.地理教学应贯穿直观性教学原则.青海教育,2002(6)
[581] 武兆兰.教学中的创造思维训练.安徽教育,2002(6)
[582] 许定龙,郑伟大.地理教学案例的选择原则和应用举例.中学地理教学参考,2002(6)
[583] 赵世兵.把握新教材契机,构建地理教学新模式.中学地理教学参考,2002(6)
[584] 陈庭.以多元智能理论为指导实施地理案例教学.地理教学,2002(7)
[585] 方展画.发展性、动态性、多样性——对教育的重新理解.教育研究,2002(10)
[586] 刘春英.培养创新性思维.哈尔滨学院学报,2002(10)
[587] 郭伟.给学生灌输环保意识.沿海环境,2002(11)
[588] 陈坚刚.初高中地理知识复习"案例拓展"衔接模式的构建.教学月刊·中学版,2002(12)
[589] 沈芸.地理课培养学生创新素质途径初探.中学地理教学参考,2002(12)
[590] 曾益源.浅谈课堂教学资源.广西教育,2002(34)
[591] 陆利江.略论研究性学习与高中环境教育.基础教育研究,2003(Z1)
[592] 洪淑媛.批判性思维教学的理论与实践初探.广州大学学报(社会科学版),2003(1)
[593] 寇冬泉.创造性思维及其培养.广西师范学院学报(哲学社会科学版),2003(1)
[594] 刘玉娟.发展学生优势智能的课堂教学策略研究.中国教育学刊,2003(1)
[595] 汤拥华.逆向思维,创造性思维,批判性思维.文艺理论研究,2003(1)
[596] 张荣兴.教育创新需要宽松环境.四川教育,2003(1)
[597] 程俊.对学生主体参与教学的思考.教育探索,2003(2)
[598] 梁桂明.思维的两重性及其向创造性思维的转化.中国工程,2003(2)
[599] 王向东.地理课程资源的有效性初探.现代中小学教育,2003(2)
[600] 杨建.开放式地理教学.教育科学研究,2003(2)
[601] 周海燕.地理课的开放式教学.成都教育学院学报,2003(2)
[602] 方相成.主体性教学原则新探.兰州学刊,2003(3)
[603] 赫兴无.地理研究性学习课程评价初探.中学地理教学参考,2003(3)
[604] 黄思因.案例教学综述.广东教育,2003(3)

[605] 刘双.案例教学若干问题的辨析.中小学教师培训,2003(3)

[606] 谭兵.20年来我国教学原则体系研究的审视与反思.湖南师范大学教科院,2003(3)

[607] 徐叶兵,倪圣海."小组讨论"在主体性学习中的作用.山西教育,2003(3)

[608] 薛梅.地理情境教学的特点和类别.地理教学,2003(3)

[609] 杨颖东.提倡批判性思维,建设新型教学文化.高等师范教育研究,2003(3)

[610] 杨宇宁.谈批判性思维.锦州师范学院学报,2003(3)

[611] 陈松.表征在批判性思维教学中的作用.宁波大学学报(教育科学版),2003(4)

[612] 鲁秀琴.几种地理图像教法与学法的探究.地理教育,2003(4)

[613] 袁维新.教学交往,一个现代教学的新理念.上海教育科研,2003(4)

[614] 李菊英.环境教育的良好载体——研究性学习.广西教育,2003(5)

[615] 娄晓黎,孙永平.元认知理论在中学地理教学中的应用.地理教学,2003(5)

[616] 王敏.我国当代教学观的反思与重建.课程·教材·教法,2003(5)

[617] 吴寅华.批判性思维和创新思维.杭州商学院学报,2003(5)

[618] 姚梅林等.从学习理论的变革看有效教学的发展趋势.北京师范大学学报,2003(5)

[619] 钟启泉.研究性学习:"课程文化"的革命.教育研究,2003(5)

[620] 李家清.地理教学设计的理论和方法.地理教育,2003(6)

[621] 李俊义.学生创新性思维能力培养几法.天津市教科院学报,2003(6)

[622] 刘勇斌.中学地理研究性学习"小课题研究"型教学模式初探.中学地理教学参考,2003(6)

[623] 薛梅.区域比较与地理创新思维的培养.中学地理教学参考,2003(6)

[624] 张勇.地理教学引入课堂活动的探索.地理教育,2003(6)

[625] 李丽英.现代信息技术与学科整合的实践模式.中小学电教,2003(8)

[626] 钱旭升.我国研究性学习的研究综述.教育探索,2003(8)

[627] 叶澜,吴亚萍.改革课堂教学与课堂教学评价改革.教育研究,2003(8)

[628] 周青等.批判性思维与学生的自主学习.教育理论与实践,2003(8)

[629] 陶明法.研究性学习现状综述.教育科学研究,2003(9)

[630] 杨旭.浅谈地理课堂教学改革中应遵循的原则.福建教育学院学报,2003(9)

[633] 程丹萍.地理新课程标准下的评价理念及实践.中学地理教学参考,2003(10)

[631] 卢贵元.浅谈创造性思维的三个层面.甘肃教育,2003(10)

[632] 童德茂.发散思维的训练与创新能力的培养.安徽科技,2003(10)

[634] 袁孝亭,王向东.重视地理学科的核心能力与地理观点培养.课程·教材·教法,2003(10)

[635] 李家清.地理教学目标的差异性设计研究.中学地理教学参考,2003(11)

[636] 吕明,徐红.新课程背景下的教学组织形式的最佳抉择.江西教育科研,2003(11)

[637] 秦淑慧,于萍.我国中学地理教学内容的百年变化.中学地理教学参考,2003(11)

[638] 丁朝蓬.新课程评价改革的方向.教育科学研究,2003(12)

[639] 何卫东.地理研究性学习选题策略.中学地理教学参考,2003(12)

[640] 吴伟莉.研究性学习在初中地理教学中的实践与思考.中学地理教学参考,2003(12)

[641] 杨文圣,李振云.试析发散思维是创新思维的核心.衡水师专学报,2003(12)

[642] 陶西平.多元智能与课程改革.人民教育,2003(17)

[643] 王坤玉,郭彦平.研读教学原则.雁北师范学院学报,2003(19)

[644] 刘夕兵.论20年来传统教学原则的批判反思与现代阐释.教学研究,2003(2)

[645] 张艾.新课标·新课程·新理念·新要求——初中地理教学新探.广西师范学院学报(自然科学版),2003(S1)

[646] 王克义."培养学生自主学习教材的能力".地理教育,2004(1)

[647] 姚利民.影响有效教学的教师因素探析.高等教育研究学报,2004(1)

[648] 张文艺.开放式地理教学初探.地理教育,2004(1)

[649] 李玉能.地理教学:必须由封闭走向开放.福建地理,2004(2)

[650] 徐宇田.利用地理图像引导学生创造性学习.地理教育,2004(2)

[651] 赵世兵.怎样引导学生自主学习地理.地理教育,2004(2)

[652] 谢应宽.建构主义教学理论与教学原则体系构建.贵州师范大学学报(社会科学版),2004(3)

[653] 李如忠.试论课堂教学案例的基本理论和实践.教育理论与实践,2004(4)

[654] 吴波.优化教学设计提高教学效益.地理教学,2004(5)

[655] 姚利民.有效教学涵义初探.现代大学教育,2004(5)

[656] 田宏文.地理研究性学习的九大误区.中学地理教学参考,2004(6)

[657] 王冬桦.关于一条教学原则的回顾、审视与重建.河南教育学院,2004(6)

[658] 吴贵琴.建构主义思想在地理教学中的运用.地理教育,2004(6)

[659] 袁书琪.当前地理教学改革中应注意的几个问题.中学地理教学参考,2004(7)

[660] 张铁牛.谈地理课的七种导学法.地理教学,2004(7)

[661] 蒋竞莹.我国课堂教学评价标准的反思与重建.当代教育科学,2004(8)

[662] 吴晓红.地理课堂开放式教学之管见.教学与管理,2004(9)

[663] 曹嵘.信息技术与初中地理自主学习的整合初探.地理教学,2004(10)

[664] 杨丽静.塑造批判的课堂.云南教育,2004(10)

[665] 袁凤瑛.在自主、合作、探究中培养学生的问题意识.河南教育,2004(10)

[666] 钟启泉.建构主义"学习观"与"档案袋评价".课程·教材·教法,2004(10)

[667] 姚利民.论有效教学的特征.当代教育论坛,2004(11)

[668] 王雅绸,蒋惠民,王小东.地理教学中开展研究性学习的实践与探索.中学地理教学参考,2004(12)

[669] 张芳.转变教学理念推进课程改革实践.中学地理教学参考,2004(12)

[670] 陈梦稀.教学原则内涵探析.湘潭师范学院学报,2004(26)

[671] 陈杰.备学生应着重考虑的几个点.地理教育,2005(1)

[672] 陈莉.地理图像教学与多元智能开发.地理教育,2005(1)

[673] 陈忠.基础教育教学改革论坛.教学研究,2005(1)

[674] 胡俊.网络环境下学生自主探究学习及其教学模式研究.电化教育研究,2005(1)

[675] 刘冠军.让学生心动使课堂生动.新课程研究,2005(1)

[676] 张振新,吴庆麟.情境学习理论研究综述.心理科学,2005(1)

[677] 赵跃生.基于网络环境下的学习模式探讨.教育信息技术,2005(1)

[678] 程菊.构建学习结果与学习过程并重的评价机制.中学地理教学参考,2005(1—2)

[679] 崔允漷等.有效教学的理念与框架.中小学教学教材,2005(2)

[680] 李利.论新主体教育视野中的教学原则.宁波大学学报,2005(2)

[681] 杨永泽.浅谈地理教学中地理自学能力的培养.保山师专学报,2005(2)

[682] 陈华忠.精心预设:让教学走向生成.辽宁教育,2005(3)

[683] 陈月花.多元智能理论下的多元学习.新疆师范大学学报,2005(3)

[684] 王保中.试论建构主义学习观.现代教育教学,2005(3)

[685] 彭小明.中学学科教学原则新探.教育探索,2005(4)

[686] 程菊,刘献臣,耿红君.在课改中处理好地理课堂教学的五种关系.中学地理教学参考,2005(5)

[687] 井经纬.爱学,也要会学——地理学习中的点滴感受.地理教育,2005(5)

[688] 廖霞,康玉唐.杜威"从做中学"教学原则评析与启示.企业家天地,2005(5)

[689] 张良朋."动态生成"课堂:我们离你有多远.基础教育课程,2005(5)

[690] 张万冲.精心预设与动态生成.基础教育课程,2005(5)

[691] 周宏.情境教学法在地理新教材中的教学初探.中学地理教学参考,2005(5)

[692] 陈武松."活动"板块在地理教学中的妙用.福建教育学院学报,2005(6)

[693] 何四群.初高中地理课堂教学衔接的探讨.地理教育,2005(6)

[694] 吉敏,董章述.正确认识和处理初中地理与高中地理教学.地理教育,2005(6)

[695] 夏伟国.构建心理地图培养地理能力.南京:江苏教育研究,2005(6)

[696] 龙宝新.有效教学的概念重构和理论思考.湖南师范大学教育科学学报,2005(7)

[697] 安迎.让地理信息系统轻松走进中学地理课堂.中学地理教学参考,2005(7—8)

[698] 万国平,李家清,张胜前."异质的平等":地理教学评价的新视点.中学地理教学参考,2005(7—8)

[699] 陈晓端.当代西方有效教学研究的系统考察与启示.比较教育研究,2005(8)

[700] 高慎英.有效教学的理想.课程·教材·教法,2005(8)

[701] 王东鹏.三招提高地理课堂教学效益.陕西教育,2005(8)

[702] 王利亚.针对实际,做好高初中地理教学的衔接.贵州教育,2005(9)

[703] 刘家会.让地理教学走向开放.当代教育科学,2005(10)

[704] 盛军丽.新课标地理活动的设计.地理教学,2005(10)

[705] 吴茜,伏开典.新理念下地理"活动"内容的处理.中学地理教学参考,2005(10)

[706] 欧阳岩.浅论地理教学方法的发展.井冈山学院学报(哲学社会科学),2005(11)

[707] 白文新.地理教学特点与教学策略实践探析.中学地理教学参考,2005(12)

[708] 李善斌.地理信息化教学设计中情境创设的类型和案例.地理教学,2005(12)

[709] 周纪焕.新课改背景下对陶行知"教学做合一"理论的再认识.乌鲁木齐职业大学学报,2005(1)

[710] 董海莲.能学想学会学——浅谈初高中地理的衔接技巧.科学教育论坛,2005(21)

[711] 赵淑玲.多元智力理论对教学的启示.中国科技信息,2005(22)

[712] 车利民,王海霞,王志强.初中地理课堂教学"四抓".山东教育,2005(25)

[713] 刘金锭,储祖旺.从"最近发展区"理论到"两高"教学原则.郧阳师范高等专科学校学报,2005(6)

[714] 冯建军.主体教育理论:从主体性到主体间性.华中师范大学学报,2006(1)

[715] 李文.对新课程背景下高中地理课堂有效教学的思考.地理教育,2006(1)

[716] 王公月.地理课堂教学自主学习的案例和启示.地理教育,2006(1)

[717] 王鉴.课堂教学的有效性问题研究.宁夏大学学报,2006(1)

[718] 李家清.新课程高中地理教学评价实做设计.中学地理教学参考,2006(1—2)

[719] 李家清,陈实.新课程高中地理教学评价实做设计——以高中地理选修课程《旅游地理》旅游资源为例.中学地理教学参考,2006(1—2)

[720] 范常青.培养学生利用地图提出问题的能力.地理教学,2006(2)

[721] 赵秀芳.地理教学贯彻新课改精神的尝试.新教育,2006(2)

[722] 金玉梅,靳玉乐.论教学观的后现代转换.课程·教材·教法,2006(3)

[723] 吕萍萍等.新课改背景下的中学地理"课堂讨论法".齐齐哈尔师范高等专科学校学报,2006(3)

[724] 杨明宏,祝峰.从布鲁纳教学原则谈新课程课堂教学.新课程(教师版),2006(3)

[725] 张淑艳.初中地理课堂情境教学存在的问题.地理教学,2006(3)

[726] 章玉明.浅议地理图像及其教学中的运用.池州师专学报,2006(3)

[727] 何万丽,赵洁.对高中地理课堂中学生学习行为的观察与思考——以广东省课改实验区的考察为例.内蒙古师范大学学报(教育科学版),2006(4)

[728] 季玉军.中学地理课程教学初探.教学研究,2006(4)

[729] 张金萍.如何提高地理课堂学习活动的有效性.地理教育,2006(4)

[730] 张文革.重庆初中地理新课程课堂教学调研分析.中学地理教学参考,2006(4)

[731] 王鉴.教学智慧:内涵、特点与类型.课程·教材·教法,2006(6)

[732] 谢家放.新课程理念下应遵循的地理教学原则和方法.宁夏教育,2006(6)

[733] 成继龙."地球的运动"一节问题设计.地理教学,2006(7)

[734] 李家清.新课程高中地理"过程与方法"的教学评价实践.教育科学研究,2006(8)

[735] 赵国辉.让学生在活动中学习地理.赤峰学院学报,2006(8)

[736] 黄京鸿等.有效教学理论与地理课堂教学.中学地理教学参考,2006(10)

[737] 周平湘.地理活动课设计六原则.广东教育,2006(11)

[738] 符娅.课堂观察在教育教学研究中的重要性探析.四川教育学院学报,2006(12)

[739] 朱雪梅,陈桂珍.地理新课堂:让"预设"与"生成"共舞.中学地理教学参考,2006(12)

[740] 单良.论地理教学实质与教学原则.大连教育学院学报,2006(22)

[741] 陈景冬,唐贵云.谈初中、高中地理知识的联系.时代文学(双月版),2007(1)

[742] 窦立祥.高中地理新课程的过程性评价方法.课程·教材·教法,2007(1)

[743] 刘雪梅,刘国华.谈地理探究教学中生成性教学资源的开发.现代企业教育,2007(1)

[744] 史艳华.对新课改下初中地理教学的四点探索.吉林教育,2007(1)

[745] 王妮.把课堂提问的主动权还给学生.当代教育论坛,2007(1)

[746] 杨聪聪.美、英、日中小学学业评价前沿探究.教育研究,2007(1)

[747] 赵才欣.关于课堂教学观察与评价的认识与建议.现代教学,2007(1—2)

[748] 齐顺青.高中地理教学方法的创新尝试.地理教育,2007(2)

[749] 魏东辉.新课程背景下如何提高地理课教学效益.教育科学论坛,2007(2)

[750] 徐宝芳,裴亚男.高中地理"双动两案"教学模式的构建.地理教育,2007(2)

[751] 杨莉娟.活动教学的研究与实践.当代教育科学,2007(2)

[752] 胡淑飞,黄京鸿.让笑声激活智慧与情商——地理教学幽默艺术探微.中学地理教学参考,2007(3)

[753] 吕润美.高中地理新课程过程性评价探索.全球教育展望,2007(3)

[754] 卜玉华.试论课堂教学设计的"可能起点"与"现实起点".课程·教材·教法,2007(4)

[755] 冯卫权.地理探究式教学实施的有效策略.教育导刊,2007(5)

[756] 杨莉娟.活动教学:理念、有效性与基本模式.湖南师范大学教育科学学报,2007(5)

[757] 余文森.论教学中的预设与生成.课程·教材·教法,2007(5)

[758] 郭潇潇.让情境教学贯穿地理课堂始终.地理教学,2007(6)

[759] 吴百含.关于有效教学的思考.教育探索,2007(7)

[760] 姚卫新.地理有效教学及其理想境界.基础教育,2007(7)

[761] 余文森.有效课堂教学的基本要素.教育发展研究,2007(7)

[762] 马云英.谈学生提出问题能力的培养.教育理论研究,2007(10)

[763] 杨士军.谈高中地理活动的设计.中学地理教学参考,2007(10)

[764] 朱志平.预设与生成的关系是教学的基本问题.当代教育科学,2007(10)

[765] 崔星亚.改变教学方式启迪学生思维——高中地理选修1(人教版)4.5"旅游活动与地理环境的协调发展"案例教学设计.中学地理教学参考,2007(11)

[766] 陈玲玲.浅谈新课标理念下的课堂教学评价.吉林教育(教科研版),2007(12)

[767] 李晴等.地理课程资源的利用与有效教学.中学地理教学参考,2007(12)

[768] 张继玺.真实性评价:理论与实践.教育发展研究,2007(18)

[769] 卢佳颖,孙凌云.浅析高校学分制下教学管理的利与弊.中国科教创新导刊,2007(19)

[770] 王韩冰.建构主义学习理论在研究性学习教学中的应用.教育教学研究,2007(21)

[771] 周益发.再谈杜威的教育思想.科技信息,2007(28)

[772] 门龙.课堂教学行为:内涵和研究框架.全球教育展望,2007(S1)

[773] 杜宗勇.新课程高中地理教学评价的研究.天津市教科院学报,2008(1)

[774] 卢清丽.如何确保地理课堂提问的有效性.中学地理教学参考,2008(1)

[775] 张菊荣.基于课堂观察的"课堂评价".江苏教育·教育管理版,2008(1)

[776] 李家清,张胜前.论新课程高中地理课堂教学行为的价值取向.中学地理教学参考,2008(1—2)

[777] 黄亚非.地理新课程课堂不需要教师讲授了吗.地理教育,2008(2)

[778] 王鉴.试论预设性教学的内涵与特点.课程·教材·教法,2008(2)

[779] 张言顺.地理课堂教学情境创设的若干误区.地理教学,2008(2)

[780] 赵海军.初探有效教学在地理教学中的实践.青少年日记(教学交流版),2008(2)

[781] 李爱萍.正确处理课堂教学中的预设与生成.宁夏教育科研,2008(3)

[782] 林培英.我国地理教具发展及应用三十年回顾与思考.地理教育,2008(3)

[783] 刘丽丽.关注课堂动态生成打造生命化地理教学.中学地理参考,2008(3)

[784] 王喜军.建构主义学习理论下研究性学习策略探讨.辽宁师专学报(社会科学版),2008(5)

[785] 常华锋.30年高考地理命题指导思想的演变.地理教育,2008(6)

[786] 陈红文.地理课堂实施有效教学的途径.淮北职业技术学院学报,2008(6)

[787] 龙安邦.教学目标的预设与生成.现代教育科学,2008(6)

[788] 于蓉.高中地理新课程中选修模块与必修模块的衔接教学.中学地理教学参考,2008(6)

[789] 李家清,张胜前.创新之路:我国地理教学改革研究与发展30年.地理教学,2008(7)

[790] 王芳芳,袁利平.新课程背景下教学低效的理性思考.辽宁教育研究,2008(8)

[791] 杨丽珍.浅论建构主义对新课程改革的影响.福建教育学院学报,2008(11)

[792] 兰原,徐波.美国小学GIS教学案例浅析.地理教学,2008(12)

[793] 詹明静.新课程教学中的主体间性论.江苏教育研究,2008(12)

[794] 谢振心.抓好高初中教学衔接提高高中地理教学质量.课程教材教学研究,2008(15)

[795] 刘康华,刘永萍.对课堂教学评价的几点思考.教育教学研究,2008(16)

[796] 魏培玲.新课标下如何有效实施地理教学.考试周刊,2008(18)

[797] 陈秀英.中学地理图像教学的探究和运用.吉林教育,2008(25)

[798] 过晔俊,吴琴琴,李马燕.高中地理学业评价标准研发.地理教学,2009(1)

[799] 赵翠芬.浅谈初高中地理教学的衔接.中学地理教学参考,2009(1)

[800] 崔岐恩.建构主义:新课程改革的灵魂.河北师范大学学报,2009(2)

[801] 王成东.如何进行有效的预设与生成.吉林教育,2009(2)

[802] 李家清,李文田.30年中学地理教学改革之回顾与启示.中学地理教学参考,2009(4)

[803] 刘翼.新课程下"义教阶段"和高中地理教学的衔接策略.新课程研究,2009(7)

[804] 曲胜红.浅谈初高中地理教学的衔接对策.教学月刊·中学版,2009(8)

[805] 吴晓云.预设和生成对立统一关系的理性审思.内蒙古师范大学学报,2009(8)

[806] 崔姬.支架式教学原理在地理教学设计中的运用.中学地理参考,2009(10)

地理教师专业发展研究

[807] 孟钧照.论中学地理教师的扩展能力.中学地理教学参考,1986(3)

[808] 陈胜庆.谈谈地理教师的教学能力.中学地理教学参考,1986(4)

[809] 李南,吕佩兰.地理教师要十分重视知识更新.中学地理教学参考,1990(6)

[810] 李南.浅议"教师素质与修养".中学地理教学参考,1991(6)

[811] 甄德山,白益民.有关教师素质研究中的几个问题.天津教科院学报,1994(1)

[812] 吴文侃.美国师范教育改革的一些动向.外国教育研究,1995(1)

[813] 潘延红.高师地理专业学生教学技能的训练和培养.聊城师院学报(自然科学版),1995(3)

[814] 部锦强.高师院校应加强学生教育实践能力的培养.中国高教研究,1995(5)

[815] 叶澜.创建上海中小学新型师资队伍决策性研究总报告.华东师大教育科学版,1997(1)

[816] 高玲.关于加强师范生教学技能训练的思考.山东师大学报(社会科学版),1997(5)

[817] 柯森.论信息时代教师角色的转变及师范教育的发展趋势.教育研究,1997(6)

[818] 叶澜.新世纪教师专业素养培养初探.教育研究与实验,1998(1)

[819] 饶淑园.国外教师职业技能的研究和训练状况概述.外国教育研究,1998(3)

[820] 丁朝蓬.教材评价指标体系的建立.课程·教材·教法,1998(7)

[821] 王树生.21世纪中学地理教师的职责.中学地理教学参考,1998(12)

[822] 辛涛,申继亮.论教师的教育观念.北京师范大学学报,1999(1)

[823] 朱洪祥,邱咏梅.论师范生教学能力的培养.盐城师专学报(哲学社会科学版),1999(2)

[824] 徐志伟.高师培养目标:挑战与对策.黑龙江高教研究,1999(3)

[825] 袁书琪.地理教师职业的专门化.地理教育,1999(3)

[826] 王恩涌.师范院校地理系课程与教学.中学地理教学参考,1999(4)

[827] 熊梅,王敏,李广.现代教师教学质量评估标准的调查研究报告——现代教师评价标准.现代中小学教育(长春),1999(5)

[828] 北京市地理教学研究会教改专题组.中学地理教师教学基本功的评价.地理教学,1996(6)

[829] 林崇德.教师素质构成极其培训途径.中国教育学刊,1999(6)

[830] 辛涛,申继亮,林崇德.从教师知识结构看师范教育的改革.高等师范教育研究,1999(6)

[831] 黄克宪.实施素质教育关键在教师.中学地理教学参考,1999(7)

[832] 关伟.21世纪地理教师的素质结构.地理教育,2000(2)

[833] 姚志章.教师专业素质结构与高师课程改革.河北师范大学学报教育科学版,2000(3)

[834] 白益民.高成效教师的行为特征研究.教育研究与实验,2000(4)

[835] 纳爱琼,王晓宁.掌握地理课堂教学技能提高课堂教学能力.云南教育,2000(4)

[836] 周红,教志澄,祝智庭.对掌握教学技能现状的调查与改革培养师范生的模式.中国电化教育,2000(4)

[837] 云南大学附中教研组.21世纪教师面临的挑战与选择.教学研究,2000(6)

[838] 贾国江.地理教师继续教育"切入点"研究.中学地理教学参考,2000(7)

[839] 谢家放.地理教师应成为一名心理学工作者.中学地理教学参考,2000(7—8)

[840] "对策研究组"课题组.新世纪师范大学的使命.华东师大学报(科教版),2000(9)

[841] 夏志芳.青年教师应加强地理教育研究.地理教学,2000(9)

[842] 许素贞.塑造高素质的地理教师.地理教学,2000(9)

[843] 袁传玲.利用微格教学培养学生教学能力初探.枣庄师专学报,2000(10)

[844] 曹丛,王文静.我国高师培养目标体系的理论构建.高等师范教育研究,2000(12)

[845] 唐松林,徐厚道.教师素质的实然分析与应然探讨.高等师范教育研究,2000(12)

[846] 陈向明.教师的作用是什么——对教师隐喻的分析.教育研究与实验,2001(1)

[847] 李建辉.试论高师学生教学能力的形成及其培养.漳州师范学院学报(哲学社会科学版),2001(1)

[848] 宋心琦,胡美玲.关于新世纪新教师新功能的思考.课程·教材·教法,2001(4)

[849] 郎根栋.知识经济时代教师素质构成分析.中学地理教学参考,2001(5)

[850] 石鸥,张豫.网络教学中的教师形象与职能转变.中国教育学刊,2001(5)

[851] 徐文智.地理教师素质自我完善的途径.地理教育,2001(5)

[852] 宋广文,苗红霞.网络时代教师角色的转换.教育研究,2001(8)

[853] 张立英.现代中学地理教师应当具备的专业技能素质研究.教学与管理,2001(8)

[854] 王长纯.教师专业化发展:对教师的重要新发展.教育研究,2001(11)

[855] 刘尧.发展性教师评价的理论与模式.教育理论与实践,2001(12)

[856] 刘尧.发展性教师评价的理论与实践.教育理论与实践,2001(12)

[857] 王军.从建构新的地理课堂教学模式看教师素质的再提高.中学地理教学参考,2001(12)

[858] 徐春艳.论创新教育中教师的素质.辽宁教育,2001(12)

[859] 陈俊坷,徐彦伟.国外高师教育实习改革的特点与趋势.河南师范大学学报(哲学社会科学版),2001(28)

[860] 陈琴.论教师专业化.教育理论与实践,2002(1)

[861] 黄崴.教师教育专业化与教师教育课程改革.课程·教材·教法,2002(1)

[862] 李建平.课程改革对教师提出全新挑战.教育发展研究,2002(1)

[863] 沈兰.教师参与课程开发:意义与途径.全球教育展望,2002(1)

[864] 张德银."探究性教学"中教师的作用.现代中小学教育,2002(1)

[865] 张庆秀等.教师的教学素质如何与时代同步.教育探索,2002(1)

[866] 刘诚平.研究性学习中教师的指导作用.地理教学,2002(2)

[867] 曾必好.现代中小学教师继续教育之我见.皖西学院学报,2002(2)

[868] 许立华.对教师行为研究的认识.教师教育研究,2002(3)

[869] 丁尧清.地理课程改革与地理教师专业的发展.中学地理教学参考,2002(4)

[870] 胡良民.论研究性学习中地理教师角色的转变.地理教育,2002(4)

[871] 李建平.课程改革教师要直面"蜕变".福建教育,2002(4)

[872] 周耀威.教师角色新论.教育发展研究,2002(4)

[873] 龚森.终身教育与教师教育改革.教育探索,2002(5)

[874] 庞维国.从自主学习的心理机制看自主学习能力培养的着力点.全球教育展望,2002(5)

[875] 高凌庵,梁惠燕.探究性学习中教师角色定位.教育教学研究,2002(6)

[876] 李润洲.发展性评价——教师评价的新理念.现代中小学教育,2002(6)

[877] 戚业国,陈玉琨.学校发展与教师的专业发展.教育理论与实践,2002(8)

[878] 朱新卓."教师专业发展"观批判.教育理论与实践,2002(8)

[879] 刘永吉.倾听——新型教师的基本功.人民教育,2002(10)

[880] 周宏弟.高师生教学能力的结构特征及其形成规律.科技进步与对策,2002(10)

[881] 刘立忠.研究性学习中教师现状分析及对策研究.扬州教育学院学报,2002(12)

[882] 蔡永红,黄天元.教师评价研究的缘起、问题及发展趋势.北京师范大学学报(社会科学版),2003(1)

[883] 田杰.反思型教师教学行为特点研究.高等教育研究,2003(1)

[884] 杨建云,王卓.论教师发展性评价与奖惩性评价的关系.中国教育学刊,2003(1)

[885] 杨乃虹.高等师范教育培养目标的重构.徐州师范大学学报(哲学社会科学版),2003(1)

[886] 高祖茂.落实素质教育必须提高教师素质.中学地理教学参考,2003(3)

[887] 何秋钊.现代课程理论指导下的教材质量标准评析.中国民航飞行学院学报,2003(3)

[888] 李润洲.复合性评价:教师评价的理性选择.中小学管理,2003(3)

[889] 田爱丽.美国基于教师行为表现的发展性评价制度.外国教育研究,2003(4)

[890] 陈胜庆.谈地理教师的教学观、教材观和课程观.地理教育,2003(5)

[891] 孙为民.新课程与教师观念的转变.地理教育,2003(6)

[892] 田秋华.课程改革与教师专业发展.教育发展研究,2003(7)

[893] 王春光.反思教学实践与教师素质的提高.中小学教育,2003(7)

[894] 江羡珍.谈谈研究性学习课程对教师的基本要求.广西民族学院学报,2003(8)

[895] 贾明.中学地理研究性学习活动中教师作用的思考.福建地理,2003(9)

[896] 刘芳."教师专业发展之策略".教育探索,2003(9)

[897] 王延文,崔宏.师范生教学实践能力的现状分析及其评价.天津市教科院学报,2003(12)

[898] 刘永胜.更新教育评价观念促进师生共同发展(上).中小学管理,2004(1)

[899] 卢厚冰.地理新课标学习方式的转变与教师的作用.地理教育,2004(1)

[900] 李侠.地理新课程与教师教学行为.中学地理教学参考,2004(1—2)

[901] 刘秀荣,王晓霞.论教师专业发展及特质.辽宁师范大学学报(社会科学版),2004(2)

[902] 张二勋.21世纪中学地理教师应有的素质.教学与管理,2004(3)

[903] 胡波.新课程对教师的新要求.课程·教材·教法,2004(7)

[904] 何贤娟.开展研究性学习的教师培训.绍兴文理学院学报,2004(9)

[905] 查明华,杨磊.教师教育发展与师专培养目标的定位.文山师范高等专科学校学报,2004(17)

[906] 蔡靖方,张华.新时期高师地理教育专业培养目标、规格探讨.华中师范大学学报(自然科学版),2004(38)

[907] 陈春福.海南省中学地理教师队伍建设研究.海南广播电视大学学报,2005(1)

[908] 吴疆.中学地理教师的继续教育.教师教育,2005(1)

[909] 于显双,陈凤臻.试论新型地理教师的基本素质.赤峰学院学报(自然科学版),2005(1)

[910] 周卫东.应对生成,你准备好了吗?——教师的成长与发展.江苏教育,2005(1)

[911] 陈方.近年来我国教师专业化研究综述.教师发展与管理,2005(2)

[912] 淘云松.新课程呼唤教师转变角色.内蒙古教育,2005(2)

[913] 韦大斌,黄诚汉.建构教师发展性评价体系促进教师专业成长.基础教育研究,2005(2)

[914] 张国胜.国外教师在职培训发展的趋势对我国教师继续教育的启示.继续教育研究,2005(2)

[915] 黄薇.新课程理念与中学地理教师的可持续发展.地理教育,2005(3)

[916] 马敬华.美、日教师专业发展之比较.辽宁教育行真政学院学报,2005(3)

[917] 叶建微.地理反思教学中教师策略的构建与实践.和田师范专科学校学报,2005(3)

[918] 周红杰.转型期地理课程的实施的调查与思考——河南省郑州市中学地理教师及教学情况调查报告.中学地理教学参考,2005(3)

[919] 刘良华.教师怎样开发和利用课程资源.基础教育课程,2005(5)

[920] 吕达,刘捷.课程发展、教师专业发展与学校更新.教育研究,2005(6)

[921] 周立群.当前发展性教师评价中的几个错误认识.中小学管理,2005(7)

[922] 田国华.高等师范教育人才培养目标的探讨.人才教育,2005(8)

[923] 陈旭等.教师课堂教学技能变革的理论探讨及结构模式分析.教师教育研究,2005(11)

[924] 方健华,李建军.教师应怎样面对动态生成的课堂.教育科学研究,2005(12)

[925] 刘兰.美国伊利诺伊州地理教师专业知识标准简析.课程·教材·教法,2005(12)

[926] 严平.增强高等师范教育培养目标适应性浅见.学术探讨,2005(12)

[927] 陈朝晖,谢羡.教师专业发展的有效途径:参与校本课程开发.陕西理工学院学报(社会科学版),2006(1)

[928] 贾雪霜.本立而道生——加强区里教研活动,增长教师知识,促进地理教师专业发展.吉林教育,2006(3)

[929] 席家焕.教师发展性多元评价模式的构建——对教师发展性评价在发展的思考.中小学管理,2006(3)

[930] 陈柏华,徐冰鸥.发展性教师评价体系的构建—教师专业素养的视角.教育理论

与实践,2006(5)

[931] 朱旭东.教师教育面临的问题与探索.山东教育学院学报,2006(5)

[932] 葛军.高师生的教师职业能力及其培养.教学与管理,2006(6)

[933] 王立君.世界各国教师教育制度特色与启示.管理科学文摘,2006(6)

[934] 郑瑛.新课改、新教材对地理教师的新要求.课改研究,2006(6)

[935] 彭水源.学生学习行为与教师教学行为分析.中小学教材教学,2006(9)

[936] 林正范,贾群生.教师行为研究:课程与教学论的重要研究方向.教育研究,2006(10)

[937] 张欣劲.新课程改革下中学地理教师角色的转换.甘肃农业,2006(12)

[938] 朱旭东.我国教师教育制度重建的再思考.教师教育研究,2006(18)

[939] 毛景焕.以团队力量促进教师发展.高教发展与评估,2007(1)

[940] 罗培莲.借专业引领 促教师成长.地理教育,2007(3)

[941] 李小燕.地理教师提高自身素质的最佳手段.地理教育,2007(5)

[942] 徐国樑,金慧频.网络环境下区域教师专业化发展培训机制研究.上海教育科研,2007(5)

[943] 张翠萍.从师范生的教育实习看新教师的成长.地理教学,2007(8)

[944] 刘宏友.名优地理教师成长规律与自我发展.地理教育,2008(1)

[945] 林元龙.打造教研组团队 促进教师专业发展.地理教育,2008(2)

[946] 张继武,李家清.论专家型地理教师的成长途径.地理教育,2008(2)

[947] 孙有福.遵循成人学习理论,优化教师培训模式.西北成人教育学报,2008(3)

[948] 陈继革.尊重学生——地理教师成功教学的一剂良药.地理教育,2008(4)

[949] 张士龙,张士宝.教师专业素质刍议.地理教育,2008(5)

[950] 李丽,秦红阳.地理教师教学智慧的生成.地理教育,2009(3)

[951] 任爱翔.地理教师应具备的四种境界.地理教育,2009(5)

后　记

　　当南京师范大学课程与教学研究所的领导决定让我们承担编写一本反映地理课程与教学三十年成果论文集任务的那一刻，我们感到这是一项光荣而艰巨的任务，说其光荣是因为受之信任且很有意义，说其艰巨是因为要收集与地理课程与教学有关的众多期刊、文选中的文章，并在此基础上精选佳作并非易事。由于地理课程与教学三十年来的研究成果极其丰富，可以用博大精深来形容，我们首先看重的是文章对当时课程发展、学术思想、学术研究的引领作用与贡献。为了便于阅读与查找，我们将论文分为地理教育思想研究、地理课程研究、地理教材研究、地理教学研究、地理教师专业发展研究五个部分，每一部分都收集了不同年份研究水平较高的文章。对论文的筛选是一件很为难的事，很多地理课程与教学论的专家、学者、一线中学地理教师和地理教研员，一人发表多篇高质量的研究论文，为了体现涵盖面，我们只能忍痛割爱，遵循同一作者论文总数不超过两篇且每一部分仅收集一篇具有参考意义的作品的原则。为了弥补上述遗憾，我们在论文集的最后部分提供了索引，将未能入选的优秀文章名列出。但由于我们平时对文章的积累有限，收集的渠道不宽，仍会有些高水平的论文未能收录，在此深表歉意。

　　论文集的形成，是我们一次难得的学习与反思的过程，也是大家帮助的结果，我们谨向文集中文章的作者给予的关心、支持与配合表示衷心的感谢！感谢各位参编人员付出的辛劳！尤其要感谢陈澄教授在百忙中对论文的选取及综述的撰写给予了非常重要的指导，并寄来了相关刊物！感谢仇奔波教授对论文的选取、分类及综述的撰写提出的宝贵意见！在烦琐的编辑过程中，研究生陈金赛做了大量的编辑和整理工作，研究生龚姗姗、王珊也参与了文集校对的相关工作。在此对这些同学一并表示感谢！

　　地理课程与教学的研究方兴未艾，由于受到主客观条件的限制，论文的收录和文集的编辑仍会有不足之处，欢迎广大读者和地理教育界的同仁多提批评意见。

刘树凤

2012 年 4 月